地域文学的自信与自省

——新时期甘肃作家访谈与文学研究

程金城　叶淑媛　编著

图书在版编目（CIP）数据

地域文学的自信与自省 ：新时期甘肃作家访谈与文学研究 / 程金城，叶淑媛编著. -- 兰州 ：兰州大学出版社，2016.10
ISBN 978-7-311-05032-0

Ⅰ. ①地… Ⅱ. ①程… ②叶… Ⅲ. ①中国文学－文学研究－甘肃－文集 Ⅳ. ①I209.942-53

中国版本图书馆CIP数据核字(2016)第264258号

责任编辑　锁晓梅　张爱民
封面设计　郇　海

书　　名　地域文学的自信与自省
　　　　　——新时期甘肃作家访谈与文学研究
作　　者　程金城　叶淑媛　编著
出版发行　兰州大学出版社　（地址：兰州市天水南路222号　730000）
电　　话　0931-8912613（总编办公室）　0931-8617156（营销中心）
　　　　　0931-8914298（读者服务部）
网　　址　http://www.onbook.com.cn
电子信箱　press@lzu.edu.cn
印　　刷　白银兴银贵印务有限公司
开　　本　710 mm×1020 mm　1/16
印　　张　38.25
字　　数　624千
版　　次　2016年11月第1版
印　　次　2016年11月第1次印刷
书　　号　ISBN 978-7-311-05023-0
定　　价　78.00元

前 言

这是一本讲述地域文学却着眼于文学普遍性的书。它源于一个名之为“改革开放三十年甘肃文学的成就与局限研究”的省社科项目,经费只有六千元人民币,而且分期拨款。这比起动辄数万元、数十万元甚至数百万元的项目,“小”得厉害。然而,我们依然非常珍视和感谢,因为这个项目给了课题组一种权利,一种可以对新时期一个省的文学发展进行综合研究的机会。所以钱虽然不算多,但是意义不小,责任重大,应该做的事情不少。我们不仅不能辜负这点经费,特别不能辜负这个重要选题,不能辜负新时期文学和文学家。从这个意义上说,这本书其实与钱的多少关系不大,而与“责任”密切相关。在设计研究思路的时候,我们将作家的调研与访谈作为重点,目的是让作家自己言说,听作家表达心声,发表对文学的见解,进行自我评价,因为文学作品可以由读者见仁见智,而关于创作过程则是作家更能切中肯綮。

作家的回复,出乎我们的预计,所谈问题,当然不离开自己而又不限于自己,不离开甘肃文学又涉及文学普遍性。有的通过自己的创作从一个侧面回顾了新时期文学的发展历程和研究轨迹,有的谈了自己的文学观,有的对某一文体发表新见解,有的对甘肃文学的反思和未来发展进行认真思考。如陈德宏通过《当代文艺思潮》的编辑回溯了新时期甘肃文学,特别是新时期初期中国文艺理论蓬勃发展的情境,也能够从中感受到甘肃文学对全国的影响。他对本省文学的成就与局限的评价,关于诗歌、关于少数民族文学等等也颇有见地。王登渤对自己的创作谦虚地陈述,对甘肃文学创作冷静地分析,从中透出强烈的责任意识和对文学的敬畏，以及对本省文学创作问题的准确体察。马步升对甘肃文学的评价，特别是对甘肃诗歌的评论所达到的水平，迄今仍然是甘肃本土文学研究的高标。柏原对散文的独特理解，对散文创作中“重花轻木”现象的发现和反思，为前人所未发，字里行间有对文学创作的深切体悟和独特感悟。董汉河关于《西路军女战士蒙难记》从调研到创作历程的叙述，既“回放”了当年的采访过程，也看到了当年人们对文学的敬畏与对表现对象的虔诚，传达了那个时代的文学观，读来十分感人。范文对于文学与现实关系的长篇叙述，充满人生感悟和对文学独到深刻的理解；高平对新时期甘肃文学的扫描，体现了曾经的作协主席和文学前辈的全局意识和智者的敏锐眼光；邵振国自谦而又真诚地自我评价和对文学的解释，也体现了作家的另一种风度。陈自仁、尔雅、雒青之、古马、李学辉、牛庆国、彭金山、铁穆尔、王新军、吴承旭、徐兆寿、许维、向春、雪漠、阳飏、叶舟、弋舟、张存学、张弛等等站在新的历史高度，回顾自己的创作历程和评论界的评价，包括提供的创作目录和研究资料，以新时期文学的参与者和见证人的视角，从一些特殊方面反映了甘肃文学的发展历程，也丰富了中国新时期文学的研究资料。还有一些德高望重的作家，因种种原因未能在本书中有充分的表达，甚至因没有取得联系或回复而留下遗憾，但不减其文学地位和分量。比如王家达，以他的创作实绩和文学地位，应该有更多的介绍，但是他的自谦加上眼疾，未能提供更多的资料，但这并不影响他的文学地位和我们对他的敬意。如此等等，所有回应了问卷的作家，都表现了对文学的虔诚、对甘肃文学的关爱和对自己的负责，这无疑是一种集体的“行为艺术”，从中可以看出个人的风格，也可以看出“代际”的特点。恕不能在这里一一列举，读者自会感知。作家的热心和认真，不仅使我们不敢怠慢和草率，也使我们体味到文学作为人类精神家园的种种样态和可能，作家个体的特殊性和地域文学的独特性能够通达人类文学的普遍性和相通性。因此，甘肃作家对文学真诚的自由谈，与其说是一个地方文学研究的资料，而毋宁看作一个有特色的地域文学的案例。

让作家自己言说是重要的,这也是本书的主旨。通过作家个人的“看”与研究者的“被看”,为新时期中国文学提供一份来自地方的资料。

然而,悖论的是“认识你自己”是最困难的事情,这个道理西方先哲早就说过,这些年被中国人反复借用,表明了它的需要程度和现实意义。当然,虽然认识你自己很困难,能够意识到“认识你自己”的重要性又是一种自觉。从这个意义上说,本书中作家对自己的创作的认识,各个作家所反映的甘肃文学的整体认识,尽管不够全面、深刻,加上有的作家很忙以及其他原因,言说还充分,提供的别人的研究资料大于作家的自述,却同样给我们惊喜,因为这在相当程度上反映出其“综合性”,包括作家对评论的“被看”和自己的态度,知道了他们的心声和眼光,这使得我们对作家及其创作更加接近了而不是隔膜了。类似的较为系统的有意调研,集中由作家自己言说并结集出版,在新时期甘肃文学界,好像是第一次。自然,这只是甘肃新时期文学的“镜像”之一,提供的可能是高迈的理论家和“深刻”的批评家不屑一顾的“素材”,却也是大家共同营造的“别一世界”。

如果对本书做一个概述,就是:从地域文学的自觉与自省的视觉,以作家笔谈与学院学术研究结合的方式,较系统全面的总结、探讨新时期甘肃文学的发展成就及其达到的深广度,反思存在的问题,为文学的未来发展尽绵薄之力。内容由三部分组成。

第一部分是作家笔谈,是编著者通过问卷采访,集中了新时期以来甘肃三十多位重要作家的笔谈与提供的资料,从各个方面回顾了自己的创作历程、作品状况、学界评价和对新时期甘肃文学的看法等等。体现了作家和研究者对文学的“自觉与自省”的意识,具有回首、反思文学创作的明确指向。虽然是以甘肃文学为焦点,但是具有由地域文学入手总结新时期中国文学经验的意义。二是通过作家问卷采访笔谈,既是作家自身的总结,也是作家风采的别一种展示,对于读者当能引起阅读的兴趣,对于研究者具有提供第一手资料的价值。

本书的其他两部分,即文学综论与作品散论,主要是两位编著者自新世纪以来自己关注甘肃当代文学的研究结果，这些文章最早的发表在十几年前，晚些的是近年新作。“综论”部分相对系统，有些是针对文学现象有感而发的小论文，有些是作品讨论会发言的深化和补充，几篇长一些的部分则是项目要求所做的探讨，论述了新时期甘肃文学的总体发展态势及小说、诗歌、报告文学、散文等各文体领域的成就与不足，探讨了未来的发展趋势。其中报告文学研究由曹静撰写，散文研究由李贤撰写。她们都是兰州大学文学院硕士研究生，也是项目课题组另两位成员。“散论”部分是对具体作品的评论，通过个案深度评价甘肃文学的创作成果。不管是综论还是散论，都是怀着对文学的敬畏和对作家的敬意用心做的，虽然不周之处很多，但也大致反映了新时期甘肃文学发展的轮廓和作品创作所达到的程度。

最后，需要特别说明的是，这里刊出的笔谈，是以通信问卷的方式获得的。部分作家由于通信地址不详或当时不在甘肃等各种原因，未能取得联系并回信，一些重要作家的高见未能在这里反映，这是一个遗憾。所以，在本书中，作家的名字是否在“作家回信”中出现，以及呈现出的内容或长或短，或详或简，只是调查问卷过程中产生的自然结果，并不代表课题组对甘肃作家评价的高下。

本着为新时期甘肃文学“立此存照”的想法，本书中言说方式各种各样，篇幅又长又短，体例不拘一格，格式五花八门，风格多姿多彩，而编者取舍的标准是包容差异，唯其有用。

除个别后补的作家的材料之外，大部分作家的来信和资料都是以2009年来信时间为节点，他们后来的发展未能反映，在此对各位作家表示歉意并致以诚挚的谢意！

本书有很多不足与遗憾，敬请读者批评指正，并期待以后有机会更新和补充资料并进行修订。

编著者

2015年3月

目　录

新时期甘肃文学作家访谈

（按姓名音序排名）

新时期甘肃文学创作综论

新时期甘肃文学作品散论

新时期甘肃文学作家访谈

特别说明

这里刊出的笔谈，是以通信问卷的方式获得的。问卷设计内容为：

一、改革开放以来，您的文学创作（含研究）基本状况（特别是代表作）简述及重点作品的自我评价；评论界对您作品的研究、评价（特别是获奖及其评语）情况简述。

二、您对改革开放三十年甘肃文学发展的成就与局限的总体看法和估价；您对甘肃各类文学创作的优势与不足的看法。

三、您对甘肃文学发展的思考和建议；您认为促进甘肃文学发展的其他重要问题是什么。

部分作家由于通信地址不详或当时不在甘肃等各种原因，未能取得联系并回信，一些重要作家的高见未能在这里反映。作家的名字是否在“作家回信”中出现，以及呈现出的内容或长或短，或详或简，只是调查问卷过程中产生的自然结果，并不代表课题组对甘肃作家评价的高下。

本书中呈现的回信内容，保留了当时来信原貌，也不用另注明出处；个别作家的回信提供资料过长的，限于篇幅，只选择了一部分；有的来信内容与本项目关联性不十分密切的，做了适当删节。

回信刊出时以姓氏拼音为序；除后补的个别作家之外，材料均以2009年为时间节点。

柏原的回信和提供的资料

2009年8月9日回信

程金城教授：

大札接悉！感谢您的特别器重！您征询的三个方面的议题，容我花点时间想一想。我原先不会电脑操作，好多个人资料没有输入电脑，回复可能要拖延一点。您的信函征询始于今年二月初，我是今天才看到，不要因此耽误您的工作进程。我最多谈一点琐碎意见，或者在您的文稿修改时可参阅一下，不要有所期待。

匆匆回复。

敬祈文安！

柏原

2009.8.9

2009年8月15日回信

程金城教授：

您好！遵嘱寄上我的创作简介一份，仅供参考。顺便聊两句。

这回，您承当……的撰写任务，我完全能理解，这是一项吃力不讨好的事儿。当然也是一个具有长久意义的研究成果，全省作家理当给予积极配合。我们以前交流意见不是很多，在不多的几次创作研讨会和文学评奖中，听过您针对具体作品的一些讲话，我是很佩服的，也和别的文友多次谈起，程教授看作品看得很准，评论观点中肯，而且思想明晰锐利。写断代史这种事儿，理论观点特别的先锋还不行，完全的持重风格也不受读者欢迎，这一回委托于您，我相信一定比以前几本书做得好。

对甘肃文学的看法和建议等等,我一时还没有书面的材料。如果近期能形成书面的东西,我会发给您看看,如果不能形成明确的意见,就不说了,敬请原谅!

已赘。

祝文安!

柏 原

2009年8月15日

柏原作家简况

柏原,原名王博渊,男,汉族,籍贯甘肃省镇原县。现任甘肃省作家协会副主席,甘肃省文联委员,中国作家协会会员。

20世纪70年代末开始业余文学写作,1980年在《甘肃文艺》发表处女作短篇小说《在那个早晨》,此后一直致力于短篇小说体裁,在《人民文学》《青年文学》《上海文学》等数十家专业文学期刊,在《钟山》《长城》等大型文学刊物上,发表小说一百余篇,受到全国文坛关注。李国文、雷达、白烨、周政保、丁帆等名家(本省文学评论家大家都熟悉,不详列了)曾著文评介。

作品被《小说选刊》《小说月报》《中华文学选刊》《新华文摘》《小说季刊》(《青年文学》前身)等全国选刊多次选登,被《中国当代小说珍本》《青年佳作》《中国当代历届获奖作品佳作丛书》《20世纪末文学作品精选·短篇小说卷》及数个年度的全国小说集选收十五六篇。其中《喊会》获1987—1988年度全国优秀短篇小说奖,《奔袭》获首届中华文学选刊奖。作品曾获《青年文学》《钟山》《萌芽》《飞天》等著名刊物的优秀作品奖。作品在甘肃省敦煌文艺奖第一、第二、第四届均获文学一等奖,获本省省级正规文学奖十余项。其间,出版短篇小说集《红河九道湾》《在那个早晨》两本,入选甘肃省建国五十年文学精品选、甘肃作家丛书等省级文学选集,小说集《在那个早晨》获省作协设立的陇南春奖。

1984年,因文学实绩,由国防工厂调入省文联。曾任《飞天》杂志小说编辑八年,并负责小说组业务数年,为扶植省内外青年作家贡献了力量。1990

年甘肃省第四次作代会当选省作协常务理事。1991年调省文联创作室(即现在甘肃省文学院),从事专职文学创作至2000年。20世纪90年代中期以后,逐渐以散文、随笔为写作的主要体裁,在《中华散文》《天津文学》等专业文学期刊,在全国十多家日报、晚报文学版上,发表各式散文三百余篇,百多万字。有的被《读者》等文摘刊物选用,曾获省级和协会散文创作奖。迄今乡土散文、都市随笔、文化散文几方面,积有相当数量已发表和待出版的书稿。文化专题的散文集《谈花说木》(三十余万字)2003年已由天津百花社出版,大型乡土系列散文集《红河王家》(暂定名,三十多万字)正在寻求出版。90年代末以来,开始采访和搜集素材,投入跨界性的长篇文化散文创作,第一部分《十年树木行》已经成稿,正在联系出版。

2000年当选甘肃作家协会副主席,2001年受派在中国作家协会挂职半年多。挂职结束后任省作协专职副主席,后主持省作协工作数年,主要精力转向作协驻会工作,个人作品量减少,但业余写作仍有一些成绩。

柏原小说创作简介

一、20世纪70年代末到80年代末

这一阶段主要创作的是工厂生活题材的短篇小说,发表了约三十篇,后来这部分作品结集出版,书名为《在那个早晨》(甘肃人民出版社1994年,甘肃作协编甘肃作家丛书之一种),现在看来多是青年业余作者的幼稚之作。

这一创作阶段的意义:(一)作者是思想解放大潮中出现的甘肃新一代作家阵容中的一个;(二)从甘肃过去很少见到的工厂生活题材的创作起步;(三)少数作品可以在全国文坛露面,竭力突破省内作家的局限。如《在那个早晨》(《甘肃文艺》1980年第3期发表),被最早的全国小说选刊之一《小说季刊》选登,入选同名的全国性选集;《西望博格达》(《新疆文学》1982年9期发表)被《小说月报》选登(1982年11期),入选全国小说选集《青年佳作》。现在不必花精力分析这部分作品的艺术价值,只是关涉到新时期甘肃作家群体的出现、成长、发展。

二、20世纪80年代末到21世纪初

这一阶段主要创作的是陇东地域乡土题材的短篇小说,偶有中篇小说,

正式发表的约六十篇。这部分作品至今没有出版精选的选集，1988年应“敦煌文学丛书”要求，把最初的十来篇编成一个集子《红河九道弯》，因出书粗糙而不轻易赠阅。

这一阶段的乡土题材创作，被全国重要选刊选登十几篇，入选全国优秀小说选集五六本以上，《喊会》一篇获得全国优秀短篇小说奖（1987—1988），有五六篇获著名刊物的优秀作品奖和本省的政府奖、省级文学作品奖。这一阶段的乡土题材创作，受文学评论界关注最多，以下略举作者自己认为的代表篇目，及选载、入编、评论、获奖情况，以资参考。

《天桥崾岘》:《钟山》1986年第4期发表，小说选刊1986年第8期选登，进入1986年度全国优秀短篇小说终评，获《钟山》第二届（1985—1989）文学创作奖。

《喊会》:青年文学1988年第12期发表，小说选刊1989年第4期选登，获全国优秀短篇小说奖（1987—1988），第二届青年文学优秀作品奖，首届敦煌文艺奖一等奖等奖项。入编数本全国小说选集。

《奔袭》:天津文学1992年11期发表，人民文学出版社《中华文学选刊》创刊号选登（1993年），获首届中华文学选刊奖（1997年），入选全国小说选集。

《挖墙》:《萌芽》1989年第2期发表，小说选刊1989年第5期选登，获《萌芽》1989年度文学奖，甘肃省第三次优秀文学作品奖。

《毛家沟蹲点》:《青年文学》1996年第2期发表，《小说选刊》1996年第3期选登，获第二届敦煌文艺奖文学一等奖，入选全国小说选集。

《大窑》:《萌芽》1993年第1期发表，《小说月报》1993年第4期选登，获甘肃省第四届优秀文学作品奖。

《奶头山印象》:《飞天》1999年第3期发表，《小说月报》1999年第6期选登，入选中国作协全国年度小说精选集。

《瘪沟》:《飞天》2000年第3期发表，《小说选刊》和《小说月报》2000年第6期选登，获第四届甘肃省敦煌文艺奖文学一等奖。入选中国作协年度小说精选集。

此外，发表于上海文学的《背耳子看山》（入选新中国成立五十周年《中国当代小说珍本》）、《钟山》杂志的《洪水河畔的土庄》、《作品》的《苦水沟》、《中国西部文学》的《塬上的生灵》等篇，评论家也认为值得一看。

2002年后工作调到甘肃省作家协会，在驻会主管创作的副主席岗位上，亲自组织申报了两届鲁迅文学奖、两届茅盾文学奖、两届敦煌文艺奖、三次中国作协重点创作项目支助;负责举办了首届黄河文学奖、第二届黄河文学奖、首次甘肃省重点作品扶持项目,等等。对我省重点作家、优秀作品的推出,竭尽全力,公正无私。

柏原散文创作检讨

柏原的散文创作,大致可分为几个不很明晰的阶段。

一,柏原写散文,始于20世纪90年代初期

开始阶段的散文文体样式、题材和素材、语言和风格等等,用一句话总结:散而杂,说好听点叫“信手拈来”,说不好听叫“开杂货铺子”。譬如:在妇女杂志《现代妇女》上开专栏,在《飞碟探索》杂志上写天体文化随笔,在《丝绸之路》杂志上写历史文化散文,在《花卉》等专业性杂志上写花木文化系列随笔;同时在多家专业文学期刊上,在多家报纸文艺副刊上发表乡土题材的散文、文化题材的散文。作者在这一时段,发表了长长短短二三百题(组),好几十万字;自以为在小说创作之余操持散文,反映了知识面的宽阔,文化兴趣的广泛,对别的文体的驾驭能力,当然也对增加作者知名度有帮助。在文学杂志上发表的有:《腊冬赏梅》(《芳草》,1991.8)、《迎春二题》(《青年作家》,1992.4)《兰言二则》、(《西北军事文学》,1992.4)、《海棠二题》(《四川文学》,1994.3)、《折桂二枝》(《广西文学》,1994.4)、《天狼星》(《绿洲》,1994.6)、《风的子孙》(《飞天》,1994.11)《留得清气满乾坤》(《当代人》,1995.4)、《相见时难别亦难》(《伊犁河》,1995.2)等篇目。

严格地看,这一阶段的散文创作处于浅显层面,作者没有洞察文学散文的某些本质性问题。比如说:散文,作为一种重要的文学体裁,它的题材对象十分宽广而庞杂;而作为一个散文作家,他的题材领域却受到严格约束。散文之“散”与散文作家之“专”,也关涉散文体裁的扩张与收缩的关系。又比如:散文作家,他以散文的突出成就独树于文坛,这和他以别种文学成就树立文坛,而把散文作为一种补充、点缀,二者之间在性质上是有区别的,也就是本体价值与附加价值的关系。对这样一些问题尚缺乏深刻的领悟,缺乏文学自觉。

二、20世纪90年代后期，柏原的散文创作进入了一个收缩和探索的阶段

收缩的一个鲜明表现，就是作品发表量急剧减少，而实际的写作量并未减少。创作题材由原先的天文地理、历史文化、世相百态、花鸟虫鱼……收拢到两个区域：一个是故乡黄土地，一个是花草树木；一个显得很狭小，一个显得很轻飘。取舍的标准是什么？可以用逆向思维来表达：文坛上有很多很多散文家，他们都在写什么？他们把什么写得很好了？那么，我选择进入他们不常光顾的不愿涉足的领地。

然而，创作实践所碰到的问题，比抽象思考的一点结论要麻烦得多。例如对于我的故乡黄土地，作者原先一直在这一题材领域写小说，现在写一写散文，作为小说的边角零料的综合利用，似乎是很轻松的，其实事情完全不是这样，涉及散文的一个基本原理：它是写实体裁。如何把虚构题材的小说对象变成散文内容？具体到文学的人物形象问题，如何用不到小说一半的篇幅，写完他的整个人生，或是几起重大事件？如果，作者所“闻”多于所“见”，所“思”强于所“感”，而读者的要求是写得形象鲜明生动，情节精彩诱人，马上碰上散文的又一重大概念，相对于小说的文学虚构问题。

作者一边摸索一边写，已经写了十多年，从三四千字到七八千字的篇幅，写了四十多个组束一百多题，创作量达三十多万字，大部分未能顺利发表。仅在《飞天》等刊物上，在多家报纸副刊上发过一些，多是组束型的。重要篇目有：《悯生二题》（《青海湖》1998.6）、《驴和石磨》（《飞天》1998.9）、《小河图卷》（《飞天》1999.8）、《打锅·分家》（《山东文学》1999.10）、《膜拜黄土》（《西北军事文学》2001.4）、《搔痒·扪虱》（《飞天》2001.11）、《狼不来了》（《鸭绿江》2003.2）、《陇东高原的麦子》（《飞天》2003.7）、《方言二题》（《飞天》2004.10）、《春官诗详解》（《飞天》2005.11）、《下了麻王坡》（《飞天》2007.1）、《凸凹二题》（多家报纸副刊）等等。

用力甚多的塑造人物形象的篇目，难以获得读者欣赏——刊物编辑乃是第一读者。这一探索，未能使作者以其散文样式立于文坛。也不能说文体样式的探索完全失败了，看作一部黄土高原的村庄文化史，它总归是有点文化人类学的价值。作者在2000年代初，把以往十多年的乡土散文修改梳理，构成一部以“现代村庄史”为总主题的连缀式结构的大散文《红河王家》，至今尚未出版(用添加附件附上目录,供闲时一阅)。

作者自身的检讨:走过十多年的创作路途,对散文这一文学体裁,作者有了深一层的理解。一个作家想以散文独立于文坛,他的创作题材领域是受到严格约束的,他的艺术风格的建立是非常艰难的。所以我们能记住的散文名家,比之小说家和诗人要少得多,历史上诗和小说繁荣的时代,散文大家总是不多。现在是文化媒体大扩张时代,散文的创作量空前膨胀,这容易引起人们的认识误会。

三、新世纪以来,柏原的散文创作进入沉寂和探险阶段

"沉寂"和"探险"是截然不同的两种状态,但是在作者这里却是统一的。2003年花木题材的系列大散文《谈花说木》出版(全书一百多题,约三十万字,由百花文艺出版社出版,书名乃是编辑拟订的,与作者文化立意相距甚远,作者拟订的四五个书名无一采纳,如《红绿记札》等)。此书是过去十多年以花草树木为文化题材的散文积累,统一进行了梳理和改写。

在出书过程中,作者同时做检讨。两千多年的中国传统文学,花卉与作家的文学活动极为亲密,而树木显得单调而概念化。这一重"花"轻"木"的文化折射出,中国传统文学在直观感觉上的丰富,在哲理思考上的浅薄。作者即认为,这是传统文学留给当代作家的一个拓荒领域,于是由原先的"拈花惹草",收缩到树木文化一隅,设想用文学散文的体裁,写一百种左右的树木,形成一个大的树木与文学的景观。历时十余年的(此前几年已经较多地触及树木文化)采访、搜集、阅读,写作,仅仅写出十四五种树木。这时才认识到自己的散文取材的选向,包含着多么大的冒险性。

冒险的一个含义是要实现跨界创作。跨界创作的作家是有的,有的作家本身是某一学科的专家,或者对某个学科有着特别爱好,但是,跨越的学科基本都处在人文范畴,能进行文学与自然科学跨界创作者鲜有其人,中国比西方更罕见。在自然科学日益趋向精分和尖端的现时代,"跨界"实在太冒险了。危险之一是根本就进入不了(没有自然学科的知识基础和爱好),之二是进去了出不来(凿不开文学审美的通道),之三是普通读者并没有义务背负起一份阅读之重。

第三点,关乎很严重的一个冒险性:文学的基本原理问题。文学的对象是人,动物、植物作为文学对象和形象,都是"人"化了的,把物作为文学的对象,没办法和“人”沟通。所以,迄今我们读的“跨界”的文学,有的叫科幻文学,其科学内容其实是处在人的生活常识层面,而幻想是和文学的品质完全一致的,“跨界”实际是跨到虚构境界,对科学本身并不担负什么责任。散文体裁则不行,它是写实的体裁,我们没见过什么“科幻散文”。科学家写的科普文章,也会运用文学的语言或文学的技巧,但是其本质是完全面向物的,并不负责与人的审美需求、人的精神活动相沟通。

作者写了十多年,一边写一边想。有时只好倒过来想:人类社会已经进入科学生产力的时代,作家必须面对一个巨大的命题:占据人的生活现实越来越大分量的科学技术,如果文学题材和素材只能处在它的生活常识层面,文学恐怕不是个边缘化问题,自身就应该萎缩了。那么,自然学科的科学家、专家们,是否可以兼事文学创作?至少在中国,他们普遍不具备人文主义素质,我们不能寄希望他们写出真正的“跨界”文学。那么,作家们呢?进入某些自然学科的较深层次,其难度实在是难乎其难,因为它与我们的日常生活存在坚厚的壁障。这就是作者感受到的“冒险”意味。

已经写的十四五种树木,在“跨界”上显得异常别扭而无奈。如果失败了,或者是从根子上就弄歪了,那只好认命了,在事业奋斗上从来是失败者居多。如果有所成就,显然它是具有创造意义的。十四五种树木的散文文字,和大量的实地采写图片,已构成一本书的容量,何时能以它应有的规格和面貌出书,这很难说。聊可慰藉的一点:打算写二三十年的一本书,搁几年是不会过时的。暂定书名是《十年树木行》[(目录用添加附件寄上,供闲时一阅)编辑时略去——编者注]。

陈德宏

我的文学A、B、C……

——就“改革开放三十年甘肃文学的成就与局限研究”答程金城教授问

问题一

谈到“文学创作”,说实话我有些惭愧。这倒不是谦虚。与堂而皇之的作家头衔相比,我更愿自称“文学从业人员”(王蒙语)。道理很简单,文学编辑是我的主业——从参与创办我国第一家省级文艺理论刊物《当代文艺思潮》,到接手主编大型文学月刊《飞天》,看稿、改稿、定稿、发稿、评稿、为他人做“嫁衣”,几乎自始至终贯穿了我文学的三十年。编辑工作及组织省内外的文学活动,几乎占去了我80%,甚至90%的有效工作时间及大部分精力。

“男怕干错行,女怕嫁错郎。”引用此语意在说明我的创作纯属“业余”,并非说明我后悔当初选择了文学编辑这一行。恰恰相反,对于当编辑我是甘苦自知,受益良多,乐在其中。回首这段人生历程,我充满了自豪感与成就感。

在以上背景的映衬下,再来谈我的创作,也许可以缓解我的心理压力及创作方面的“自惭”情结。

我的创作体现在三个方面——文艺理论研究、文学评论;报告文学及散文、随笔。

一、文艺理论研究、文学评论

我的文艺理论研究、文学评论,有四个方面的内容:面向全国的思考;地域文学的考察与研究;文化·理论·文艺思潮;对话与交流。

(一)面向全国的思考

这一部分的研究、评论,主要是面向全国发声,在全国为甘肃争取文学的话语权。这些研究与评论包括:评李存葆的《高山下的花环》,评王戈的《树上的鸟儿》,评刘心武的《公共汽车咏叹调》,评吴小美的《虚室集》、评刘登翰、袁和平的《台湾半月行》,评杨牧的《天狼星下》、评张光年的《惜春文谈》及关于女性文学的思考等。

所谓代表作,愚以为起码应具备如下两条:一是纵向看,其作品代表了作家个人研究、写作的高质量、高水准;二是横向比较,在某一时期,在文坛,甚至扩大一点范围在社会上产生了较大反响及影响的作品。至于脍炙人口,轰动全国,流传久远,那已不是代表作的问题,而是名著的标准了。

基于以上标准,我以为如下四篇文章姑且可以算作我的文艺理论研究、文学评论向全国发声的代表作:《论〈丝路花雨〉》《试论近年来短篇小说的主题指向及开掘》《历史文化的沉思　社会现实的歌吟——读光未然〈丝路短歌〉兼记作家访问团的敦煌行》《拒绝文学主潮的苦恼及徘徊于传统与现代之间的困惑——张冀雪小说创作透视兼评一种文学现象》这四篇作品,具有如下特点——

其一,都是经过认真观察、研究、思考,具有深刻内涵的长篇论文。不是急就章,也不是短、平、快的应景之作。

其二,针对性强,力求在理论与实践的结合上取得突破。比如民族舞剧《丝路花雨》,在国内外演出引起轰动,大获成功,成为我国20世纪舞剧经典。但也引起外界的质疑:甘肃偏处西北一隅,经济比较落后,为什么能产生《丝路花雨》这样的舞剧精品呢?《论〈丝路花雨〉》则运用马克思、恩格斯关于物质生产及精神生产的不平衡原理,加以论述,并论证了甘肃在敦煌题材上的优势及优秀的戏剧创作传统,从理论及实践的结合上,回答社会上的关心及质疑。理论上的突破转过来又促进了创作的自信与自觉。

再比如长期围绕文学界的一个问题,是作家与评论家的互不理解,各说各话。作家的创作自白,特别是关于自己作品的创作谈,与评论家的评论不尽相同,好办,可以用“仁智互见”加以解释。那南辕北辙呢?大相径庭呢?我的《历史文化的沉思　社会现实的歌吟——读光未然〈丝路短歌〉兼记作家访问团的敦煌行》,利用我陪同老诗人参观访问的可遇不可求的机遇,见证了老诗人《丝路短歌》(十首)创作的全过程,以及其后发表时的改动。我不敢妄言我的文章解决了作家与评论家相互理解的问题,也不敢妄言我就真的读懂了老诗人的诗作;但可以肯定的是,我见证了老诗人横溢的才华及喷涌而出的诗情——在《丝路短歌》十首中，有一半以上是老诗人当场题赠一挥而就的。

其三，以敏锐的观察、宽广的视角、深刻的分析，研究文学现状，追踪文学发展的趋势。对此，《试论近年来短篇小说的主题指向及开掘》就有充分地印证与展示。此文，研究、评论作品的跨度从1979年7月至1983年9月，长达四年多，42篇作品来自《人民文学》《上海文学》《飞天》等22家文学期刊，作家包括铁凝、蒋子龙、陆文夫、李国文、张贤亮、高晓声等四十余人。须要特别指出的是，此文在写作及刊出时，1982年全国优秀短篇小说评奖结果尚未出炉，获奖名单公布后，引起业内同行一阵惊叹——获奖作品几乎被一网打尽。这些作品是铁凝的《哦，香雪》，蒋子龙的《拜年》，吕雷的《火红的云霞》，石言的《漆黑的羽毛》，海波的《母亲与遗像》，李叔德的《赔你一辆金凤凰》，李国文的《穷表姐》，何士光的《种苞谷的老人》，金河的《不仅仅是留恋》，矫健的《老霜的苦闷》，梁晓声的《这是一片神奇的土地》，航鹰的《明姑娘》，姜天民的《第九个售货亭》，张炜的《声音》、蔡测海的《远处的伐木声》，喻杉的《女大学生宿舍》，宋学武的《敬礼，妈妈》，王中才的《三角梅》，乌热尔图的《七岔犄角的公鹿》，鲍昌的《芨芨草》。

此外，1983年9月以前发表的一些优秀作品，也在我的点评之中，而且这些作品也在之后的1993年全国优秀短篇小说评奖中获奖。这些作品是陆文夫的《围墙》，邓刚的《阵痛》，楚良的《抢劫即将发生》，张洁的《条件尚未成熟》，唐栋的《冰车行》，孙少山的《八百米深处》，张贤亮的《肖尔布拉克》，刘林的《瞎老胡》，王戈的《树上的鸟儿》。

20世纪80年代被文学史家称作“文学的黄金时代”，而我所论述评价的这些作家及其作品，无疑是支撑这一黄金时代的支柱与中坚。

其四，将我省有特色、有代表性的作家、作品，放在全国的文学创作、文学思潮中，进行深入的研究与剖析，肯定成绩，指出不足，寻找差距，以利发展。《拒绝文学主潮的苦恼及徘徊于传统与现代之间的困惑——张冀雪小说创作透视兼评一种文学现象》一文，即是如此。此文刊出后，立即引起全国评论界的关注，随即被《新华文摘》等多家选刊选本转载并被出版社作为张冀雪作品导读，收入她的《黑荞麦》中篇小说集。

（二）地域文学的考察与研究

这一部分文章，主要是对“陇军”文学创作现状的关注。这部分作品包括对何生祖的短篇小说《夜行车》的评论，浩岭小说创作漫评，以及对张弛的《最后一个猎人》、邵振国的《祁连人》、张锐的《盗马贼的故事》、雪漠的《长河落日处》、季成家主编的《西部风情与多民族色彩》等的评论。

这一部分只有一篇文章值得一提:《趋于开放性的甘肃小说创作》。

《趋于开放性的甘肃小说创作》，是一篇综合性的研究文章，文章开篇有这样一段小引:“本文仅就近两年甘肃的部分小说创作进行一些纵的考察与横的比较，以期窥视其特点与趋势，分析其成就与不足，进而估量它在全国小说创作格局中的地位及影响。”

文章研究、评论的对象是邵振国的《麦客》、张锐的中篇《盗马贼的故事》、王家达的中篇《清凌凌的黄河水》、景风的中篇《在冰大坂那边》、徐绍武的中篇《孀居》、何生祖的短篇《夜行车》、浩岭的中篇《非常时期》、冉丹的短篇《草原上的雾》、吴季康的短篇《有那样一排白杨》……那一时期在全国产生了一定影响，具备一定的实力及潜质的甘肃中青年作家及其作品，大部分已在其中了。

此文写于二十五年前的1984年年底，于《当代文艺思潮》刊出后，受到省内文学界乃至全国文学界的肯定与认同，被认为是研究甘肃小说创作最全面最深入的评论之一。

《甘肃的小说评论(1949—1985)》及《甘肃的戏剧评论(1949—1985)》，是我为《甘肃社会科学概观》(甘肃人民出版社1992年出版)撰写的两篇文章。这两篇文章也许算不上代表作，但费时之久，查阅资料之多，却超越了我的其他任何作品。它们的价值与贡献在于，对甘肃建国三十五年来的小说评论及戏剧评论进行了梳理、研究及评价，为后来的文学史家提供了阶段性的成果与基础。

(三)文化·理论·文艺思潮

这方面的文章不多，只有四五篇，其中有在新的历史条件下重新学习《在延安文艺座谈会上的讲话》的断想，有讨论文艺批评的双向选择的，有论述西部文学的……其中有分量有影响的是《大文化观念与我们的文化发展战略》。此文系作者在中共甘肃省委于1986年10月召开的文化战略研讨会上的发言。此文在深入论述当今世界文化发展的潮流与趋势之后，得出如下结论及建议:“在马列主义指导下，既避免泥古不化的‘国粹主义’，又避免‘民族虚无主义’，改变过去的文化封闭状态，引进吸收、消化一切于我国社会主义现代化建设有用的文化，建设开放的能与现代世界文化沟通、交流、对话的民族新文化，这应该是我们的文化发展战略。”

（四）对话与交流

1984年4月至1986年6月，在两年多一点的时间内，我先后陪同日本作家、评论家代表团、美国芝加哥大学教授李欧梵、中日文化交流代表团到敦煌访问。利用此机会，我先后与海外作家、学者、艺术家共八人对话。这些访问的成果为：《日中文学纵横谈——访日本著名评论家加藤周一》《我与中国文学——访台湾籍著名旅日华侨作家陈舜臣》《新时期文学：中国与世界的对话——访美国芝加哥大学教授李欧梵》《日本文艺家五人谈——访团伊玖磨、筱田正浩、三浦哲朗、渡边美佐子、司修》。

这些对话与交流，很难称其为代表作，但它们的作用与意义却不能低估——

首先，20世纪80年代，国门初开，国人都以新奇、好奇、惊奇的目光看世界，在此情况下，能同国外的同行面对面地交流，心平气和地探讨、切磋，获取第一手的认知，其本身无论对读者还是对整个文艺界都具有特别的意义。

其次，与之对话的这些作家、艺术家，都著作甚丰，成就与影响巨大，具有很高的国际知名度，他们的创作实践、理论、观念及认知，都融入了或者说代表了国际上的文艺潮流。比如，加藤周一是日本首屈一指的评论家；陈舜臣是日本获奖最多的作家；团伊玖磨是日本学贯日西的音乐家；曾任日本天皇的钢琴教师……

其三，面对面地探讨，切切实实地沟通与交流。李欧梵生在大陆，长在台湾，与白先勇、陈若曦同在台大外语系读书；他于哈佛大学获博士学位后，曾在美国多所大学及香港中文大学任教，是著名的中国现代文学研究专家。多年来他一直从事中美之间的文化交流及海峡两岸的文学沟通工作。他有些自嘲也不无骄傲地宣称：“有人说我是‘二道贩子’，有人说我‘脚踏两只船’，我以为这是很大的荣誉。特别是‘二道贩子’——我感到很荣幸——我在中国‘贩卖’西方文学，在美国‘贩卖’中国文学；在海峡这边‘贩卖’台湾文学，在台湾我则讲鲁迅——我是在台湾公开讲鲁迅的第一人。”

二、报告文学

我的报告文学作品，从数量上讲，远远超过散文、随笔的写作，也远远超过文艺理论研究、文学评论的写作。仅就有代表性的主要作品分为两类:一类是写人的,一类是写工业题材的。

先说写人的。

《段文杰的敦煌梦》(载《老人》1995年第1期),是较早地写段文杰献身敦煌艺术的保护及研究的学者生涯的作品。段文杰历经磨难,终成正果,率领敦煌研究院的科研团队,以丰硕的成果向世界证明:敦煌在中国,敦煌学也在中国。

《张光年与黄河大合唱》(载《老人》1993年第7期,《新华文摘》1993年第10期全文转载),记述了张光年(光未然)与天才音乐家冼星海相识、相交、合作的全过程,以及他们之间深厚的革命友谊。张光年与冼星海合作创作《黄河大合唱》的过程本身,就是一部偶然与必然的二重奏,友谊与命运的交响乐。我的报告文学所能做的,就是还原历史,将许多鲜为人知的情节与细节,拂去尘埃,奉献给读者。

世界经济学界的精英人物有一种说法:发展中国家最稀缺的不是资金,不是资源,而是企业家。《史兴全与企业家的T型结构》(载《中国作家》1996年第4期,《新华文摘》1996年第9期转载)中的主人公史兴全,就是这种"稀缺"的企业家。中国改革开放三十年,由一个经济上濒于崩溃的穷国,发展成长为经济大国,原因当然很多,其中的一个重要原因,就是有一大批像史兴全这样的企业家的崛起。

"T型结构"指一种由多种知识能力构成的人才类型。这种类型要求:在知识结构上有较宽的知识面与精深的专业相统一;在能力上,理论研究能力与实践应用能力相统一;在意志品质上,创新精神与求实精神相统一。史兴全就是这样一位出色的"T型结构"人才。正是有了这样的知识能力结构,他才能在长庆石油勘探局局长的位置上,干得得心应手。

《史兴全与企业家的T型结构》之所以能在全国产生较大的反响及影响,就在于它是第一个以企业家的智力结构为研究对象、抒写对象的报告文学作品。

《天使尽天职》记述了甘肃省中医院急诊科主任、副主任医师沈为众从医二十六年,兢兢业业,尽职尽责,任劳任怨,全心全意为患者服务的医德医风和高超精湛的医术。此作除了内容及主人公的独特而外,更在于作品有意识地艺术追求:一改工业题材那种气势恢宏、意境雄阔的风格,而是以文笔细腻，感情丰富，以情动人见长，力求写出人性的光辉。

再说工业题材。

工业题材的作品，在我的报告文学创作中占的分量最重，数量最多。仅就代表性而言，有如下三篇——

长篇报告文学《铜城交响乐——甘肃白银现象大纪实》（载《中国作家》1995年1期），以宏观的视角，反映、书写西部大开发中城市带动农村经济发展的一次尝试。作品围绕改善经济发展环境的“三不三互”——地企之间不比大小，互相尊重；不搞分割，互相协作；不分彼此，互相支持及“双带整推”——以城带乡，以大带小，整体推进甘肃的经济发展展开。作品既写了大型国有企业白银公司、银光公司的二次创业，辉煌再铸，也写了许多中小型企业在“以大带小”的政策推动下的勃勃生机；既写了搏击风云的乡镇企业家，也写了“指挥”们的胸怀识见与奉献。作品写的是“白银现象”，折射的是全省经济建设发展的思路，而全省的思路又是在邓小平南方谈话激发起的新一轮改革开放高潮的大背景下展开的，因而具有了全国的意义。

长篇报告文学《跨世纪的辉煌——长庆天然气田勘探开发大纪实》（载《十月》1997年第6期）。作品生动形象地记录了我国最大的整装连片大气田——长庆天然气田——勘探、开发的过程。作品把长庆人的痛苦与欢乐、希望与迷惘、无畏与困惑交叠融会于笔端，真实地再现了长庆人在计划经济向市场经济过渡时期，充分利用现代高科技进行勘探、钻井、采气和生产管理的新风貌。在激烈的市场竞争中，他们求生存，求发展，艰苦创业，锐意进取，发现我国最大的整装连片大气田，油气并举，改善我国能源结构，为祖国现代化建设做出了突出贡献。

长篇报告文学《跨越梦想——中国石油长庆西峰油田勘探开发大纪实》（作家出版社2006年12月出版；前七章与王新军合作，出书前刊于《飞天》2006年第1期，其中第六章被《新华文摘》转载），其内容及意义，从印在书的封底的五句话中便略见端倪——

世界石油危机中绽放的一朵奇葩，
中国近十年石油勘探的最大成果，
甘肃省工业强省战略的重要支柱，
陇东革命老区经济腾飞的助推器，
中国石油现代化管理的一面旗帜。

宏观视角,立体观照,历史纵深,全景描绘,是作者的自觉追求,也是全书的艺术特色。

三、散文随笔

我的散文随笔作品的数量不多,至今只有三四十篇。说到代表作,更是汗颜。如果硬要找一篇的话,愚以为《难忘台湾　难忘金门——台湾金门十日行》(载《飞天》2001年第8期,《书摘》转载部分章节,《石狮日报》全文连载),尚可滥竽充数。此作无论从文字的数量(九万字),还是反映台湾、金门的社会广度与历史文化的深度,堪称大散文及文化散文。

海峡两岸半个多世纪的对峙与分裂,造成了台湾文化的隔断与孤绝,同时也造成了民族的疏离与情感的创伤。同根同源同文同种的两岸人民的民族感情,恰似陈年老窖,经过岁月的尘封,经过隔断与孤绝的酿造,愈浓,愈烈,愈醇,愈香,……《难忘台湾　难忘金门——台湾金门十日行》,从头至尾字里行间弥漫着的正是这血浓于水的民族感情及情同手足的民族亲情。这就是凝聚力。这就是中华民族数千年来屡遭战乱屡被分裂而最终又战胜困难走向统一的内在凝聚力。

《难忘台湾　难忘金门——台湾金门十日行》,不是一般的游记,亦不是一般的访问记,而是作者在特殊的时间、特殊的地点进行了一次特殊的参访之后,形成的酣畅淋漓的文字。香港、澳门的相继顺利回归,雪国耻,扬国威,令全世界的华夏儿女扬眉吐气,心胸舒畅。由此,台湾问题突显了出来,成为世人关注的焦点。从具体时间上讲,又巧遇千禧年,恰逢台湾首次政党轮替的"大选";台湾许多人有了新的希冀与憧憬,也怀着某种惴惴不安;而一些政治势力及政治人物,则乘机登台亮相,进行淋漓尽致的表演;……这种近距离的观察,置身其中的感受,无疑为作者的涉笔增加了许多社会的及人文的丰富而生动的内涵。

距离产生美。神秘也产生美。此前,金门虽有大陆作家涉足,却鲜有人深入涉笔。叙写金门岛的历史与文化,述说她的往世与今生,撩开这座闻名世界的战争岛的神秘面纱,便构成了此文的又一特色。

此前,我们对台湾文学艺术的了解,犹如隔岸观花;而今作者与台湾同行朝夕相处,倾心交谈,识文识人识面识心,自然有了更多的了解、理解、沟通与交流。

四、评论界的研究、评论

我的文艺理论研究、文学评论及报告文学作品，连获第一届至第四届甘肃优秀文学奖及第一届甘肃省敦煌文艺奖。“甘肃优秀文学奖”是甘肃省设立“敦煌文艺奖”之前的省级最高文学奖，不分等级，似乎也没有什么获奖评语。

对我的理论研究与评论作品的研究与评论并不算多，主要集中在两部甘肃当代文学（艺）史中——《西部风情与多民族色彩——甘肃文学四十年》（季成家主编，红旗出版社，1991年8月出版）、《甘肃当代文艺五十年》（甘肃文化出版社，1999年出版）。这些评论大多概括又比较笼统。具体的评论有两篇，来自著名诗人张光年（光未然）及著名评论家唐达成为拙著《文艺观潮》（甘肃人民出版社，1995年12月出版）写的序言——

> 你对我国新时期的文学主潮怀有很高的热情；它当时的潮头及流向，后来低潮时期的各种表现，时在你的观察与思考中（故曰观潮）。你和你的同事们一起为欢呼甘肃的文艺新成果、支持文艺新苗的成长，更是付出了辛勤劳动。作为文学期刊的编辑者，我知道，劳动的成果是最大的安慰。
>
> ——张光年

> 德宏对当代文学的关注是开阔的；有对于大西北文学发展历程的概括评估，有对于具体创作的细致分析，并从中上升为理论上成败得失的评骘掂量，有对文学新芽破土而出的欢呼雀跃，有对一部新的力作的出现的兴奋欢悦，对别处作家到大西北观光参观他也不失时机地了解对于文学的种种见解与观感——特别是海外文化人，他也细加追踪访录，从不同文化背景中、不同文化视角中来开阔眼界，扩展经验。因此字里行间给人以辨而不烦，博而不芜，艺文互通，并有所得的印象。而这都是他在繁重的编辑工作之余写下的。可以设想，独处灯下，匍匐青案，干这爬格子的墨农生涯，倘无那点对文艺园林难割难舍的钟爱之情，又怎能有此果实。为此，我为德宏的毅力感叹，也为他的成果欣然。
>
> ——唐达成

张光年、唐达成两位文学大家对拙著的评论，当然更多的是前辈对晚生的奖掖与勉励，但也不难看出，他们都准确地把握住了我这部分作品的共同特质：关注甘肃、西部及全国的文学现状，以宏观的视角分析、论证、把握文艺思潮的发生、发展及其流变。这种把作家、作品、文学现象置于社会思潮文艺思潮中进行全方位、多视角、多层次研究、评论、分析的方法，正是我所任职的《当代文艺思潮》期刊首先倡导的。

对我的报告文学作品的研究、评论数量较多，但综合性的研究评论只有两篇。其一是《甘肃文艺五十年》，有如下总体评价——

> 总体来看，陈德宏的报告文学富有时代感，能够把握时代脉搏，反映时代精神。无论是写人还是记事都有鲜明的特色，文章写得气势恢宏，具有较强的艺术感染力。
>
> （《甘肃文艺五十年》，183页）

在分析评论《铜城交响乐》时，有如下评价：

> 作者在整体上把握文章的变化，在社会生活的广阔图景中透视出社会的方方面面，文章以白银的经济发展为中心，以人物作为连贯整个事件的纽带，整体推进文章向前发展，使作品有一种恢宏的气度，并不时穿插抒情、议论，让人清楚地感到时代脉搏的跳动，让时代冲击着人们的心灵。文章一气呵成，粗犷中不乏细腻，炽热中透着真诚。
>
> （《甘肃文艺五十年》，183页）

其二是汪孝宗的《时代的礼赞　生活的颂歌——评陈德宏的报告文学》（载《飞天》1999年第8期）——

> 陈德宏的报告文学关注现实、追求时代主旋律、积极反映重大社会问题，以饱满的生活热情、敏锐的洞察力，及时生动地报告社会主义现代化建设进程中的新形式、新动态、新成就；以宏大的气魄、深广的概括、厚重的内容，全方位地记录我国经济体制改革中，在由

社会主义计划经济向市场经济转轨时期的城乡经济发展和石油工业战线取得的突破性进展，展示了在这样一个特定的历史时期的改革者、创业者锐意进取、积极开拓的精神风貌。就作品涉及的广阔生活面来说，这组全景式的报告文学可以说是我国经济转轨时期的一个巡礼。

这是对一组工业题材作品分析之后的评估。

陈德宏的报告文学善于细致入微地开掘人物的美好心灵和崇高精神品质，集中展现了社会主义道德的精神美、文明美、情操美，展示了中国知识分子虽历经磨难，却矢志不移，为祖国为人民肝脑涂地奉献一切的牺牲精神。

这是文章对知识分子题材作品的评价。

陈德宏塑造改革者、创业者形象的报告文学，一般不采用以某一人物为中心的框架，不追求情节的完整性和连续性，而采用某一思想为统帅，把众多的人物与不连贯的事件进行组合，大起大落，跌宕起伏，却又层次分明。

这是评论者对改革者形象的塑造及作品结构特色的点评。

在艺术风格上，陈德宏追求一种刚健、清新、豪放的风格。他往往从生活激流中摄取重大、紧迫的题材，居高临下，俯瞰全局，然后快刀切入，大开大阖，气势恢宏，却又层次分明。在作品中不时穿插鞭辟入里、富有哲理的议论，由于深厚的文化素养和艺术功底，常常使陈德宏的笔下流淌出不一般的思想见解，作品笼罩着较为浓郁的思辨色彩和哲学意蕴，且能抓住问题的本质方面，由此构成他高层次、全方位、充满理论力量的报告文学所具有的笔挟改革大潮的雄健色彩。

这是评论者对我的报告文学艺术特色的总体概括。

其他一些评论都是针对《铜城交响乐》及《跨越梦想》的专门评论，数量较多，此处不一一引述了，仅把评论家的名字列出，以示我的谢意与敬意。他们是：谢昌余、许文郁、刘俐俐、马永强、张晓、张瑞民、张明廉、程金城、辛言。他们的评论文章散见于《文艺报》《甘肃日报》《兰州日报》《飞天》等报刊。

问题二

三十年来甘肃文学有了长足的发展与进步，这一发展与进步甚至可以用“巨大”来形容。以下几个方面可以印证我的论断——

其一是三十年前甘肃文艺界就发出了走出甘肃的倡导。走出甘肃的标准是什么呢？是甘肃作家、诗人的作品能在《人民文学》《诗刊》《文艺报》《收获》等国刊、名刊、大刊发表——甚至能在《延河》发展作品都算走出了甘肃。所以当1957年张贤亮（当时工作在甘肃政治干校，宁夏回族自治区1958年才成立）在《延河》发表长诗《大风歌》，20世纪60年代初何来在诗刊头条发表《烽火台抒情》以及赵燕翼的小说，都成了全省文学界的热门话题。而今，甘肃的中青年作家、诗人，在这些国刊、名刊、大刊发表作品已是家常便饭，随时可见；至于在全国大出版社出书，更是屡见不鲜了。

其二是获奖。三十年来全国的各种文学奖项很多，有地区奖、行业奖、刊物奖等。仅就全国最高文学奖项而言，就有邵振国、柏原的全国优秀短篇小说奖（后统一为鲁迅文学奖），王家达的鲁迅文学奖——报告文学奖，李老乡、娜夜的鲁迅文学奖——诗歌奖。

其三是作品被权威或有重要影响的选刊选载的数量。三十年前，几乎记不起甘肃有什么人的作品被选刊转载或者选载（当时选刊少也是事实）。三十年来我省的作家、作品被转载、选载的作品太多了，不做专门的研究、统计，谁都难以说出准确的数字。仅就我供职的《飞天》而言，每年被《新华文摘》《中篇小说选刊》《小说选刊》《小说月报》《散文选刊》《诗选刊》《读者》等转载、选载的作品，多时每年三十多篇（首），少时每年也在二十篇（首）以上。就我个人而言，报告文学、理论批评、散文作品就被转载了十多篇（次），仅《新华文摘》就转载了四篇。

其四是面向全国发声，争得了全国的话语权。十七年，甘肃的文艺评论，基本上是小农经济式的自给自足的方式——自己评，评自己，文章不出甘肃，影响只在省内。

1982年全国第一家省级文艺理论刊物《当代文艺思潮》创刊，以其为平台，向全国发声，迅即凝聚起了一批以中青年为主的理论研究与评论队伍。这支队伍主要由两部分人组成——一是以《当代文艺思潮》《飞天》编辑部为代表的文艺及文化部门的专职人员，其中包括谢昌余、余斌、陈德宏、李文衡、魏珂、管卫中、屈选、辛晓玲、李栋林、常金生、王勉、陈剑虹等；二是以高校的教师组成——其中包括西北师大的季成家、孙克恒、支克坚、张明廉、彭金山、王建疆、邵宁宁、彭岚嘉等；兰州大学的高尔泰、吴小美、胡凯、徐清辉、程金城、常文昌、刘俐俐、梁若梅、王喜梅等；兰州师专的许文郁，河西学院的朱卫国，西北民族大学的徐亮，天水师院的马超……加上新生代的马步升、杨光祖、马永强，还可以开出一长串的名单。

新时期甘肃文艺理论研究、评论队伍的崛起，成为新时期全国文艺界的一个文学现象，一道靓丽风景。

但是，如果进行共时性的比较，把甘肃文学放到全国文学的大格局中进行研判，便看到了整体的局限与不足，与先进的兄弟省市的文学相比，差距依然明显：一是有创新、有实力、有成就、有影响的作家的群体及高质量有震撼力审美效应作品的数量仍嫌不足，而这恰恰是衡量一个地区、一个省，乃至一个国家文学水平的标尺；二是多年来在国家级文学评奖中，代表长篇小说水平的茅盾文学奖，鲁迅文学奖中的中篇小说奖、文艺理论评论奖、散文杂文奖及文学翻译奖，均告阙如。对此，不能怨天尤人，只能怪我们自己实力不济；其三，进入全国文学界视野的作品不多，能够引起评论家关注并予以研究评论的作品更少。

下面就文学的不同门类谈一谈我的看法。

第一，诗歌。诗歌最有希望突破，或者说已经取得了某种突破。诗人之多，每年发表作品之多，出版诗集之多，登录国刊、大刊、名刊人数之多，已进入了历史的最佳时期，已被公认的诗歌大省，李老乡、娜夜同时获鲁迅文学奖——诗歌奖，既是对过去成就的肯定，也是对未来发展的预兆。但我们必须清醒，我们还不是诗歌强省。今后的任务与目标——向诗歌强省迈进。

第二，少数民族文学。甘肃是少数民族聚居的重要省份之一，多民族共处，既有不同民族文化的碰撞，又保留了各少数民族鲜明的文化特色。这恰恰为文学创作提供了天然的优质资源。不仅仅是少数民族作家，同时也为汉族作家提供了取之不尽、用之不竭的创作素材及营养。戏剧家武玉笑、小说家赵燕翼具有全国影响的成名作，均受益于此。季成家教授主编的“甘肃文学四十年”取其名曰“西部风情与多民族色彩”，正是实至名归。

甘肃的少数民族文学，在全国处于先进行列。这是因为：一是甘肃几乎所有的少数民族——回、藏、满、蒙、东乡、保安、裕固等族都有自己的代表性的作家、诗人及其作品。二是有文学的代表人物，比如被称作“少数民族诗人四大名旦”的汪玉良（东乡）、丹正贡布（藏）、伊丹才让（藏）、赵之询（回）的成就及其在全国的影响，至今尚无人超越。三是文学品种齐全。就文学品种而言，诗歌、小说（短、中、长篇）、散文、评论、报告文学、儿童文学，应有尽有。四是获奖多。就获奖作家而言，全国少数民族文学奖——后来统一为骏马奖——自设立以来，甘肃获奖的概率高、密度大；仅凭记忆就有汪玉良、丹正贡布、伊丹才让、赵之询、马少青、吴季康、娜夜、匡文立、匡文留、尕藏才旦、马自祥、铁穆尔等。汪玉良不仅多次获奖而且获少数民族文学终身成就奖。

第三，小说。纵向的自己与自己比，甘肃的小说创作的确取得了很大的进步。但放在全国的小说创作格局中一看，差距依然明显——具有全国知名度的有实力有影响的小说家太少，同全国同行交流，说得最多的还是《麦客》《喊会》至多再加上一部《大漠祭》。这是我们的骄傲，也是我们的尴尬。

第四，报告文学、散文随笔。新时期以来甘肃的报告文学创作取得了突飞猛进地发展，发表作品之多，尤其是出书之多，前所未有。但就质量及影响而言，大多平平。真正产生了全国影响的首推王家达的《敦煌之恋》及董汉河的《西路军女战士蒙难记》。前者获鲁迅文学奖——报告文学奖；后者与前者一起获首届徐迟报告文学奖。获鲁迅文学奖很难，获徐迟报告文学奖则更难——首届徐迟报告文学奖，二十多年评出了二十部作品，平均一年一部，能在众多优秀作品中杀出重围，脱颖而出，实属不易。我对自己的报告文学的评价是：既不突出，亦不平庸。我的作品之所以能产生一定的全国影响，首先得益于作品主人公（段文杰、张光年、史兴全）的知名度；其次是得益于发表的刊物——《中国作家》《十月》这些大刊、名刊的号召力及转载刊物——《新华文摘》的权威性；最后起作用的，才是我的一些并不成熟的艺术追求。此外，还值得一提的是张庆豫的《共和国不应忘记》。此文反映的是我国经济转型期资源性城市建设者所经历的阵痛，记录了那段历史，反映了一个时代。

甘肃散文、随笔的创作，也有进步，也有发展，但总体而言，没有形成气候，不过像第广龙（如《三界地》）、雒青之（如《菊花下的刀光》）、铁穆尔（如《苍狼大地》《北方女王》）、周应合（如《周家的羊群》）的散文，马步升的陇东乡土散文，宗满德的西部新乡土散文，在全国还是产生了一定的影响，为改革开放三十年的甘肃文学，还是争了光、添了彩的。

现在集中谈一谈甘肃文学的局限与不足。

第一是边缘化。我这里所说的“边缘化”，不是指文学被社会的“边缘化”，而是指甘肃的文学创作没有真正地融入全国的文学潮流。十几年前我写过一篇论文——《拒绝文学主潮的苦恼及徘徊于传统与现代之间的困惑——张冀雪小说创作透视兼评一种文学现象》，剖析的是张冀雪的小说创作，指出的是甘肃小说创作的症结。可惜，我省作家很少有人重视它，或者说很少有人读懂它。其中当然也包括文学观念的边缘化。

第二是语言。“文学是语言的艺术”，我们的许多作家并没有真正读懂并理解这句话的深刻内涵。生动、形象、准确、鲜明，只是文学语言的基本要求，而其内核则是创新与创造。现象与本质之间，便是语言提升的广阔空间。真正的创造性语言是对事物及思想本质的逼近，但永远不能抵达——犹如人类对真理的追求只能逼近，不可抵达一样。我们常常把语言看作工具、技巧、形式，没错，但这只是它的一般意义；就其特殊性而言，其实更应该是内容。愈是优秀作家的优秀作品，便愈是难以把语言与内容剥离开来。因此，才有“诗到语言止”的论断。其实，小说、散文也是“到语言止”。伟大的作家都是语言大师，他们对历史的贡献，当然不局限于对已有语言的使用，更在于他们对语言的创造、创新、丰富与发展。

第三是理论学养。甘肃的作家大多重创作实践，轻理论学养。一个作家如果按文学教程去写作，肯定写不出好看的作品，也肯定成不了大作家。文学是作家自由精神的对象化，任何条条框框都将限制作家自由精神的升发与张扬。但理论学养对作家而言又是必需的，因为它是提高作家素质、品位及审美层次不可或缺的环节与内容。由生活而文学不是一个简单的对应关系，必须经过作家的审美中介，而正是这个审美中介决定了作品的优劣、高下、文野。打个简单的比方，犹如酿酒，用的都是高粱，而成品各异，有茅台、五粮液、老白干……区别不在原料，而在中间的酿造工艺及其过程。理论学养对一个作家来讲不是万能的，学者不一定能成为作家；但要成为一个大作家，没有深厚的理论学养支撑，却是万万不能的。所有的大作家都是大理论家、大学问家，这已为古今中外的文学史所证实。王蒙提倡“作家学者化”显然是针对“作家非学者化”的现实有感而发的。对此，我深表赞同。

第四是想象力。想象力的缺失是我国作家的“通病”，甘肃作家尤甚。究其原因，主要是长期对现实主义创作方法的误解、曲解、独尊，以及对现代主义的拒绝。到生活中找素材找原型，只能在某一点上激发作家的灵感，而由“点”扩展到“面”——人物的塑造、情节的设置、矛盾的发展、细节的描绘……总之，创作的提高与完善，主要靠想象，想象力是作家必备的基础条件。作家要注重写什么，更要注重怎样写。

问题三

甘肃文学三十年的发展令世人瞩目且高兴，为未来更大的发展与繁荣提供了坚实的基础与广阔的平台。但要想达到我们期盼的目标与结果，实现新的愿景，仍需全省文学界付出共同的努力与辛劳。为此，我提如下建议：

——全面提高作家的素质、品位及修养。作家本质上说是“个体劳动者”，因此“作家的学者化”应是作家进步的必由之路。古人尚且有“行万里路，读万卷书”的清醒认识，何况今人。生活要扎实，阅历要丰富，眼光要高远，胸怀要宽广，悲天悯人，尊重生命，应是对作家的基本要求。至于路径，鲁迅早有明示：唯有多读，多写，多改，别无他途。

——要整合文学资源。文学团体虽然有别于党委及政府部门，但“文”出多门，相互掣肘，各吹各的号，各唱各的调，以人画线，拉帮结派，排斥异己，制造内耗，显然不利于文学的发展与繁荣。要树立甘肃文学的大局观，整体观，及“一盘棋”的精神。

——要加强文艺理论、评论工作及其队伍建设。对内，对甘肃的作家、作品、文学现象进行追踪研究，力戒“捧杀”“棒杀”及人情评论，力戒“花拳绣腿”式表演及作秀。在知识爆炸的信息时代，好酒也怕巷子深，响鼓也需重锤敲。因此，立足甘肃，面向全国发声，争取全国的话语权；推介甘肃作品，也介入全国的讨论。

——加大投入，办好文学期刊。文学期刊被形象地称作作家的“摇篮”、文学的“苗圃”，把文学的“卫星”“飞船”送上太空的火箭。除了个别的文学“天才”，绝大多数作家都是从文学期刊发表作品开始其文学生涯的。要把省、市两级文学期刊纳入发展文化软实力的规划，加大投入，作为公益事业予以大力支持，把“一级火箭”（市级刊物）与“二级火箭”（省级刊物）、“三级火箭”（国刊、大刊、名刊）有效对接，才能把更多的文学“卫星”“飞船”送上“太空”。

长期担任文学期刊主编的我，深知文学期刊的困境，一方面是飞涨的纸张费、印刷费、邮发费，不断提高的稿费，另一方面却是数十年不变的办刊投入，此种状况令我头疼不已，倍感压力，穷于应付。

没有文学期刊强有力的支持、支撑与推动，发展繁荣文学创作，只能是一句空话。

——须要加大经费投入。文学事业像其他事业一样，也有一个投入产出的问题。就我所知，制约甘肃文学发展繁荣的瓶颈是经费。经费的不足，使许多该开的会不能开，该研讨的作家、作品不能研讨，甚至连作家深入生活、外出学习都受到了影响。开阔眼界，创作交流，请进来，走出去，都需要经费。既要马儿好又要马儿不吃草，显然已不符合当前的实情。

——最后也是最重要的一条，加强并改善党对文学事业的领导。这是我们的体制优势，也是文学事业繁荣、发展的重要保障。

以上，是我对个人创作的梳理、检视与回溯，以及对“改革开放三十年甘肃文学的成就与局限”的一些印象和看法。一孔之见，一己之得，水平所限，疏漏偏颇乃至谬误，在所难免，仅供参考，并望批评、斧正。

陈德宏

2009年3月于北京东燕郊

【附注】

1.程金城，兰州大学文学院教授、博士生导师，甘肃省社科规划项目“改革开放三十年甘肃文学的成就与局限”课题组主持人；

2.文中所引作品，未注明出处者，均见拙著《文艺观潮》，甘肃人民出版社，1995年12月出版。

陈自仁的回复和提供的资料(节选)

陈自仁文学创作自述

(《陈自仁文集》研讨会上的发言)

尊敬的各位领导,各位来宾,朋友们:

首先,我衷心感谢大家参加今天的会议。这么多的领导、作家、评论家光临今天的会议,是对我最大的关爱、最大的支持、最大的鼓励!现将我的文学创作活动作汇报如下:

我是20世纪70年代中期开始文学创作的。“文革”结束后不久,我创作并发表一些诗歌、短篇小说、儿童读物和影视剧本。其中的儿童读物,后来结集为《中国神话故事》《中华民族神话》和《中外经典神话》(合作)三本书,由甘肃少年儿童出版社出版。现在看来,那些作品都很幼稚,由于受篇幅限制,除短篇小说《一盏灯》外,其他作品均未收入我的文集。

20世纪70年代末到80年代中期,我在《西北师范大学学报》编辑部做编辑工作。工作之余,我开始文学研究,曾就多位作家的作品,发表过意见;有些意见,对作家的创作产生了积极的影响。这一时期,我主要的收获,是在中国当代文艺现象研究方面取得了一点成绩。在几篇论文中,我探讨了现实主义创作方法的哲学基础、现实主义创作方法与社会主义文艺原则的关系、现实主义创作方法与文艺创作的客观规律、现实主义创作方法的发展等问题。同时,我对新中国成立后文艺领域庸俗社会学的表现及其影响,也进行了一些研究。其中《批判萧也牧创作倾向时的庸俗社会学及其影响》一文,获1978—1984年度甘肃省优秀文艺成果奖。我对当时文学创作中的不良倾向也给予了关注,发表的《略论当代青年题材创作中的错误倾向》等文章,曾被一些报刊转载或摘要介绍。我在文学研究方面的主要收获，甘肃省委宣传部、甘肃省文联编辑出版的《甘肃当代文艺五十年》一书，曾以一节的篇幅做过介绍。我这一时期的部分评论文章，收在文集第八卷中。这一时期，由于我的部分文章带有强烈的时代色彩和政治色彩，现在看来已经过时，因此未能收入我的文集。

1984年，我调到甘肃省委宣传部文艺处工作，两年后又调回大学。此后十年间，我将主要精力用于教学和行政管理工作，文学创作和文学研究处于停顿状态，只是在社会科学研究方面写了一些作品，曾与人合作，先后出版过七本专著，其中部分专著获甘肃省社科成果奖、甘肃省高校社科成果奖和甘肃省优秀教学成果奖。这些成果，由于是非文学作品，均未收入我的文集。

20世纪90年代中期，我再次回归文学阵营。用管卫中先生在一篇评论文章中的话说："陈自仁再度浮出水面的时候，变成了一位多产的儿童文学作家。"的确，这次回归文学阵营，我很想甩开膀子大干一场。我以极大的热情投入了文学创作，几乎放弃了所有的节假日和休息日，每天早晨五点多起床，然后开始写作。即使正常的工作日，我也是每天早起写一两千字，再满怀激情地去上班。写作成了我的一种嗜好，也成了我生命的一部分。每天早起写一点东西，我整天会感到精力充沛，心情愉快。我和我虚构的人物一起欢乐，一起痛苦，一起追忆过去，一起畅想未来，甚至一起上太空遨游，一起进丛林探险，一起去战场搏杀。

这一时期，我先后发表了少年长篇小说《恐怖雨林》（获第三届国家图书奖提名奖、甘肃省第四届优秀图书奖特别优秀奖）和长篇历史小说《苍山遗恨》（曾在天津《今晚报》和《兰州晚报》连载）。此后，我开始科幻小说的创作，在发表一系列短篇小说的同时，发表了《黑沙暴》（获甘肃省第四届优秀图书奖）、《科学狂人系列》（五本）（获2001年全国优秀畅销书奖、首届黄河文学奖二等奖、全国第三届蒲公英优秀作品奖、第四届甘肃省优秀科普作品一等奖）和长篇科幻小说《非人》（原名《我是谁》，曾在一些报刊和互联网上连载）。这些作品，收在我的文集第二卷和第三卷中。

在我的文学作品中，惊险小说也占一定比重。我先后发表了《双雄系列》（五本）和《骷髅岛系列》（五本）。这些作品，分别收在我的文集第四卷和第五卷中。

游记和传记类作品，是我创作的另一个重点。我先后出版了《小霞客游记》(获第十二届中国图书奖、第十一届冰心儿童图书奖、第二届敦煌文艺奖二等奖)、《殒命中亚——斯坦因探险考古生活》(获第四届敦煌文艺奖二等奖)和《神秘西部》(原名《中国西部神秘色彩》)。这些作品,分别收在我的文集第六卷和第七卷中。

我一直热衷于科普类作品的创作。除了科幻小说外,我还创作了不少其他类型的科普作品。世纪之交,我发表了被评论家誉为"生命状态小说"的《神秘家族》(原名《猴徙》,获第五届国家图书奖提名奖、湖南省第七届精神文明建设"五个一工程"入选作品一等奖、甘肃省第二届精神文明建设"五个一工程"荣誉奖)。这本小说,收在我的文集第七卷中。2006年,我又出版了科普散文集《为禽兽喝彩》,受到读者好评,在社会上产生了一定的影响。由于时间限制,这本书未能收入我的文集。由于我在科普作品创作方面取得了一点成绩,2006年,我当选为甘肃省科普作家协会副理事长。

三十年来,我虽然写了一些作品,如今出版了这套文集。但是,毫不客气地说,收在文集中的作品都很幼稚,也很粗糙。今天,我不揣浅陋,斗胆地把它呈现在各位领导、各位老师、各位朋友面前,说实话,我的心中除了胆怯,就是羞涩。在过去的岁月中,在座的很多朋友给过我不少热情的指导,也曾给我不少无私的帮助。在今后的文学道路上,我依然热切地希望大家给我更多的指导、更多的帮助。

谢谢!

2007年3月30日

陈自仁访谈录

在甘肃作家圈子里,陈自仁以"高产"而广为人知。

对陈自仁来说,年年有新作已不是什么新鲜事,因为他时常是一年两三部。2007年4月初,一部收录了小说、传记、游记、散文、评论,总计浩浩四百万字的"《陈自仁文集》1—8卷"出版,又一次印证了他的"高产"称誉名副其实。

在甘肃当代作家中,到目前为止,包括陈自仁在内只有三位作家出版了文集,而《陈自仁文集》又以数量最大、篇幅最为厚重而"拔了个尖"。

“我不是专业的(作家),充其量只是个业余作者罢了!”了解陈自仁的人都知道,这不是他在自我贬低,一直以来,他都是一个内敛且才情不外露的人。

但是不管陈自仁个人如何自我定义,就如同“高产作家”的称号一样,“多面手”也是圈子里的朋友们“砸”在陈自仁头上的又一个别号。他的历史小说《苍山遗恨》出版后,先后在天津以及省内的媒体上进行连载;他写的科幻小说,无论从作品的数量还是质量,在甘肃作家中无人能够企及。其中,其创作的长篇系列科幻小说《蚂蚁人》《遥控人》《双脑人》《组合人》《超能人》被中国报刊发行业协会作为“优秀书中的畅销书,畅销书中的优秀书”,获“2001年全国优秀畅销书”奖,而他也是第一位获此奖的甘肃作家……“写啥像啥!”“小说、散文、游记,无论哪个体裁的东西,一个最显著的特点就是好读。”陈自仁的多面出击赢得了同行们的肯定。

一个人——当他只有七八岁的时候——对文学产生的一种懵懂的喜欢,究竟能坚持多久——十年、二十年或者三十年?20世纪60年代初,还是一个小学生的陈自仁由衷地喜欢上了文学。然而,当把如何填饱肚子当作他人生最大的事情的特殊时代,文学梦便自然失落了。“坦白讲,当我再一次重拾文学梦的时候,所想的就是希望能通过文学(创作)来改变命运,摆脱贫困。”陈自仁说他真正意义上的文学创作开始于20世纪70年代,从他开始学着写短篇小说开始……而在此间的三十多年里,陈自仁扮演的社会角色也在不断地变化——从生产队会计到营业员到官员再到老师。

“知道吗,随着(我的)社会角色的转变,在我身上发生的一个最本质的改变是什么吗?三十多年一路走过来,(它)从最初的我改变命运的工具已经变成融入我的身体、我生命中不可或缺的一部分了!”

(原载于《兰州晨报》,记者雷媛)

记者:首先向你表示祝贺,为你的文集,更为你成为“甘肃第三个出文集的作家”。

陈自仁:谢谢!说实话,我本来没有出文集的打算,尽管已经发表了四五百万字的东西,但是要把那些东西结集出版,真是还不够资格。

记者:很冒昧地说一句,你的这番话让听者有种很耳熟的感觉,因为不少出了书的人都这样说。

陈自仁:别人我不知道,我也无所谓别人是怎样说的,但是我之所以这样说是因为在出文集之前就是这样想的！我开始是没有信心的，不敢轻易造次。后来有不少朋友热情鼓励我，说这么多年了，出这样一个文集也算是对自己创作的一个总结。

记者：在不久前举行的陈自仁文集研讨会上，关于文集的价值所在，听到了这样的评说："这部文集的出版，从一个方面反映了甘肃当代作家取得的成就，同时也说明甘肃文学创作进入了一个新的收获期，陇原文学的又一个繁荣期已经到来。"相对于你个人所说的文集只是自己创作的一个总结而言，你又会怎样看待这样的评价？

陈自仁：其实，对于这个问题，我在研讨会上的发言中已经回答了。我说过虽然出了文集，但毫不客气地讲，收在文集中的东西都很幼稚，也很粗糙。这一点我讲得很清楚。

记者：我们看到你的文集共八卷，有小说有游记有评论，想知道的是它们之间是不是有什么脉络可以依循？

陈自仁：在我这套八卷本的文集中，小说占了五卷半，其余的则是评论和散文。应该说它们之间是有内在联系的——时间为经线，体裁为纬线，将它们之间串联在一起。

按我原本的想法，出个十卷本的文集，把自己编的作品都编进去，可出版社不同意。编辑认为文集销售困难，就出版这几卷，出版社也会亏损的。作为作者，最后只能听从出版社，出个八卷本的文集，也算聊以自慰。(笑)

记者：那这样会不会有些遗憾？

陈自仁：不会，我已经是很满足的了！(笑)

记者：你刚才讲了当你再次做起文学的梦，是想通过文学改变命运，那么，踏上文学之路后，文学改变了你的命运吗？

陈自仁：坦率地讲，文学对我的命运的改变起了决定性的作用。我刚才讲了我真正意义上的文学创作是从学写短篇小说开始的。客观地讲，当时的中国没有几个发表文学作品的刊物，更何况我当时的那些东西又是很幼稚粗浅的，自然就更没有地方发表了。后来，我把那些东西送给县城里的一些文友传阅，有点像手抄本那样，出乎我意料的是，那些东西在县城小文化圈里有了影响，在县城机关干部圈子里也产生了一定的影响，正是这种影响，对于改变我的命运起了决定性的作用。后来，由于那些东西，一个偶然的机会，我进入了大学中文系学习。

记者:听说在我省为数不多的最能拿稿费的作家中,你是其中一个。而我们都知道,这和你作品的畅销应该是分不开的。那么,你是如何做到畅销的?

陈自仁:对于我的文学创作,我个人总结的特点有两个:一是量多,这也就是被大家封为“高产”作家的原因吧。二是杂,在写作的过程中,我则坚持一个原则,那就是写的东西要好看,能打动人!好看的能打动人的作品销路就好。所以,我时常对学生说,写作的时候,千万别像挤牙膏,如果是那样,你干脆停下来不要写了。写作的时候一定是在激情亢奋的时候,因为那一刻是你灵感涌现、思绪飞扬的时刻,在那种状况下写出来的东西也就最富有激情了,也是最能感染和打动人的。

记者:那么对今天的你而言,以后文学创作中最大的期待是什么?

陈自仁:一大堆奖中还没有一个重量级的文学奖。

记者:这是指茅盾文学奖、鲁迅文学奖吗?

陈自仁:那不敢奢望。但是心里就是想圆一个梦——写一部“立身之作”。

涉足两大“冷门”——儿童文学与科幻

记者:20世纪90年代中期你又一次回归文学阵营,为此,有人评论说“陈自仁再度浮出水面的时候,变成了一个多产的儿童文学家”。为什么在近十年的停歇之后,选择了有“小儿科”之称的儿童文学作为起点呢?

陈自仁:我经常说,文学创作好比是掘井,你必须选择一个点,深挖下去,只有这样,才能掘一口深井,掘出水来。而我选择的“点”就是儿童文学。

的确,在不少人尤其是作家眼中,儿童文学就是“小儿科”,因为即使像茅盾文学奖、鲁迅文学奖等这些重量级的文学奖中,几乎没有一个大奖是奖给儿童文学的。而我选择儿童文学这个“点”,和我的经历有关——是受到了一位知名的儿童文学出版家林草的影响,林草老师曾多次鼓励我从事儿童文学创作。后来,我又认识了儿童文学家汪晓军,在众多朋友的鼓励和影响下,我开始了大量的儿童文学创作。

记者:有人曾这样说过,在中国做科幻小说,是一种坚持。如果说涉足儿童文学是受到了别人的影响,那么文科生出身的你,怎么又要“插足”到科幻小说这个冷门呢?支持你坚持的又是什么呢?

陈自仁:准确地说,我写科幻小说是从写科普类的东西开始的。我一直热衷于科普类的文学创作，除过感兴趣之外，感觉还有一点使命感在里面。我发现随着经济的发展，我们身边的文盲少了，却多了很多的“科盲”，这些“科盲”连基本的科普知识都不知道，尽管他们中的许多人也可能是某一学科的教授或是博士，但这不能阻止他们时常会在一些基本的科普常识中犯错。要说是什么支持我写下去，那应该算是读者了，我的系列科幻小说还是深受读者喜欢的，还得过不少奖呢。只要有读者看，我就要继续写！我两年前写的科普类作品《为禽兽喝彩》，一直以来就很畅销，销售量也是很大的！

放弃文学评论转向文学创作

记者：在开始大量的文学创作之前，你有近十年的时间是搞文学评论，在文学评论行列里，你的名气也是挺大的，怎么就突然放弃评论而转向文学创作了呢？

陈自仁：我是20世纪90年代中期突然决定放弃文学评论重新开始文学创作的。为什么会有这样的改变呢？因为我发现文学评论不能写下去了，搞不下去了，为什么呢？因为真正的文学评论已经不受一些作家的欢迎了，在文艺界的某些群落中，流行起了炒作，文学评论变成了不是一味地吹捧就是恶意的人身攻击，我意识到，自己已经远远落后于时代了，搞文学评论是没有希望了，唯有放弃。

董汉河:答程金城先生问

尊敬的程教授:

2月8日来信收悉,近些年我已淡出文学界,您问的问题我有的谈不好,仅提供点很不成熟的看法。

一、我的文学创作状况:报告文学、影视剧本、散文、小说皆有所涉猎,仅在报告文学、影视剧本方面小有成绩。

1.《西路军女战士蒙难记》1988年首次发表于《西北军事文学》第2期,2009年起解放军文艺出版社出版三次;2002年5月获"首届徐迟报告文学奖";2003年12月获省第四届敦煌文艺荣誉奖;被收入《中国新时期优秀报告文学大系》十二万余字(长江文艺出版社,1998年12月);《中国新时期三十年文学大系》收录二万余字,由上海文艺出版社出版;著名作家、评论家徐怀中、魏巍、王愿坚、鲍昌、唐达成、冯立三、何西来、周政保、谢昌余等都曾在《求是》《评论选刊》《西北军事文学》等报刊发文评论该书(详见拙作《十年磨一剑泣血祭英魂——〈西路军女战士蒙难记〉发表前后的调查研究及其他》)。

2. 我任第一编剧的电影剧本《红流》在《电影文学》头条发表,1996年拍竣放映,1998年2月获敦煌文艺二等奖。

3. 我任第二编剧的电视剧《营救》获第二十二届(2001年)全国电视剧《飞天奖》短篇电视剧三等奖;2002年获第二十届中国电视金鹰奖短篇电视剧提名奖。

二、三十年来甘肃文学创作成就明显,主要体现在舞剧、话剧、小说、报告文学、诗歌创作等方面,其主要标志是这些方面有影响全国的作品,且很可能在文学史上留下痕迹。主要不足可概括为"一无二少",即作家群中无"大树",精品稀少。急于求成的浮躁心态,文化底蕴和修养欠缺,政府组织支持不够等,是其原因。

三、组织作家采写甘肃乃至西北生态问题的报告文学,通过挂职等多种形式深入生活,争取多派些人到鲁艺学习。

十年磨一剑　泣血祭英魂

——《西路军女战士蒙难记》发表前后的调查研究及其他

董汉河

拙作《西路军女战士蒙难记》(后文简称《蒙难记》)从1988年《西北军事文学》第二期首次全文发表,至今已近二十年了。编辑部是将拙作作为长篇报告文学推出的。真实是报告文学的生命。这在当时的报告文学创作和评论界,已是被绝大多数作家和评论家所接受和坚持的主流思想理念。从当年在北京举办的作品讨论会,到众多评论家、作家在各种报刊媒体发表的数十篇评介文章,一直到2001年第一届徐迟报告文学奖获奖,对拙作的真实性,从来无人提出过疑义。笔者常为此略感欣慰:尽管拙作还存在着一些缺憾,诸如文学性不足和有些粗糙等;但对其真实性,笔者还是十分自信的,因为其中绝大部分内容是根据作者长达十年的调查采访写成的,部分内容则引自馆藏档案。所有被采访者当时都健在,没有人对其总体的真实性提出过质疑。原西路军妇女团政治部主任华全双,甚至鼓励我可以写得更大胆些,因为"文化大革命"中她什么都交代过。原西路军前进剧团演员陈素娥后来更加详尽地给我讲述了她与孙玉清军长恋爱生子的经过,让我把情况写成申诉材料,上报中共甘肃省委。为此,当时的甘肃省省长曾去慰问过她,民政部门也给她和孙玉清的儿子刘龙发了烈属证。

认真读过拙作的读者,是能够看出拙作的大部分材料来源的。因为拙作中有相当一部分内容,我已真实严肃地将采访对象、地点和时间说清楚了。但经过反复思考和检视,拙作也有未将材料来源交代清楚的地方,也曾因一个女战士对一件事情回忆有误,再版时做过修订。因此,有必要专写一文,将拙作的写作准备、材料来源、发表前后的情况和重要的修订进一步说清楚,聊补缺憾。

一、长达十年的调查和采访

我们对西路军的调查和采访,是从1979年开始的。起初,我和另外两位同事张德芳和郑子文组成了一个“红军在甘肃”的课题组。目的是想把红军在甘肃的历史搞清楚。在搜集材料的过程中，我们发现了两条十分新鲜和重要的线索：一是甘肃省档案馆存有西路军专题档案二十多卷；二是两册关于西路军的回忆录《悲壮的历程》和《气壮山河》。于是，我们决定将“红军在甘肃”课题组改为“西路军史”课题组，企图集中力量调查研究鲜为人知的西路军历史。这年9月，我们三人带着借来的三件皮大衣和两架照相机，从西路军西渡黄河的甘肃靖远县河包口（虎豹口）出发，开始了我们艰辛而又饶有兴味的实地考察访问。靖远县、景泰县、一条山、双龙寺、五佛寺、寺滩、古浪县、武威（凉州）、新城（满城）、永昌、张掖（甘州）、高台，沿着西路军的西征路线，一边考察重要战场遗址，查阅相关资料，一边访问西路军流落当地的老战士、当事人和见证者。由于当时西路军还戴着“张国焘路线”的政治帽子，相关部门对我们的考察采访，并不全都十分支持。被我们采访的数十名西路军老战士，由于在“文革”中几乎全被当作“张国焘路线的走狗”“叛徒”“逃兵”批斗过，大都心有余悸，往往在无他人旁听时，才能放开讲当时的情况。

尽管如此，两个月之后考察归来，我们还是颇有收获。我把两三个采访本都记满了，另外还拍摄了两三卷战场遗址和被采访者的照片。根据所获材料，主要由我执笔，写了三份关于西路军的考察报告，发表在1980年的《社会科学》（甘）上，之后又全被人民大学复印资料《中国现代史》转载。今天看来，这三份考察报告尽管粗浅，但仍然有其价值和意义：一是第一次提出中央是知道西路军西渡黄河的，并非如某些回忆录所云，是张国焘假借“打通国际路线”私自调动西路军西渡黄河；二是考察校证了西路军西进的准确时间、准确地名、战场实况，以及重要烈士熊厚发等人的牺牲真相，发现了一些进一步深入调查的线索；三是埋下了撰写长篇报告文学《蒙难记》的种子，为其写作做了最初的准备。这并非因为我有先见之明，而是我有一种终生未变的情结：作为烈士子女，一直想追寻革命先烈的足迹，为他们树碑立传。为此，我考取了北大中文系，企图用文字的形式表现先烈可歌可泣的英雄事迹和崇高精神。正是由于大学中文系的学习和训练，在考察和采访过程中，我非常注意细节的观察和记录。《蒙难记》中张怀碧、吴兰英和陈茶秀的事迹，都是根据我这次采访记录写成的。

为搜集更多的西路军资料，我们给一些老红军发函，请他（她）们撰写回忆录，提供相关线索。很快，我们得到老红军寥作庭夫妇的回信。他们希望我们帮他们整理回忆录。寥作庭当时任甘肃省人民医院副院长,离我家很近。我利用每天晚上的时间,听他讲述在红军中的经历。寥副院长的夫人原是红四方面军的女战士,与西路军前进剧团女战士陈素娥很熟悉。她十分肯定地告诉我:陈素娥的儿子刘龙,就是西路军红九军军长孙玉清的遗腹子,长得和孙玉清一模一样,很多见过孙玉清军长的老红军看法都是这样。于是,在他们的引领下,我到兰州火车站附近,多次采访了陈素娥。

为进一步证实陈素娥的身份,从1980年夏天开始,我到北京多次采访了谢觉哉夫人王定国。王定国曾是西路军前进剧团的服装股股长,当年和陈素娥是无话不谈的密友。她精力充沛,记忆力很好,许多牺牲或健在的战友的姓名,她都记得十分清楚。她不但证明了陈素娥的身份,还为我提供了许多具体生动的细节,以及其他战友的事迹。《蒙难记》中"前进剧团的覆灭""西宁'新剧团'""军长和他的亲人们""甘州星火"等章节主要就是根据对王定国和陈素娥的多次采访写成的。

1981年,主管历史室的副院长和室主任,不让我们再继续西路军的调查和研究。理由有两条:一是党史研究有禁区,西路军史的研究就是禁区之一,若出了问题他们负不起责任;二是应集中全力进行陕甘宁革命根据地研究。尽管我心里不服,表示出了问题自己负责,但还是不得不服从所谓的组织安排,将大部分精力投入陕甘宁革命根据地资料搜集和编纂的工作。此后,我又利用外出开会和帮老红军重访故地整理回忆录的机会,到西安、江西、北京、西宁、大连和河西走廊等地,采访了西路军供给部长郑义斋烈士的妻子杨文局(曾任西路军供给部保管科长)、妇女团团长王泉媛、妇女团政治部主任华全双、妇女团营长何福祥、陶宛荣、妇女团秘书李开芬、女战士李文英、姚芝珍、安明秀、王玉春、董桂芳、张秀芳等。

在此基础上,我于1986年底写成了报告文学《西路军女战俘》。此前,我曾根据从中央档案馆搜集到的相关电报文献和采访资料,写成历史传记《董振堂》《西路军大事记》和《西路军妇女团考略》等相关论文。《董振堂》于1982年由甘肃人民出版社出版。《西路军妇女团考略》是《党史研究》杂志社让我修订后在1985年第6期刊用的。《党史研究》编辑部先是给我寄来了两份《西路军大事记》的"送审稿",后又当面告诉我"上面"不允许发表。投到他刊的相关论文,也迟迟不见刊用。怎么办? 在困境中,我写成了报告文学《西路军女战俘》。写作的动因,一是由于西路军女战士被俘后的悲惨遭遇和艰难的生活现状，使我寝食难安，不吐不快；二是想借报告文学的发表，为西路军的研究和创作找一个突破口；三是让世人了解，革命成功并非一帆风顺，辉煌的胜利是耸立云天的丰碑，悲壮的失败则是深埋地底的基石，不了解革命进程中的艰难，就会得“营养缺乏症”。当然，我也意识到，作为报告文学，西路军女战士们被俘的命运和遭遇，还有更多的内涵，见仁见智，会给读者更丰富的人生感悟，但写作和发表《西路军女战士蒙难记》，主要和直接的目的，就是上述三条。

二、《西路军女战士蒙难记》的发表和影响

大约是1987年初，我将《西路军女战俘》寄给了大型军事文学期刊《昆仑》。不久，编辑部复信，对拙作表示了相当程度的肯定，但对公开发表，表示了顾虑。我又拿着退稿，亲自登门到兰州某妇女杂志投稿，一位姓刘的男编辑，看着我手中厚厚的手稿，当即拒绝。理由是太长，他们主办的杂志一期都登不完。我怏怏然归来，发现刚创办的《西北军事文学》刊登了我投寄去的短篇小说《山溪水清清》，一阵欣喜。于是，我带上两次被拒绝刊登的《西路军女战俘》手稿，直奔设在兰州军区政治部的《西北军事文学》编辑部。编辑部共四个编辑，挤在一间房子里，主编名叫贺晓风，戴着眼镜，有点谢顶，看起来比我年龄稍长，比我年轻些的陈作黎和徐光泽分别负责散文、报告文学和小说，最年轻的小殷则负责编辑诗歌。他们都很朴实，没有架子，问清了我的姓名，便以我的小说已被刊用相告。我表示感谢之后，径直说明来意，便将投稿留给了他们。

一个月后，记得是1987年9月，《西北军事文学》编辑部电话约我去谈话。编辑部对拙作《西路军女战俘》表示肯定。主编贺晓风当面鼓励我说：“你知道得很多，要放开写，其他问题由我们负责。”他让我在12月底之前将稿件修改好后交给编辑部。

是的，我确实知道很多西路军的事迹，但由于传统观念作怪，我顾虑重重，写得拘谨。贺晓风等编辑居然能看得出，并且一语中的。我十分佩服编辑们具有穿透力的眼光，也由衷地感谢他们的鼓励。经过两个月废寝忘食的补充和改写，12月底，我终于提着满满一小皮箱手稿和数十张当年西路军遭残害者的原始照片，送到了编辑部。编辑们看过17万字的修补稿后震惊了。陈作黎建议分期连载，贺晓风则果断决定：一次全文刊出。我喜出望外，只是觉得还有些粗糙,想再润色誊抄一遍。贺晓风主编说,剩下的工作由他们来做。我告诉编辑们,在我采访的过程中,被俘过的西路军将士,对“被俘”字样十分反感。贺晓风在征得我的同意后,决定将拙作的题目改为《蒙难记》。

《西北军事文学》是双月刊,1988年3月20日《西北军事文学》第二期将《蒙难记》一次全文刊发,很快在全国引起轰动。

文学评论家周政保首先在《解放军报》发表评论拙作的文章《真实的魅力》。接着《人民日报》《文艺报》《文汇报》《中国青年报》《北京青年报》《今晚报》《兰州晚报》《齐鲁晚报》《文学自由谈》《评论选刊》《求是》杂志等十几家报刊相继评介、选载或连载。6月26日,“《蒙难记》作品讨论会”在北京民族文化宫举行,会议由贺晓风主持,应邀到会的有著名作家、评论家唐达成、徐怀中、王愿坚、鲍昌、何西来、缪俊杰、冯立三、丁临一、周政保、朱春雨等四十余人。会后,中央电视台、中央人民广播电台、《人民日报社》、《光明日报社》、《文汇报社》等各大媒体迅速做了报道。《西北军事文学》在同年第五期以《在花岗岩上雕凿的女战士群像》为题,发表了作品讲座会纪要,并刊发了评论家谢昌余的长篇评论《把历史的内容还给历史——评长篇报告文学〈西路军女战士蒙难记〉》。著名作家魏巍在《求是》杂志第7期发表评论《读〈西路军女战士蒙难记〉》。评论选刊第9期在选登拙作部分章节的同时,刊发了著名评论家冯立三的长篇评论《评报告文学〈西路军女战士蒙难记〉》,还有一些评介和采访我创作过程的文章,如《用脚采写的报告文学》等,兹不一一赘述。

国外影响也有一些。耶鲁大学的博士、前来中国的美国和法国留学生都曾到兰州来访问过我,也有旅居英国的华人来函商酌翻译出版拙作。

据我所知,到2002年为止,解放军文艺出版社先后出过了三种版本。

更加令我欣慰的是,《蒙难记》首次发表十四年后的2002年,荣获首届徐迟报告文学奖。这次评奖范围包括1977年到2001年国内发表和出版的所有报告文学,共评出长篇十部,中短篇十二篇,按得票多少排序,《西路军女战士蒙难记》名列获奖长篇第七名。

2003年12月15日,时任出版总署署长的石宗源同志,给我打来电话,说他陪同时任政治局常委的李长春同志到湖南和江西瑞金参加毛泽东诞辰一百周年纪念活动,途中谈及西路军的历史及相关作品,李长春同志表示想看一看。因此,石宗源署长让我用特快专递将我有关西路军的作品一式两份速寄给他,一份由他转交李长春同志,一份他自己读。2004年夏秋之交,我出差去北京,见到了石宗源署长。他说,已将我寄他的《蒙难记》等西路军相关著作,转呈了李长春同志。1988年《蒙难记》发表时,石宗源同志正任中共甘肃省委常委兼临夏州委书记,20世纪90年代初调任省委宣传部长后,曾与我有过几次工作上的接触,虽未专门谈及西路军和我的相关著作,但他对我的相关著作是肯定的,对我是信任的。

三、《蒙难记》的价值

《蒙难记》的价值主要体现在三个方面:一是众多评论家、作家肯定的思想、题材和文学等方面的价值;二是对社会现实的积极影响;三是其口述史的价值。

(一)思想、题材和文学等方面的价值

1.揭示了中国革命的艰巨性

魏巍在《读〈西路军女战士蒙难记〉》一文中说:"我认为这部作品,对揭示中国革命的艰巨性颇有价值。我们常听革命老人感慨地说:'革命来之不易啊!'而这一点在文学上却表现得非常不够。过去在文学作品中,对于失败、困难、挫折、错误等方面,作者常常不敢放手去写,到了'四人帮'时期,又把一些作品说成是'渲染战争残酷,颂扬战争苦难',弄得作者更不敢接触这个方面了。我自己在'文革'中就受到许多内行同志的反复围攻,弄得人啼笑皆非。其实这样做,非但害了艺术,也害了政治,革命历史的伟大而艰巨的真实图景,也就不能生动地、充分地反映出来,实际上反而削弱了它的教育力量。这是一个教训。""作品表现了许多女战士的命运和各不相同的遭际,这些合在一起,实际上表现了一个深沉的主题:中国革命的艰巨性。它将深刻地告诉我们:为了革命的胜利,革命战士们付出了多么巨大的牺牲,也包括这些女战士所付出的昂贵代价!"[1]

2.顾全大局的自我牺牲精神、崇高的革命气节和革命英雄主义的深沉颂歌

冯立三先生在《评报告文学〈西路军女战士蒙难记〉》一文中说,西路军的历史悲剧,"是一次中国共产党人和中国革命军人的无与伦比的单纯而崇高的革命气节,在巨大的失败和敌人的灭绝人性的摧残的反衬下更其辉煌的集团性的证明"。作品"秉笔直书。不过,这种描写并不是不顾常识地指责那种

[1]魏巍:"读《西路军女战士蒙难记》",载《求是》1988年第7期。

适应战争需要的万不得已的命令的残酷性，而是要表现女战士们在执行这种残酷的命令的过程中那种顾全大局的自我牺牲精神，在失去依靠，绝无胜利可能的绝境中战斗到生命的最后一刻的革命英雄主义气概”。“着力表现蒙难女战士凛然难犯的正气、万难不屈的信仰，使作品于苦难的描写中依然轰响着斗争的主旋律。这不完全出自人为的选择和强调，主要的是如实表现蒙难而不屈的女战士和精神世界和行为特征的结果。这种来自周密调查研究的报告文学作品，其客观真实性完全可以由人物经历、环境、行为动机、方式、结果的相互印证得到逻辑证明的描写，使人不能不相信：被俘的生活依然可以是战士的生活，忠贞的被俘者依然不愧为忠贞的革命者。这种显示在被俘环境中的忠贞、勇敢和智慧，是只有真正的革命军人才能具有的品格。有幸不必经受这种考验的人，没有资格轻视这种考验的价值。”[1]

3. 比较深刻的人民性

冯立三指出：“作者在调查西路军女战士的历史与现状的整个过程，既是一个创作准备的过程，也是一个敦促地方党政机关落实有关当年西路军战士的政策的过程，这很值得赞扬。对于一个作家来说，艺术修养无疑不可或缺，但给作品以时代性灵魂，使作品与人民声气相通的，毕竟不是技术，而是作家的思想和感情的深刻的人民性。”“可贵的、令人感动的、可能保证着作者有着远大前途的，是他对人民的忧患的切肤之痛和为解除人民的忧患奔走呼号的战士之情。”“《西路军女战士蒙难记》，朴素、沉重、悲怆、有力，于文学的题材的开拓有功，于现实的改造有利，值得重视，值得推荐。”[2]魏巍则肯定：“作者还有一个值得称道之处，就是他对失散和被俘的男女同志怀有深深的同志之情。他跑遍全国各地去访问她们，不仅给了她们以抚慰，也写成文章为她们说了话。不然谁知道她们艰巨的奋斗和所受的苦楚呢！现在人们可以清楚地看到：我们的女战士（男战士也一样）是有功的，她们对党对革命是忠心耿耿的，她们在革命中所付出的代价是太大太大了。作为女战士，真正在第一线作战的，恐怕她们是第一份了。这是中国妇女的光荣和骄傲。我们应当尊敬她们，感谢她们。”[3]

---

[1][2]冯立三：“评报告文学《西路军女战士蒙难记》”，载《评论选刊》1988年第9期。

[3]魏巍：“读《西路军女战士蒙难记》”，载《求是》1988年第7期。

4.相当充分地揭露了敌人的暴行

魏巍说："作品相当充分地揭露了敌人的暴行。""要认识敌人的真面目吗？要认识敌人的本质吗？我想在这些活生生的事实里可以认识一些了。看了这部作品，对刚刚过去的历史将是一个很好的温习和有益的提醒。"[1]冯立三说："作品对西路军女战士奉命流落、战败被俘、惨遭迫害的描写，毫无讳饰，惊人的真实，令人目不忍睹。许久不见这种满怀革命义愤揭露敌人的残暴的文字了。不写血肉相搏的阶级斗争则已，若写，这种文字绝不可少。""在关于她们被活埋、被拷打、被虐杀、被奴役、被强奸、被强行分配给'马家军'官兵作妻妾等惨绝人寰的情景的描写中，我们深深感到作家对革命战士惨遭蹂躏的炽烈的同情和对野兽般的敌人的深刻的憎恨。"[2]

5."深厚博大的历史意味"

冯立三说："《蒙难记》不以当年兵败祁连山，身陷马步芳、马步青之手，受尽敌人摧残凌虐及其反抗为限，而一直延伸到极'左'路线及其流毒对她们更为漫长，就精神摧残而言还要酷烈的迫害与虐待，这使作品具有一种深厚博大的历史意味并与现实社会的脉动相通。善于学习者，将会从中总结出许多宝贵的历史、人生经验与教训，总结出种种关于生与死、荣与辱、战争与和平、胜利与失败、信念与人生、爱情与责任、道义与功利、手段与目的、必然与偶然等等关系的辩证法。当作品反映出马步芳、马步青等野蛮的军阀与极'左'路线在迫害蒙难的西路军女战士这一点上有超越时空的一致性的时候，作者对历史、政治、文化心理的批判也就达到了一般作品很难达到的尖锐性和深刻性了。"[3]王愿坚指出："作者以一种真正的历史感和责任感，真诚地写，写了真诚。""这种历史感特别客观，特别准确，特别强烈。"[4]

6.文学方面的意义

评论家谢昌余则指出，《蒙难记》"在同类题材上的突破和创新，首先表现在它对历史真实的把握和对历史内容的思考上有着自己独到的发现和独到的思考"，"它填补了过去作品所缺少的某一方面，把真实的历史内容还给了

[1]魏巍："读《西路军女战士蒙难记》"，载《求是》1988年第7期。

[2][3]冯立三："评报告文学《西路军女战士蒙难记》"，载《评论选刊》1988年第9期。

[4]见"在花岗岩上雕凿的女战士群像——《西路军女战士蒙难记》作品讲座会纪要"，载《西北军事文学》1988年第5期。

历史”。其次,“是对人的描写上,打破了过去的限定和框框,把同情和关注投向不幸者、命运悲惨者和平常的普通人”。“不幸的是,我们以往的历史和文学”,“似乎很少这样做,或者竟至没有这样做”。“有些时候,有些情况下,由于那种超革命的、反人道的、‘左’的理论影响,甚至还出现了许多亲痛仇快、令人无法理解难以容忍的荒唐之举。”第三。“表现了作家追求现实拥抱生活的审美意向”,“充溢着现代感和现代意识”。“这是从自己土地上生长起来的现代感和现代意识,而不是从他乡外域舶来的现代意识。”“尽管它所处理的是一个五十多年前的历史题材,但却无处不跳动着现实生活的脉搏;尽管那已是一段久被尘封掩埋的历史故事,但却被现实生活呼唤出来,重新散出了光彩。”[1]王愿坚认为:“作者用白描的手法写出了群像。”“作者不加雕饰地或者用非常粗糙的手法,在一块花岗岩石上雕凿了一群女战士的群像,我不鄙薄董汉河同志的这种白描的手法,即客观地把历史端给你的手法,这种手法有它的好处,它有一种征服力。它在艺术上使你信服,使你感到一种群体雕塑感,其中包含着共产党人在失败情况下的正气。”[2]

“它将引发其他作家进一步开掘西路军这一重大悲剧题材。我相信,当历史的研究以更开放的态度进行的时候,当人们普遍地意识到战败并不意味着屈服,革命和革命者的人生庄严和神圣的性质,在战败环境下的表现有格外动人的感召力量的时候,当人们在实际上而不是在口头上真正认识到恰恰是革命过程中无数艰难困苦、挫折失败,无以计量的牺牲者的血泪、屈辱和牺牲,才构成耸立云天的革命丰碑的深厚基石的时候,当这一切与作家穷究历史的底蕴的热情和广阔深邃的表现生活的才能相结合的时候,西路军兵败祁连山这一深埋地下而由于董汉河的劳绩才得以初露端倪的题材,一定会转化为诗史的源泉!”[3]

7.将推动党史的开放性研究

冯立三说:“1937年3月,西路军悲壮惨烈地全军覆没于河西走廊。这段历史,过去一向讳莫如深,知之者甚少。感谢董汉河同志,因其创作《蒙难

[1]谢昌余:“把历史的内容还给历史——评长篇报告文学《西路军女战士蒙难记》”,载《西北军事文学》1988年第5期。

[2]见“在花岗岩上雕凿的女战士群像——《西路军女战士蒙难记》作品讲座会纪要”,载《西北军事文学》1988年第5期。

[3]冯立三:“评报告文学《西路军女战士蒙难记》”,载《评论选刊》1988年第9期。

记》，这个重大的历史事件可能淹没的危险性已经不复存在了。这部作品必会产生如下的连锁反应：首先，它将推动党史、军史对西路军的开放性研究，并将其郑重写进党史、军史。过去，视有若无或以三言两语敷衍之，可以理解，今后再如是，将为世人所耻笑。”[1]

作为《蒙难记》的作者，我至今未曾与冯立三、魏巍等评论家、作家有过任何联系。他们单凭阅读拙作，就看出了作者充溢在作品中的灵魂和情感：对革命先辈之深入骨髓的崇敬、热爱和同情。这令我十分感动和佩服！歌颂英雄，表现革命先辈可歌可泣的斗争事迹，使他们生活得更美好，使他们浇灌过热血的革命事业更加健康地发展，这正是我的灵魂和精神动力所在。我出生在鲁中山区一个贫穷的小山村，三岁时父亲就在淮海战役中牺牲了，在感受着部队和地方人民政府温暖的同时，也体验着孤儿寡母生活的艰辛，同时也耳濡目染，听到许多革命先辈流血牺牲的崇高革命事迹，立志要表现他们，歌颂他们，让他们以及他们为之奋斗的人民生活得更美好。这便是我从小的梦想，是我的灵魂，是我终生不渝的生命原动力。尽管由于种种主客观原因，我未能再创作出更多更好的文学作品，但在学术研究和编辑工作中，这仍然是我生命的原动力。

（二）《蒙难记》对社会现实的积极影响

1.改变负面看法

在社会舆论方面，普遍改变了过去那些对西路军不正确的负面看法，代之以积极正面的看法。

除了拙作被两次再版和多种报刊转载之外，又出版了一些相关著作，如《西部悲歌》《碧血黄沙》《将帅落难记》《西路军生死档案》《西路军沉浮录》等，相关影视作品除之前的《祁连山的回声》之外，又拍摄发行了《姐姐》《洪流》《营救》《碧血黄沙——七十年前的西路军魂》《西征的红军》《西路军女战士》等。再也无人把西路军女战士和所有幸存将士看作“叛徒”“逃兵”“变节分子”和“张国焘的走狗”了，而代之以深切的同情和充分的尊敬，称他们为“老红军”“中国工农红军西路军老战士”，认为他（她）们在战争年代和西路军中的浴血奋战“功不可没”，肯定她（他）们终生不变的革命气节和立场，请他们做革命传统教育的报告，上电视，上报纸，把她（他）们看作弥足珍贵的有生命

[1]冯立三：“评报告文学《西路军女战士蒙难记》”，载《评论选刊》1988年第9期。

的“革命文物”，把她（他）们可歌可泣的革命事迹看作取之不尽的精神资源。可以说，《蒙难记》的发表，就是民间对西路军老战士们从精神上平反的开始，是实事求是、解放思想的体现。

2.西路军将士政治待遇大有改善

一批西路军烈士陵园在西宁、临泽、安西、肃南、永昌、古浪、哈密等地相继建成。虽然不能说这些全是由于《蒙难记》的影响，但她确实起到了积极的正面的促进作用。例如，《蒙难记》发表时，西宁南川的西路军烈士陵园将要落成，但如何定位和宣传，地方政府是有顾忌的。时任西宁党史办主任的陈庆春同志到兰州购回一百本《蒙难记》，相关部门和领导看后，打消了原来的许多顾虑，由省委出面，从北京、兰州、西宁等地邀请了包括西路军女战士在内的许多西路军幸存将士，参加隆重的西路军烈士陵园落成典礼，新华社为此播发了通讯稿，影响很大很好。

与此同时，由政府民政部门正式给流落民间的西路军将士颁发了“中国工农红军西路军老战士证”。西路军幸存将士对此都十分珍视，遇有拜访者总是郑重地拿出来展示，外出参加相关活动，也总是珍重地带在身上，视此如生命和灵魂。

3.流落民间的西路军老战士的生活待遇得到了改善

根据国务院中央军委等五部委联合下发的相关文件，他们的生活补贴从最初的每月几十元，逐渐提高到现今的一千元左右；医药费可以实报实销；在地方政府的关照下，一些西路军老战士的住房条件有所改善。原任干部的军藉都从参军的时间算起，有的同志的工资和住房按地厅级干部对待。青海省组织西路军老战士到北京参观。一些地方政府还用有限的财力，补贴西路军老战士回故乡探亲。最令我欣慰的是，由于《蒙难记》，个别西路军老战士的身份得到了证明和确认。

4.对基层干部的积极影响

以往由于对革命历史缺乏正确、全面的认识，有些基层干部对西路军及其流落民间的老红军是冷漠的。我在调查采访的过程中就曾遇到过这种情况。《蒙难记》发表之后，他们几乎全都改变了态度，对流落民间的西路军老战士变得尊重和关心了。西路军可歌可泣的革命斗争事迹，激发了他们为老百姓办好事的热情。大约在2002年前后的一天晚上，甘肃省岷县秦许乡乡长和党委书记哭着给我打了约一个小时的电话，说他们阅读了《蒙难记》后，联想起当年秦许乡参加红军后而杳无音信的三百多父老乡亲，心情十分激动，一再表示要为父老乡亲们多办好事，有机会要到兰州来看我。我查阅甘肃省党史资料，的确，红四方面军在1936年八九月间曾在岷县秦许乡建立过地方苏维埃政权，有数百名当地群众参加了红军，他们可能在西路军中牺牲了。时值战争年代，又几乎是全军覆没，无法通知烈士的亲人，自然杳无音信。这说明，西路军的革命事迹是很有感染力的乡土革命教材。

(三)《蒙难记》的口述史价值

《蒙难记》是报告文学，这一定位是准确的，因为它符合报告文学的真实性原则，又有作者对当下的观照、描写与思考，这二者相互穿插映照，有机地交融在一起，从而增强了作品的深刻性和穿透力。1988年6月26日，在北京召开的作品讨论会上，有的作家评论家曾指出并肯定过《蒙难记》的史料价值。当时的中国作协党组书记唐达成说："这是一段很悲壮的历史，即便以史料价值来讲，它的意义也是很重大的。"[1]我自己当时对此并未重视。近年来浏览过一些国内外口述史的著作之后，才认识到《蒙难记》确有口述史的价值。这主要体现在拙作在谈到西路军历史时，所引档案材料和采访对象的口述，全都是秉笔直书，如实记述，没有任何的编造和矫饰，都是西路军历史的真实血肉，有着正史所无法比拟的直观性、真实性，而且，更为具体、生动、形象。就真实性而言，它与学术论文本质是一致的，区别在于，拙作未能像学术论文那样一一注明材料来源。后来，我主要依据《蒙难记》的材料，加注材料出处，写成学术论文《西路军被俘将士遭残害人数、地点及原因考》[2]，是一个较为有力的证明。当然，口述史由于受时代及口述者视野、经历、文化背景的局限，也有缺憾、纰漏，甚至错讹，须慎重地与相关档案文献及当事人核对，方可作为正史对待。这一点我在下一节还会具体地举例说明。

三、《蒙难记》的缺憾

《蒙难记》是有缺憾的，主要表现在以下几个方面：

1.有意回避了对西路军形成和失败及其原因的国际国内大背景的交代

对此，有的评论家已经指出。冯立三先生曾这样批评："《西路军女战士蒙难记》在表现了作者的胆识的同时，不是也有意回避对西路军领袖人物的

[1]见"在花岗岩上雕凿的女战士群像——《西路军女战士蒙难记》作品讲座会纪要"，载《西北军事文学》1988年第5期。

[2]载《甘肃社会科学》2007年第5期。

实质性描写，对西路军战略决策过程及其背景的必要交代吗？对其他比较重要人物的描写也有言不尽意之处。”同时，他也表示了一定的理解：“全面描写西路军覆灭的历史的主客观条件，在今天可能均未成熟，集中精力、笔力探究和表现西路军女战士的命运，可能是明智的选择。”[1]

的确，我有意回避了西路军的国际国内背景以及路线问题、决策和形成的过程、失败原因等。这主要是由于历史条件的限制和研究尚欠深透、学术界尚有争论等原因。如果贸然将自己的观点和自己尚欠系统完善的材料写出来。当年恐怕也无人敢发表，就是发表了，也可能会遭到批评甚至打压。

现在，可以告慰读者的是，西路军形成和失败的国际国内背景、失败原因及其价值，已经基本研究清楚。可以公开引用的文献资料证明：西路军的形成不是由于张国焘路线，而是历史的必然要求，是苏联防止德、日法西斯东西夹攻侵略的需要，是中国共产党及其领导的红军生存和发展的需要，是共产国际和中共中央的一致意见和决定。西路军的失败也不是由于张国焘路线，而是由于四种历史的合力造成的：一是西路军外线孤军作战，有耗无补，敌人则兵粮供给不乏，有增无减；二是西路军奉命几次停驻建立根据地，分散了自身的力量；三是对陕北红军主力和西安事变的策应，徘徊不前，贻误了战机；四是斯大林和共产国际对西安事变误判为亲日派所为，停止供给援助西路军的1600吨武器，命令已到达苏联边境霍尔果斯口岸援接西路军的陈云、滕代远等滞留三个多月，致使已深入河西走廊的西路军进退失据，完全失败。可以说，西安事变对西路军的影响是致命的。

我根据相关文献资料，将上述观点写成近二万字的学术论文《中国工农红军西路军七十周年祭——西路军的形成、失败及其价值和意义》，发表在《甘肃社会科学》2007年第1期。中共中央党史研究室原副主任石仲泉先生看过后，写信认为此文“资料翔实，记述清楚，是篇力作”[2]。中共中央党校中共党史教研部教授、中国现代史学会会长郭德宏先生也在给我的来信中表示：“你关于西路军七十周年祭的文章我认真地拜读了，觉得写得很好，对一些问题的分析很有新意，我完全同意你历史的必然要求和机缘导致了西路军的形

[1]冯立三：“评报告文学《西路军女战士蒙难记》”，载《评论选刊》1988年第9期。

[2]石仲泉、郭德宏、董汉河：“关于《中国工农红军西路军七十周年祭》的讨论”，载《甘肃社会科学》2007年第4期。

成，历史的合力和机缘又导致了它的失败的观点。”[1]中共中央党史研究室副主任李忠杰先生与主任李景田先生取得共识后，先是亲自来电话，后又委托工作人员来电话，传达中央党史研究室的意见：（一）将该文压到　万字，供《党史研究参考》刊用和中央领导参考；（二）该文中“西路军形成的国内背景”一节写得尚欠充分，须作充实；（三）西路军失败原因一部分应结合我过去发表的相关论文重新整合，全面归纳。遵照上述意见，我在删压的同时，重点改写了“西路军的失败与历史的合力”部分，并补充了必要的资料。修订稿于2007年4月20日刊登于中共中央党史研究室办公厅主办的《党史研究参考》第14期。2007年11月上旬，我给中央党史研究室的薛正超处长打电话，征询中央领导同志对该文的意见，他说至今未见到反馈意见。这就意味着，中央领导同志对拙作是认可的，因此，在拙作《蒙难记》和《西路军沉浮录》再版时，我准备将该文作为序言，以弥补原作未能交代大背景的缺憾。

2.写作匆忙了些，某些段落内容和文字略嫌粗糙

如前所述，《蒙难记》原稿不足十万字，按编辑部的要求，必须在两个月内把我知道的相关事情全部写出来。我只得昼夜兼程，直接将采访录音、笔记及相关资料档案，直接往稿纸上写，一气呵成十七万字的修补稿。这样做的好处是，文气贯通，感情充沛，原汁原味，富有真实感。但剪裁和加工不够，粗糙和杂芜之处便在所难免。本想在编辑部审过修补稿之后，我再听取他们的意见修改加工一遍。未料到，编辑部直接在我的原稿上删压了担心会影响红军内部团结的内容，共约两万字，很快就以十五万字的篇幅，配上我一起送去的几十幅照片一次刊出了。我十分感佩《西北军事文学》编辑部主编等先生的胆识，感激他们对拙作的重视；同时也常为写作的匆忙和某些粗糙处感到遗憾。

时任中国作家协会党组书记的唐达成先生，除批评拙作“概括提炼不够”外，重点指出拙作“多角度的观照不够。西路军是一个带史料的题材，首先，它需要历史的观照。为什么会发生这样的悲剧？要写得使人理解，要写出历史的必然性；其次，它需要文学的观照。西路军女战士蒙难后的命运各不相同，色彩各不相同。《西路军女战士蒙难记》虽然写了这种不同，但有某种重

[1]石仲泉、郭德宏、董汉河：“关于《中国工农红军西路军七十周年祭》的讨论”，载《甘肃社会科学》2007年第4期。

复。还有一个缺陷,缺少应有的哲学上的思考。《蒙难记》中有这种感慨和思考,但不够。诸如对生与死、荣与辱、历史与现实的思考。如果多一些这样的思考,作品会更有力量。因为我们所要表现的,不仅仅是个人的命运,还有军队的命运,我们民族的命运。"[1]

3.重点章节写得不充分

知名作家、时任全国作协书记处书记的鲍昌先生在拙作讨论会上说:"结构方式上的问题。虽有重点,但不突出,显得零碎了些。结构方式上的第二个问题是,重点章节也写得不充分,这表现在两个方面,一是细节刻画不够,二是心理刻画不够。如王泉媛不被接受一节。"[2]关于心理刻画得不足,评论家何西来先生也有大体相同的意见,他在拙作讨论会上说:"还大有文章可做的,是人物的心理。报告文学要求是真的,但并不要求作者黏滞在生活上。按照事实的必要的合理的心理描写补充是允许的,用必要的合理的想象,揭开另一个层面,这样震撼人心的力量就会增强。"[3]

4.重视了"史"的成分,比较忽略了"诗"的成分

王愿坚批评说:"作者重视了'史'的成分,比较忽略了'诗'的成分。报告文学应该充满诗情,'史'只能是外壳,不是文学的任务。避开大决策,也可以把这段广阔的历史写出来。这样做就需要高度,也需要更深邃的认识,但更需要的是感情。作者想竭力压抑自己的感情,以求得客观,这是不必的,你应该把自己的感情自己的血自己的肉投进去。这个作品是可以这么做的。"[4]

时任总政文化部长的知名作家徐怀中则认为,拙作的"超越性还可以更大一些,它更应该超越的是战争之于人,这一点可以达到极致。作者这一方面不够。即使把那一段历史写得更清楚些,全写了,写得宏大了,也还是有些写不尽的东西。如果作者继续写的话,希望在这一个的基础上,从文学本身做一点考虑。"[5]

四、几点启示

(一)正确的立场、观点、方法和态度是决定一切的

这是一句老话,但并不因其老而失去其正确性和生命力。我在采访、调查和写作《蒙难记》的过程中,对此深有体会。

[1][2][3][4][5]见"在花岗岩上雕凿的女战士群像——《西路军女战士蒙难记》作品讲座会纪要",载《西北军事文学》1988年第5期。

站在人民的立场上,对西路军女战士革命战争年代的流血奋斗带着诚挚的崇敬,对她们蒙难后的痛苦悲伤和命运遭际怀有深切的同情,这是我克服困难、不辞辛劳,到各地采访她们,并为她们奔走呼号的不竭动力,是正确反映她们及她们那段血写的历史的前提,也是我写作时勇气和激情的源泉。

历史唯物主义的核心是群众观点,认为历史是人民创造的。在理论上,现在似乎无人反对这一观点,但一遇到实际问题,有人便会大打折扣。他们只愿承认胜利的历史,不愿承认失败的历史,只愿将功劳簿记在胜利者头上,而将为胜利付出过鲜血和生命的失败者、蒙难者的功劳抹杀,甚至常常给蒙难者戴上一顶顶不切实际的大帽子,诸如将被俘等同于背叛,将生活上的失贞等到同于政治上的变节,等等。

在辩证唯物主义的方法论指导下,我们就会全面地看待历史,辩证地看待胜利和失败,正确地看待胜利者和失败者。我依然坚信拙作中如下的话:

"没有失败就不会有成功;没有失败的历史是不完全的历史。不了解失败的历史就会患营养缺乏症。"

"有名的英雄和无名的牺牲者,绿树掩映的金光闪烁的烈士纪念碑和棕褐色的寸草不生的大漠戈壁,战果辉煌的胜利和血流成河的失败……这相反相成的两面,才组成一部完整的历史。"

"胜利的历史是露出地面的丰碑,为人们瞻仰称颂。"

"失败的历史则是深埋地下的基石,它默默地负载着高大的建筑,却不为人所见。没有基石便没有丰碑。"

实事求是是我党思想路线的核心。它体现在报告文学和纪实文学的采访和写作中,应该是不回避,不矫饰,也不做自然主义的展示,切忌耸人听闻的夸张和歪曲。有了这样的态度,才能用历史真实去感动人、教育人。

(二)历史题材报告文学与纪实文学的规范

历史题材的报告文学与纪实文学的主要区别在于,前者须有当下对所写历史的观照与思考,后者则不必有此要求。二者本质的一致性在于,所写的历史事件或历史人物必须真实,不允许编造和虚构,所引材料,可以是对当事人的采访,可以是相关档案文献或当事者的日记和回忆,也可以是作者亲自考察所得;最好说明所用材料的来源,对于不一致的说法要在注释中加以说明。就历史纪实文学而言,我推崇美国作家舒尔兹伯里写的《长征——闻所未闻的故事》。该书用文学笔法,生动流畅且能有兴味地将中国工农红军的长征介绍给全世界,又十分严谨地将材料来源和不同说法用五百多个注释加以说明,令人信服。

《蒙难记》当属历史题材的报告文学,因为它符合上述规范。但今天看来也有缺憾,虽然读者大都能从正文中看出材料的来源,十分相信甚至称赞拙作的真实性,但所引档案材料,如马家军在张掖活埋和残害西路军战俘的人数,未注明出处,这不能不说是一种缺憾。

(三)历史题材报告文学的积极作用

《蒙难记》的影响一节,已涉及历史题材报告文学的作用,在此只对其做简要的概括:第一,历史报告文学可以增强历史的丰富性和生动性;第二,历史报告文学对普及和宣传历史有促进作用;第三,历史报告文学可以在一定程度上补充和校正历史;第四,历史报告文学可以帮助读者加深对历史的理解,对匡正时弊有裨益;第五,对历史事件的幸存者改变处境有益,对有贡献的去世者及其家人恢复名誉有益。

(四)历史报告文学和历史纪实文学都需要时间和当事者的验证

由于时代和作者条件(诸如学识、阅历、调查采访的周密性等)的局限,再真实的历史题材的报告文学也不可能十全十美。关于孙桂英被害罪魁的初版错误,就是由于采访写作欠周密造成的;原川陕苏维埃主席熊国炳之妻张庭福仍然健在,拙作《西路军沉浮录》却根据相关材料,将她写成突围时牺牲了。这是由于张庭福流落民间,有顾虑,对于与熊国炳的婚姻史缄口如瓶,作者无法核证。好在她垂暮之年终于将真相真情和盘托出,让我有条件发现错讹,为拙作再版时修订提供了第一手材料。

在《蒙难记》发表二十周年之际,我较为认真地回顾了其发表前后的调查研究情况及其影响,对相关问题做了初步反思,对其缺憾也有所认识。这对我今后的写作和研究无疑是有益的,相信对读者也会有益。

2007年12月12日草毕

2008年4月10日修订

尔雅的回信和提供的资料

尊敬的程老师,您好!

感谢您对我的关注。您的问题有一部分在《甘肃经济日报》的采访上涉及了,我把报纸一并给您寄来。另外的问题我回答如下:

我的创作情况:

自17岁开始文学写作,创作涉及小说、散文、诗歌、评论等多种文体,关注日常生活里的人性纬度,注重汉语言蕴含的优美张力,及叙事艺术上的多元探索。发表作品约三百万字。主要作品有:《蝶乱》《一个人的城市》《诗学与艺术问题》《非色》等。长篇小说《蝶乱》探讨了成长过程中的欲望之痛,被认为是"甘肃文学进入中国文学前沿地带"的标志性作品。北京李建军在《上海文学》撰文,归为"西北第三代小说家"代表之一。该小说曾经在甘肃及省外文坛引起很大争议。目前较为一致的见解是,认为该作品是对于甘肃文学(小说)有突出贡献的作品(主要是作品的艺术探索方面)。《非色》同样也是引起争论的作品。该书是《蝶乱》主题的延伸。试图表达知识分子的精神之痛。小说得到2006年度"甘肃省委重点文学作品项目资助"。该书于2008年又入选中宣部"农家书屋工程",再版。有大约四十余家网络和纸媒做了连载和报道,有约十篇左右的评论家评论。《诗学与艺术问题》一书中,我主要梳理的是明清小说里的作品叙述和艺术成就,属于读书随笔,其中对于《金瓶梅》一书的评论占了较多部分,个人认为在甘肃研究者行列,属于较高水准。目前致力于中短篇小说的写作。获得第二届"黄河文学奖"的短篇《哑巴的气味》其实是十年前的一篇旧作,但对于其主题的评论,我个人并不认同,我是要在小说里表达某种"集体无意识"和人性灰暗的状态,而不是外界所说的"小人物的苦难"或者"鬼故事"。

个人认为,距离真正的高水平还有很大差距,还需要好好努力。在甘肃文学范围里,我认为个人的水准确实已经超过了很多人,但是,甘肃文学在中国文学中的地位非常低(还不仅仅是地域的因素),因此毫无必要以此求得虚荣。作家必须有清醒的意识和开放的眼光,否则写作会失去意义。

其他问题在《经济日报》都有涉及。请您参考。再次感谢!

写作就是生活中的冒险

——尔雅的创作和生活(访谈录)

记者:您热爱文学吗?您以前是进行诗歌创作的为什么要改写小说?是什么原因激起您创作小说?您觉得诗歌和小说有哪些区别?

我热爱文学。文学对我来说是一种重要的生活。因为我不知道除了写作还有什么方式可以使我更愉快。我从小就感觉到孤独,今天也是。写作是某种程度的安慰,是一种出口。写作不是为了荣誉,也不是为了改善物质上的不足(虽然有些作家是这样),只是因为有表达的愿望,为了描述更好一些的生活状况。我的诗歌写作主要是在大学时期,那时候是学校一份很有影响力的诗刊的主编,写诗是为了使自己看起来像一个诗人。另外,就形式来说,诗歌是比较容易操纵的,当年大约写了几百首诗歌,发表了也有一两百首。但我始终不认为我是个好的诗人,只是表达了部分的情感。不过我对于诗歌始终怀有敬爱之心。诗是文学的最高形式,具有最纯粹的美感。如果说诗歌失去美感,那只是因为诗人们的才华不够。写诗还是语言的重要练习。我小说里的语言追求和诗歌的写作经历有很大的关系。当然,诗歌往往和瞬间的情感有关,要是试图表达更广阔和更丰富的内容,小说显然更有优势。我喜欢写小说。小说是一种可以让我感受到自由的文体。

记者:能回忆一下第一部小说的创作过程吗?

第一部小说不是《蝶乱》,是名为《伊甸园的爱情生活》的一部小说,里面是大约十四篇系列短篇小说。写于1993年的冬天,前后写了一个月。起因是一个书商跟我约稿,并且答应给比较高的版税(当时我非常穷)。那时候还在大学。我是在床铺和课桌上写成的。可能是因为这种物质诱惑的原因,写作的欲望非常强烈,精力也非常好,而且也逐渐体会到写作的快感,那是任何事情都不能比拟的。曾经有过持续写作十八个小时的记录。写满了一个很大很厚的笔记本,写完后就放下了,因为感觉没有力气来誊抄到稿纸上面。过了半个月,我的一位老师偶然看到手稿,他认为写得很好,就推荐给一位出版社的编辑。那位编辑看了很激动,很快就报了选题。不过结果还是没有出版。后来转到广州的一个书商那里,也是差那么一点。好像原因是有点情色。可能还有一个原因,就是我是学生吧,当时学生出版小说的很少了。这是第一部小说。《蝶乱》其实和它有关系的。几年后我写作《蝶乱》的时候,用了其中的一部分素材。将来或者把这本书出版,因为青春期的某些尖锐的气质现在未必有。那是很愉快的经历。回想起来还是很美好的。

记者:您认为生活环境即您所在的城市对您的诗歌和小说创作有什么重要影响?

很大的影响。我甚至觉得环境对写作者的影响要比别人认为得多。坦率地说,兰州在文化生态上是有缺陷的,或者说,它无法提供给写作者更深厚、更多的滋养性的东西。我在一篇文章里谈论过这一点,姑且引用几句:

> 日常经验告诉我们,任何一个比北京这样的城市更小一些的地方,以艺术与文学之名出发的许多事物总会和生活发生冲突。所以写作其实就是生活中的冒险。实际上本埠也不乏好的作家,只是写作的场域的确不是那么好。写作的场域听上去是一个玄虚的东西,但是谁又可以那么有力地摆脱它呢?从这里出发,一直向东,也许没有一个明确的地方生活着这样的"场",但是很奇怪,当我们置身于那里的时候(比如说北京),却真的可以感觉到,"场"是存在的,并且它还有某种巨大的、魔力一般的力量,使得我们不由自主地产生一种书写和表达的愿望。相比之下,西部就贫乏和粗浅得多。

记者:您2004年获得首届黄河文学奖一等奖。对获得这一奖项您有什么感想?或者说,获奖后您觉得有必要说些什么?

当时觉得挺高兴的。因为满足了虚荣心。不过很快就很平静了。我觉得这样的荣誉证明不了什么。我是个很清醒的人。我前面说过,写作不是为了荣誉。尤其当我心智成熟之后,我更能认识到这一点。我认为在日常生活上不妨内敛和低调一些。再说它已经是过去的事情了，我也没有老迈到须要不断地提醒大家，我从前有过这样的荣誉。但其实我的意思是，我在写作上也许更有野心一些。我必须不断地超越自己才可以。我相信我后面的作品总比前面的要好一些。我也很高兴地看到，我的确实现了我的愿望。

记者：请您简单评价一下《蝶乱》《非色》吧！或者说您是怎样看待《蝶乱》《非色》的？

《蝶乱》和《非色》都是关于精神成长的小说。就像西方文学里传统的说法那样，是关于无知和混沌的状态遇到经验和启蒙的故事。《蝶乱》写于1999—2001年，《非色》写于2003年，出于某些原因，小说出版日期都推迟了。事实上每一部小说出版之后，我都会以为它只是从前的作品，假如让我重新写同样的故事，我可能会写得更好一些，也会有很多的不同之处。也就是说，小说出版的时候，我已经认识到自己作品里的缺点和不好的地方了。我想我还有很多作品要写，这两部小说只是我的起点。自己比较满意的是，两部小说的语言质地都还不错。不足之处是，小说里的女性形象还不是很饱满。她们应该比我的书写得更美丽。《非色》里我不太满意的地方更多一些，但是该书出版之后销量还不错，去年年底又再版了，这一点让我感觉很惊奇。可能是坏小说太多了。

记者：您怎么看甘肃的小说？

坦率地说，甘肃文学有很大的问题。若是就全国范围来看，甘肃仍然处于很劣势的水平。有些作家的天分不错，但缺乏更好、更敏锐的发现能力。小说其实就是发现。还有个问题就是想象力和语言能力的匮乏。当然这样的问题中国的大部分作家都有。另一个问题是写作者的学养不足。很多作家不读书，忙于写作之外的事情。甘肃本来就是一个缺乏文化积淀的地方，如果不通过大量的阅读来弥补，还能写出什么样的好作品？而且我也不认为我是一个好的小说家，但至少我还有清醒的认识。写作者要有开放、包容、真诚的气度，这对自己有很大的好处。故步自封和自我吹嘘是很不好的。

记者：为什么诗歌市场没有小说市场好？这和您改变创作小说有关系吗？

其实就市场角度来说，诗歌和小说没有很大的差别。可能是糟糕的诗歌和诗人太多了，从而损害了诗歌本身的魅力。其实小说何尝不是如此？我问过很多学生和读者，他们都对于小说感到失望，因为好小说越来越少了。某些刊物为了迎合读者，把刊物办成了《故事会》一类的东西，文学的魅力丧失了，小说成为一种恶俗的故事，难道小说就是一个故事吗？一个小说家的故事怎么能够会讲得比生活更精彩离奇？我自己写小说，但我自己就很不喜欢许多同行们写出的作品（相当一部分人还是我的朋友）。小说家完全应该对自己提出更高的要求。很多人的语言关都没有过，小说当然会出问题。前几天重读马尔克斯的《无人为之写信的上校》，其节制、平静、悲悯和华美，真的是有如神助；这篇小说是1957年写的，放在今天，仍然有着无人可及的高度，中国的小说家应该感到惭愧。

记者：通过这些年的创作，您能简单概括创作和生活的关系吗？

创作和生活关系密切，我越来越认识到这一点。写作在一定意义上，就是给读者和热爱自己的朋友描述一种美妙的生活。这种生活和现实不同，但是应该更轻盈、纯洁和美好。马尔克斯坦承，他的每一部作品都可以看作他的自传，我翻阅他的大部分传记资料，发现他的说法都是真诚的。他说自己是一个现实主义作家，因为他书写的就是自己的现实。这些话对我有很大的启发。我在作品里虚构了很多人，但每一个人的那种精神上的灼伤感觉应该和我有关系。在生活中我其实是一个很简单的人，我的工作较为轻松，编杂志，上课，学校对我也不错。我会花很多时间去买书，看碟，读书和旅游。我可能是本埠看碟最多的人，我还给一些杂志开电影专栏，看电影对于写作其实有很多好处。

记者：您觉得您的文字是属于什么风格的？为什么？

现在谈论风格还为时过早。我总觉得风格对于作家来说不是好东西，会对他的写作形成破坏。文字的风格会变。我注重语言。小说的根本其实就是语言。得到故事的机会很多，语言的智性就没那么容易。好语言和不好的语言差别太大了。同样的场景，用不同的语言描述出来，效果完全不同。我会努力追求的。

记者：有人说您的语言富有诗性、轻盈、柔美，在生活中您也是这样的吗？

可能吧。至少《蝶乱》里有这样的特点。不过现在让我重新写《蝶乱》，我会节制很多。生活？不知道是不是。我喜欢浪漫的事情。但我是很低调的人，不喜欢张扬，喜欢平静。有时候我一个人会待很长时间，是因为自己喜欢那种安静的感觉。这感觉让我感觉很好。如果写作的状态不好，我会选择看碟和看书。最喜欢看的书是古代笔记小说（我手里有大量的古代笔记小说），还有《不列颠百科全书》(中文版),国外学者写的作家传记,电影方面的资讯和导演回忆录。我有一套房子,是专门的书房,里面有一张超级巨大的书桌。我很少邀请别人来。在那里我感觉到安全、自由、宁静。

记者:能介绍一下您最近的新作吗?

新长篇在构思之中。打算下半年动笔。去年下半年至今,主要写中短篇,分两个系列:许家堡乡村系列,以我的家乡小镇为背景;城市女性系列,以城市生活为背景。目前已写了五六篇的样子,陆续会在《小说界》《山花》《北京文学》《飞天》等刊物上发表。我的家族曾经是一个很庞大的家族,许多事情惊心动魄,里面有相当好的素材。城市生活我也比较熟悉,我总觉得很多人是孤独的,我是试图描述这些人的内心的惶惑和困顿状态。我写中短篇是为了长篇做准备。另外,给几家刊物写影评,给几家出版社写新书推广书评,偶尔写一点作家新书评论(只限于好朋友)。

谢谢你的采访。

(《甘肃经济日报·文化月刊》访谈)

尔雅简介

尔雅,本名张哲,张九明,甘肃通渭人。其创作涉及小说、散文、诗歌、评论等多种文体,关注日常生活里的人性纬度,注重汉语言蕴含的优美张力,及叙事艺术上的多元探索。发表作品约三百万字。主要作品有:《蝶乱》《一个人的城市》《诗学与艺术问题》《非色》等。长篇小说《蝶乱》探讨了成长过程中的欲望之痛,被认为是“甘肃文学进入中国文学前沿地带”的标志性作品。2004年和2006年分别获得甘肃省专业文学奖“黄河文学奖”长篇小说一等奖和短篇小说二等奖。2006年获得甘肃省委宣传部“重点文艺作品项目”资助。2006年获得甘肃省高校“社科成果奖”和甘肃省“敦煌文艺奖”。

中国作家协会会员,鲁迅文学院第八届高研班学员,甘肃省文学院荣誉作家。《敦煌诗刊》编委。兰州某大学教师。

尔雅近年作品清单

1.散文集《一个人的城市》,2001年1月,青海人民出版社出版;

2.长篇小说《蝶乱》,2003年3月,敦煌文艺出版社出版;

3.短篇《哑巴的气味》,载《飞天》2005年第3期;

4.短篇《哑巴的气味》,载《中华文学选刊》2005年第5期;

5.中篇《南方》,载《飞天》2006年第9期;

6.文学评论专著《诗学与艺术问题》(与人合著),2005年12月,甘肃人民出版社出版;

7.长篇小说《非色》,2007年1月,敦煌文艺出版社出版;2008年10月再版;

8.中篇小说《一团鸟屎》,载《飞天》2007年第4期;

9.中篇小说《暗杀》,《小说界》(即出);

10.中篇小说《第七日》,《北京文学》(即出);

11.散文《我在鲁院的学习和思考》,载《作家通讯》2008年第4期;

12.电影阅读专栏,《读者》(欣赏版),贵州《艺文四季》,2007—2008年若干篇;

13.散文《家事》,载《石河子文艺》2008年第3期;

14.短篇小说《骑自行车的少女》,载《鹿鸣》2008年第9期。

所获奖项

2003年获"甘肃省文学院荣誉作家"称号;

2004年《蝶乱》,获"黄河文学奖"一等奖;

2006年《非色》,获"甘肃省重点文艺作品"项目资助;

2006年,获甘肃省高校学术成果奖;

2007年,获甘肃省"敦煌文艺奖"。

范文：回程金城老师的信

程金城老师：

来信征询我个人文学创作的基本情况、对文学的理解以及对甘肃文学未来发展的思考与建议，等等。我个人认为，你选择的题目，是对文学本真的探讨和作家自我剖析的话题，从立意上来看，很有些深度。假如单从流行的公文式的简单的层面去考虑，我摆出一副谦谦君子的架势，搔首弄姿地做几个姿态，用冠冕堂皇、充满溢美之词的流行旋律式的语言来回复，也算是个交代。但对我来说，这样有点像搪塞，或曰敷衍，不免有点像文化市侩，或曰文化痞子。你是有名的文学教授，在甘肃文学界德高望重。我想，您给我写信，绝非想要那些虚华浮躁的文字用以巧言混世，您的字里行间里透出的责任感及文化向度，只有文化人之间才能深切地感悟到。因此，您的命题对我来说，便是一个严肃的大课题，不得不用更多的思考与文字。

文学是人类精神的积聚与再现，探讨的是人之所以成为人的命题，绝非一两句话能够定义。所以说文学是个深奥的东西，理解起来很抽象；文学同时又是个普遍存在的东西，很普世，几乎无处不在。当然，最好的文学就是现实。对文学而言，存在与认识之间的诡谲性，很容易使个人的意识与文学产生隔膜，当下文学理论的探讨多流于普遍性，缺乏向度性，可能是其中的原因之一。文学是以人为载体的，产生于人的意识，阐发的对象又是人。这样，对文化人，收缩一下我们的话题，对作家，探寻他们的成长之路，可能是探讨文学的一个捷径，幸许能发现一些有用的东西。作家的人生几乎都是平庸的，没有跌宕起伏波澜壮阔的经历，和普通人没有两样。但历代很多文化人似乎不承认这一点，认为流芳于世的圣贤都有苦难的人生经历。左丘明双目失明，乃有《左传》，孔夫子陈蔡绝粮，乃有《春秋》，孙膑断膝，乃有《兵法》……不一一而论。我个人认为，这些人的成就，与遭遇磨难似乎不存在直接的因果关系。试问，历史上遭受磨难的人有多少？有的甚至惨不忍睹，能被后世记载的有多少？大多埋没于荒草堆中。但作家独到的目光和观察社会的视角，似乎永远与众不同，磨难发生在他们身上，磨难也就彰显出了价值。与其说是磨难成就了作家，还不如说是作家成就了磨难。我当然不敢妄比圣贤，但有些文学共性是相通的。麻雀虽小，五脏俱全。

人性是文学研究和阐发的主体，作家对人性的探寻，往往有异质性的东西。人是由动物衍变而来的，人性有善的一面，也有恶的一面，人的一半是天使，一半是野兽。两面都具有存在的合理性，相辅相成，问题是怎么看待，怎样恰到好处地安置在个人的精神世界里，并用于主导自己的视角，确立自己的价值观，指导自己的生活方式。人性是善良的，真善美须要歌颂才得以张扬，所以有了文学；人性是邪恶的，假恶丑须要鞭挞，所以必须有文学。

我热爱文学创作始于2000年，算得上名副其实的半路出家。当然绝非灵机一动，灵机一动对某些政治家是绝妙的，可能会创作出一连串辞藻华丽的口号，以此来操控他人的感情，甚至能干成许多异想天开的大事。历史上妄想主义的政治家比比皆是，在世时颂歌盈耳，死后骂名滚滚，绝大多数以天使的角色登场，以魔鬼的身份谢幕。但灵机一动绝对成不了作家，因为作家不仅需要思想，还需要生活的历练与积淀，更重要的是对善恶的甄别和义无反顾的社会责任感。当然也不排除个别天才，出世不久便玩文学于股掌之中，名声大噪，掌声雷动。吹鼓手用心良苦，铜臭味袭面而来，明眼人一瞥便知，我实实不敢恭维。

对我来说，文学修养与积淀，生活的阅历，对现实世界的观察、思考、孕育，加之对文学的爱好，便催生出一种不写不快，不写就难以安静下来的情绪。叫责任感也罢，叫冲动也罢，叫寻找感情发泄口也罢，无关紧要。于是，便拿起笔，把写作当成一种责任，当作一种生活常态。我常跟朋友开玩笑，说自己是"沦落"为作家的。当然是戏言，人很难沦落到这么"好"的状态。虽是戏言，追溯起来自有一定的道理。这是一个艰难的过程，得从我的成长与经历中寻觅根由。

我出生在陕西省岐山县一个普通的农民家庭，父母亲目不识丁，是受传统文化自然熏陶而成的憨厚朴实的农民。兄弟姐妹五人，我排行第三。我童年的时代，父母是生产队的社员。他们的生活被社会做了规定：日出而作，日落而息。生活的向度只是一日三餐，还要在模糊不清的、癫狂的意识洪流中颤颤巍巍地呼口号。在我的记忆里，最多的是父母没日没夜的劳作，还有那劳作之后气急败坏的争吵。我最恐惧的事莫过于父母吵架，稍懂人事后，甚至怀疑他们为什么要成为夫妻？是万恶的封建礼教下的媒妁之缘！后来我慢慢悟出了自己认识的单纯，他们不是为了感情，也并非现代派作家笔下的爱情纠葛，他们的爱情早被历史和所处的社会规定了，似乎无可挑剔，也不允许挑剔。他们几乎全是为填饱我们兄妹五人的肚皮而抱怨生命的沉重，相互发泄是唯一的反抗方式，尤其是在青黄不接的时候。从这一点上讲，我的父母是有独立人格的人，他们敢于发泄，只是发泄的方式与空间同样被社会做了规定。有责任的生活永远是沉重的，永远是有意义的。对责任的放弃，就是堕落，对责任的坚守，本身就是对人性美的书写。父亲像中国千千万万的农民一样，对子女充满了无限的爱心，担当起了不屈不挠的责任，即便被生活的重负压弯了腰，还要倔强地爬行，偶尔的舒展也只能用发泄的方式。我在散文《扫舍》和《老家的祠堂》里已有记述，在此不再冗叙。

“种瓜得瓜，种豆得豆”，农民信守的真理同样是颠扑不破的。1978 年我和弟弟同时考上了大学，如今都算得上事业有成。父母的晚年，生活得很幸福，很安逸，衣食无忧。衣食无忧对老百姓来说是顶级幸福，是理想中的极乐世界。回家省亲期间，我再也看不到他们愁苦的脸，听不见他们的争吵。常见他们互相问候身体舒服不舒服？药吃了没有？想吃点什么？他们不知道自己有什么病，却清楚地知道对方有什么病。围坐在火炕上，他们可以喋喋不休地叙述对方某年某月某日得过什么病，请哪个医生看的，吃的什么药。他们经常忘记自己是否吃过了药，可清楚地记得对方是否吃过药，药是什么颜色，每顿吃几片。可谓相濡以沫，听得人心里滚烫般地热。

在我的青少年时期，甚至时至今日，父母那张愁苦凝重的脸始终伴随着我。每当我看到罗中立先生的油画《父亲》，心底里便升腾起敬意，仿佛那就是我的父亲。艺术就是艺术，他对心灵的点化是任何东西都代替不了的。正是父亲那张凝重的脸，给了我不屈从命运安排的倔强性格。晚年的父母，相依为命，笑呵呵地面对人生，不论有多大的困难，从不给子女增添麻烦。如今我已年过半百，每次拨通电话向父母问安时，父母总是抓起电话一通反问，问及你生活的角角落落，然后又像指教三岁孩童一样指教你一番，你这才有问安的机会。我深深地体会到，父母对子女的爱还在延续，并将随着时间而放大。我想，不光我，我周围的同龄人，可以说都是在这样的氛围中成长和成熟的。我始终认为，父母一辈的爱情是诚挚的，是真正意义上的爱情。虽然从生活意义上看，它似乎有点苍白，只有生活的形式，没有精神的内涵，但从生存意义和精神层面上来讲，是对人类历史责任和社会责任的双重担当，意境平素博大，至高至崇！平凡伟大！“衣带渐宽终不悔，为伊消得人憔悴”，这样的百姓爱情观，普遍存在于我们的血肉之中，倒不必不遗余力地去歌颂，但绝对不能容忍遗忘或抨击。

其实，人的命运都是被动的。所谓“把握自己的命运”是浅层次的政治家浅层次的说教，恐怕浅层次的政治家说教时自身内心也惶恐不安，缺少生命向度。“君子不器”，“上善若水”，圣人如是说，人得从个体本源上成就自我。

我的人生是被动盲目的，与生俱来的生理心理特征源自基因，倔强的性格则是社会和阅历的共同产物，就像用黄土高原上的泥巴捏成的一样，自然天成，怡然自得，并非造物主有主观意愿或人为技巧。造物主在塑造我的过程中，像是预先就有设定，贫困是最大的阴谋，它把几件事融入我的成长期，延展发育，炼狱般地考验我，令我终生忘不得，至今历历在目。

感谢造物主。

上小学的时候，我是为数不多的交不起学费的孩子。记得学杂费一学期两元五，我每学期只能交一点欠一点。于是，老师催交学费是经常的事。记得当时放学回家时学生不论年级，按自然村落排队回家，各路有路长，路长是大家举手选出来的，负责沿途纪律，这是我接触到的最早的带有民主色彩的政治体制，至今觉得很前卫。记得老师总是在放学排好队时点名催交学费。起初欠学费的人很多，只点名不出列，到后来只剩下为数不多的顽固分子，不但要点名，还要出列，站在人前做保证。我多次当过顽固分子，每次的保证都是“后天”。因为我知道“明天”根本不可能，“后天”则是我孩童时代最辉煌的未来，我的目光也就那么远。现在想起来很残酷，用某些人权理论家的思维可以上升到“侮辱人格”的法律境地。但我不以为然，甚至视为财富。记得为此事回家哭过多少次鼻子，甚至有弃学的念头。但第二天早上，又在母亲的呼喊声中背上书包去了学堂。慢慢地，我读懂了父母那张愁苦焦虑的脸：现实的无奈屈辱与对未来的期盼同在。于是，我便背上书包，高高兴兴地迎接那个即将到来的“后天”。于是，摆脱贫穷便成了我生命中的第一冲动。时至今日，父母那张愁苦焦虑的脸常常萦绕在眼前，使我的农民情结愈来愈浓厚，始终跳跃在笔端，不释放不足以平心静气。不管在什么场合，对那些蔑视农民、丑化农民形象的言行，往往义愤填膺，禁不住跳出来捍卫，甚至不计后果。对那些农民出身的进城创业者,我总是在力所能及的范围内予以同情和支持。每每听到有人骂我农民时,心里总是热乎乎的!我还是我!遂像某些小官员在酒桌上得到领导拍肩膀的表扬一样欢天喜地。

与生命抗争是人的本能,内在的勇气须要激活,并在有效环境里扩展。在我十岁左右时,我不甘用“后天”来对付我的读书生涯。我家自留地里有一棵柿子树,一簇三枝,听父亲说是爷爷栽的,他小的时候只有镢头把那么粗。柿子树须嫁接才能成为柿子树。爷爷在三个树枝上分别嫁接了大柿子和小柿子。我爷爷虽然是个目不识丁的农民,但却把对生活热爱的多样性体现在那棵柿子树上,也为我幼年同命运抗争留下了一份宝贵的遗产。

大柿子拳头那么大,俗称“帽廓轮”,每年八月十五前后变红。这时可以摘下来,放在热水中暖一夜,便可脱去涩味,香甜如苹果。每年八月十五前后,我便爬上树枝摘上一筐,倒进锅里,把水烧到不烫手的温度,母亲半夜里再加两次温,到天亮时,柿子便脱了涩。然后装进筐里,我和弟弟用一根扁担抬到距家十五华里的益店镇去卖,一毛钱五个,每次约卖两元左右。小柿子鸽蛋那么大,要等霜打落了树叶后才一树彤红。这时摘下来挂在屋檐或置放在土楼上,慢慢变软,俗语叫“蛋糖”,香甜可口,一直可放到来年春天。小柿子“蛋糖”后,已是隆冬时节,外表已冻硬。星期天大早,母亲小心翼翼地从土楼上拣下一筐,我和弟弟抬到距家十华里的眉县火车站去卖,每次也能卖两元左右。卖柿子的钱积攒起来,便是来年的学费。好的年份,还能贴补点家用。我从小就知道,果树有大年小年之分,大年结果多,小年结果少。生命总是以间歇方式循序渐进。弟弟小我三岁,难以承受扁担的重压,每次筐子都靠近我一边,这是母亲教导我的,说这样可以减轻弟弟那头的重量。后来在大学学理论力学,终于破解了这一理论,同时也明白了一个道理:责任靠近自己一点,别人就少一份压力。

小柿子之所以去火车站卖,是因为小柿子耐保存。小柿子在我的老家很多,本地人没有人舍得花钱吃,只有在火车站才能有尝鲜的外地人。记得当时把柿子抬到火车站后,找个向阳的地方放下,太阳照射一阵后,柿子皮化冻,很容易剥掉。一毛钱二十五到三十个,随行就市,客人吃罢后,数柿把子即可。清早出发时,筐里装几个馍,饿了就啃几口。运气好的一天,早早地卖完,免遭肚子饿。运气不好的一天,一直要卖到傍晚,饥肠辘辘,回家时双腿发软,还要牢牢地攥住手里的钱。记得火车站东头有个国营食堂,专卖臊子面。起初柿子筐就摆在食堂门前,后来因不堪臊子面气味的折磨,搬到了西头。记得当时臊子面三两粮票,一毛二分钱一大碗,上面几片肉,很诱人。可农民没有粮票,只能眼巴巴地看着。所以我幼年的宏图大志便是有朝一日能吃上商品粮,有机会使用粮票。

柿子树如今仍在,只是苍老斑驳了许多。割资本主义尾巴的那个年代,村口地头的柿子树惨遭屠戮。我家的柿子树因在自留地里,属合理范围,因而幸免于难。近年来每次回家省亲,都会不由自主地去树下转转。柿子树老当益壮,伸出繁茂的枝杈,有好几个分枝被父亲拦腰锯断。我曾问过父亲原委,父亲说这几枝侵占了别人的领空,遮挡阳光,影响别人地里的庄稼。我听后特感释然,只是委屈了柿子树。柿子树善解人意,从锯断处又发出许多新枝,蓬勃旺盛,硕果累累,只是不敢再侵占别人的领空,像是有意感谢主人对它的道德约定。2008年国庆节携夫人回家,正值大柿子泛红,我竟老胳膊老腿地爬上柿子树。柿子树上的枝枝杈杈依然那么熟悉,像是有意配合,感物之情,油然而生,遂采摘了一篮,带回了城里。父母终究要离我而去,但愿柿子树在我有生之年,蓬勃旺盛,延留我对故土的思念。

后来我跟弟弟妹妹都上了学,卖柿子的收入已不能保障学费,我只得另辟蹊径。老家北面有一面荒坡,生长一种叫柴胡和防风的药材。放暑假后,我便带上弟弟去荒坡挖药材。挖回来后剪掉枝子,晒干后拿到中药铺里去卖。柴胡每斤四角八,防风每斤三角六。挖药材的孩子很多,不几天荒坡上便找不见药材。荒坡的最北面有一面因地质滑坡而形成的陡坡,叫阎王砭,无人敢攀。我从老人嘴里得知,那面坡之所以叫阎王砭,还有一段传说。听说历史上那面坡比较平缓,坡上有一孔很大的窑洞。有一年长毛造反,四村八邻的老人小孩去里面躲藏。长毛还是发现了那孔窑洞,杀了个血流成河。阎王爷也不堪目睹,制造了一场滑坡,抹去了那面窑洞,形成了现在的陡坡。到底是什么时候长毛造反,史料没有记载,已无从考究,但那面陡坡却因毛骨悚然的传说和自身的陡峭,保持了它的原生态。一次偶然的机会,我发现阎王砭上的药材又粗又大,便冒险爬了上去,不一会儿便采了一大筐。我如阿里巴巴发现了藏宝洞,整个假期忙碌在阎王砭上。每次上阎王砭时,弟弟在下面守候,绝不允许他有任何试试身手的企图,因为那太危险。我独享着这份资源,直到我高中毕业回家当了民办教师。我一直严守着这个秘密,没有告诉任何像我一样生活在贫困中的后来者。倒不是我自私,因为阎王砭这个名字与生命的约定太沉重。我亲身体验过,便知道这个沉重需要付出什么样的代价。今天之所以披露于笔端,是因为我欣喜地看到,我的父老乡亲已摆脱了身上的锁链,逐步走向了富裕。我坚信,我们的下一代再也不会重复我的履历。

2008年国庆节探亲时,我同夫人来到阎王砭,站在陡峭的悬崖顶上,俯视眼前的荒坡,不禁心潮起伏。整个荒坡树枝茂盛,杂草丛生,生机盎然。我小的时候,荒坡是人们索取柴火的唯一去处,一年四季,总有镰刀镢头在荒坡上肆虐,荒坡总是光秃秃的,一张无奈的面孔。我太熟悉这面荒坡了,想寻找小时候走过的小路,却无处落脚。农村挣脱了荒唐的政治锁链,耕种自由,摆脱了饥饿,也解决了柴火问题,大自然也就免遭蹂躏。看来保护生态环境,天、地、人和谐共生才是本真,人的衣食住行才是本源性的因素,环境破坏并非老百姓的愚昧顽钝。环境保护也并非政治家一句"山川秀美工程"的口号就能解决。面对生机盎然的荒坡,我有点担忧!万一哪个政治人物心血来潮,要按照自己的审美观给山坡植绿种草,要把人的意志强加给大自然,荒坡的命运将会如何?!其实,蓬蓬勃勃的野生状态何尝不是无私的美,大自然的审美观与人的审美观的交和,才是环境保护的首选课题。

那是一个雨后初晴的午后,整个荒坡烟雾朦胧,阎王砭笼罩在雾霭之中,彰显出神秘奥妙的轮廓。对面是岐山县的九沟十八岔,云山雾绕,若隐若现,像技艺精湛的画家笔下的山水画,也像电影上用蒙太奇手法展现的人间仙境。相传三千多年前姜子牙在此摆了九曲十八阵,与商纣王朝决战,各路神仙大显神通,最终是正义战胜邪恶,奠定了周王朝八百年的基业。各路神仙也被姜子牙斩将封神,安顿在天上司人间太平正义。华夏民族的情结在这里凝聚,贯穿整个历史,任凭后人解读。大概由此开始,历史自然形成了双轨制,一条存在于史料记载,任凭统治者雕琢,诡不可辨,供衮衮诸公研究。另一条存在于民间,任老百姓用情感雕琢,多见于戏剧、小说、传说。我非学者,情感自然倾向于后者,心境自当茫然。

夫人沉浸在眼前的景致之中。许久感叹道:此处若开发成旅游景区,定能人头攒动,钞票翻卷!她面带红润激情飞扬,这恐怕是她嫁给我这个农民后第一次因我老家的美而产生的荣耀感。我不敢苟同,默默无语。这美妙的画面上铺满人民币将会是什么样的感觉?人类对大自然本真的感受应该如何定位?来自文化源头的美妙传说将会以什么样的价值观昭示后人?难道阎王砭还要以另外一种血淋淋的方式续写它的历史吗?

审思历史,并非为了批判,高傲会引发孤独,易患狂躁症。

1970年,也就是我13岁的那年,“文化大革命”过了发烧期,高中恢复了招生,我刚好初中毕业。高中招生的条件是“推荐与选拔相结合”。所谓推荐就是“政治审查”,审查你的家庭成分,社会关系中有没有“地、富、反、坏、右”五类分子。然后是老师对你的评价。所谓选拔就是参加全县统考。这次统考,改变了我一生的命运。我的政治条件并不过硬,家庭成分是中农,不是革命的主要阶级,属团结的对象,加之年龄较小,不被同学关注,推荐时榜上无名。但我的班主任张英老师坚持推荐我,理由是我能考中,不会浪费名额。当时招生率是推荐人数的百分之十,我考中了,总算没有辜负张英老师的期望。有一年回家省亲,拜见张英老师,提及此事,不料他瞪大眼睛,茫然不知。一个人把良知作为生活常态,怎能不令人肃然起敬!

1973年元月我高中毕业,正赶上农业学大寨的高潮,平田整地,跟地球宣战,知识青年回农村成了政治必然。我回到农村后,加入搞副业的队伍中。所谓搞副业就是生产队把青壮年组织起来,进城搞建筑。类似于现在的打工,却又不同于打工。现在的打工是自己给自己挣钱,而搞副业是给生产队挣钱,个人只能抽百分之十的补助费。我们村的副业队在宝鸡市凤县山区的一个军工厂打工,砌护坡,装卸水泥,盖房子,凡苦力所及的工作都干,每人每天的口粮标准是三斤六两杂粮,日出而作,日落而息,劳作的苦累可以想象。记得当时劳作期间,队长说一声休息,我便迅速找个墙根,脊背挨上墙便呼呼入睡。队长喊一声干活,便又蹭的一下站起来。现在回想起来,真不敢相信人的肌体能有如此大的能量,人的胃里能填充如此多的食物。

我在副业队期间,有两件事终生难忘,每每回想起来,犹在眼前。一件是我们干活的那个工厂的总务科长从山东老家接来了妻子,需要把一间大房子隔成两间。属于私活,不能公开干,科长邀请我们几个夜里偷偷干。天亮的时候,隔墙打好了。科长的妻子执意留我们吃早饭。饥饿中的人总是经不住食物的诱惑,于是便留了下来。科长的妻子端了一盘油条,一碟松花蛋。当时我不知道盘中的东西叫油条和松花蛋,是后来才知道的。那是我生平享受到的最好的食物。我真不敢相信世界上还有这么好吃的东西,真不敢相信油和面粉结合能有如此神奇的膨胀功效!是什么鸡生出了黑色的蛋?这般好吃!科长的夫人来自山东农村,很热情也很淳朴,一个劲地招呼,生怕我们饿肚子。食物带来的享受虽然是短暂的,但我生平第一次感受到被人尊重的快慰,心灵的享受却注定是永恒的。在那个阶级斗争统领一切的年代里,虽然从理论上来说农民和工人阶级同属革命的大本营,但阶级斗争已使人的眼睛分了层次。公众场合,民工很少有人正眼看,可以随便指使,无须知道他们的名字,只要喊一声“哎”就足矣。喊你就是看得起你。不管他们心底有多么善良,也只能把善良掩藏在心底,因为社会赋予了他们尊贵感,他们就得捍卫这种天上飞来的尊贵感,不管你内心情愿不情愿,你得装模作样地入流。想想,在那种社会氛围中,请你吃顿油条加松花蛋是何等的荣耀!

忘记过去就意味着背叛!

另一件难忘的事是一次长途苦力。工厂要去160公里外拉货物,需要一名装卸工,副业队指派了我。解放卡车在160公里坎坷不平的山路上狂奔,虽满目青山绿水,但当时给人的感受只是偏僻荒凉,风吹得人头皮发硬,汽车颠得人直想呕吐。大清早出发,吃中午饭的时候,终于到达了目的地。汽车驶进一座仓库,驾驶室里的三个人跳下车,指了指地上的二十几张三合板上,令我搬上卡车,然后和一个接待的人一起吃饭去了。把二十几张三合板装上车,对我来说是举手之劳。装罢车我躺在三合板上,庆幸摊上了个轻松活。不大工夫,肚子开始咕咕叫。吃饭的三个人迟迟不见回来,我开始饥肠辘辘,心里渐渐来了气。二十几张三合板,三个人装上车也是很容易的事,为什么还要带个苦力?既然去吃饭,我也是人,为什么视而不见?想来想去,最合理的解释便是“谁让咱是民工”。当我被饥饿折磨得头皮上冒出细汗珠的时候,那三个人终于回来了。在即将钻进驾驶室时,其中有个矮胖个子的人,站在脚踏板上,稍稍塞给我一个拳头大的馒头。他的动作有些诡秘,好像怕另外两个人看见。汽车发出轰鸣声,在既将起动行驶的时刻,驾驶员跳下车,在墙角尿了个尿,回来后进驾驶室的时候,也站在踏板上,把同样拳头大的馒头丢给了我。他的动作很敏捷,也很诡秘,也好像怕被另外两个人看见。我至今怀疑他当时是否真的需要尿尿。我当时感动得差点流泪,积聚多时的怨气随之烟消云散,饥饿使我没有过多地想什么,心思全在馒头上。

那两个馒头的滋味,至今回想起来仍是那么香甜,终生不会忘记。当时只是感恩,理解为别人的同情与怜悯。现在回想起来,不禁汗颜。在那个年代,人类固有的善良美德,被虚华泡沫般的口号声淹没了,以意识形态为核心的制度使人们不得不戴上假面具,在贫困的挣扎中顽固地捍卫自己虚华的尊严,却把人类与生俱来的美德私下里藏匿,又无意识地实施。这是人类文明的可悲,不堪回首。二十几张三合板三个人装上车自然不成问题,可他们是吃商品粮的领导阶级,坐办公室的干部,自然不能动手。我是农民工,自然不能与他们一起吃招待饭,因为我不具备这样的资格。

当了一年民工后,我被聘任为民办教师,教一帮和我一样的社会最底层的农民的子女。当时读书没多少前途,大学停办,高中毕业就是终点站。学生对读书远没有如今这么重视。但我还是非常卖力地教书。目的只有一点,不要让学生白吃了父母的馍,那馍来得不容易。那时青年人的前途很渺茫,唯一的出路是参军,复员后政府安排工作,名正言顺地成为市民户口。我几乎每年报名参军,年年参加体检,年年被淘汰,理由是因为家庭成分是中农,可也有家庭成分是中农的参了军!我一直想不通。父亲是个宁折不弯的关中汉子,从不求人。当时的党支部书记跟父亲关系很好,完全可以说上话。记得当时我很生气,怪父亲不关心子女,怪祖上为啥不出败家子,到我爷爷时能乞讨为生,成为贫农多好!现在想起来既荒唐又可笑!可在那个年代却是那么合情合理。多少年后,也就是我大学毕业参加工作后,回家探亲时碰见了那个老党支部书记,总算揭开了这个谜!老党支部书记告诉我,当年之所以没有让我参军,是因为我是个灵醒人、精干人,留在农村好赖能娶到媳妇。让那些不精干的人去参军,复员后安排吃商品粮的工作,这样就不会打光棍,能够传宗接代。父亲是个通情达理的人,一说就通。天啦!听起来像是密谋!没想到在那个年代,我个人前程的牺牲关乎别人的传宗接代!至少关乎一个人的爱情!父亲和党支部书记竟然是这个密谋的始作俑者!中国农民的淳朴与群体意识,舍小家顾大家的无私意识,总是融会在精神之中,融会在朴实的言行之中,秘不示人,当你真正解读了之后,你会肃然起敬!任何一个麻木的人,都不会无动于衷,都不会耿耿于怀于自我得失。如今老党支部书记已作古,现在想起来可歌可泣!可尊可敬!真想到他坟上去,长长地鞠一躬。

1977年后半年,社会上盛传年底要恢复高考,多年来和我一样的高中毕业生中许多人蠢蠢欲动,偷偷地复习,准备到时候博一把。我相信这是真的,但不敢相信红运会落到我的头上。那时大学招收工农兵学员,在农村由贫下中农推荐。其实,贫下中农充其量担个名。于是,地区和县上有头有脸的人早把自己的子女安排在有推荐名额的人民公社插队落户,用如今的话说叫

“准大学生”,普通老百姓的子弟根本没指望。试想,我连参军都不成,哪敢奢望被推荐上大学,所以根本没动那个心思。抱这种态度的人当然不只我一个。虽说没那个奢望,但还是不死心。报名的那天,我们结伴想去看个究竟。结果令我喜出望外!所有够条件的人都可以报名!我们同去的有我高中同学苏波和罗乃林。苏波当时已是邻村的党支部书记,罗乃林是我们村的文书。看完招生简章,三人便悄悄商量,打算报同一所学校,这样来回有个伴,在学校也好相互照应。我们三人读高中时曾去过工厂实习,几乎都对蔚蓝色的工作服情有独钟。于是便选中了陕西机械学院。原打算报同一个专业,以便毕业后一起工作。回头又觉得不对劲!万一招考老师发现三人来自同一个地方,录取时有意回避,牺牲了谁都于心不忍。于是,年龄较长的罗乃林选择了一系,铸造专业;年龄较次的苏波选择了二系,机械制造专业,我选择了三系,印刷机械设计与制造专业。我之所以选择这个专业,当时心里还有小九九。我去工厂学工时,有个工农兵大学生,开了一台八尺车床,职工都很羡慕,我当时就暗下决心,将来有机会也要开八尺车床,让人羡慕。还有另一个原因,我们家附近有个五二三印刷厂,保密单位,煞是神秘,老百姓进不得。我要是能考上大学,毕业后能去那里工作,一则可以穿蔚蓝色的工作服,二则买个自行车,可常常回家。这些想法,现在想起来很可笑,可当时却觉得是梦幻般的追求,让人知道便会谓之为“野心”。

报上名后,接下来便是夜以继日的复习。白天要上课备课改作业,只有晚上复习。我任教的学校夜里十点拉闸关灯,我只好在煤油罩子灯下复习。我任教的那个教学片区,有七十多名教师报了名,大家都在埋头复习。说老实话,我对自己能否考中没有信心,只是想试试,为来年投石问路。考试在春节前,天寒地冻。考场设在益店高中,那是岐山县的四大高中之一。记得到达后那天晚上,木板通铺上挤满了人,得侧身睡觉。第一门考的是语文。我是中学语文教师,语文是长项。考试的作文题目是“难忘的一天”。我把题目选定为当天,也就是我走进考场的这一天。我埋头写作,把多年来淤积在心中的企盼统统发泄了出来。铃声响起的时候,我的作文也画上了句号。我走出考场满心欢喜,见有人高谈阔论,便凑了过去。那人胸有成竹,说难忘的一天只有选中毛主席逝世的那一天,作文才能得分,否则零蛋。说这是政治灵敏度的嗅觉,关键所在。他身旁一群人欢呼雀跃,为自己的明智拍手叫绝。这话今天听起来是无稽之谈,可在那个时代可是金科玉律。我的心一下子凉了半截，看来是考不中了，真想中途放弃。可我是个好面子的人，不能让人笑话，便想在其他科目上努力，即便考不上也要坚持到底，成绩也不能考得太差！今年不行，明年再来。只有战死的英雄，没有吓死的好汉！

当天晚上，原本拥挤的宿舍空空如也，只剩下七八个人，不知是受了哪位先生的蛊惑，还是前两门考试消沉了意志，大多数人中途开溜了，原因不得而知。记得有人背上被褥离去时嘴里还骂骂咧咧，骂出考题的人，也骂着说不知哪个"王八蛋"能考中。真不知当时他们是什么心态。后来觉得可笑，我也是挨骂者之一。然而这骂却挨得值！

高考完毕后是教师集训，全县的教师集中在一起学习，暑假寒假都要集训，这是制度。今年的集训谈论最多的是高考，我的作文跑了题，零蛋，无力回天，羞于见人。谈论高考对我来说是哪一壶不开提哪一壶。资深教师在黑板上演示考试题，我坐在角落里一遍一遍地核对自己的答案，越对心里越不踏实，我的成绩最多达到平均六十分线。有资深老师已做出判断，这次高考扩大到历年积压的考生，平均成绩上不了八十分进不了大学的门。于是，在我们教师队伍中，便冒出好几个平均九十分以上者，回过头来在大庭广众之下安慰我。我在教师队伍里算是个佼佼者，到底是不是佼佼者我自己没感觉，反正有人这么认为。于是，我觉得这样的安慰不合时宜，可有什么办法？谁让你盛名之下其实难副呢？还得被动接受。记得当时有个老教师，姓徐，老牌大学毕业生，平时沉默寡言。一天饭后约我交谈，问我考得怎么样？我便把作文跑题得零蛋和其他考试情况向他如实汇报。他听罢笑了笑说，你的作文不见得零蛋，说不准还是高分。以我看来，在教师队伍中，你考不上就没人考上。读书就怕一知半解就夸夸其谈。十多天后，考试结果被他言中，我所在的教学片区里就考中了我一个，我们那个人民公社考了三个，我、苏波和罗乃林。时至今日，我对自己总是低调处理，从不在人前晃动，从不安慰任何人生历程中受到挫折的人。我们对社会的认识是有限的，对自我认识当然就更有限。生活是严谨的，不要轻易取笑人，一切洋相都是自我酿制的。胜利与失败、成就与挫折只能在旷恒的时间尺度上才能甄别。一个人能做到自己不出自己的洋相是件很不容易的事，需要不少历练。

进入大学是我梦寐以求的愿望，终于实现了。接下来便如饥似渴地学习。每天三点一线，宿舍—食堂—教室。我在西安上了四年大学，不知道大雁塔、钟楼在什么地方，只认识从火车站到学校的路。那时唯一的愿望就是多学知识,考试考个八九十分不满足,学完教程规定的课目还要选修其他科目,唯一目的就是要与众不同,因为你上过大学,就要做个名副其实的大学生。还有一个发自内心的重要原因,我拿助学金求学,每月二十三元,十七元五的生活费,还能剩下几元零花钱。我生平从来没有每月挣过二十三元钱!我不敢相信世界上还有这么好的事!可那是事实!我是学生,学习是报恩的唯一方式,只有把感激之心化作报恩之情。毕业分配时,我庄重地向学校交了一份“坚决服从分配”的志愿书,来到兰州。2008年,兰州市委宣传部在报纸上组织“我爱兰州”征文活动,我发表了一篇题为“母亲河的呼唤”的文章,获特别荣誉奖。虽说是应时之作,用如今世俗的眼光来看,有点哗众取宠。有些文学界的朋友也对我“刮目相看”,认为一个作家写这样的东西“不伦不类”。但这篇文章却是我淤积多年的真实感情的表露,可谓不吐不快。时至今日,我放弃不了这份沉重而庄严的感恩之情,干什么事都恪守德行,兢兢业业,以至于遭到世俗的嘲笑和鄙夷的眼光:官场上二十多年原地踏步,痴心不改,愚蠢加可爱。刚开始听起来心里很不是滋味,到后来觉得很耳顺,一个人成熟到别人能拿他的成就表现自身的贫困与可怜,实乃三生之大幸。也有人表扬我“心态好”,听起来酸溜溜的。我不以为然,知我者谓我心忧,不知我者谓我何求!衣带渐宽终不悔,为伊消得人憔悴!现在记不清了,是在山西平遥古城还是乔家大院看到过一副对联:不求在道称能吏,愿共斯民做好人。我把这副对联用在了《重修水车博览园记》一文中,镌刻在水车博览园门前的石头上,目的是唤起同僚们的共鸣。同时把这副对联窃为座右铭,常常用来激励自己,权且作为磨砺“慎独”的他山之石。至于官道上二十多年原地踏步走,也曾有过羞耻之心,后来反倒视为荣耀,兴许对未来能说明点什么。“苦”中作乐,忧而怜吟:不以物喜,不以己悲,居庙堂之高,则忧其民,处江湖之远,则忧其君。

我在团市委工作期间,有个小校友来找我,求我帮忙,想跳槽换个工作。谈及大学生活期间,说他们在学校如何跳舞,如何谈恋爱,如何唱流行歌曲,如何喝酒,等等。我很感叹,无意间提到我们在校时的争分夺秒。不料他淡淡一笑,说你们那些人基础差,只有那样才能毕业。我很惊愕!只能坦然面对。我不想放弃诲人的机会,便把我的慎独之私和盘托出,不料他说,你是农民出身,拿助学金上学,当然应该这样。我很震惊!难道道德和良心的约定只对社会的底层?!是社会制度摒弃道德还是我们的教育失灵了?!

大学毕业后,我被分配到兰州印刷厂工作。我初来兰州工作的心情,在那篇《母亲河的呼唤》一文中早有表述,不想冗叙。我到兰州印刷厂后,被分配到车间当机修工,终于穿上了蔚蓝色的工作服,实现了多年的愿望。当机修工我很乐意,跟工人打得火热。不久,便有好心人提醒我说,你是大学生、干部,不应该下车间当工人,应该坐办公室,厂里的大学生哪一个下车间?你是外来户,不能太老实。我生平第一次知道工厂里还有工人与干部之分!但我觉得下车间没有什么不好?便不以为然。后来当了车间主任,又调任设备动力科科长。我渐渐明白了,那时候的工厂,与其说是生产组织,还不如说是政治组织。不足一千人的工厂,大大小小的部门处室,挤了满满一办公楼。办公室的人无所事事,钩心斗角的事便多了起来。兰州印刷厂地处城中心,坐办公室的人都有不同的政治背景,没有一个是省油的灯。很难想象老厂长能平衡那么多方面的关系。工人队伍也并非我接受教育时所说的那么有觉悟、有纪律,他们潜意识之中按利益原则分成若干个等级,各个等级都有自己的性格和脾气。他们因为来自社会的各个层面,表面上一团和气,有利益争执时,便爆发出各自精神世界里的痼疾,根本没有什么觉悟和精神可言。

我跟工人混得厮熟,渐渐发现他们从单个人来看,从本性上都诚实善良,助人为乐,豁达开朗。他们血液中保留了传统文化塑造的仁义礼智信的基因,只是在现实中被强大的政治说教淡化了,遮蔽了,能看到的只是假面具而已,也是不得已而为之。所以,在我的作品中,始终如一地颂扬不屈不挠的文化坚守精神,看起来似乎不入流,可文化坚守精神是人类文明的固态,也是中华文明的固态,必将永远地大放光辉。我坚信文明就是这样传承的,而且这样传承了两千多年。我始终坚信:身教重于言教,真理通过伪君子的嘴,真理也会打折扣。奉献热情,收获光明。送人鲜花,手自留香。愚人不以为然,仁者多有同悟。

问题终于出现了。1984年企业改革的呼声日高,要改变企业吃大锅饭的局面,首先要改变多年来不增加工资的局面,体现真正意义上的按劳分配。上级作为权宜之计,下达了十个升工资的指标,算是改革的重大举措。厂部通过小范围的会议,把十个指标落实到人头上,大多是坐办公室的人或背景强硬的人。一石激起千层浪!全厂职工哗然!不约而同地罢工。这在当时不是个小问题。上级派工作组进驻工厂,动员工人复工。工人不依不饶,要求民主推荐厂领导班子。工作组答应了职工的要求。民主推荐时我得票最多。几天以后，市委组织部一纸红头文件，任命我为兰州印刷厂厂长，实行厂长负责制。兰州印刷厂是正县级建制。所以后来有朋友戏说我的从政之路是“袜子改帽子——一步到顶”。

当时我只有27岁，初生牛犊不怕虎，这话用在我身上，一点儿没错。我上任后，一点儿不顾忌各方面的政治关系。改组科室，实行内部结算制，奖勤罚懒，实行真正意义上的按劳分配。许多善良的人为我捏了一把汗，认为我捅了政治娄子，也捅了一批刺儿头的马蜂窝。出人预料！职工的积极性空前高涨，那些刺儿头反倒成了主力军。企业的经济效益连续两年以百分之五十多的比例上升。市经委在厂里召开了现场经验交流会，我推行的内部结算制在全市企业中推广。这些事如今谈起来有点汗颜，因为在我离开后，工厂最终还是倒闭了，还是不冗述为好。有一点值得一提，我在工厂改革过程中，没有砸一个人的饭碗，而且都能设身处地地为他们的生存着想。科室人员调整，人尽其才，适得其所。职工队伍很快出现和谐的局面，我本人也得到一沓荣誉证书，如“新长征突击手”“青年企业管理者”等。

那时的企业是一个完整的小社会，人的素质也具有较完整的、多层次的社会性。通过观察，我发现我们中国人有个特征，几千年来的文化熏陶，单个人身上都具有浓烈的优秀品质，比如诚实善良，讲义守信，热情豪放，助人为乐。但置于群体之中，却彼此抵消，甚至人人脸上都蒙有面纱。改革只能解决制度问题，人自身的问题只有靠文化。传统文化中的文明结晶似乎正好能对症下药。这可能是我热衷文学，作品中大力褒扬传统文化的原因之一。

传统文化的表现形态往往是极高明的中庸之道。我坚守一条，不论在什么地方，都要因我的存在，这个地方将有所改变；不管处于什么群体，要因我的存在，身边的人将少一点困惑。施恩不求图报，慎独才是本真。我是这么想的，结果怎样，不得而知，但有几件事却对我有莫大的启迪。

十多年后，有一次在七里河办完事，站在路边等出租车，一辆出租车急速停在我身边，驾驶员主动打开了车门。上车后我说了去处，驾驶员说了声“知道”。车子一溜风到了家门口。我付钱，驾驶员不收。我很纳闷！世上哪有这事？驾驶员说，你是范厂长，我父亲跟我说过，你是好人，如果你有机会坐我的车，一定不能收钱。我问他父亲是谁，他告诉我他父亲的名字，说是兰州印刷厂的一个工人，几年前去世了。说老实话，我没有一点印象。我说世界上绝大多数人是好人，好人坐车不收钱，你怎么生活？他说他管不了那么多，你对我们家有恩，我姐姐高中毕业后，一直安排不了工作，是你当厂长时安排的。我父亲活着的时候，一直说你是好人，看得起老百姓。我坚持付钱，他说是他父亲的一点心愿，如果我还看得起他父亲，就不要付钱。我还能说什么呢！至今不知他的姓名。事后我想起来了，我当厂长时招过两次工，找关系写条子的有脸有面的人士不少，我坚持优先解决家庭困难的老百姓的孩子。倒不是我不近人情，不买当官的账，我当时认为，普通工人只有靠单位，有路子的人到哪里都有路子，我不解决，会有人解决。听起来似乎有点舍己为人，其实是良心所致，不得已而为之。

2007年年底，我陪国家文物局领导去鲁土司衙门视察，突发胰腺炎，住院两个多月。原本跟爱人商量好，用出差的理由来保密，到后来还是走漏了风声，单位同事、亲朋故旧到医院看望，本是常理，不足为怪。有几位当年印刷厂的工人不知从什么地方听到消息，也到医院看我。提起当年我对他们的关心，如在昨日，然而时隔二十多年，我却忘得一干二净。我甚感惭颜，质疑他们是否值得来看我！他们说工厂改制了，他们失业了，可过去在一起的那段日子他们永远不会忘记。望着他们离去的背影，他们饱经风霜的面容深深地印在我的脑海里！他们失业了!？命运使我成了局长，不用为生计担忧，而他们……我能为他们做些什么？我又能做些什么？百姓自有百姓的情结，百姓的情结永远是我们文化的生态园。这可能成了促使我继续写作的动力之一。

1986年6月份，我调任共青团兰州市委任书记，直到1992年9月，调任安宁区委副书记，在团委书记的岗位上待了整整六年。可以说这六年是我思想收获的黄金期。那时的兰州，国有企业正处在改革带来的黄金期，共青团的工作倍受重视。我有机会接触各个层面青年中的佼佼者。当时对外开放和改革正处在闯关阶段，经济的发展已使全体人民得到实惠，政治经济形势可以说欣欣向荣。但我注意到一个问题，青年人，尤其是有志青年，他们在大一统的政治口号下表面上意气风发，对未来充满信心，激扬文字，指点江山。实则内心世界漂浮不定，他们惶恐、徘徊、疑惑不解，国家的未来与自身的完善不能有机地统一。外来文化与主流教育的碰撞，社会人格与政治育雏的矛盾，传统文化与外来思潮的撞击，更不用说由此引发的价值观、生活方式、文化立足点的确立等等方面的心理矛盾。可以这么说，有一部分很有思想的知识青年，他们的精神世界处于颠沛流离的状态。政治家企图用他们传统的政治模式教育青年，青年人走出樊篱后具有强烈的反叛意识。有人说这是代沟,实则是价值观和生活方式的难以统一。许多青年人多年来的被动屈从造成了双重人格,对历史的后置力将会在很长的时期内展露阴影。

作为一个团市委书记,当然无能为力,只有以此来诫训自己,在工作中诲人便是自身"慎独"的需要。我离开团委后,参加过一次团市委的全委会,讲了一次话。讲话的题目是"做官做人做事做学问"。题目是借用省委老干部流萤在杂志上发表的一篇文章的题目。关于那次讲话的内容和对我本人的影响,我在散文《沉重的诺言》里已有详叙,在这里不想冗述。一个民族的文化心态,预示着这个民族的未来,而文化心态总是以青年人的叛逆心来量定的。所以我在《沉重的诺言》中曾大声疾呼:我们还要复制多少宦官!克隆多少无脊椎动物!这是发自内心的忧患意识,并非自我多情或杞人忧天。试想,假如我们过早地医治那些文化病灶,精英分子的高烧病就不会传染得那么快,我们身上异化的伤痕就不会那么重,今天的贪官污吏和腐败分子也就不会那么多。文化心态是政治结构赖以维系的基础,难道我们还有什么堂而皇之的理由来拒绝修正文化心态上的缺失吗?

1992年9月,我从共青团的岗位上离开,担任了安宁区委副书记,这使我有更多的机会接触社会的各个层面。当时,正是改革开放大潮汹涌的年代,大办开发区便成了时代的最强音。国门打开了,外面的世界很精彩。长期饱受贫困与落后折磨的民族终于迎来了发展的契机!门外是堆积如山的高科技,瞬间可以变成生产力,实实令人喜出望外。但我们的文化心态准备不足,大有自我否定之势,就像一群饥饿的人突然面对一桌大餐,饕餮时从未考虑吃饱后的消化问题,除过赞美食物的精美以外就是感恩戴德式的欢呼。仿佛贫困与落后即将成为历史,制造贫困与落后的历史人物已存入历史档案,只能接受历史学家的剖析批判,而且那是历史学者的事,与现实世界风马牛不相及!文化心态上的自我否定与抛弃显得十分果断,外国的月亮总是比中国的圆,用老百姓的话说:不知道姓啥为老几了!

我在安宁区工作时分管工业经济。市政府的经济技术开发区就设在安宁区,区委责成我分管此项工作。各方面引进的投资商纷至沓来,可谓泥沙俱下,鱼龙混杂。到底有多少是真正的外商,又有多少是真心实意的投资者,现实已做了最好的回答,无须我多说,明哲保身吧,教训够深的了。有一点却令我不敢忘记,那就是各级官员中,有那么一些人见了"有钱人"表现出的利令智昏和趋炎附势的媚态总是不能从脑海里清除掉,每每想起如在眼前。记得当时有不少来自沿海的人，自称是港商，财大气粗，站在安宁区的菜园子里指手画脚，在会议室里指点江山，在饭桌上端起酒杯激扬文字，活像戏剧《玉堂春》里的沈彦龄进了青楼，言说他的钱多得无处去。但吃饭的样子似乎与身份极不相符。明白人都看得出来是玩空手道，可就有那么一些说了算的人，极尽摇尾之能事，不知是何居心？同谋还是帮凶！我不敢多言。

我的性格决定了我不会随波逐流，说了一些“多余的话”，被哂之为“自我感觉良好”。现在回想起来，还是自己稚嫩。其实许多人都知道是怎么回事情，却装作不知道，摇旗助阵，谋算自己的既得利益。现在看来我确实“自我感觉良好”。在此期间，有些现象很令人费解。记得上中学时看过一篇张天翼的小说《制台见洋人》，很是哀叹清政府的腐败无能，庸官见了洋人像哈巴狗一样。然而现实中我却活灵活现地看到了。那些在下属和老百姓面前摆不完谱的官僚，面对有钱人，甚至面对自封为“投资商”的“假洋鬼子”时所表现出的软骨病和奴颜婢膝令人惨不忍睹。不管出于何种目的，人格缺损是不可否认的。向权力下拜，向金钱下拜，是犬儒文化的现实翻版。根治阿Q精神，得从文化的源头上找根源。辛亥革命后，梁启超先生倡导开启民智、独立人格、社会责任的新文化思想，虽然不久便淹没在铺天盖地的野心家的口号声中，但这个历史课题远远没有解决。我始终认为，这个历史课题，对国人来说不可或缺，迟早须要补课。所以在我的作品中多有反映，只是能力有限，棱角不够分明。

1996年我调任旅游局长。当时旅游尚属新概念，旅游局长不是个十分忙的岗位。我有更多的机会梳理思想，思索问题。于是便有许多思考积聚在心里，不吐不快，于是拿起了笔，写了两本长篇小说和二十多万字散见于报纸杂志的散文随笔。作品颇受欢迎，得到了几个玻璃奖杯，2005年我当选为兰州市作家协会主席。我终于“沦落”为作家，回想起来百感交集，引以为荣的是保持了自己的独立人格与自由精神，也算是对社会尽了点责任。

本该谈文学，却把自己的阅历张扬了一番，挟事夹议，似乎风马牛不相及。但我不这样认为。小人物张扬阅历，本身就是幼稚病，但我没有张扬什么辉煌，只张扬了一些成熟过程中的值得记忆的人和事，算是病态也不是十分严重，有药可医。人是社会的产物，作家对社会的审视，无一不能脱离自然的人。当然自身的文化塑造决定了观察思考的着力点，阅历就显得十分重要。

文学是关于人的学问,人性是文学的出发点和立足点。文学是人类精神的积累。文学统一在文化的大概念下,只能传承与改良。任何想摈弃固有文化,或用某种新思想新文化取而代之的想法,都是臆想天开的,最终只能是搬起石头砸自己的脚。

文学的人文向度是明确的,那就是人性向往真善美的至真至诚,也是人类精神世界性的终极目标。通向这个目标的路是漫长的,文学便是人类探索真善美的积累。对人性的探索,离不开对自然人的情感用文学来塑造,人的感情更脱离不了社会的催生。人没有空中楼阁式的感情世界。纵观古今中外的文学史,我们不难发现,文学像灿烂的星河,直指人类的终极目标,自身当然也像恒星一样光明永驻。这个星河之所以壮观,因为它由无数颗沙粒一样的星辰组成。文学是个抽象的东西,涵盖过于宽泛,无处不在,无处不有,然而并非触手可摸。但历史上孜孜以求的学者,用他们的生命旅程和闪闪发光的文字,传承了人类文明的薪火,自身也成了这个银河中的一粒沙子。文人的骨头之所以硬,是因为他们坚守人生的价值观。后人谈论文学史,撇开对历代文学巨匠的研究,只能是空谈。

时代催生文学,现实塑造文学,并不像人们想象的那样,盛世文学就盛,衰世文学就衰,恰恰相反,文学是挤压才催生的,真情源自于苦难。曹雪芹并非生活在太平盛世,而是生活在文字狱盛行的时代,所以《红楼梦》的出世颇费周折。曹雪芹"为万千红颜哭泣","满纸荒唐言,一把伤心泪,都云作者痴,谁解其中味"。他敏锐的目光瞄中了现实生活中的红颜,道出了她们被人类社会整饬的悲情,千古一唱,千古一绝。我想,正人君子,文人政客,多情女子,在阅读的时候绝非仅仅抹泪。托尔斯泰虽是贵族出身,也并非盛世的宠儿。俄罗斯的西伯利亚,这块沙皇流放异己者的地方,谁能想到,它成了催生俄罗斯思想文化的温床。托尔斯泰那双鹰一样的眼睛,是俄罗斯社会的腐朽铸就的。他宣扬他的宗教思想,他跟契诃夫和高尔基谈话时说:我想多数人需要一个上帝,因为他们一无所有。我想少数人也需要一个上帝,因为他们什么都有了。理解这句话,需要创造性的思维。托尔斯泰的眼睛之所以像鹰一样,因为他看到社会底层的苦难和社会上层的糜烂,和生物界的鹰看见腐尸时眼睛的锋利有质的区别。李白浪漫飘逸,诗如其人,是因为那个时代充斥在虚华的泡沫之中,脂粉楼宇,歌舞升平,人的精神世界需要在现实中舒展,他的诗便不胫而走。然而就在此时,杜甫却看到了"山雨欲来风满楼",他总是用泪眼看社会的底层,为他们的苦难讴歌,为他们的未来抹泪。两个流芳百世的诗人,却从不同的角度彰显了文化五彩斑斓的层次感。苏东坡生在文化盛世,抑武重文的北宋社会最终表现出了中国文化骨骼的缺钙症,他豁达耿直,刚正不阿,美人美政,潇洒飘逸,所到之处,总会留下文化遗迹与美名传说。他传承了他的老师范仲淹“不以物喜,不以己悲;居庙堂之高则忧其民;处江湖之远则忧其君”的仕人志向。历代圣贤,伟岸之躯总是伫立在历史的长河之岸!“噫! 微斯人,吾谁与归?”

就目前而论,文学在世界范围内呈娱乐化趋势,似乎成了不可阻挡的潮流。我个人认为,就目前文学创作状况而言,主流是无可非议的,这是文学的属性使然。值得注意的是,繁荣之中弥漫着浮躁、功利,商业气息过于浓厚,文学的本真被遮蔽。从某些角度看,用泛爱主义或泛爱思潮来形容,一点儿也不过分。艺术舞台上港台之风盛行,唱的是爱,声嘶力竭地歌唱,痛不欲生地表演,手舞足蹈地挣扎,神经质般地发作,不是失恋就是被抛弃,无情与痛苦贯穿始终,折磨自己的同时还要折磨别人。不知是殖民文化失去母体后渴求爱的呼喊还是奴性发作时的精神失常,给人的感觉总是功利思想的膨胀。可能因为我愚钝,弄不懂,耳朵拒绝接受。泱泱大国,五千年的文明史,对自身文明的积淀应该自信。娱乐与文学相悖,甚至对文学发难,孰是孰非,有待历史定论,其间少不了铜臭味。

如今电视已成为人们生活中不可缺少的文化传播工具。许多优秀的文学作品被搬上屏幕,人类的精神得以大面积地弘扬。就目前的状况而言,主流是应该肯定的,文化娱乐化是全球性的大趋势。但就有些电视剧而言,仍困于功利与浮躁的诱惑。只要进入电视剧,便是靓女帅男谈情说爱,总是错误的爱情寻找新的对接。不是老板爱上小秘,就是靓女傍上新贵。爱情在钞票中翻滚,露出大腿与乳沟,第三者、第四者应运而生,在爱的旗帜下愤怒地穿起三点式比基尼夸张性地摇摆。那些入不了流的二流人才,情急之下也在屏幕上卖起了乳罩、裤衩,倡导人们描眉、拉皮、文唇、丰胸、收腹、提臀、瘦四肢。编导们总是感情丰富、智慧过人,英雄爱美人,美人惜英雄,有情人终成眷属。剔除掉强加在其上的艺术成分,便是赤裸裸的权钱交易,找不出一点对人类爱情精神的捍卫,看不出多少对人类道德和社会责任的担当,反倒使人觉得导演不像导演,更像帅男靓女市场上的皮条客,个人的欲望满足成了至崇至上的定律。于是乎,低贱道德,漠视社会。这样的东西,只能刺激眼球,填补心灵空虚者的心理空间,亵渎爱情,与文学无关,就像用一堆仿制品做成的大餐,谈什么营养！即便出于利益或友情驱动,把这些东西午夜后播放,对失眠症者聊以自慰,也只能是雪上加霜。影视成了制造明星的工具,明星通过影视实现欲望,少数文化匠人把持屏幕,通过制造明星实现自己的梦想,台上台下同一个模式的混乱。冠以爱情的模式来标榜这些作品,似乎与人类文明风马牛不相及。略有文化良知的人,真不知该怎样向"爱情"道歉。

当今以爱情为主题的文学作品似乎成了一种新思潮。我在多种炒作的诱惑下曾硬着头皮看过几本。老实说,感情排斥,看不下去。出于对文学思考的需要,还是坚持承受了一些折磨。在这些书中,爱情被囿于有情人之间,空间狭小,火花四溅,温度太高。圈中人总是愁苦缠身,一脸迷惘。眼前光芒万丈,脚下却是万丈深渊,苍蝇掉进玻璃瓶子——眼前光明,出路难寻。大概因为我的阅历和认识狭隘,在我的作品中,对爱情的认识与描写往往引起非议,甚至被嗤之为农民情结。是不是农民情结倒不重要,重要的是能否在人类文明的传承过程中找到有价值意义的定位。大概因为历史的包袱过于沉重,我总以苍老的模样示人,缺乏流行的浪漫与天真,所以作品缺少刺激性。

我认为,爱是一个宽泛的概念,存在于人类精神的各个层面。宽泛意义上、精神层面上的爱,只有人类才拥有,而且在人类进化的长河中历经淘筛,提炼出精品,成了人类的专利。历代圣贤哲人,穷其一生孜孜以求,无非就是寻求人之所以成为人的真谛——爱,以及集合在爱的旗帜下的伦理道德观、生活方式及价值观,等等。原始森林里的动物不存在这样的爱,动物只有发情期、哺乳期才有原始本能驱使下狭隘意义上的爱。那是出于本能的繁衍需要,缺乏主观能动性。原始森林里的法则是"吃你没商量",欺骗、伪装、诱惑、设陷阱,弱肉强食。无可厚非,动物就是动物,本能使然。两千多年前,中国的思想家孟子说:"饱食、暖衣、逸居而无教,则近于禽兽。"同样伟大的思想家荀子说:"力不若牛,走不若马,而牛马为用,何也？曰:人能群,彼不能群也。人何以能群？曰:分。分何以能行？曰:义。""禽兽有父子而无父子之亲,有牝牡而无男女之别。"也就是说,人有伦理道德守则,动物没有。现在还提这个问题,是对文化的不恭,羞于启齿。人类的性爱,不再单纯地为了繁衍,人类是高级动物,思想与文化的介入,性爱便衍变成娱乐活动,道德伦理的约束便尤为重要。泛爱主义的横行,是对人类尊严明目张胆的践踏,难道人类真的要找回原始森林的生活法则吗?!

爱情对每一个自然人来说，是至关重要的。所谓人生三部曲：《摇篮曲》《婚礼进行曲》《葬礼进行曲》，爱情承前启后，贯穿始终。但人是社会的产物，是各种社会关系的总和。对个人而言，爱情就不是关乎两个人的事。不仅有对自身义务的担当，也有对社会责任的担当。这种担当是微妙的，关乎社会各个层面人格尊严的亲和，生活方式的浸透，包括对美的鉴赏，当然更关乎人类生命延续过程中的道德伦理的传承。如果简单化了，就成了戏说，只能惹得多情男女流眼泪。我在《雪葬》中描写的赵天佑与石梅梅的爱情，虽不道德，但有生存状态下的人性关爱，是贫困状态下的无奈。我在《红门楼》中描写的那段田根旺跟傅敬儒关于婚姻的对话，是带有文化质疑的表达。现在如果有人大声疾呼“婚姻自主，恋爱自由”，定会被世人痴笑落伍。然而在20世纪50年代，这样的口号会是多么革命。我们的爱情观和婚姻观随着社会革命的洪流，大有与传统观念决裂之势，浮躁与混沌是必然之势。痛定思痛是以后的事，眼前的现象也就不足为怪了。

文学担负着对社会道德伦理的修复与捍卫职能，那是使命使然，是人类文明向度赋予文学的神圣职责，无可厚非。我们有理由向往理想化的社会，向往理想化的文明程序，当然也得豁达从容地服从现实，服从现实对个体生命的设定，并在这个设定中乐观地行进，以彰显个体价值。对生命个体而言，没有理想的社会，当然就没有理想的人生。悲观厌世、自暴自弃、哀叹命运不公，怀着仇恨的目光看待社会，报复社会，个人在膨胀，地球在缩小，低贱自我，漠视社会，这种思想泛滥于文学之中，不仅是对文学的不忠，也是对个体价值的亵渎。不论多么高明、多么来钱的理论家给这种文学赋予多么时髦的桂冠，什么思潮、模式、突破、探索、结构，都不能延续其昙花一现的命运。这是文学的选择，历史责任的担当会使文学义无反顾。

程老师，对文学研究我是门外汉。下笔千言，离题万里，创作中有这点体会，信口道来，词不达意，望勿见笑。

范文
2009年12月20日

尕藏才旦的回信

金城先生：

您好！来信拜读，很高兴您为甘肃文学大厦添砖加瓦，立起又一座里程碑。

遵嘱寄来有关我的资料。卅年来虽然发表了一定数量的作品，但其中最为满意的是《首席金座活佛》，故此将部分评论寄来传阅。此书获“甘肃敦煌文艺一等奖”，在外部反响也可以。

改革开放卅年来，甘肃少数民族文学状况的改观是较为突出的，主要表现在：一是作者队伍明显壮大，文化层次普遍提升，年轻人居多，母语作者粗具规模；二是民族成分扩展，由原来二三个少数民族扩展为全省数十个民族，独有民族都有了自己的作家、诗人且成就突出，引人注目；三是作品题材趋于丰富，展示了民族地区绚丽多姿的人文景观，生活画面；四是题材全面，呈现多层面、立体化，尤其可喜的是中长篇小说创作有发展势头，还有电影电视文学剧本，填补了历史空白；五是作品的思想深度，艺术表现有较明显的进步，趋于成熟；六是研究粗具规模，已引起各方文学研究者的重视；七是有了民族文学和地域特色的刊物，有了发表作品的园地。

由于它是一支甘肃文学新军，所以也存在一定的不足之处，主要表现为文学题材的开掘不深不广，思想的启迪性不强，艺术的功力还未到位，队伍处于各自作战的游击状态，对自己的优势、角色位置认识不明确，不自觉，创作主动性较弱，事业心有待铸造，等等。

我建议对这支新军，政府和省委职能部门要采取特殊举措，关照它，培育它，举办培训班，扶持刊物，拨出一定经费资助作品出版和体验生活，组织评论界正确引导，等等，真正使民族文学超常规发展。以上想法有不当之处请提示。

祝

吉安

尕藏才旦

2009年2月28日

尕藏才旦创作简介

自1973年始发表文学作品，特别在改革开放以后，创作进入旺盛期，先后在国家级、省内外省级刊物上发表中短篇小说、影视文学、戏剧文学作品百余万字。结集出版中短篇小说《半阴半阳回旋曲》、影视文学集《向往拉萨》、长诗辑译《益西卓玛》《拉萨怨》等。编辑电视剧《南来的风》《走进香巴拉》《向往拉萨》等三部十二集。撰稿专题片，电影纪录片解说等二十余部。获省级以上文学奖二十余项。电视连续剧《走进香巴拉》获全国“五个一工程奖”电视剧“飞天二等奖”等四项国家大奖。

《首席金座活佛》出版情况

甘肃文化出版社2005年8月出版，第一次发行量为5000册。

《文学报》《甘肃日报》《新疆日报》《青海日报》《飞天》《甘肃文艺》《甘肃民族文学》《兰州晨报》《兰州晚报》《甘南报》《武威报》等相继发消息，登载有关评论文章；搜狐网全文刊载；“藏人文化网”讨论热烈；2005年度省委宣传部召开的“甘肃少数民族文学研讨会”上成为重点评论著作；西北民族大学宣传部、科研处、藏学院于2006年4月召开专题研讨会，邀请省上作家、评论家到会发表意见（重点评论文章附后）。

相关评论文章

程金城：《金座活佛的内外世界与藏传佛教的文化秘史——评尕藏才旦的〈首席金座活佛〉》（在介绍《首席金座活佛》这部作品时，这个评论的相关内容一再被引用）

汪玉良：《藏族历史文化尊严的文学阐释——读〈首席金座活佛〉》；

高平:《〈首席金座活佛〉有四大价值》;

萧媄鹿:《宏大庄严的讲述——读〈首席金座活佛〉》;

曹文汉:《一曲唱响雪域高原的赞歌——从〈首席金座活佛〉探析尕藏才旦的创作风格》;

冯岩:《一部小说一个世界——浅谈尕藏才旦先生长篇小说〈首席金座活佛〉的艺术特色》。

《西北民族大学学报》2006年7月10日:不久前,西北民族大学党委宣传部、科研处、藏语言文化学院在校大礼堂内联合召开了藏族学者、著名作家、藏语言文化学院教授尕藏才旦先生的长篇小说《首席金座活佛》研讨会。著名作家、省文联原副主席汪玉良、著名诗人、省作协名誉副主席高平,中国作协全委会委员、省作协主席王家达,著名评论家、省戏剧家协会副主席萧媄鹿,兰州大学文学院院长、博士生导师程金城,兰炼电视台原台长曹文汉,东乡族女作家、《西北民族大学报》主编冯岩及青年诗人旺秀才旦等有关文艺界、评论界知名人士出席了研讨会并在会上做了精彩的发言。

专家们一致认为,《首席金座活佛》是近年来我省少数民族文学创作最有价值的成果之一,它为当代中国民族文学史增添了厚重的分量核心的高度,同时,它的美学价值和深远的文化意义,将会随着实践的推移而显示出来。

此外,著名作家阿来和评论家海杰也对《首席金座活佛》给予了很高的评价。阿来评价这部长篇是“一部藏族文化秘史”。评论家海杰认为《首席金座活佛》“提供了一个活的文化标本;它以一个人为平台,四处辐射与之有关的种种善与恶、神秘与随意、爱的隐忍与恨的无奈、欲望与修行、引诱与惊吓……围绕他们,整个历史就有了活性”。

高凯的回信及提供的材料(节选)

“甘肃文学论坛小说八骏北京之旅”汇报

问题一

我于1982年开始文学创作。组诗《在田野上》获《飞天》1983年文学奖。1982—1984年期间,先后创办民间油印诗刊《葡萄藤》《红黄蓝》,并担任庆阳地区黄河象文学社社长。迄今先后在《飞天》《诗刊》《人民文学》《星星》《人民日报》《中国作家》《北京文学》《上海文学》《诗歌月刊》《长江文艺》《延河》《福建文学》《扬子江》《绿风》《红岩》等报刊发表诗文近千首(篇),其中百余首(篇)被《读者》《青年文摘》《诗选刊》《名作欣赏》《爱情婚姻家庭》《中国诗歌精选》(多年)、《中国年度最佳诗歌》(多年)、《2007年中国新诗年鉴》《现代诗三百首笺注》《诗刊五十年诗选》等选刊选本选载。出版诗集《想起那人》《回阳时节》《心灵的乡村》。其中,1998年由人民文学出版社出版的《心灵的乡村》入围第三届鲁迅文学奖,为本人的代表性作品。著名诗人刘章撰文评价:“读完诗集,仿佛饮了半斤六十六度好高粱红,回味无穷,陇东人的生存环境、生存状况、风物人情,历历在目,令人向往。陇东人的沉重和苦难,让人深思,陇东人的朴实崇高,让人敬仰。高凯的诗,语言朴实如陇原土地,深厚亦如陇原土地,由于深得那块土地神韵,个性鲜明,那如高粱红般醇香的诗为陇东人骄傲,也必为全民族共赏。”此外,1994年出席《诗刊》第十四届青春诗会,刊于《诗刊》1994年第12期的组诗《掌上的陇东》;2000年被《诗刊》“每月诗星”专栏推介,刊于当年10月号的《高凯诗十一首》;2008年刊于《诗歌月报》7月号头条的《陇东遍地乡愁》(共43首,封二发照片,诗后发创作谈),在诗坛产生了较大的影响。

2000年9月19日由《人民文学》《读者》《飞天》和庆化集团联合主办的“高凯陇东乡土诗研讨会”在兰州举行。韩作荣发言说,《人民文学》这些年来没有单独以刊物的名义,举办某一个诗人的研讨会。举办高凯诗歌研讨会,这是第一次。从某种意义上讲,这是对西部的关注,也是对甘肃诗人的一种关注。现在,在西北五省中,甘肃省诗人群的实力好像是最强的,就全国范围而言,甘肃诗人群也是相当有实力的。就高凯的诗来说,他是一个独特的诗人。他的诗和乡土融为一体,有底气,有深度,而且表达了受乡村哺育的诗人在心灵上的一种境界。

除诗歌创作而外,高凯还涉足儿童文学领域,并成为甘肃在全国儿童文学界的标志性人物。从20世纪90年代至今,高凯先后有近百首童诗被《儿童时代》《儿童文学》《少年文艺》(上海)、《少年文艺》(江苏)、《中国校园文学》《中国少年文摘》《2007年中国儿童文学精选》《2008年中国儿童文学精选》《改革开放三十年的中国儿童文学》等核心报刊和权威选本选载。出版《三岁小老虎》《夏天抒情诗》《英雄诗篇》《高凯童诗选》等儿童文学读本。2002年,诗《村小:生字课》获中国作协第五届全国优秀儿童文学奖。2008年,组诗《高楼上的某某的独屋》获2008年冰心儿童文学奖新作奖。2007年,高凯被推荐参加由中宣部、中国作协主办的新中国成立后第一次鲁迅文学院儿童文学作家高级研讨班,担任班长。学习期间,高凯与汤素兰联合主编了《儿童文学名家新锐精品系列》丛书(三卷本,接力出版社)。2008年,高凯创意、策划,并邀请北京师范大学教授王泉根共同主编了《中国新儿童文学书系·选集卷》(六卷本,中国少年儿童出版社)。

高凯影响最大的诗作是《村小:生字课》。这首只有25行的老少咸宜的小诗在2000年10月号《诗刊》发表后,2002年荣获第五届全国优秀儿童文学奖单篇佳作奖。之后,不仅被中央电视台拍成同名诗剧,被众多权威选刊选本和民间小报小刊转载,选入一些地方教材,而且被全国各地的大专院校以诗剧的形式搬上舞台。不仅如此,人民教育出版社教材研究所还在全国教材研讨和阅读推广中广泛推广。截至目前,仅从《中学语文》《中国图书评论》《爱情婚姻家庭》《文艺报》《文学报》等报刊和众多网络上发现的关于这一首诗自然出现的评介文章就达一百二十余篇,约十三万字,涉及全国各地一百多位陌生的作者。

问题二

“60后”“70后”作家的崛起,以“小说八骏”品牌的推出和“诗歌大省”赞誉的获得,精锐文学陇军的结集,是改革开放三十年甘肃文学的最大成就。由此,我们看到甘肃文学已经上路,虽仍处文坛边缘,但离中国文学版图的中心地带越来越近。从文体类别上看,诗歌率先,小说次之,散文随之,理论建设因脱节而滞后。甘肃作家的文学理想十分高远,持恒力强,但艺术素养和气质存在缺陷,欠爆发力和后劲。

关于这一问题以及第三个问题,随后的几篇文章摘要中均有所论及,请读者参阅。

关于甘肃文学论坛暨小说八骏的情况汇报

甘肃省文学院常务副院长

高　凯

各位领导,各位嘉宾,同志们,朋友们!下午好!

“甘肃文学论坛小说八骏北京之旅”大型文学研讨会终于开幕了,这是文学陇军新中国成立以来首次进京展示自己的风采,其标志着文学陇军在继“甘肃文学论坛小说八骏上海之旅”之后再次吹响了集结号!现在,我代表这次活动的主办单位和承办单位,将甘肃文学论坛暨小说八骏的有关情况向大家做以汇报。

甘肃文学论坛,是由甘肃省文学院创意、发起、策划,联合省内外兄弟单位不定期共同主办,并得到中国作家协会、甘肃省委宣传部和甘肃省文联支持、指导和参与的甘肃文学最高学术平台,是甘肃省文学院实践“拆除篱墙,开放办院”理念,推行“一院三制”事业机制的重要举措,是甘肃省文联培养精锐文学陇军队伍,繁荣社会主义文学事业的具体行动。随着中国作协的加盟,甘肃文学论坛又将是中国作协贯彻落实党的文艺方针,培养甘肃作家的大课堂。

2004年5月26日,由甘肃省文学院发起的第二届甘肃诗会暨首届甘肃文学论坛在兰州隆重举行。会议由甘肃省文联、甘肃省广电局、甘肃省文化厅、甘肃省文学院、《读者》杂志、西北师大文学院主办,甘肃省委副书记、省文联主席马西林和甘肃省人大常委会副主任程有清为甘肃文学论坛揭牌。会上，聘请雷达、韩作荣、叶延滨为甘肃省文学院名誉院长，为十三位荣誉作家、七位签约作家和三十位特约评论家颁发了证书。2004年5月28日，甘肃文学论坛天水对话会在天水举行。北京、陕西、四川、宁夏及天水作家、评论家四十多人出席。2004年8月25日，由甘肃省文学院发起，联合《读者》杂志、西北师大文学院主办的《读者》甘肃文学论坛在西北师大举行。北京、上海、甘肃作家、评论家八十多人出席。论坛由韩作荣主持。省政协副主席周宜兴为陈思和颁发了甘肃省文学院首席特约评论家证书。2005年9月7日，由甘肃省文学院和《上海文学》杂志发起，由甘肃省文联、《上海文学》《文学报》《当代作家评论》杂志和甘肃省文学院等单位主办、协办的“甘肃文学论坛小说八骏上海之旅”活动在上海浦东明城大酒店隆重举行。以王新军、张存学、雪漠、阎强国、马步升、叶舟、史生荣、和军校等八名甘肃“60后”新锐作家组成的“小说八骏”自此奔腾而出。中国作协党组副书记、书记处书记、鲁迅文学院院长张健出席论坛并做重要讲话。北京、上海、甘肃、吉林、江苏等地八十余人出席。论坛由陈思和、冯树林联袂主持。为配合本次论坛，甘肃省文学院与《上海文学》杂志，经过一年的精心策划，联手在《上海文学》2005年第9期推出了“甘肃小说八骏”作品专号。

今天，中国作家协会、甘肃省委宣传部首次牵头，与甘肃省文联、《中国作家》杂志、甘肃省文学院、甘肃省作协和甘肃省当代文学研究会主办、承办的“甘肃文学论坛小说八骏北京之旅”大型文学研讨会在中国现代文学馆举行。中国作协党组书记、副主席金炳华和甘肃省委常委、宣传部长励小捷担任顾问，中国作协副主席高洪波应邀为甘肃文学论坛题签，并莅会做重要讲话。甘肃省委常委、宣传部长励小捷亲自带队赴京指导。特别值得一提的是，本次活动启动之初，《中国作家》杂志以其扶持西部作家的情怀，无偿地在《中国作家》杂志9月号推出重组后的“小说八骏”——雪漠、和军校、弋舟、马步升、向春、张存学、王新军、叶舟等八位作家的作品专辑。而中国作家协会的牵头主办，无疑是对甘肃文学的极大支持，对甘肃作家是一次极大的鼓舞。

“小说八骏”是经由甘肃文学论坛推出的甘肃文学品牌。“小说八骏”奔腾以后，我国内地和香港、澳门、台湾地区众多媒体以及美国一些媒体都给予了充分的关注，产生了广泛的影响。北美发行量最大的华语报纸《世界日报》以“古有七剑下天山，今说八骏走上海”为题，用上下两个整版报道了这次活动。白烨主编的《2005年中国文坛纪事》将其列为文坛大事。这次活动的成果是十分显著的。可归纳为以下几个方面：一、成功地进行了一次文化突围，提高了甘肃文学论坛乃至甘肃文学的影响力；二、成功地进行了一次文化宣传活动，打造了甘肃第一个具有全国影响力的文学创意品牌——“小说八骏”；三、成功地进行了一次东西部文学交流。

“小说八骏”自2005年9月奔腾三年以来，虽整体成果显著，但也有落下去的作家，而省内其他作家却有赶上来的。本着扶掖精锐、取强汰弱的原则，甘肃方面组织省内外专家进行重组，两进两出，形成了一个新的“小说八骏”阵容。这是竞争力的体现，是公平竞争的结果，意味着“小说八骏”不是终身制（也不可能是终身制）。这种结果既符合甘肃省文学院的事业理念，又符合事物发展的最一般规律。今后，“小说八骏”将每三年重组一次，强者上，弱者下，人数不变，称呼不变，而面孔在变，作品在变；“小说八骏”是一个平台，更是一个擂台，谁都有可能出局，谁都有可能入列。对在列的“八骏”作家，这是个鞭策；对不在列的省内其他作家，这也是一个出头的机会。当然，作为活动的组织者，肯定有自己的文学立场，譬如对功利性写作和庸俗化写作，甘肃省文学院一直在明确抵制。显然，这是在走文学的正道，符合先进文化的前进方向。事实证明，这一精神的坚守，激励了甘肃中青年作家，促进了甘肃文学，社会效果十分明显。

甘肃以诗歌闻名全国文坛，与诗歌所获得的荣誉相比，我们的小说创作尽管也拥有一批实力不俗的作家，但坦率地讲，他们在总体上并没有得到与其创作成绩相般配的重视。正是基于这样的现实，当我们打造“甘肃小说八骏”这张文学名片时，以创作者的文学精神为根本考核标准，重作品数量，更重作品的文学质量。这一初衷决定了我们的态度，那就是，怀着一种格外的谨慎，一种对于文学立场最诚实的敬意，集合起我省最优秀的那部分小说家，让他们出色的小说作品为我们的文学赢得荣誉。

我的汇报到此结束，错误之处敬请大家批评指正。谢谢大家！

2009年9月8日

高平的回信

尊敬的程金城教授：

2月8日赐函今日收到。预祝您主持的新研究项目圆满成功！

您提到的三个问题中的后两个，我已在拙文《近三十年甘肃文学掠影》中述及，似无补充可陈。现就第一个问题敬复如下：

我虽然于20世纪50年代在诗坛崭露头角，但由于“反右”和“文革”的严重影响，中间出现了十几年的断层。改革开放以后的三十年，可以说是我创作的第二个青春期，是真正的旺盛期，在我已出版的二十五本文学作品中，有十九本是在这期间创作的。如果说前三十年我的代表作是《大雪纷飞》，我自以为后三十年比较好的作品是长篇小说《六世达赖喇嘛仓央嘉措》（原名《雪域诗佛》）和短诗《中国情结》《雌性的大西北》等。前者代表了我的写作水平，体现了我的价值观。已印了两版。我相信人们会越来越认识到它的较高品位的。

用附件发去有关资料供您参考。

高平敬礼！

2009年9月8日

近三十年甘肃文学掠影

——应《甘肃文艺评论》杂志之约而作

俗话说，“三十年河东，三十年河西”。这三十年，甘肃同全国一样，社会的经济状况，人们的思想观念，比之那三十年，有了许多的不同和飞速的进步。

甘肃的文学随着改革开放的步伐，也有了巨大的发展。

这里固然有过汉唐时期的繁荣和深厚的文化积淀,但在之后的千年中,由于政治、经济、交通中心的东移,成了落后的西部的一隅,在现当代文学方面基础薄弱,起步较晚,所以这种发展较之别处更是来之不易。我作为三十年过程的目击者和不少活动的参与者,自然有着大致的总体的了解。

当我怀着欣慰而又复杂的心情回顾这三十年的甘肃文学的时候,不能不追忆起在这期间逝去的一大批有影响的作家,如陈宗凤、唐祈、孙克恒、师日新、雪犁、夏羊、丹真贡布、伊丹才让、路野、康尚义、匡扶、刘让言、曲子贞、清波、程士荣、曹杰等,他们都是我的朋友,都对于甘肃文学的发展做出了一定的贡献,有的在我国当代文学史上也占有一席之地。在此谨对他们表示敬意和怀念。

我离开作协的工作岗位已经七八年了,并不掌握全部的特别是最新的资讯,所以只能从个人的角度出发就几个印象和感受较深的方面做一个浮光掠影式的扫描。

——作家队伍没有断代

新中国成立后两个三十年的衔接自然而顺当。虽然历次的政治运动,尤其是十年"文革",文学队伍被打乱了,但是并没有打散,对文学的钟情和对社会的责任感一次次把大家重新凝聚在一起。在前三十年中已经成名的作家们,除了已经辞世的和年老多病的,有半数以上至今依然在勤奋耕耘,如武玉笑、杨文林、何来、李云鹏、汪玉良、尕藏才旦、赵之洵、景风、段枚、张俊彪、李禾、杨闻宇、朱光亚、张广平、于辛田……都在更新观念与表现手法的同时做出了新的成绩。甘肃的作家队伍始终保持着老中青并肩前行的威容。

令人有所思虑的是,三十岁以下的青年作家的后续力量劲头不够强劲,成长较慢,处于文学爱好者的水平线上的居多。可能与市场经济的影响有关。

——全方位的发展

各个年龄段、各个民族、各类体裁构成了全方位发展的态势。没有缺失,没有空白。各个地区都形成了自己的作家群体和创作特色(好像甘南、临夏、天水、白银更为突出一些)。甘肃的文学不是某地、某人、某个体裁领域偶尔露峥嵘,而是全面开花,广种而不薄收。这也是很可喜的一个特点。

有的地方可能对于文学是文化软实力的重要组成部分认识不足,重视不够,在人力物力方面投入极少,因而较之其他领域的发展颇不均衡。

——十三个民族都有了自己的作家

甘肃是个多民族的省份,有十三个民族。人口最多的是汉、回、藏,全国独有的是东乡、保安、裕固,有的只有几千人。十分可喜的是每一个民族都产生了自己的作家,都有作协的会员,没有了空白。有的藏族、蒙古族作家还能用本民族的母语写作。继一批老一代的少数民族知名作家之后,裕固族的铁穆尔,东乡族的马自祥、藏族的道吉坚参等人的作品,也产生了不小的影响。这同作协和文联在发展会员、文学评奖、组织活动等方面一贯注意向少数民族作者倾斜有着直接的关系。

在保持民族特色的同时,继续扩大作家视野,努力开掘作品深度,使本民族文学与全国乃至人类共同的基本价值观接轨,是我们新的期待。

——结束了甘肃没有长篇小说的历史

这可以说是甘肃小说创作突破的重要标志之一。在这期间,不但结束了甘肃没有长篇小说的历史,并且进入了短篇、中篇、长篇全面发展的时期。创作质量与出版数量不断地同步增长。涌现了一批有影响的作家,如张广平、朱光亚、王家达、邵振国、张弛、阎强国、柏原、姜安、马步升、雪漠、张存学、徐兆寿……都以深度的题材、各自的手法、探索的精神赢得了读者的赞赏。

甘肃的小说似乎存在着亟待进一步探讨的问题:一个是在调动扎实深厚的生活积累的同时,还要多一些剪裁与虚构;二是在追求新的手法和精彩叙事的同时,还是要把塑造典型人物和编织引人入胜的故事放在首位。

——赢得了“诗歌大省”的赞誉

许多老诗人激情不减,新作不断;一大批中青年诗人成为中坚力量。全国各大诗歌报刊,几乎每期都有甘肃诗人的作品;全国各种诗歌选本总少不了甘肃诗人的篇章;各类全国性诗歌奖乃至鲁迅文学奖的获奖名单中,都列有甘肃诗人的名字。中国作协的有关领导以及诗歌界的权威曾经不止一次地在公开场合宣称甘肃已经是一个诗歌大省。我们当然只能视为鼓励和鞭策,不可过高地估价自己。但在三十年间,甘肃的诗歌天空中确实也出现了群星闪烁的景象,他们向全国诗坛射出了光芒。更为活跃的如老乡、娜夜、高凯、林染、林野、沙戈、姚学礼、阳飏、古马、人邻、牛庆国、于贵锋、梁积林、胡杨、瘦水、叶舟、周舟、弋舟、李满强、王若冰、匡文留、葛根图娅、完玛央金、万小雪、草人儿、唐欣、嘉昌、马青山、刚杰·索木东、郭晓琦、翟万益、路学军、陈昊、滕飞、南山牛、方健荣、阿信、桑子、邵小平、谢荣胜……可真应了“名单是列不完的"这句话了。尽管甘肃诗人的风格迥异,但甘肃诗坛的风气很正。我曾经在一次诗会的发言中把它概括为"三不",即不跟风,不争论,不浮躁。

甘肃诗词学会和它的刊物《甘肃诗词》凝聚了一批写作旧体诗词的诗人。在匡扶、王沂暖等前辈之后,林家英、袁第锐、谢宠、尹贤、贺明保、林田等都是精通格律、水平很高的诗人。

新诗与旧诗毫无疑问应当取长补短、携手前进、共同繁荣;两类诗人应当消除成见,清理误解,各自致力于解决自己的不足。早在1997年6月12日,我曾在甘肃民建诗词研究会举办的"迎(香港)回归诗词朗诵会"上正式提出"旧诗要现代化,新诗要民族化"的主张。2000年8月30日的《甘肃日报》发表了我的题为《新诗民族化与旧诗现代化》的文章。这里不再赘述。

——评论在风雨中播种收获

甘肃的文学评论本来基础比较薄弱,在大家的努力下有了很大起色,尤其在以评论家谢昌余任主编的理论刊物《当代文艺思潮》的带动下,一度使全国评论界刮目相看。从它停刊以后,甘肃的文学评论界人才大量流失,前后有评论家陈涌、高尔泰、余斌、许文郁、刘俐俐、石厉等离开了甘肃。幸而有以季成家教授为会长的甘肃当代文学研究会、以陈德宏为主编的《飞天》杂志,还有梁胜明、许维主持的《甘肃日报·百花副刊》等凝聚了评论队伍,坚持着开展活动。一批新老评论家支撑了局面,取得了新的收获。其中引人瞩目的有张明廉、常文昌、杨光祖、彭金山、程金城、管卫中,魏珂、彭岚嘉、唐翰存、郭浚卿、白晓霞等。还必须提及的是,在此期间出版的季成家主编的《西部风情与多民族色彩——甘肃文学四十年》,李文衡主编的《甘肃当代文艺五十年》,沈家桐等主编的《甘肃省文联大事记》都具有相当的理论水平或资料价值。

由于缺乏一个公开发行的、专门的文学理论刊物,甘肃的评论队伍基本上还处于各自为战的状态;全省的文学评论尚需统一的组织和全面的规划,并不断加强对于本省作家与作品的研究。

——杂文、散文有了自己的组织和园地

甘肃的杂文、散文并不弱,作家也不缺,如吴月、田企川、谢富饶、刘立波、雒青之、冷冰鑫、张庆信、许金坤、刘玉、王兰玲、匡文立、吴海芸、安可君、兰必让……都有各自的成就。吴保刚、吴辰旭领导的省杂文学会,在十分困难的条件下,先后借助于省广电局和《甘肃经济日报》的大力支持,以无私奉献的精神,利用业余时间一直坚持编辑出版《杂文月刊》(它填补了我省杂文报刊的空白)、《文化月刊》及内部通讯;坚持年年举办评奖;坚持进行业务研讨,使全省的杂文作者和散文作者有了经常发表作品的园地,有了交流的机会,团结并培植了一批新的作者。他们还编辑出版了多达41万多字的《陇原刺玫瑰——甘肃省新世纪杂文选集》。可以说功莫大焉。

大杂文的概念可以扩大到散文,大散文的概念可以扩大到杂文,二者不必划定过于严格的界限(古代是只分有韵的诗和无韵的文两大类的),这样写作起来就比较自由了。只需情动于心,言之有物,文字优美也就行了。

——网络文学方兴未艾

甘肃的作家和文学爱好者在网上建立博客的与日俱增,形成了纸媒之外的另一道文学风景。他们在网上发表作品,千百倍地扩大了自己的读者面。其中已经出现了萧萧眉儿、杨永康、千年香雪等优秀的散文作者,有的已经被吸收加入了省作家协会。

我们对于网络文学的关注还应加强。既要从中发现人才,也要给予热诚的帮助。

——薄弱环节也较明显

儿童文学创作距离繁荣尚远,作家人数也不多,知名的只有赵燕翼、金吉泰、高凯等屈指可数的几个。这个问题在全国带有普遍性(大概京、沪两地好一些)。我国有上亿的儿童,他们的成长少不了文学的滋养,对于优秀儿童文学作品的需要,时间急迫,数量巨大。有关部门对儿童文学创作的重视远远不及戏剧影视。人们在百年大计和急功近利之间做出选择时往往是倾向于后者的。

文学翻译则相对更为薄弱,这些年里做出了成绩的代表人物,大概只有袁洪庚教授一人。

不平凡的三十年过去了,甘肃文学的业绩是甘肃的作家做出来的。在这期间,作家们付出了艰辛的劳动,也展现了许多的长处,总体来看最可贵的是踏实:勤恳者居多,浮躁者稀少;静心于埋头耕耘,不屑于自我炒作。他们懂得:仅靠宣传成不了真正的气候,仅靠官场与商场成不了文学大家。归根结底要靠自己的创作实力,而且要尊重和等待时间和读者的考验。他们没有忘记"桃李无言,下自成蹊"的古训,也没有忘记"酒香不怕巷子深"的谚语。不怕无名,只怕无能。不怕无名气,只怕无名堂。文学毕竟是千秋大业,因而也毕竟是耐得住寂寞者的事业。

祝愿甘肃作家用一时的寂寞，赢得甘肃文学永久的不寂寞。

诗心佛心情天恨海

雒青之

高平是以创作与西藏有关的诗歌为人们所熟知的，他的西藏生活经历使他对西藏的感情经久不息，永无了结。他执笔创作《雪域诗佛》是这种感情的自然延续。关于六世达赖喇嘛仓央嘉措，在西藏、青海及其周边的藏区，几个世纪以来一直有许多传奇故事流传民间，特别是他的以情歌为主的美妙歌谣，历来是藏族民众心中的玫瑰，歌之吟之，代代相传，成为藏族诗歌宝库中的永恒经典。1951年进藏的高平，可以说是吮吸着仓央嘉措情歌的营养走遍西藏的，由这些享誉藏族民间的不朽诗歌到仓央嘉措不平凡不平静的短暂一生，深深地吸引着高平的创作目光。

由中国藏学出版社出版的《雪域诗佛》是一部颇有文史功力的长篇小说，采用的是一种叙事诗结构，将历史真实、传奇故事、民歌民谣、文学虚构、藏族风俗融为一体，以高度洗练而凝重质朴的文笔演绎出发生在清代康熙时期西藏上层社会的悲剧。高平对人物性格尤其是人物心理活动的刻画，是十分成功的，书中对诸多个性化的人物如权欲很重的第巴桑结甲措、雄才伟略的康熙大帝、纯正善良的智者敏珠活佛，与仓央嘉措有过情缘的几位女性，如美丽动人的仁增旺姆和于琼卓嘎，以及阴险狡诈的贵族小姐白珍等，都赋予传神的笔墨。当然，最为成功的人物塑造还是主人公六世达赖喇嘛仓央嘉措，附丽在这个西藏著名历史人物身上的种种故事之内与故事之外的动人音画，是高平凝血含情浓墨重彩地加以集中刻画的对象。对于这样一位卓有影响的藏族大诗人，他身上所有的不幸都具有历史悲剧与人生悲剧的要素；高平以诗人的情怀和史学家一般的反思精神，构造出一部文学价值与史学价值并存的心灵结晶。

他的这本《雪域诗佛》与其说是一部长篇小说，不如说是一部折射着作者自己心路历程的与诗佛对话的情感实录。之所以这样说，是因为高平是带着一颗高贵的诗心走进历史深处的，他与仓央嘉措注定会不期而遇，注定要和这位藏族的“诗佛”进行一次跨越时空的交流。

高平笔下的六世达赖喇嘛仓央嘉措是一个令人倍感惋惜和同情的历史角

色，他在纷纭复杂的清代康熙年间挣扎于令他困惑不解的政治漩涡中。权力和财富、宗教和艺术、生命和爱情、愤怒和忍让、理智和情感等等化解不开的人生迷雾令他的青春在苦闷与彷徨中沉沉浮浮。在短短的二十四年生涯里，他经历了常人难以想象的痛苦和折磨，唯一的宣泄方式就是诗歌。在诗歌创作上他具有天才一般的力量，下笔如有神助，心中块垒、情海波澜尽在笔底生辉。

仓央嘉措是藏族历史上最有争议的佛教领袖，他出身贫寒，却后来居上，位居显赫宝座；他才华横溢，却难以尽情施展，各种羁绊不离左右；他渴望爱情，但黄教喇嘛的身份不可能让他享有恋爱婚姻的世俗欢乐；他不恋不揽权力，但各种纷至沓来的权力制约令他痛不堪言；他梦想无拘无束的生活，却离开布达拉宫就寸步难行。表面上他的地位至高无上，而他内心的孤独竟然无人可以诉说；他千方百计寻找自己属意的生活和爱情，明知身份和地位会使他无功而返，但他仍然敢冒天下之大不韪，认准的路和认准的理决不放弃；他夹在各种政治力量、军事力量、宗教力量的交锋中，无法左右自己的命运。他也想突出重围，也想纵横旷野，也想自由展翅，也想还俗为民，但他都只能是浅尝辄止，终究无力回天。可以说仓央嘉措天生是诗心盎然的少年诗人，但偏偏他无法按照自己的诗意去生活，毕竟那个玄机莫测的时代是容不下一个天才诗人独立于世的。诗心是他要的，而佛心是他不能不要的，这二者之间他原本是想统一到一块儿去的，但它毕竟天真了些，他在布达拉宫的威严神圣笼罩下渐渐感到生之艰难、美之艰难。有去无回的命运之路让一个青春诗人一下子变得跟雪山一样苍茫。

我相信写作《雪域诗佛》的当代诗人高平"神通广大"，他矗立在仓央嘉措当年生活过的牧区、城市和宫殿，感受着、呼吸着雪域高原独特的历史人文和民间文学的精华。他始终是仓央嘉措的当代知音，他为仓央嘉措的痛苦而痛苦、孤独而孤独、困惑而困惑，他这样描写仓央嘉措内心的无奈："对于仓央嘉措来说，前些年的平民地位、民间文学的滋养、农村风情的熏陶、父母追求爱情自由的影响等等，固然使他不情愿接受黄教的严格戒律，更难忍受这种高高在上然而又像囚徒似的生活，但是许多日子的经典学习，达赖喇嘛的尊贵，佛、法、僧的日夜包围等等，又使他受到相当程度的佛教教义的感染，甚至也有过一意修行的念头。用强制手段也会使人养成习惯，而习惯是类似信仰的。此刻，这座金顶的'牢房'正以若干吨金子的重量压下来，强制他成佛。他正处于极度的矛盾和痛苦之中。献身宗教和个性自由、政治权力和诗歌成就，都在引诱他，争夺他。他可以做出选择，却不能决定胜负。”高平对仓央嘉措的心理记述，有着耐人寻味又毋庸置疑的真实感，这种几乎是哈姆雷特式的心理描写，使我们真正地感到仓央嘉措内心的戏剧性要远远大于它的传奇故事的戏剧性，高平以诗人会诗人、以诗心解诗心，为我们塑造了一个血肉丰满、个性鲜明、魅力十足的诗佛形象。亦诗亦佛的仓央嘉措，他的命运让读者无法不予以牵挂，更无法让人轻松合上书页。他像一个巨大的历史谜团，让一切渴望寻找答案的人们无所适从，就像他的葬身之所青海湖的神秘波涛一样，翻卷着的既是叹息又是追缅，更有对生命、爱情、自由、尊严的无尽遐思。

仓央嘉措忧郁地吟唱：“白色的野鹤呀／请你借我翅膀／不去遥远的北方／只是向往日当”。这是诗人在向往他的恋人，向往他梦中的故乡，向往那无忧无虑的地方。当诗人高平给我们委婉凄凉地讲述着仓央嘉措的短暂一生时，到处弥漫着仓央嘉措的情歌小调，那种淡淡的忧伤和静静的寂寞，沉重地考验着我们的阅读，也敲打着我们的思考，像一股山涧溪流漫上了我们的心窝。

高平对仓央嘉措的一生是以诗歌的感觉去理解和把握的，仓央嘉措的情感世界搅拌在几乎无人能够帮他解脱的张张大网中。他不是一个强人，但也不能说是一个弱者，他的生与死、爱与恨、荣与辱，至今仍是让人流连忘返的一段历史。这段历史看似是传奇，其实是人生的密码，高平为我们用《雪域诗佛》解读这个密码，而我们则在《雪域诗佛》中读到了明亮的清风，读到了溶解在古老的雪域高原上的爱与哀愁。让我们记住一位叫作高平的当代中国诗人对六世达赖喇嘛仓央嘉措的如诗如画如歌如泣如梦如烟的追思吧，他所奉献的这部《雪域诗佛》，必将成为我们与诗佛本人心领神会的一部“人生地图”！

（原载《飞天》2003年第12期）

长篇小说《六世达赖喇嘛仓央嘉措》故事梗概

小说以现存的关于六世达赖的史料及其诗歌作品为依据，以清朝康熙年间西藏地方的政治、军事、宗教形势为背景，描述了藏族伟大诗人、第六世达赖喇嘛仓央嘉措短暂的悲剧性的一生。

仓央嘉措于清康熙二十二年（1683年）生于西藏门隅的宇松，父母都信奉红教，原本是农村的穷孩子，突然被定为五世达赖的转世灵童。然而五世达赖的死,被第巴(摄政)桑结密不发丧长达十五年之久。在此期间,仓央嘉措一直在严密控制下接受教育。1697年,康熙皇帝在得知五世达赖早已圆寂而怒责第巴桑结匿报之后,桑结才迎请仓央嘉措到拉萨布达拉宫突击坐床,成为六世达赖。少年的仓央嘉措虽然登上了尊贵显赫的黄教领袖的宝座;他不但无意于执掌政教权力,而且依然向往过普通人的自由生活,他身居佛宫,却经常化装、化名外出结交情人,在各种情节的进程中写下了大量脍炙人口的情诗,各种版本的《仓央嘉措情歌》至今仍在广大藏区及国内外流传。当时驻扎于西藏的蒙古军队首领拉藏汗与第巴桑结相互争夺西藏的最高权力,六世达赖被卷入了双方斗争的漩涡。拉藏汗说他不守教规,是个假达赖,借以攻击第巴桑结。在他们斗争最激烈的时候,仓央嘉措则公然表示宁可放弃达赖的尊位,也不割断与情人的联系。康熙皇帝只好下旨将仓央嘉措递解京师,由他来亲自处理。仓央嘉措行至青海途中,不幸"病故"。年仅二十四岁。

作者以在西藏生活过多年的体验描写西藏,以诗人的感情描写诗人,语言充满诗化的表述。西藏民族的风情、藏族人民的质朴、仓央嘉措的悲剧命运,以及重要人物的刻画,都让人印象深刻。

小说熔爱国主义、人道主义于一炉,融爱情、真情为一体。具有文学欣赏、学术参考、历史知识等诸多价值。

这部小说原名《雪域诗佛——六世达赖喇嘛传奇》,计二十四万字。2003年1月由中国藏学出版社出版。2007年1月又印了第2版,书名改为《六世达赖喇嘛仓央嘉措》。

高平的朗诵诗:《中国情结》

甘肃省敦煌文艺奖评委会评语

高平的朗诵诗《中国情结》(载《诗刊》1995年第12期)是一篇贴近时代、突出主旋律的佳作,曾获"金鹰杯"全国朗诵诗大奖赛二等奖。诗人选取个人人生历程中具有典型意义且又能引发人们对伟大祖国丰富联想的一系列鲜明形象,构成全诗的抒情主线,从个人的独特体验出发,唱出了"这一个"中国人对伟大祖国至死不渝的深挚眷恋;同时,又融入诗人在回首历史和人生时的冷静思索,在"我赞美百花盛开的原野 / 苍蝇复活既明快又深沉的旋律风格",而这正是一首出色的朗诵诗所必须具备的。

(原载《文艺之窗》1998年第3期)

一代诗人的足迹(节选)

——高平诗歌创作简论

邢　英　常文昌

四、归来的歌唱

20世纪70年代末期,高平作为“归来诗人群”中的一员“一面打扫,一面开拓”(《心迹》),开始了新时期的创作。20世纪80年代到90年代是他诗歌的重要收获期,出版了《帅星初升》《冬雷》《山水情》《心摇集》《百吻集》《高平诗选》《中国情结》等诗集,并发表了大量诗论,都收录在1993年出版的《致诗友》中。除了《帅星初升》和《冬雷》,他这一时期的创作以比较接近现实生活的抒情短诗居多。《帅星初升》以诗的形式讲述了刘伯承元帅青年时代的故事。诗人精心选择了主人公几个重要的人生片段和几个富有传奇色彩的故事,用一个战士的忠诚和诗人的热忱塑造了一个有远大抱负、机敏勇敢、刚毅威猛的青年刘伯承形象。而《冬雷》作为长篇叙事诗《古堡》的延续,是作者立志要写的《西藏三部曲》中的第二部。主要写了格朗雪吉的后代扎西卓玛历尽艰辛千里寻找解放军的故事。“在西藏即将迎来新生的黎明前的黑暗这一背景下展开辐射,展示西藏人民心灵的动荡和最终的觉醒。”从中可以看出诗人对叙事诗“史诗化”效果的持续追求。

在经历了“文革”的伤痛后,高平同其他“归来的诗人”一道,“纷纷把生活道路的挫折,磨难所获得的体验,投射在他们的诗作。”中他们用受了伤尚未痊愈的嘶哑歌喉唱出内心的愤怒、生命的痛以及对土地对祖国对人民不曾改变过的深沉的爱。于是在这一时期,诗歌中自我寻求和历史反思的主题比较鲜明。如何对待刚刚发生过的历史,与当时诗坛上流沙河式的“我不忘记”相比,高平选择的是梁南式的“我不怨恨”,他在《心迹》中诚挚地说:“但我不要那个字——怨”,态度坚决而笃定。他把个人的痛楚化作了对祖国对人民更无私更厚重的情感,“哪一个春初不带有冬残? 一面打扫,一面开拓,这才是生活正常的运转。在人生的丰收场上,时间的筛子在不停地筛选,留下来的是/颗粒饱满的贡献。冬天对不起我,我要对得起春天。”这种“不怨恨”不是故作豁达,也不是一时冲动,而是沉思后真诚的心音。是什么样的力量能让诗人不怨恨那个严酷的“冬天”? 他在《致春城》中做了回答:“我不再回头张望,也不再叹息年龄,我也要四季如春,在心上建一座春城。”过去的已然过去,重要的是现在,是将来,是即将开始的新生活新旅程。拥有这般磊落胸襟和赤子之心的诗人,当然能写出那么多动人的诗篇。

当高平开始了这样的沉思,也就表明他已慢慢地走出了归来者的同声歌唱,开始寻找属于自己的声音,找回曾经一度丢失的艺术个性,踏上了探索诗艺再生长的道路。于是他的诗由早期浪漫主义的欢歌渐渐转向哲理化沉思的探求。1982年,他在《致邵燕祥》中提出了加强诗的哲理性的问题,并在此后的《山水情》《心摇集》《百吻集》等抒情诗集里,实践了他的主张。《山水情》中收录了许多诗人跋山涉水的行吟之作。他笔下的山水,并不是单纯的自然景观,而是渗透着诗人情感和个性的审美观照对象。《文心雕龙·神思》言:“登山则情满于山,观海则意溢于海。”诗人则是“走一步一个敬礼/看一眼一次思索”(《血田》)。在他的笔下,甚至连鸣沙山也“时常发出沙沙的思索的声音”(《鸣沙山》)。这种理性的思辨方式使得《山水情》比起他早期诗作的单纯明朗来,多了份深沉和凝重。他写山水诗,并不像古人那样寄情于山水以忘却现实的痛苦,而是与山水对话,与历史对话,抒发诗人对历史对生命的独特感知和体验。他到山西晋祠,不写景色是多么幽美婉约,而是对当地流传的水母娘娘的传说有感于思:“她的苦难是真实的/她的出路是恩赐的/她的身后是悲哀的/奴仆成了神又送她许多的奴仆美丽的侍女们在她的宝座两侧站了上千年她至今不能走下侍女们也不敢坐下一切都在原位”(《晋祠默思》)。令人欣慰的是,时代变了,而今的人们来晋祠,只是为了欣赏风景,而不是为了“焚香膜拜”。诗人用峨眉山枯树的各种姿态隐喻生命个体不同的际遇:“有的孤独地站着死了,有的抱在一起死了;有的做着重新发芽的梦,有的裸露出奇异的根,不用雕琢就是艺术品。”(《峨眉山的枯树》)高平提倡写作山水诗应该有一种“滤情美”,“它赋予大自然一种过滤性功能,诗人的感受经过它的过滤,变得更加纯净,能升华到哲思的高度,显示独有的情趣”。他也正是用这种“滤情美”把自然物象引入现实生活又升华到哲理的高度的。在另外一些山水诗中,他借自然意象自喻,抒发高洁之志和崇高的人生追求,他写西藏的蝴蝶“翅膀汇集青松白雪,触角独向寂寞处探索。无意去触犯泰山之鹰,高度自有人评说。爱装点迟开的花朵,最懂得晚来的春色。”当然,也有一些纯美的写景之作,如《西藏的云》《桃园的山》《平潭》《日光岩放歌》等等。高平在诗中继续着对西藏——这个“第二故乡”的歌唱,“我的笔管里,总有一条蓝色的拉萨河”(《唱给拉萨的情歌》)。他热爱那里的山山水水,热爱生活在那片苍莽雪原上的人民,热爱那里丰富瑰丽的文化。他感叹隐藏在宏伟的布达拉宫背后,西藏“真实的历史”——“信徒的血汗化作了数不清的珍珠,奴隶的白骨炼成了称不完的黄金”。他发现了存在于新西藏的现实:“酥油灯和电灯正在并存,有的人用眼睛观察社会,有的人用嘴巴默诵经文。”(《布达拉宫》)他也真诚地祝愿着西藏的未来:“你的歌声多些,再多些;你的微笑甜些,更甜些……”(《唱给拉萨的情歌》)

在《山水情》中,诗人充分吸收了古典诗歌中的艺术因素,对意象的捕捉和组合运用达到了新的水平。不同意象组合在一起往往会产生奇特的艺术效果。比如《唐古拉》中写“升得很高的雪峰”和“降得很矮的太阳”在半空中相爱;《嘉峪关秋雨》中把落着绵绵秋雨的嘉峪关比作溢出陈酒的夜光杯;《写在高台红军烈士陵园》中花圈和太阳的联想。这些比喻、象征和联想的运用,营造出别致的诗意和诗趣。

高平在新时期的创作中,十分注重从别的艺术门类中汲取营养。比如他“有意地向绘画、雕塑、音乐、舞蹈、电影中去寻求诗艺,虚心地借鉴姊妹艺术”,他认为“诗要讲诗美,诗美当然首先是思想感情的美,但构思的美、意境的美、语言的美、音韵的美、形式的美,都是重要的”。出版于1992年的《心摇集》和1993年的《百吻集》记录了他诗艺追求的历程。作为一个以抒写情感见长的诗人,高平在这两部诗集里尽情地吐露对生活、对友情、对爱情的复杂感受,探讨个体生命的生存境况等。有时呓语般低吟浅唱,有时幽默俏皮,有时热烈奔放,有时却苦涩醇厚。总之,诗人的创作视野有多宽广,他对人类情感世界的体悟就有多深刻。他笔下的友谊、爱情,鲜有简单明快的调子,更多的是一种酽茶般的苦涩,充溢着沉郁的气息,背负着思考的重量。他在《叶子》中道出对友情(或者是爱情)的看法:“每棵树都有自己的根/每个人都有自己的家/永不相识是一种叶子/擦肩而过是一种叶子”,人与人之间的际遇也无非如此,遇见了或者没有遇见。《那棵树没有了》则有一种令人惆怅的悲伤和深深的寂寞,“那棵树没有了/那个人没有了/都已经随着浮云消散/……/我默默地坐着/不知道要干什么/像是反复推敲/一部无字的美学”。当然,诗人对爱情的感悟,也不尽是万千愁绪,也有温馨和甜蜜:“雨滴是不整齐的/水洼是不整齐的/脚步是整齐的/心跳是整齐的/……/借朦胧的路灯/相视一笑/依然不说话/继续朝前走……”(《雨巷夜行》)。甚至有热烈直白的情诗,如《唱给你》像情歌般缠绵。也有遭受伤害后的谅解与释然:“你寄来满眶热泪/像一场暴风雨/一下子,把未圆的月/击打得粉碎/——好在都不后悔。”(《阳光与热泪》)更有清醒爱情观的表露:“你不清醒我清醒,你像河一样淌/我像山一样稳。如果你能把我吻醉/我能把你吻醒/那才是真正的有情人!”(《醉吻》)也有对轻浮虚假的爱的严词斥责:“吻后悔恨/漱了口仍然恶心。”这些爱情诗中写得最为出彩的是《也许——》,开头的四句尤为精彩:“不爱的人/像院中的枯井/相爱的人/像断线的风筝。”奇妙的譬喻营造出忧郁的诗意,一首短诗中竟盛下了爱情中的欢乐、猜疑、误会、等待、期盼等种种说不清道不明的复杂情感,可见诗人艺术功力的深厚。

《心摇集》《百吻集》出版的时候,诗人刚刚迈入人生的秋季。秋天是让人感伤的季节,人们常由自然中纷纷而下的落叶和萧瑟冷清的景象联想到自我生命的流逝,所以咏叹生命之秋的诗篇多是沉重、凄凉和怅惘的。然而高平对秋的感悟更多立足于秋的成熟,展现秋的成熟之美:“秋是最香甜的。”可以“任你眯起眼睛,细嚼成熟的美,慢咽美的成熟。”(《秋味》)这种美是澄静、含蓄、丰富的,是沉甸甸的:“春天的言辞过于花哨,秋天的语句能挂住果实”。(《我也爱秋天》)这种美也可以是热烈醉人的,“金黄的秋天,连吻也是金黄的——不黄不算成熟。——成熟的吻,就像最甜的瓜——连籽儿也不吐。”(《秋天的吻》)诗人用乐观从容的态度面对生命的自然流逝,“金色的叶子,是挂满的勋章,它轻轻地摘去,披白发迎接新春的到来。”而在《秋色》中则有一种久违了的盎然的童真童趣:“秋色是织得太肥了的花毛衣,只能挂在蓝天里看,或者给大山穿。”

诗人这一时期的哲理诗创作也更加的炉火纯青,充满着“随时间而来的智慧”(叶芝语)。与20世纪50年代的浪漫歌唱相比,诗多了情感的内敛和睿智的自省,“我不笑/为了不给未来的悲哀/造成强烈的对比/我不笑/心头的潮水太沉重了/跳不起波浪/甚至泛不起涟漪/我不笑/但爱看别人笑/纵然那笑中/冒出几分傻气/我不笑/是忙于苦思/苦思那个/全人类大声欢笑的日子”(《我不笑》)。他经常从一些生活的细微之处延伸出对人在生命旅途中的哲学意义和存在价值的思考,如《雨》中积极人生观的表现:“我们坐在露天饮茶。下雨了,不算小。不必躲避。索性就喝雨吧! 在人生的雨中,我们是不打伞的。等人散尽,等雨下完,我们听月亮擦着树梢儿的声音。”他常常由自然界中的路联想到人生的道路:“认准了地上的一条路,就是找到了天上最亮的星。认准了是不容易的,也许在天涯海角,也许要耗费半生;认准了是幸福的,不在于达到终点,而在于途中的风景。"(《路》)寻找"路"的过程也就是人生价值实现的过程——追求过程的快乐更胜于到达终点的快乐,具有深刻的哲理意蕴。他以"向日葵成熟之后,便不再扭一百八十度的脖子。"(《我说两句》)寄托了对独立人格的追求。然而,追求独立的人格,有时免不了要承受孤独和寂寞。诗人写九寨沟尽头的原始森林:"各处的风景路已踏烂,唯有这森林完整而自然。越有深度越是寂寞,在寂寞中逃避了浮浅。"(《游九寨沟》)诗人欣赏的也正是这种不随俗坚守寂寞的可贵精神。

站在年龄和人生经验的高度,回望几十年风风雨雨中的人生旅途,面对生命演绎的种种哀乐,高平有自己独到的体悟。他写人生中难圆的缺憾和悲哀:"有的人碰了一辈子的头/只高了零点儿一公分/有的人写了一辈子诗/只少了那像诗的一句/有的人堆了一辈子的干草/只缺了一根火柴/有的人赶了一辈子路/只差一步没能到站。"(《悲剧》)愤怒、遗憾、感叹、悲哀,酸甜苦辣的种种人生况味尽在其中。没有对人生丰富的体验,便写不出如此振聋发聩的好诗。他也写个体对痛苦的体验:"深沉的痛苦,只静默,不会讲。深沉的痛苦,虽不是死亡,血已变凉。"一旦知道了这种痛苦是和生命一起生长的,"等恢复了希望,过滤了爱和恨",人就会在痛苦中变得坚强。结尾两句更有思辨的力量:"痛苦是对于幸福的惩罚/幸福是对于痛苦的补偿。"(《深沉的痛苦》)诗人始终以一种乐观感激的心态正视苦难,在痛苦中思索和成长。《我是棵冬麦》影射了诗人大半生的生命体验,是乐观中有深深的隐痛:"我是一苗冬麦,翠绿坚挺却把花期改,任叶片枯黄,冰封雪盖,那向下之根似潜龙深埋。"这也是一代正直知识分子的写照,他们心中满怀理想的光辉,"冰封雪盖"也不能使他们丧失对春天的信念。

作为一个有良知有责任感的知识分子,高平在继续着对历史的反思,对传统文化的反思,对当下的审视和反思。他参观"明皇宫遗址"看到的是:"厚得透不过气的城墙/贮存了过多的刀痕弹孔/阻挡了过多的花香鸟语/越古老越是沉重——/如果失去母性/不再孕育年轻。"(《明皇宫遗址》)悠久的历史哺育了我们,也带给我们沉重的负担。他告诫人们不应沉湎于历史,而"要去找自己今天的位置"(《西安行》)。他在《听京剧曲牌》等诗中反思着传统文化的"负效应":"一个宽袍大袖的民族/在讲述泪水浸泡的故事/……/一见倾心的殉情了/贪赃枉法的升迁了/……/一笔怨而不怒的遗产/在强力诱我继承。""怨而不怒”,不仅仅是京剧,也是整个中国传统文化的弱点。对传统要扬弃的继承,同时也要注意存在于现今社会中的问题:“祖父看厌了的东西,孙子们看是新的,艾滋病才真正是新的,新的不都是好的,更不是越新越好。”贯穿在这些诗中的是一种深沉的历史感和责任感,九叶派诗人郑敏在谈及新诗时曾说:“历史感打通诗人的心灵与时代的联系,如果诗中有历史的声音和时代的痕迹,这种诗就属于大家之作。”

从一些另类之作,如《蜥蜴的沉思》《怪梦》《望花》《绿·红·黑》等中可以看出诗人对象征主义诗歌以及印象派绘画、朦胧诗某些表现手法的借鉴吸收,显得十分别致。“在我心灵的冬季,你的绿裙子,铺出一片草地。我于是前行,你的红毛衣,却又亮起一个‘停’。你用眼睛和长发,织一个黑色的网,穿不过就不见太阳。”(《绿·红·黑》)可惜这样的大胆探索之作所占的分量并不多。

高平这些诗集中比较引人注意的是一些书写西部的诗作。他生于北平,长于山东,却把半生的美好时光贡献给了西部。毫不夸张地说,西部是他创作生命中最重要的一部分。他写西部,但他对西部的观照却跟一般的诗人不尽相同。别人眼中的大西北是粗犷的、沧桑的,带有勇猛男子气质的,他却反驳说:“大西北不是男儿国。你说是雄性的吗?我看是女扮男装。”他用形象的语言把大西北比作害羞腼腆、不够大方的女子。进而呼唤她、鼓励她去改变、去追求:“该是新时代的女性,该去大胆地恋爱了!”(《雌性的大西北》);别人说西部是荒凉单调的,没有南方的色彩斑斓,他却说:“荒凉是美的,它使人清醒,使人振作,意识到肩头的重量,谁还懒洋洋?”这样的“荒凉”催人奋进,给人前进的动力。他还把极富地域感、历史感的字眼与最现代的字眼组合在一起,构成极富弹性和张力的抒情语言,用一幅幅反差极大的画面表达着对变化中的西部的思考:“小脚老太婆登上特快列车,日立牌彩电骑着戈壁的骆驼。穿西装的干部在小地摊上算卦,超音速飞机从小土屋上掠过。”(《西北的反差》)他对西部的感受总是充满了思索的意味,充满着对“天人关系”的思考与探讨。他写戈壁阳光:“晒白了丝绸古道,晒黄了千里粮仓。有情的越晒越翠绿,无情的越晒越荒凉。”(《戈壁阳光》)他写沙湖的独特景致:“沙不肯后撤,水不能取胜,对抗转为对应,均衡结构成风景。”我们人又是怎么对待自然的呢?自然尚能如此和谐的相处,何况人乎?

高平在新时期的创作中,始终保持着谢冕所说的“清新明净的语言”和“质朴真挚的抒情”。抒情语言更为纯净、凝练,诗的格律性和音乐性因素增多了。短诗成为诗人最喜爱的样式，有时甚至到了惜字如金的地步，追求“一语中的”的格言式风格。这种追求在组诗《我说两句》中表现得尤为明显。通篇二十九小节全是只有两行的警句，诗意的浓缩达到了极点：“站着的人，却有个跪着的影子。”“为了咀嚼真理，头脑中需要坚硬的牙齿。”诗人有时扮演着先知的角色，正如叶芝说的：“诗人望得远，因为他们看得深。”耐人寻味的警句还有：“面前的都有缺陷，完美的只有明天”，“腊月的雄鹰并不衰老，十月的蝴蝶并不年轻”，等等，整首诗都是些平淡朴实的句子，却支撑起一个密度很大的情感心灵空间。高平慢慢实现着从早期浪漫主义向新时期哲理沉思的转向，他的这种思考不是脱离现实基础的“空中楼阁”，而是对当前世界、人生的把握。他反思历史、思考现实，正是因为他对未来充满美好的希冀。哲思化转向并不意味着诗人放弃了“唱颂歌”，他依然唱着对西藏、对祖国、对人民的深情厚谊，但是他的歌唱不再是天真单纯的赞颂，而是有了批评有了揭露，这是一个饱经风霜的战士对祖国、对民族的忧思，是升华了的更博大无私的爱。

好的诗作，往往会产生这样的艺术效果：写出来、读出来是诗，脑海里浮现的却是画。高平对色彩自觉或不自觉地运用，使得他的抒情诗有了丰富的画面感和立体感：“银白的博格达/金黄的向日葵/墨绿的钻天杨/支起三脚架/把圆形的蓝天撑开。”(《新疆的风采》)多种颜色和边疆特有景物的恰当组合，把一个“直立”形象的新疆展现了出来。诗人深谙色彩的搭配，多彩的意象使他的诗具有了一种“诗中有画”的意境。在他的笔下，绿的草原、蓝的天、山顶洁白的积雪、“闪着秋波”的湖水、“黑色的牛群/白色的羊群”、“牧羊女的红衣裳”构成了一幅绝美的“藏北风光”；“湛蓝的天空”“金黄的土地”“红色的拖拉机、头巾、旗”三种颜色就是离别时八月的北大荒。这些诗中的几种颜色搭配得错落有致，生动和谐，犹如一幅幅绚丽的彩画，斑斓的色彩化作种种具体可感的意象，浮现在眼前。诗人对这种诗情画意的审美追求也表现在他的西部诗中，他用一些带有西部色彩的意象来营造意境，渲染情绪，唤起读者的联想。如他《戈壁素描》中写道：“一阵黄沙刮来了/车队打开了黄灯/一个风口闯过了/晚霞格外鲜红/一个骑马的人走远了/留下传奇式的背影/一弯月亮升起了/不小心挂住了山峰。”利落几笔，就为我们勾勒出一幅宁静的沙漠黄昏风景：漫天黄沙的戈壁中驶来了车队，昏黄的车灯在沙尘中若隐若现，天空中鲜红色的晚霞炽烈地燃烧着，一个骑马人的背影渐渐远了，月亮也慢慢升起来了。这些画面组合在一起,由点到线,向着无限的空间延伸。画面动静结合,富有立体感。透过诗人的一支生花妙笔,我们仿佛听到了划破寂静的汽车鸣笛声和渐渐远了的马蹄声,嗒嗒嗒……不同的色彩唤起人不同的情绪体验和生理感受,从对某些颜色的偏好也能看出人的个性和当时的心境。在《走进川西盆地》一诗中,十六行诗句用了十四个“绿”字。一来,给读者造成了强烈的视觉冲击效果和心理暗示,唤起了读者对大自然生机勃勃的感受。狄德罗在《论绘画》中说:“色彩赋予本质生命”,而绿色则是大自然中最有生气最宁静的颜色,是生命的色彩。“绿色是生命的孕育,绿色是自由的呼吸,绿是阳光,绿是春雨,绿是含蓄的少女。”这里的“绿”是诗人心情的写照,多种比喻手法(暗喻,博喻)的运用,丰富了“绿”的层次感,而不至于单调。“有绿才有鲜花,有绿才有果实,我对绿的爱意像绿一样深,我愿溶化在绿里。”诗人既渴望自己拥有像“绿”一样青春的生命力,也具有“绿”一样的奉献精神,甘为鲜花和果实的陪衬。“绿”不光代表了诗人对自我生命和人生价值的追求,也代表了他对祖国真诚的祝愿和希冀。

高平是一位“学习型”的诗人,在几十年的创作里程中,他坚持不懈地从各门类艺术中汲取着营养,来丰富诗歌的表现手法和艺术感染力。他吸收了藏族民歌、史诗、传说中不事雕琢、单纯明朗的语言,流畅动人的旋律,奇妙的比喻,反复咏唱等艺术手法,质朴平白的叙述方式,自然明快的节奏等等;他还吸收了传统古典诗词中含蓄凝练的语言、独特的意象组合方式、意境的营造、语言的揣摩、修辞的运用、情景相交融等等。并把这种借鉴吸收、融合内化成自己的东西,形成有个人特色的艺术风格。他也是一位勤奋的诗人,而今迈入古稀之年的老人,仍以持续的写作和永不停歇的思想,继续着暮年的歌唱。最近他还在《诗刊》(2005年9月,上半月刊)上发表了总标题为《人啊,人》的两首诗,其中的第一首《地球上只剩下两个人》道尽了爱情劫难后的疲惫与幻灭、孤独与挣扎。在他笔下,爱情的主题是如此的沉重和无奈。诗中有对现代社会男女之间温情脉脉关系无情的嘲讽与解构,也有对人的情感、欲望的犀利剖析,更有对人性的自私、虚伪、贪婪、无耻和可怜,甚至病态心理的深刻揭露。发人深思,催人警醒。整首诗带有浓厚的现代主义色彩。而另一首短诗《月之美》则带有生命哲学的色彩。

在长达半个世纪的诗歌创作历程中,高平始终保持着对理想的执着信念和对生命深深的热爱,他对西藏的爱,对祖国、对人民的爱,几十年如一日,从来不曾消减或者改变。作为甘肃当代文坛的前辈，他积极向上的人生观，豁达开阔的胸襟影响着许多的后学之辈。我们祝福这位西部诗坛的长者永葆青春，继续用嘹亮的歌声向生命之诗的极限挑战，因为属于诗人的心永远年轻！

（原载《中国诗人》2006年9月25日第22期）

古马回信提供的资料

执意的找回

——古马诗集《西风古马》散论

沈　奇

在极言“现代”的现代汉诗写作中，一位叫“古马”的诗人，将自己最具代表性的一部诗集，取名为《西风古马》，显然是刻意而为的。它既表明了诗人不免矜持而充满自信的一种姿态，又表明诗人正是想通过这种“不合时宜”的命名或者自许，告诉他所身处的时代，他执意要奉送给历史的，是怎样特别的一份礼物——西风，西部，古马，古歌，种月为玉，“饮风如酒”，“我行其野”，叩青铜而抒写，那些“眉毛挂霜的灵魂们”亘古不变的诗心、诗情与诗性生命意识，并由此提示：诗，不仅是一种创新，更是一种找回。

（写下这样的开头，在同处西部的西安，夜已经挂霜，点燃一支烟，我对自己说：今晚，我要在“先锋诗”的外面过夜，听西风中的古马，在唱些什么……）

研读古马的这部诗集，我首先注意到其中一首很一般但又很特别的诗：《我梦见我给你送去葡萄和玉米》。此作不是古马的诗风所在，甚至连题材都远离整部诗集的取向，似乎是偶然而为的一次习作，但却在不经意中透露了诗人在“西风古马”的意旨取向中，其潜在的创作心理机制。诗不长，却完整而富有戏剧性地叙述了一位“寻上门的乡下亲戚”，带着“粘带泥土的不安的根”，为身居现代化都市中的友人（或亲人？）送去“西域的葡萄”和“匈奴人在向阳的山坡上种出的玉米”的情景。事是虚拟的，是“我梦见”中的事，但因此而更显真实而迫切。关键是这虚拟情景中对送礼人心理的刻画：在两种身份（乡土与都市、传统与现代）即两种生命形态的对峙中。“我被你紧张盯着的双脚”,有“看不见的根须/在你客厅的地板上寻找裂缝”(多么细腻的捕捉!)尽管如此,执意的“送礼人”依然要借诗人之口(当然,实际上是诗人借“送礼人”之口)喊出那久藏于心底的“执意”——“就像闪电穿透了乌云/它们急切穿过水泥和一切隔阂/扎进你心灵的沃土/请你啊接受远比这些葡萄和玉米丰盛的东西!”这里的“它们”,是“青铜之声”,是“生命之霜”,是“身体里的铁”;是“青山口/一支喇叭花年年吹红/娶进嫁出的都是云烟”(《青山口》),是“渠水汩汩/一棵白杨追着/星光的羽毛,漂流/在村子外面”(《鸽子》),是“一粒沙呻吟/十万粒围着诵经”(《敦煌幻境》)……总之,是我们在所谓的成熟中走失了的某些东西,是我们在急剧的现代化中丢失了的某些东西,是我们在物质时代的挤压中流失了的某些东西,如今,被一位敢于“原在”的诗人,一位在西部“原在”的诗人,一一执意地“找回”,并“不合时宜”地奉送给他所身处的时代,而等待着时间的认领。

——这便是古马,“西风古马”,经由他的“执意”,在有效地找回了“西部诗”的真义的同时,也有效地找回了当代诗人的位置。“世界将由美来拯救”,西部的美,在古马的笔下复活并重新命名,为贫血而单调的当代诗歌,注入铁的沉着和月的澄明。而这一切,在古马这里,却显得异常低调,表面的矜持后面,甚至还保留着几许羞涩,西部汉子的矜持与羞涩。这个执意的“送礼人”,清醒地知道自己“不合时宜”,却无法放弃“用诗的牛角,对人性中最本质、最原始的事物吹奏低音的关怀”(古马·《创作自述》)。当然,他也因此与浮躁的时代拉开了距离,并为自己留下了恰切的位置,同时,也为所谓“西部诗”留下了恰切的位置。

(又是“西部”,一个随时被拉出来做各种填充的大词——仅就诗而言,在“西部”的名义下,有过多少暧昧不清的“填充”?先是“新边塞诗”,继而“黄土地诗”,以及由此延伸出来的各种大同小异的名号,但其实质总难脱风情歌手与文化明信片式的套路,以至屡屡被纳入官方诗歌版图,成为其陈旧观念的最后一片“大牧场”。而真正的“西部”——她的灵魂、她的风骨、她孤迥独存的美,一直在期待着她真正的情人与歌手,为她留下真正能与之匹配的诗。于是有了昌耀,有了沈苇,有了叶舟,有了与她更贴近些的古马……)

是的,更贴近些——我是说,作为古马的“西部”,似乎更符合其本原的品性与质素。昌耀的高蹈、沈苇的宏阔、叶舟的迷醉,都不免过于强化了主体精神,而在古马这里,则是柔肠寸断式的眷恋和寻寻觅觅的歌吟,一种亲近而又疏离的客观抒情。在我看来,这正暗合了西部美的本质——西部之美,绝非昏热的想象或虚伪的矫饰可言,她只发自那些简洁到不能再简洁、原始到不能再原始的事物本身,而成为苍凉的美、粗粝的美、最朴素又最纯粹的美。在这样的美的面前,你可以做她的儿子,做她的情人,甚而成为她的奴隶,却很难成为她的主人——她的美总是那样平实而又出人意料,而她那远离现代喧嚣的洪荒的灵魂,又总是那样深沉而不可企及。对此,选择谦卑而非凌驾,醉心寻觅而非妄言,像一个"拾荒者",在解密后的现代喧嚣中,找回古歌中的天地之心,在游戏化的语言狂欢中,找回仪式化的诗美之光,与"古道"有约的"西风古马",从另一个向度贴近西部,为她奉献别样的诗章。

(“古道”,一个多么老旧而又可亲的词!“古道热肠”“人心不古”“古风依旧”“古典情怀”……“古”是个好词啊,可人皆慕现代而此调久不弹。古马弹了,弹西部的古道、原道、人道、自然之道——但不是老调重弹,而是找回中的再造,是以现代意识和现代审美理念,做“西风古马”式的现代诠释。在这种诠释中,那一脉从未断流过的“古歌”,在新的吟咏中,散发出新的韵致和内蕴。)

其实说"诠释",并不准确,一词术语,怎能套住"渊源有自,踏雪无痕"(燎原评语)的"蹄印"。细读古马的诗,自会发现,处处可见"微言"之肌理,清峭而细腻,却少有"大义"之妄障,素直而玄秘。而更多的时候,这位诗人,这位以本初人性与自然之美为归所的歌手、情人和"拾荒者",只是乐于"在青苔下面/青青地想"(《青山口》)。一句"青青地想",活脱脱勾画出诗人的主体风神。这"想",是"念想",不是思想,而这"念想"才是诗的真义、西部的真义啊!

真的,对于西部,除了"念想",你还说什么?她是已经完成的创造,只是常常被人遗忘;她是拒绝思想的诗情与念想,只是常常被人忽略。在这里,融入便是发现,找回便是创造,聪明的古马,似乎一开始便深悟此道,方在低调的"念想"中,在"念想"式的贴近中,触摸到西部诗美的本质所在。

(“青青地想”,青青地咀嚼,看似青涩的语词后面,有青铜的音色,简明而沉着,有青草的呼吸,细小而深切……化大为小,以小见大,以精微见雄浑,以肌理示本质,以“一粒沙呻吟/十万粒围着诵经”的意味,“青青”地告诉你:在西部,神秘的不是想象,而是即目直取、以心换心的万般风物!)

于是,我们才理解,在《西风古马》的开篇杰作《青海的草》一诗中,诗人何以这样起首——

二月啊，马蹄轻些再轻些
别让积雪下的白骨误作千里之外的捣衣声
和岩石蹲在一起
三月的风也学会沉默

是祈愿，是劝慰，更是认领和接纳。那缓缓舒展开来的语调，有一种让人心头发颤的韵律，如无名的乐音渗入灵台，淘洗，澄明，敞开，融入，然后领受“青青的阳光漂洗着灵魂的旧衣裳”……这首仅仅只有十行的小诗，却分明有着古往今来、地久天长、袖里乾坤般的境界，浸漫着平静而又修远的意绪，让人觉着整个青海、整个西部，尽在这十句之中的感受里了。这里的关键，在于诗句与诗意的比重。从表面看是十行五节，但每一节都无一不是独立而自明的绝句与短章，散点分延，再收摄为一，便有了部分之和大于整体的文本外张力，弥散开来，余韵悠长。这种如前所述，以精微见雄浑、以肌理示本质的语感，已成古马的“绝活”。正是这种“绝活”，将古马与其他诗人彻底区别了开来，而不在于他都写了些什么。也正是从这种语感中，我们方领略到了另一种西部的诗性，更本原，更地道，也更难忘——

（西部的诗、诗的西部，一匹执意要寻根问底的“瘦马”，终于重新找回了，你真正的风骨。）

一说西部，便要说“气势”，古马的气势是：“神从箱子里摸出一块红糖／神啊／万物都是你忽闪着眼睛的孩子”（《日出》）。

一说西部，便要说“神性”，古马的神性是：“星空下的雪山／像一位侧身让路的藏人／让爱情走过”（《爱情青海湖·青海青》）。

一说西部，便要说“灵魂”，古马的灵魂是：“青草叫喊的声音／孤寂的火／和空气融在一起／在白昼的心中完成着凡人的祈祷——”（《一座长满青草的空羊圈》）。

一说西部，便要说“苍凉”，古马的苍凉是：“杨树尖顶的月／正被一把唢呐吹得下雪”（《雪月》）。

一说西部，便要说“孤寂”，古马的孤寂是：“用落叶交谈／一只觅食的灰鼠／像突然的楔子打进谈话之间／寂静，没有空隙”（《罗布林卡的落叶》）。

一说西部，便要说“缠绵”，古马的缠绵是：“青海湖／两只飞到远处去谈情说爱的白鸟／是我绕到她脖颈后面的双手”（《青海青》）。

一说西部，便要说“生命感”，古马的生命感是：“一双花布鞋加快了／那条乡间小路的／心跳／蠢蠢欲动的虫子／竖起耳朵／谛听春雷”（《甲戌年正月廿五》）。

在这样的语感中，古马写出了如此坚实直白而又直击人心的诗句：“流水是前程／石头是孤独”（《流水·石头》）。在这样的语感中，古马写出了如此熨帖而峭拔的口语：“白杨树／村庄宁静的女儿／月光的姊妹／白天姓白／黑夜还叫白杨”（《白杨树》）。在这样的语感中，古马写出了如此贴切而诡异的意象：“星星的眼／老天爷漏风漏光／漏一粒人影在路上”（《西宁组歌》）。在这样的语感中，古马写出了如此清丽而惆怅的意绪：“月亮／用那只银碗／把自己端到什么地方”（《露宿草原》）。在这样的语感中，古马会如此感受秋意：“叫声最亮的蟋蟀／秋天的玉／镶在我的帽子上”（《寄自丝绸之路某个古代驿站的八封私信》）。在这样的语感中，古马会如此亲近自然：“穿着簇新的蓝／天空像是过年的孩子”（《午后的诗行》）——化天地之心为日常之物，化神性生命为俗世之在，“将前西部诗人喻象中辉煌的大太阳，收聚为少年手中一颗神奇的钻石”（燎原，《追逐星光的羽毛·〈西风古马〉序》）。这“钻石”不通过什么去说明什么代表什么象征什么，而只是以自身晶莹而奇异的光芒，幽幽地折射出古往今来的西部，“那种盲目的拒绝一切的蓝”！

（无理而妙，妙在肌理，种月为玉的诗人，深得个中三昧！）

是以整部《西风古马》中，无古，无今，无传统也无现代，又是古，是今，是传统也是现代——乡土中国、现代都市、自然神性、日常风物、古典诗质、现代理念、民歌元素，意象、口语、明喻、隐喻、通感、复沓等等，经由“西风古马”式的杂糅通合，化为异质混成而别具一格的强烈的形式感。

具体而言，一是其诗句的“精”。精练、精确、精灵古怪，且富于饱满细腻的肌理感。无论是叙述还是歌吟，古马都时时注意保持局部诗意的独在品质和良好弹性，有诗眼，有警句，有可独立品赏的韵味，不依赖于结构而存活。这种古典诗歌的优良传统，在古马的笔下生发出异样的光彩，方得以一当十、以小见大的审美效应，让人惊羡。故古马的诗很瘦，瘦成一把筋骨，不带半点多余的赘肉。作品多以碎片、断章组成，且许多诗中的精彩部分，均可分离出来成为独立自明的另一首诗。可以想见，如此构成的篇章，该有着怎样的局部张力与文本外张力，以及为人称道的那种“留白的不确定意旨”（梅绍静，《向你推荐古马》）。

其二,是其结体的"怪"。连得怪,断得也怪。似乎无联系的,硬是"连"在了一起。却又突然断开,另起一搭,不搭界,搭那内里的意蕴,看似突兀的断开中,萦绕起胡天胡地的联想。意犹未尽,却又断了,或戛然而止,悬在半道,出人意料,细琢磨,又觉断得有趣,断出了特别的味道,让你多一些"青青地想"、青青地咀嚼。在这种可称之为"古马体"的特殊形式与结构中,每一行诗句都是明确的,看似质朴与酣畅,组织起来却平生一派无以名状的烟云,生发峭拔与诡异;现实化为超现实,肌理化为妙理,风物化为风情,有化为无,无中生有,"云揉山欲话"。"话"的是什么?说不清楚,只是觉着心里有什么在忽悠忽悠地萌动着,有如人到西部,那种什么都看到了又似乎什么都没看明白但又确实觉到生命中多了些什么东西的感受——而这,不正是诗的西部、西部的诗那亘古不变也无须变的本质所在吗?

(写到这里,作为一篇散论,我也该戛然而止了。却又疑惑:这算论吗?却又自释:这不算论吗?面对古马的诗,说到底,宁取赏析,不可过度诠释,或许,才能得到的更多。"蝴蝶干净又新鲜",这样的诗句,到心里就扎了根,还要诠释吗?"森林藏好野兽/木头藏好火/粮食藏好力气",种月为玉的诗人,藏好了老酒,喝就是了,醉就是了,还说什么?

是的,不说了,剩下的,让霜天的月去说吧……)

雒青之的回信

金城教授：

您好！大函早已收悉，由于外出不在兰州七八天，迟复为歉。

按您的要求，我将自己的文学创作基本情况整理了一下，现寄来请您指正。

在20世纪80年代末90年代初，我写过一些小说、报告文学，都是一些写好人好事、歌功颂德的东西，从艺术的角度不值得一提，就没有给您叙述。

至于问到我对甘肃各类文学创作的优势与不足的看法，我没有成熟的见解，我总认为，文学创作是个体劳动，能不能写出好作品，主要看作家的整体素质和思想深度，我记起有位哲学家说过，“上帝把聪明智慧给了人类，但把天才给了少数几个人。”就文学分类来说，诗歌与全国水平比，还可以，小说创作滞后的原因，不是甘肃的小说家技巧不行，而是写不出世界性。地域性要写出世界性，才是作家的水平。我省的小说作家就地域写地域，没有折射力，写甘肃的农民生活，可能东北的农民就看不懂，更不要说世界性了。当然，要解决好这个问题，作家搞创作不仅仅凭灵感和冲动，用笔开垦的是思想和艺术修养。文学艺术讲究的是艺术，艺术愈高，反应的思想愈深。您是大学教授，对文学创作研究取得了大师的成果，我说的不对之处，请程老师指正。

文祺

雒青之敬上

2009年3月16日

雒青之新时期文学创作基本情况简述

雒青之，国家一级作家、中国作家协会会员、全国散文学会会员、甘肃省作协理事。从1979年开始发表小说、散文、报告文学、注重散文创作。三十年来立足本土，注重挖掘甘肃人文历史，注重作品思想深度，追求艺术高度。其主要作品为：

一、1991年由敦煌文艺出版社出版了二十二万字的《艺海苦航》，以中国工艺美术大师阮文辉的崎岖人生经历为主线，随着大师的成长足迹，把读者带入20世纪四五十年代的兰州，展示给读者当时兰州的人情风物、市井轶事、艺坛掌故，以及那些曾生动过或渐次湮灭的古城胜迹、历史景观，读来令人倍感温馨，引起社会较大反响，《艺海苦航》获1993年首届“敦煌文艺奖”、甘肃省作家协会评选的“开天龙杯奖”。

二、1997年由敦煌文艺出版社出版了二十八万字的《百年敦煌》，该书以敦煌研究院为坐标，融传记、散文、证论、探微、钩沉、思辨为一体，以唯物史观为基点，以历史史料为依据，向读者披露了许多鲜为人知的史料及轶事，使人们清晰地看到了中国敦煌学的发展脉络，作者提出了与传统观念相悖的自我史学观点，对敦煌学的历史、现状与发展进行了反思，在敦煌学研究领域内引起了较大反响。《百年敦煌》1998年获“甘肃省五个一工程奖”，2003年由上海三联书店再版。

三、1999年由甘肃美术出版社出版了二十三万字的《大河画魂》，对甘肃本土成长起来的三十多位艺术家的艺术风格用散文抒情的艺术形象向海内外进行了介绍，这本书是六十年来甘肃第一本美术史论。获2000年第三届“敦煌文艺奖”。

四、2003年由作家出版社公费出版了二十五万字的散文集《孤独者说》在全国发行。该作品以生活感悟和忧患意识追逐作者内心的高度；驱赶麻木与沉睡，表现出一种沉重的清高心灵痕迹。评论家在报刊上发表评论文章说，雒青之的散文抛却了闲逸、博杂，远离了闲庭小院，野径小道，创作了大散文风光。《孤独者说》处处以冷静的分析讲真话，而且敢于讲真话，作者说，我就喜欢鲁迅的那种外科手术刀似的散文，那是一种绝无仅有的力量，那种逸出文学的光芒常常开凿着我们的心灵。“对人民、对国家的爱恋太刻骨铭心了，因此不可能不转化为难以排解的然而又是非常可贵的忧患意识;不可能不紧扣现实来关怀人文,避谈风月而议论人生。”有评论家说:“读《孤独者说》如听他对你推心置腹地谈话,不断地产生同感和共鸣。有时他会说出愤世嫉俗的痛语,如‘美好而善良的倾诉只能为艺术品欣赏’。”《孤独者说》获“黄河文学奖二等奖”。

五、有部分单篇散文,如:2006年为纪念抗战六十周年创作的《菊花里的刀光》,发表在《飞天》杂志上,当年被全国散文学会评为全国排行榜十篇最佳散文的第七位,“散文选刊”和多种刊物转载。该作品从日本民族的劣根性、好战性和日本文化深受中华文明文化的影响,反过来却给中华民族带来了深重的灾难三个方面,深刻地批判了日本军国主义的罪恶。该作品获“敦煌文艺奖”二等奖。

香港《大公报》以“灯下集”的专栏,连续发表了《阅读河流》《沉重的清高》《在无聊中突围》《如果人生可以从头再来》《音乐神圣》《生气不生气》等近十篇散文,得到一些权威人士的好评。作品《也说王道士》2002年入选“中国年度最佳散文”向全国发行。作品《皇帝假思录》被《中华散文大典》入选发行。《惦记文化》《我遥远的西洞堡》等作品多次被《散文选刊》转载。2007年创作的散文《仰止思想者鲁迅》被中国作家协会、中国鲁迅研究会、上海市作家联合举办的“我读鲁迅”征文评选中,评为“优胜奖”。2007年和2008年为我国著名画家李可染、郭味蕖、贾又福等二十位艺术家用散文评述了他们为中华民族做出的贡献,均在全国高规格的《美术观察》《美术》等五六家刊物发表。

评论家说:雒青之的散文不失自信,明白无误的风骨文韵,他多年来都独行于喧哗纷闹的文坛边缘,不以畅销为目标,不以自感而感人,无论是在敦煌游走,兰州奔波,还是在桌案静思,陋室独处,他最终都落脚于精神的简朴小径,每一篇作品在清醒地诉说:“我在孤独中仍然愉快地度过交付给苦难的——剩余时光。”雒青之在一篇谈散文创作的观点时说:“散文是心灵文字的出生地,是灵魂的籍贯,也是心血和心情一路奔过去的地方。是负载心灵的重荷文体。我们的笑语,我们的乡愁,我们的思绪,我们的忏悔,我们的希望、失望和绝望,无不在散文中有自己的出入口。”

雒青之的相关评论文章

谢武战:《是强盗,还是大师——浅议〈百年敦煌〉》;

吴平:《且安笔砚写敦煌——雒青之〈百年敦煌〉浅析》;

骁尧尧:《不失自信的孤独才是最美的——读雒青之散文新著〈孤独者说〉》,发表于《散文选刊》;

高平(原作协主席):《感悟与忧患的诉说——读雒青之散文集〈孤独者说〉》,发表于《甘肃日报》。

李老乡的访谈与相关资料

李老乡,原名李学艺,笔名老乡。1943年12月生,原籍河南伊川,1966年毕业于甘肃师范大学美术系。历任南疆军区报务员,工厂宣传部干部,飞天文学月刊社编辑、副编审、编审,甘肃省作家协会副主席。中国作家协会会员、中国诗歌学会常务理事。1965年开始发表作品,著有诗集《春魂》《老乡诗选》《野诗》《野诗全集》《被鹰追踪的人》。曾获《人民文学》诗歌奖、《十月》文学奖、甘肃省敦煌文艺奖一等奖等奖项。《野诗全集》获第三届鲁迅文学奖。

访谈者:李老乡　叶淑媛

时间:2015年8月27日

访谈形式:电话访谈

整理:叶淑媛

一、请谈谈自己的诗歌创作与艺术人生

李老乡:最近刚做了眼部手术,不能读写,也提供不了我个人的创作感想和总结。能说的是,我热爱诗歌,自己的诗歌创作一直在努力,有前进有进步,但不够。所以我自己也没什么好谈的。人们对我的创作的关注和评论,鼓励多,不足谈得少,这也让我心有不安。兰州交通大学的唐翰存教授比较熟悉我的创作情况。

二、请谈谈对新时期甘肃文学的看法和建议

李老乡:甘肃整体的文学气候比较好,有一部分人热爱文学,热爱诗歌。大家也都在路上走,有的走得前一点,有的走得后一点儿,大家都在前进。我自己在甘肃诗人里是处于中间的诗人。比起全国文学的发展,甘肃整体走得慢一些。其实,甘肃整个地方文学气候好,环境好。别的地方有对立有派别。有派别和对立有时候可促进文学的发展和繁荣,但斗争的方式一旦成为互相攻击，就非常不好。甘肃在这方面的问题不大，比较好。对甘肃文学发展的建议是，要关注和扶持年轻人，“70后”“80后”“90后”作家的力量还没有跟上。

三、请您谈谈对当代诗歌（文学）创作的看法

李老乡：当下诗歌创作与中国大众、与现实脱节，诗人们要正视自己的不足，要正视现实，才能前进。目前，虽然有大量的诗歌写作者和作品，以及大量的文学刊物刊发诗歌，但诗人们不与社会接触或者对现实不关注，我觉得诗歌目前的状态连虚假繁荣都算不上。此外，当下的诗人和作家们要多检讨自己，不要抱怨社会。

2015年8月27日

《野诗全集》获第三届鲁迅文学奖评委评语

西部诗人老乡从事新诗创作数十年，《野诗全集》是他改革开放以来的新作。这部诗集展现了老乡这些年来诗美寻踪的新格局：以漠原、冰峰、雄鹰、奔马、苍烟、篝火、黄河、长城等作为基本意象，在高度主体投入中开展绚丽多彩的抒情活动，从博大、神奇而苍凉的对象世界中提炼出生命存在的真善美，处处渗透着一股欲冲击封闭环境、寻求“一种舒心的辽阔”的力的激情，动人地反映着我们民族奋发向上的昂扬气概，为改革开放时代提供了一份精神档案。这部诗集也宣告了老乡描写追求的新趋向：既能立足于贴近现实生活的原则，又能以开放心灵超越生活表象，在人与大自然相交融的感受中做更多层次的生命抒情；既能致力于意境创造，又能以面向世界的视野来发展传统风格，在抽象诗思客观对应物化的新颖意象构筑中做更具现代风尚的艺术传达，为当代新诗建设提供了一条值得珍视之路。评委会决定授予老乡的诗集《野诗全集》以第三届鲁迅文学奖全国优秀诗歌奖。

文学陇军:李老乡 一个修改闪电的人

唐翰存

李老乡先生偶尔会跟朋友们说起当年如烟的往事,从“青年诗歌学会”当会长开始,或者更早,在兰炼办刊期间,他就想带一批人出来,好好写诗,少走弯路。因为他自己走过不少的弯路。入伍学诗,没有老师教他怎样写诗,全靠自己摸索。他早期的诗作已很难见到,有心者通过旧书摊觅得载有他作品的杂志,买回来翻开发黄的页面,发现那些作品跟他后来的有天壤之别。什么时候,李老乡先生完成了他脱胎换骨式的修炼?他的诗歌从那个时代的大众群言里超脱出来,开始“反弹琵琶”,开始“味精”,奇崛又不失烟火气。他的语言锋芒,感染了不少文艺青年。

除了写诗,李老乡先生从不曾涉猎别的文体。诗歌是他的神经,是他人生的全部。可是,他所思考的问题,从两根筷子到佛和上帝,超乎寻常的深入和博大。他是一个将艰苦思索带入日常生活,又将日常生活终极化的人。思索,成为他大脑的常态,成了老木头钻火的功夫所在。你如果了解他,就会发现他谈论问题从不偏离诗的正道,有时借着一个小事物,话锋一闪,推导出很神奇的道理来,有时又从宇宙人生的幽思中渐次回落,落实到一个具体可感的事物身上。无论哪种情况,你都感觉那些话绝不是从书上搬来的,也绝不是从大街上流行过来的,而是他自己的,每句话都好像被熟虑过、被体验过,活化成了诗的语言。那些明朗的部分,幽深的部分,投进去是诗,溢出来就是诗话。只有在诗的状态里,他才能找到连通生活与终极世界的“虫洞”,找到高度凝练了的自由,找到他的“自我神”。他的“自我神”就是另一个他,站在渺渺大荒里,看着另一个伏案的身影,推来敲去,有所思,无所语。

是的,在当今诗坛,没有几个人像李老乡先生那样,如此孤绝地在诗歌的连接点上,面向内外世界,做如此穷尽一切可能的探索;没有几个人像他那样,如此孤绝地追求一种艺术的最大可能性。李老乡先生活出了一套自己的生命哲学,可他绝不是要将诗写成哲学,恰好相反,他是要将哲学写成诗。他的所有思想,都在诗的意义和形象上闪光。他唯有写诗,唯有诗的话语。有时为了几句话,为了一个诗眼,他想了太多,写出来却很少,只显露冰山一角,其余作为思想的理性，潜入冰面以下。不少人觉着以他深邃的智慧、经验，写诗不足以表达，只写诗有点可惜了。可是，诗歌都不能表达的东西，散文随笔之类的就能有效表达吗？那些潜藏的部分，只能是深邃生命里的独语。当深邃生命浅近成某些物象，浅近成人间烟火，诗歌才可以上场。为此，闪电修改闪电，语言征服语言，诗人沥血的过程开始了。

李老乡先生是在殚精竭虑地坚持诗歌的独创性。关于独创性，应该是文学创作成熟的结果，是指某种鲜明的个性和话语风格。在李老乡先生的诗歌里，那种个性和话语风格是很了然的。他的作品，一看就是他的，别人无法代替。那是经过无数次冶炼、锻造而最终成型的诗学铁简，是带着鲜明老乡制造的、成色十足的意象抒发。读他的诗，你能感觉到他的艺术构思既是顺常的，也是反常的，读着读着，会被一种出人意料的东西击中，呼吸骤然一紧，马上又感到会心的舒畅。他的语言顺应了他的思维节奏，常在白话语境里追求有意味的形式，在家常语境里道出陌生化效果，在奇崛语境里道出日常趣味，在喜剧化语境里埋下悲剧感。正如前人已经论述过的那样，艺术的独创性绝不是标新立异，而是主体精神与客体对象的完美融合。李老乡先生对于客体的把握，建立在他对所要表现的事物的实证洞察之上，没有多少人像他那样，那么在意事物的自然情理，那种清晰度和真实性。只不过他顺着那种情理，比一般人多费了一些脑筋，多想了几步，他的主体精神投射进去，于是就产生了夺人耳目的新奇。

李老乡先生将诗歌变成一门需要高度经营的艺术。他经常修改自己的诗作。即使那些已经发表过的作品，在重新结集出书时，不少篇目他都要改来改去，举一反三，颇费周折。一方面，以他的性格和为人，他是要“不平则鸣”，深夜在墙上留下“狼的爪印”；另一方面，以他的艺术修养和创造自觉，他则要“穷而后工”，在工巧中匠心独运，让作品臻于完美境地。这是一个熬人的过程。古今中外，许多文学大师就是这样熬出来的。除了天纵之才，那些有高度文体自觉的作家和诗人，大概都有修改自己作品的经历。许多被认为是一挥而就、带有自然主义性质的写作，深究起来，恐怕也离不开非自然的艺术手段去经营。因为才华并非时时可靠，激情也并非处处可依赖的。李老乡先生常言自己无才，只能多修改，这是他的自谦。没有人怀疑他的才干，他那么苦心经营，倒令人怀疑他还有更慈善的用意。他是将写诗变成方法论了，除了自己推来敲去，还要为诗友们出示可行的路径。谁也无法统计，这些年来当编辑、朋友聚会，李老乡先生改过多少人的诗，改过多少首作品，多少次化腐朽为神奇，总之，风烟散去，留下的都是佳话。

李老乡先生在经营诗歌过程中所贡献的经验和方法，点点滴滴，可以汇成“李老乡诗学”。作为一笔财富，李老乡式的独门绝技，点化学人，颖悟来者。正如鲁迅文学奖评委会在授予他第三届鲁迅文学奖时所言，他以其独特的新诗创作实践，“为当代新诗建设提供了一条值得珍视之路”。这个评价是中肯的、有高度的。李老乡先生的孤绝求索，不仅使他的诗歌成为新诗史上的独特文本，也为人们开创了一条通往诗学之路。不管有无后来者，他都在走，并且把自己走成一条路。

（每日甘肃网-《甘肃日报》，2013-11-28）

李学辉的回信与提供的资料

程老师好：

已将作业发于邮箱。敬请查收，因我们正在做"十五年（1999—2014）武威文学概览"，依据模本，让董唐寿做了归纳，我做了校定。不周之处敬请您指导。多谢程老师的关爱。

李学辉敬上

2015年2月3日

李学辉：荒寒　蕴藉　独异的精神抒写

——新时期甘肃文学研究与作家笔谈

董唐寿

一、作家简介

李学辉，笔名补丁，现任武威市文联副主席兼秘书长、市作协主席。中国作家协会会员、鲁迅文学院第十一届高研班学员，甘肃小说八骏之一。出版短篇小说集《1973年的三升谷子》《绝看》《李学辉的小说》等。有七十余篇小说发表于《中国作家》《北京文学》《钟山》《飞天》《西部》等刊物，《故乡三题》《麦婚》《糊太阳》等被《小说月报》选载和参加全国名家小说联展，并入选各种选本，获敦煌文艺奖、黄河文学奖、梁斌文学奖、《飞天》十年文学奖等奖项二十余次。长篇小说《末代紧皮手》出版后，业界好评如潮。《文艺报》《文学报》《长篇小说选刊》《小说评论》《作品争鸣》、中国作家网等连续推出评介文章达四十余篇，被《兰州晚报》《新边塞》等报刊连载。入围2010年《当代》最佳长篇小说，入围第八届茅盾文学奖，书法小楷手抄本被业界称为"中国当代文坛奇迹”,被陕西师大文学院译为英文本,并被评论家、编辑家推荐为2011年年度图书。业界称《末代紧皮手》“为西部文学增加了一部重量级作品,为当代中国文学长廊增添了一个新的文学形象——紧皮手余土地”。

二、获奖状况

1999年4月,《乡村无梁祝》(短篇小说)获“华浦杯”甘肃省短篇小说大赛二等奖;

2005年12月,《故乡三题》(短篇小说)获《飞天》(1996—2005)十年文学奖;

2006年12月,《故乡三题》(短篇小说)获甘肃省第五届敦煌文艺奖二等奖;

2007年1月,《1972年的几个片断》(散文)获《飞天》全国诗歌散文大赛一等奖;

2009年12月,《绝看》(中短篇小说集)获第三届甘肃黄河文学奖二等奖;

2011年2月,长篇小说《末代紧皮手》入围《当代》年度最佳长篇小说;

2011年8月,长篇小说《末代紧皮手》入围第八届茅盾文学奖;

2011年10月28日,短篇小说《麦婚》获天津梁斌文学奖二等奖;

2012年5月,长篇小说《末代紧皮手》获第四届甘肃黄河文学奖一等奖;

2012年6月,长篇小说《末代紧皮手》获《芳草》第三届汉语文学女评委奖最佳叙事奖;

2013年3月,长篇小说《末代紧皮手》获甘肃省第七届敦煌文艺奖二等奖;

2013年6月,《麻雀飞翔》(中篇小说)《麦女》(短篇小说)获《剑南文学》好作品二等奖。

三、其人其文

(一)全力以赴创办《西凉文学》

李学辉对甘肃文学的贡献,是十五年来苦心孤诣地促动武威文学的发展,催生了甘肃文坛中的“武威文学现象”;其次,他以创作土性、独异、孤绝的文学形象引起文坛的重视。一手拉武威文学战车团队艰难前行,一手以慢的叙述和一年写一两个短篇小说的姿态跋涉文坛,这在甘肃的小说创作阵容中,是较为独特的。

甘肃省社科院文研所所长、著名作家、评论家马步升曾这样记述:“李学辉……是在'文革'瘟疫大蔓延那年降临凉州大地的,走上文学的路似乎也晚我几年。但,他却是我喜欢的一个作家,一个朋友。老实说,我有些敬仰他。倒不是说他的文学成就以截止到当下而论,高得让我非敬仰不可,或是在他的人格修为面前,我做过什么值得自惭形秽的事。但确实,我对他,有着毫不掩饰的喜欢,还有些不由自主的敬仰……几年前,我参加一个团前去考察凉州文化建设……李学辉代表文学界汇报工作后,一位前辈作家动情地说:'听听啊,同志们,我们还有什么资格当作家。'我也有同感地补充说:'是啊,我们拿着不菲的工资,住在宽敞的房间里,不用坐班,写出的作品,无论好坏,一般都不愁发表,可我们干了些什么呢?'"马步升所指的,是李学辉全力以赴创办武威文学刊物《西凉文学》。

具体地讲,《西凉文学》已经耗费了他十五年的时光,这在省内外反响较大。从1999年创刊到现在,《西凉文学》是武威文学发展的见证。正是有了这个载体,武威文学才有了凝聚力,也有了展示的平台和交流的窗口,武威文学创作也在甘肃受到更多的重视。而作为幕后台前的组织者和耕耘者,李学辉可以说是"呕心沥血",其"行为不得不让人肃然起敬而由衷地产生感叹"(《北京文学》原社长章德宁),并且"代表了一种文学的良心,我们可以发一篇轰动全国的作品,但我们无法做到李学辉数年来的那种奉献,从他身上,我们总是能感到一种坚毅和对文学的信心"(著名作家马步升)。

经历过二十世纪八九十年代思想开放及文学艺术辉煌时期的人们都知道,武威原本是有一本文学刊物《红柳》的,后来因故被吊销了刊号而停刊。《红柳》一停,武威的大批作者顿失家园。几年过去,实力不薄的武威作者队伍几近溃散。要述及新时期,特别是近十五年来武威文学的发展、繁荣和取得成绩,就"不能不提《西凉文学》。这是一份文学内刊,内刊对于一个已经完成文学原始积累,或者已经取得一定文学成绩的作者来说,也许可有可无,但是,对于尚处在文学的原始积累阶段的作者,一个地方的文学内刊,说有多么重要都不过分。一炮走红,出手便敲开全省乃至全国文学大门的作者固然有,但这只是个案,而非惯例。大量的作者都是从本土起步,一个台阶一个台阶走向远方。如此,地方文学内刊便如同一个作者的实验室和加油站,本土作者在这里获得展示自己文学能力的机会,树立了踏上漫漫文学之旅的信心。"(著名作家、评论家马步升)《红柳》停刊后的武威文学情状,令时为《武威日报》广告科科长的李学辉有了痛心疾首的悲哀。其时,要从个人利益出发,他以自身在文学上厚实的修为和造诣，在省级以上的文学刊物上发表文学作品已非难事，他是报社记者，生活也没问题。但他不忍看到武威的作家队伍风飘云散，便撑头办起了《西凉文学》。刊物一经面世，即归拢了流散的文学队伍，团结、发现、培养了大批创作者，搭建了一个良好的文学平台，使他们一个个浮出文学创作层面，并走出武威，走向更广阔的外界。因而，《西凉文学》不仅成为武威的一张名片，还使其影响波及全省，甚至为全国的一些文学圈内人士知晓并赞赏有加。《西凉文学》创刊十余年来，扎根武威大地，以培养扶持本土作者为己任，既改良了本土文学土壤，又团结培育了本土文学队伍，使得一个个本土作者从这里出发而走向远方。如何办好地方文学刊物，这也是武威文学给甘肃文学提供的一个有益启示。”（著名作家、评论家马步升）

不仅如此，李学辉还不遗余力地归拢和整合武威作家队伍，健全作协机构，召开各类作品研讨会，举办文学培训班，建立作协创作基地，培养和举荐文学新人新作，使武威文学走上了发展繁荣的快车道。

（二）创作概览

无奇不传的短篇小说集《1973年的三升谷子》——以微介人物来展示人性的荒诞和尊严

该小说集收录了作家自20世纪90年代从事文学创作以来至2005年这一时期的22个短篇小说，共有三辑组成：《挂在麦穗上的忧伤》《种进田野里的愁绪》和《渗进粉笔中的幽歌》。著名作家、评论家马步升在该集序言里中肯评介其作品云：“补丁（李学辉）的小说是有根的，至少有三条根：一条是生活之根，这根深扎于凉州大地的父老乡亲那里，补丁在他们身上获得了太多的无奈、失望，乃至绝望，他们的麻木、他们的势利、他们的盲从、他们心灵的阴暗，乃至残忍，同时，他又在他们身上吸纳了太多的忧伤、太多的旷达、太多的智慧，还有太多的良善行为和悲悯情怀；一条是文化之根……凉州文化博大精深，又包袱沉重，补丁对凉州文化的热爱达到了偏执的程度，他向来以凉州文化的传人自许，并且，把经自己之手使其重塑辉煌和提升到一个新的层次，作为个人终身的追求。这就需要施为者足够的理性。补丁对本土文化爱之弥切，他将这种文化情感诉诸日常工作和言行中，鼓吹之，阐扬之，掘地三尺，不遗余力。同时，他对这种文化经过漫长运行所堆积起来的杂质，以及由此塑造而成的一种地域精神病相，比如，妄自尊大、随遇而安、以邻为壑、灵肉分裂，等等，深恶痛绝，责之切，咬牙切齿，恨之深，不共戴天。而他往往选择小说来承载这种情感。另一条根,便是作者的魂魄皈依之地。补丁的文化视野是宽广的,也是驳杂的,他恨不能给已经湮没的优秀的凉州文化吹一口气,使其一夜之间起死回生,为当下所用,他也企图将当下的一切精英文化,一把刨回来,以收激活凉州文化之奇效……现代人失去了家园,变成了无根的飘萍,前路茫茫,回头无岸,进退无据,有地栖身,无处安魂。补丁认定了凉州,安身于此,立命于此,他便是凉州大地上的一块补丁……他踏实,有依着,有坚守,进一步,是无始无终的天空,退一步,是无边无际的大地。补丁把自身当作一块补丁,牢牢地缝补在凉州大地破裂之处,还嫌不够,在他的概念中,一个地域必须实现了物质和精神的高度契合,才是一种理想之境。他的肉身充其量只可弥合一处破洞,他也知道,这只是一种姿态,一种知其不可为而为之的个人操守,百十斤血肉能有什么作为呀。人最大的资源在于精神,于是,物质的补丁只有一块,只可苫护一方有限的天地,而精神的补丁却可以有很多块,每一块又可同时苫护更广大的天地。明乎此,物质的补丁便精心编织了大量的精神的补丁,一片片贴于凉州大地,一片片贴于凉州人的心头。这便是补丁的小说,以数十篇结集而成的,名之为《1973年的三升谷子》的小说集。翰墨飘香处,荒寒的凉州,天空与大地破绽处处,人的灵魂碎片比比,然而,物质有破绽,必有能工巧匠出来施展手段,精神上的一处处缺漏,本身就是对屠龙手的一声声温暖的召唤啊。”著名诗人、《飞天》主编马青山在评价补丁的文学创作时认为:“在数量积累的同时,质的方面也始终保持着潜滋暗长的态势……他多的是人群中干事的劲头……给我以乡土的韵味,他用朴素的文字,吐抒着生活的热望和悲辛。”

评论家、《飞天》原理论编辑室主任辛晓玲,曾以《夺目的补丁》为题,高度评价补丁近年来的小说创作:补丁的创作,确实有一些非他莫属的东西。这些东西沉着、冷静,且不乏犀利。它们从容地以“补丁”的形象,完善着小说创作的某些方面。补丁的作品,偏重于披露和展示灰色的生存状态……西部令人焦灼的生存状态,正是他关注的焦点。为此,他给自己的作品设定了几个特殊的环境,比如巴子营,比如大杈河,比如原庙中学……补丁的书写,往往凸现出两个特点:一是对现实的关切,二是写意笔法对现实内容的提升。补丁异常清醒,他认真地写历史与现实交汇点上的西部。当然,他写的是一些绝小的人、绝小的事,可正是从这些尘芥般的人和事中,我们感受到了暗流般涌动的生命的活力。西部异常恶劣的自然环境,也时时从补丁的作品中,弥散出劣质烤烟呛人的气息……首先，补丁作品通过对人物灵魂的观照，完成了对原生态的肉身的超越……经过补丁处理之后……注入精神的灵光，一件粗陋的生活小事，顿然拥有了哲学的高度。它让读者看到：什么才是人类最本质的生存信念。补丁的绝大部分作品，都拥有这样的特质。在小说技法方面，补丁有意避开了琐屑烦冗的铺陈笔墨，而且看似随意地采用了水墨点染技法。比如，《错位·原庙》写到寻常生活的枯燥、平庸与暧昧，作者只选取一个象征性的细节：大家争相去坐、去摸女教师的凳子，从中获取刺激与快感。细微之处，足见作者用功之深，足见他对自然主义描写方式的回避。由于拥有承担现实的品格，从补丁小说中，我们不难触摸到文人应有的忧患意识和批判精神（自我批判、社会批判）。而较为个性的创作笔法，亦使补丁完成了对曾经风靡一时、至今余温尚存的所谓"新写实"的超越……确立一种精神向度，构筑某种艺术理想——不管它属于个体生命，还是属于整个社会。阅读补丁的小说，我们总能触摸到这种精神的质地。可以说，补丁在尝试着为读者提供一种纯粹的东西，不管是爱，是恨，是美，还是丑。补丁总是不厌其烦地，抒写着那些西部大地上衍生的苦难，他更不厌其烦地寻找着诱发这些苦难的原因。于是，我们看到了一个已经远逝的时代的背影：贫穷与信仰交织，狂热和绝望并存。这样一个背景，如同一个巨大的阴影，笼罩了补丁绝大部分的作品。在沉重得令人窒息的氛围中，生命的展开和叙述的展开同样艰难。可是，作为读者，我们却没有因为这种艰难而逃离。我们坚持阅读，有时还流泪。因为，时代的错误，烘托出的是人性的纯洁，是生命的高贵；苦难，因此被赋予悲壮的色彩。为了净化一个错误，或者说，为了净化自己赖以生存的信仰，红婆交出了自己16岁的孙子红剩；贫协代表王老五，则和红剩一样，交出了自己的生命（《正步走过"大寨田"》）。公社书记罗开会，和社员一起春种，一起修坝，最终却因劳累过度，突然倒毙，以致成了一位"种到田野里的书记"。瞎弦艺人大风雪中激越的弹唱，居然能在人毙弦绝之际，唤醒蒙昧的情敌一生的良知（《故乡三题》）……品味着苦涩，却品出了清香；体验着伤痛，却体验出了感动……无论现实多荒杂，生命多苍茫，这清香是真实的，这感动是纯净的，这是一些现实中的我们暗自向往，却一直未曾拥有的真与纯。雷达先生曾将文学的这种品质定义为艺术的"诗意"。他认为，"这种诗意来自超越的渴望、坚实的自信、高贵的理性对存在的无畏的谛视。它不躲避血与污秽，却能从血与污秽中升华"（《小说进入新世纪》）。补丁小说对精神建构的追求由来已久，只是在最近的小说如《故乡三题》中，才有了新的突破。这种突破与当前某些创作现象的不谋而合，亦令人欣慰……补丁为巴了营，为大权河村最普通的农夫，为那些最偏远地方的最平凡的人，编织着一条精神的围巾，一条性灵的围巾。这“梦想的温度”（杨献平诗），足以帮助他们抵御生活的苍凉与无奈。正是因为拥有了精神的向度，补丁作品中那些寻常的生命，才会由极度的黯淡，经由极度的坚韧，走向极度的绚烂。补丁小说震撼人心之处，正在于此。我经常认为，传奇是曾经的边塞精神在河西大地最后的遗响。它总是像性灵的闪电，像来自天外的弦音，在河西作者的作品中，决绝地爆发，又决绝地消逝。身居边塞诗的故乡，补丁的创作，与这种隐而不露的创作潜流暗暗吻合。我们所说的传奇是真实与奇幻的统一。传奇必须拥有最平朴、最真实的生活基础。补丁的作品感人，就因为他在努力地“写真实”。他写西部人最本真的生存状态，从喜怒哀乐到爱恨情仇。例如乡村生活对浪漫爱情的剥蚀（《乡村无梁祝》），例如西路红军战士关键时刻的舍“身”忘“死”（《正步走过“大寨田”》）。这一切于读者，是真切可触的。但是，过于平淡的陈述，容易导致艺术意味的流失。于是我们看到，为了看电影《梁山伯与祝英台》，为了给自己暗恋的姑娘腾个位子，农村青年徐德摔瞎了眼。可是，当他真正有机会和姑娘结合，当他真正看过《梁祝》，他却放弃了心中的爱情。残酷的现实，蹂躏、背叛了本该属于寻常人生的浪漫。但徐德却用行动，演绎了一段现实中的传奇。这传奇所饱含的悲情色彩，尤其令人心碎、心酸。流落民间的女红军，在面对弥留之际的战士时，坦然地解开衣服，开始了自己一生一世绝无仅有的“灵肉结合”，因为她要给革命留下“种子”。于是，荒谬不再是荒谬，情色不再是情色。这种对“耳目中之奇奇怪怪”的抒写，恰恰告诉我们一个简单的道理：传奇虽立足于真实，但是，“无奇不传”，没有凝练独特的情节或细节，传奇是不成立的。让文学化的传奇，在爱恨情仇中自由出入；用传奇编织无法把握的生命之梦，通过传奇，托起理想之舟……事实上，这样的创作尝试，在补丁和其他许多作家的作品中，并不罕见。

冷峻蕴藉的中短篇小说集《绝看》——在坚实与缓慢地抒写中打造新的西部乡土传奇

《绝看》是李学辉继2005年第一部短篇小说集《1973年的三升谷子》出版后的又一部中短篇小说集，由作家出版社推出。该小说集收录了作者从2005年6月—2008年4月间发表于《飞天》《朔方》《时代文学》《佛山文艺》等多家省内外刊物发表的十篇小说,小说多取材于作者熟悉的农村及教育题材,从一个个截面展示了在一个特定年代的众生相。《棉花》中的余家祖宗三代对棉花的敬畏,《爷爷的爱情》中的爷爷对爱情的诠释,《老润》中老润对女人的态度,《一九七四年的汉奸》中麻六因为病中的母亲讨块西瓜甘愿申请“汉奸”的帽子,《一九七八年的“叛徒”》中刘云彪因被他人戏称叛徒的经历等,无一不在引人捧腹后陷入深深的反思。著名青年评论家杨光祖曾在《文艺报》撰文称“补丁的小说冷峻、蕴藉,《爷爷的爱情》《老润和他的三个女人》都是优秀之作。他的写作缓慢而坚实,没有浮躁与喧哗……”,在读完《狗事》等小说后,杨光祖称:“《狗事》写得真好。”

短篇小说一向是李学辉执着坚守的一种文学体裁,在坚持不辍的追求中,他写得很慢,像《狗事》《蜥蜴》等篇,连续五易其稿,力争使小说更为简约,更能传神地表达。甘肃省作协原驻会副主席、以《喊会》获得全国优秀短篇小说奖的著名作家柏原说:“李学辉是甘肃20世纪90年代涌现出的重要小说作者,以短篇小说体裁见长,追求创作的高品位。”有关专家、学者认为,在甘肃乡土小说中,李学辉所创造的巴子营村系列小说,凝聚了对历史和农民的独特体验、独特思考,他不追求密实的细节真实,倾向于简笔画式的写意表现,追求黑色幽默效果,形成冷峻、坚硬、蕴藉的风格,在甘肃作家中独树一帜。著名评论家陈德宏这样说:“补丁的小说‘弥漫着的忧伤无不闪射着作品的深厚底蕴’。”

如果说李学辉2005年出版的短篇小说集《1973年的三升谷子》代表了他创作的独特思考,那么《绝看》的出版,则标志着李学辉创作的日臻成熟,以及他独异创作风格的形成:(1)作品偏重于披示灰色的生存状态,凸现两个特点:一是对现实的关切,二是通过写意的笔法对现实内容加以提升。关注现实,是作家创作的前提,也是文学的前提,是作家存在的意义,也是创作的主要指向。李学辉自觉地通过对人物灵魂的关照,完成对原生态肉身的超越。他的笔下没有“英雄”,没有伟人,没有“惊天动地”或“影响历史走向”的大事件,写的都是一些“绝小的人”“绝小的事”,可正是通过对这些尘芥般的人和事的叙写和“立传”,写出了西部暗流般涌动的生命的活力,写出了西部异常恶劣的自然环境下弥散出的一种劣质烟沫子的呛人气息。(2)他的创作沉着、冷静且不乏犀利,冷峻、荒寒又蕴藉旷远,弥漫着的忧伤无不闪射着作品的深厚底蕴。其写作缓慢而坚实,没有浮躁与喧哗。(3)传奇,是曾经的边塞精神在河西大地最后的遗响。它总是像性灵的闪电，像来自天外的弦音，在河西作家的作品中决绝地爆发。从某种意义上说，作为小说的精髓与特质，传奇，也是驮负着精神梦想的最好载体。李学辉身处武威，身居边塞诗的故乡，他的创作自然与这种隐而不露的传奇创作潜流有相吻合的地方，但他的传奇又绝不是猎奇，相较于猎奇，他的传奇少了一些自然主义的描写，而多了一些精神的质地，使传奇具有更多的某种理性、理想的特质。因而，他使文学化的传奇，在爱恨情仇中自由出入，用传奇编织了无法把握的生命之梦，托起了理想之舟，他在这方面做了很好的尝试与探索。(4)善于抓住一二个细节，用小写意技法来谋篇布局。(5)“补丁常以悲凉的情怀迎受生活，感悟人生，关注和思考形形色色的小人物的命运。”(《飞天》主编马青山语)

奇崛智性的纯精神性抒写:《李学辉的小说》

在一个很物质的时代，文学有可能像一个民族的血液一样奔腾潜流，但绝对不会消失。这应该是一个铁的定律。在“甘肃文学八骏”还没有出现之前，有论者说甘肃文学已接近当代中国文学的临界点，那么“甘肃文学八骏”的奔腾而出，则标志着甘肃文学已驰越了这一困扰几代甘肃作家文学理想的精神焦虑。这一成果，显示了甘肃文学在全省文化建设中的强大力量和重要位置。因此，我们可以自信地说，在21世纪初甘肃的文化发展进程中，文学一直活着，作家始终坚守，并为甘肃乃至中国的社会发展创作了一份积极的正能量。无须讳言，这应该是甘肃宣传文化战线和广大作家们引以为豪的事情。在2012年推出第三届“甘肃小说八骏”时，李学辉成为“小说八骏”之一的人选。作为《文学陇军八骏金品典藏》丛书之一，《李学辉的小说》2014年出版。该小说集收录了陆续发表于《中国作家》《钟山》《北京文学》等刊物的作品十余篇，包括《麦婚》《麦女》《脖子》《汉奸河》《女婿》等曾被《小说月报》等全国知名刊物转载并引起诸多好评的力作。这些作品持续了作家冷峻奇崛而又蕴藉智性的创作风格。

李学辉在谈到自己这种智性的文学创作时，如是说:“我的创作基本以短篇小说为主，我立定将‘短篇小说创作进行到底’，也一直想写点真正能属于自己的有精神质地的东西。因而我写得很慢。即便是短篇小说，我每年写的也不多，一个万把字短篇小说的构思、创作、定稿周期可能达两至三年。从下笔开始，到最终定稿，最快的时间，一个短篇也需八个多月。有时，一个短篇小说的开头要耗去我半月和一个月的时间，到定稿时，我会读着校对，推敲句子的音律或韵味。作为一个抒写者,我思考的不仅是题材,也竭力想找寻属于自己的语感。选到集子中的十四个中短篇,时间跨度为二十多年。这不是标准,而是体现我思考与追求的轨迹。按省委党校教授、著名评论家杨光祖的定位,我写的是土性的小说。万物土中生,人离不开土地。有关于土地的种种,很多,我一直在思考人与土地的命运关系。社会的快节奏发展,使土地没有了惯常的状态,一切都在变数之外。即使祖祖辈辈依附在土地上的农民,也擦掉泥脚,走入了城市或他们不该也不好依存的地方,这样就出现了介于城市与农村的第三种人群。这群人一脱根,文化表皮与灵魂便游荡于自身的躯壳之外。就像小小的草芥,离开其生存的环境与土壤,它们会变得无所适从。让这样一群人中的个体进入小说,我沿着根须出发探寻,突然发觉有许多东西已经消失或正在消失。在经过思考之后,我试图将这些东西与当下进行对接,这样,就有了《麦婚》《麦女》《打春牛》等一批小说,这样题材的小说我还会陆续写,这就扯出了另一个话题,即根植于民俗的对应创作。民俗的消亡或弱化,让打了标签的农民和农村变得不伦不类,当我手捏一撮从故乡土地上抓起的土,丢一点在茶杯中,冲入喉咙里的总是一股苦涩。尽管'涩',但还是具有农村的味道。我追求的就是这种味道。按施战军老师的说法,我追求的是小说的'它自己',也就是小说独特的选材。"

选入该作品集中的《麦婚》,就是近年来难得一见的短篇小说佳构,具有深厚的中国特色、鲜明的西部风格、浓郁的乡村情结,蕴含着作者对随时代变迁而逐渐消失的优秀传统文化基因的深层思考、深切依恋与真情呼唤,旨在反映当代农村婚姻在城镇化和诸多因素促动的喧嚣中还能守望一抹清凉的困境,以及"规则"散失的缺憾。在当下绝大多数乡土小说"精神雷同"的情况下,该作执着开掘,展示了乡土小说不断发展的可能性,有较强的时代意义。

李学辉苦心经营短篇小说二十余年,对短篇小说写作具有虔诚的膜拜情结。在《麦婚》中,作者以独特的视角,描摹了一种文化传统和文化心态。小说通篇以"麦子"为主线,讲述了巴子营农民王世厚为在外打工的儿子王奋发操办婚事的全过程。在王世厚的观念中,"娶个女人是一辈子的事,我们把事做瓷实,婚姻才牢靠呢",因此,从上一年的小雪到次年农历六月,他一直都在"瓷实"地努力着:选晒婚麦,备捂麦被,选麦婚地,磨送婚面,回玉麦,种婚麦,擀毡赶雨,喝麦水,完麦婚。他坚信,无论"世道怎么变,老祖宗传下的东西还得讲究"。这些"讲究",正是中国西部传统民俗文化的基石,是行为准则和生活方式，是社会的规范体系。通过这样的一系列讲究，以致小说结尾时，新郎奋发和新娘金莲“选择麦婚，起初也很抵触，睡到这里，才觉出了好处”。作者把这些过程既作为小说中的一种文化背景，又作为一个个令人记忆深刻的细节进行描写，先后串联，从而构建了一个精巧而完整的故事，一块与商业社会气氛迥然不同的净地。这些细节，如麦香般浓郁弥散，“裹着一种乡村固有的质朴，一种原始的冲动，一种催人亢奋的力量”，新鲜而生动，真实而绵密，凸现出富有立体感的人物形象，以地域民俗文化的书写丰富了小说的色彩和意蕴，而隐喻的效果亦深藏其间。同时也展示了这篇小说特有的个性和风格，具有震撼人心的艺术感染力。

《麦婚》较之于时下众多乡土小说的优点，还表现在它通过对一场与婚事相关的人、事的刻画与摹状，记录了人们或多或少淡忘了的那些曾经伴随我们的民风民俗。作者在小说中展现出的这一特征，继承了一些前辈文学大师的脉风，对保存优秀的传统民俗文化极有裨益，这也是该作品及其作者对当代短篇小说文本和内容的丰富、探索以及贡献。

李学辉中短篇小说的创作实践，对他后来长篇小说的创作积累了丰厚的经验。

奇异、新鲜、高妙的长篇小说《末代紧皮手》

1990年代初期的《白鹿原》，开启了重构乡土中国的叙事潮流，李学辉的《末代紧皮手》是其后不可忽视的一部优秀之作。《末代紧皮手》所提及的“紧皮”，是甘肃西凉的特有民俗。它源于中国古代的土地崇拜和土地信仰，也是农耕文明的突出表现。“紧皮”作为一种习俗，显示了特定的文化心态：只有鞭打土地，给土地以武力威胁，土地才能不偷懒，作物才能丰产。它也表明，只有鞭打土地，农民才能敬畏土地。紧皮手就是承担给土地紧皮责任的人。被挑选为紧皮手的男子，经过“激水”“拍皮”“入庙”“挨鞭”“改名”等程序，才能正式成为一名紧皮手。紧皮手承担着紧皮重任，受村人供养，没有紧皮任务时段，紧皮手吃住在凉州城里。虽然享受供养，但是，紧皮手也有许多禁忌，比如，不能结婚不能碰女人不能洗澡（只能在雨天、雪天洗天澡）。给土地紧皮时，紧皮手要鞭鞭有力，全村的土地要一气呵成地紧完。紧皮手所承担的是极为繁重的体力劳动，所以历代紧皮手寿命都不长。《末代紧皮手》的叙述从20世纪40年代开始。巴子营村第二十八代紧皮手过世，挑选第二十九代紧皮手成为巴子营村主事何三最重要的工作。经过挑选，余大喜成为第二十九代紧皮手，按照习俗更名为余土地。但是，与前代紧皮手命运不同的是，余土地所处的时代已经发生了根本性的变化，现代性力量已经侵入传统乡土社会中。不久，中华人民共和国建立。随后，巴子营也同中国其他地方一样，迅速地转入新的历史阶段。“土改”“互助组”“人民公社”“大炼钢铁”等带有极强政治色彩的词汇所代表的激进现代化，无可避免地侵入传统的巴子营村。在强大的政治运动威力下，巴子营村也发生了巨大的变化，何三被迫自杀，余土地作为被供养的紧皮手，被划为地主。余土地和何三的女儿菊花、王秋艳，一起组织了互助组。“文化大革命”来临，巴子营村也被席卷。从表面上看，巴子营村已经被激进现代性所裹挟。但是，政治运动对于中国乡村的改变，毕竟只是表面现象，传统中国农村的内在精神并没有消失。作为中国乡土社会象征的紧皮手，仍然在巴子营村延续着强有力的生命。余土地恪守历代紧皮手的规矩，不管社会风云如何变幻，余土地总是按时给土地紧皮。而巴子营的乡亲们仍然一如既往地采取多种方式“供养”余土地，对他采取“明斗暗保”。作为乡村外来政治力量的代言人，袁皮鞋，也就是后来的袁主任，是企图以现代性秩序来改造巴子营村的代表。于是，《末代紧皮手》在以袁主任为代表的改造乡村的现代性力量与代表传统乡村秩序的余土地之间，形成了紧张的二元对立结构，展开了现代性力量与传统乡村之间的角力。袁主任是现代性的代言人，在巴子营村，他掀起了一波又一波的当代中国现代性改造运动，企图改造巴子营村。他把余土地当作封建余孽来斗争，他甚至动用国家力量，来监视余土地防止他去给土地紧皮，他甚至没收余土地紧皮的龙鞭，摧毁巴子营村的土地庙。但是，余土地和巴子营村村民们仍然坚持着“紧皮”的规矩。余土地仍然一如既往地按照传统“紧皮”程序、规则，给土地紧皮。而巴子营村的村民们仍然采取多种方式“供养”着余土地。在分掉地主何三土地后的第一个收获季节，村民们把最好的小麦装进口袋，一袋袋地扔进余土地的院子。而巴子营村的支书，也与袁主任虚与委蛇，多次保护余土地。巴子营的何菊花、王秋艳自觉地承担了“供养”余土地的责任。何菊花原是地主何三的女儿，从余土地成为紧皮手之日起，就崇拜他。为此，何菊花终身未嫁。后来，社会变革发生后，何菊花一直守候在余土地身边，照料余土地的日常生活，帮助余土地完成紧皮任务。为了守护龙鞭不被袁主任抢走，何菊花怀抱龙鞭跳进地道，以自己的生命保护了龙鞭。守护着余土地的还有王秋艳。王秋艳本是烈士何立民的遗孀。但是，新中国成立后，她放弃了烈士遗孀该有的政治尊荣，成为保护余土地的重要成员。也因为这样，她在袁主任眼里，是一名坏人。在何菊花死后，她干脆搬进余土地的院子，承担起照顾余土地的责任。“文化大革命”期间，袁主任为了彻底破坏紧皮手的规矩，从根本上铲除历史上最后一个紧皮手，强令余土地结婚。为了保护余土地，王秋艳不惜自己的声誉，和余土地结为“一家人”，继续保护了余土地。多年来紧皮付出的繁重体力，周遭社会环境的变化与政治重压，最终彻底摧毁了余土地，紧皮手最终成为历史的绝唱。而王秋艳则延续了紧皮手的责任，她在雪地裸体洗天澡，以自己的身体为龙鞭，给土地紧皮，继续哪怕是羸弱的传统乡土中国的命脉。

历史是冷酷无情的，虽然末代紧皮手最终走向谢幕。然而，末代紧皮手谢幕的过程，给我们另外一种启示，在现代社会的急剧转型期，传统中国仍然有着强大的惯性。《末代紧皮手》这样来描述转型期的乡土中国，似乎回应了20世纪80年代中国文化界有关封建文化有着超稳定的文化结构的论断。不过，启蒙精神是20世纪80年代中国社会主导价值取向。对传统中国文化超稳定的文化结构的认定，目的是彰显启蒙重任。不过，今天的文学作品重新叙述中国传统社会的稳定结构，其目的显然不在于要批评中国传统社会，而在于反思当下社会现实，警醒社会变革诸多问题。《末代紧皮手》在重构乡土中国时，显然有两个要素被放大。一是对社会权力滥用的抵制。《末代紧皮手》在重构传统中国时，依托的以余土地为代表的乡土伦理与袁主任之间的权力对抗。在这个二元对立结构里，传统乡土社会体现了对于现代权力泛滥的对抗。袁主任对于余土地的步步紧逼，既有时代历史的大环境因素，也有袁主任个人权力欲望的作祟。因此，《末代紧皮手》在构造传统乡村社会，显然有反思社会权力滥用的现实意义。二是《末代紧皮手》叙写了有约束的性。紧皮手有诸多禁忌，其中不碰女人是其中重要的一条。余土地作为紧皮手，恪守规矩，不碰女人。虽然后来历史风云发生了巨变，何菊花与王秋艳，这两位巴子营村众人所垂涎的绝色女人依然与余土地相处一院，余土地仍然谨遵紧皮手不得碰女人的规训。何菊花与王秋艳也是尊崇性禁忌的人物形象。何菊花终身未嫁，一心守候余土地。王秋艳虽为烈属，也是终身不嫁，护卫余土地。即使后来迫于政治形势压力，王秋艳与余土地结为夫妻，那也是徒有夫妻名分。余土地、何菊花、王秋艳三人恪守性禁忌，以致成为巴子营村的传奇。《末代紧皮手》借助紧皮手的性禁忌叙述，显然是有反思当下欲望社会的考量。

那么,如何体会"《末代紧皮手》这一文本的奇异与高妙"呢?著名作家、诗人叶舟先生,将长篇小说《末代紧皮手》这一文本的创作成功,称其为一个"事件",认为它不仅仅是武威文坛的大事件,也是甘肃的大事件,可能还是全国文坛的大事件。叶舟先生毕竟是敏锐而才情飞扬的作家,一下子捕捉到了《末代紧皮手》这一文本所呈现出来的艺术标高和文学价值。

1.关于"紧皮"与"紧皮手"的词义诠释

紧,有两种解释,一是指物体受到几个方面的拉力或压力以后所呈现的状态;二是使动用法,意指使紧。皮,指地皮,土地的皮或土地爷的皮。紧皮,合起来意谓给土地或土地爷紧地皮。民间教训人时常说,你的皮松了吗?要不要给你紧紧皮?意指收拾你,教训你。武威某些地方,农事活动中有"打地"或"压地"之说,也有此意。从农耕的意义上说,"打地"或"紧地皮"之后,有保墒的作用,但在此文本中,更多地承载了民俗的意义。而"紧皮手",则是通过一系列繁杂的考核程序后,认为合格而专门承担一个地方给土地爷"紧皮"责任的人。紧皮时所用的工具,则是"龙鞭"。

2.以思想的经度和哲学的纬度,唱出了农耕文明的一曲挽歌

作家能否对"当下"的时代予以准确地把握,是一个作家思想深度和哲学智慧的试金石,换句话说,能否号准时代的脉搏,是衡量一个作家思想水平高低的标尺,而有无深刻的思想,则又是考量一个作家伟大或渺小的天平。进而可以这样说,经典之作,或者传世之作,都是有思想或思想性较强的作品。《末代紧皮手》之所以称其为一部奇异之书,是作家非常准确地把握住了我们的"当下",我们这个时代——市场经济时代、物化时代、消费时代、物欲横流时代、感官享受时代……新的,或者说工业时代还没完全建立,而旧的,或者说农耕时代已经被破坏,正走向消亡和没落,对将要失去的农耕时代唱一曲挽歌,该是一个有思想、有道义的作家义不容辞的责任。

陕西师大文学院博导、评论家程国君在给《末代紧皮手》定性时,认为它是"农耕文明的最后一曲挽歌"。农耕,是人类的一种生活和生存方式。但这种生活和生存方式上,负载着一种文明,一种纯朴、干净、高尚、真诚、自然、善良等等方面的文明。一个时代的结束,不足可惜,不必悲悯,也不必喟叹,无须伤感,但一种文明的消失,则绝对会引起人的撕心裂肺的痛彻的,当亲情不在,忠、孝、仁、悌、礼、义、廉、耻等被丢弃的时候,文明怎能不痛楚而悲伤呢?

一味地索取，欲望的无止境，肉欲的泛滥等等对文明的冲击、侵害与剥蚀，更是要办一场隆重的丧礼，唱一曲痛彻的挽歌的！

3.现实主义创作方法的清醒坚守和现代主义元素的有益借鉴

对《末代紧皮手》这一文本进行整体解构，我们惊喜地发现，它的基本精神还是现实主义的。首先，文本的时空设定在两个蒙昧时期之间，这既是历史的蒙昧时期，也是历史的尴尬时期。文本时段的起始时期，是大户氏族控制田地，或者说是封建地主主宰土地的时期，结束于革命集体入主田地的年代。1976年革命集体入主田地年代的结束，不仅是一个时代的结束，从社会发展史的角度考量，也是一个人与历史、人与社会的固有关系发生裂变和重新整合的时期。文本从第一章第二十九代紧皮手的诞生，到余土地在凉州的春夏秋冬、紧皮、1949年凉州的一些事儿、大浪淘沙、生龙活虎、公社是棵常春藤、社员都是藤上的瓜、将斗争进行到底、艳艳那个红日照四方、做人要做这样的人、胡麻开花蓝茵茵，这一系列章节展开来，不论是细节、情节，还是故事、人物，都是传统的、现实主义的。而真正有生命力的、经得起时间淘洗的作品，大都是坚持了现实主义精神，具有勇气和胆识，努力维护了文学的自由审美品格的作品。我们所说的现实主义，主要还不是指文学对自然的忠诚，它的客观性原则、典型化原则、整体性原则等定义性的东西，而是强调一种可称之为现实主义精神的质地和元素，那就是，对时代生活、人民疾苦和普通人命运的密切关注，对人的生存境遇的密切关注，对民族灵魂的关注，为此，它能勇敢地面对，真实大胆地抒写，乃至发出怀疑和批判的声音。迈入新世纪的中国，市场经济和商品化以前所未有的规模卷来，全球化进程的加快，加入世贸的重大影响，城市化、高科技化、网络化的急剧推进，正在极大地改变着人们的生产方式和就业居住方式，改变着人们的时空观念、思维方式以及道德伦理和情感。中国社会的精神生态更趋物质化、实利化和欲望化，思想启蒙的声音在文学中日渐衰弱和边缘化，小说大多走向了解构于逍遥之途，走向了世俗化的自然经验陈述和个人化的叙述。在此文化情态下，《末代紧皮手》仍能清醒地坚守现实主义的艺术标准，这便使文本更显厚重，具有了存在的意义和价值，具有了一定的艺术高度。

作家显然对现代主义的某些创作元素熟稔于心，比如陈二手心里第二十八代紧皮手的出现、他的脚边老鼠的出现、他看到余土地裤裆里有两只眼睛望着他、麻雀沉潭、铺天盖地的麻雀们吓死了民兵排长、余土地洗天澡的北城落雪而南城无雪、泥头碑，等等，这些亦真亦幻、亦庄亦谐的情节，是现代主义、魔幻现实主义、意识流、黑色幽默、后写实和后现代主义等元素的有益运用和借鉴。可以看出，作家对纳博科夫、博尔赫斯、马尔克斯、卡佛、福克纳、海明威、普鲁斯特、乔伊斯等名家创作手法的汲取，使文本虽然是写“土地”的，但又绝不“土”，现代艺术元素时有精彩的呈现。

4.奇异的“发现”和“创造”之旅

首先是文本所体现的对于题材的“发现”。作家自己一定非常清醒地意识到了这个题材背后应有的巨大的承载量。李学辉邂逅了“紧皮手”这一题材，是偶然中的必然，也是必然中的偶然，这是天命使然。“紧皮手”被别人遇到，也许无风亦无浪，但邂逅了李学辉，题材和作家就都成了一种幸运，意义就非同寻常了，就风生水起了。所以，题材和作家，往往是一个双向选择的过程，再让李学辉以《末代紧皮手》这样长篇小说的方式予以演绎和诠释，就成了一部厚重之作。所以，我们一是惊叹于李学辉对这一“题材”的敏感“发现”“取舍”和“创造”，二是作家以最好的文本方式做了最绝妙的叙写，呈现给我们的这一个高妙的文本，就成了作家对文学的一次积极的贡献。其次，对奇异的文学形象的“发现”和“塑造”。文本中鲜明、生动、立体的人物形象，既符合现实主义的典型化原则，又被赋予了象征意义和符号学意义。现实主义的其中一个伟大传统，就是发现人，尊重人，关注人，而能发掘人物中的人性的东西，写到人性的层面，则又是优秀作家和平庸作家的分野。余土地、何菊花、王秋艳、何三、瞎眼婆婆、何立民、袁皮鞋、大队书记等，甚至本来是烘托气氛或作为情景写照的麻雀、雪花、老鼠、狗爪子、虎爪子、橘子、土地庙、泥头碑等等，都是一种隐喻，一种意象，一种象征，一种代表，一种符号。

先说余土地。他本是一个肉身凡胎的普通人，由于自然生活秩序的需要，在乡村权威掌控的意识和评判程序中，托天道而成的规矩下，让他在经历了激水、拍皮、入庙、挨鞭、改名等一系列冗长的仪式后，成了一个活土地爷的化身。余土地的肉身是雄健的，是令女人们心动心仪的。刚成了紧皮手后在土地庙里与何菊花和王秋艳接触，他也有肉欲的自然萌动，但他克制住了自己，或者自己阉割了本属凡人和普通人的本性，成长为乡村秩序允许的、合格的活土地爷，承担起了“神”的责任。这个裂变，是惨烈而悲壮的。不紧皮时，他是人，是凡人，他善良、仗义、仁爱、勤劳、有责任心，具有所有农耕时代文明的优秀品质和优良德行；紧皮时，他就成了神，他威严、崇高、神圣、伟大、苍凉、悲壮,履行起了神的职责。留他的姓,也就留住了他作为凡人的“根”,他是凡俗的、人间的、普通的、充满烟火气的,他是他先人的子孙;有姓而无名,他就成了“神”,他就得“克己复礼”,他就得“灭人欲、存天理”。他是巴子营人造出来的神,是巴子营的“先人”,是农耕文明的塑像和金身。余土地活着,余土地在场,先人就在场,神灵就在场,余土地就具有了道德的现场感,神灵在现场、“先人”在现场,子孙们就不敢胡来和造次,精神的家园就始终有人把守和清洁,就能经常性地审视我们的灵魂是否干净、明亮。对余土地的敬畏,就是对先人和神祇的敬畏,就是对道德规范的敬畏;余土地的死去,余土地身上所负载的最后一个历史时代就结束了,乡村由自然主宰的时代就结束了。“余”者,我也,也可以当“剩余”“最后”“最后的留存”讲,因而余土地就成了最后的农耕文明的化身。余土地是第二十九代紧皮手,九是极数,最大数,常说九五之尊,其包含的数理象征意义,也有东方哲学的意味。再说三个女人,即王秋艳、何菊花和瞎眼婆婆。前两个女人,何菊花是何三的女儿,是富家千金,爱得深沉而含蓄;王秋艳是平民百姓家的小妇人,爱得泼辣、大胆而决绝。两个女人代表了所有男人们对女性的两种冀望。至于瞎眼婆婆,虽是一个没落时代的产物,但她是滋润和收留余土地们孤独、苍凉、悲壮灵魂的母亲,使余土地在大悲情的后面,还有一丝温馨,是余土地的妈,是所有善良人的妈。她眼瞎了,少了一种“色觉”,反而更加灵敏,她用心灵的方法,用另一种方式体悟和认识这个世界。至于其他人物,如何三、大队书记、袁皮鞋等人物,既具有鲜明生动的立体感,又具有一定的符号象征意义和典型意义。

5.重新找回文学的自信,并使作家和读者都具有了尊严

二十世纪八九十年代,是文学众声喧哗的时代,也是各种流派和主义各自占山为王的时代,经过大浪淘沙,后又回归沉寂。但文学又从一个极端走向了另一个极端。由于追求“好读”“好看”,作家们从过去曾决绝地宣称要写“三无(即无主题、无故事、无人物)”的迷障中回头,开始重新讲好故事,写活人物,用好语言,用公众喜闻乐见的方式来从事写作。此类追求,诚然能吸引读者,扩大文学的受众和社会影响,让文学的阅读成为一种享受,一种快乐的消费活动,一种精神愉悦,但这又会产生另一个坏处,致使一些作家因盲目娱乐,过度娱乐,读者喜欢什么就写什么,对什么感兴趣就写什么,取媚于读者,同时也惯坏了读者,由娱乐变成了“愚乐”。但一个有道义的作家,他必须用他的严肃的创作很好地引导读者,引领他们走向崇高的阅读和审美之途,走

向精神和灵魂的探问和安妥之所。《末代紧皮手》既找回了文学和作家的尊严,又给了读者以最大的尊重。作家相信读者高尚的审美趣味,相信读者有一定的鉴赏水平和阅读能力,有一定的思想深度和认知能力,所以,文本既有极强的可读性,又有较高的艺术品位,是近年来长篇小说创作成果中具有经典意义的一部好书。

6.文本结构简单,节奏明快,起承转合自然得体,语言干净明亮,有诗意的美感,整体艺术成就之高,已经引起了诸多评论家和文坛的热切关注和普遍好评

《末代紧皮手》一经出版,好评如潮。诸多作家、评论家对《末代紧皮手》所产生的社会意义和文学价值进行了深入的探讨,认为《末代紧皮手》是甘肃长篇小说题材的一大突破,是西部文学的重要收获,为当代中国文学贡献了一个新的文学形象——余土地。

著名评论家雷达说:“李学辉的文字颇具风格。”

著名评论家、北京大学博导陈晓明评介说:“《末代紧皮手》是当代中国文学不可多得的精品,小说开启了一个独特的生存空间,独异的人物,独异的命运,在生命的极限处,在别人结束的地方,李学辉开始了他的叙述。”并言:“李学辉的小说独树一帜,无可限量,肯定会为文坛高度认可的,中国小说在他这里开启了无限的可能性。”

著名评论家、《人民文学》主编施战军评介说:“《末代紧皮手》是近年来长篇小说的代表性作品,其整体艺术成就之高,是读过便知的。我有幸见证了潜心和灵悟使一个奇妙的文本生成的过程,鲁迅文学院教学科研团队为我们曾有李学辉这样的优秀学员而感到由衷的自豪。这部长篇的可说之处非常多,它又是不可随便说的。复述故事则走失语味,分析结构则破坏情境,着眼叙述则忽视情致,谈论本能则遮盖本心。它的重要和特殊也来自这份高妙。其实我最想说的是,不要轻易地用已有的具有相似的历史跨度的名作来比附《末代紧皮手》,这部小说是‘它自己’。那么,还是让我们好好读读原作,并见识一下我们还不够熟悉的小说高手吧——补丁,本名李学辉,甘肃凉州人。”

著名作家、《芳草》杂志主编刘醒龙评论说:“这些年,各方面的文学作品产量很高,高质量的作品却不多见。所以,仅将《末代紧皮手》的出版,当成是西部文学的重要收获是不够的,应当放在当代中国文学的这一大背景下来慎重对待。从办杂志以来,我一直对甘肃等西部作家寄予厚望,比如我们对叶

舟诗歌和小说的双重重视,还有西藏作家次仁罗布等等。在某些人荒谬地主张文学全面市场化的当下,天高皇帝远的西部作家反而得天独厚。对金口玉言的漠视,对人伦大德的深情,本来就是文学的要旨,西部作家在这一点上得到了上苍最大的恩赐。即使是如武威这样的小地方,还是可以通过如李学辉这样的写作,展示出生命和才华的最大可能。"

著名诗人、作家叶舟评介说:"《末代紧皮手》以惊世骇俗的描写亮相于今天,并不是一个偶然。在中国的现代化进程日渐走向深入的时刻,它用23万字的篇幅,做了一场隆重的道白和惜别。——这是真正意义上的乡愁,是对土地和传统文化的一次知性尊重,是对近代甚至当代知识分子文化记忆的一次唤醒,也是对大地(土地、乡村)的一次顽固的想象与书写。毋庸置疑,这是近年来甘肃小说的重大成果,是对中国文学的一次积极贡献。它所塑造的'紧皮手'这一形象,将与鲁迅的闰土、萧红的呼兰河、沈从文的边城、莫言的高密东北乡、贾平凹的商州系列等,同列为对农耕文化最后的怀念和渴望,并留下一纸热泪滂沱的见证。"

著名作家、评论家、省社科院文研所所长马步升评介说:"《末代紧皮手》是西部文学的重要收获,也是当代文学的一部佳作。可供讨论的话题很多:它以旁观者的角度诠释了土地在人那里的位置,人在土地那里的位置:余土地的行为是愚昧还是一种道德坚守?土地是谁的?谁是土地的?……视野广阔,寓意深邃,强化了人与土地的依存关系,语言优美、冷峻,又有相当的柔软度。"

著名评论家、甘肃省委党校教授杨光祖评论说:"每一个作家,都有一个创作的关键点,并通过这个关键点走向成熟。作为'土性'的小说家,李学辉的叙述非常克制,他所塑造的紧皮手,是当代文学中的一个罕见的形象,它所挟裹的河西特有的土地气息和凉州文化底蕴,令人震惊且感动,并能引发读者无穷的想象力。"

李学辉自己在创作谈中坦言:"长篇小说《末代紧皮手》也是(我)思考土地的产物。十五年前,就此题材,我写过一个短篇,怕糟践,便放下。十年前,又将此题材写成一个中篇,觉得有负这个题材,仍旧放下。2008年,我接受甘肃省委宣传部长篇小说资助项目,原拟订写的是一部叫《乡村时代》的有关乡村爱情的长篇。在此之前,我没有打算写长篇。下笔时,痛苦袭来,对已在短篇小说领域打磨了二十多年的我,第一部长篇该选择什么题材,如何入笔,都是需要考虑的问题。写了八万多字的《乡村时代》被我废弃。重起炉灶，又写了二万多字，觉得仍不如意，便又弃之。那些日子，我徜徉于家乡的土地上，耳边老听到土地在叫喊：紧皮，紧皮。于是重新将‘紧皮手’这一亦神亦人的活的土地爷的形象拉了出来，并以余土地为文化符号写了二十二万多字，得到了业界的热评。长篇小说拼的不仅仅是体力和能力，更是精神原野的延伸，这辈子，我还有两个题材要写长篇，但不是现在。这两个题材，我已做了十多年的积累，其中一个已开笔，我依旧写得慢，什么时候成型，我也不知道。写着，走着，如果成了风景，好；如果不成风景，开出一朵花来，也好。我属于‘笨人’。‘笨人’写长篇，需要的是‘笨功夫’，更需要的是时间。我想尽最大努力把有别于“紧皮手”的其他两个人物形象写得更丰满点。大多评论家将我的创作归于乡土。过去的许多乡土作品，是记忆中的乡村的延伸，也是经过发酵的、带着对时代的强力解读的乡村故事。当下的乡土，是怎样的乡土。按阎连科老师的说法：沿着皮鞋留下的脚印往下挖，挖出的却是故乡的拖鞋。问题是，现在的皮鞋在水泥路面上已留不下脚印，而挖出来的可能是塑料袋、废电池等各种垃圾，或者是带有后工业时代腐臭味的泥土。即便这样，乡村题材的小说仍浩浩荡荡，布满文学期刊和书架，这也是乡土的根性所致。‘我出生在麦地里，但我不会叫麦子一声爸爸。’这是一个生活于当下的农村青年对我说的话，这话比许多作品本身更富有穿透力。多少年来，我并不有意‘制造’一个饱满的乡土故事，我刻意剔除了许多外在的东西，把自己还原成农民。我也不追求乡村故事的完善或完美，我只让农民自己发话，让小说在骨头上开出花朵，这花虽不惊艳，但自在地开放在乡土的胸膛，它是一种真实。真实真好，它是非常幸福的感觉。当代作家已没有了乡愁，有的只是对乡土盲目的误读。所以，我会把自己作为麦子种到地里，可能不会颗粒饱满，但若能接到地气，就会有麦香的存在……”

马步升:我及文学界对我作品的看法和我对甘肃当代文学的评价

2009年3月20日的两封回信

程老师您好:

一个多月没去单位,才看到函件,耽误您的事情了,抱歉。我先把我的一份较为详细的情况介绍给您发来,还有刚写的一篇诗歌评论,里面发表了对甘肃当代文学的一些看法,供您参考。我再按要求,整理一些相关文字,随后发来,请批评指正。

春天快乐!

马步升

程老师您好:

感谢您对我向来的关照和担待。刚又整理了一些关于个人的文字,可能不全面,也不准确,仅是一些素材。有些材料可能我的博客上有一些,在网站搜马步升,然后进入"一点江湖新浪博客",以前都没有收集,找不到电子版,新的还有一些。我的东西看似数量还不少,但用心不专,凭兴趣的东西多,您多批评。

我在文学上跋涉二十年,主要涉及三个领域:小说、散文和文学评论,兼及西北文化研究。在这三方面,作品的数量都比较多,都取得了一些成绩,也得到了业内的一些肯定。主要是:

一、在小说方面,以中短篇小说,尤其短篇小说,数量较多,获得的评价较高。前十年(1990—2000年),以发表于《当代》1994年5期之短篇《老碗会》为代表,前后获第六届中国人口文化奖小说中的唯一一等奖,甘肃省文学奖等多项。获奖的理由和业内的评价主要集中在,认为该小说虽为短篇,但容量巨大,以计划生育为载体,描述了国家理念被民间理念的解构过程,剖析了计划生育在中国乡村推行难度后面的家族、乡土文化背景;从艺术上来说,语言质朴,乡土语言和艺术语言的融合,达到了较高的水平。对此文发表评论的主要有李国文、杨光祖等人。近期十年(2000年至今),中短篇小说主要以《哈一刀》《一点江湖》《绿苍蝇》《沙漠红》《子午高义》为代表的江湖小说系列,约有十多篇;以《鱼蛋蛋的革命行动》《打架的季节》《那一架打的》《杜家有子》《擀毡》为代表的童年经验叙事系列;以《垃圾时间》《被夜打湿的男人》《知情者》《河边的证明》《谎蛋》《少年的黄昏》等为代表的世象系列。江湖系列以《哈一刀》《一点江湖》较有影响,前后被权威选刊、选本转载十多次,产生的专门评论和综述,约数十篇,主要论者有李建军、杨光祖、达吾、雷达、王久辛、牛学智等,大约认为,这个系列的小说,构架了一个"新武林小说"世界,以高贵的人性重新解读了民间社会,塑造了一批独特的小说人物形象,如哈一刀、马五、红狐、焉支客、无敌秀才、沙漠红、西北风等等。对于童年经验叙事系列,影响较大的作品主要有《鱼蛋蛋的革命行动》,前后诞生的专评和综评十多篇,主要论者有李建军、杨光祖、达吾、郭文元、牛学智等,认为鱼蛋蛋作为特殊年代成长起来的少年,在其身上,集中体现了"极左"暴力文化,在少年成长中的文化和人格塑造功能;在世象小说中,以上几篇都较有影响,《被夜打湿的男人》被有些论者誉为打工文学的代表作,剖析了农民进城后,由社会地位的反差带来的内心巨大震荡,主人公牛二军、吴竞具有群体象征意义。此作2005年发表于《小说月报原创版》后,反响较大,被列为当年十部有争议的中篇小说。另如《知情者》,论者认为以极端的情节,展现了极端的人性善恶空间。

长篇小说主要有两部,即群众出版社1995年《女人狱》,这是根据清朝年间一桩案件结撰而成的,主要表现的是俗与雅的天然敌对性,而在俗面前,雅是软弱无力的,并注定要被毁灭的,而美丽女人的灾难,并不完全来自男人,丑恶的女人是其无法规避的天敌。主要人物有主人公贾荃,为证明自己的清白,在公堂之上剖腹明志,案件轰动一时,后得到皇帝御笔旌表。小说出版后,北京许多报刊做过评介,发行量较大,也有一定影响。另一部,即敦煌文艺社2008年出版的《青白盐》,至今产生的评论文字约百篇。雷达在《当代》上以最新优秀小说扫描做过评价。李建荣在《小说评论》《飞天》等刊撰文,认为此作独创了一种长篇小说文体，即“蜂巢体”，喧嚣，混乱，但内部结构严密。中国作协彭学明将此作列为2008年十部优秀文学作品，认为小说无论从结构、语言、人物塑造、文化内涵等方面，都达到了较高成就，而且是一部被文坛严重忽视的作品。另外，入选国家新闻出版署评选的“三个一百工程”书目，专家鉴定意见由我与程金城起草。

二、在散文创作方面，前后出版散文集《一个人的边界》《天干地支》，加上未结集的作品，约有四百篇，被各种选刊、选本转载的约有100篇。代表作，1998年以前，主要有“绝地”系列，影响最大的为《绝地之音》，刊于《人民文学》1995年第1期，至今已被转载十多次，主要有《中国西部散文》《中国西部散文百家》等，前后被国内很多中学作为高考语文模拟题范文，2007年入选江苏省高中语文阅读教材，被各地老师制成课件广泛传播，认为这是当代西部散文的经典之作。1998年以后，散文影响较大的篇目较多，主要有《婉约情怀》《故乡天下灾荒》《永远的花儿》《人模狗样》《踩着脚窝走》《家族秘史》等，入选的选本主要有历年的全国散文年度选本，大约有三十篇次，《中国当代散文名家经典》《二十世纪中国散文》《二十一世纪中国散文》《思想者》等等，产生的评论文字也较多，主要论者有刘俐俐、彭金山、任美蘅、杨光祖、杨献平等，评论发表的主要刊物为《飞天》《延安文学》《人民日报》《名作欣赏》《甘肃日报》《文艺报》《文学报》等。主要认为，这些散文作品以现代人文精神，展现了浓郁的西部人文色彩，早期的散文气势恢宏，近期的散文思考深刻，章法谨严。

三、在文学评论及西北文化研究方面，前后出版的专著有《走西口》《西北男嫁女现象调查》《兵戎战事》《河边说文》等。文学评论以诗歌评论为主，代表作主要有《变声期的中国诗人：突围的狂欢与反叛的疲倦》，入选多种选本和《中国文学年鉴》，引起全国范围较大争议，主要观点认为，中国汉语新诗虽然已有近一个世纪的发展史，但还处在“变声期”阶段；另外，《暧昧：对中间代诗群的一种界说方式》，入选多种选本，并被视为中国新时期诗歌五篇重要的诗歌理论之一。

《走西口》为移民文化史著作，著名学者葛剑雄在序中做了较高评价。这是国内第一部系统描述走西口历史的学术随笔著作，优点是可读性较强，缺点是学术论证不足。《西北男嫁女现象调查》，为国内第一部系统描写上门女婿生活的报告文学作品，从中，既描写了当下这一群体的生存状况和精神生态，同时，较为系统地探讨了中国婚姻文化的变迁轨迹。《兵戎战事》为第一部较为系统的兰州军事文化史,将兰州建埠两千多年来,作为军事重镇,发生的主要战事做了描述,着力探讨具有地方色彩的兵家文化。《河边说文》为个人文学评论集,收录近十年发表的约七十篇文学评论文章。

马步升基本情况简介

马步升,男,甘肃合水人,生于1963年。1982年毕业于庆阳师专历史系,留校工作后,历任宣传部理论干事、校办秘书、校报编辑、中文系副主任等。1998年调入甘肃省社科院文学(化)研究所,任助研、所临时负责人、所长、院学术委员。参加工作以来,除日常业务自修外,1987到1989年,参加了中国文化书院"中外文化比较研究班"的学习,导师均为国内外知名学者;1989到1991参加了人民文学作家班的学习;1992到1993年,受省文联推荐,参加了鲁迅文学院第八期作家进修班和创作研究生班的学习,同年考入由国家教委、中国作协和北师大三家,旨在为21世纪培养学者型作家承办的文艺学研究生班,导师主要由北师大、北大、中国社科院及中国作协学术带头人组成。马步升前后共发表各种作品及学术论著约四百万字,获国家及省市文学奖二十项,为中国作协会员,中国当代文学研究会会员,中国散文学会会员,中国人口文化促进会会员,第六届全国作家代表大会代表,第六届、第七届茅盾文学奖初评专家组成员,甘肃省文学院荣誉作家、特邀评论家。他的小说入围第三届鲁迅文学奖。马步升被国内评论界誉为西部散文、西部小说代表作家之一,其作品入选过百多种选本、选刊,短篇小说和散文连续多年入选全国年度最佳作品,并进入中国最新文学排行榜散文第五名。一百多家媒体评介过其文学成就。《1998—2002中国新诗白皮书》,将其列为重要诗歌理论家之一。

一、出版的主要专著(以出版时间为序)

1.《女人狱》(长篇小说),二十四万字,(北京)群众出版社1995年版,第二年再版;

2.《燃烧的太阳旗》(长篇纪实),二十四万字,(北京)国际文化出版公司1995年版;

3.《北京不是你的家》(长篇小说),三十万字,拍卖,未正式出版;

4.《花园中的大王》(长篇小说),二十万字,拍卖,未正式出版;

5.《一个人的边界》(散文集)二十四万字,敦煌文艺出版社1997年版;

6.《老碗会》(小说集),十八万字,甘肃文化出版社1999年版;

7.《走西口》(移民文化史),二十万字,南方日报出版社2000年版;

8.《守望平安》(长篇纪实,3人合著)二十一万字,甘肃文化出版社2000年版;

9.《西北男嫁女现象调查》,十八万字,上海文化出版社2001年版;

10.《百年甘肃》(多人合著),三十万字,敦煌文艺出版社2002年版;

11.《天干地支》(散文集),三十万字,敦煌文艺出版社2004年12月版;

12.《刀尖上的道德》(学术专著),十五万字,敦煌文艺出版社2009年版;

13.《兵戎战事》(学术专著),十五万字,甘肃人民出版社2007年版;

14.《黄土地上的灵光》(文化随笔),十五万字,敦煌文艺出版社2008年版;

15.《河边说文》(学术论集),三十一万字,新华出版社2008年版;

16.《青白盐》(长篇小说),二十八万字,敦煌文艺出版社2008年版。

二、发表的单篇作品代表作(发表三百篇,此选二十篇)

1.《老碗会》(短篇小说),刊于北京《当代》1994年第5期。先后获甘肃省第四届文学奖、国家五部委授予的"第六届中国人口文化奖"小说一等奖等四项奖励;入选《甘肃省五十年作品精粹》等。

2.《绝地之音》(散文),刊于北京《人民文学》1995年第1期。入选上海《中国西部散文》、山西《名作欣赏》、上海《中文自修》《甘肃省五十年作品精粹》、北京《中国西部散文经典》;编入江苏教育版中学语文阅读教材中;被选入数家中学编写的高考语文模拟题等多种选本。

3.《婉约情怀》(散文),刊于广东《随笔》1999年第1期。入选北京《新华文摘》、云南《中国当代散文名家经典》、广西《1999全国最佳散文》、广东《随笔十年精华》、复旦大学版《高中语文拓展读本》等。

4.《永远的花儿》(散文),刊于广东《随笔》2000年第1期。《读者》《西部人》《世纪明眸》《中国二十一世纪文学经典》等选载。

5.《故乡天下灾荒》(散文),刊于甘肃《飞天》2000年第1期。《读者》《飞天五十年精华》等选载。

6.《哈一刀》(短篇小说),刊于甘肃《飞天》2001年第8期。天津《小说月报》、内蒙古《小说精选》、北京《小说选刊》、河南《传奇文学选刊》、中国作协《2001年全国最佳短篇》、小说选刊社《2002年全国最佳短篇》,“2001年全国短篇小说排行榜”提名,敦煌文艺奖小说一等奖,入围第三届鲁迅文学奖。

7.《鱼蛋蛋的革命行动》(短篇小说),刊于《上海文学》2002年第4期。入选中国作协《2002年中国小说精选》,人民文学社《2002年度短篇小说》。

8.《河边的证明》(短篇小说),刊于《安徽文学》2003年第8期。入选人民文学社《2003年全国小说选》。

9.《一点江湖》(短篇小说),刊于《飞天》2004年第1期。天津《小说月报》2004年第3期、《信息日报》《小说月报2004年作品精华》《飞天2000至2005年优秀作品》等转载。

10.《雪地上的火焰》(散文),刊于北京《中华散文》2001年第1期;入选人民文学出版社《2001全国最佳散文》《名家笔下的老师》等。

11.《粉红色的目击》(散文),刊于北京《中华散文》2002年第1期。入选人民文学出版社《2002年全国散文选》,以及中国社科院《二十世纪中国散文经典》等文集。

12.《激情燃烧后的碎片》(散文),刊于北京《中华散文》2003年第4期。入选北京《作家文摘》,人民文学社《2003年全国散文选》,中华书局《中华活页文选》,安徽少儿社《感动心灵的美文》等;部分入选多家名牌中学的高考语文模拟题,获黄河文学奖散文一等奖。

13.《人模狗样》(散文),刊于北京《中华散文》2003年第10期,入选中国散文学会《中国散文年选》,人民文学出版社《中华散文百期精华》,辽宁人民出版社《2003年中国最佳散文》等。

14.《擀毡》(中篇小说),刊于陕西《延河》2004年第8期。天津《小说月报》2004年增刊转载。

15.《家族秘史》(长篇散文),刊于北京《中华散文》2004年6月号,河南《散文选刊》、甘肃《读者》等刊选载,进入中国文学最新排行榜散文第五名。

16.《新的一天来到了》(短篇小说),刊于甘肃《飞天》2005年第6期,入选专家版北京《2005年全国最佳短篇小说》,及《文艺报》评选的月度全国优秀小说等。

17.《被夜打湿的男人》(中篇小说),刊于天津《小说月报·原创版》2005年第5期。入选2005年全国十部争议小说、《小说月报2005年精华》等,《兰州晚报》等连载。

18.《跟着脚窝走》(散文),刊于《美文》。山东《思想家丛书》、北京《二十世纪中国文学经典》等转载。

19.《别人的村庄》(散文),刊于《海燕美文》2007年第6期。《散文选刊》第9期转载,花城出版社《2007年中国最佳散文》转载。

20.《知情者》(短篇小说),刊于《飞天》2007年第10期,《小说月报》2007年第12期转载。

另有散文作品入选数十家选本,不再列举。

三、学术论著代表作(发表百多篇,此选十种)

1.《找寻各自生活位置的男男女女》(评论),刊于北京《文艺报》1993年2月26日。

2.《无言而无不言的第三只眼》(评论),刊于四川《星星诗刊》1993年第5期。《韩作荣自选集》(获首届鲁迅文学奖作品),北京《新世纪》等收录。

3.《被现代喘息激活的乡村情感》(评论),刊于北京《诗探索》1998年第2期,人民文学社《心灵的乡村》等收录,获甘肃省社科院青年科研成果一等奖。

4.《风行水上》(评论),刊于北京《中华散文》1998年第11期。山东《作家报》《兰州晚报》《甘肃文艺五十年》前后发表或评述。

5.《卑琐与高贵的冲突与和解》(评论),刊于甘肃《飞天》2001年第6期。

6.《暧昧:对中间代诗群的一种界说方式》(论文),刊于内蒙古《草原》2002年第2期,引起全国反响。《厦门文学》同年第8期,将此作推为新时期以来全国五篇重要诗歌论文之一,并成为中间代诗群的理论代言文章,获当年内蒙古"草原"文学奖,入选福建《中间代诗选》、北京《1998—2002中国新诗白皮书》等权威选本。

7.《变声期的中国诗人:突围的狂欢与反叛的疲倦》(论文),刊于辽宁《中国诗人》2003年第4期,引起大范围争论。入选中国社科院编《2003中国文坛纪事》及《2004年中国文学年鉴》。

8.《〈背叛〉:一个具有现实品格的可然性文本》(评论),刊于甘肃《飞天》2003年第4期。北京《文艺报》、上海《文学报》等有报道。

9.《走西口》(专著),著名学者葛健雄作序,有关媒体推介为当年全国重要社科著作。

10.《河边说文》(个人学术论文集),三十一万字,收录近年发表的学术论文六十篇。

四、主要获奖项目(选9项)

1.甘肃省第四届文学奖(小说);

2.第六届中国人口文化奖一等奖(小说);

3.敦煌文艺奖一等奖(小说);

4.甘肃省德艺双馨文艺家奖;

5.内蒙古草原文学奖(论文);

6.中国石油报优秀论文奖;

7.甘肃省社科院青年科研成果奖一等奖(论文);

8.黄河文学奖一等奖(散文);

9.《飞天》十年奖(小说)。

五、对本人作品评述情况(计约数百篇,此选二十篇,标题经过简化)

1.杨光祖:《绝地的书写　灵性的智慧》,散文评论,刊于山西《名作欣赏》2002年第6期;

2.杨光祖:《高扬的人性》,刊于陕西《小说评论》2003年第6期(小说);

3.杨光祖:《陇南婚俗考》,刊于北京《人民日报》2001年3月;

4.杨光祖:《民间理念的局限》,刊于甘肃《飞天》2002年第5期(小说);

5.牛学智:《巨大空白的意味》,刊于甘肃《飞天》2002年第1期(小说);

6.李国文:《读〈老碗会〉》,刊于北京《文艺报》1998年12月20日(小说);

7.李建军:《读〈鱼蛋蛋的革命行动〉》,刊于上海《文学报》2002年4月17日,《当代作家评论》转载(小说);

8.李建军:《论西北第三代小说家》,刊于《上海文学》2003年第8期,《小说选刊》转载(小说);

9.彭金山:《简论马步升的散文创作》,刊于甘肃《飞天》2002年第11期;

10.刘俐俐:《马步升散文的艺术魅力》,刊于陕西《延安文学》2002年第5期;

11.达吾:《江湖笔记:马步升式的精巧与浪漫》,刊于上海《文学报》2004年6月21日,《名作欣赏》2007年第3期转载(小说);

12. 翟雄:《构建新武林小说的城堡》,刊于甘肃《飞天》2004年第7期(小说);

13.《甘肃文艺五十年》评介文字约四千五百字。

14. 达吾:《因为苦难所以锐利》,刊于《甘肃日报》2004年11月29日(小说);

15. 杨光祖:《激情燃烧后的文体探索》,散文评论,刊于北京《人民日报》2005年3月21日;

16. 雷达:《短篇小说真的没市场吗》,刊于北京《光明日报》2005年3月18日;

17. 尔雅:《马步升的正面与背面》,刊于上海《文学报》2005年5月14日;

18. 郭文元:《马步升的叙事策略》,刊于河南《周口师院学报》2004年第3期(小说);

19. 李建军:《小说的正途:马步升小说专论》,刊于《上海文学》2005年第9期(小说);

20. 牛学智《西北文学精神:人在现实结构中》,刊于《甘肃社会科学》2007年第2期(小说)。

关于长篇小说《青白盐》的评论,见于《飞天》《当代》《小说评论》《兰州文苑》《陇东学院学报》等刊,有内部编印评论文集《青白盐研讨会论文集》

抬起昨天的脚　踹开明天的门

马步升

在中国当代诗坛,有一个说法几乎成为圈内人的共识,即诗刊社举办的“青春诗会”堪称当代中国诗坛的“黄埔军校”。这个说法如果成立,无疑,这是一则让人怦然心动的神话,这个说法如果还显得牵强,无疑,这还是一则令人欲信还疑、欲疑却信的神话,原因没有别的,因为,所谓黄埔军校本来就是中国现代历史上的一则神话。正如,在中国现代军人杰出将领方阵中,有黄埔背景的比比皆是,而同样杰出,甚至比黄埔出身还杰出的将领,也大有人在。与这个判断相关的另一个判断是,黄埔军校培养出了一代杰出的中国军人，但，并非所有从黄埔军校出来的中国军人都杰出，由此出发去观照青春诗会，自然而然的判断便是，参加过青春诗会的诗人，都曾经是中国当代诗坛的优秀诗人，而未能躬逢其盛的诗人未必就不优秀；或者说，一个诗人在选拔参加青春诗会时，是优秀的，但能否继续这种优秀，能优秀到什么程度，仍然是一个未知数。这也难怪，无论黄埔军校，还是青春诗会，只是为参与者提供了一个从昨天走向今天和明天的可能性，而非必然性，其中，难以计数的或然性，恰好左右着后来的结局。

以上的推论，似乎有讲绕口令、玩文字游戏的嫌疑，即便是这样，仍然是必要的。要讨论一个问题，必须先确定一个前提，划出内涵和外延的边界，否则，任何讨论都是没有意义的。假如允许继续以黄埔军校和青春诗会作为说话的由头，那么，具体到甘肃的当代诗坛，青春诗会对于甘肃诗坛的意义，便会格外凸现。20世纪上半期的中国历史，是中国的仁人志士施展人生抱负和为国为民抛洒热血与激情的舞台，黄埔军校是走向这个舞台的预演，可是，在这所学校里，来自甘肃籍的人士并不多，拥有黄埔背景，而以后在军事上获得重大成功的甘肃人士，可以说绝无仅有。在那个以军人实力主导历史进程和方向的时代，甘肃并不缺军人，甚至不缺优秀的热血军人，为什么基本上没有产生过主导历史进程和方向的人物呢？这也恰好从一个侧面折射出，甘肃社会的发展与全国总体进程相较，还处在明显的滞后位置，甘肃社会从整体上，还没有融入中国社会发展的潮流中。到了20世纪后二十年，乃至于今，经济建设、文化复兴，成为整个民族的共识和时代的主旋律，从社会经济层面而言，甘肃仍处在全国中下游位置；可是，在文化方面，尤其文学创作这一领域，如果与此前的时代相比，甘肃却借着时代的强劲东风，实现了本土文学的大跨越，大跃进。还是回到青春诗会这一重要的文学平台上观察我们正在讨论的问题，从1986年到2008年，参加过青春诗会的甘肃诗人多达十八名。没有统计这个数字占参加青春诗会诗人总数的多少比例，有一点毫无疑问，比甘肃军人在黄埔军校所占比例，不知要大多少倍。意义不仅限于此，先后参加过青春诗会的甘肃诗人，在参加之前，活跃于中国当代诗坛，参加之后，比之前更活跃，取得的成绩更显著。还有，有幸参加青春诗会的甘肃诗人，只是当代甘肃诗人队伍的一部分代表，或一少部分代表，没有参加过青春诗会的甘肃诗人，队伍还很庞大，取得的成绩依然显著。这里要着重强调的是，甘肃当代诗人是以总体阵容的强大和写诗能力的强势，为甘肃诗歌，在当代中国诗坛赢得地位的。

对于从古到今,一直占据着中国文学大省地位的省份来说,当下的甘肃诗人取得的这些成绩,也许不算什么,在历史长河中,只是某一天的阳光灿烂而已;但,对于甘肃诗歌,对于甘肃文学,对于甘肃文化,无论对昨天,今天,还是明天,其意义说有多大,便有多大。甘肃向来身负历史悠久文化传统深厚之美誉,或自称,或被称,这都是实际情形。可是,另一实际情形同样不可被忽视,那就是在全国的视野中,甘肃的历史文化向来处在边缘位置,即以文学创作而论,在中国文学史中,似乎也不缺乏甘肃文人的星光闪耀,甚至还会出现执一时之牛耳的人物,比如东汉之皇甫谧,陇西三李之唐传奇,明前八子领袖李梦阳等等。但几乎都是来如闪电之耀亮,去如彗星之迅忽,来了,便来了,去了,便去了,并没有在脚下这片土地上踩踏出多么难以磨灭的文化痕迹,犹如沙漠中的一棵大树,孤独而来,孤独而去,对周围的生态并不能起到多大改良作用一样。这也不难理解,文化的土壤,都是经过一代代,一群群卓有建树的文化人,不间断地诞生,不间断地成长,不间断地培育,不间断地堆积而成的,白手起家空穴来风的奇迹少之又少。手头有几部由几个文学大省编纂的分省文学史,为什么这几个省如今是当之无愧的文学大省,因为自从有文学这个精神产品种类以来,他们从来都是文学大省,几乎从无间断。罗列相关的事实是为了完成一个相关的判断:自20世纪80年代以来,甘肃文学实现了全面的复苏,作者不再以个别的身份冲进全国文坛,而是以一个群体,一支团队的姿态,以具有内涵相通的美学品质,在全国文坛频频亮相;而且,作者队伍越来越庞大,影响也越来越大,呈现出一种群体性的厚积薄发的态势,几十年过去,截至当下,这种态势不但得到了延续,还呈现为一种水涨船高的新态势。对甘肃本土文学而言,即以已经取得的成就而言,做出带有终极意义的评价,肯定会失之匆促,亦且无此必要,重要的是,对这种态势保持充分的关切,给巩固和扩大这种态势的写作者予以应有的尊重,这就够了。在各种文体的众声喧哗中,诗歌功莫大焉。

值得特别强调的还有,从20世纪80年代登上中国诗坛的甘肃诗人,直到现在,在其最初的文学实践中,就带有明显的本土文化自觉,随着多元文化观念在人们的文化意识中地位的日益凸现,甘肃诗人的本土文化自觉,也由最初的感性层面,衍生为一种理性精神。无疑,这很重要,不仅对本土文化的提升很重要,对于写作者而言,更显重要。与别的文学样式比较,甘肃当代诗人之所以在文学之路上起点较高，步态较稳，阵容较为齐整，代际传承较为明晰和紧凑，原因当然多种多样，但，这一因素，也许，正好是剖析这一现象的钥匙。我曾在一篇研究报告中，对这一现象做过如下表述：甘肃本土文学，在历史上，除个别时代的个别作者创造过辉煌，在全国文学视野中占据一定地位外，一直是冷寂的，不但很少浮出水面，创制的文本也十分稀少，尤其西风东渐以后，中国传统的文学观念受到了根本的颠覆，新的文学无论从形式，还是内容，以及文学理念方面，都发生了天翻地覆的变化，在将近一个世纪的文学嬗变中，甘肃作者几乎是缺位的，导致了在中国现代文学版图上，甘肃作家的整体缺席。20世纪50年代以后，随着国家建设目标向西部的倾斜，一大批受过现代教育的文化人，以各种方式西迁，同时也将现代教育理念和文化理念移植于甘肃本土。有意味的是，依照流行的文学时代分期，在全国范围的文学视野中，当中国文学进入当代文学时，甘肃正在接受的却是现代文学的洗礼。如果一定要给出一个时间坐标，那么，差距在半个世纪左右。在甘肃当代文学的前三十年，甘肃文学史上也出过一些有影响的作者和一些有影响的作品，但是，不得不承认，这些作者大多是移民，作品大多都是用公共话语表现的公共题材，甘肃本土文化更多的只是标签。这种情形，到了20世纪80年代有所改观，此时，受过现代教育和经历了现代文学理念洗礼的甘肃本土作家逐渐成长起来，他们以现代人文理念，观照甘肃本土的历史文化积淀，诉诸作品，明显地体现着甘肃的本土文化自觉。但，同时出现了一种倾向：为地域特色而打造本土文学，忽视了对地域文化内涵的深度开掘，相应地，也缺少较为宏阔的文化视野。经过长时间的阵痛和磨合，地域文化自觉地化为本土作家进行创作的原动力，借鉴和追踪全国乃至世界文学思潮，成为有自己文学追求的本土作家所必修的功课，创作出了一大批有较高本土文化内涵的文学作品，从而迎来了甘肃本土文学的新时代。

做出这样的判断，是基于以下的理由：文学本来就是以差异性体现其自身存在价值的一种精神产品。因其差异性使得文学殿堂里琳琅满目，或光怪陆离，因其差异性而为共通性提供了绵绵不绝的文本样式，因而使得不同的种群、不同的文化背景、不同的人生理念，在阅读中，因为艺术的感染，因为美的召唤，在相互沟通、相互理解、相互取舍、相互补充中，纠合为带有共享品质的精神资源。这不但成为需要，而且成为可能。如果判定甘肃当代诗歌是有成就的，或者是有较大成就的，那么，我宁愿认为，其成就主要体现在甘肃当代诗人所秉持或坚守的一种文化立场。要在这里说清楚这个相当复杂的问题,非本文所能承担,更非本人所敢承担,何况,本文的任务是讨论甘肃参加过青春诗会的诗人的作品。回过头来再看,以上的讨论与本文所针对问题的主旨,非但没有偏移方向,而且,居然不谋而合。如果真是这样,那么,只有一种解释,便是,甘肃当代诗人以其本土文化自觉,创制出了带有审美差异性的诗歌文本,而这种文本与别的文化背景下产生的文本,在美学内蕴上具有很强的共通性,因而得到了青春诗会的接纳、理解和推崇;而甘肃由于地域辽阔,在自然地理上,为中国四大地理板块的结合部,在历史文化构成上,又是中原文明和西域文明的通道,同时,又是农业文明和草原文明的接壤地带,即便以农业文明而言,仍然是旱作农业与绿洲农业的过渡地带。所以,甘肃因其地理上的走廊特色,在主流文化那里,带有明显的几种文明过渡和交融的特质,即便在同一个省份,东西南北所呈现的差异,地理上的差异有多大,文化上的差异便有多大,而对差异性的包容和尊重,乃至弘扬,正是现代文化的基本品质。也就是说,甘肃地域文化本身就带有现代文化的基本禀赋,先前在漫长历史时期的沉默,以及在近代化、现代化过程中的落伍,只是近现代文化理念没有得到普及和尊重而已,当现代文化理念成为共识,并且与本土文化中先天蕴含的现代文化品质不期而遇,并发生碰撞以后,便如同两个久违的老朋友乍然谋面,埋藏于内心深处的记忆适时得到召唤,从而形成争相倾诉的洪流。所以,以诗歌为代表的甘肃本土文学,在20世纪80年代浮出水面,渐成爆发之势,至今势头不减。站在全国文坛的视野下远远看去,能一口说出名字的,不再是某一个人,而是一个文学生态群落,其深层原因在于本土文化内部,不假外力。毛泽东说,外因是变化的条件,内因是变化的根据。对于一种文学现象,寻找其发生的外因是必要的,但,如果忽视了对内因的解读,好似追着公牛挤奶,结果只能是,公牛很生气,后果很严重。

当我们对主导甘肃当代诗歌繁荣的深层原因做了必要的剖析以后,以甘肃参加过“青春诗会”的诗人作为说话对象,这个看似混沌,难以在同一篇文章中进行评述和界定的诗歌群落,此时,其基本面貌便显得清晰起来。主要表现在:

其一,甘肃当代诗歌是以一种整体爆发的姿态呈现的,作者遍及三千里陇上,各个地域和文化板块上,都不约而同地诞生了特色鲜明、具有广泛代表性的作者。作者分布的地域,西起甘肃最西端的阿克塞,东到最东端的合水,每一个作者如同一块块诗歌的绿洲，用他们的诗作，串联起了漫漫三千里土地；而且，作者的人数在各个板块分布比较均匀，并且，不再是个体闪耀后的群体沉默，而是闪耀的个体持续闪耀，累积为群体持续闪耀的态势。如河西板块的张子选（诗歌起步成名于阿克塞），古马、梁积林、胡杨、苏黎、甘南陇南板块的阿信、樊康琴、包苞；陇中板块的牛庆国、崔俊堂、李满强；陇东板块的高凯、第广龙、郭晓琦；兰州都市板块的葛根图娅、叶舟、娜夜、沙戈。

其二，自1986年，在葛根图娅第一次以甘肃诗人的身份参加第六届青春诗会后，直到2008年，郭晓琦、李满强、苏黎参加第二十四届青春诗会，二十二年间，十八位诗人躬逢其盛，诗人的年龄从20世纪60年代初，顺延至70年代中后期，女性诗人占了五席，仅以参加青春诗会的人数而论，甘肃在国内所有省份中是最多的。

其三，他们都是生长于甘肃本土的诗人，又都受过较为系统的现代教育，从其提供的诗写文本可以清晰地看出，现代文明理念激活了他们的本土文化情感，而扎根于生命深处的本土文化情感，被他们以可靠的形式表达出来以后，又为现代文明理念提供了新的阐释。

那么，诞生于各个地理和文化板块下的诗人，给我们呈现了什么样的诗歌景观呢。张子选之于河西，如果说在最初，引动他诗兴的更多的还是日常经验带来的震撼、震颤和感觉迷雾的话，当他离开，飘荡于大都市的楼宇丛林人海茫茫以后，他眼中的心中的笔下的河西已是大西部。因为离开了，芜杂和表象得以荡涤，表象之下的隐含得以呈现，对他曾经倾心表达过的地域，感觉的触角更敏锐，理性的锋芒更深邃，此时，他像一个敬业的考古学家，试图揭开地表的红尘扰攘，解剖支撑地表物象的精神负累，由此进入本质的西部。古马在故乡长大，但直到他负笈远方求学前，他其实对故乡并没有多少理解，当回归以后，怀揣着在思潮前沿地带熏陶而得的异样目光，沉淀于文化基因中的故乡得到了激活，其触角便直指沉积于真相以下的本相。胡杨、梁积林、苏黎，对于本土，他们的根扎得更深，体验得更微观，描述得更准确，与张子选、古马相比较，前两位站在远处看近处，站在外边看里边，以理性之马拉动感性之车，他们的本土是飘忽的，是一块边界线并不十分确定的游牧地带，前出几步，便以超越相许，回缩几步，则以回归自解。当然，他们游牧的是精神。后三位则是站在近处看远处，站在里边看外边，依靠对日常经验的忠实，依靠对已知世界的敬畏，寻求抵达未知的路径。我在一篇诗评中说，阿信在由土高原走上雪高原，并且决定要以诗的形式表达雪高原时，在内心建立了两个基点，一是最初的，一是最终的。最初的冲动，令他对最终一往情深，而当他感觉触摸到最终时，发现面对的仍是最初。事实上，无论最初，还是最终，都是虚妄的。诗人，任何人，只能行走在追寻的过程中。阿信就是这样一个追寻者。因为不懈的追寻，使得最初和最终有了被触摸的可能。樊康琴生活在陇南，但她是这批诗人中的一个例外，也许，她已经敏感到，本土文化对于诗人是一柄双刃剑，既可以成为荣耀，也可能成为困扰。她从一开始，便在文本中消弭了本土文化的痕迹，既不以此彰显荣耀，亦不因此困守坚城，她要表达的其实是现代人的精神困境。不过，她所创制的仍然是现代版的本土文本。

高凯在乡土诗方面应该说达到了较高的造诣，他是一位带着乡土上路的诗人，对于诗和本土的关系，他从感悟到理解是自然天成的。如果把他横跨二十年的乡土诗，做一个前后比较，便会发现他的诗歌追求是一以贯之的，区别在于：前期，他更注重对日常经验的描摹和再现；后期，则着力挖掘日常生活经验背后的文化推力和生命意味。打开他的诗集，便会发现，他的诗风的改变，哪怕是微小的调整，都与他的自然年龄的增长是相对应的，人生青涩时，他的诗青涩而单纯，宛如田园牧歌；人生成熟时，他的诗淡远而沉郁，俨然游子望乡。但，无论前期和后期，在诗歌中，句句折射出的依然是陇东乡土，正好成为其带着乡土上路的模范注脚。第广龙是以石油诗享誉诗坛的，但我宁愿认为，这是为了说话方便而率意找出的一个说辞，在任何时候，石油只是他的诗歌的一个载体、一个框架、一个场景，所传扬的仍是无所不在的乡土关怀，他的石油是从黄土地深处流淌出来的，他的井架矗立于黄土地上，他眼中的石油工人不过就是黄土地上的另外一种姿态的耕作者。多年以后，他复归乡土，但，与其说是复归，倒不如说是重合，他的石油诗和乡土诗是血脉相通的，他从来就没有离开过，只不过先前是站在井架下说乡土，现在是站在乡土上说乡土。郭晓琦诗的主流仍然是写陇东乡土的，有高凯和第广龙在前面，似乎这方面的题材不好写出新意了，事实上，郭晓琦接受了挑战，并写出了属于自己的陇东乡土。在诗中，他尽量拉大喻体和喻义之间的距离，尽量扩展诗的形式空间，尽量铺排诗的意象，尽量营造一种混沌效果，他用自己的诗表明了，乡土是永远写不尽的，哪怕面对的只是一撮黄土。当牛庆国的《饮驴》问世后，我相当虔诚地将他的这头“驴”，抄写在笔记本上，并且妄下断言：牛氏庆国有此一首,便足以完成一个诗人的使命。确实,这是一头陇中黄土地上的驴,这是一头背负苦难和希望的驴,这是一头任劳任怨坚忍不拔的驴,这是一头了身达命的驴,这是一头特殊的驴,又是一头普遍的驴。驴的命运、人的命运,驴的精神、人的精神,字字句句都是黄土地上的魂魄。李满强代表性诗作也是写陇中黄土地的,他的乡土诗,与高凯,与牛庆国,与第广龙,与郭晓琦,与包苞,与崔俊堂,都构成了明显的区别,当别的乡土诗人在描述乡土有什么时,李满强反其道而行之,着力张扬的是乡土里应该有什么,一个"有",一个"应该有",看似区别不大,但,前者的侧重点在"已有",在已经存在的存在上,后者的着眼点在于"或有",是以本不确定的确定完成确定的确定,这不仅仅是诗歌技巧的区别,而是诗歌观念上的区别。

我在谈及叶舟的诗时,用了他的诗句作为标题:风随着意思吹。我至今还认为,这句话是打开叶舟诗库的密码。在叶舟那里,"意思"和"意义"是不一样的,"意义"的产品需要丰厚的感性经验和坚实的逻辑关系做后盾,"意思"却无须这样,它不需要旁证,甚至不需要自证,有自由心证已足够,它清除了个体生命与语言之间的障碍,通过直觉,直接获得对语言的使用权。在诗中,往往陈述句和判断句是一种句式,担负着同样的责任。我不知道这样的判断是否准确,在没有新的判断前,我宁愿尊重先前的判断。对娜夜的诗,我也曾有专章论述,我用了这样的判断:以爱情的名义完成自我。我是把娜夜的爱情诗放在中国当代诗坛的背景下进行考察的,我认为,中国当代爱情诗走过了三个阶段,一是爱他人,传扬的是一种古典的爱;二是性,爱缩水以后,性闪亮登场;三是自爱,自爱是爱他、他爱的前提。娜夜的爱情诗,属于第三阶段。沙戈最初的诗歌触角是游移或犹疑的,这是否与她身处文化构成本来就很驳杂的都市有关?有关,或无关,都是无关要旨的托词,重要的是她在游移,或犹疑。无论游移,还是犹疑,都不是贬义词,当然也不是褒义词,表明的只是一种生活状态,或诗歌状态。游移是未确定前的状态,犹疑是在将要确定时的道德紧张和价值考量。这是一种情感态度上的中间态,也是诗歌态度上的中间态,这种中间态,诱引她去遥远的布尔津寻求对自我的确定,这种中间态又将她拽回日常生活,那只偶尔钻进她的皮包的蚂蚁,本来没有什么明确的目的,只是误入,但误入仍然是生活的常态——我们谁又不是误入这个世界呢——新的环境催生了新的目的,那只蚂蚁在整个世界游移,完成游移后,获得的却是犹疑。沙戈以这种细微的观察和体验,确立了自己的诗歌态度。

无论怎么说,“青春诗会”是甘肃当代诗人走向全国诗坛的一个重要阶梯和象征,这是甘肃当代诗群的一个重要组成部分,与甘肃当代诗歌和别的文学种类一起,实现了甘肃文学史上的一个带有重要意义的突破,即甘肃文学结束了由个体支撑一个省的文学断代史的状况,形成了众声喧哗的可喜局面。正如前面强调过的,无论甘肃文学当下处于一种什么样的状况,正面的评价、负面的评价,甚至任何评价都不重要,重要的是,昨天已经开了一个不错的头,今天这种势头还在保持,我们将以怎样的姿态迎接明天。这就是我为什么要给本文命这样一个标题的理由。

（为《飞天》2009年第4期“青春诗会”回顾展专号而作）

娜夜提供的材料

2015年3月27回信

程老师好：

这两年我来回搬家，耽误了朋友们不少事，自己的资料也丢失颇多。

我选了一些关于我诗歌的评论，获奖评语，访谈发你。

其他问题我就不多说了。

谢谢！

祝福！

娜夜

娜夜简介

娜夜，原名刘夏萍，女，1964年11月19日生于辽宁省兴城市。在西北成长。毕业于南京大学中文系。曾长期从事新闻媒体工作。现为甘肃省文学院专业作家。中国作家协会主席团成员，甘肃省作家协会副主席，甘肃文联副主席。1985年开始诗歌创作。已经出版的主要著作有：诗集《回味爱情》《冰唇》《娜夜诗选》《起风了》《娜夜的诗》《睡前书》《娜夜诗歌》等。曾获第三届鲁迅文学奖（2005年）、天问诗人奖、《人民文学》"十年成就奖"暨"人民文学奖·诗歌大奖"、《十月》文学奖、敦煌文艺奖、《民族文学》奖、中国当代杰出民族诗人诗歌奖、新世纪十佳青年女诗人称号等。曾应邀出席第十四届青春诗会、中国台湾地区"两岸女性诗歌学术研讨会"、中美文化论坛、保加利亚诗歌节、瑞典哥特兰岛国际诗歌节，韩国第四届中韩作家论坛、雅加达东盟文化节、青海湖国际诗歌节等国内外文化交流活动。

一、出版情况

1991年，诗集《回味爱情》北方文艺出版社出版；

1995年，诗集《冰唇》百花文艺出版社出版；

2003年，诗集《娜夜诗选》甘肃文化出版社出版；

2009年，诗集《娜夜的诗》读者集团·敦煌文艺出版社出版；

2013年，诗集《睡前书》中国对外翻译出版公司；

2014年，诗集《娜夜的诗》甘肃文化出版社。

二、获奖情况

2004年获《飞天》十年（1996—2005）文学奖；

2005年《娜夜诗选》获第三届鲁迅文学奖；

《娜夜诗选》获甘肃省第四届敦煌奖·特别贡献奖；

2006年中国新世纪十佳青年女诗人称号，获甘肃省文化宣传系统拔尖创新人才；

2007年获《人民文学奖》奖·诗歌大奖；

2008年获第六届甘肃省敦煌文艺奖·突出贡献奖，被评为首届甘肃省中青年德艺双馨文艺工作者；

2009年被评为甘肃省领军人才，获甘肃省少数民族创作奖·荣誉奖；

2010年获中国当代杰出民族诗人诗歌奖，获《广西文学》2010年度诗歌奖；

2011年获得“天问诗人奖”由《诗探索》《读诗》《星星》网站联合颁发；

2012年“《民族文学》获2012年度诗歌奖”；

2013年获得深圳“第一朗读者”诗歌成就奖（2013—2014）；

2014年获得第十一届《十月》文学奖诗歌奖，诗集《睡前书》获首届“刘章诗歌奖”。

三、娜夜创作年表（1985—2014）

1985年开始诗歌写作。

1986年结识诗人老乡；《星星》诗刊发表，处女作《会讲故事的朋友》。

1989年在《飞天》发表组诗《远梦》；获甘肃省“飞天文学奖”。

1991年出版诗集《回味爱情》（北方文艺出版社）；与阳飏、人邻、古马等人在兰州创办《敦煌诗报》。

1992年8月在《星星》诗刊发表组诗《过好这个春天》。

1995年出版诗集《冰唇》(百花文艺出版社)。

1997年3月《人民文学》发表组诗《一心一意的时候》;9月《诗刊》发表组诗《长椅上的心》;同年参加诗刊社第十四届“青春诗会”。

1998年创作完成《生活》《交谈》《起风了》《飞雪下的教堂》《在一起》《一团白》等诗篇。

1999年《人民文学》《诗刊》分别发表组诗《缓解》《情人节》;5月随中国作家代表团赴台湾出席“两岸女性诗歌学术研讨会”。

2001年3月在《诗刊》“每月新星”栏目发表作品《娜夜诗抄八首》;5月随中国作家代表团赴美国文化交流;创作诗歌《在自由女神像前》及《死亡也不能使痛苦飞离肉体》等。

2002年在《人民文学》《星星》分别发表组诗《孤独的丝绸》《逆光的诗句》。

2003年出版诗集《娜夜诗选》(甘肃文化出版社)。

2004年在《人民文学》发表组诗《纸人》;在《星星》发表诗歌组诗《祈祷》;获《飞天》十年(1996—2005)文学奖;3月至8月在北京鲁迅文学院“第三届高级研讨班——中青年作家班”学习,与唐亚平、雷平阳同学。

2005年《娜夜诗选》获“第三届鲁迅文学奖”。

2006年参加中国作协“纪念红军长征胜利七十周年”采风活动;写作完成《世界有这样一张地图》;同年获诗刊社“新世纪十佳青年女诗人”称号。

2007年3月在《人民文学》《诗刊》分别发表组诗《现场》《娜夜的诗》;5月获《人民文学》奖·诗歌大奖;8月参加首届青海湖国际诗歌节;11月参加全国青年作家创作会议。

2008年在《大家》《人民文学》《诗歌报》分别发表组诗《真相》《再写闪电》《娜夜的诗》;随中国作家代表团赴保加利亚文化交流。

2009年移居西安;出版诗集《娜夜的诗》(敦煌文艺出版社)。

2010年5月赴韩国首尔参加“第四届中韩作家会议”;精选诗歌六十首《起风了》出版。

2011年在大理获“天问诗人奖”;写作完成《云南的黄昏》《白银时代》《夜晚的请柬》《自由》《人民广场》《夜归》等诗篇;获2010年度《广西文学》“金嗓子”诗歌奖。

2012年获2012年度《民族文学》诗歌奖；在《读诗》上发表组诗《大于诗的事物》；8月应瑞典哥特兰岛国际翻译中心邀请，参加瑞典国际诗歌节；12月赴台湾参加“2012年天问新峰年会”。

2013年出版诗集《睡前书》（中国对外翻译出版集团）；同年1月11日《文艺报》专版：《娜夜》的诗；《娜夜创作谈》《娜夜小记》（雷平阳）、《这里的风不是那里的风——娜夜诗歌散论》（沈奇）发表；3月《扬子江》“凝视与聚焦”——六刊一报新世纪诗歌作品联展，《娜夜自选新世纪以来短诗十首》入选；8月获深圳“第一朗读者”诗歌成就奖（2013—2014）。

2014年出版诗集《娜夜的诗歌》甘肃文化出版社；组诗《诗人之心》获第十一届《十月》文学奖；诗集《睡前书》获得“刘章诗歌奖”；《读诗》2014年第1卷——甘肃诗群娜夜的诗（二十首）（个人简历等）；《诗刊》2014第4期——《倾听之手十首》——头条“视点”栏目（《合影》《移居重庆》《想兰州》《喜悦》《奇迹》《倾听》《广场上》《1973年胡适墓前隐喻》）；《十月》2014年第4期——《诗人之心》十一首（《朗读》《西藏·罗布林卡》《向西》《诗人之心》《废品收购站》《请原谅》《想哭的人》《首尔》《早晨》《阿木去乎》《阳光照旧了世界》《从报社出来》）。

四、获奖评语

2005年第三届鲁迅文学奖评委评语

中国女性诗歌经过了20世纪80年代的滥觞期，进入了20世纪90年代至今的涌流阶段，诗坛出现了许多思想和艺术表现力相映生辉的女性诗人。娜夜就是其中引人注目的代表之一。《娜夜诗选》汇集了诗人近年创作的精品一百四十余首，这些诗有着浓郁的个性生命体验，并由此折射相互开阔的生存现实。诗人以女性的细腻感受，写出了日常生活中本真的人性、情感的欣悦和纠葛，吟述了生命和生存的挚爱。在诗歌语言上，娜夜采用的是异质融会的方式。她的一些诗，在轻逸中含有内在的沉实。既有口语的自然腴润，也不乏精敏的深层意象或隐喻。诗人将不同的语型和谐地融为一体，以保持诗歌语境恰当的张力，体现了她较高的综合创造力。

评委会决定授以娜夜的诗集《娜夜诗选》“第三届鲁迅文学奖全国优秀诗歌奖”。

2007年《人民文学》奖评语

娜夜的诗歌，善于从纷繁、芜杂中提取诗的纯粹，并在对客观事物的观照、揭示中，融入自己的主观心象，以心灵的自由拓展出颇有意味的想象与心理空间。她的诗在开放中有节制，于单纯中蕴含着丰富，在淡然里凝聚着真挚与热烈。在她最好的作品中，那种松弛、随意、不事雕琢的写作，似在无意中已抵达一种开阔且深邃的境界。

2010年"中国当代杰出民族诗人"奖评语

娜夜的诗歌蕴含高贵的内涵与谦卑的姿态。她对我们赖以生存的这个世界充满仁慈，又对生活保持着冷静敏锐的审视。赞美中隐含祈祷。她节制的表达、人性的追问和不动声色的杰出抒情给我们带来勇气和力量。她有价值的写作所呈现的个人立场和独立品质，真正契合了诗歌的本质、人类精神，以及诗歌美学所要求的独立批判精神和自我内省的意识。因为娜夜的诗歌，这个世界多了一份对美和尊严的祝福。

2011年"天问诗人奖"授奖词

作为当代最杰出的抒情诗人之一，娜夜的诗中有一种源自生命本身——既区别于悲哀也区别于伤感——的忧郁，她似乎一直在为摆脱这种忧郁而努力，不幸却在这忧郁中陷得更深了。这忧郁既是娜夜个人的，同时又是人类共同面临的永久困境：隐秘的激情、爱的短促、破碎的断续的意念、注定会消失的微弱的快乐、个体的渺小与困惑、死亡、病痛、时间的流逝。她在诗歌中寻找到了一种不可替代的只属于她自己的语调，在表达上自然、放松、舒展、柔软、节制、含蓄、真切，注重直觉，于轻触微温之中让人感受到一个女人的心跳和脉搏。她的许多诗篇在敢于正视人的自身的局限性的同时，还进一步折射出这样的含义："美的短暂性会提高美的价值。"基于"诗如其人，人本决定文本"的理念，谨将2011年度"天问诗人奖"授予诗人娜夜。

2013年第一朗读者授奖词

几十年来娜夜的诗歌一直持有精简主义的立场，迷人而自持的抒写力量及绵里藏针的精神诉求。她往往于日常细微处挑动精神的波澜。时间的法度、世事的流水和内心的潮汐一起在诗行中翻卷腾息。她冷静、节制和简约的语言方式，现实性和寓言感交织的画面感以及身体性修辞尤为独特。可贵的是她对女性精神的成长抒写没有蹈入封闭式的阁楼写作，而是将女性经验的个体意识与反复的现实场域以及遥远的历史性场景融合在一起。她以谦卑、敬畏和宽怀之心站在低处发出祈祷和疑问，其诗歌地貌看似平缓冷郁实则静水深流暗含炽热，她一团悲悯的火焰在时间之水和世俗之暗中烈烈烛照。鉴于娜夜多年来的写作成就，经评委会决定授予娜夜“第一朗读者·诗歌成就奖”。

2014年《十月》文学奖颁奖词

娜夜的《诗人之心》写得凝神、深入而宽阔，看似信手拈来的简短句子，却饱含诗人的匠心，张力十足，有着当下汉语诗歌少有的内在硬度和刀砍斧劈般的力量，这里有手艺的磨砺，更有写作者对世事人心的洞悉，对自我的逼问和坦诚剖白。

与诗有关

娜 夜

诗人，再次获得了无用和贫穷……

一首诗能干什么？成为谎言本身？

我的写作从来只遵从我的内心，如果它正好契合了什么，那就是天意。

一个作家的意义就在于他提供了某种语言。语言是表达者的精神气象和精神质量。但习惯，是须要警惕的。

对于一个民族，在孩子们的课本里选编一些真正意义上的好诗，比评诗歌奖更重要。

灵感和高潮一样不能持久，接下来是技艺。

纸和笔，陡峭的内心与玻璃上的霜……回答的勇气——只有这些时刻才是有价值的。

诗人的精神空虚感是绝对必要的。

“我们是诗人——和贱民们押韵”——茨维塔耶娃在她的时代。惊人地相似。

人类的视野，当然不是抱着地球仪写作的结果。

我希望我的写作，在敢于正视人的自身的局限性的同时，还进一步折射出这样的诗歌美学:“美的短暂性会提高美的价值。”

把诗写得花里胡哨并不难,难的是相反。

一首好诗绝不可能是修辞术的结果。

有时候,诗人的绝望不仅仅来自写作本身,还可能来自一本正在进行的自选集。你写的时间越长,就越是发现可挑选的好诗越少。某个秋天的下午,呆坐在书房里的你,甚至已经没有勇气继续完成一本叫《娜夜诗选》的自选集。

那些从来为自己叫好的诗人,他们的力量是从哪里来的呢?

在忠实于自己的内心和过分强调诗歌的社会功能(比如启蒙、呼吁、批判、担当、揭露、反叛、悲悯等)之间,优秀的诗人更多地出自前一种。

在人类的灾难面前,我允许自己失语。就我个人而言,那样的时刻,眼泪比写诗更诚实!

诗无论参与了什么,都不能因此降低艺术水准。否则,就是对诗的伤害和利用。

我怀疑那些时刻准备用诗歌表态发言的诗人。那些消费苦难的伪命题。

爱情就本质而言,就是无穷对有穷的一种态度。在这个意义上,我们不妨把爱情诗看作人与世界关系的一种隐喻式书写。一个从未写过爱情诗的诗人是不可思议的。他的生命是干枯的,至少不够丰盈。

必须减去多余的脂肪、赘肉、表达的双下巴——仿佛美的:人体。必须懂得节制的力量——这仅仅是技术?但,并不容易。

写你的命运给你的——这多么重要!

知道你写的每一个字在干什么——这是诗的魅力。

糟糕的是,这个时代,人们已经不再认真阅读了。或者只以一种方式阅读:评奖的方式。诺贝尔文学奖或者一种尚未诞生的什么什么奖。

木匠的根本是桌椅板凳,而非满地蓬松好看的刨花。所以,写作是一件事,获奖是另一件事。

在公共生活中做一个有精神光芒和道德底线高拔的人,比写一首诗更重要。

(2014年4月《诗刊》原发)

《兰州晨报》雷媛访谈

（2014-6-18）

记者：几天前，在微信看到了被称得上疯狂转发的你的诗作——《想兰州》，这一次有幸，又在《娜夜的诗》这个集子里读到了此诗。此诗作是你在什么时候又是在怎样的心境之下写的？

娜夜：这些年，移居成了我生活的关键词，也当然地作用了我的诗歌。从兰州到西安，西安又到重庆，一种漂泊感使我的写作从内心生活转向更广阔的世间事物。我的诗句也随着我的脚步，在大地上移动起来。离开甘肃之后我才开始真正意义上的写大西北：《大于诗的事物》《向西》《移居长安》《移居重庆》《时间的叙事》《想兰州》等作品里都传达出这样一种诗人的情怀："当我离开，这世界多了一个孤儿。"是的，我想念我生活了四十年的大西北，想念高原之上那搬动着巨石般大块云朵的天空。烘烤着敦煌的太阳，我想念它的贫瘠，我想念它的荒凉！

《想兰州》写于大雾弥漫的重庆：

陪都　借你一段历史问候阳飏人邻
重庆　借你一程风雨问候古马叶舟
阿信　你在甘南还好吗？

谁在大雾中面朝故乡
谁就披着闪电越走越慢　老泪纵横

记者：认识你很久了，可是似乎是第一次采访你，看到简历中的介绍，你从1985年开始诗歌创作，20世纪80年代，那似乎是诗歌的狂热时期，人人写诗，所以，很想知道，你是因为什么而开始了你的诗歌创作？

娜夜：20世纪80年代中期，到现在，我已经写了很长时间了。还在继续写！而且只写诗歌。

记者：在诗人雷平阳的眼中，同学的你安静，独立，不合群，但很包容。这是你吗？

娜夜：是不是都不重要。生命的个体都是有差异的。尊重差异是人类进步和文明的标志！与自己和谐就好——这很重要！

安静、独立思考与必要的精神空虚感,应该是诗人的常态。

记者:有观点说:“甘肃文学八骏”(这里特别指小说和诗歌八骏)也正是新时期甘肃文学发展的一个缩影。简单谈谈你对此的看法。

娜夜:这个平台的搭建,使得甘肃文学力量握成了一个拳头,很有力!在几乎没有话语权,远离中心的偏远地带,它像一个符号,提醒文坛必要的关注和阅读,很必要!

记者:最后,捎带谈一下你眼中的甘肃诗歌吧。

娜夜:甘肃的诗歌生态非常好,老中青三代诗人中各个时期都有在国内诗坛具有一定影响力的诗人。这样的气场对每个诗人的写作都有益。我们的好诗人太多了,而且每个人的写作都有其独特的艺术风格。一个作家的意义就在于他提供了某种语言方式。也写得刻苦,纯粹。这是那片贫瘠的土地对它的诗人深情的馈赠。

娜夜专访

娜夜　任绪军　张蕊

访谈时间:2014年6月22日

访谈方式:邮件

娜夜,女,满族,1964年11月生于辽宁兴城,在大西北成长,毕业于南京大学中文系。曾长期从事新闻媒体工作,现为甘肃省文学院专业作家。20世纪80年代中期开始了诗歌创作,已出版诗集七部:《回味爱情》(北方文艺出版社,1991年)、《冰唇》(百花文艺出版社,1995年)、《娜夜诗选》(甘肃文化出版社,2003年)、《娜夜的诗》(读者集团·敦煌文艺出版社,2009年)、《起风了》(诗歌EMS周刊,2011年)和《睡前书》(中国对外翻译出版公司,2013年)。《娜夜的诗》(甘肃文化出版社,2014年)

1997年,她参加了第十四届“青春诗会”。她曾获第三届鲁迅文学奖(2005年)、新世纪十佳青年女诗人称号(2006年)、人民文学奖(2007年)、中国当代杰出民族诗人诗歌奖(2010年)、天问诗人奖(2011年)和《民族文学》年度奖(2012年),还是甘肃省第三、四、五届优秀文学作品(诗歌)奖得主。2013年底,娜夜由西安移居重庆。

第三届鲁迅文学奖评委会在给娜夜的评语中说道：中国女性诗歌经过了20世纪80年代的滥觞期，进入了20世纪90年代至今的涌流阶段，诗坛出现了许多思想和艺术表现力双映生辉的女性诗人。娜夜就是其中引人注目的代表之一。《娜夜诗选》汇集了诗人近年创作的精品一百四十余首，这些诗有着浓郁的个性生命体验，并由此折射相互开阔的生存现实。诗人以女性的细腻感受，写出了日常生活中本真的人性、情感的欣悦和纠葛，吟述了生命和生存的挚爱。在诗歌语言上，娜夜采用的是异质融会的方式。她的一些诗，在轻逸中含有内在的沉实。既有口语的自然腴润，也不乏精敏的深层意象或隐喻。诗人将不同的语型和谐地融为一体，以保持诗歌语境恰当的张力，体现了她较高的综合创造力。

在此，不得不提的一点是，虽然相关论者已对娜夜诗歌做出了较为细致、翔实的考察和批评，但诗人自己，除了创作，很少谈论诗歌，特别是对自己的诗歌，她谈得尤为地少。在这种情况下，要想就诗人和她的诗作展开一次较为深入的访谈，对采访者和受访者双方而言，都将是一个不小的挑战，但同时，这挑战也可能意味着一个不小的机遇。因此之故，我们认为从诗歌本身做更多的切入可能会是更为适宜的方法。事实上，娜夜的诗歌也正是其"诗观"或"批评与自我批评"的一种呈现。

记者：娜夜老师，您好。我们从能够收集到的关于您的一些个人资料中了解到，您很小的时候便随父母去到了大西北，在那儿长大，又在南京完成大学学业，后来从兰州移居西安，现在则来到了大西南的重镇重庆。由东而西，自北至南，就地域范围而言，这几乎就是对"中国"这个概念的一种实践。这种实践于您的读者而言，可能是一个颇为有趣的话题。那么，首先，可否就您随父母一起去西北的经历（这在您的诗歌中似乎呈现得不多）具体地谈一谈（迁移的原因、历程及其他）？

娜夜：你们好！

大致看了一下你们的问题，很漫长，也很学术，对很少接受访谈的我，还需要一些耐心。

这些年，移居成了我生活的关键词。从兰州到西安，西安又到重庆。每次移动我都用一首诗告之朋友。《移居长安》（2008年）。《移居重庆》（2013年）。

随母亲移居大西北甘肃时我还太小，能记得的就是火车像个大摇篮，它一直在晃动，我一直在睡觉。

大连铁道学院毕业的父亲，热血沸腾地选择了支援大西北建设。那是一代有着远大抱负和崇高理想的知识分子。他和我毕业于沈阳师范学校的母亲在荒凉的西北高原，先后成了各类政治运动“运动”的对象。抱负被扔在地上，理想逃回了词典，是那一代知识分子共同的命运。

现在他们都是七十多岁的老人了，白发苍苍，依然生活在大西北。

记者：诸多论者关于您诗歌里“地域”这一母题的批评，明显存在着一些悖论性质的表述。沈苇在《低于草木的姿态》一文中认为，“在背景恢宏的大西北，娜夜对地域性主题没有太大的兴趣和太多的迷恋……当然娜夜也有她的‘地域性’——心灵的地理学”。沈奇在《这里的风不是那里的风——娜夜诗歌散论》一文中写道：“作为‘西部诗人’，娜夜的诗歌写作，从一开始，便自觉摆脱了传统主流‘西部诗歌’的浮泛模式……‘西部’在娜夜的‘诗歌词典’中……是有关生存意识、生命意识、自然意识及审美意识的特别所在……”而路也的文章干脆就以“娜夜，甘肃的反义词”为题，她认为你的诗里“几乎看不出任何‘西部’特征，即使在那些直接写到西部的诗篇里，也看不到多少苍茫和粗犷……娜夜是湿润的、轻盈的、温情的、柔软的和隐秘的，这跟那个叫甘肃的地方的干燥、滞重、寒冷、苍劲与空旷正好形成了明显的对比”。傅元峰则在《隐在的“西部”：娜夜诗论》一文中将您归类为“隐性的西部诗人”。对此，您自己怎么看？您认可“西部诗人”这样的定位吗？可否结合您的诗歌创作来谈一谈？

娜夜：沈苇的心灵地理学很新鲜。路也很干脆：“娜夜，甘肃的反义词”。

诗人大都对定位和归类没什么兴趣，也无所谓。何谓“西部”？何为“西部诗歌”？何谓真正的“西部诗学”？这些人云亦云大家都常挂在嘴上说习惯了的词，其实就其学理性命名而言，实在太多混乱和歧义。

离开甘肃之后，我才开始写那片土地。《大于诗的事物》《向西》《移居长安》《时间的叙事》《移居重庆》《想兰州》《1973年》等作品里都传达出这样一种情怀：“当我离开，这世界多了一个孤儿。”是的，我想念我生活了四十年的大西北，想念高原之上那搬动着巨石般大块云朵的天空，烘烤着敦煌的太阳。

我想念它的贫瘠，我想念它的荒凉!

记者：路也的批评指出，“大约是由于”您“诗中体现出来的对于女性身份的强烈认同大大地压过了这种地域的特征，即便有着些许西部痕迹，也已被置换和掩盖掉了”。她似乎更多地将您和您的诗作与“江南”关联了起来。您自己就写过一首题为“江南”的诗,您那张倚着树干的照片也无不散发着江南女子的恬静温柔气息,而您在一篇题为“慈溪:南方以远的喜乐之地”的文章中也写道:“我喜欢雨水,喜欢草木,喜欢空气温润,喜欢这个与海平面接近的高度,喜欢南方。我一直以为,在中国的南方,尤其是在江南,在中国的古典传统里,才应该能有这样的生命体验。在那里,我们的日日夜夜以及贫穷富足,才更与上帝和所有人的相等。那是生命的一种平衡。”但《睡前书》封面上的诗句却是:我最好的诗篇都来自冬天的北方。可否就北与南这个话题再谈一谈?

娜夜:矛盾是生命最真实的状态!我性情的内核是北方的。

记者:除了“地域”这个话题,您的批评者似乎对“民族”的话题也表现出了特别的兴趣。王珂在《体验爱情自然率真:论满族女诗人娜夜的抒情艺术》一文中写道:“娜夜的诗几乎没有流露出丝毫满族女子特有的火辣辣的爱的民族品格。读者和研究者也很难从诗歌文本中发现娜夜的民族性,不敢相信她是满族诗人。”确实,我们在您的诗作中也没能找到“民族”的痕迹(至少在文本的表层无法找到)。而2010年,您获得了中国当代杰出民族诗人诗歌奖。您如何看待“少数民族诗人”这个称谓?更进一步的问题是,您如何回应诗作中缺乏民族性的批评?另外,可否聊一聊您所认知的满族及满族文学?

娜夜:民族性是个大问题,我是小诗人,力不从心。

只认识几个满文的我,对不起我的满族血统。起了个满族姓氏的笔名也不彻底。

记者:我们在您的诗歌中频频读到某种宗教意绪,但它显得较为驳杂,并不是某种固定的宗教情结的表达,佛教、基督教等宗教的词汇和意象杂糅在您处理日常生活的诗作之中,比如《大悲咒》《喜悦》和《飞雪下的教堂》。您有确定的宗教信仰吗?可否将您诗作中的宗教意绪理解为一种泛宗教情结?这种泛宗教情结在您的生活和创作中扮演着怎样的角色?

娜夜:我还在寻找或者等待,冥冥之中我相信自己会受到引领。

这些年,宗教问题在诗人访谈中很流行。但总比流行各种“主义”好。

记者:慕芳在《并非“补充”与“界限”,只是“生命”与“生存”:浅论娜夜的诗》一文中将新时期以来的女性诗歌创作划分为三个阶段:第一阶段始于20世纪70年代末,以舒婷《致橡树》一诗为代表,“唤醒了‘文革’中长期处于封闭的和无性别的女性诗歌世界”,但“缺乏鲜明的女性觉醒意识”;第二阶段始于1985年左右，以翟永明、伊蕾、唐亚平等诗人的创作为代表，“她们在创作上强调女性意识的觉醒，强调建立属于女性的独特的话语和意象系统”；第三阶段则始于20世纪90年代，“女人的意识逐渐进入自我觉醒的时代”，“由女性诗歌进入女人诗歌的书写”，她认为您是此类诗人的代表。您自己如何看待这样的分期和归类？同样作为女性诗人，您的创作是否受到过舒婷、翟永明她们的影响？另外，可否谈一谈您是如何在20世纪80年代中期走上诗歌创作之路的？

娜夜：很多概念化的标签是评论文体的需要，对写作本身没意义。20世纪80年代可以算是“诗歌的黄金时代”，那时候的诗人很兴奋。从80年代中期到现在，我已经写了很长时间了。还在继续写。而且只写诗歌。产量一直很低。

记者：翟永明1985年为她的组诗《女人》写了那篇著名的序言《黑夜的意识》。慕芳的批评指出：“从翟永明的‘黑夜意识’到娜夜的‘白天畅想’……所谓的‘黑夜意识’其实是女性意识觉醒的代称。……所谓‘白天畅想’，是一种与翟永明的‘黑夜意识’相对的，表现当下社会中女人的生活、感情、生命和生存体验的，并非重在揭示或暴露女人的悲苦命运，强调女性的觉醒，而仅仅是表现一种女人的‘状态’，整体色调比较明亮的，充满生机的一类诗歌。”对此，您自己怎么看？另外，您如何看待您的短诗《独白》中的“女人”与翟永明笔下的“女人”的区别？

娜夜：黑夜意识……白天畅想，画出一条分界线，有那么绝对吗？

记者：基于以上的问题，我们发现，附着在您和您的诗歌创作之上的身份是较为复杂的，至少包括地域、民族、宗教和性别四个向度。翟永明曾说过：“我喜欢从日常经验中提取我需要的成分，对此我也不介意人们用看自传的眼光来看我的诗，我相信每个作家的作品中都或多或少隐藏着他们自己的自传线索。”有时，我们在阅读您的诗作时，也隐约感受到了那些自传的因素，有时甚至将您的现实身份与诗歌身份相混淆。您自己如何处理现实身份和诗歌身份的关系问题？

娜夜：我写我的命运给我的——这对我很重要！

记者：批评界指出，20世纪90年代以降的诗坛进入了“个人化”写作的局面（当然，事实上，“圈子化”写作的现象并未因此减少）。您给读者的印象是沉默寡言，在喧嚣的诗坛（往往都是诗坛内部的派系纷争，或者是与外部的泛娱乐化互动)寂静地创作,您自己曾写到过:只写诗不说话。您如何看待“个人化”写作的问题?更进一步的问题是,您是否有处理日常生活题材的秘诀?

娜夜:“个人化”写作的问题讨论得太多了,我没什么新见解。其实也简单:个人的写好了就是世界的。

我们的诗歌并不缺乏呈现日常生活的能力,但我们缺乏呈现生活真相的勇气。我们也在用诗歌说谎。

记者:您的第一部诗集《回味爱情》出版以来,批评界普遍将您划归为“爱情诗人”。但也有不同的看法,路也就认为您“在诗里面所写的暧昧和隐秘都远比‘爱情’本身更复杂也更含混”,慕芳也认为将您的诗“定位为爱情诗并不准确,因为爱情不是娜夜诗书写的全部,而情又并不意味着专指爱情”,李南在《只写诗不说话》一文中引用圣-琼·佩斯的话说:“诗歌不允许艺术和生活隔绝、爱情和认识的分离……爱是它的源泉……”可否将您诗歌中的“爱情”理解为一种隐喻式的书写?您自己怎么看?

娜夜:放下归类问题,爱情并不比真理渺小。一个从未写过爱情诗的诗人是不可思议的。这个问题之前我谈过多次了。不再重复。

记者:我们阅读了您近年的几部诗选集,发现其中几乎未收第一部诗集中的任何诗作,有少作之悔意吗?或者是别的原因促使您舍弃了早期的诗作?您如何评价自己早期的创作?

娜夜:西班牙诗人洛尔迦有一首诗《哑孩子寻找自己的声音》。其实,每个诗人都是一个寻找自己声音的哑孩子。早期的作品应该是没找到自己的声音吧。

记者:全面阅读您的诗作时,我们还觉察到一种挥之不去的重复感,有时是诗句的重复,有时则是主题的重复,更多的重复是诗歌语言的形式和由此传达出来的某种可称为“诗意”的东西,较少变奏。您会经常回过头去阅读自己已写下的诗歌吗?有没有类似的重复之感?另外,您也写过一些明显的应景之作,如《在江油(二首)》《四明山诗章(三首)》,您如何创作这样的诗,又如何处理它们?

娜夜:谢谢你们的坦诚。批评家本应以批评为主。

每个诗人都有自己的局限和需要解决的问题。我对自己的写作从未充满信心。

只要写,它就是我的作品,没有应景之说。你有应景之感只能说我没写好。

记者:您在《我写〈墓园的雪〉》一文中提到过一位“临终前想吃一块黑糖球却没有实现的慈祥老人”。这颗黑糖球又出现在《生活》一诗中。可否为我们细讲下这颗黑糖球的故事?这颗黑糖球就象征或隐喻意义而言在您的生活和创作中扮演了怎样的角色?

娜夜:《生活》写于1997年。我把诗歌粘贴在这里,读者更好理解。

生活
我珍爱过你
像小时候珍爱一颗黑糖球
舔一口
马上用糖纸包上
再舔一口
舔得越来越慢
包得越来越快
现在只剩下我和糖纸了
我必须忍住:忧伤

记者:您的诗歌中经常涉及灵与肉、轻与重的主题,这是否受到昆德拉和聂鲁达的影响?可否具体谈一谈?

娜夜:不知道昆德拉和聂鲁达的人,就不知道灵与肉、轻与重吗?任何事物都会作用于你的写作,并非只有大师们。乞丐和小丑同样给你词语。

作为诗人我当然喜欢聂鲁达。那几年昆德拉的书我都看,但没喜欢他。

记者:“时间”和“记忆”是文学作品中经常出现的一组相互关联的主题,在您的诗作中亦是如此。您如何处理这两个主题?可否结合相关的诗作具体谈一谈?

娜夜:我对时间敏感。或者说幻灭感。我的很多作品都表达出这种情绪。

记者:姜庆乙在《汉语的白银黄金:简论娜夜的诗》一文中提到您喜爱古典音乐,尤其喜欢巴赫、勃拉姆斯和约翰·列侬,您在自己的诗歌中也曾写到过。可否谈谈音乐对您诗歌创作的影响?

娜夜:我八岁起开始学习小提琴。母亲希望我能考上音乐学院。四十岁那年,母亲送我的生日礼物是一架钢琴。用功练过一阵,移居西安后就停了。

我在乎一首诗的韵律。一首好诗，它内在的节奏一定被控制得恰到好处。

记者：您写过一些关于“母亲”的诗，如《母亲》《重复》《陪母亲散步》和《母亲的阅读》，但我们在您的诗中几乎没有发现父亲的影子，这是有原因的吗？尹丽川也写过一首《妈妈》，您是否读过？母女关系问题也是文学批评中常常涉及的话题，您怎么看？

娜夜：这个问题好。是啊，什么原因呢？大学时期就写古体诗的父亲，读我的诗，但他从未问过我这个问题。他会把我写给母亲的诗，誊写在宣纸上。父亲的毛体草书如行云流水。

记者：紧接着前一个问题：傅元峰在《隐在的“西部”：娜夜诗论》一文中认为您的诗歌存在着“无所不在”“泛滥成灾”的“母性”/“母怀”（《幻象》一诗中便有这样的句子：细小的皱纹里那柔软而宁静的母性之光），您自己怎么看？您写过一些关于孩子的诗，如《日记》《孤儿院》和《手语》，但您在《云南的黄昏》一诗中写到过两个不是母亲的女人，“没有孩子使我们得以完整”，而您在《死亡也不能使痛苦飞离肉体》一诗里重复着一个诗句，“我还欠自己一个称谓：母亲”，这个诗句在《阳光照旧了世界》一诗里则变成了“注定欠自己一个称谓：母亲！”，这之间存在着某种观念或情感的悖论吗？您如何定位“母亲”这个角色？

娜夜：定位母亲，你觉得这样的问题有意义吗？

记者：我们发现您的诗歌较少直接涉及政治主题（《赫塔·穆勒》《革命或〈动物农庄〉》和《广场上》等诗有过间接涉及）。就诗歌创作而言，您有确定的政治意识吗？有人说，无政治也是一种政治，您怎么看？

娜夜：在写一首具体的诗歌时，当然确定。但也不必强调成：“写一首诗就是信仰的一次行动”（米沃什语）。诗歌涉及政治和涉及狗尾巴草一样自然，我反感涉及一点政治，就自喻真理的诗人，朗诵的时候就可以振臂高呼。当然，这是一个世界性的现象。

用诗歌从事政治就更无聊。

记者：“关于诗歌与公共生活的讨论”，您曾说过，“让愿意参与公众生活的诗人积极地参与，不参与的也不是罪过”。您还说过，“在人类的灾难面前，我允许自己失语。就我个人而言，那样的时刻，眼泪比写诗更诚实”。在接受《西安晚报》的一次采访中，您曾就汶川地震后的诗歌潮发表过这样的看法：

“展现了群众诗人的力量，不管诗歌质量怎样，但体现了诗歌在这个时代依然有着强大的生命力。诗歌再次让我们感受到它原始的力量，它是人们表达原始感情最直接的一个宣泄口，在一个快节奏的时代，当一些大的事件降临时，诗歌是必不可少的。”我们也注意到，在“5·12”汶川大地震之后，您似乎并没有参与到地震诗歌创作热潮之中，两首以日期命名的诗歌（《2008年5月19日》和《2008年11月19日》）都是在写私人经验。在您的创作中，“忠实于自己的内心和过分强调诗歌的社会功能”是否构成矛盾？您如何处理这对矛盾？

娜夜：“展现群众的力量……”我不会这样说话。

对我个人来说，一首诗它后来还具有了某些社会功能，那是天意。或者叫意外。

记者：您曾说过“自然”是“人类最好的教堂”。“自然”作为您诗歌的一大主题，是否与您都市生活经验的诗歌构成冲突？您如何看待二者之间的关系？

娜夜：矛盾、冲突、关系，这些论文式的问题太累人！这么热的天，我就要失去耐心了。

记者：“忧伤”和“幸福”是您诗歌中的高频词，可否就这两个词在您整个创作中的重要性和向度谈一谈？

娜夜：诗歌中的每个词都很重要！

幸福和忧伤，或者貌似幸福和貌似忧伤，是生命的常态，无所谓重要性。

记者：您很少谈论诗歌，但您的一些诗作本身就是论诗的，如《技术》。您也将一些论诗的句子汇集过（如《诗刊·视点》2014年4月上半月刊），但仍显碎片化。在此，可否系统谈一谈您对诗歌的看法？“诗观”这个词是不是很荒谬？

娜夜：没错，我很少空谈诗歌，只对具体的文本发生兴趣。

诗观的荒谬感直接来源于一些诗人的诗观，和自己的创作基本没什么关系。越怕自己没文化，诗观越扑朔迷离，甚至完全与自己的写作相悖。所以，大多时候“诗观”像个跟在简介后面的怪物。

记者：我们观看了您的一次讲座视频，您说：“长诗，阅读期待准备很足，但越读，越远离我们的阅读期待，但短诗可以做到，它的瞬间的爆发力可以提供给我们这些东西。”您自己尝试过长诗创作吗？可否于此再细谈下您对长诗与短诗的看法？

娜夜：中学时代我跳远得过学校运动会冠军。我的六十米短跑成绩也不错。在跑道上，距离越长我的成绩越差。我从未跑过马拉松。写诗，我也一样。我最长的诗也就三十多行。

短跑最后的冲刺有飞翔之美。马拉松是筋疲力尽。

记者：在《移居长安》一诗中，您如此写道："有一阵阵微风吹着我2008年突然的白发/我停止写作的理由。"您将近三十年的诗歌创作生涯，是否有过中断？您遭遇过瓶颈问题吗？您又是如何处理的？

娜夜：你们为访谈做了许多案头工作。

记者：姜庆乙在《汉语的白银黄金：简论娜夜的诗》一文中说您受到过俄罗斯文学和托马斯·特朗斯特罗姆诗歌的影响，您自己也写过一首题为"白银时代"的诗，还曾在其他诗歌里提及了茨维塔耶娃等诗人。可否在此为我们系统谈一谈影响了您创作的那些同行，国内的或国外的，异时代的或同时代的？

娜夜：谢谢庆乙！他是盲人，我刚给他递走我的新诗集《睡前书》。我在扉页上写了两句话：看不见又有什么关系，你的诗在替你看见。

2013年5月的一天，庆乙发来了近一万字的《汉语的白银黄金：简论娜夜的诗》，我眼眶潮湿了！他要先靠母亲朗读，然后自己把它抄写成盲文。它用盲文写就，再读出来，让家人帮他在电脑上打字。再次感谢庆乙！

向影响过我写作的那些人和书致敬！

记者：您如何看待布鲁姆"影响的焦虑"说？在您的创作中，是否有过这样的焦虑？您如何处理？

娜夜：一个观点而已。我相信布鲁姆自己也不会认为这一说多么了不起。是我们自己把焦虑的影响放大了。

记者：您一再谈到过诗歌教育方面的问题，可否于此再详细谈一谈？另外，您如何看待诗歌创作、阅读和批评的现状？

娜夜：你们问我的这些问题很像在培养一个评论家。呵呵。

还是那句话：在孩子们的课本里选编一些真正意义上的诗歌，比诗歌评奖更重要。

你们大学里有开诗歌课吗？是否也被删除了？你们将来再开起来吧。但是，诗，可以教吗？

记者：布罗茨基提出过一份他自己的"诗歌地图"——那是在谈他的诗歌阅读经验。您如何在诗歌地图上给自己定位？另外，如果必须选一首您最钟爱的自己的诗,您会选哪一首?理由是什么?

娜夜:定位之类的就算了吧!

你读过布罗茨基的《少于一》吗?我推荐给你,比他的诗歌好看。还有一本《三诗人书简》,刘文飞翻译的。是三个诗人之间肝胆相照的情书,也是一部讨论诗学之书,那些感性的文字,对你们将来从事诗歌批评有益。

记者:您接下来有没有新的创作计划?除了诗歌之外,是否会尝试其他文体的创作?

娜夜:我不计划。计划的都写不好。命题也不行。我是混沌迷糊出诗歌,越清楚明白越不行。

目前还没想过尝试其他文体。

记者:2008年,您写了《移居长安》一诗;去年,您又写了《移居重庆》一诗。在后一首诗里,您反复写道:“越来越远。”这种“远”是相对于什么而言?地理的,还是心灵的?(似乎又回到最开始的问题了)您心目中最理想的地域是哪儿?为何?

娜夜:是的,越来越远……一切!

记者:最后,可否谈一谈您所认知的重庆诗坛(重庆诗人、诗歌和诗歌评论)?

娜夜:重庆的诗歌生态好。老中青诗人各个阶段都有很优秀的诗人。这种良性气场对每个诗人都有益。重庆诗人比甘肃诗人会玩乐。

问候吕进先生!

2014:《新女报》访谈

记者:您目前的称谓,官方的以及民间的,这个要写入人物档案中。

娜夜:娜夜,中国作协全委会委员,甘肃省文联副主席,甘肃省作协副主席,甘肃省文学院专业作家。

记者:请回顾一下小时候的生活环境,出生在什么地方,在哪里长大,在哪里上学?父母给予的爱的方式和教育方法,在哪些方面深刻影响了你的成长?试用举例子的方法来说明,会比较细腻。

娜夜:我在辽宁兴城出生,在大西北甘肃成长。打出甘肃这两个字的时候,我的心就软了。我想念高原之上搬动着巨石般大块云朵的天空,强烈的紫外光，烘烤着敦煌的太阳，也烘烤着辽阔的贫瘠与荒凉。我想念它的贫瘠！我想念它的荒凉！

我想念生活在那里的父母！当年他们风华正茂，大连铁道学院毕业的父亲，热血沸腾地选择了支援大西北建设。那是一代有着远大抱负和崇高理想的知识分子。他和我毕业于师范的母亲在荒凉的西北高原，先后成了各类政治运动"运动"的对象。抱负被扔在地上，理想逃回了词典，是那一代知识分子共同的命运。

现在他们都是七十多岁的老人了，白发苍苍，依然生活在西北高原。

随母亲从辽宁兴城移居大西北甘肃时我还太小，能记得的就是火车像个大摇篮，它一直在晃动，我一直在睡觉。

记者：小时候到大学期间，你的爱好是什么？为了自己的爱好你都做过些什么尝试和努力？取得了什么样的成果？

娜夜：我一直在母亲任教的学校上学，直到高中毕业。我和姐姐一年级就都有学校图书馆借书证了。小学时，每天放学就在图书馆里翻画报和小人书等母亲下班一起回家。知识分子家庭里的孩子得到的教育大于爱，或者说他们爱的方式不同。

我八岁时开始拜师拉小提琴。以考文工团为目标上课训练多年。后来右派老师平反回北京，我也就放下提琴参加高考了。我现在诗歌中内在的节奏，甚至表达方式也得益于早年的音乐学习。我四十岁那年，母亲送我的生日礼物是一架钢琴。用功练过一阵，移居重庆后就停止了。

记者：青年时期，理想是什么？那时候的现实情况怎样？理想与现实的冲突是怎样解决的？

娜夜：当作曲家是我青春期的理想。不是诗人。没考上音乐学院这个理想自然就破灭了。

记者：说说你的工作吧，从一开始到现在，都在什么地方工作过？最喜欢哪一段工作经历？带给你什么样的职场体验？

娜夜：我一直在报社做副刊编辑。《兰州青年报》社，《兰州晚报》社，《西安晚报》社。相对于新闻，副刊很安静。我有大量的时间去阅读，写作。

记者：工作上最大的收获是什么？可以给"90后"们分享的职场智慧有哪些？

娜夜：在《兰州晚报》社时，有一天早上报社开会。我进大门时看见那么多的报纸在向外运,送报人喊叫着把当天的报纸送向千家万户。我惶恐地退到一个角落,不敢往里进。我在想,我个人编辑的版面,将被几十万读者阅读,这么多年,我编辑的文字带给他们什么样的人生?扪心自问,我热泪汹涌……那天之后,我在电脑屏幕的右上角贴了一张这样的纸条:责任!纸条不大,字很小。但我能看清。我必须提醒我自己,当我开始编辑,我面对的不是一台电脑,而是这个城市的几十万读者的心灵和精神。

记者:接下去的工作计划是什么?

娜夜:这些年,移居成了我生活的关键词。从兰州到西安,西安又重庆,一种漂泊感使我的写作从内心生活转向更广阔的世间事物。离开甘肃之后我才开始真正意义上的写大西北:《大于诗的事物》《向西》《移居长安》《移居重庆》《时间的叙事》《想兰州》等作品里都传达出这样一种诗人的情怀:"当我离开,这世界多了一个孤儿。""谁在大雾中面朝故乡,谁就披着闪电越走越慢,老泪纵横"。

记者:阅读了您近年的几部诗选集,发现其中几乎未收第一部诗集中的任何诗作,有悔少作之意吗?或者是别的原因促使您舍弃了早期的诗作?

娜夜:西班牙诗人洛尔迦有一首诗——《哑孩子寻找自己的声音》。其实,每个诗人都是一个寻找自己声音的哑孩子。早期的作品应该是没找到自己的声音吧。

记者:您的诗歌中经常涉及灵与肉、轻与重的主题,这是否受到昆德拉和聂鲁达的影响?

娜夜:不知道昆德拉和聂鲁达的人,就不知道灵与肉,轻与重吗?任何事物都会作用于你的写作,并非只有大师们。乞丐和小丑同样给你词语。

作为诗人我当然喜欢聂鲁达。昆德拉也不错。

娜夜:您写过一些关于"母亲"的诗,如《母亲》《重复》《陪母亲散步》和《母亲的阅读》,但我们在您的诗中几乎没有发现父亲的影子,这是有原因的吗?

娜夜:是啊,什么原因呢?大学时期就写古体诗的父亲,读我的诗,但他从未问过我这个问题。他会把我写给母亲的诗,誊写在宣纸上。父亲的毛体草书如行云流水。

记者:您的诗歌较少直接涉及政治主题(《赫塔·穆勒》《革命或〈动物农庄〉》和《广场上》等诗有过间接涉及)。就诗歌创作而言,您有确定的政治意识吗?

娜夜:在写一首具体的诗歌时,当然确定。但也不必强调成:“写一首诗就是信仰的一次行动”(米沃什语)。诗歌涉及政治和涉及狗尾巴草一样自然,我反感涉及一点政治,就自喻真理的诗人,朗诵的时候就可以振臂高呼。当然,这是一个世界性的现象。

记者:“忧伤”和“幸福”是您诗歌中的高频词,可否就这两个词在您整个创作中的重要性和向度谈一谈?

娜夜:诗歌中的每个词都很重要!

幸福和忧伤,或者貌似幸福和貌似忧伤,是生命的常态,无所谓重要性。

记者:您很少谈论诗歌。在此,可否系统谈一谈您对诗歌的看法?“诗观”这个词是不是很荒谬?

娜夜:对,我很少空谈诗歌,只对具体的文本发生兴趣。

诗观的荒谬感直接来源于一些诗人的诗观,和自己的创作基本没什么关系。越怕自己没文化,诗观越扑朔迷离,甚至完全与自己的写作相悖。所以,大多时候“诗观”像个跟在简介后面的怪物。

记者:我们观看了您的一次讲座视频,您说:“长诗,阅读期待准备很足,但越读,越远离我们的阅读期待,但短诗可以做到,它的瞬间的爆发力可以提供给我们这些东西。”您自己尝试过长诗创作吗?可否于此再细谈下您对长诗与短诗的看法?

娜夜:中学时代我跳远得过学校运动会冠军。我的六十米短跑成绩也不错。在跑道上,距离越长我的成绩越差。我从未跑过马拉松。写诗,我也一样。我最长的诗也就三十多行。

短跑最后的冲刺有飞翔之美。马拉松是筋疲力尽。

记者:您一再谈到过诗歌教育方面的问题?

娜夜:还是那句话:在孩子们的课本里选编一些真正意义上的诗歌,比诗歌评奖更重要。

记者:最后,可否谈一谈您所认知的重庆诗坛?

娜夜:重庆的诗歌生态好。老中青诗人各个阶段都有很优秀的诗人。这种良性气场对每个诗人都有益。

记者:每一次灾难,都会诞生一批诗歌。你为“5·12”地震,“7·23”动车事件写过诗吗?怎样看待诗中的永恒和当下?

娜夜:没有。

也不为此低头羞愧。

在人类的灾难面前，我允许自己失语。就我个人而言，那样的时刻，眼泪比写诗更诚实！

第一次世界大战爆发当天，卡夫卡的日记只有这几个字："德国对俄宣战，下午游泳。"很正常。

太正常不过了！

我很怀疑那些时刻准备用诗歌表态发言的诗人。

我以为，诗无论参与了什么，都不能因此降低它的艺术水准，否则就是对诗的利用和伤害。

当下与永恒的话题，归评论家言说。诗人的任务是把诗写好。

记者：记得你曾经在一首诗中透彻地说出了爱情与孤独的关系，能把这首诗写出来。并为读者描述一下它的诞生过程吗？

娜夜：我写过很多与爱情有关的诗。我不知道你指的是不是这些句子："一场爱情解决不了我们的孤独""来吧——像酒到我的酒杯里来/来吧——我们交换寂寞""我的右脸已被麦芒划伤/请等一下/让我把我的左脸/朝向你""她看见了时间也不能看见的"。

关于爱，每个生命都有自己深情的诗句，诗人写在了纸上而已。

诞生过程是说来话长，似是而非，又让人半信半疑的东西。更何况，有时候，我们自己也未必十分清晰。

记者：作为一个当代有影响的诗人，你得过不少重要的诗歌奖项，你是更看重自己的文本呢，还是看重诗歌所给予你的荣誉？

娜夜：当然是文本。木匠的根本是桌椅板凳，而非满地蓬松好看的刨花。

对于一个作家，只有写作的时刻才是最有价值的时刻。

写作是一件事。获奖是另一件事。

记者：最近的《黄金时代》您看了吗？对萧红这样一个文学女青年，您是怎样看待的？

娜夜：我还没看。我喜欢萧红的作品胜过张爱玲。重庆人喜欢进电影院看电影，真好！

记者：和父母相处，有没有值得分享的经验？

娜夜：孝顺中的顺很重要。你想想看。我们往往是孝而不顺。呵呵。

记者：听吴老师介绍，您的穿衣风格很有自己的特色，波西米亚风和吉普赛风,我们很想得知您是怎样确立这种穿衣之道的,平时都喜欢怎么搭配?一般去什么地方买服装和饰品?我们的读者里也有喜欢这种风格的,可以推荐一些小店吗?淘宝店更好!

娜夜:呵呵,你们吴老师的穿戴就很有个人风格。重庆的女诗人很会穿衣服哦,每次在少数花园会上见到她们都个个赏心悦目。会穿衣服也是一种修养,一个人不从众的心理也会表现在她个性化的穿戴上。

我还没有真正融入重庆,酷热和深冬时我就回北方避暑或取暖了,来重庆这两年我还没去过几次服装商场,我还有点找不到北,慢慢熟悉吧。

淘宝才学会,只买了洗衣液之类的日用品。

记者:来重庆两年了,想听听您对重庆女性的态度,一位女诗人眼中的重庆女性,她们这个群体在您眼中是什么样?

娜夜:重庆女人有北方女人的爽直、热情、吃苦耐劳。她们皮肤细腻,身材好,看上去比实际年龄小得多。

周末的时候,我和先生经常开车去周边的古镇闲逛,看见山区的老人还会背很重的背篓,女人们手里总有活计。她们乐观,对陌生人友善,对自己的生活充满热情。

记者:对父母的爱,您说顺比孝更重要。比如,您觉得该怎么做才是顺?可以说说您和父母相处的例子。谢谢!

娜夜:无论信仰与生命阅历,人生经验,一代人有一代人的不同。任何试图纠正上一代人的行为都是行不通的。理解几乎成了爱的唯一方式,落实下来就是顺应吧。

昨天看《返老还童》,当年迈的黛西抱着返老还童成婴儿的本杰明感慨万千时,我也在想,我们人类生命的两端都需要一个怀抱,我们的父母,最终都老成了我们的孩子!

牛庆国的回信及提供的资料

尊敬的程老师：

您好！收到您的信，很感动，谢谢老师的关注与厚爱。我的文学理论功底不行，有些想法谈不好。现只把我个人的一些东西和一些概念性的看法发过来，算是交作业。

祝老师工作顺利，身体安康，一切如意！

牛庆国

问题一

牛庆国简介

牛庆国，男，1962年生于甘肃会宁，中国作家协会会员，现为《甘肃日报》主任编辑。先后在《诗刊》《星星》《飞天》《诗潮》《诗选刊》《人民文学》等刊物发表组诗作品。1999年参加诗刊社第十五届“青春诗会”。诗集《热爱的方式》入选中国作家协会、中华文学基金会“21世纪文学之星丛书”，由作家出版社出版。长诗《红旗　红旗　红旗》被列为中国作协2005年度重点扶持项目，由文化艺术出版社出版。曾获甘肃省第三、四、五届“敦煌文艺奖”和诗刊社第四届“华文青年诗人奖”、中国人口文化奖、中国新闻奖报纸副刊作品奖等奖项，有作品入选《大学语文》、中学生《青春读书课》和高职、中职语文《课外读本》，以及《诗刊五十周年诗选》《星星五十年诗选》《绿风十年诗选》《新世纪诗选》和诗刊社、中国作协创研部编选的年度诗选等数十种权威选本。2008年12月，获“首届甘肃省中青年德艺双馨文艺工作者”称号。

西部的，乡土的，现代的

吴思敬

近年来我读到的属于西部文学的作品，印象最深的，小说是雪漠的《大漠祭》，诗歌就是牛庆国的这部《热爱的方式》了。

西部诗歌如果仅仅描写西部的狂风、烈日、戈壁、荒沙，那还是比较皮相的。重要的是开掘西部人的心灵，揭示西部人的文化积淀，抒发西部人在传统生活方式与现代文明撞击中内心的隐痛。从这个意义上说，牛庆国的《热爱的方式》是一部相当出色的西部诗歌。诗人不是以外来者的姿态观察西部、评点西部，而是他的血液、骨髓里都是西部的，他的心灵世界是与西部融合在一起的，因此他的作品才能给人以强烈的情绪冲击，这部诗集也才能从众多的“21世纪文学之星丛书”参评作品中脱颖而出。

牛庆国写过一首题为《土豆》的诗，里面有这样的句子“揣一颗土豆上路／心窝里踏实／我写下的那些小诗／都是土豆粉嘟嘟的花哩”。这几行诗，似乎可以视作诗人对自己生活与创作道路的概括——“土豆”，埋藏在泥土之中，给人以生命的力量，可以看作诗人有关故乡的情绪记忆。“上路”，是对故乡的逃离，也是对新生活的寻觅。“土豆粉嘟嘟的花”，是诗人的作品，它植根于故乡的热土，又沐浴了外部世界的阳光雨露。几行诗，已勾勒出诗人情感发展的大致脉络。

牛庆国的故乡在甘肃会宁，这地方曾被左宗棠称之为“苦甲天下”。他的父兄全是农民，从小，农村的贫瘠、落后，已深深地烙印在他的记忆之中。所幸的是，父亲在他的几个孩子中，做出了让牛庆国读书的决定，两个妹妹为攒够他的学费而辍学。父亲的决定彻底改变了他的人生道路，使他有了文化，进了城市，萌生了现代意识，这才有可能站在新的高度，以新的视点来回顾、审视他的故乡，从而才会有新的发现。正如他本人所言：“关在笼子里的鸟是最幻想飞翔的鸟，而这鸟一旦飞出来，就会拼命往高远处飞，哪怕这笼子被称作‘故乡’。当这只‘鸟’栖息在远方一棵叫作城市的树上，喘着粗气，回望故乡时，心里涌起的那种东西就应该叫作‘诗’。”可以这样说，牛庆国的代表性作品，都是和故乡有关的，或者是故乡人生存状态的直接呈现，或者是以游子的身份对故乡的回望，不管是哪一种写作方式，都是故乡给了他灵感，给了他激情。他的诗中缭绕着一种挥之不去的故乡情结，弥漫着一种对故乡的深情与大爱。

沙漠的浩瀚无垠、山脉的沟壑纵横、黄土的平实厚重，这独特的西部景观可以让外地游人流连忘返；但是对一个西部人而言，这一切也伴随着贫瘠、落后和苦难。牛庆国作为一个生于斯、长于斯的西部诗人，不是从一个观光者的视角来猎奇，而是透过独特的西部风光，着重揭示了这种深重的苦难，表现了西部人面对这些苦难的痛苦、无奈与抗争。

造成西部地区贫瘠落后面貌的自然因素之一，是那里常年的苦旱缺水。在牛庆国的诗中，这成了他反复吟咏的题材："拔一棵小草／草尖上喊渴／草根上也喊渴"（《黄土腹地》）；"一滴水／就能把山一样的汉子／打个趔趄／你信不信／……攥住吊水的草绳／就是攥住／我细细的命哩／你信不信"（《水》）；甚至，到了海边，诗人想到的却依然是水"这么大的水／足够我的黄土高原／喝上一辈子了吧"（《在海边》）。在西部，水是人类生存的底线，自然也是诗人关注的焦点。这类作品中，写得最深沉的，当是那首《饮驴》。

人对生命的认识，对生存形式的选择，从根本上说就是一种生存哲学。《饮驴》在某种程度上便写出了西部农民的生存哲学。诗中毛驴的意象，是生活中的毛驴，同时亦可视作西北农民的写照。透过"饮驴"这一农村中常见的景象，把西部人缺水的苦难极为真切地表现出来了。但诗人并没有仅仅停留在对苦难的渲染上，而是重在对西部农民精神世界的开掘："生在个苦字上／你就得忍着点／忍住这一个个十年九旱"。全诗给人印象最深的便是这个"忍"字，这后面渗透了多少泪水、痛苦与无奈！面对生命的苦涩，尽管也想"仰天大吼"一声，但最终还是吞下了"满肚子的苦水"，"喝完了我们还去种田"。这既是对西部农民坚忍不拔精神的一种首肯，也是对他们逆来顺受、不思变革的一种批判。一首短诗，对人性中相伴而生的坚忍良善的一面与惰性守旧的一面能做出这样深刻的揭示，确是难能可贵的。

故乡的父老选择的是在祖祖辈辈长眠的黄土地上忍，然而诗人却不想再这样忍下去，面对苦难、忍耐与麻木，诗人选择的是逃离。他说："在那样的岁月，我总是梦见自己在逃跑，跑着跑着不是路忽然断了，就是跑到悬崖边上无处再跑了，或者被一双有力的大手狠狠地抓住，惊醒时还在不住地哆嗦，往往是一身冷汗。"在《崖》这首诗中，诗人真切地描述了这种感受："走着走着／路忽然立了起来／这就是崖／哆嗦的目光／已无处落脚／走还是不走／……而此刻头顶上／一只老鹰／已飞出一种期待／那么是谁／还抓住崖面上的小草／不肯松手”。诗人的逃离,借助于一株“崖面上的小草”——父亲让他读书的决定一一实现了。他自称:“在黄土腾飞的山路上,我像一头挨了鞭子的瘦毛驴,撒开蹄子狂奔而去……”不过,诗人的身子虽然逃离了故乡,但是他的心却时刻没有离开故乡。在离开故乡的日子,他像个反刍动物,不断地消化着故乡的苦水、土豆和苦苦菜,并从中酝酿出自己的诗。

当然,一个诗人仅仅是抒写苦难,展览苦难,还是不够的。他还应该有一种大悲悯的情怀,不仅是体味着个人的苦难,更要有一种为人类承担苦难的勇气。在牛庆国身上,我们看到了这种悲悯情怀——身为男性诗人,却能超越性别差异,对西部妇女的命运表现了深切的关注与同情。

诗人出生的小村叫杏儿岔,顾名思义,杏树、杏花是小村的独特景观。

杏花作为古今诗人吟咏过无数遍的题材,如果就杏花写杏花,描述一下杏花由含苞到盛开,到凋谢的变化,那还是比较浮浅的。而牛庆国的《杏花》,表面写的是杏花,实质上写的是西部少女的命运。诗人把全部的爱都凝聚到杏花上:“那其中最粉红的／就是我的妹妹／和情人。”然而,随着“翻山越岭的唢呐／大红大绿地吹过”,女孩子们出嫁了,留给她们的是一段青杏般令人心酸的日子。以至诗人要关切地问道:“杏花你还好吗／站在村口的杏树下／握住一颗杏核／我真怕嗑出一口的苦来。”苦杏仁的苦,正是西部少女命运之苦。这首诗情感起伏,让人荡气回肠,显示了诗人的一种博爱的胸怀。与《杏花》有异曲同工之妙的是《碧血碑》:“以头撞碑那碑／肯定喊了声疼／然后是血／让那海枯石烂的石头／真的烂了一回／再然后那个／古代的痴情女子／就慢慢地站了起来／从那时一直站到现在／我伸出温暖的大手／拍了拍她冰冷的肩头。”尽管时代不同,一今,一古,尽管所取的物象不同,一为娇艳的杏花,一为坚硬的石碑,但这两首诗对中国女子的命运的强烈同情是一致的。牛庆国诗中的悲悯情怀,还同样渗透在以城市人的身份回望故乡、思考故乡的诗中,诸如《乡下老兄》《也算是交通事故》《三个杏儿岔人的消息》等诗作,都是站在一个更高的视点,既表现了对家乡人承受的巨大苦难的同情,又有对家乡人愚昧、狭隘和怯懦的惋惜。这与鲁迅当年对农民的“哀其不幸,怒其不争”又何其相似。时代过去这么多年,在两代作家身上贯穿的大悲悯情怀,成为诗歌精神的支撑,使得生存的苦难得到深化与升华。

诗人立足于西北大地，深深地挚爱着农村，他的诗植根于乡土，深受西北地方戏曲秦腔与西北民歌“花儿”的影响。诗人欣赏秦腔的“可着嗓门吼”和“掏心窝子掏肺”的真诚，也欣赏“花儿”的形象化的表情法。但是他没有停留在秦腔与“花儿”上，而是融入了新诗人的对语言的自觉。这样他的诗不仅有浓重的乡土气息，更带有现代诗的深刻与洒脱。质朴自然是牛庆国诗歌的本色，但又不失聪颖与睿智，他善于在最寻常的农村场景中捕捉诗意，比如那组《西部风物》，写的都是山区最常见的自然景物，诸如沟、梁、坪、驿、川、坡、岔等，难得的是诗人略加点染，便有一股生气贯注其中了。像那首《驿》：“没有连三月的烽火了／家书还能抵万金吗／驿站早已改叫邮局了／可我们还这驿那驿地叫／驿上的那匹老马此刻／正驮了一捆青草在古道上走。”简短的句子，透出一种历史的沧桑感。再如《沟》：“山和山站着说话／中间的部分就叫沟／从沟底爬到山顶／往往就是一生的路程。”这里则给人一种哲理的暗示。

一个诗人成长，除去他的天分、悟性、勤奋等自身条件外，还要有必要的外部机缘。牛庆国之所以能在世纪之交的青年诗人中脱颖而出，一是得益于养育他的故乡，围绕故乡的情绪记忆，成了他最重要的创作资源。二是现代文明的洗礼，给了他重新观照故乡的新的视角和参照物。这样他的诗才可能既是西部的、乡土的，也是现代的。

新世纪的中国诗坛，需要有一种大气的、源于生命本身的东西显露出来，以给各种类型的虚情假意、矫揉造作的诗歌一个有力的冲击。从这个意义上说，牛庆国的《热爱的方式》的出现是适时的。

获奖评语

第四届“华文青年诗人奖”评语

他的诗生长在深厚的大地上，散发着泥土和汗水的乳香。艰难中挣扎的生命有它的庄严和高贵。

——谢冕

诗能离开土地吗？我想不能！是牛庆国又让我在书房的灯光下想到了村庄、土地和蜜蜂。

——吉狄马加

牛庆国在高手如林的甘肃诗人群中，再次引起我们的注意，是他锲而不舍的保持本色并且歌唱草根。他的细节和原生态的场景，触痛读者，让读者知道拥有一颗悲悯之心何等不易。

值得注意的是，牛庆国的诗歌似乎囿于一个平面，展示多于提炼。

——叶延滨

乡村气息，地域特色，却不乏现代的感受方式，并总有出色之作。

——韩作荣

牛庆国的最好的诗都是来自他的故乡杏儿岔。他的生命、他的呼吸、他的血脉都与故乡紧紧地连在一起。故乡对他来说不是遥远的梦，而是他的生存现场。源于生命本真的大悲悯情怀，朴素真诚的表情方式，使牛庆国的诗具有一种强大的穿透力。

——吴思敬

读牛庆国的诗，在看似平淡的作品中会有并不平常的发现。有如他家乡的高天厚土，有如黄土高原的积淀，使他的作品具有了某种不动声色的力量。

——林莽

为了更好地赞美生命和大地，他选取了一个独特的、适合自己歌吟的位置，把根深深扎下去，以汲取艺术所需要的养料和水分。

——柯平

一直心系故乡土地和普通农民，写出了他们的清贫与温淳，诗人没有煽情，而让其中的“小叙事”感动读者。写苦难，但语境明净向审美转换。但诗歌在艺术形式上个性不足。

——陈超

问题二

从纵向上看，甘肃的文学有了前所未有的发展；但从横向上比，依然保持在中下水平。

比如长篇小说，三十年来大致经历了从无到有、从少到多的两个阶段，从表面上看是比三十年前繁荣多了，但整体水平还没有提高，只用每年生产多少部作品是不能说明文学的水平的。在全国的长篇小说领域能够站得住脚的作品寥寥无几。

而作为号称“诗歌大省”的甘肃的诗歌,作者队伍庞大,水平整齐,在全国有一定的影响,但这个影响是团队影响,缺少领军人物,甚至于在这方面还不如三十年前。

短篇小说,《麦客》《喊会》在全国先后获奖时,似乎甘肃的短篇小说就要走向全国了,但就这么冒了一下之后,又沉寂了,这些年似乎也有一些比较好的作品,但都没能在全国产生多少影响。

总之,甘肃的文学依然在平稳地发展。

问题三

一是甘肃作家的视野还不够开阔。

二是甘肃作家的知识储备不足。

三是跟风比较严重。年轻一代的作家,特别是近年来的一些青年作家,跟风比较严重,看最近流行什么就写什么,老跟在别人的屁股后面写;有一些把书的印量作为标准,迎合市场,少有高质量的作品。

彭金山的回信

程兄金城先生:

近来好!

遵嘱寄上我的创作及文学研究情况简介,对甘肃文学也谈了一点粗略的印象。不知对您有用否。若还需要我提供什么资料,请吩咐。

握手

金山拜

2009年3月28日

彭金山新时期以来文学创作与评论情况简介

彭金山,笔名金山、菊山,1949年11月生。中国作家协会会员。彭金山兼诗人、学者于一身,他自20世纪70年代初开始文学创作,大学毕业后到高校从事教学和研究工作。新时期以来在《文学评论》《人民日报》《诗刊》《星星》《民族文学》《民族文学研究》等报刊发表作品四百多篇(首),文学研究和评论文章百余万字。以下为彭金山所出版的作品。

诗集

《象背上的童话》(敦煌文艺出版社,1991);

《看花的时候》(金陵书社出版公司,1992);

《大地的年轮》(内蒙古人民出版社,2008)。

诗选

《别一种风景》(山西人民教育出版社,1990);

《母亲颂》(甘肃少年儿童出版社,1992);

《父亲颂》(甘肃少年儿童出版社,1993);

《中国现当代抒情诗选》(兰州大学出版社,1996)。

编著

《20世纪中国散文诗精品赏析》(陕西人民教育出版社,1993年修订版)。

学术著作

《中国新诗艺术论》(东方出版社,2000;中国社会科学出版社,2006年修订版);

《文学批评与文体透析》(新华出版社,2001)。

大型资料汇编

《1949—2000年中国诗歌研究》(主编,敦煌文艺出版社,2008)等。

诗歌创作的相关评论

新时期以来,诗歌创作发生了两次转折:第一次转折在1980年前后,那时他担任西北师大青年诗歌学会首任会长,他的诗由对生活的歌颂转向对主体精神世界的审视,以青年题材为主,代表作有《我和你》《草地》《思想》《东方,一棵小树》等。公刘在《大学生诗苑漫谈》一文评论他的诗歌"以富有个性的笔触揭示了这一代新人的不可侵犯的人格尊严、自我解剖的勇气和独立思考、奋然前行的决绝";第二次转折在20世纪80年代中期之后,使得观照方式和思维方式都发生了重大变化。他将诗的笔触探进土地的深处,伸向更加广阔的世界,以深刻的生命体验把握自然、社会、人生,感悟地域文化和历史,主体世界与自然化入、契合,不少诗歌实现了和对象世界的生命同构,代表作品有《象背上的童话》《哑女》《有根的石头无根的山》《存在》等。彭金山的诗意象明净,内蕴丰厚,境界开阔。关于他的诗歌创作,有十五篇评论见诸报刊。文思堂编者认为他将"仁者的宽厚,智者的简行,大山的坚忍,大地的朴素,都集于一身,成于诗"。"对他的每首诗,不同层次的读者阅读,就有不同层次的收获:浅谈收获诗美,深读收获诗意。"(马野《黄土上下的求索》)

文学研究的相关评论

早在大学时代,彭金山就对文学批评表现出相当的敏感。他站在思想解放的潮头,于1979年2月4日在《甘肃日报》率先发表《雪花是一首好诗》的批评文章,继而又对《青海湖》的"青年诗坛"进行了评论。从事高校教学工作二十多年来,他结合教学和创作实践深入进行当代文学和问题学研究,迄今发表论文一百余篇。他曾在《飞天》《甘肃联合大学学报》等刊物开辟专栏，主持关于当下诗歌等话题的讨论。

20世纪80年代，他发表了系列散文诗研究的论文。在《散文诗的审美规范》一文中，彭金山提出散文诗的“双元异步透融结构”理论，在学界产生了重要影响。

在新时期以来诗歌思潮和诗学理论研究方面，彭金山也进行了比较系统的探讨，取得了可观的成果。他集三十年创作经验写成的《中国新诗艺术论》一书，初版获甘肃省社会科学优秀成果二等奖（2003年），修订版获黄河文学奖一等奖（2007），评论认为该书是“一部恢宏深刻的学术著作”，被誉为“当代诗学建构的重要参照”（马忠《当代诗学建构的重要参照》）。牛庆国在《“黄河文学奖”精彩纷呈》获奖作品综述中这样评价：“彭金山的《中国新诗艺术论》从评论作品中脱颖而出。彭金山以一个诗人和文学批评者的身份结合大量现当代典范诗歌作品的分析举证完成此书，涵盖了新诗从形式、创作到阅读的全过程，从而使该书具有理论系统性和社会通用性。彭金山采用专题的形式对‘新诗艺术’做多角度的观照，他把新诗放在广阔的文化、知识背景中进行全方位的艺术思考，获得了一种特别的阐释效果，采用‘感悟式’的结构与诗歌传达生命体验的本质特点相暗合，使全书充满了诗意的境界、感情的激发、理性的思考。”

《新边塞诗流变改观》对新边塞诗的概念、流变、思想内容及艺术特征进行了独具慧眼的树立和多角度论析，该文章获得中国文联2000年度文艺评论三等奖。在《雄宏壮阔的西部交响》中，“彭金山以四万多字，大笔为文，批点甘肃诗坛，气势磅礴，高屋建瓴，既有对甘肃乃至西部诗坛的大写意，也有对个案的细部刻画，其材料之翔实、论断之准确，在同类诗论中绝对是上佳的，体现了彭金山诗人的妙悟和史家的眼界。在甘肃诗论史上是一篇奠基之作。”（杨光祖《彭金山：诗的探求与发现》）

他的文学研究还有相当一部分是对具体作家作品的评论。其中既有对著名诗人的评论，但目光更多关注的则是从基层崭露头角的文学新人的成长。多年来，他为扶掖校园和地方的文学作者付出了大量的心血。《甘肃当代文艺五十年》指出，彭金山的评论“具有明显的个性特色。作为诗人，他与评论对象——诗歌作品易于沟通。在诗评中往往直接由直觉上升到本质，使评论文字准确中肯；而且他还善于发掘作品中的文化内涵，用颇富文化意蕴的诗意语言表述出来。另外多年从事写作学、民俗学研究,使他能以较为开阔的视野观照对象,进而选取独特的切入角度探幽发微。”

彭金山在民俗文化,特别是区域民俗的搜集、整理和研究方面也取得了较好的成绩,《陇东风俗》曾获中国民间文艺最高奖“山花奖”首届学术著作奖。他还获得第六届全国当代少数民族文学研究优秀评论奖、甘肃省“五个一工程奖”等十几项科研和创作奖励;在教学上,曾获甘肃省优秀教学成果奖四次,其中,二等奖两次。主讲课程《中国现当代文学》被评为甘肃省精品课程。2001年获全国师德先进个人称号,2003年获甘肃省德艺双馨文艺家称号,翌年成果得到了第一届全国中青年德艺双馨文艺工作者表彰大会表彰。

对甘肃文学的看法

新时期以来,甘肃文学有了长足的发展,特别是诗歌和戏剧创作成绩尤佳。20世纪60年代出生的作家群的崛起,改变了甘肃文坛的格局,使甘肃文学从20世纪90年代进入新中国成立后的第二个高峰期(第一个高峰期在李季、闻捷主持本省作家协会时期)。但是,还缺少爆发力和可持续性。文学大家对于甘肃依然是一种期望。散文、评论和影视创作有些薄弱。

甘肃文坛应该继续发挥群体优势,有关部门应该设立创作基金,加大对甘肃文学创作和研究的支持力度。

邵振国的回信

程金城教授：

您好！来函收悉，谢谢您关注与研究。就您所提问题试答如下：

问题一

我的创作大体处于全国文坛中等水平，不算突出。1981年开始创作，至今未能冲刺到全国重点作家作品的前沿。仅有部分作品发表于核心刊物和国家级出版社出版，而大部分作品见诸一般省部级刊物，且极少被选刊选载。

例如中短篇小说《祁连人》《河西行》《远乡夫妇》《麦客》等发表于《当代》杂志，《远嫁》《毛卜喇之夜》等发表于《人民文学》，《彩虹睡着》《埂上朝朝夕夕》《雀舌》等发表于《中国作家》，《河曲，日落复日出》《张大使记》等发表于《小说家》，如此而已，即见诸重点刊物的作品。再就是出版长篇小说《月牙泉》（人民文学出版社1995年12月版），中短篇小说集《日落复日出》（北京出版社1999年1月版），属于国家级出版社出版。

我认为这些作品，不管是量还是质，对于一个专业作家是远远不够的和难堪的。我至今出版五本书，算上杂志所发单篇也仅二三百万字。所幸的是，我一直在正规渠道上（严格的编辑三审制）出书和发表作品。另外，我对自己的作品尚有一定的自信，并非认为未被选载和热评就不具备个性风格和文学性较高的质。我对自己的作品（后期重点作品）基本看法是它或具有这几点：(1)它不是纪事写实性的，而是想象创造的；(2)它不满足于一般叙事陈述，而注重表现，包括环境、心理、性格、情境的共同营造；(3)它往往为一个模糊的一年的表达就构成其篇，而忽略故事的完整和可读性。

评论界对我的作品评价存在较大差异，自《麦客》之后我没有引起广泛认同和反响的作品，但又有人说："邵振国比《麦客》好的作品比比皆是。"（丁帆语）还有文章指着我的小说优点来评论当下文学之弊，令其"反思"。主要评论谨向您列出：丁帆，《风俗画中的文化意蕴》（《光明日报》1998年9月10日第8版）；丁帆主编，《中国西部现代文学史》（人民文学出版社2004年10月版，第202～205、211～212、215～217、221～222页）；胡沛萍，《西部大地上的独特风景——论邵振国的小说世界》（《飞天》杂志2006年第10期）；刘俐俐，《走向形式的西部人文情感》（《文学评论》1996年第4期或第3期）；李以建，《从〈麦客〉到〈祁连人〉》（《文艺报》1987年11月7日第2版）；雷达，《我的心哟，在高原——评〈麦客〉》（《小说选刊》1985年第1期）；余斌，《对现实生活方式的深沉呼唤——评〈麦客〉兼西部小说的认识价值》（《当代文艺思潮》1985年第1期）等。

问题二

我似觉，三十年我省文学大体处于边缘和落后状态，到20世纪90年代末和新世纪初情况稍有好转。眼下青年作家创作势头良好，以叶舟、弋舟为最佳，他二人新作频出，《两个人的车站》（《十月》2008年第6期，叶舟），长篇小说《蝌蚪》《跛足年代》（《作家》杂志，弋舟）。总体来看，局限是：(1)作家们知识结构和素养欠完善，自发性多于自觉的艺术创造；(2)缺乏对题材的深度思考，缺乏形而上的内容；(3)大部分作者（特别是非专业作家）缺乏向核心刊物冲击的能力和勇气，而满足于自费出书。自费出版史失去了文学标准尺度的东西。

问题三

对于"未来"我没有思考过，也似没能力说它，就"发展"问题，窃以为首要的是省委省政府重视培养真正的文学人才，建设专业作家队伍，挑选有学力学识的高层次人选。其次，鼓励作家跳出"甘肃"，审视文学，宏观文学，地域性像身躯血液样是自有的，不可能没有的，关键是能否站在文学本质的高度上。再者，希望作协与兰大文学院多合作，研讨文学问题，创作问题，使作家手艺提高。

谨上，错误之处请程教授批评指正。

邵振国

2009年2月21日

邵振国简介

邵振国，1948年生，籍贯北京。1987年毕业于武汉大学中文系，文学学士学位。1991年为中国作家协会会员。现任甘肃省文学院专业作家，一级文学创作。

主要作品：论文《论文学与概念的关系》（《文学评论丛刊》2007年第9卷第2期）、《文学之形而上性》（《光明日报》2007年1月5日第11版）、《通向墓地》（《文学评论》1996年第5期）、《契合与相左——试说〈文心雕龙〉与玄学本体论》（《光明日报》1996年2月29日第7版）、《传说与历史——试谈文学本质》（《光明日报》1996年7月4日第7版，中国人民大学《复印报刊资料·文艺理论》1996年第8期转载）。

中篇小说《黑河那边》（《天津文学》2008年第7期）、《绿松石》（《江南》2008年第2期）、《四气五味》（《文学界》2007年第4期）、《彩虹睡着》（《中国作家》2006年第2期）、《塬上朝朝夕夕》（《中国作家》1999年第3期）、《雀舌》（《中国作家》1997年第1期）等。

长篇小说《月牙泉》（人民文学出版社1995年12月版）、《祁连人》（《当代》1987年第4期，甘肃人民出版社1988年7月版），中短篇小说集《日落复日出》（北京出版社1999年1月版）、《麦客》（作家出版社1986年9月版）等。

《麦客》获中国作协第七届全国优秀短篇小说奖、1984年《当代》文学奖、首届《小说月报》百花奖、甘肃省委省政府特殊嘉奖，译有英、法、俄、日等文，长篇小说《月牙泉》获甘肃省第二届（1998年）敦煌文艺奖一等奖等。作品受到《文学评论》《文艺报》《光明日报》等报刊评论。

2008年8月4日

铁穆尔的回信及提供的资料

程老师：

您好！

因我一直在老家的山区牧场上，上网不方便，这几天从山上下来才收到您的信。现给您发去我手头收集的部分评论和其他资料。不知有没有用。这里看手机信号也不好。我这又要上山了。

祝顺利！

铁穆尔

2015年2月2日

铁穆尔，裕固族，生于1963年，甘肃省肃南裕固族自治县人。1987年毕业于西北民族学院历史系。2005年结业于鲁迅文学院第四届高级研讨班(少数民族中青年作家班)。现任职于肃南裕固族文化研究室和地方志编纂办公室。从事中亚民族历史研究。出版有《裕固民族——尧熬尔千年史》等多部历史专著和散文集《星光下的乌拉金》《北方女王》等。

写给铁穆尔

席慕蓉

有的时候，这个世界好像还很美好。

这几天，在我的屋旁，在许多位邻居的院墙边空地上，这里那里，好像是有人在奔走相告似的，忽然间，百合花就开了，此呼彼应，一丛又一丛的纷纷现身。

百合应该是多年生的草本植物，奇妙的是，它并不像许多其他的花树那样，总是长在你的眼前。相反的，一年中有很长的时间它都消失不见，隐藏在土地之下，几乎都会让你忘了它的存在。

即使到了春天，重新开始萌芽生长，慢慢地抽长了身躯，整株灰绿色的叶片也还是保持低调，不引人注目，一直要到了花开的那一天。

开花了，洁白的花朵猛然绽放，随着修长的枝梗在风中微微摇曳，让你眼前一亮，才发现，原来还有这么美好的事物藏身在你已经忘记了的角落。仿佛是有人为你默默保存了多年的青春记忆，还是那般灵秀清纯，不沾人世间的丝毫尘灰，让你不得不惊喜以对："啊！原来你还在这里。"

所以，我们也许不该再多虑了吧？一切好像还能如《圣经》上所记载的那样，大自然自有其所遵循的规律。你看，这野地里的百合花与天上的飞鸟们，不都好像还是在天父的照顾之下，过着和从前一样的日子吗？

可是，铁穆尔，我的朋友，为什么我心中的忧惧却在逐渐加深？

去年，车行在台北市与县交接的大度路上，刚好是尖峰时段，只好耐着性子在堵塞的车阵中时走时停。

坐在驾驶座上，忽然有个白色的影子从我车窗的前方飞掠而过，然后再一个回旋，就不疾不徐地飘飞在车流上方，定睛细看，竟然是一只白鹭鸶，再细看，在路中央的安全岛上的茄冬树梢，还停着另外一只，正好整以暇地在梳理着羽毛。

"哎呀！"我心如受重击，不得不痛叫出声。怎么可能？怎么可能！

在我的印象里，白鹭鸶不是最怕人群最怕惊扰的鸟吗？它们的栖息地从来都是在最僻静的乡野间，怎么现在竟然毫不在乎地飞闯到喧嚣拥挤的马路上来了？

铁穆尔，我不知道你有没有见过白鹭鸶的样子？它们有细长的双脚适合高高地站在水田中央，有洁白有力的双翼适合飞掠过丛林。在温暖的台湾，它们是美丽而又优雅的鸟类，也不沾一丝人世的尘灰，总是离人群远之又远。

如今怎么失去了本性呢？

然后，我才想到，错了，事情应该是反过来看才对。这条大度路就开在曾经偏僻曾经极为安静的关渡平原之上，不远处就是淡水河的出海口，这里原本就是白鹭鸶的家乡，是它们世世代代的栖息之地，而我们，我们才是那个逼它们改变了本性的可恶的闯入者啊！

写到这里，铁穆尔，我也不得不想及我的原乡，那此刻来说对我是那么遥远的内蒙古。

原来,在1989年才见到蒙古高原的我,那时一直觉得自己来得太晚了,不能见到如父母心中永存的那样美好的家乡。

其实,今天回头看过去,1989年的草原生态,与现在相比,还算差强人意呢。

怎么办呢?失去了草原的牧民,会不会有一天也失去了那曾经坚毅与诚挚的本性?

“文明”是有多种面貌的,并不应该成为一条单向的不归路。铁穆尔,我知道你的文字其实是在呼唤那几乎已经濒临消失的美好,我们每一个热爱草原的人,心灵都与你同在。

你的焦虑,你的与时间赛跑的忧惧,我们都感同身受。

我们的祖先笃信萨满教,相信万物有灵,众生平等,这是何等谦卑又何等辽阔的胸怀!所有的人类都该与大自然和谐共处,而不是无止境地向这个世界索求一切。

铁穆尔,衷心祝贺你的新书出版。希望你能持续不断地写下去,为美好的大自然做一个积极而又热切的发言者。

让我们彼此共勉吧。

慕蓉写于台湾淡水乡间

2008年5月12日

铁穆尔:草原的守望者

特约记者　罗四鸰

传说中,裕固族的祖先迷失在泰加林中,后有一匹苍狼带他们走出了森林。在祁连山下裕固族作家铁穆尔的书房中,一副黑色的苍狼挂毯最为醒目。苍狼目光冷峻而忧郁,坚忍又忧伤,如一柄利刃划破满屋书香,仿若可听见遥远低沉的狼嗥之声,与屋子的主人铁穆尔一起述说着一段历史。

记者:去年,您的第一本散文集《星光下的乌拉金》获得中国少数民族最高奖——“骏马奖”,并获得2007年甘肃省“黄河文学奖”等奖项。近日,您的第二本散文集《北方女王》又获得甘肃省少数民族文学创作一等奖。

我发现，对族群历史的追忆与现状的反思几乎是您散文创作的唯一主题，您能介绍一下您的民族吗？

铁穆尔：尧熬尔（裕固族自称译音）是中国人口较少民族之一。大约两千多年前，尧熬尔人的祖先在西伯利亚叶尼塞河畔发祥，从泰加的森林走出后，他们向南到了阿尔泰，又到贝加尔湖，又向南到色楞格河和鄂尔浑河，以阿尔泰语系民族的圣地鄂尔浑河和于都斤山为中心，进而控制了整个蒙古高原，那是公元744年左右。他们在那里兴旺强盛了将近一百年的时间后，又被另一支从叶尼塞河发祥的突厥人——柯尔克孜人和黄河流域的唐朝军队南北进攻下崩溃覆灭。他们离开了蒙古高原后，西迁南徙，大多到了天山南北和兴都库什山，他们的足迹遍及亚欧草原。13世纪后，有一部分蒙古人成为尧熬尔人的组成部分之一。再后来部分尧熬尔人又逃难到了祁连山密林。现代的裕固族古代回鹘人的一支——黄头回鹘和13世纪的蒙古人为主体而形成的。据史籍记载，裕固族先民被曾被外界称为“黄头回纥”“撒里畏吾”“撒里畏兀儿”“锡喇伟古尔”。新中国成立后，外界称裕固族，裕固族人内部仍自称尧熬尔。

记者：据了解，如今裕固族人口只有一万多人，文字早已失传，您的这两部散文集可以说是裕固族“前世今生”的深度报道，您的民族文化是怎么影响您的创作的？

铁穆尔：我出生在祁连山下的草原，自小随父母在夏日塔拉草原上游牧。从小，我听过无数的尧熬尔故事和歌谣，我的研究和创作，应该说首先是源于我在草原上度过的孤独的童年和童年时代北方草原游牧文化的熏陶。早年的草原生活是我一生创作的养料。从幼年时起的北亚草原式的教育，使我的心灵早已习惯于高山大河和马鞍上的生活。城市生活无论怎样引诱我，我都感到无比寂寞和苦闷。我厌恶一方面享受着城市生活的一切一面又在述说着动人乡愁的生活。我到肃南县城二十多年了，依然与城市格格不入，成天在房子里孤独地徘徊踱步，眺望着远处的群山草原，想着逃了出去。当然，我有很多矛盾的地方。

记者：可我在您的作品中发现，您曾漫游过许多地方？

铁穆尔：从1986年起，凭着亲人们的资助和自己的薪水，我便开始了自己断断续续的艰难旅行。从祁连山腹地尧熬尔人的夏营地，我的家乡夏日塔拉草原开始，在我国北方草原（这是亚欧草原的东南端）孤身漫游，除了我国北方和西北的各个游牧民族地区以外还去了哈萨克斯坦共和国的草原，我一直在学习和比较这些地区迥然相异的文化。……当我走过这些草原时，一晃已过去了二十多年。幸运的是，我感受到了许多陌生民族的亲人们最亲切的抚摸。走遍这些，我才知道，在这片金色大草原的每一个角落里都有我无数的兄弟姐妹，我才明白我们彼此有许许多多的话想说。

记者：您孤身漫游的路线，是不是裕固民族东迁的路线？在您的作品中，我看到不少残酷的民族历史与创伤，您为什么要这么执着于去追寻本民族的历史？

铁穆尔：我早期的学习和探索是寻找本部族的历史，寻觅祖先的足迹几乎是我从小的梦想。尧熬尔人的历史和世界上很多小民族一样就是苦难，是一部漫长的没完没了的苦难。几千年的历史不说，就这半个世纪的，一百年的，整个民族的不说，就这一个部落（在南方叫村寨）的，一个家族的，一个人的命运，已够我辈思考几辈子。我努力做的就是试图以我们这个小部族为个案，研究和思考一些人类共同的问题。近些年我初步学习和了解了全世界土著民族和原住民生存问题的一些资料，很大地开阔了我的眼界，极有启示。

《星光下的乌拉金》的大部分内容是在尧熬尔人的冬季牧场——偏远安静的乌拉金陆续写成的，但实际上是我二十余年漫游思考的结果。每当夜深人静时，我走出帐篷，总是看见广阔的夜空星光灿烂，静静地照耀着乌拉金，照耀着群山草原，所以书名为《星光下的乌拉金》。篇章均按尧熬尔人的传统称为"艾勒"。"艾勒"这个词在尧熬尔语中意为：牧村、村落、部分、局部、片、篇等。我认为，辨明自己的民族身份和文化根源，不要失去自己的特征是至关重要的。知识分子的责任和义务就是要充满同情和爱，去努力了解别的文化，别的社会，然后去挖掘、表达和叙述。尤其是须要去了解那些被时下的人们所忽略和蔑视的文化和社区。当然，这样做也许很困难，但必须这样。

记者：有没有人批评您过于狭隘？

铁穆尔：作为一个众小民族的一个分子，我思考众小民族的百姓在历史的长河中所遭受到的种种创伤、痛苦和永恒的孤独时，我自然而然地想到的是整个人类的未来，而不是某一个民族的未来。我所创作的一切，都是由这个愿望激发出来的。

记者：您大学是学历史专业的，毕业后一直从事地方志与民族志的研究工作。散文创作似乎可以看作您学术研究的副产品，实际上，您的学术研究学界影响颇大,不少国内外学者慕名而来向您请教。这也让您的散文在充满草原赤子的浪漫与激情外,还具有学者的冷静与反思,甚至采取了一些治学之法如田野考察来写散文,如《失我祁连山》《哪里还有静静的草原》等,对现代文明、草原生态问题以及一些历史问题的拷问与反思,犀利而又忧伤。您能谈谈对散文的看法吗?

铁穆尔:说老实话我看的散文作品不算多。时下的散文潮中无疑有大量世俗化、商业化的粗制滥造之作,当然也有一批作家坚守散文的精神边界,创作出了同样一大批优秀的散文,如张承志、韩少功、史铁生、钱理群、朱学勤、刘小枫、谢有顺、徐友渔、金岱、秦晖、摩罗、林贤治和台湾作家席慕蓉等人的一些散文,它们的存在是一个平庸的物质时代仍顽强地执着于精神维度的作家的一种文化选择。我想,要提高时下散文的思想质地,千条万条最重要的还是散文作家首先要成为独立、自由和真诚的人,有个性、智慧和勇敢的人。其次,他要直面现实生活,直面重大的社会命题并勇敢而理性地发表自己的意见。此外,他要直面低层人民的生存状态。另外还要拥有超凡的心智和眼光,要拥有对全人类博大的爱。选择了什么样的散文就是选择了什么样的人生。我在我的祖先驰骋过的青草地上徜徉徘徊,我是我们民族历史和文化的一个见证者之一,也许可以说是一个苦难草原部落最后历史的守望者和思考者。

歌谣的灵魂是忧郁的　心灵的力量是无限的

——关于铁穆尔及其创作的对话

铁穆尔　朱卫国

朱卫国(以下简称朱):我们同你接触交往,阅读你的作品,都可以明显地感受到,在你的心灵深处涌动着浓浓的本民族血脉,体现在作品中便是那挥之不去、令人魂牵梦绕的草原游牧文化情结,请你谈谈创作的深层心理动因和民族历史文化传统的影响。

铁穆尔(以下简称铁):我了解自己民族的历史,了解自己身后的这一片土地,也就是了解我眷恋着生存在这片土地上的人民和他们的历史。我和这一片土地血肉相连。我早已把自己融化到了西北的这一片群山和草原中。

这片土地上的历史文化是非常独特的。首先,西北少数民族的历史和文化属于亚欧草原(Eurasian Steppes)游牧文化范畴。这是中华民族文化乃至整个人类文化的一个重要组成部分。亚欧草原是指从我国兴安岭绵延到伏尔加河和多瑙河的这一片长方形草原,在古代这是一片整体,凡是在这片草原上生活的游牧民族都有一个共同的文化传统,就是亚欧草原游牧文化。在我国,蒙古族、维吾尔族、哈萨克族等以及我们尧熬尔人(裕固族)都属于这个文化范畴,也就是以古代的斯基泰、匈奴、突厥和蒙古等这些大一些的游牧民族为代表的文化传统。当然还包括亚欧草原上自古以来的很多大大小小的民族。到今天为止,古代亚欧草原游牧民族的后裔,据我所知最少还有一百多种民族和部族,分布在好几个国家。这些大大小小的民族在古代都信仰萨满教,至于现在他们信仰不同的宗教都是后来的事。我们现在所说的中亚地区、北亚地区的文化就是植根于古代的亚欧草原游牧文化,当然后来吸收了很多不同的文化。比如说我们尧熬尔,就是匈奴人的直系后裔之一。在我们传统文化的深层,有很多古代匈奴的文化。

一句话,古代亚欧草原上的草原游牧文化,是我们民族作家创作的最主要源泉之一。最主要的是要熟悉他们的语言、生活和感情,否则,就无法进入他们的历史文化和内心的最深处,就很难得到这一片土地特殊的馈赠。如果一个人能克服种种障碍,跨越沟通的鸿沟,比如语言、生活习惯和心理特点等,努力接近它、感受它,进而去准确地把握它,就一定能取得较大的成就。如张承志对于蒙古族和回族的深切了解,王蒙对于维吾尔族(特别是在散文小说集《在伊犁》中)的了解就是如此。他们采取了各种各样的学习和研究方法后,收集转换成文学的方法,都是非常宝贵的经验。去了解别的文化、别的社会,就是让你变得更加高尚、智慧和人道。这样,最终你将会拥有神话般的广阔的视野和深邃的目光。

朱:在你的创作中,既流淌着自己民族的血液,倾注着你对裕固族历史文化传统的眷恋之情,这种民族情绪几乎成为你创作的全部动力,但同时又使人明显地感觉到,你的作品总是有一种永恒的,能引起人共鸣的东西,是否可以理解为是一种人类情怀?你如何看待民族性与世界性的关系?

铁:辨明自己的民族身份和文化根源,不要失去自己的特征是至关重要的。同时,在不丧失自己民族独特性的前提下,一定要摆脱狭隘的民族主义,必须具备全人类意识,自觉服务于全人类。知识分子的责任和义务就是要充满同情和爱地去努力了解别的文化、别的社会,然后去挖掘、表达和叙述。尤其是须要去了解那些被时下的人们所忽略和蔑视的文化和社区。

朱:你一方面深情地眷恋被现代文明渐渐吞噬的草原文化,同时又在执着地寻找失去的精神家园,那么,如何理解你心目中的家园?

铁:我们的家园在何方?家园就是整个世界。无论哪个国家、哪个民族的作家,都应该立足于自己的民族和祖国,但不应该把眼光仅仅局限于此,应该用新的观察方式、思想方式和体验方式,和世界上每一个角落每一个种族的人民共同思想和体验,关注人类共同的前途和命运,共同致力于人类永恒精神家园的构建。

一个熟悉本民族历史文化传统且了解人类历史发展规律的人,一旦具备了世界眼光和人类意识,都不会坐井观天、妄自尊大,精神正常的成熟的人,从来不会认为自己的民族、国家和文化是天下第一而盲目排斥异族文化。对于一个正直的知识分子来说,放弃这一点精神错乱的呓语和幻想是非常重要的。从来“没有哪个民族能垄断美、智慧与力量……”(艾米·西赛尔《返回祖国回忆录》)那些以自己的民族、国家和文化而自负的人,往往对自己的文明也只是一知半解。实际上这些还是人类穴居时代的部落思想在延续、在损坏人类的精神。部落思想反映出的是狭隘的视野,缺乏探索,缺乏对所有民族和所有人的关怀,更谈不上对人类有终极关怀。那是创造力的贫乏和思想浅薄的表现。

朱:尧熬尔是一个全国稀有、甘肃唯一的少数民族,她经历了漫长的流亡与迁徙,命运及其悲壮,但却顽强地生存下来了,并形成和保留了自己独特的历史文化、民族性格,令人感动,令人称奇,但又感到某种困惑和神秘。这种特点,与其他弱小民族是否有共同之处?

铁:我们尧熬尔是一个曾经在历史上濒临灭绝的族群,一个在历史上迷失的族群,一个困惑的族群,一个漂泊的灵魂。但他们存活下来了,并且迄今为止他们还没有被其他人数多的社群所吞没。这无疑是人类历史上的一大谜团。如果历史是另一个样子,那他们早就成为其他社群的一个成员了。类似尧熬尔的小民族或部族(或称之为:土著、原住民)在全世界约有3亿多人,他们的历史命运迥然相异。在这个世界上,他们的历史文化像是一座座孤岛。

我所说的小民族,就是世界上那些濒临危境的小民族、土著和原住民。

他们曾经是世界历史上最孤弱无助的人们。要比米兰·昆德拉说的欧洲"众小民族"更加特殊(指一种极特殊的境况和命运)。在我所说的小民族中,一切人可以有参加一切的可能性,与民众的天然关系更加和谐自由,小民族的某些方面可以让人想到《圣经》旧约中的族长时代。很多已在大的民族和社群中早已消失的东西,却都在这些小小民族中令人惊讶地存在着。我所说的小民族,更像一个家庭。而这个家庭馈赠给我的是我今生用之不竭的生命之泉。在这里,"小"有"小"的优点,"小"有"小"的好处。

"众小民族"——我们还是用这个词来称呼我们所理解的分布在世界各地的小民族、土著人和原住民吧。

朱:在你看来,"众小民族"是否都有漂泊和流亡的特点?尧熬尔的流亡,对你的创作心态有没有影响?通过前面的谈话,我们感到你不是也不愿做一个狭隘的民族主义者,作为一个现代知识分子,应具备人类意识和世界眼光。那么,在你看来,如何沟通民族与世界、种族与人类的关系?同时,由于现代化和全球化进程的加快,难免对草原游牧世界及游牧文化形成冲击甚至破坏,在传统和现代之间,作为一个受过草原游牧文化熏陶和现代文明教育的知识分子,是否感到困惑与无奈?

铁:我们就以"众小民族"之一——尧熬尔人来说,我最强烈的感受是:无论他们的历史、文化、性格还是心态,都是典型的流亡者。他们几千年的历史,就是在从万里长城和兴安岭绵延到伏尔加河和多瑙河的亚欧大草原上不断地从一个故乡迁徙到另一个故乡的历史。而我们草原出身的知识分子呢,可以说大多都是心灵上不断流亡的知识分子。我是一个受现代汉文化教育的北方游牧人的后裔。我从小接触的是两种完全不同的文化,我生活在不只是一种历史、一种群体、一种文化中。我始终有一个渴望,渴望对自己的土地,对自己的文化,对自己的民族有所了解。由于几个世纪来不断地农耕以及近代以来都市文化和现代化在飞速发展,与我血肉相连的草原游牧世界,有很多已不复存在。这种经历使我无论在生我养我的草原,还是在我曾经生活过的小镇或大都市,我都成为一个局外人、一个边缘人。同时我又始终是一个远离中心,面向边缘和民间的人。我心中有一个完整无缺的大草原,但又每天都面对着周遭的异质文化。这一切都须要重新审视,一切都等待着你去重新发现。这一切都是非常特别的。作为一个作家,关键在于你在创作中怎样去把握。

朱:那么,你在创作中是如何把握的?你是否从"众小民族"的悲苦命运上升到对人类命运的感悟?并进而获得创作的灵感与源泉?

铁:"众小民族"的身份使我没有成为一个沉湎于光荣辉煌的历史和文化的傻瓜,没有成为一个民族及其文化的自豪主义者。而是让我痛苦而长久地思考,可谓"人不下鞍,马不停蹄"。在这个家庭里,我认识到了世界历史的原则,认识到了全人类共同的事业。我感受到了弱小的"众小民族"对整个人类自由结合的无限向往,我感受到人类灵魂的力量是无限的,我看到了怎样用爱、宽恕和理解的心来战胜一切的力量,这个力量将战胜一切外在的暴力和内在的邪恶,这是心的事业,这是全人类共同的事业。"众小民族"这个家庭,让我懂得了真情的交流是人类最值得珍惜的东西,只有真情才会感动全世界,只有真情才能震撼人心,而真情和震撼人心的力量与种族无关,是全人类共同的东西,而全人类共同的东西总归是会有知音的。在这个家庭里,我找到了人们上穷碧落下黄泉而寻找不到的无价之宝。我从我的小小民族——我的家庭中获得了一种无穷的力量和深厚的感情。

米兰·昆德拉又说:"众小民族不曾体验过从来和永远就存在于那里的幸福感觉,他们在历史的或那样的时期,都曾从死亡的前厅走过;永远面对强大者们的傲慢的无知;永远看着自己的生存被威胁或被质疑;因为他们的存在是问题。"在历史的长河中从来没有经历过仁慈的众小民族,走向衰落消亡的小小民族,在这样的一个最底临界点,又催生出了一种新的民族理念:全人类在精神上联合起来。

即将消亡的"众小民族",一个不可挽回的历史和现实从精神上催生了一种补救。这是一次灵魂的净化或者是凤凰涅槃,这是由许多的牺牲、消亡和毁灭换来的。真理是全人类的,思想从涅槃般的烈火中升起。我所创作的一切,都是由这个愿望激发起来的。

我作为一个众小民族的一分子,每当思考众小民族的百姓在历史的长河中所遭受的种种创伤、痛苦和永恒的孤独时,我就会想到整个人类的未来,而不是某一个民族的未来。我从众小民族涅槃的烈火中升起。

朱:你写过小说、诗歌,也写过散文,但影响最大、令人最感动的还是你的散文。我觉得这是最能表达你的丰富感情和体现你创作才情的文体,文体的选择是否与尧熬尔民族的流亡、迁徙的历史及其民族性格中的"流亡者"心态有关?是否可以看作你在童年、少年时代的经历及其所受游牧文化熏陶的结果？

铁：应该说是密切相关的。散文是最能表达我的感情和发挥想象力的文体形式，虽然小说和诗歌也能抒发我内心的感情和思考，但毕竟有章法布局和语言等方面的局限。我的散文创作，首先是源于我在草原上度过的孤独的童年和童年时代北方草原游牧文化的熏陶。早年的草原生活是我一生创作的养料。小时候我经历的是最底层民众中间的纯粹的草原式的教育。18岁以前我没有到过城市，也不知道城市是啥样的，我所知道的就是茫茫的草原、群山和畜群。我所熟悉的就是漫长的繁忙而艰难的生活。我所熟悉的就是听人们讲草原上的童话、传说故事、神话、创世史诗和英雄史诗片断。而讲不完的是苦难、扭曲的历史，是痛苦、阴暗的命运，是不幸和死亡。他们不惜生命，守护着被列强觊觎着的祖先的土地。我听到过尽管知道自己明天早晨就要被杀死，但仍然彻夜歌唱的游牧民的悲壮故事。每一个故事中所讲述的人的痛苦都让我痛苦不已。我是土生土长的西北少数民族，我来自我苦恋着的草原，所以我懂得自己民族的全部精神根底。我非常清楚，西北各族人民的历史实在是过于苦难了，苦难过于深重了。

在人类历史上，“众小民族”最大的痛苦是文化的毁灭，文化的毁灭要比肉体的毁灭更痛苦。还有古往今来无数的战争、瘟疫、自然灾害、强大者们的奴役……

在我小时候，帐篷外是一览无余的群山草原，我们围着篝火而听的故事中的想象力，要比素净的纸页和电脑更加自由自在和丰富多彩。有时候，只有这一支支忧郁的民谣温暖着一颗颗受伤的心灵。

那些在群山草原腹地的一个个帐篷，看上去是与世隔绝的，牧人们过着艰难而俭朴的生活，但是他们的这种生活一点儿都不缺少激情，我在那里常常遇到一些精神和感情都非常丰富的人。因为这种生活是融会在整个地球上的人类的生活中的，就像是一滴水珠汇聚在整个大海中一样。

人民意识和自由意识都是由这样的底层培育而成的。在我经历过的草原底层有许多美好的人们，他们的世界有许许多多肉眼看不见的东西。我懂得这一切所拥有的含义，散文最适宜表达我所理解的这一切。

朱：显然，在你的散文创作中，蕴含着许多诗的因素，尤其是民歌的因素，比如，具有鲜明草原特色的意境创造，尧熬尔民歌、传说故事、创世史诗、英雄史诗中的忧郁格调、悲剧色彩。我把你的散文看作激情的歌、忧郁的诗，这样理解是否恰当?

铁:可以这样认为。无论是题材来源,还是我受的游牧文化的熏陶,都离不开这个“众小民族”的历史文化传统。当然,对我的创作影响最大的还是民歌,尤其是西北各族人民的民歌中的悲歌。尧熬尔人有句话:“歌谣的灵魂是忧郁的。”这是因为人民的历史就是一曲曲悲歌。从这一曲曲满怀着纯真与热忱、敏感与同情的民间歌谣中可以感受到他们的心灵、他们的痛苦、他们的勇敢精神以及对死亡和苦难的蔑视。这些草原上忧郁的民歌也教给我们怎样生活,怎样去捍卫生活,捍卫青春和人类的尊严。教给我远离麻木、冷酷、猥琐和精神贫乏,也教给我如何在命运面前不顺从,不屈服,而是大胆与命运抗争并进行理性的思考。是这些草原上的民谣教会我,怎样保护内心深处仅存的美好纯洁的东西,忠于自己内心真实的感情和体验,不让它们遭受邪恶丑陋等各种力量的玷污。是这些民谣教会我战胜绝望,教会我满怀着爱和温柔对待大自然中的一切。这些民谣总是让人的思想的触角悄悄地探向精神世界的无极山峰。并且能让人看见常人看不见的东西。这些民谣同时也让人具有了一种无比内向和深邃的气质。让人变得质地与别人迥然相异。因为这些民谣,使我与忧郁结下了不解之缘。我确信悲剧性的忧郁能够使人们的精神得以升华,从而去思考生命的意义。当一个人有高尚情操的时候,忧郁就会出现。忧郁是人最富有内容的情感。没有这些,我可能不会走上这一条道路。

朱:你的散文看似既不刻意追求“文化品位”,也不局限于自己生活的一得之见,既不媚俗猎奇,也不着意雕琢,正是在看似不经意间却显示出自然、质朴、纯净、隽永等特点,显得非常大气,诗情画意尽在其中。你在用生命和灵魂写作,作品的艺术生命力和感染力盖源于此。在艺术表现上,表面上无拘无束,自由自在,但却具有内在的韵律和节奏感,你是如何看待和处理这些问题的?能否谈谈你的散文创作观?

铁:说到散文创作,我体会最大的首先是:你怎样呼吸就怎样写作,你的心是怎么样跳动就怎样写作,什么样的事让你哭泣让你悲伤你就写什么样的事。要而言之,就是要保持精神上的自由。

关于节奏,我认为,当你用你的内心来写作的时候,节奏是最主要的,节奏似乎是文章的灵魂,尤其是涉及人的内心生活的时候,涉及人的感情的时候,怎样感觉节奏,我认为只能用自己的心来感觉,那是心灵的力量。这个奥秘似乎难以说清楚。

还有细节，常常是一个细节就说明了一切，细节是骗不了人的，一定要做到细节的真实。此外还要保持一种恰当的简洁。

朱：你的散文强烈的草原文化色彩及其寻根意识，可以说已是评论界的共识。这种寻根意识的强烈表达，是否有感于伴随着现代文明的冲击、旅游业的开发、科学技术的进步，使得你眼中的草原已远不是你心目中理想的草原。在传统与现代、发展旅游与保护生态环境之间往往难以调和，经济的繁荣、财政收入的增长、人民生活水平的提高，往往是以生态的破坏为代价的。同时我们也看到，一方面是人类文明程度的不断提高，人的个性、尊严日益受到尊重，但另一方面，局部战争的频发，恐怖暴力的升级，人文精神的衰微等等，对人类社会的和平与发展构成了新的威胁。这种深刻的二律背反，深深地困扰着我们。作为一位少数民族作家，面对这个矛盾重重的世界，如何用自己的思想和笔来表达自己的思考，为维护人类和平，维护社会稳定，保护我们赖以生存的家园，用一个政治术语说就是坚持可持续发展做出自己的努力？

铁：进入21世纪，展现在我们面前的是一个全然不同于过去的领域。首先，人与自然的关系的失调，成为全球性悲剧的主要原因之一。大自然每时每刻都在向我们敲着警钟。自古以来，人类就是由大自然塑造而成的，可如今，被各种方式破坏的大自然，可怕地影响到人的心灵。当然，过去的经典作家是不必要担心自然的，莎士比亚、塞万提斯、托尔斯泰、陀思妥耶夫斯基们不用担心，屈原、曹雪芹和鲁迅们也不用担心。因为在过去人们的心目中大自然是永恒的。所以经典作家着力表现的就是人自身的关系和人与社会关系。而摆在我们面前的是完全不同于过去时代的任务，我们不但要思考和表现信息时代人与人、人与社会的关系，还要思考与改善人与自然的关系，为构建人类理想的精神家园，为铸造人的健康、理性的人格、培育宽广而善良的人类情怀而努力。尽管这是一项长期而艰巨的任务，需要许多代作家的不懈努力。

20世纪以来，一个个全球性的大悲剧不断发生，古老的暴力变本加厉，世界再一次简单化了。反人类反生态的悲剧频频出现——希特勒纳粹的奥斯威辛集中营、日本法西斯制造的惨绝人寰的南京大屠杀、广岛原子弹爆炸、苏联的古拉格、越南战争以及近几年发生在阿富汗、伊拉克和南斯拉夫的现代战争,贫铀弹造成的畸形儿、癌症、肿瘤……如果把这些仅仅当成是历史讲座,那我们就错了。

还有多少宝贵的生命在那一个个超级灾难中丧生。1986年4月26日苏联切尔诺尔利核电站爆炸,1984年12月3日美国联合碳化物公司在印度博帕尔市的地下储罐内的甲基异氰酸酯爆炸外泄,以及众多的化学毒品泄漏,如我国1991年沙溪镇液态一甲胺泄漏和甲肝,2003年非典等等。

至于在日常生活中发生的种种悲惨事件更是不胜枚举。比如,流落街头的残疾儿童乞丐,时见于媒体报道的那些无助的童工、雏妓、讨不到工钱的打工者、苦诉无果的上访者……

发生过的还在继续发生。

这些善良而无辜的人们遭到惩罚和毁灭的悲剧,是触目惊心的,和古代历史上的悲剧相比,已不仅仅是量的增加,更重要的是人类自身造成了这一系列悲剧,残酷已转变为生活本身。面对这样一个复杂多变而悲剧频发的世界,一个有良知的作家,都不应该熟视无睹。如果一味沉湎于自我感情世界,崇尚"肚皮写作""零度思考",热衷于宣扬暴力、色情,追求金钱和物质利益,那就不仅仅是庸俗媚俗,而是丧失了一个作家最起码的良知和责任。

朱:信息时代的到来,使人类的生活方式、思维方式、行为方式、价值观念等等都发生了极大的变化,以至于有不少作家在商品经济大潮的裹挟下,经不起金钱的诱惑,追名逐利,热衷于色情暴力,戏说历史,放弃了作家应该坚守和担当的人文精神和责任意识。在我看来,这与市场经济的建立、世界多极化的趋势、和平与发展的主题是背道而驰的。文学作为国民精神的灯火,这一命题并没有过时,无论什么时代,我们都不应该忘却和放弃文学所要担当的责任,都不应放弃社会和人民。否则,信息时代的文学究竟向什么方向发展,是令人担忧的。你是一位接受过草原文化熏陶和现代文明双重教育的知识分子,又是一位少数民族作家,你来自人民,来自底层,面对信息时代的浮躁、物质利益的诱惑,究竟如何保持健康的写作心态和正确的思维方式,以抵挡这种种诱惑,用自己的笔和思想,去重建人文理想,构筑人类的精神家园?

铁:在信息时代,诸多的事件早已超出了人类过去的概念,我们要用不同寻常即异于他人的表现方式和思维方式去思考,去表现现实社会和理想人生。既然你是人民的儿子,那你就当个人民的歌手吧!既然你我是平民中的一员，那么你我现在要努力做的，就是寻找一条独特的路。不要因循守旧，不要过于超脱，不要为文而文，不要只为自己的写作和专业负责，而是更多地去为民众和社会负责，为人的生与死负责。我们无法容忍在学术和创作的小花园里欢乐地蹿上跳下地、轻浮平庸地欣赏着自己采摘的果实的浅薄。

人人要努力的方向应该是：不要因为自己的卑微而放弃对整个人类精神责任的担当。即使你身处世界一隅，也要用你整个的心灵去思考和洞察天下的苦难，多给世界一份关爱。心灵的力量是无限的，只有心灵的力量才能够成就你。

朱：这就是一种可贵的人类情怀和知识分子的责任意识，可惜在当下的知识界和创作领域却得不到应有的重视，甚至有人根本不屑于谈这类话题，这是非常可怕的。从文学创作上来说，一个缺乏人类情怀和放弃社会责任，仅仅局限于自己的狭小圈子或只为本民族、本地方而写作的作家是注定不会成为大作家的。中外文学史的发展都充分表明了这一点。从人类发展、民族复兴的角度讲，作为社会精英和良知的代表的知识分子，一旦放弃了自己的社会责任，放弃了理想信念，放弃了对人类的人文关怀，其后果是不堪设想的，一个失去了理想信念、缺乏人类情怀和世界眼光的民族也是注定没有前途的。

铁：正因如此，我辈要努力做到与自己的平庸和人类的丑陋做斗争，用同情心和爱来了解别人，从人的苦难和灾难中探讨人的本性。记录人民的苦难和灾难，目的就是为了减少人类的苦难和灾难，避免悲剧的不断发生。就是为了消除各民族之间的隔阂和仇恨，促进民族团结和社会进步。在西方文学中，我们常常可以感到一种伟大而真实的力量，那种宽阔而深广的人类情怀，那种发人深省的苦难意识，那种悲天悯人的博爱精神。我反对把苦难生活浪漫化。

我们的时代渴望伟大作品的诞生，希望剖析人民的心灵，将人民意识的形成和发展记录下来。我们的时代渴望勇敢的耶利米，渴望勇敢地批评过去和现在的罪恶的耶利米。特别需要一种把自己脱个精光来批判和研究的精神，一种勇敢博大的精神。

文学——这一研究社会的特殊形式，这一思想的创造活动与历史和社会是无法分开的。但是，正如印度裔英国作家、2001年诺贝尔奖获得者V. S.奈保尔说的：在这方面，我们实在不能指望历史学家发挥功能。比起小说家，他们更能接受社会的价值观,他们是为这些价值服务的。……

在人类古老文明的智识缺陷、困惑、混乱、死亡和进步的危机中,无论如何也不能失去宽阔的视野,而看不清前面的路。

我要感谢草原,感谢全世界的“众小民族”,感谢在精神上启蒙过我的西北各族底层民众,感谢我的小小的尧熬尔民族,我作为这个小小族群的一分子,他们没有让我坚持永远不要背离这个小社群,而是给了我一个广阔的胸襟,让我找到了我自己,使我在一个更为广阔的天地中立身。在那里,有思想、公正和善良在等待着我们。

执着的尧熬尔民族文化追寻者和守望者

———裕固族作家铁穆尔访谈录

韩春萍

执着的人某种意义上是孤独的,就算铁穆尔跻身人群中,身上也散发出一种内敛的安静,似乎有什么负担让他不能释怀。访谈是在肃南裕固族自治县的孔岗木草原的绿草地上进行的。我们谈话的间隙有过长久的沉默,铁穆尔为他所守望的那个世界,我为铁穆尔。

韩春萍(以下简称韩):您的散文集《星光下的乌拉金》2008年荣获第九届全国少数民族文学创作“骏马奖”之后,另一本散文集《北方女王》2009年又获得甘肃省少数民族文学创作一等奖,可以说,您的作品获得了普遍的认可和好评,我发现您的作品几乎全是散文,请问您选择散文这一文体而不是小说和诗歌,这与您的创作使命有关吗?您认为您最大的创作动力是什么?

铁穆尔(以下简称铁):最初,也许是我觉得散文的表达更直接和自由,而我更喜欢直接和自由的表达。后来呢,我的草原生活经历,我们那个小小族群的生存状态,还有我后来关注的国内外原住民、土著或我们叫作“人口较少民族”群体的生存状态,以及草原游牧文化急剧消失的严峻现实,所以我没有太多的心思去精心构思创作虚构作品。另外呢,我也觉得自己好像缺少创作小说的才能。

我渴望创作是因为在草原和群山中度过的童年,是因为草原和游牧的生活,使我始终觉得我——一介牧人——对这个世界有话要说。也许,神只是要借我的笔来说出许多牧人心中的话,借我的嗓子喊出这片土地的呻吟。所以,我对自己的文字从不敢儿戏。

韩:您作品中经常引用尧熬尔古歌和民间传说,这使您的作品具有深厚的民族文化底蕴,您认为裕固族民间口传文学对您的创作有影响吗?

铁:裕固族是一个边缘的小族群,无论是人口、政治、经济和文化规模都很小而脆弱,在一场历史事件中很可能就消失得很彻底。沧海桑田,裕固族所剩无几的传统文化中口传文学占很大的比例,所以裕固族的口传文学对我的影响很大。最主要的是裕固族民歌和诗歌(民间创世神话等史诗),我从民歌中知道了不少珍贵的历史,更主要的是知道了不同民族的人心是怎样跳动的,怎样疼痛、欢乐和幸福的。从裕固族创世长诗《沙特》中感受到了一种恢宏博大的精神,那是一种对整个人类和宇宙的无限热爱。我常常看到,享受着现代文明成果的人们却没有古人那么博大的胸怀,反而总是自以为是。

当然,如果追述裕固族古代文学的话,从广义上来说,古代北方的匈奴、突厥、回鹘和蒙古的文学都可算作裕固族先民的文学。裕固族的先辈们先后使用过突厥文、回鹘文、藏文、回鹘式蒙古文和八思巴文。在历史的不同阶段,他们分别用这些文字创作了大量的优秀文学作品,包括那些在鄂尔浑河石碑上的突厥文、回鹘文,那是难得的历史见证,也是优美的文学作品。除了现在还留在石碑上的文学作品和贮藏他处的大量回鹘文佛经、摩尼教文献外,还有如著名的《匈奴歌》和《乌古斯汗的传说》,北朝时回鹘人的先民敕勒人更有一首流传至今的民歌——《敕勒歌》等等,很多。

除了向汉族文学学习外,还有一点很重要的是,我很注意向裕固族同源的阿尔泰语系的其他民族文化学习。比如维吾尔人中流传的《乌古斯汗的传说》《福乐智慧》《突厥语大词典》,蒙古的《蒙古秘史》《江格尔》,柯尔克孜的《玛纳斯》,哈萨克的阿拜等文学巨匠的作品……当然还有后来裕固族信仰了藏传佛教后对裕固族影响很大的藏族文学《格萨尔》等。

韩:我们知道很多人口较少的民族因为没有文字的原因,书面文学长期处于沉寂状态,直到新中国成立后才开始出现了作家文学,如甘肃的东乡族、保安族、裕固族也如此,这除了与国家的文化政策有关,还离不开同时期主流文学的影响,在中国现当代文学史上,您欣赏哪些作家?为什么?

铁:中国现当代文学史上,我欣赏的作家也可以列一长串名字。就当代作家来说,张承志可以说是一个独一无二的作家和思想家,我欣赏他坚定执着的人道主义精神。欣赏他对所有不同民族和文明一视同仁的平等态度,他以不倦探索的精神去理解不同民族的精神和理念,对底层民众的敬重和热爱,以及独步天下民众中的求知方式。而他的警告和提醒,我想我们每一个人都应该严肃认真地对待。从他的作品中可以学到很多重要的东西,而这些东西对我国各民族的知识分子来说都是必不可少的,是很多人所欠缺的。

韩:您小的时候读过像《红岩》《红日》《红旗谱》《青春之歌》《创业史》之类的红色经典吗?您有没觉得这些作品距离您的放牧生活比较遥远?

铁:这些作品大多都看过,那时候很迷恋这些作品,革命在我们那一代很多人身上都有深深的烙印。而这都是由这些红色经典培养起来的。尤其是《钢铁是怎样炼成的》,还有玛拉沁夫的《在茫茫的草原上》。那时候读这些书并不觉得和我们的放牧生活有多么遥远,尤其是《在茫茫的草原上》,说的就是草原上的革命,我一直认为这些红色经典的艺术魅力仍然是久远的。

那时候是很难找到其他书籍的,在我们那个偏远的群山草原上,就这些红色经典也是费尽九牛二虎之力才能找到。

在我的散文《一个牧人写作者的记忆》中有一段话:"我和二姐找各种书籍来看,像饥荒年月的野兽找食物一样。……在我们的脑子里烙满了20世纪下半叶,偏远的群山草原和小镇在'平叛、反封建''文革'等运动时期的各种记忆。还有在小说或连环画中看到的浪漫的革命,那些没有经历过也没有真正实践过的一些空洞的豪言壮语,仍然是'远大'的梦。后来,这些梦就像牧场上那些铺天盖地的浓雾一样很快消失了。而草原和群山的胸怀所养育出来的某些天性在我们的身上渐渐发酵,我们开始留心自己的族群记忆。后来的环境和教育不仅没有丝毫损伤这些天性,在很大程度上反而强化了这些。"

韩:您开始阅读和创作的时候,正是西方文学思潮对中国大陆文坛影响最频繁的时候,您喜欢哪些外国作家的作品?

铁:刚开始的时候可能是苏俄的文学作品占多数。苏联时期和整个俄罗斯的文学中有很多东西能引起草原游牧人的共鸣。这也许和历史上古代斯拉夫人长期受亚洲游牧人的影响有某种关系。我喜欢的外国作家很多,可以列一长串名字。我阅读最多的可能还是以19世纪的欧洲经典为主。

韩:当其他的裕固族作家沉浸于抒写裕固民族风情的时候,您总是将目光投向裕固族历史文化的深处,请问您是什么时候,什么事情触动了您,让您执着于民族历史文化的追寻?

铁:怎么说呢,是半个世纪前祁连山那边的那座烟熏雨淋的白毡房和那座在风雨中飘摇的黑帐篷触动了我,是那首充满了人类之爱的古歌触动了我,是那些和牧人朝夕相处的充满灵性的牲畜触动了我……可能也是因为我亲身经历了我们这个小小的族群历史文化的断裂和消失,目睹了他们严峻的现实生存状态,还有养育我的游牧民族博大深刻的文化,还有我身后那一片历尽沧桑的大地……是这一切触动了我,一个祁连山卑微的儿子。同时呢,也是因为我受我父亲的影响从小喜欢历史,后来的专业也是历史,到现在也没有放弃对北方民族历史文化的探究,这些也是很大的原因吧。而对待自己的族人和人类的历史文化的态度和立场,是构成我的创作和生活的前提,也决定了我创作和生活的意义。

韩:在有限的条件下您同时进行着学术研究和创作,而且视界之内不光是自己的民族,您的作品始终蕴含着时代精神和世界眼光,这很可贵,祝愿您的创作更加成功,我们期待您的新作。谢谢您,谢谢!

于2010年7月18日肃南裕固族自治县孔岗木草原

铁穆尔作品获奖情况

1998年

6月策划摄制的电视专题节目《走近夏日塔拉》荣获全省优秀电视节目评选一等奖。由甘肃省广播电视厅、甘肃广播电视学会颁奖。

11月散文《北望阿尔泰》荣获甘肃省作家协会少数民族文学创作"铜奔马"奖。由甘肃省作家协会、甘肃省作家协会少数民族创作委员会颁奖。

12月创作的歌曲《塞吉哈吉》荣获张掖地区新创剧(节)目作品三等奖。由张掖地区行署文化处颁奖。

2000年

历史专著《我们的民族》荣获张掖地区建国五十周年文艺作品征集文学类一等奖。由张掖地区文联颁奖。

荣获"全国优秀读书家庭"的荣誉称号。

2001年

专著《裕固民族尧熬尔千年史》荣获甘肃省第七次社会科学优秀成果三等奖。由甘肃省委、省人民政府颁奖。

2002年

散文《牧场谣》荣获全国民族文学“龙虎山”杯文学新人奖。由全国人大常委会副委员长铁穆尔·达瓦买提颁奖。

2003年

12月散文《杜鹃飞渡》荣获甘肃省敦煌文艺二等奖。由甘肃省委、省人民政府颁奖。

2004年

雷达等省内外专家认为铁穆尔“以文学的方式,在某种程度上复原了裕固族的历史和民族的心灵世界”。他被推荐为甘肃省文学院荣誉作家。

2004年

12月散文《狼啸苍天》获甘肃省首届黄河文学奖二等奖。由甘肃省文联、甘肃省作协颁奖。

2005年

3月散文《牧场谣》获首届“金张掖文艺奖”一等奖。由张掖市委、张掖市人民政府颁奖。

4月被甘肃省肃南裕固族自治县评为自治县优秀专业技术人才。

11月兼任张掖市作家协会副主席。

2007年

12月散文集《星光下的乌拉金》获甘肃省第二届黄河文学奖二等奖。

2008年

11月散文集《星光下的乌拉金》获中国作协、国家民族事务委员会主办的全国第九届少数民族文学骏马奖。

2009年

2月散文集《星光下的乌拉金》获甘肃省张掖市“金张掖文艺奖”一等奖。由张掖市委、张掖市人民政府颁奖。

8月散文集《星光下的乌拉金》荣获首届中国西部散文奖。由西部散文学会、《西部散文家》编辑部颁奖。

11月散文集《北方女王》荣获甘肃省第五届少数民族文学一等奖。由甘肃省文联、甘肃省民委、甘肃省作协颁奖。

12月散文《草原挽歌》荣获第三届甘肃黄河文学奖二等奖。由甘肃省文联、甘肃省作协颁奖。

12月散文集《北方女王》荣获甘肃省第六届敦煌文艺奖一等奖。由省委、省人民政府颁奖。

2012年

5月，散文《一个牧人写作者的记忆》荣获第四届甘肃省黄河文学奖一等奖。由甘肃省文联、甘肃省作协颁奖。

铁穆尔的主要成就与社会影响

铁穆尔（全称Yogor Chamduugiin Tumur简写为Y. C. 铁穆尔或铁穆尔）

从事文学创作和北方民族历史研究。

文学创作主要以散文、纪实文学、小说和诗歌为主，以散文成就最大。著有散文集《星光下的乌拉金》（2006年5月甘肃文化出版社出版）、《北方女王》（2008年12月甘肃文化出版社出版）、《苍天的耳语》（2014年4月甘肃美术出版社出版）。散文创作在国内散文界引起了广泛关注，主要以在草原游牧生活的叙事和民族之根的追寻背后，挖掘了于当今时代有益的精神元素，其文化意义已经超越了民族的范围，最终走向对人类的终极关怀。在一个平庸的物质时代仍顽强地执着于精神维度的文化选择姿态得到了国内外专家、学者和读者的肯定。

他的作品很多由国内各种刊物和书籍转载、选载。被评论家认为是“中国西部新乡村主义”写作者的代表人，并“以文学的方式，在某种程度上复原了游牧民族的历史和心灵的世界”。近期的研究和写作以散文、纪实文学、口述历史和西北民族历史研究为主。

历史研究的主要成就以专著《裕固民族尧熬尔千年史》（1999年北京民族出版社）为代表。这本历史著作以挖掘出的大量新的民间历史资料为特点，在国内外引起广泛关注，在本民族内部也有深刻影响。部分内容已被译为俄文、蒙古文、哈萨克斯坦文、维吾尔文、韩文等。2007年7月参加了在哈萨克斯坦的阿拉木图市召开的国际学术会议“游牧民族与文明”，宣读论文《裕固族的部落和氏族》引起了各国学者的极大关注。

王家达致程金城的信

金城先生：

奉上您所要求的一些情况，由于本人眼睛已看不清事物，所以不但写得简单而且潦草，请您谅解。

另寄近期出版的一本小说，请您指正。

许多评论文章已找不到了，复印了不多的几篇，请过目。

谨祝

时绥

王家达

2009年3月3日

王家达三十年来的创作概况

基本情况

改革开放以来在《当代》《人民文学》《中国作家》《上海文学》《花城》《飞天》《小说选刊》《中篇小说选刊》等刊以及人民文学出版社，长江文艺出版社，时代出版社，日本熊山阁出版株式会社、敦煌文艺出版社、甘肃人民出版社发表和出版数百万字的长、中、短篇小说及报告文学，先后获得首届鲁迅文学奖、首届徐迟报告文学奖，《当代》优秀作品奖，人民文学昌达杯奖、中国报告文学奖、中国人口优秀作品奖、人民文学银磊杯奖、敦煌文艺一等奖，中华文学选刊奖等奖励。部分作品被译为英、法、日、韩文，介绍到国外。文章选入高中语文课本。

代表作品

1.《清凌凌的黄河水》,发表于1984年《当代》第2期,旋即被收入在美国出版的《中国西部小说》(其中包括王蒙、张贤亮、贾平凹等共六人的小说)。这本书随后又以不同的版本在加拿大和英国出版,《纽约时报》和《亚洲经济评论》有评论认为,《清凌凌的黄河水》是全书中最精彩的一篇,影响广泛。

2.《敦煌之恋》(长篇报告文学),人民文学出版社1996年出版,同时在《当代》《人民文学》《中华文学选刊》发表和选载,中央人民广播电台、甘肃人民广播电台连播,日本熊山阁出版株式会社旋即推出日文版《敦煌之梦》,在日本引起轰动,日本创价学会于2000年夏派人专程赴兰州对本人进行了录像采访。这本书的部分章节先后被译为英、法、韩文予以转载。书中第五章被选入高中语文课本,长江文艺出版社2006年再版。获得鲁迅文学奖等多项奖励。

3.《所谓作家》(长篇小说),人民文学出版社2003年出版,引起广泛关注,中国作家协会和人民文学出版社在北京召开作品研讨会,与会作家给予高度评价,誉为《儒林外史》的当代版。

对改革开放三十年甘肃文学的成就及局限的看法

一、成就

三十年来,甘肃文学创作突破了临界线,有了长足发展,获得了令人惊喜的成就。涌现出了一大批文学新人,创作出了一大批好的长、中、短篇小说,散文,诗歌,报告文学,文学评论,目前除茅盾文学奖之外,甘肃作家几乎囊括了全国所有的文学奖项,许多青年作家让人刮目相看。

二、局限

文学观念比较陈旧,思想解放不够彻底。《当代文艺思潮》被扼杀即是明显的例子(这主要是指二十世纪七八十年代)。其次,在新世纪之前的二十年里,省上对文学创作重视不够(相比较戏剧而言),投入不多,鼓励不力。须要说明的是,这种情况近年来已有了极大的改观,正是由于省委宣传部领导对文学创作的重视,才迎来了甘肃文学创作的新气象。

评论文章

达吾:《总有一些东西看上去很美——读王家达长篇小说〈所谓作家〉》,载《飞天》2003年第9期;

马步升:《找回迷失的良知——读王家达长篇小说〈所谓作家〉》,载《兰州晚报》2003年2月12日;

杨光祖:《良知的写作》,载《兰州晚报》2003年2月12日;

杨光祖:《呼唤作家的良知——读王家达长篇小说〈所谓作家〉》,载《甘肃日报》;

雷达:《序:不灭的精魂》,引自《敦煌大梦》,2006年,长江文艺出版社;

杨光祖:《为天地立心——读王家达长篇小说〈所谓作家〉》与《呼唤作家的良知——读王家达长篇小说〈所谓作家〉》,载《甘肃日报》。

王登渤的回信

我的创作回顾和对甘肃文艺创作的几点思考

我从事文学和其他门类的文艺创作，固然有个人兴趣和个人追求的因素，但在许多时候，我的创作更是对所在单位布置的创作任务的完成，或者是约稿，这方面的因素在我的戏剧、影视创作领域显得更为突出。既然是任务或约稿，则在创作选题、作品的体裁、样式等许多方面，都不是自己的主观选择，而是一种被动地接受，便带有了较强的命题作文的意味。创作于我而言，也还是一项副业，一份工作，我至今也仍然是一位“业余”作者，在甘肃文学和文艺创作的格局中，还处于一种边缘化的地位。正是因为这样的原因，我的创作生涯虽已经持续二十多年，也留下了一些不同文艺门类的作品名目，但总的来说，既无精品，也少有建树，每每想来，不禁汗颜。

大学毕业时，本想报考先秦两汉文学史专业的研究生，而且为达此目标，在大学读书期间也做了比较认真、充分的准备。但毕业时是1990年，恰逢那年研究生招生不招应届毕业生，无奈之余，我主动要求去敦煌研究院工作，没成想在正式分配时，又被研究院的主管单位甘肃省文化厅截留，从事学术研究的梦想只能无奈地终止。因为文化厅的工作性质，难免要与各类剧团和电影制片厂（当时电影工作还归文化部门主管，各省的电影制片厂在拍电影任务不足的情况下，开始拍摄电视剧、电视专题片和电视纪录片，这种现象在二十世纪八九十年代十分普遍）打交道，经常参与剧团、电影制片厂的排演、拍摄，以及由不同作者创作的剧本、脚本的讨论、审定。同时，也因为工作原因观摩了一大批剧目的演出和电影故事片、电影纪录片、电视剧以及电视专题片、电视纪录片，参加了许多全国性、地域性的文艺节会，视野逐渐拓展，对戏剧、影视方面的创作兴趣逐渐变得浓厚起来。也正是在这个时候，因为自己的专业背景和工作之余的几次牛刀小试,以及参与讨论剧本时所展露出的一点小小的才气,文化厅的领导开始让我承担一些创作任务。这样一来,就以一个行政干部的身份投身到了文艺创作者的行列之中,开始了自己并不算成功的创作生涯。

回顾自己的创作,所涉及的门类确实较为繁杂。包括戏剧、电影故事片、电视剧,电影电视纪录片,电视专题片,长篇小说,散文,文艺评论,文艺史论和地域、民间文化研究等,这样的罗列,也正应了看似样样精通,实则样样稀松的老话。童书业先生说,做学问要有自己的"老营盘",此语对我而言实在是差之千里,我更像《汉书·马援传》中所说"类西域贾胡,至一处辄止。"所以,至今也没有什么代表作或成名作,始终处在一种拉拉杂杂、仨瓜俩枣式的创作状态中。

下面,我分几个门类罗列一下我所完成的一些主要的文艺作品以及同行、师长和自己对这些作品的一些评价与反思,算是一次回顾和总结。

一、舞台艺术

(一)话剧《马背菩提》

这部话剧以公元1249年至1251年藏族宗教领袖萨迦班智达·贡嘎坚赞与蒙古皇子阔端在凉州举行会谈,从而拉开了西藏正式纳入中华版图的序幕这一历史事件为素材创作而成。就题材而言,这部话剧的确存在一定的难度,特别是在西藏问题和民族情感变得相对敏感的境况下,如何把握表现的尺度,就成了创作过程中的一个考验。在认真研究有限的史料的基础上,创作时找到了超越世俗的胜负、归顺等判断与观点,从文化交流融合、情感沟通、价值认同的角度来看待这一特殊的历史事件和历史进程,阐释了合则共荣、分则两伤的历史规律。这样的思路是比较准确和成功的,截至目前,各种表现、反映这一题材的文艺作品和论述,都基本沿用了这样的思路和题旨。另外,这部话剧在创作过程中,集中笔墨去写人物,较为准确地刻画了两个历史人物的性格特征、内心世界和雄才大略。这样的手法,受到了徐晓钟先生等许多专家的认同。另外,创作中还尝试捕捉少数民族语言的一些特点,有意将人物台词做了"诗化"的处理,收到了一些艺术效果,这方面的积累,对我而言,更显得珍贵。这部话剧由甘肃省话剧团演出后,先后荣获中宣部1999年度五个一工程奖、文化部文华新剧目奖和全国少数民族戏剧文学孔雀奖、甘肃省敦煌文艺奖等多个奖项，同时也被多部当代中国戏剧史方面的论著所提及和收录。

（二）眉户剧《总盼月儿圆》

这是一部禁毒题材的戏曲作品。它通过吸毒者和贩毒者两个家庭的悲剧来展现毒品之害。在创作过程中，有意识地设计了一些较为极端化、戏剧动作性较强的情节和场面，借用了“三一律”的创作手法。因此，它虽然表现的是一个陈旧的题材，但因为戏剧性较强而具有了一定的观赏性，被同行们称为“继话剧《黑雾》之后，甘肃禁毒题材戏剧创作的一个重要收获”。该剧2000年获由国家计生委、文化部、广电部、中国文联、中国作协等七部委颁发的中国人口文化奖，并获全省新创剧目导演编剧一等奖。

（三）秦腔《飞将军李广》

这部作品的灵感源自大学期间读《史记·飞将军列传》时的一些感悟和思考，其创作题旨是想回答“李广难封”这一旷古谶语。因此，剧中没有更多地表现李广的赫赫战功，而是重点写了他与汉武帝在韬略上的错位与性格冲突以及帝王权谋对李广这一英才的束缚、戕害与扼杀。在舞台呈现上，尝试用了多表演区和内心空间外化的手段，这样的手法，在甘肃戏剧舞台上还不多见。另外，在创作中，有意识地将唱词的写作向古典诗词的感觉做了一些靠拢，人物的台词、念白也采取了韵白的方式，且通篇押韵。这些做法，在演出时受到了比较多的好评，郭汉城先生说“从这部作品中，又让人感受到了中国戏曲作为‘剧诗’的特点。”这部戏由甘肃省秦剧团演出后，获中国戏剧家协会于2000年主办的首届中国秦腔艺术节七项大奖，并获编剧奖。

（四）话剧《上南梁》

这是一部以陕甘革命根据地如火如荼的历史岁月为背景，以刘志丹、习仲勋为主要人物的一部历史题材的剧作。在创作过程中，选取了“那是一个年纪轻轻就干大事、年纪轻轻就丢性命的时代，无一人德高望重，无一人老态龙钟……需要热血的时代，只能是年轻人的时代”的创作题旨和视角，突出了两位主人公的年龄特点，并以此来贯穿全剧。另外，剧中没有回避陕甘根据地的“肃反”斗争这一史实，表现了其残酷的一面，因此也引发了一些争议。这部剧由甘肃省话剧团演出，获甘肃省敦煌文艺奖一等奖。

（五）花儿剧《牡丹月里来》

在这部作品的创作过程中，主题、题材等许多方面都带有较强的“先行”

的意味，虽然在人物设置、唱词风格、民族风情表现等许多反方面想了一些办法，但作为表现乡镇企业创业的题材，作者生活积累的薄弱和生活原型本身的滞后，都让这部作品有了许多先天的不足和后天的缺陷。此剧由甘肃省歌剧团和临夏州歌舞团联合排演，参加了第四届中国艺术节的演出，并荣获文化部全国少数民族戏剧文学孔雀奖。

除上述五部戏剧作品外，本人还创作了秦腔《无声的祁连》（获中国戏剧家协会于2002年主办的第二届中国秦腔艺术节二十二项奖励，并获编剧奖）、秦腔《凉州新曲》、秦腔《洞穿祁连》《那一片绿荫》等，虽然都被排演，但总体成就不高，多属为配合特定时期的某项政策、某项中心工作的应景之作，时过境迁，就了无声息了。

二、影视艺术

这方面的创作，是我最早开始涉猎并小有创获的门类。大学刚毕业就接到了著名编剧张锐交给的电视连续剧《生命树》的创作任务，或者说是他帮我揽了一个“活儿”。这是我的第一部略有规模的作品，属于行业片的性质。写作此剧时，有一种傻小子睡凉炕的感觉。当时，我连电视剧本的格式都不清楚，用的还是话剧的方式，闹了不少的笑话。尽管如此，这部处女作竟然由达式常、蓝天野、林默予等名家出演并在中央电视台一套播出，而且在审查时还获得了“知识分子味儿较浓”的好评，这对我确实产生了较大的鼓舞。从这部作品之后，我又先后创作了电视连续剧《冷的大海热的血》《春风又绿玉门关》《大漠沙如雪》《阿文的时代》《青山吟》以及电影故事片《生死不离》等，均已拍摄和播出。上述作品在题材上涉及战争、军事、农村、文人下海、英模人物、抗震救灾等多个领域，在编剧过程中也做了一些手法上的尝试和探索，但都在播出后没有什么大的影响，说明它们都非优秀之作。但对我而言，这些作品所积累的意义还是不言而喻的。

另外，本人创作的电视连续剧《西路军》虽然没有投拍，但它却是我用力最勤的一部电视剧作品。在创作过程中，在史料研读上下了大量功夫。正是有了这样的前提，它具有了较为厚实的基础。目前，西路军题材领域还没有完全解禁，如果将来有面世之机，它还应当是一部有一定分量的作品。

在从事电影、电视剧本创作的同时，我还创作了一批电影、电视纪录片、专题片的脚本。如受文化部委托创作的电影纪录片《新中国文化艺术五十年》《中国大西北》《第四届中国艺术节》等，均作为文化部的外宣片由中国驻外使馆发行到了一百多个国家。另外，我还创作了描写敦煌学家段文杰的《圣土人杰》、描写特型演员孙飞虎的《走进历史人物的内心深处》等一批电视专题片，也均在中央电视台的一些栏目中播出。但这些作品中，除上述两部外，其余大部分为企业、行业、地方、节会而做，宣传品的属性较为明显，因此质量也就无须多言了。

最近几年，我又先后创作了一些有别于以往电视专题片的文化类电视纪录片。如受中国曲艺家协会委托创作的九集纪录片《曲艺辙痕》，此片在中央电视台播出后被称为“中国第一部最完整、最全面的当代曲艺影像史。”在观众中特别是曲艺界产生了一定的反响，也引发了一些议论和争议，其主要原因是片中所涉及的曲艺人物的评价，或者选择哪些曲艺人物在片中出现等，不同的人有不同的看法和立场，均属正常，也确难做到周全。同时，我还创作了反映甘肃明末清初书法大家王了望的纪录片《书坛巨擘王了望的三味人生》，反映习仲勋在20世纪50年代初处理青海昂拉尖扎地区藏族头人项谦叛乱问题的《习仲勋的昂拉往事》，这些作品都在中央电视台播出。

另外，还有一部作品也值得提及，即在话剧《上南梁》基础上创作的六集广播剧《跟着哥哥上南梁》。它虽然是话剧的衍生品，但在创作过程中，比原作更为自由，原作中受时空局限而无法表现的一些内容和想法、构思，在广播剧中得到了展现，因此这部广播剧与话剧相比，显得更加厚实、丰富一些，表现力也更为强烈一些，所以，这部作品比原作更令我满意。

三、文学创作

文学创作对我而言虽然起步较早，大学时即开始发表一些诗歌和散文以及评论，但真正意义上的创作，还是在我于2000年调入甘肃省文联工作以后。这其中，有两个领域的创作，值得一说。

一是创作了长篇小说《日落莫高窟》。这部作品从准备到完成历时近十年，尽最大的可能搜集了各种史料，是我花费心血最多的一次文学创作。它以1919年至1920年俄国十月革命后，白俄军队窜入新疆和甘肃，进而在腐败的北洋政府的安排下进驻敦煌莫高窟这一史实为背景，再现了当时整个西部乃至全国的政治局势。同时，在这一背景中，描写了这批白俄军官的历史命运和心态历程，描绘了保护莫高窟的中国先行者的历史功绩，褒扬了他们在错综复杂的历史风云中矢志保护莫高窟的种种努力与抗争。从选材角度讲，是第一部从这个角度展示莫高窟历史的作品。有人说它“创作时即依托历史真实，又不乏艺术创作和曲折的情节构成，既有人物命运的揭示，又有历史事件和矛盾冲突的描写刻画，情节激烈流畅，跌宕起伏，纵横捭阖，文字优美，可看性较强。”此书出版后，即在甘肃文学界引起一定的关注。陈德宏评价说：“《日落莫高窟》作为第一部以真实的历史为背景，书写以民间人士、民间力量为主的自发地保护莫高窟的长篇小说，就其题材与体裁而言，本身就具有开创与开拓的意义。”程金城评价说：“它写了莫高窟和敦煌的历史，也部分地写了当时世界的历史，写了历史过程中人的欲望和动机。能感觉到作者对中国近现代史、西北边防史、中日俄关系史、敦煌史都有深入的研究。既不是史料的堆砌、演绎，也不是天马行空、一头雾水的主观臆造，而是在吃透历史精神基础上的艺术创造。”古世仓评价说：“这部作品虽是两位作家创作的第一部长篇小说，但在具体写法的朴实、成熟的戏剧写作手法的调动、对历史和文化与人的理解把握等方面，特别是在对这一切与西部地域风物相统一的驾驭方面，都显示出成熟的特征。”除上述评论家的评价外，石励、庆振轩、彭岚嘉、程金山、唐翰存、杨光祖、秋子、陈玉福、滕飞等也都撰文予以了评价。这些文章见诸《人民日报》《文艺报》《飞天》《朔方》《甘肃日报》《甘肃文艺》等报刊。这些文章在肯定其成就的同时，也指出了其中的不足，这方面的观点以张懿红的评价最具代表性，她说：“在叙事方式上，这部长篇注重心理剖析，细腻地展示人物的内心感受和思想波折。但是，数量过多、频率过高而且手法单调的外视角心理分析、动机说明，也造成小说叙事的拖沓、结构的臃肿。如果适当删减这些段落，或者转换心理描写的手法，小说会更加紧凑结实，想必会大大增强可读性。”另外，对这部小说中过多地使用戏剧化的手法和以往从事戏剧创作的“经验迁移”，一些评论家也提出了批评。这些意见，我都虚心接受。这部作品在2012年获得了敦煌文艺奖。

二是写了一组反映西部地域文化和历史人物的文化散文，这其中有以马仲英为描述对象的《河州尕司令》、反思李广悲剧命运的《盛世悲鸣——关于李广的随想》、反映居延地区历史变迁的《惊起的一串长梦——关于居延的随想》、反映敦煌自然和人文景观的《敦煌以西》等。这些散文契合了我从前养成的翻检、考证史料的爱好和经验，同时也调动了早年读史籍的知识积累，融会了自己的历史思辨、史料解析方面的感悟。在这些散文中所提出的一些看法和见解，被同行们所称道。在写作过程中，对史料的占有和解析，有时也会有一种剥去蒙翳、披沙成金的自我愉悦，试图给人一种耳目一新、恍然大悟的阅读快感。对一些史料的钩沉与运用以及梳理，也有一定的创见性和开拓性，发前人之所未发。这些努力，使这些散文有了一定的历史厚度和历史趣味。

三是创作了《静朗清阔——莫建成评传》。这是一部传记文学，以叙事为主，但也多有议论和评述。在创作过程中，我调动了早年对于中国画论、书论方面的阅读积累，在对莫建成美术创作的评价方面花费了较大的气力，一些看法和观点现在已被美术界所接受并引用。这虽然属于艺术评论的范畴，但这部作品的主体内容还是人物的传记部分，所以放到这里来谈，较为妥帖。

四、文艺评论和文学史论研究

虽然早已中止了从事学术研究的梦想，但在这方面的兴趣还时有闪现。2004年，我出版了学术著作《失传元杂剧本事考说》，这是大学期间学术积累的一个集中体现，原先积累的考据方面的能力在这本书中有所展示，而且这个学术选题也不无开拓和填补空白的意义，在学术界受到了一定程度的好评。遗憾的是，这个学术选题和元杂剧方面的研究，随着这本书的出版也就戛然而止了。同样的，研究甘肃傩文化的《甘肃静宁傩文化考察报告》虽然完成于20世纪90年代，是甘肃较早从事傩文化研究的作品，但灵光乍现之后便草草收场。

更多的文艺评论和理论研究工作，还是对一些工作任务的完成。比如我先后参与编写了《中国现当代西部文学史》《甘肃文艺五十年》《敦煌·丝路·多民族》《中国戏曲志》《陇上奇葩》《陇原花雨》等一系列反应、回顾甘肃文艺创作特别是戏剧艺术发展历程的专业书籍，承担的文字至少在三十万字以上。通过这些书籍的编写，使我对甘肃当代文艺发展的历程、脉络和主要的艺术成果、重点的文艺人物、重大的文艺现象等有了较为深入的了解，也有了自己的看法和认识，这方面的积累弥足珍贵。正是有了这样的积累，催生了像《尴尬与贫困——直面甘肃的戏剧评论》等一些关于甘肃戏剧的评论文章，其中一些作品还获得了中国剧协的奖项。但这类文章中，也有不少是应时应景之作，有配合宣传之嫌，价值不大。

此外，我还在美术、书法评论方面有所涉足，也发表了一些文章，其中的一些篇目也曾被转载和引用,但这方面的涉足,更多是一种兴趣使然,既不专业,也不系统。

以上即是我从事文学和其他门类艺术创作的基本情况。虽然成果数量不少,涉足的领域较多,门类也较庞杂,但确实如前所述,少有建树,更无佳作。

从我的创作选题看,大多数的作品还是立足于西部地域题材,特别是一些地域性的历史题材和少数民族题材。这样的选材取向,应该与我的阅读习惯和知识积累有很大的关系,也与我偶尔为之的学术研究有一定的关联。这样的先天条件,一方面,使自己积累了一定的西部地域题材,也有了一定的创作选择余地,同时自己也有了一定的分析、驾驭、剖析素材的能力。我也一直试图在掌握的素材特别是史料的基础上,能够生发出一点独特性的见解和观点,提出一些有见识力的结论和看法。"所有的历史都是当代史","不在于我们讲述了怎样的历史,关键看我们站在什么样的立场去表述"这些观点,对我确实有很大的启发。当然,上述所言,更多的是一种追求和努力的方向,要达到这样的境界,对我而言,还有很大的距离,还有很长的路要走。

我是一个从事创作的"业余"与"边缘"人,是甘肃二十几来文学创作历程的见证者、旁观者,还有一点文学的情怀。也正是因为如此,对以往和当前甘肃文学艺术创作自然会有一些看法和认识,对其中的成绩特别是存在的问题以及产生这些问题的原因也有一些自己的思考,虽然不够全面和周延、准确,但还是想借此机会表述一下。

甘肃文学和其他门类的创作至少在改革开放以来的三十多年间取得了较为长足的发展,以先后荣获一些全国性的文艺奖项为标志,说明甘肃文艺在全国文艺的格局中逐渐有了自己的位置,有了自己的声音。这样的态势比改革开放初纷杂的"西部文学""边塞诗派"这些旗帜口号要实在得多,因为那时尽管有这些旗帜口号,也有这样的流派或取向,但甘肃的文学作品在其中并无太多的分量。同时,也应当看到,当前甘肃文学艺术创作有高原无高峰或"群山耸立不见峰"的现象还是比较突出的。甘肃文学创作到目前为止并没有出现具有全国广泛影响力的作品,更遑论经典性的作品,也无全国影响力的文艺大家,甘肃文学的总体分量还比较轻薄。曾经引以为豪的戏剧创作在《丝路花雨》《大梦敦煌》这些作品之后,还鲜有力作出现,戏剧创作的困境显得格外突出。戏剧事业甚至出现了后继乏人、难以为继的局面。这样的态势和存在的问题突出地表现在以下几个方面。

一是边缘化的问题。甘肃文学艺术创作的总体实力,在全国而言并未像当年陕军东征那样产生对全国文坛的集团冲击力,在全国文坛、艺坛和读者、观众中间的影响力还十分弱小,边缘化的姿态并未有根本性的改变。这样的事实,我们不能因数量的增长和个别作品的成功而否认。这里所说的边缘化不仅仅是甘肃远离文化中心,不具备更多话语权的地域概念,而是相对于全国文坛、艺坛创作思潮和取向的疏离,或者说甘肃的许多作品并没有真正从近年来一些文学艺术思潮勃兴的原因入手,去体味其中所包孕的创作取向,使得我们的文学艺术创作还无法融入主流之中,从而给人一种边缘化的感觉。当然,这里说融入难免会给人造成迎合的感觉,我这里也不是说让我们的作家去赶潮流,尽管我们处在一个创造小于复制的年代。我这里所说的融入,是指用一些当代文学艺术创作中所体现出的某些被印证是成功的创作取向来检索和观照甘肃的文学艺术创作,从而寻找和发现我们的不足,进而提升我们的创作水准。甘肃缺少开风气之先的作品,也不曾引领过某种风尚,更没有创出流派,树立风格。写进文学史的如“伤痕文学”“寻根文学”“反思文学”等,甘肃作家都不曾以开创者的姿态出现,相反,在上述创作取向已形成并产生反响时,我们更多的是一个跟进者,但跟进后又在许多时候,在创作深度和深化方面又开始滞后于全国领先水准,又被边缘化于主流之外。另外,这里所说的边缘化问题的另一个表现,就是甘肃的作品很难进入较为广泛的观赏阅读视野,特别是难以进入一般读者和观众的视野,更多地停留在刊物、评奖和同人阅读、观赏的范畴里。同时,大部分作品也很难进入评论家的视野中,偶有进入,不乏人情的意味,在全国整体的文学评论格局中难居一席之地,要进入一些权威性的当代文学、文艺史论则更难。权威的评论家、理论家或许偶尔会在某篇文章中或者是专论甘肃的评论中提及甘肃的作品,但真正进入其学术研究的层面时,甘肃的作品往往被忽略。以我的视野,在一些为大家所普遍认可的文学、文艺史的记述中,甘肃作品的入选率极低。另一个边缘化的意思是难以进入市场,形不成叫好与叫座、叫卖共生的局面,有时甚至得奖也不能改变这样的窘境。这说明我们对读者、观众的心态的把握和社会的需求、人们关注的焦点热点、民众的渴望等还有很大的疏离感和隔膜感。为读者和观众而创作并不是容易做到的事情,被市场所漠视的情况理应引起我们的重视。甘肃的作家艺术家对社会、对生活、对观众读者的需求的认知与感触、体悟、把握得并不充分，为自己而写作尽管显得高贵，但难免有许多的落寞。为本来已经越来越寂寞的文学、艺术创作再增添几许落寞与寂寥，这并不是用高贵和卓尔不群、自我标榜就能解决的，也并不是所有作家艺术家愿意看到的。

甘肃被誉为“诗歌大省”，这个称号细细想来，令人喜忧参半。在改革开放初期也就是所谓的诗歌创作的黄金时期，虽然我们也有西部诗、边塞诗的口号和标示，但当时人们耳熟能详的诗人与诗歌作品以及诗派中，甘肃都很少能进入其中。甘肃能拿得出手的诗人还是成名于二十世纪五六十年代的那一批诗人。当诗歌创作的热潮渐渐消退，影响力不再具有广泛性，甚至开始从人们的阅读中逐渐变得边缘的境况下，一些成名诗人立刻实现了华丽转身（如熊召政、王小妮、周涛等），开始从事另外的文学样式创作。此时，甘肃的诗人才呈现出一种异军突起的态势。应当看到，时下诗歌创作已经变得很个人化、圈子化，不再是人们阅读的主体和主流，而且诗歌是文学样式中最难实现与市场接轨、最难获得效益的一个文学种类，甚至是一个难依靠它谋生的一个种类。在这样的境况下，我们获得“诗歌大省”的称谓，究竟是喜是悲，值得考量。当诗人转身、转型成为一种风尚的时刻，当诗歌创作在文学的整体格局中的地位日渐衰微和多少有些落寞的境况下，我们又将一只脚踩入支流之中，并被授予了一个称号，更说明了我们的边缘化的尴尬。

二是选材的视野问题。应当说，我们选材的视野还不够开阔，对地域题材、地域特征和特色的理解还失之于褊狭，缺少一种博大的胸怀和超越意识，在创作观念上落后于时代。地域题材在创作中历来就是一把双刃剑，如果对地域特征和文化资源的利用不能够站在时代发展的新高度去审视和驾驭，它就有可能成为某种局限和制约。成功的作家善于吸取和利用地域特征的优势，并能在一种开阔的眼界中找到地域特征中与时代和人类意识相吻合的精神内涵，从而实现对地域特征的借重与超越，没有这种超越意识，就会导致在创作过程中思想水准和审美趣味的滞后与褊狭。更有甚者，一些作家热衷于表现西部的荒蛮、愚昧、落后，看不到西部人文资源中的深刻内涵与所包容的时代性色彩，使自己的创作之路越走越狭窄，这样的教训对甘肃文学艺术创作而言是十分深刻的。同此，我们在大力提供和弘扬西部特色、西部品格的同时，更应该提倡一种立足本土，并善于站在时代高度，用人类意识和人文关怀的心胸去实现对地域性的超越，提倡一种在深入开掘基础上的表现与再现，而不是简单地描摹一些内容浅显、思想苍白的西部生活场景。

三是主题开掘的深入问题。这个问题与上一个问题是直接关联的。我们应当看到，甘肃不少作家、艺术家在审视题材、驾驭题材的眼光和视角还不够独特，主题的开掘也还不够深化。更多地让人在作品中看到的是一种表象化的、浅显的西部生活形态的展示，对其中隐藏在独特生活形态下的内蕴与深邃的，带有对人类命运的思考、对民族地域文化当代命运的思考还不容易看到。在人物描写和塑造过程中，个人命运遭际的展示较多，上升到人类意识层面的东西较少，文化的、民族命运层面的东西也很难看到。应当认识到，许多作家、艺术家对西部文化在创作中只看到它的一种利用价值和再现价值，还未能看出其深度的开掘价值和文化意义，特别是作为一种文化形态、生活形态在创作过程中所蕴藏的特殊价值、独特内蕴、独特意义，还远未开掘出来，这就使得我们的创作在主题的深刻性上还显得非常不足。时代的发展对文学艺术的要求是深层文化内蕴的开掘，这就要求作家、艺术家要有一定的见识力和更深刻更成熟的思辨能力，特别是在本土题材的叙写和开掘方面这一点显得尤为重要。面对日益成熟的读者和观众大都具有一定文化水准和鉴赏能力的前提，我们如果见识力低下，或者没有一种超越意识，我们就可能花了很大的工夫却做了一件出力不讨好的事情。余秋雨当年在给我们讲课时曾说，有的作家用洋洋万言在证明一个人人皆知的公理，而公理是无须证明的，也有人说，现在是一个比作家见识力的时代。甘肃近年来的一些作品，总给人一种老生常谈、似曾相识、开掘不深、视角狭窄、气魄不大的感觉，恐怕与甘肃作家艺术家见识力的不足有很大关系。在人们的精神趋向和价值体系日益复杂的今天，如果作家、艺术家的见识水准跟不上时代的发展或者落后于时代，很难出现大手笔。近年来，综观全国的创作，许多题材类型并不是创新，而是存在于五四新文学以来的历史之中，但今天它们能继续存在和发展的原因更应当是在思想内涵的拓展与深入方面，存在于对题材特定时空表层意义的超越上，存在于作家为了追求深刻而坚守的道德立场和价值判断以及强化的艺术感觉和语言个性上，存在于服从主题之下的叙事策略追求上。在这些方面，的确需要我们认真总结和反思。

四是叙事技巧的缺失问题。必须看到叙事技巧的匮乏是制约许多作家、艺术家的一个痼疾。文艺创作在编织情节和组织细节方面的要求是每一个从事创作的作家、艺术家都无法回避的问题。而近年来一些具有广泛影响力的作品，特别具有较大读者、观众群的作品，几乎都尽可能地发挥故事的编织和情节的罗致的功能，通过自己的叙事策略来控制读者的阅读，使作品在“好看”这个层面上就占得了先机。有些作者甚至敢于强化情节中的偶然性因素，将整个的叙事谋划得曲折传奇，甚至不惜以奇情异事来吸引读者，这也是造成大量文学作品被改编成电视剧这种大众传媒文化样式的重要原因，或者说是电视剧勃兴的重要原因。重视叙事技巧和编故事、讲故事的能力，我们不应当简单地予以排斥和贬低，而应当看到它与中国人传统的欣赏心理和阅读习惯的契合点。而要寻找到这样的契合点，确实需要我们在叙事技巧方面来提高自己，因为并不是所有的作家、艺术家都能把故事编好、讲好，编织出引人入胜的故事和情节。

六是作品的语言问题。长期以来，语言粗糙的问题在甘肃的一些作品中还显得十分突出。有评论家说，新时期以来的小说创作在某种意义上讲，收获最大的是语言的成熟与多样。这样的话可能有一些极端，但创作中语言的重要性是十分明显的。甘肃的一些作品的语言给人以粗糙的感觉，除了自身功力的因素外，不善于在一些成熟的语言体系中汲取营养构建自己的风格体系也是一个重要的原因，这就使得一些作品的语言没有依托，成为流行话语的杂糅和拼凑，给人以散乱的感觉。另外，写作状态的急功近利和浮躁也是造成语言粗糙的又一个原因，这也需要引起我们的重视。

七是作家艺术家的知识结构和学养问题。现在的一些作家艺术家的知识积累特别是文史方面的知识积累还不够厚实，这就造成了其理解能力的不足和知识储备的匮乏，更直接决定了其见识力的高下。20世纪70年代末，一批工农作家曾经在全国文坛上有一定的地位，但不到十年的功夫，这一批人大多退出了文坛，这从一个侧面说明了知识积累和学养的浸润对一个作家艺术家的重要性。放眼全国文坛，现在已经鲜有没有大学知识背景的作家，至少一流作家的绝大多数都受过高等教育。王蒙一直在提倡作家的学者化，我也认为作家艺术家有必要从事一定的学术研究工作。这方面的道理浅显易懂，是一个并不新鲜的话题，在此我也就不再赘言了。

以上是我的创作回顾和对甘肃文坛艺坛的一些看法，如实呈上，供大家批评指正。

王新军回信提供的资料(节选)

王新军简介

王新军,当代青年作家,1970年代生于甘肃玉门,曾游牧数载。1988年开始发表文学作品,著有《文化专干》《农民》《大草滩》《民教小香》《一头花奶牛》《好人王大业》《两个男人和两头毛驴》《俗世》《远去的麦香》《坏爸爸》《八个家》《最后一个穷人》等长、中、短篇小说一百二十余部(篇)及诗歌、散文一百多万字。近年来,中短篇小说先后三十余次被《小说选刊》《中篇小说选刊》《作品与争鸣》《小说月报》《读者》《散文选刊》《新华文摘》《中华文学选刊》《小说精选》等杂志转载评介,并有两部中篇小说被改编成影视作品。他以自己扎根西北农村的朴实而温情的写作风格,被评论界誉为“第三代西北小说家”群体当中的代表作家。作品曾获第六届上海中长篇小说优秀作品大奖,首届黄河文学奖一等奖,甘肃省人民政府第四、五届敦煌文艺奖等文学奖项,中国作家协会会员,上海首届作家硕士研究生班学员,现在甘肃省玉门市文联供职。

创作和生命在思考中继续

王新军

小的时候,我有很多梦想,这些梦想在后来的岁月中,有的实现了,有的则被遗忘了。后来,那些已经实现了的梦想,因为已经实现而得到了更加迅速的遗忘。在这种不断遗忘的过程中,新的梦想又在断续生长。渐渐地,我才明白了,其实这些梦想,在很多时候都已经融入了我对一些事物的思考。

它们渐次被实现或者被遗忘的过程,其实是我对它们一个再认识的过程。这个道理,也许别人懂得比较早,但我知道得晚,的确很晚,我是过了三十岁才渐渐明白了一些人生的道理。如果按照世所习见的一些说法来衡量的话,我其实是一个没有慧根的人。在很早的时候,为我的木讷和执拗,父亲和母亲都曾经无比惋惜地担忧过。父亲曾经用他简单然而自认为最聪明、最智慧的方法启发过我,让我在放牧羊群的过程里,在懵懂中领会了一些做人的道理——譬如笨鸟应该先飞后落、一个男人应该承受必要的孤独等等。这其中,父亲给我更大的,是在默然中教我学会了凝望天空——天空的高远孕育了大地的丰饶。大地之所以能够一再地化腐朽为神奇,完全是天空的宁静和空阔给了它无穷的力量。诸如此类,便是我一些偏执而古怪的想法。二十岁之后,母亲用她不着一字的温暖的眼神给了我莫大教诲。很长时间里我都无法摆正母亲在我心目中的位置,我不是一个不孝的人,我多次试图写一些有关母亲的文字,但它们始终都没有完全令我自己满意过。我的平凡的爱与恨,当它们以任何一种形式呈现或者表达出来的时候,表面上永远都是木讷的。在西部偏远的乡村和草场之间,时间就用这些东西把我养育出来了。我的沉默,使我学会了在沉默中表达,使我悄悄走上了文学创作这条路。很可惜,直到父亲去世前,我都没有使自己的作品变成过铅字。在母亲去世前的几年里,我的创作已经到了近乎疯狂的程度,自然大大小小的东西也发表了一些,但母亲却不认识其中的一个字。因此在父亲和母亲面前,我从来没有过一点骄傲的资本,更不可能博得赞许和掌声。后来为了能让母亲直观地看到我写的字,每年过年我都要坚持自己写对联。大年初一早晨,当母亲看着街门上小儿子写的红对联时,脸上都会渗出一缕笑意,我不止一次地领受了这种珍贵的奖赏。但我内心承受更多的,是没有务好庄稼、没有牧好羊群的亏欠。成年之后(我至今仍然怀疑自己是不是业已成年),我一直为一些东西困惑着,我知道,我的梦想在很长一段时间已经变成了艰难的追寻。一个人的一生会有很多东西与之纠缠不清,写了近二十年小说之后,我才发现,我其实是一个很笨的写作者。不止一次听圈内的朋友说:看了你的有些东西,真……要是叫我写,这个就是一部长篇。或者说:你的东西,没有故事。这样的话听得多了,就不免要暗自惭愧一番。把原本能够写一部长篇的东西只写了个短篇、中篇,把原本很有趣的生活写得没有了故事,你说,这除了说明我的愚笨,又能说明什么呢!我也试着用多种方法写过,但我认为十分精彩的短篇小说,发出来后却被当作散文转载了;我认为最得意的东西,总是得不到别人的喝彩,而那些自己并不放在眼里的篇什,却成了人人叫好的“佳作”。写着写着,不由得不发出一声造物弄人的感叹。我发觉,其实一篇小说和一个人一样,都有各自不同的命运。你把它写完了发出去,就等于一个孩子给生了出来,他的命运从迈出生命之门的那一刻就开始了,并且再不为作者所左右。对于自己的作品,我后来因此变得豁达了。只要按照自己的意图或者根本没有什么意图地把它写出来了,我就算大功告成,别人怎么说就说去吧,管不了的事,不如不去管。我很羡慕那些出手快的写作者——短篇不过天,中篇不过周,长篇不出月。相比之下,我出手就太慢了,最典型的是《八个家》,一部中篇嘛,前后竟然拖了四五年时间。另外一些即使是一挥而就的东西,往往也要放上一些时日——放凉了。创作上的这种“慢”,使我失去了很多在别人眼中不可多得的所谓机会,但它给我的,虽然看不到,也许更多。在乡村生活了三十多年,我仍然觉得对乡村所知不多。创作到了今天,我仍然觉得自己心目中的好东西,并没有写出来,它在我的脑海里始终是一团雾一样的影子,它没有具体的形状,但我知道它的存在。已经出手的一些作品有可能触及了它的皮毛,但仍然在它面前留下了缺憾。我知道,任何一门艺术都是不强调追求完美的,对于语言艺术而言,它必须距离心灵越近越好。当生命达到某种境界的时候,都是相通的,它们面临的问题几乎一模一样——生老病死。人和动物一样,很多时候无法选择也无法安排甚至预料自己的命运。一些天才的写作者是划过我们文学天空的灿烂流星,而更多的是那些坚韧的漫步者,文学的天空之所以群星闪耀,正是因为他们的存在。我知道我是这星空下慢慢燃烧的一粒烛光——这微光是不足为奇的——但是我亮着。

2008年1月10日1时51分于玉门汇元

王新军对话写真(与《上海文学》徐大隆)

徐大隆(以下简称徐):您对上海印象如何?你觉得你的作品能在上海赢得读者吗?

王新军(以下简称王):我目前还没有去过上海,对她直接的印象并不多。但我对上海间接的印象是很好的。这种感觉无论是通过读书还是看电视都能够得到。上海给我“大都会”这样一种感觉。我虽然身在西部以西，但是我觉得我的小说在上海会有人喜欢的，而且能够拥有不少读者。因为我的作品有一种都市文化当中缺少的特质。《大草滩》《民教小香》《好人王大业》《乡长故事》以及《大地上的村庄》系列中的一些篇什都是最先在上海的《小说界》和《上海文学》上发表以后又被其他选刊转载的。上海那边读者对我的小说反应一直就不错。

徐：在你所创作的作品当中，你最喜欢哪一篇？为什么？目前自认为最好的作品是哪部？

王：到目前为止，我的小说当中要说让我最喜欢的，好像还不好下定语。但它们中我比较喜欢的是《文化专干》《农民》《大草滩》《夏天的河》还有《大地上的村庄》系列当中的《与村庄有关的一头牛》《吹过村庄的风》《闲话沙洼洼》等。目前最好的真还不好说，也许日后能比以前写得更好。我是一个对自己比较苛刻的人，兰大的张懿红博士说我是一个完美主义者，我觉得她的话比较有意思。我确实想把每篇文章都写好，写出自己的情感和个性，更想体现出汉语在我生活的这片土地上本身的美来。

徐：你去过最远的地方是北京吗？能谈谈你心目中的上海吗？对海派文化有看法没有？

王：我去过北京，十三年前，那时候我正狂热地追求着朦胧诗。在十三年前的那个夏末的一天，一个诗歌改稿会使我首次进入北京。那是我第一次出门远行。但那次远行在我的心目中好像并不算远，因为上北京的路太好走了，一路火车。我最远的行走是在新疆边境上的游走，那里路不好，有时候根本没有路，所以才能真正体味到行走的感觉。我心目中的上海，和纽约、巴黎这些国际大都会是一样的，它们都很能包容。海纳百川嘛，上海更应该是这样。我很喜欢海派文化，包括有代表性的作家和作品，比如过去的张爱玲，现在的王安忆，还有那部已经被人忘记的《海上花列传》。

徐：你心目中的西北或者说甘肃是什么样子的？兰州是个什么样的城市？你经常去吗？在上海也可以吃到兰州拉面的，挺好吃的，你喜欢吃吗？

王：甘肃是我的家乡，我热爱。甘肃一般有东西分之说。就是以省会兰州为中心，东西分开。甘肃是一个地形狭长的省份，这从地图上就能够看得出来。但我一直生活在甘肃西部的河西走廊西端，这里有一片接一片的绿洲，它有荒凉的一面，也有较为现代化的一面。和东南沿海相比，这里肯定落后许多。但这里的大漠长风,戈壁落日,荒原城堡,古道新村,这些东西是很能给一个文人养气的。如果你在屋子里读书写作久了,累了,烦了,只要你到野外走一走,在蔚蓝的天空下转一转,你心里一下子就不一样了。兰州是甘肃省的省会,是黄河边的一座城市,很不错,那里有我的很多老师和朋友。但我经常不去,一年也就两三次把。有时候是因为去省上参加活动,有时候是路过。你在上海吃到兰州拉面不用惊奇的,有人在纽约和巴黎都吃到过兰州拉面呢,据说已经很不正宗了。我喜欢吃兰州拉面,在我现在居住的小镇玉门,有十多家兰州拉面馆,我都挨着吃过来了。后来我给它们排了下名次,经常去的就只有排名在前三位的三家了。我觉得吃兰州拉面,首先汤要熬得好,其次面要拉得匀。有了这两样,才是兰州拉面。但好的兰州拉面肯定应该还有其他的学问。

徐:在中国现当代作家中,你最欣赏哪一位?西北作家与南方作家的区别又是什么呢?能谈谈吗?

王:这是一个不容易回答的问题,每一个被文学史留下来的作家,都有着自己不可被替代的东西。当你认真地研究了他们的作品之后,你就不得不认为他们的存在是多么的必要。如果没有他们,文学史(也许不仅仅是文学史)的某一点或者某一片肯定是个空白。那些我心仪的作家,应该是一串长长的名字:沈从文、鲁迅、巴金、汪曾祺、莫言、余华等等。莫言的写作比较自由。另一个比较欣赏的是张承志,更多的时候是他的写作过程在打动我,他的文字可以使人心灵获得某种共振和提升。说到西北作家与南方作家的区别,我觉得作为作家——写作者——来讲,区别并不是很大,因为他们都是用文字耕耘心灵的人,使用的写作工具都是那几千个汉字。但区别也并不是没有,首先他们接受的文化传承是不同的。

徐:你会一直继续目前这种创作风格和创作追求吗?是否现在还经常赶着牛羊去草滩上,我能想象你面对蓝天和草原时的目光一定是欣喜的,内心会涌起更加强烈的创作冲动或倾诉的欲望,是这样的吗?

王:我认为吧,就我目前的创作来看,风格还远远没有定型。事实上我是一个不会只走在一条路上的人,在创作中更是如此。各种写法我都在尝试,我觉得一个作家不应该只有一种一成不变的言说方式。求新,求变,应该说这是我一生都不能停止的事。现在的我不赶着牛羊去大草滩上已经有许多年了,但我烦了的时候,经常会去草滩上走一走。多是骑着摩托车去的。夏天的时候,我会找一片树荫坐下来,常常一坐就是几个钟头。我想找到一种求静的方法,有时候一个人想让自己的心灵安静下来真不是一件容易的事。一个在社会上的俗人,求静是非常难的。但我一直在追求这种境界。

徐:我更愿意关注一个作家在成为“作家”之前的那段经历。因为那种经历在很大程度上决定了作家的未来。请你谈一谈你写《八墩湖》之前的那段生活经历。《八墩湖》是你走上文坛的处女作吗?

王:一个作家,他童年和少年时代的生活对他后来创作的影响在他所有的生活当中是最大的。而且正如您所说:它将决定一个作家的未来。在《八墩湖》发表之前的那一段,也就是1992到1993年吧,那段时间正是母亲与病魔争斗的日子。母亲最终没有从那场病痛中挺过来,但这件事却给了我一种新的思索,它告诉我:一个人的一生其实很有限,假如老天哪一天不想叫你活了,它就会轻易地让你死去。其实,早在1988年夏天父亲去世的时候,我就思考过同样的问题,但没有想透。母亲的去世更加深刻地提醒了我:人生太短。它的另一层意思就是:人的一生其实干不了多少事。像我的父母,他们含辛茹苦一辈子,除了养育自己的儿女长大成人外,许多地方都留下了空白。那时候我就觉得我必须在自己的有生之年干一件有意义的事。当然在那个时候我已经对文学痴迷很久了,并且已经发表了一些作品。在乡里也算是小有名气。那之前的1989年,因为我会写文章,被当时市里的文化部门招聘为我们乡的文化专干——最小一级的文化官员。我也从一个牧人变成了乡干部。这是一个从自由走向被约束的过程,但我的心其实一刻也没有停止过飞翔。我从中学毕业到成为乡文化专干这几年的时间里,一直在沿疏勒河游牧,所以我的小说中经常有牧人生活的影子。《八墩湖》不算我的处女作,但这篇小说的确使我在省内颇得了一些文名,也给了我向新的高度挺进的勇气和信心。我的小说处女作是1988年的《荒坟》。

徐:喜欢你作品中那种浓郁的乡土风情,它令我想起前辈作家李准,还有刘绍堂等。看介绍说你从父辈手里接过的是牧羊鞭,那些生活是你写作的主要动力和源泉吗?能谈谈你是如何走上写作道路的?

王:我从出生到现在一直生活在乡村,我的家乡在疏勒河中游的一片绿洲上。这片地儿是一个面积近百平方公里的扇形的积洪小平原,它旱涝保收,应该说还是很不错的。这里的农民亦农亦牧,轻松地徘徊在农与牧之间。但由于这里地处塞外,人文方面的积淀不是很厚(也许是它们过于零散的缘故吧)。我常常从汉代和唐代的文学作品中寻觅我们这片土地上先民们生活的痕迹。尽管这样,所得也只能是一鳞半爪,除了那些硬邦邦的边塞诗,其他的很少。但那些边塞诗又多是以征战、思乡、别离为主要内容的,很少记录当时塞外人民的生活。这使我觉得生活在这片土地上,有了一种无形的责任。我想,在我生活的这个时间段,在文学上不能使这片土地成为空白。我要对这里的生活有一个记录,我要让这里曾经生活过的一群羊、一头牛、一头毛驴,甚至一场大风,都在我的作品中永远地活下去。至于我是怎么样走上写作这条路的,连我自己都觉得模糊不清。但还是可以说一说的。大约是在上初中二年级的时候吧,不知道从哪里吹来一股文学风,我们几个同学就在学校里组织成立了一个文学社。但那时候我的确不清楚什么是文学创作,只是图个热闹。直到有一天市里的广播电台播出了我一篇散文后寄来两元钱稿费在学校里造成轰动的时候,我才觉得写作并不是一件吃力不讨好的事。那时候我突然想:如果我这辈子什么都不会干:不会种地,不会放羊,而只要我能把文章写好,那么我就不至于饿死。但后来的结果是:我地也会种了,羊也会放了,文章也会写了。我觉得每个作家都有自己的根,没有这个根做支撑,他的创作就没有后劲,看不到前途。一方水土养一方人,我觉得一方水土也能养出一个作家来。一个作家不能没有生活,但仅仅有了生活的人却不一定能够成为作家。只有对生活有所触动了,才有可能动手写文章。也就是说,一个作家仅有生活是不够的。

徐:我是一名中学生,经常为写不好作文头疼。我周围的同学一般都在抄作文书,但我觉得那样没意思。请问您上中学的时候作文一直就很好吗?像我这样一个在中学时期连作文都对付不了的学生,将来能成为作家吗?

王:上中学的时候,我的作文非常一般。很多同学还因为我是文学社的骨干成员而写不好作文暗暗嘲笑我。其实,当时我也在努力地想把作文写好,争取在老师那里得个高分,但每一次我都会失望。后来我才渐渐明白,作文和文学创作根本就是两码事儿。所以你不必太在意,只管好好读书,好好生活就是了。至于你将来能不能成为作家,还得问你自己。因为在你的一生这卷长长的白纸上,只有你才是真正的书写者。

徐:您家乡“玉门”,是古诗中“羌笛何须怨杨柳,春风不度玉门关”中的玉门吗?读您的作品,能够感受到那种深厚广袤的泥土气息。能谈谈您内心最接近的作家是谁?

王:你说对了,我生活着的这片叫"玉门"的土地,就是古诗中的"玉门"。这是一片孕育过古老的边塞文明的土地,也孕育过古老的"火烧沟"文化。我很向往古代文士们那种闲适的生活,那样的生活身心都少有干预,思想也更为活跃和集中。我觉得我自己更像一头在家乡这片土地上耕田的牛,不把那些硬土翻绵软了,自己心里就老觉得没有尽到责任。常在泥土中摸爬滚打,自然就免不了一身泥土气息了。很难说我在内心里接近哪位作家。如果一个作家试图在创作上接近某个作家,那几乎等于自取灭亡。有些气息,喷在别人身上是香的,拿过来洒在自己身上,却很臭!

徐:看见有报道说,你的中篇小说《民教小香》电影改编权被你无偿提供给了北京某影视单位。我想问你的是,出售一部小说电影改编版权的报酬,不知道要超过你小说稿费所得的多少倍,你怎么会放弃呢?这件事你太太知道吗?她难道没有意见?

王:《民教小香》改编成电影是几年前的事了。去年我无偿提供电影改编权的是另一部中篇小说《一头花奶牛》,你看到的可能是这个吧。因为拍摄单位是北京一家高等院校,他们和我接洽了几次之后,我提出让他们一次性买断电影改编权,那边表示出了拍摄经费紧张的意思,双方都一愣,当时事情就在这里僵住了。后来再谈的时候,我就索性把报酬的事情放弃了。我与拍摄方变成了一种事实上的合作关系。有时候吧,我觉得放弃一些自己的利益,如果能成就一项别样的事业,其实也是好的。毕竟以一个人的力量做一部电影是很难的。我自己就做不到。在影片筹拍过程中,我不但担任了该片的制片人,还担任了编剧。现在电影《一头花奶牛》已经出来了,而且被邀请参加今年3月中旬在瑞士举办的一个国际电影节。人的一生,有时候选择放弃在外人看来是愚蠢的,但选择了放弃换来的好心情却只有你一个人才能拥有。我放弃,所以我快乐!所以你们都觉得我很蠢,是吧。蠢不要紧,关键是要蠢得可爱。我把版权费的事情放弃了,我太太当时不知道,后来知道了,也已经晚了:因为我和那边已经把合同签了。

徐:新军作家,你没有受过专业的写作或相关的高等教育,从你的简历来看,读书生涯也不长,是吗?那么,我想问你又是如何走上文学创作道路的?从一个乡文化干事成长为省文学院签约作家,你是得到过高人的指点呢,还是勤奋的必然结果呢?

王:我确实没有受过专业的高等中文教育,从中学毕业以后,我基本就是自学,自己学习,弄不懂的东西硬啃。但我的读书生涯并不短,值得我骄傲的是我有一个两千多册书的书房。我曾经在上中学的时候,因为买书偷偷卖掉了母亲已经准备好播种的麦种。当时我吓坏了,但母亲发现后却抿着嘴笑了。后来类似的事情我就再没有干过。我从心里感激我的母亲。好在写作的许多功夫本来就不是在学校里能够学到的,或者说学历的高低与一个作家的成就大小并不成正比。但我还是很羡慕那些受过高等教育的人,他们中的大多数都很聪明,所以他们没人愿意当作家。我的创作一路都有高人在指点。这些高人有时候不一定是谁,但他们在指点我的时候,所指点的地方水平必定比我高。三人行,必有吾师!我从不小看生活中的高人。但更多的是在刊物的大海里搏击,所有的刊物编辑对一个创作者来说,都是职业杀手,如果想躲过他们的追杀,只有一条路可走,那就是把你的文章写好。好文章是击败杀手的最有效武器。前些天我整理书房里那些旧物,当看到那半麻袋舍不得扔的手稿时,我突然流泪了。也许就是那些安静地躺在屋角的废稿把我支撑起来的。

徐:请问王先生,在《读者》2000年第2期上读到你的《农民》,对于这篇小说,我认为它在新时期新农村题材小说当中,它的抒情性、它的韵与美,促成了当下文学对于乡村生活新的认识和思考。请问:您在创作的过程中,对当下农村和农民生活是怎样感触的?

王:我对农村生活比较熟悉,一直就生活在农村嘛!我对这种生活的感触,是亲身的,已经渗透到血液里了。《农民》不是发表在《读者》上的,是发表在另一本文学刊物上又被《读者》转载了。《作家文摘》也转接了。在写作《农民》等那一批短篇小说时,我只是想着意去表现身边真实的乡村生活,哪怕它只是一个场景。当温饱不再成为劳动的主要目的之后,一个农民的劳动,事实上已经包含了某种诗意。我对农村生活的叙写就是对这种生活的颂扬和倾诉。任何一种劳动都能创造快乐。当然,也能创造美。

徐:请问王新军先生,在你写作的过程中,你作品的取材是否来源于自己的真实生活?

王:有一部分来源于我自己的真实生活,但大多数都不是。我想大多数作家都是一样的,这一点中国的作家和国外的作家没有什么区别,西部作家和南方作家也没有什么区别。创作更多依靠的是想象力,我们现在的许多作家把这一点搞错了。我这人的想象力就不怎么行。

徐:王新军先生,在《人民文学》2004年第10期上看到您两篇小说。一个作者在《人民文学》一次上两篇小说作品的现象是不多见的,请问这是他们在有意向中国文坛推荐您吗?

王:在发表这两篇小说之前,我寄给《人民文学》很多小说,至少不下五六篇,都退稿了。这次一起发出的两篇《旱滩》和《夏天的河》去年2004年8月寄过去的,我当时都没有抱被他们选中的希望,更没有想到会两篇一同发出来。它们能一同在《人民文学》上与大家见面,我也非常惊讶。这对我的创作是一个新的起点。我会努力做到让《人民文学》这样的刊物少退稿。

徐:你一直生活在农村,而且作品也常常以熟悉的农村生活为背景展开叙述,假如现在让你选择北京或上海,你愿意离开吗?会选哪个城市?是上海吗?

王:我可能会短时间离开现在生活的这片小地方,但不会长久,一定。因为我的根扎不进不合适自己的土壤里。离开家乡,我不知道其他地方的水土能不能滋养我的创作。我哪儿都不会去的,因为我是一个十分古板的年轻人。我向往北京,也向往上海,但我清楚地知道那里都不是我的家,长久地停留在那里,我可能会无所适从。

徐:《与村庄有关的一头牛》读来很亲切,我小时候也是生长在农村的,对牛有一种深厚的感情,是什么东西触动你来写这头牛的?是牛的勤勉和默默无闻,还是奉献精神。觉不觉得你也是西部草原上的一头牛,默默耕耘多年,才有一点收获。

王:《与村庄有关的一头牛》最初的写作动因,与我们村里一个年迈的老人的去世有关。我觉得在一个村庄里,一个人,一头牛,他们的生命在岁月的长河中都是息息相关的。他们的生命历程十分相似,共通之处非常之多。《与村庄有关的一头牛》是我的系列小说《大地上的村庄》中的一篇。在这一组系列小说当中,更多地融入了我对人生、对人性、对时间、对生命的一些思考。一个想成就一件事情的人,是需要一些牛劲的。有时候,真觉得做一头在草滩上吃草的牛其实也是好的。真的,到草滩上看一看你就什么都知道了。

徐:作为一个西部作家,在相对封闭的环境里,心灵肯定是纯净的,梦想也一定是执着的,对吗?在你面对生活的时候,关注的又是什么呢?

王:我觉得对现在的西部作家而言,生活的环境并不封闭,外界的信息可以随时了解。信息时代了嘛,印度洋海啸刚刚发生不到一小时,我就知道了。这是一个不断变幻充满诱惑的时代,在西部也一样。作为一个作家,重要的不是坚守什么,而是平静地接受。试想,诱惑是谁能抵抗得了的呢。除了诱惑,我能抗拒一切。重要的是不要迷失自己,不要随波逐流。写作者要拥有一颗平常心,永远只做自己愿意做的事。我在面对生活的时候,关注的是那些低处的细小的声音。因为它们会很快被时代的洪流淹没。然而正是对这种细微声音的感知,才真正使我振聋发聩。我认为一个作家不仅仅应该站在时代的潮头上高歌,更要学会俯身于社会的低洼处聆听。这一点对我很重要。

徐:在你的创作中,最大的困惑在哪里?你又是如何找到答案的?

王:说不出来我创作中最大的困惑在哪里,如果自己能够说得出来,肯定容易找到解决的方法。这就如同一个人身患杂症,如果诊断清楚了,很有可能会药到病除。好在我是个好静的人,只尊重自己的感觉,所以困惑一般情况下不来找我。目前创作中最大的困惑在我自己看来,是很难一次次地超越自己。每当写出一篇作品的时候,都好像自己在自己面前垒了一堵墙。我想,人的一生,就是无数次自己对自己的攀登。一个作家不要老是想着去超越别人,如果你能成功地一次次超越昨天的自己就已经足够伟大了。

徐:作为一个年轻人,除了写作,你还有其他爱好吗?

王:有的。写作累了的时候,我就到另一间屋子里写几张毛笔字。我喜欢把自己心仪的诗句写成大字挂在墙上,然后喜滋滋地端详。后来我慢慢发现这是一种养气和求静的好方法。道生一,一生二,二生三,三生万物;静而思,思而智,智而惠,惠泽苍生。心不宁、神不静的时候,我也喜欢自己和自己下棋。有时候左手胜,有时候右手胜。但我和太太下五子棋的时候,总是她胜得多些。唱唱歌,喝喝小酒,我也还行。

徐:还记得你的中学语文老师吗?老师一定为你在文学创作方面取得的成就高兴并骄傲吧!

王:我记得我的中学语文老师,好几位呢。初一的语文老师叫李晓明,初三的语文老师姓刘,叫刘吉兰。当然其间还有其他的几位老师比如郭会清和周刚。我很感激他们!他们当中只有李晓明知道我一直在坚持文学创作,我和他儿子是同学,以前他可能从他儿子那里得到过我的创作消息,后来电视报纸上有关我文学创作的专访和报道多了,我想他们也都知道了。我始终没有在他们面前说起过自己的创作。我想,他们是期望着自己当年的学生能取得更好一些的成绩吧。我更加担心的是：当他们看到我作品的时候，怀疑那可能不是他们那个叫王新军的学生写的，那我该怎么办？也许他们压根就已经不记得当年班里的那个王新军是谁了。而现在的王新军，或者完全就是另外一个人。

徐：王新军先生，我在近期的《文艺报》上看到一篇有关当代乡村小说的评论文章，把你定位为"中国当代抒情乡村小说"代表作家之一，并且排名在迟子建、陈忠实之前。你能就此说点什么吗？

王：我那些乡村题材的小说，尤其是短篇小说，几乎占了我文学创作的一多半，同时它们也是我最喜欢的一类小说。我觉得应该将它们归类为"抒情乡村小说"，评论家们给予这样的定位我也认可。我始终努力地在小说中抒情，因为我写小说的同时也在写诗，我一直觉得我的诗歌是很不错的，但不知道怎么回事，小说后来居上了。但在诗歌方面的探索我一直是执着的。每年也还能有几百行诗歌作品发表。迟子建、陈忠实都是我心仪的作家，陈忠实更可以说是我的前辈。在那篇文章中我的排名在他们之前，我认为是笔误或者偶然，并不能说明什么。我真心希望自己的小说能写得和他们一样好。

徐：以同龄人的眼光看现代城市，你喜欢上海吗？你如何看待目前的城市文学作品？你会觉得那些作品是无病呻吟吗？毕竟你生活的地方和上海以及南方一些城市有着很大的文化差异。

王：首先要说的是，我虽然身在乡村，但我并不对现代化的城市心有排斥。我不是那种吃不到葡萄就说葡萄酸的人。更不像那些一边享受着城市现代化所带来的方便和快捷又一边咒骂城市的人。在国内的许多城市中，我说不上自己是不是喜欢上海，因为还没有去过。但我觉得它与国际社会衔接得很紧，如果去了，我会喜欢的。目前的城市文学中也有许多精品，一个人生活在城市或者乡村，他们都是在生活，都有生存的压力，并不一定发自乡村的呻吟就是有病呻吟，而发自城市的呻吟就是无病呻吟。文学是表现生活的，只要它写出了真情实感，确切地表达了某种意愿和人生，我们就应该支持。南方和北方，在自然环境上有着差别，文化传承也不同，但有一根大脉始终是相通的。近二十多年来，南北文化的相互渗透相当厉害。就拿城市建设这一块来说吧，南方的一些城市越来越透出一股大气，而北方的一些城市，却看不出应有的阳刚来。

徐：您几十年的生活中，给您印象最深的或者说心灵震撼最大的是什么?假如不是写作,您希望从事什么工作?您妻子支持您写作吗?目前的收入够养家糊口吗?

王:震撼最大的事情,应该是1988年父亲的去世和1993年母亲的去世。这两件事情并不是突然之间降临的,因为我的父亲和母亲在去世之前都被疾病缠磨了很长一段时间。那些日子,对我来说也是不堪回首的。这两件事情,使我对人生重新进行了一番思考,结论非常简单:人的一生只能做好一件事情。有的人甚至一生连一件事情都做不好他的生命就走完了。假如不是写作,我肯定会成为一个优秀的疯子。我会说一些别人糊涂自己也糊涂的话,然后让这些古怪的话成为全世界的谶语。这一点我相当自信。妻子很支持我的写作,因为她扳不过我的执拗。而且她知道我除了写作,对别的什么事情都没有兴趣。目前的稿费收入,要养个三口之家,危险。但我们对生活的要求并不高,不求大富,所以还是过得去的。

徐:没有想过去其他城市并开拓另外的文学题材吗?

王:城市我不是十分向往,想出去吹吹风的想法倒是经常会有的。我的小说创作有两条路子,一是写乡村题材,城镇题材我也开始接触,并且已经有一部长篇出版了,叫《人生八卦》。

徐:您笔下的村庄离我们遥远而且并不富饶,您作品中的人物也比较简单而不怎么浪漫,可是阅读后,却能体会到故事后面的许多许多,更能看到生活的原态和本真的底色,同时感受到您内心的温柔善良和乐观。您的这些作品所表达的意蕴都与其他城市的文学作品有着很大区别,能谈谈您的写作感想吗?您一直生活在他们中间吗?

王:我时常置身于这样一种环境之中:脚下大野无边,头顶碧空深远。大西北——河西走廊以西——虽然贫瘠,但却拥有许多使你的心灵变得足够博大的东西。荒野上,偶尔的一眼泉水、一条河流、一片村庄,都会令我深深地激动不已。就是在这样的一片土地上,我像一粒不经意间从鸟嘴里跌落下来的种子,幸运地生根发芽了。并沐浴着戈壁上的长风细雨,长成了一个能面朝大风而不被吹倒的汉子。

我是一个习惯于幻想的人。这个习惯大约源自少年时代的数年沿疏勒河独自放牧生涯。那时候,天空和大地在我眼前以最巧妙的方式结合在一起。然后,一条大河轰然将它们重新切开,在天地间形成一道巨大的伤口。是的,对于无垠的大地来说,一条河就是一个伤口。在大西北,多这样一个伤口,这里的人们就会多一个幸福的理由。因此,当羊群在草滩上散开,当黄牛埋首于绿草,当叫不出名字的鸟隐蔽于河边柳从,当大地在阳光下沉睡,……这种时候,我也会因为那些无怨的沉思,躺在草滩上偷偷地幸福。

我们的村庄,傍着一条河。说不清是河流绕开了村庄,还是村庄在有意靠近河流,反正它们就那样形影不离地牵绊在一起,永不交汇,却又谁也离不了谁。河流丰富着村庄的历史,村庄赋予了河流浑然天成的巨大诗性。围绕着村庄与河流的生灵们,在时间的喧哗与寂静中渐行渐远。我曾经幻想让时间永远停滞在那样一个凉风习习的秋日午后:天空飘满新棉般洁白的浮云,空气里弥漫着庄稼成熟的气味,耳边回响起打麦场上亲人们扬场的号子的余音,鸟儿轻唱,河水低吟,高亢的驴鸣在瞬间钻入九霄,羊群像贴画一样被固定在河边的绿草上……

这就是关于一条河与一个村庄的幻想与记忆。它与生我养我的那个叫作“西沟”的村庄在某一时刻是完全能够重叠起来的。在某一时刻,它又与我在小说中虚拟的那个叫“沙洼洼”的村庄十分相似。我的创作,就是从这里开始的。

奇怪的是,十多年后,在别人看来我已经小有成绩的时候,我却开始扪心自问:你真的是一个作家了吗?你的那些文字到底能够承载些什么?经你手将它们变成文章的时候,曾经承载过什么吗?我深知,一个在北方天空下成长起来的男人,不管你是一个作家还是一个牧人或者一个农民,面对这个世界,你都必须是有所担当的。在我以往的创作中,如果说《农民》承载了一个农人获得土地后,在面对丰收时劳动的幸福;《乡村爱情》承载了母性孕育过程中的痛与快乐。那么《牧羊老人》和《大草滩》所传递的,则是一种自由被消减时的无奈。在“大地上的村庄”这组系列小说中,我试图挖掘出土地、动物、人类、时间之间的关系。人与土地之间的话题是永恒的,对它的谈论将没有穷尽。我在这方面做一些浅显的努力,对我来说,也是一种快乐的抚慰。我觉得写作就像一个农民种地一样,有怎样的付出就会有怎么样的收获。事实上我一直就是一个农民。只是这几年我名下那几亩承包地已经没有时间耕种了。大哥要供儿子上学,我就给他种了。种好了,一亩地一年总还能落三四百块钱。这些钱对大哥很重要。

在短篇小说的创作方面,我更注重作品背后给人的东西,这就同作画当中的留白一样。我的农村题材小说,从根本上说,跟城市作家的作品是有区别的,因为我们关注的不是同一件事情,作品中人物生活的背景也是不一样的。

徐:对不起,以前对你的作品有些陌生,但是阅读后,却觉得以前错过你的作品实在可惜的,能介绍一下你的作品大多刊载在哪些杂志上吗?我很希望多读一点你的作品。

王:也不一定,总是这里一篇那里一篇的,很零散。总的来说,以往在《绿洲》呀、《上海文学》呀、《小说界》呀、《飞天》呀,这些刊物发表的次数相对多些,像《人民文学》《时代文学》《江南》呀,还有一些省级刊物上偶尔也会有。总之说这是不一定的。最近出了一本长篇《人生八卦》,另外有一本短篇小说集《大地上的村庄》如果运气好的话今年也能出版。另外网上也有一些。

徐:张贤亮可以说是西部作家中比较有名的一个,你认识他吗?谈谈你对西部文学前景和未来的展望吧,好吗?

王:这个问题回答起来比较简单,也就是说我对未来的文学前景是十分乐观的,只要人类存在一天,文学就不会消亡。甚至有一天人类消亡了,文学也许还会以另外一种形式存在着。所以我总是在鼓励自己:好好写吧,未来的路还长着呢!张贤亮是一位值得我们尊敬的文学前辈,他给中国当代文学树立了一个标高。我虽然不认识他,但我很希望有机会向他当面请教。听说这些年他经商也十分成功,这一点我也十分佩服。吾辈不及也,人家智商就在那里放着哩。

徐:您能走到今天,肯定遭遇过很多曲折坎坷,那么支撑你追寻梦想的又是什么?是爱情,还是对那片土地的思考和热爱?现在的梦想是什么?

王:我觉得遭遇和坎坷对我来说都谈不上,我的那些经历和别人比起来根本算不了什么。一个人一生要经历的东西很多,有时候,对于一个作家来说并不是经历越丰富越好。有时候,亲身的经历在文学面前往往是最苍白的。成就一个作家的第一要素不是经历,而是想象力。我从小就有做好一件事情的愿望,就是这个愿望支撑着我,因为当我首先选择了文学创作之后,以后的日子里也就别无选择了。在生活中,我常常有一种来自生活之外的感觉。对家乡这片土地的认真思考,已经是后来创作相对成熟一些之后的事了,因为我觉得不重新对脚下这片土地进行思索的话,我就永远突破不了自己。这方面我现在仍然在努力着。

徐:从《文学会馆》上看到你的所有作品都写了农村,以后,你是否有大的调整？有没有涉足其他小说领域的打算？

王：其实我写了那么多小说，也并不都是农村题材的，一些城镇生活内容的也有。我没有刻意地规定过自己这部小说写什么，那部小说写什么。随手碰到了什么，如果它让我心动，我就会马上动笔写下来。将来怎么写，我现在也不知道，但写是一定要写下去的。

徐：我是一个农民，请问王老师，"沙洼洼村"是你生活的村庄吗？你的小说中，融入了你对农牧文化深厚的感情，你觉得我们的农民最应当重视的是什么？

王：沙洼洼是我心里虚拟的一个地方，但像这样半农半牧的村庄在我们这里随处可见。但无疑这个叫沙洼洼的村庄与我生活过的那个村庄是十分相似的，有时候它们会在我的脑海里重合在一起。只是我把它拆散了又重新组合在了一起。我觉得我们现在的农民——河西走廊的农民，要对自己的生活有所设计和规划。我周围的许多农民朋友，总是对自己的生活没有一个相对长远的规划，不知道自己要干什么。对自己土地的经营也还存在着盲目的从众心理。要知道土地作为一种生产资料，必须是要使它生产效益的。要让它产生效益，就必须去很好地经营。说实在的，当好一个农民并不那么容易，尤其是在当前的西部，农业已经从计划经济时代转向市场经济时代。这便使我想起了一句古话：天下唯有读书好，世上从来吃饭难。农业和农民历来就是中国的头等大事，但我觉得我们国家目前对农民的关心还不够。而农民自己从来没有把自己当作这个社会的一分子，自己做主的意识不强，有时候连自己最基本的一些权利受到了损害也不去主张。这都是一个农民在自己的生产和生活当中应该重视的。

徐：很想知道童年和少年时期的生活，能放开谈一谈吗？

王：好的，那我就放开谈谈吧，只要你不嫌我啰唆就行。对于一个20世纪70年代出生在疏勒河畔的人来说，生活已经不再是那样艰辛。但在西部农村，那时候的日子还是要相对清苦一些。那个时候，农村人的日月，大凡如此吧！这没有什么可抱怨的。父亲是生产队最自由的人——羊倌。从我会走路的时候，差不多就学会放羊了。就像那个寄居大观园里的林妹妹，会吃饭的时候，就已经开始吃药。那时候我，觉得放羊是天底下最好干的事情，否则父亲为什么总那么乐呵呵的呢。后来当我成了一个真正的牧人的时候，我从心里感觉到，能做一个牧人真好。能在天底下做这样一件事情真好。的确是好。好在它的自由,好在它的散漫,好在它的天高地远,好在它的无拘无束。看着天,看着云,看着草滩上吃草的羊,心在任何时候都不会停止在缥缈中飞翔。但在那些最初走向草滩的日子里,我显然不是一个牧人。更多的时候,我是一个被牧者——在父亲眼里,我只不过是一只听话的小羊羔。

我最初的放牧生涯,是沿着一条河开始的。

这条河浩浩荡荡从南山向北扑下来,在我们村庄南边转了一个弯,静静地流过,带着村人无限的遐思与梦想,一路绵绵西去。她——就是疏勒河。

如果从地图上看,我们的村庄恰在她的臂弯外侧,是很不情愿将我们这个几十户人家的小村子揽入怀中的那么一种样子。但河水却在无可奈何中营造了一片狭长的绿洲,我们的村庄便在这绿洲上诞生了。是先有了河还是先有了我们的村子?是河跟着我们的村庄来到了这里呢,还是我们的先人跟着河跑到了这块地方,我一时说不太清楚。

河滩上生长着大片的青草,青草又连接着一块块湿地。然而,这一切又在巨大荒凉的包围之中。羊群在草滩上散开,水鸟从密密匝匝的芦草丛中飞向天空,云在高天上飘逸不定。这就是童年留给我的记忆,它与荒蛮相去甚远,我童年的声音,就是从这巨大无边的草滩上飘向远空的。

父亲的肤色是一种深厚的紫红色,触摸这种质地坚硬的皮肤,叫人不由自主地想到太阳和铁。我的童年里,没有巧克力,没有电动汽车,也没有变形金刚。但是,却有一条河和相连的大草滩与我相伴。青草和水,始终盈满了我童年的记忆。

徐:谈谈你对酒泉地区本土文学创作的展望。

王:仔细算起来,酒泉七八个县市当中,从事写作和爱好写作的人并不少,而且甘肃全省仅有的两家能够公开发行的文学刊物之一的《阳关》杂志就是由酒泉市文联主办的。我最初的创作就是从那里起步的,我十分感谢已经退休的老主编赵叔铭先生。三十岁左右的那一批作者我相对比较熟悉,但由于近年来他们大多都忙于各自岗位上的事务,写作在他们已经成了可有可无的事。人各有志,这没什么好说的。但他们的潜力是有的,只要能耐得住寂寞,抵得住身边花红柳绿的诱惑,我对他们的创作还是有信心的。不过话又说回来,文学并不是什么很红火的事儿,有的人会用一生孜孜以求,有的人呢,只是路过时随手揪了几把绿草,我们都不应该对他们说三道四。但我想,如果酒泉本地真正把文学创作作为自己一生事业和追求的作者们,都能摆正自己的心态，出几个像样的作家和诗人不是什么大问题。有的人天生下来就喜欢文学，用不着谁为他鼓劲，即使吃不上饭他也干。反之亦然。

徐：酒泉是一个历史文化名城，请你谈谈文学对酒泉经济发展的影响。

王：酒泉的城市文化大约是从汉武帝时候开始的。后来到了唐代，诗仙李白听说了河西走廊有个名叫“酒泉”的地方，写诗的时候就把它写了进去：天若不爱酒，酒仙不在天；地若不爱酒，地应无酒泉。如果不是李白过于迷恋美酒，他大概不会留意这样一个地方。但关于酒泉的人文故事远不止这些，它不仅是享誉世界的敦煌艺术的发祥之地，而且在疏勒河中游的绿洲上，还诞生过古代书法史上的草圣——张芝。酒泉的文化资源还有待于进一步整合。这些丰富的文化积淀必将孕育出具有地方特色的文学作品，它们对地方经济的发展，都起着潜移默化的作用，尤其在一个地方的可持续发展方面，显得和生态建设一样重要。所以，需要用一种相对长远的目光来看待这件事。

徐：你目前创作已经达到了一个令人瞩目的高度，能否谈谈下一步的打算，即将出笼的大作是什么？透个底。

王：我的创作始终是在一步一步地往前走，我觉得一个人一生做不了太多的事，那么我就选一件事情，用一生时间把它做到最好就行。我说得最好，是自己尽了全力然后达到的那个高度。父亲在我很小的时候给我讲过一个小故事：从前有两只鸟，一只聪明机灵，一只憨厚笨拙。但每一次远行的时候，那只笨拙的鸟儿都飞到了整个鸟群的最前方。而那只聪明的鸟儿却往往被落在了后面。这是为什么呢？原来这只笨鸟知道自己比那些聪明的鸟儿都要拙一些，所以在大家还没有起飞的时候，它就先起飞了，而在大家已经落下去的时候，它仍然坚持再多飞一会儿，这样它自然就飞在了鸟群的最前边。这就是“笨鸟先飞后落”的故事。我也不知道父亲是从哪里听来的，他无意间讲给了我，我就把它记住了。我怀疑父亲大概当时就已经看清楚了——他的小儿子就属于那种笨鸟。这样看来，父亲讲那个故事仿佛就是有其用意的了。当我听了父亲讲给我的这个故事之后，我也慢慢意识到自己是个什么货色了，所以我必须先飞后落。我对自己的创作，没有时间上的规划，只要一个题材在心里想透了，我就会集中时间和精力把它写出来。

徐：你的下一部长篇，听说已经基本完成，能谈谈创作初衷吗？

王：是的，它的初稿已经在去年以前就完成了，但我不是很满意，所以一直没有勇气来第二稿。我怕把这个东西弄得四不像。因为是写农村和农民的，从刚刚土地承包那会儿写起，故事没有展开，我自己在短时间内又无能为力，但又不甘心就目前那样拿出来。所以我想放一放，再打磨一下，争取叫自己先满意了再说。关于它的创作初衷，其实也没有多想，就是想把自己村庄里曾经发生过的事情记录下来，就这么简单。但现在看来，想把发生在自己身边已经有一段时间的事情记录下来，也不是一件容易的事情。

徐：你写作用电脑吗？对电脑等高科技东西喜欢吗？

王：我是1997年夏天开始用电脑写作的，当时我还在乡上，又刚刚成家，所以买电脑是下了很大决心的，如果妻子不支持肯定不得行。我当时把买电脑摆到了“支持丈夫事业”这样的高度，如果妻子当时不支持，而我的创作又一直不景气，妻子肯定会知道自己是有责任的。为了免除这种责任，她只有默许了。而我有了电脑，不努力似乎已经没有后路了，妻子即使不说一句话，我也会“不用扬鞭自奋蹄”。我对高科技呀这些东西一直抱有好奇心，如果不能轻易弄通，但我至少要知道它们是怎么回事。身处这样的时代，对新生事物不闻不问，脑袋不更新，就太旧了。我会时常有选择地将我的脑壳“刷新”一次。

徐：请问你每天都在坚持写作吗？有没有写不下去的时候？

王：一般情况下是这样的，每天都写。小说这东西，一时半会写不完，所以得一天一天慢慢地写。如果有事耽搁几天，再写的时候就写不下去了，就觉得写着是那样别扭，但是过一阵又好了。我觉得中篇写到一半的时候要停一下，长篇写到三分之一时也要停一下。短篇，开头那一段比较麻烦。

徐：莫言是一个非常优秀的作家，有着他独特的语言特色。你觉得你将来可能超过莫言吗？

王：一个成功的作家就是一座在地域上耸立起来的山峰，我想有一天我可能会与他遥遥相望。

徐：请问：通常情况下，你作品的第一个读者是谁？你在意别人对你作品提出批评或者意见吗？

王：我作品在没有完稿之前，一般从不示人。完稿之后呢，它的第一个读者往往就是编辑了。早先的时候，作品一出来总希望别人都来说些好话，但是很难。现在作品多了，既然已经发表出来了，好与不好，大家愿意说什么就说什么吧，愿意怎么说就怎么说去，我不太在乎这些了。因为我觉得提出批评意见的人，往往是善意的。因为人家读你的东西，占用了自己的时间。而那些不看作品而连声称好的人,往往也是善意的,因为他们实在没有时间来读你的作品。

徐:一个作家最应该注重什么?如何才能真正做一个作家?以你在文坛的经验认为我们晚辈如何去认识文学?

王:首先对您在我面前自称晚辈表示惭愧,您过谦了。一个作家究竟应该注重什么?这也是我时常扪心自问的问题。写了这么多年,想了这么多年,答案依然在虚无缥缈间。不过我觉得作家最最应当提高的是自己在人性方面的修养。当语言运用方面技巧的东西达到了一定程度之后,最终能够决定这个作家是否能够登上文学高峰的,就是这个人的人性修养。如果把作家等同于一般能够写点儿应景文章的人,我是羞于与其为伍的。认识文学,我觉得就要看这个作品是否站在普通人的立场上说了真话,是否从细微的生活中拾取了美,是否为弱者递了一把劲,是否向恶举起了手中的鞭子。

徐:爱情会有吗?对爱情认真的人会生生世世在一起吗?

王:爱情怎么不会有?你难道就那样悲观吗?古往今来那么多的爱情故事你大概听说过不少吧!只要你不要那么悲观,你就会相信:爱情就像牛奶和面包,它们都是会有的。至于会不会生生世世呢,我不是算命先生,也不好信口忽悠你,但我想只要当事的双方都好好地呵护,相爱一生怕不是太奢侈的事情吧。记住,重要的是不悲观。

徐:在你三十四岁的人生中,你感受最深的事情(生活、经历、感情)是什么?

王:十二岁之前的时候,我感受最深的是大集体的东西突然一下子就没有了,一个生产队,说分,那么多东西三天五天就全部分掉了。生产队的社员们对分掉集体东西的热情并不比"文化大革命"那会儿搞批斗来得低。这就是新中国历史上著名的"包产到户"。十八岁之前,父亲的去世使我内心产生了一些震动,我觉得生命其实非常之脆弱。二十六岁的时候我结婚了,我觉得我的生活突然间有了依靠,情感也有了归宿。三十四岁到来的时候,女儿媛媛出生了,那天晚上我守在医院的产房里,看着床上熟睡的妻子和小小的女儿,突然觉得生活变得完整了。

徐:咱们都是西北人,最容易见到的就是风沙和爱情,那么你写作的来源是风还是流沙还是爱情?

王:我很难一下子说清这个问题,因为它的答案并不只有一个。有时候也许因为西风吹歪了一根草，我就会想到一些什么，然后写下一些什么。这也许就是一部作品的动因。这就好像爱上一个人一样，也许这个人并不是特别出众的，或者根本就一般得不成样子，但是因为她身上的某一点不同，或者举手投足间的一个“态”，你就深沉地喜欢上这个人了。也许还有别的原因：眼睛、鼻子、声音、步态等等，总之，面对不同的对象，你会有永远不同的答案。但截至目前，我好像还没有因为爱情而写出一篇小说来。

徐：你的小说中有多少来自你的生活？

王：有一些是来自我自己或者身边的生活。像以前的中篇《文化专干》《乡里大集》《乡长助理》《好人王大业》《单位垮了》等这些都是。因为我曾经是乡里的文化专干，在乡政府干了十多年，这些生活我十分熟悉，小说里的那些人物和我朝夕相处。我一直认为这些小说是一批令人感动的作品，是值得研究当代乡镇题材小说的人去关注的。

徐：家乡最令人感动和难忘的是什么？是人的心胸还是辽阔的草原？

王：这个问题可以说把我问蒙了，在我和记忆中好像没有什么真心地感动过我，偶然的感动也许有过，特长久的感动却一直都没有产生。难忘的事情近来却是接二连三的：首先是那些湿地和草滩被急功近利的“开发者”们弄得千疮百孔，惨不忍睹，好端端的地方被开发成了荒漠。草原已经变得越来越零星，西部好几条大河的河水原先要流五六百公里，现在想流上一半都难了。面对家乡这样的变化，我常常皱着眉头思索——人呵，你真坏！

徐：还记得你的小学时代吗？回忆一下吧。

王：好像是到了能够上学的时候吧，母亲就把我送进了村里的学校。从此开始接受许许多多的管束和教诲。尤其是夏天得穿鞋上学，坐在教室里也得摆出一个有板有眼的架势。这让我着实难受了一阵子。更让我心里放不下的是：那些绿草滩，那高高在上望不到底的蓝天，那些被父亲的放羊棒轰来轰去的羊——它们突然之间都离我远了，这使我幼小的心灵一下子陷入了一种无边的孤独。课堂上，我常常一边听老师讲课，一边想着那些草丛里飞出的水鸟，草滩上那些俗语叫屎爬牛的黑色的甲虫，它们到底都怎么样了？水鸟飞起的地方，或许还有一只鸟窝，里面还有几枚鸟蛋。还有那一河水，它们流啊流，最终要到哪儿去？不在它们身边，这一切我都无从知晓了。我想出去，但我更害怕老师的责备。我一边想着，眼泪就流了下来。老师有时候会忽略发生在我身上的这个细节，有时候，她又会被我满脸的眼泪惊呆。老师常常以为我病了，细声地问我哪里不舒服。我死死地咬着嘴唇，只是摇头。老师又疑心是别的同学怎么我了，问，也是一片“没有”声。于是老师把我排在了中间一排的第一张桌子上，几乎就到了老师眼皮子底下。老师的这个办法奏效了——我不再莫名其妙地流泪了，却学会了自己跟自己玩。一根树枝，一块小石头，只要手里有样东西，我就能翻腾着玩整整一节课。有时候手里东西给老师收了，实在没有东西可玩，我就左手玩右手，右手玩左手。最后，连老师也没有什么好的办法了。

大约到了四五年级的时候，我们每天都能听一节故事课，这是现在学生无法享受的。故事的讲述者是我们村小学的一位老师，姓李，那时候他大概也有五十多岁了吧，我们都叫他李老师。那时候村里识字的人不是很多，识字又会写字并且能把书上的东西讲出来的人就更少了。许多当教师的知青返城以后，学校师资匮乏，原先赶皮车的李老师就来学校教书了。李老师是村里少数几个有些文墨的人之一，原本是赶皮车的。生产队里常常可以看到他一边赶着皮车，一边手捧着砖头一样厚的书，坐在车辕上读。干活的间歇，人家如果有要求，他就要给大家来上一段：从“书接上回，且说……”一直到“且听下回分解”。

他的故事中，有花和尚鲁智深，有打虎英雄武松，还有穷得卖刀的杨志，拿斧头似乎是见人就要砍的黑旋风李逵，裤腰带比较松，或者很可能根本就不勒裤带的潘娘子也在其中。后来又有了刘备、关羽、张飞三兄弟，再后来，还有了拿一把大铡刀闹革命的农民朱老钟。因了这些实实在在的大学问，我们学校少了老师，大队干部眼里，他是当然的首选。

每到故事课，我就双手撑了下巴，盯着他两瓣紫黑色的嘴唇使劲看。我奇怪他怎么能知道那么多的人和事，而且知道得那样详尽，于是对有学问的人充满了敬佩之情。后来长大了才知道，李老师不过是读了《水浒传》《三国演义》那些书，而且讲的许多地方，已经走样了。但在那个蒙昧的年月，他的讲述又是何其精彩呀。

为给学生讲故事的事，李老师被上面批评了，还做了检讨。这大约是后来的事。

徐：王新军先生，你的第一篇小说你还记得吗？它当初发表之后的情形你还有没有印象？

王：那是中学生活结束以后，我回到了疏勒河畔的家里。恰是这一年，父亲病入膏肓，我理所当然地接过了父亲手中的牧羊棒。那时候，我已经尝到了创作的艰辛，我夜以继日地写啊写，却连一个字也发不出来。稿子寄出去，大多泥牛入海。我真不知道是一股什么样的力量在支撑着我继续写下去。我甚至有了深深的自卑感，害怕别人看见我趴在桌子上写东西，更害怕别人问我：你写的东西发表出来了吗？

于是就在放羊时怀里揣上笔和本子，羊吃草的时候，我就开始写作。冬天的时候，钢笔不下水，圆珠笔不下油，我就用铅笔。一个冬天过去以后，我竟然写完了五个本子。翻过年的8月，我的一篇小说《荒坟》终于在南京的一家叫《文艺学习》的小刊物上发表出来了，后面还加了一段编辑的评语。更让我兴奋的是，评语中竟然把我的小说与当时很叫响的《老井》进行了对比分析，编辑对我的小说是肯定的。那一段日子，是我最扬眉吐气的日子。手捧着散发着墨香的杂志，我一连几天都睡不着觉。我现在还记得那位写评论文章的编辑，他的名字叫沙黾农，我后来看到过他的一篇小小说。再后来，也不知道是通过什么途径，我听说他是一个残疾人。我们以师生名义通过几封信，后来就断了联系了。就是这篇几百字的评论文章，给我的创作注入了新的动力——我觉得，我还能行。

是那几年独自放牧时的天高地阔，给了我天人合一的谶语般的感觉。也使我从人群中渐渐独立出来。1989年头上，乡上需要一个文化专干，因为我会写文章，经过市里文化部门组织的考核，我被录用了。就这样，在农村这块朴实的文化阵地上，我一干就是十几年，尽管只是个招聘干部，待遇也不好，但我仍为自己能在家乡这块土地上奔忙而高兴。

徐：我是一名中学生，很想知道你的中学时代是怎样度过的。谈谈你的中学生活好吗？

王：我上中学的时候，学校在乡上。从村里去学校，要沿疏勒河一路溯流而上。那时候刚刚土地承包，疏勒河流两岸的大地上，到处都人欢马叫渐渐活泛起来。我和同伴们每天背着书包，沿河边小路步行半个多小时到学校，一天两个来回，寒暑不计，风雨无阻。最初喜欢文学，应该说我是从初二那年开始的。那时候因为准备下年中考，学校专门有了一周一节的作文课。但没有具体教什么，老师在黑板上出一个题目，然后规定三天后交本子。于是认认真真地写，但每一次信誓旦旦地把作文本交上去，老师批下来时，都只给我一个中等偏下的分数。心里就很不服气。好在那时候我已经开始认真地写日记了，不论长短，每天一篇，把一天生活中的所见所闻所思所想全都记下来。现在看那些东西，其实就是些纯粹的流水账。但正是那厚厚的七八本流水账，给我日后写作打下了扎实的基础。固然有熟能生巧的成分在里面，但更多的是培养了一种自觉的创作意识和兴趣。到现在，我才突然悟出，正是那种早期对语言的有意识的磨砺，使我心灵深处对汉语产生了一种说不清的迷恋。不管怎么样，我想我应该把自己心里的东西想办法用自己手中的笔记下来。在我认真地读了许多的中外书籍以后，我突然茅塞顿开：那些长长短短的小说，说到底不就是一本本或长或短的流水账嘛！是的，只不过它们已经是很高级的流水账了。

20世纪80年代中期，全国各地学校时兴办文学社，一时心血来潮，我们几位同学也组织了一个。在我，办文学社的目的，无非是相互借书看方便些，至于别的什么，当时都弄不大清楚。初三第一学期快放假的时候，我收到了一张三元钱的稿费通知单，还在全校引起了一阵不小的轰动。要知道，这在一所农村中学，可以说是史无前例的。尽管那只是市广播电台寄出来的，只有区区三元，但我自己还是沾沾自喜了好一段日子。我记得当天中午我就借了一辆住校生的自行车，怀揣稿费通知单去镇上邮局把钱取了。我用一块五毛钱买了一本《收获》杂志，用三毛钱吃了一顿饭（可能是一碗牛肉面），又买了两毛钱的水果糖，然后就骑着自行车高高兴兴地回了学校。回来后，我把兜里的水果糖给我们文学社成员每人分了一颗，大家嘴里都第一次因为文学美美地甜了一回。那次为我换回稿费的，是一篇叙事性的小散文。内容是什么，现在已经记不起来了。

后来，就能常在广播里听到播出的自己的小文章了，惶惶然，又喜形于色，觉得自己已经行走在成功的边缘了。直到离开中学校园，我觉得自己都是十分幼稚的。

徐：《大地上的村庄》听上去是个很散文化的名字，你怎么想起用这样一个题目来写小说了呢？

王：刚开始的时候，我还没有创作这样一批系列小说的设想，只是一连写了同一类型的四五个短篇小说。把它们连在一起看的时候，好像相互都搭界儿，分开来看，又完全能够独立成篇，都是在写一个西部村庄里的人和事。后来又写了几篇，都是以一个叫“沙洼洼”的村庄为背景展开的，我就想叫“沙洼洼系列”，但又觉得不怎么理想，后来就有了“大地上的村庄”这个名字，反正

“沙洼洼”肯定是在大地上的。再说了,大地上能生长出那么多的庄稼,生长几个村庄几篇小说肯定不是什么难事儿。后来我就把这类题材的小说都以这个总主题发表出来了,一些还被贴在了网上。

徐:《大地上的村庄》系列小说最先我是在《上海文学》上读到的,后来又在《飞天》《江南》见到一些,请问这个系列你已经创作多少篇了?它们的内容都很相近吗?

王:《大地上的村庄》系列我已经写了近二十篇了,短篇多,只有一两个中篇,发表了十来篇,还正在发。去年年底,我编了自己的第一本短篇小说集,书名就叫《大地上的村庄》,有25万字,里面收入了我迄今为止具有代表性的短篇小说近三十篇。如果幸运的话这本书2005年能够出版。我相信它将是一本很不错的短篇小说。不过我要说明的是,它们内容并不相近,有的甚至根本没有关联,完全可以看作当代抒情乡村短篇小说。

徐:《人生八卦》是部很不错的现实题材小说,您为什么要写这样一部长篇呢?读了以后,觉得全书是用一种看似很轻的东西对当代政治文化进行了一些深刻的思考,很想听听您关于这方面的见解。

王:为什么要写《人生八卦》这样一部书?我为什么要在自己将农村题材小说写得十分娴熟的时候,抽时间写一本带有明显批判性质的现实题材的小说呢?思来想去,这个问题我是难以回答的。我要这样问你们,你们也不好问答,是吧。这对于作者来说,同样也是一个很难回答的问题。是的,我们都无一例外地生活在这个“俗”的世界中。所谓的“俗”,无非就是一些约定俗成的条条框框,它束缚了社会进步,亵渎了人类心灵对美好事物的追寻,还……总之“俗”这东西,就像一件不怎么穿但又委实舍不得扔掉的旧衣服。谁如果说他已经脱俗了,那肯定是在自己骗自己。谁相信谁是傻瓜。

中国的民间(岂止是民间),对读书人有一种古老的评判标准,那就是——读书,然后做官。学而优则仕嘛!如果不是这样,那你一个读书人的一生,便被认为是不成功的。这样的一种价值观浸透了一代又一代人。可叹的是,到了21世纪的今天,它在我们年轻一代的小知识分子们的脑海里,依然时时泛涌着激动的浪花。

小说的意义究竟是什么?我觉得,无论有多少种答案,如果一部小说里没有了反思和批判精神,那它的“意义”总该是要减少几分的吧!打开人物内心的那个“核”,从那个核心出发,抵达小说的“核”,那么,呈现在我们面前的东西，就应当是世俗中较为真实的一种。社会生活使人们的内心悄悄起着变化。这是不可遏止的。

作家不是救世主，他担不了那个责任。而今，许多的所谓作家，连“某某”灵魂的工程师这样的名分也承担不起了。这不是因为他们手不能提，肩不能扛，而是因为在他们的内心深处，对社会，对人类，已经没有了起码的担当。《人生八卦》明显带有对当下知识分子对政治文化深刻的反思。它与一般意义上的官场小说是大有不同的。在我们的社会生活中，官场是一个思想和矛盾最为集中的地方。人性的丰富、复杂、多变，在这里得到了充分的展现。小说在这里找到了它的对当下社会进行思索的切入点。

无论如何，一个人在世俗的生活中要坚守住自己，是非常不容易的。不管你是一个作家，还是一个国家公务人员。腐败在某种程度上已经成了我们这个时代的公敌，任何一个国度，任何一个政党，任何一级政府部门，都不会对这种行为加以纵容。各种各样的反腐规章，哪一个地方都有，但是——腐败——也正如这些规章一样，无孔不入，无处不在。

以我之浅显的认知，腐败，事实上是一个人心里的事情。我是一个惧怕谈论自己小说的人，小说写出来了，出版出来了，放在读者面前，读者怎么去理解，已经与作者没有多大关系了。要对作品说些什么，作者往往反倒说不到点子上。但这种带有创作谈性质的文章，因为刊物办刊的需要，我每年还是要写上几篇的。对你提问的回答，是不是也像创作谈呀！

徐：请问王老师，是什么原因使您动笔写《人生八卦》这本书的？

王：动笔写《人生八卦》之初，只是因为本地一件小事的触动，想把它写出来。但当小说开了头之后，就觉得单写这样一个简单故事，似乎意义并不大。于是我就有了另外的想法——走进当代青年一代知识分子——已经从政或者即将从政的知识分子的心灵深处去，探究一下他们心中的隐忧、从众、迷茫和困惑，也就是我前面说过的政治文化吧。一个社会的文明，我觉得首先应该表现在政治文明上。当下社会的大变革会使许多“社会人”的灵魂产生裂变，这时候人们的心灵如整个社会一样，矛盾重重。在这些矛盾的缝隙中，利他精神会慢慢地隐退，人性善的一面很多时候就被悄悄地藏匿起来了。如果不是一个麻木的精神个体的话，“恶之花”将因为眼前的既得利益而趁势萌芽，私欲的膨胀便有了得以昌盛的沃土。善于变化是人性的一大弱点，困惑和彷徨是它潜在的助推剂。

当意识到了这些的时候,我的写作就变得顺畅多了。

然而,当《人生八卦》完稿的时候,我又进入了某种无法言说的新的困境。我主张一个作家应当具有强烈的时代责任感和批判精神。仅仅停滞在描摹生活的表象,显然是不够的。说到底,生活的表层根本浮不起什么有重量的东西。但我自己心里也清楚,《人生八卦》这本书我并没有写好。

徐:《人生八卦》中的那些人物,比如王宏伟呀、丁海洋呀,林之芳呀等等,他们在生活中都有基本的原型吗?你对书中那样的生活熟悉吗?

王:小说就是小说,小说写的是生活中的可能性。尽管如此,我觉得生活中类似《人生八卦》中那样的人物大有人在。我在基层的乡镇生活工作了十来年,对基层初会还是有一点发言权的。有时候道听途说也不要以为就是空穴来风。事实上它比新闻媒体报道的要真实很多。

《人生八卦》中的那些人物:丁海洋、林之芳、王宏伟、刘青松、陈有朋、李月然等等,他们原本是素不相识的几个人,却因为生活中的种种,走到了一起。有的放弃了自己的尊严和操守,用它作为筹码或者说是跳板,在人生之路上觅得了转机。有的不择手段,用权谋术,在宦海里沉浮。这对于一个心灵成熟的自然人来说,有时候事实上是十分揪心的。我能够理解他们的迷茫与痛苦。但我对他们的心态却是深感鄙夷的。人性的弱点在某种程度上被他们在某一时刻极端扩大化了,使恶得到了张扬,使美被无端地扭曲。这是我要揭示和鞭笞的东西。但是,他们的情形认真地分析起来,又会引出一些小说以外的深层次问题——国家权力部门化、地方化,部门、地方权力的个人化。这不是一个文明国度应该拥有的东西。当许多社会秩序在我们的生活中显得过于随意的时候,实际上这个社会已经没有秩序可言了。

人的一生当中,是会有逆境的,只要有一个良好的心态,完全可以在谈笑间将它挺过去!到那时候,你将留下做人的良知和尊严。否则,我为什么要写《人生八卦》!

徐:你的中篇小说《民教小香》我很喜欢,请问它在你的创作中占什么样的位置?它获过什么奖吗?

王:很多人都认为《民教小香》是我的中篇小说代表作,但我却觉得它很稚嫩。那是1999年写成的,先给了一家刊物,没有消息。两年后我又把它寄给了上海《小说界》的魏心宏老师。是他看上了它,很快把它在头条发了出来,紧接着有两家很权威的选刊都转载评介了,后来又有人将它改编成了电影。歪打正着,《民教小香》就成我的中篇小说代表作了。在后来的第六届“上海中长篇小说优秀作品大奖”评选中,评委给了它一个优秀中篇小说奖,接着又在甘肃获了省委省政府第四届敦煌文艺奖评奖中获了小说二等奖。

徐:早就有报道说您的中篇小说《民教小香》要拍电影了,怎么一直没见放呀?

王:是的,三年前《民教小香》就和北京的一家影视公司签约了。后来因为合作不怎么愉快,我就很少去过问他们拍摄的事。听说电影已经拍出来了,至于为什么还没有放映,这里面的事儿我也不大清楚。不过我听说一部电影从拍摄到放映,这当中的事儿麻烦得很。

徐:刚刚得到看到消息说您的小说《大草滩》获得了首届黄河文学奖中短篇小说一等奖,表示祝贺。能谈谈感想吗?随便说说。

王:我珍惜每一个荣誉,因为它是对我创作的肯定和劳动的回报。《大草滩》我自认为是一篇很不错的小说,它在看似散淡中传达了一种复杂的情愫。所以在谈到中国当代抒情乡村小说的时候,很多评论家会谈到《大草滩》这篇小说。对于一个在基层默默坚持文学创作的人来说,每一个荣誉都是来之不易的,我总是把它当作一个新开始,因为获奖是把双刃剑——既是荣誉,也是鞭策。如果说写出了好作品是自己在自己面前竖了一堵墙,那么作品获奖则是别人给你竖了一堵墙,只要你还想着往前走,你就必须设法跨越它。一个作家,永远都在路上。

徐:最近在电视上看到对你的一个专访节目,我注意到你住的是平房。你为什么不住楼房呢?是不是作家一定要住在平房里才行呀?

王:这个问题叫我很惭愧:至今还没有为妻子女儿奋斗上一套楼房。平房是四年前从乡下搬到镇子上来的时候买的,理由及其简单:因为平房比楼房便宜很多。而且这套平房是集资的,可以分期付款。对我来说,经济方面的压力要小一些,这对我这种情况的人比较合适。据我所知,很多作家都是住在楼房里的。当然,莫言在已经成名的时候,好像还住在部队的一间仓库里,和他当初的情况相比,我目前的处境仿佛还要好一些。你说是吧。

徐:我是一名文学青年,早就知道您的大名,但最近才知道您其实离我生活的地方这样近。我想问一下,您收学生吗?我能拜您为师吗?

王:这个问题我很为难。说我没有学生吧,身边的确有几个写作的年轻朋友经常前来请求帮忙指导他们写作。拜师我想就不必了,如果有空的话,咱们可以共同探讨。我觉得写作这个事儿,关键在自己,要靠“悟”,急功近利,啥都弄不成。

徐:我是一个被父亲宠坏了的大孩子。我想问一下,在你成长的过程中,父亲对你的影响有多大呢?他是干什么工作的?你想没想过将来为你的父亲写一部小说?

王:一个父亲对儿子的影响肯定是最直接的。我父亲是个羊倌,我从小就受到了父亲的感染,对家畜们有一种说不清楚的感情。小的时候,我甚至认为它们其实就是我们家庭中的一员,有时候一头羊病了,父亲可以花去几头羊的钱为它看病。为了给它买药或者是去请兽医,父亲甚至不惜让雨把自己淋病了。后来我渐渐长大以后,就对这种感情有了一种特殊的理解。大爱无边,对于一个农民,一个牧人,也许父亲的行为就是对这四个字最好的诠释。

几年前我就想为父亲写点东西,把父亲简单的一生记录下来。本来想写长点儿,但写了三万来字的时候就写完了,那就是中篇小说《父亲的生活》。这些日子突然又觉得那些东西远远没有把父亲的生活写透,又写了几篇与父亲有关的短篇。关于父亲的生活,我想将来肯定会有一部书。我想一个父亲宠他的儿子或者动手去抽打他,都有父亲的道理。关键是做儿子的是不是能够体会你父亲的心思。你记住,再严厉的父亲都会宠自己孩子的。

徐:作为一个出生在20世纪70年代的人,我想您一定有兄弟姐妹吧,他们现在都在做什么工作呢?

王:我的父母一共养育了八个子女,四男四女。总体排行下来,我是老七,我下面还有一个妹妹。三哥在很小的时候过继给了舅舅。现在,他们都已经成家了,并且都已经有了自己的子女,他们都是农民,都在种地。我大姐都已经是五十多岁的人了,她已经当了奶奶了。

徐:王先生,您的中篇小说《民教小香》我读了好几遍了,但还是很想听您亲自谈谈这篇小说,可以吗?

王:当然可以。2001年6月,《民教小香》被《中篇小说选刊》转载的时候,依照惯例我写了一篇关于这篇小说的创作谈,千把字,说了一些与创作有关的事情。叫我没有想到的是,事隔两年,又因为出版第六届上海长中篇小说优秀作品大奖获奖作品集,为这篇小说写了一个创作谈。现在再来谈这篇小说,距离它最初成稿,已经过去六年时间了。是呵,六年时间,不短呀!

这时候再为一篇小说说点题外的话，已经完全是另一番心境了。

小说的背景，是我熟悉的西部乡村，在这里，我生活了三十多个年头，并且还将继续生活下去。但是，我就真的认识它了吗？了解它了吗？近一段时间以来，我时常这样问自己。

对于一个作家来说，仅仅用眼睛观察眼前的生活是不够的，必须细细地品味，仔细地咀嚼。从十五六岁的时候起，我就在心里认准了，写作将是我一生无怨无悔的选择，那时候简直就是鬼迷心窍，就认为只有写作才不枉此生。痴得很，迷得很。像这样，十几年磕磕绊绊一路走下来，才知道写作的甘苦并不是各半的，根本连四六或者三七都不是。很多时候，喜悦只是短暂的一瞬，剩下的，就是一颗心在长路漫漫的黑暗中探索和煎熬。我也曾经试着想把小说写得轻松一些，但是一落笔，就忍不住地流露出苦涩的意味。后来我才发现，这是因为我身边生活着的大多数人，他们的生活都还是十分艰辛的，不易的。我选择轻松或者调侃，无疑是对他们人生的亵渎。几年来，我写农民，写生活工作在基层乡镇的普通小干部，他们可以说与我朝夕相处，我的生活与他们几乎没有两样。

长久以来，能够撼人的艺术创造，其实只是另一颗心在孤独中的瞬间感悟。正是这种东西，引领我们的心灵走向纯净和美好。《民教小香》写了小香这样一个普普通通的乡下女孩子，她自费从师范学校毕业之后，回到乡下当了一名民办教师。她这样的境况就是那些自费从大中专学校出来的农村新一代知识青年的缩影，因为就业的压力，他们大多都找不到固定的职业。能守住寂寞的，在乡村拿着微薄的薪水执业。心有不甘的，就去城市闯荡。《民教小香》中的小香，最终能够真正走进教师这个队伍当中，也许只是一个特例，但是，在西部的乡村社会中，真的少不了这样一批人。在知识改变命运的今天，在偏远的乡村，那些脸上沾满泥巴，然而眼睛里却充满渴望的孩子，需要"小香"们。请不要感叹农民的无知和愚昧，其实他们只是缺少一双目光的牵引。

我的创作总是跟不上"潮流"，总是与时尚无关。事实上太时尚的东西不可能成为文学的主流。文学说到底是一项寂寞的事业，路途迢迢，没有鲜花和掌声。守不住的，大约就会在一路上纷纷下马。最终在这条路上走下去的，永远不会有太多的人。我总认为，一个作家其实跟一个农民没有什么区别，他们都是在属于自己的土地上耕耘和收获。撒上麦子，收麦子；种下玉米,收玉米。丰产或者歉收,里面的因素就多了。

徐:我是一位甘肃籍的武警战士,看了你的短篇小说《旱滩》和《夏天的河》,突然觉得它们与您以往的小说有些不同了,但一时又说不出有哪里不同,你能谈谈您的这两篇新作吗?

王:这两篇小说,是去年夏天写成的。去年一年可以说没写几个短篇,所以那两个写得都很慢。你觉得它们与我以往小说有所不同了,可能是这两篇小说语言的密度大了一些。到目前为止,我觉得短篇小说是小说当中最不好写的,就那么小的篇幅,又要写事又要写人,语言还要有特色,还得有一个“气场”控制整篇,而中长篇在这方面的要求则要松得多。难怪现在短篇小说被认为是吃力不讨好的玩意儿呢。但我个人认为,短篇小说是最能见一个作家文字功力的。

徐:《与村庄有关的一头牛》是您“大地上的村庄”系列小说中的一篇,却被《散文选刊》转载了。但读了之后我也认为那应当是一篇很好的散文,你不觉得是这样吗?

王:有时候文字来得太快,逼得你不得不赶紧写。写完了,只要自己还觉得满意就那样放着不动了。自己觉得它是小说就是小说,是散文就是散文。事实上好多上好的短篇小说都是可以当作散文来阅读的。我的一些短篇小说就被一些评论家认为是“可以高声朗诵的小说”。譬如《农民》《吹过村庄的风》和你提到的这篇《与村庄有关的一头牛》这几篇。它们除了有抒情性,里面都蕴含着一种有趣的节奏感。

徐:在您的小说中,是不是十分注重方言的运用?您是特别注重呢,还是顺其自然?

王:每个写作者的写作都离不开他的生活,这就不可避免地要受到地域的文化的影响。我在创作中这些都是无意识的,只要有需要我就会用,有时候连自己都不知道它们已经在你的小说中出现了。很怪。

徐:俗谚说,“男怕入错行,女怕嫁错郎”,你觉得作家这个行当是你最好的选择吗?

王:到目前为止,我还没有发现比这个更好的选择。有时候我甚至以为自己其实根本还没有进入作家这个行当里,我只是在文学的大门口使劲地敲门。混个作家的虚名容易,在文学史上留下针尖大一点的位置却不是一件容易的事——看似容易却艰难呀!

徐:我看到过关于您的一篇长篇评论文章——《牧人王新军》。关于这个"牧人"的含义您能谈谈吗?您对自己的精神生活和物质生活这两个方面是怎么看的?

王:我想这个评论的作者文章中所说的"牧人",不是指单纯的"放牧的人",应该是指一个人"对自己心灵的放牧"。让灵魂获得自由是我一直以来潜心追求的。我经常幻想着能把绿草和天空都装在心里。我这个人很古怪,外在的东西看得比较淡,我常常把穿一件新衣服和读一本好书放在一起来衡量,尽管它们是风马牛不相及的。我对自己内心修炼的要求标准要比对自己物质生活的要求标准更高一些。对此身边很多人都不大能够理解,认为我过得太寒酸了。有时候我也因此觉得十分对不起自己的家人,让他们跟着我受了委屈,也许以后我会想到一个两全其美的办法改变这种现状。

徐:王新军先生,我是一位从事西部文学研究的教育工作者,因在河西一所大学任教,所以尤其关注河西作家的创作。年终的时候,我在资料室做了一个大概的统计,仅2004年一年,您的作品被《新华文摘》《小说月报》《中篇小说选刊》《小说精选》《散文选刊》等选刊类杂志转载的就有八(部)篇,这在西部作家当中是前所未有的,在全国的其他作家当中,这样的转载率也不多见。我想问一下,您一年的创作量有多大?一年发表的作品用字数计算是多少?用篇数计算呢?

王:我首先要说的是,作品发表以后是否能够被选刊转载,偶然性很大。我写东西很慢,一年下来写不了多少东西,总的说来不会超过四十万字。这几年平均每年都能发表十来个中短篇小说,加上一些散文和诗歌,一年下来发表的作品大概也就二十多万字吧。用篇数来计算大概在三十篇(组)左右。我觉得一个作家,并不是作品越多越好。当然,我这样说并不是对那些高产作家们的妒忌。

徐:您希望您的女儿将来也成为作家吗?您准备怎样培养她?

王:现在谈这个问题似乎早了些。我女儿刚刚一岁过一些,正在蹒跚学步,牙牙学语。现在的她就像一张干净的白纸,谁都没有理由去涂抹她。我觉得一个人的成长应该自然一些才好。我觉得在女儿的成长过程中,我要做的是尽可能地给她提供一个好的成长环境,让她的童年快乐。一代人有一代人的追求,一代人有一代人的活法。如果将来有一天她感到迷茫的话,我也许会认真地开导她,讲给她一些做人的道理。反正现在说什么都还太早。

汪玉良的回复及提供的资料

金城先生：

您好！根据您在短信中提出的要求，找了一点资料，供您参考。由于年老体弱，无法做到完全，请见谅。

汪玉良

2015年9月5日

汪玉良艺术简介

汪玉良，别号唐汪川人，东乡族，中国作家协会会员，中国书画研究会副会长，中国民族艺术家协会副会长，中国国学学会名誉会长，世界华人美术协会副主席，国家一级作家，花鸟画家。1956年毕业于西北师范大学，历任甘肃人民出版社文艺编辑室主任、甘肃省文联副主席等职。出版著作有《米拉尕黑》《汪玉良诗选》《水磨坊》等多部文学专集。画集《汪玉良花鸟画集》。汪玉良是东乡族作家文学的奠基者和步入画坛的第一个东乡族国画家。我国对外报刊《中国建设》(阿拉伯文版)、《中国桥》(英文版)及中国国际广播电台(用38种语言)分别对他的创作道路和成果做了专题报道。《中国人物志》《民族萃英》《当代中华英才大典》《世界文化名人辞海·华人卷》《中华名流世家》等多部典籍载入其艺术贡献；先后四次获国家级文艺创作大奖，作品曾参加加拿大、意大利、日本、法国、埃及等国的中国画展。多幅作品入选《全国翰墨精品集》《中华当代书画作品博览》等七十多部选集。被授予"中国书画艺术家百佳""翰墨中国艺术名家""百名中国书画名家""中华杰出艺术家"等荣誉称号。

2008年由纪念改革开放三十周年中国艺术名家邀请赛活动组委会授予

“对中国文艺三十年繁荣与发展有特殊贡献专家”称号；并由北京中国专家学者科学与人文论坛评为中国专家学者三十年贡献人物。2010年获中国作家协会颁发的文学创作六十年荣誉证书，同年获甘肃省委省政府文艺终身成就奖。

关于诗的随想

汪玉良

人们对故土的许恋，是一种最真挚的感情。牵肠挂肚的乃至失去平静的思念，往往使人如醉如痴。这是爱，是纯洁，是美好，如早晨的露珠般在阳光中闪烁，不掺杂些微的尘埃。就像是天真的孩子对妈妈那样，可亲可爱，是他心灵世界中全部的期望，一切欢乐和美好都凝聚在妈妈身上。我就是这样深情地爱着生养我的故土。

母爱是用不着请求的。我时刻感受到母亲的爱溺、故土的温暖。人生的道路就是从她脚下铺展开的。她的一山一水、一草一木，都使我感到亲切，她给了我躯体，给了我思想感情，给了我人生道路上最初的乳浆。我的命运无时无刻不和她息息相关。就是远隔千里，我也会感受到她的呼吸、她的欢乐和忧虑。正是在这种时候，我便油然地产生一种欣慰感、幸福感。

一个人不思念故土是不可思议的。对我来说，思念什么呢？那块贫瘠的土地，那贫瘠土地上曾经孕育过的穷困和苦难吗？是的，但不完全是。这块曾经流过泪浸过血的土地，养育了人民，勤劳、剽悍的人民；诞生了一种崇高的精神，人民用这种精神震撼了大地，使每一寸土地闪出了光辉。我的诗情便孕育在这种无时无刻不在回旋的思念中。把这种真切的思念之情和由思索产生的愿望写出来，去沟通人们的心灵，从而引起共鸣，使陌生变亲近，使亲近趋相爱，由此便能汇合成巨大的爱国主义感情。因为爱国主义不是一个概念，它是具体的、细微的，是渗透在每个人心灵深处的深厚感情，每个人的故土都是祖国可爱的土地，祖国把它们联结在一起，培育出一种高于一切的神圣感情。诗，应该表达这种感情，使这种感情更加浓郁，更加炽热。

诗歌应当表现生活，离开了充满生机的生活，诗歌就会枯萎，自然，诗歌作为抒情的艺术，诗人必须通过自己对生活的独特感受来抒发自己的主观感受,但这并不等于说客观存在的一切景物都要消融到诗人的"自我"主观世界中去,使自我成为诗歌王国中的最高主宰;也不能把"表现自我"作为新的"美学原则"推销给我们的诗歌界和广大读者。我写诗多年,惭愧得很,没有几篇值得称道的作品,这不能归咎于我写了生活,表现了人民,恰恰相反,作品窘困的直接原因还是自己的感情离沸腾的生活还有若干距离。经验告诉我,自我如果不和充满生机的时代相融合,不和热气腾腾的生活相结合,便是孤独的,而孤独是可怕的,也是很可怜的。尽管你会沉湎于渺小的自我孤芳自赏,然而生活不会理睬你喋喋不休的独白,而且也会厌倦你对她所发出的种种唏嘘。诗从生活中得来,又得给生活增添些什么。社会主义时代的诗人有责任把生活中的美摄入艺术去照射人们的心灵,为使明天变得比今天更加美好做出贡献。基于这点认识,我仍然要不懈地去歌颂人民的丰功伟绩,去表现人民在改革现实的"英勇斗争和忘我的劳动的场景",我担心我的诗承担不起这样光辉的庄严的使命,因此,我焦虑。

少数民族诗人五人谈

特·达木林(《民族文学》编辑部)

这次借全国少数民族作者创作读书会这个难得的机会,我们《民族文学》编辑部召开这次座谈会,邀请在座的少数民族五位诗人,就当前少数民族诗歌创作如何提高等问题进行座谈。我们准备把这次座谈会的发言记录在本刊上发表,目的是希望能对少数民族诗歌创作的提高起到一点促进作用。题目就叫《少数民族诗人五人谈》吧。

汪玉良(东乡族)

我想谈三点,一是评论问题。

对少数民族的文学(不仅仅是诗歌,也包括其他门类)作品,评论是极少的。这不是一个时期的现象,从20世纪50年代起,我就有这样一个感觉:少数民族作家、诗人写了不少好作品,但是相比之下,给予汉族作家作品的评论,远远超过了对少数民族作家作品的评论。只是偶尔在一些述评性的文章里捎带提一下,最多点评那么一两个作品。究竟少数民族文学在我们社会主义文学百花园里占什么样的位置,它对社会主义文学事业做出了什么样的贡献，也很少做出应有的评价。这对发展多民族的社会主义文学不利。

第二点，有一种议论，说是诗歌现在面临危机。我倒倾向于说诗歌正面临着一种考验。有一个时期，精神产品商品化的倾向在加剧，诗歌受到的威胁最大。我以为，诗人应当为不能响亮地传递人民的心声、时代的旋律而内疚，而不应当却步。诗人要面向现实，正视现实，时代需要诗，人民需要诗。我们在兰州曾举办过一次诗歌朗诵会，结果门票销售一空，大多数听众都是青年，热烈的情景使人兴奋。我们的诗人应该有信心，该怎么干还得坚持着干。有人针对诗歌出现的暂时的不景气现象，主张诗歌引进。我想科技是可以引进的，但怎么能够引进感情呢？我们是吃母亲的乳汁长大的，母亲的乳汁孕育了我们诗的感情，怎么能够引进自己的母亲呢？每个民族都有自己独特的文化和传统，我们是在自己生活的土壤里长大的，受自己的民族传统熏陶的。如果失去了土地，丢掉了传统，你就会没了依托，感情就会枯竭。这倒不是说要据守在一个民族的狭小天地里。我们要借鉴，要吸收，要升阔视野，要学习一切优秀的文学作品，不论是中国的还是外国的，但这一切都不能代替本民族固有的文化传统。

第三点，我有这样一个感觉，我们少数民族诗人的诗歌的翅膀，不应该让往日的感情压得过于沉重(我自己有这个问题)。我们不能忘记历史，应当把目光投向未来；回顾是必要的，但更应该把目光投向未来，相信未来会比今天更美好。一个人如果不相信未来，恐怕就没有什么内在的精神力量。我们应该为创造美好的未来而呼喊，让人从你的作品中看到未来的生活图景，从而充满信心。这是我最近经常考虑的问题。我们不能让历史的东西沉重地压着自己的感情。诗的翅膀如果负荷过重，就无法飞翔。我们有过悲痛和不幸，也有过斗争和向往。就是现在，现实生活中也有一些不顺心的事情，但是社会主义毕竟结束了一个苦难的时代。我们应该珍惜现在，唱出时代的歌声。

诗人汪玉良

小　雨

汪玉良是我国甘肃省文联副主席，是东乡族第一位获得成功的诗人。迄今为止,他已有五部诗集出版。1981年,他的长篇叙事诗《米拉尕黑》被授予全国少数民族文学创作一等奖。汪玉良的艺术天才是多方面的,最为突出的方面是诗歌创作和国画。除了自己的创作之外,他还为培养甘肃省的少数民族作家做出贡献。作为大西北的一位文化名人,汪玉良受到许多人民的喜爱和尊敬。

1933年,汪玉良出生在甘肃省东乡族自治县一个贫穷的农民家庭,童年时代的他,不得不在远离农舍的田里做许多庄稼活,他辛勤地劳作、割草、放羊,过着艰辛的岁月。这些都给了他的身心以非常难得的有益的营养,在家乡的土壤上,他受到了磨炼,也深受东乡族文化的熏陶。童年和少年时代的经历,对他以后的生活道路影响至深。

十六岁那年,他上了中学。此时正值新中国诞生,他以无比兴奋的心情,写了两首"花儿"体诗歌,欢庆解放。他把这两首诗寄给《甘肃日报》,出乎他的意料,这两首诗竟然发表了,这大大鼓舞了他的创作欲望。随后,他在本省乃至西北地区的报刊上经常发表诗歌和散文。这些成功使他坚定了童年时的梦想,他决心成为一名作家。在共产党和当地人民政府的关注下,他读完了中学并考入西北师范大学汉语言文学系继续深造。他成为东乡族的第一代大学生。

1956年大学毕业后,他被分配到甘肃省党委宣传部工作,此这期间他认识了我国著名诗人李季和闻捷。在他们的帮助下,汪玉良步入文学创作的道路,开始了他文学事业的生涯。他的作品,无论是以"花儿"体写的叙事诗还是自由体新诗,都是以东乡族人民的生活为内容的。在此期间他还深入人民中间,搜集民间民族的传统文学和歌谣,其中最著名的是东乡族的《米拉尕黑》和回族的《马五哥与尕豆妹》。20世纪60年代,他对上述两部民间文学进行了精彩的再创作。当他的这两部作品发表后,引起了文学界的重视,这些讲述少数民族爱情故事的民间作品,经过他的艺术再创作,成为十分完美动人的优秀文学作品。

许多年来,汪玉良一直在探索新诗的创作方法,他想在民族化的基础上,走出一条自己的创作通路。1964年,他被调往甘肃省文联工作,这对他的文学创作十分有利。他始终认为文学创作离不开生活之源。尽管有许多工作让他很忙碌,然而他每年都要到家乡走一走,接触自己的人民,因此,他的创作一直充满着活力。汪玉良是一位为本民族和其他许多民族所熟知的诗人,他的作品为广大的人民群众所喜爱,由此,他也形成了自己独特的风格。

汪玉良不仅是东乡族第一位诗人,而且还是东乡族的第一个国画家。他学绘画,始于中学时代。那时,他跟两位颇有名望的画家学画。后来,由于他致力于文学创作,绘画暂时停了下来。"文化大革命"期间,他被迫丢了工作,也无法再写作诗歌,又悄悄拿起了画笔。在乡村劳动改造期间,他为农民画画,也为家乡的乡亲们画画。重新工作后,他除了业余写作之外,也为一些亲友绘画,但不为更多的人所知。1992年甘肃电视台"陇上名人"专访组在采访汪玉良时偶然发现了这位诗人还能作画,并做了报道。此后,许多人向他求画,他从不拒绝,还带着深情为朋友和同事们作画。他的画鲜活灵动,有深厚的生活气息。他的画近年来在省会兰州参加三次大型展览。1994年的第四届"中国艺术节"黄河文化展示会上,汪玉良应邀前去作画。他在现场作画,吸引了许多参观者,其中包括许多外国朋友。仅半天时间,就有数十幅画被人购走。从那以后,他的画常见诸报刊,他的名声开始传及中国艺术界。

(《中国桥》1997年第4期)

汪玉良抒情诗浅论

彭金山

甘肃省文联原副主席、东乡族诗人汪玉良,是我国少数民族代表诗人之一。他从20世纪50年代中期开始文学创作,有多部诗集出版,先后获全国第一、第二届少数民族文学创作一等奖。2001年,他的诗集《水磨坊》获全国少数民族文学创作一等奖。《水磨坊》收入了诗人自20世纪50年代到1998年间创作的、未收入其他诗集的诗作。从这些在漫长岁月中写下的作品中,我们看到了一个民族诗人在沧桑巨变中的心路历程,看到了时代演进的轨迹。

汪玉良的诗从体裁上可分为叙事诗和抒情诗两大部分,民族叙事诗《马五哥与尕豆妹》及《米拉尕黑》已有专论,本文主要谈谈他的抒情诗写作。综观汪玉良的诗歌创作,大致可分为两个时期:前三十年的诗歌,作者是以民族和时代代言人的身份出现的,在那场宏大的集体叙事中扮演自己民族的歌手,叙说着民族的欢欣与忧患;从20世纪80年代末开始,他的诗歌呈现出向内转的审美趋向,注重抒写个人对生命的感悟,将这类体验通过富有哲理的诗句呈现出来,比前期诗歌更见大气与骨气,因而更具“普遍性”,同时又强烈地闪耀着民族色彩和人格的魅力。

一

汪玉良的文学创作活动开始于20世纪50年代中期,在西北师范学院读书期间。作为第一代东乡族诗人,他以自己切身的体验代表他的民族,用青春的歌喉加入那一时期歌唱党、歌唱祖国、歌唱新生活的全民大合唱中。

和那个时期的主旋律一样,汪玉良前期的诗歌主要以颂歌为主,他自觉地将个人的命运和国家与民族的命运结合在一起,由衷地歌唱阳光,歌唱自由,歌唱走出黑暗的民族解放的欢欣和建设的热忱。东乡族约在元明时期逐渐形成,今聚居在洮河、广通河、大夏河、黄河之间的高山和河谷冲积地带,为甘肃省三个特有的民族之一。东乡人民在历史上受尽了苦难,特别是清朝后期至民国,更是战乱频仍,饥寒交迫,民不聊生。新中国成立后东乡民族的独立身份始得确立,获得了发展的自由。作为民族的代言人,汪玉良很自然地将目光投向民族的新生与希望,投注于这一历史的巨变,创作了《幸福的大道共产党开》等诗集。

汪玉良本时期的诗歌较多受到苏联诗人伊萨可夫斯基和曾任中国作协兰州分会副主席的闻捷的影响,在诗风上晓畅明朗,在形式上多带有咏唱调的叙事风格。不是那种在当时十分流行的三言调结构的五七言新诗,汪玉良的诗歌多以双字词结尾,双句押韵,每句音顿大致相当,易于诵唱。

何其芳经过多年的思考和实践,于1953年在《关于写诗和读诗》中明确提出了建立现代格律诗的主张,接着又写了《关于现代格律诗》一文,提出“现代格律诗的顿和押韵”的具体设想,主张现代格律诗每句之间大致要顿数整齐,每句不必顾到字数整齐,“每句的收尾应该基本上是两个字的词。”又说:“我并不是说我们写诗只能选择两个字的词来作为每行的最后一顿,而是我们的口语中两个字的词太多,把新诗的句子按口语那样写,它自然就会多数的行都以两个字的词收尾了。”[1]何其芳的这段话,可以为汪玉良那个时期在诗歌形式方面的追求做个创作动机上的注释。显然,诗人在选择诗体形式时,是充分考虑到现代语言的结构和特点的。而语言,正是诗歌立身的根基。

---

[1]何其芳:《关于现代格律诗》,见《何其芳文集》(第五卷),人民文学出版社1983年版,第16页。

二

随着社会反思的深入，从20世纪80年代末开始，汪玉良的诗风有了明显的转变。首先是在题材的选取上，诗人的目光由对外界事物的观察、歌吟转向对内心世界的体验、审视与呈现，民族生活的变化虽然还是他诗歌创作的重要资源，但更多的诗转向了抒写人生的经验与体味。经过了几十年的风雨沧桑，回首来路，大潮已随历史成为记忆，人生的脚窝里，时间析出了宝贵的晶体——这是思想的燧火、生命的盐粒。

> 深山老林里/最不起眼的/要算是青冈了/厌倦了休息/丢失了绚丽/只是不迷失自己。——《岁月印记·青冈》

即使表现对于诗人来说可谓是永恒题材的东乡人的生活，其着眼点也不再是表面的变化，而是对曾被政治光环遮蔽了的民族生命个性的重新发掘。

> 隆冬被吟诵之声温暖/祖先的指纹在夜幕下闪烁/得意于被自由驱使的子民/从未沉溺于卑微的欲念/为高尚所启示的心灵/在重振世纪的阳光下颤动。——《启示》

这种深入民族精神历史与生命状态的开掘，标志着汪玉良诗歌独立品格的深化。这是在对岁月的检视中收获的食粮。从这些带有寻根性质的诗中，我们隐约感到了某种神性力量对诗人的召唤。

对社会或民族历史的反思，最终是要通过诗人对自我心灵的审视和反省来实现的，这种审视与反省当来自一个纯粹灵魂的理性自觉。于是，诗人的人格魅力也在这些被新的诗情点燃的诗行间闪耀。当然，与那些完全走入个人内心深处而生玄想的诗歌不同，无论是对个人人生的检视，还是对卑劣人性的批判，都可以见出诗人一颗真诚的诗心的跳动。前期诗歌中的“跳动”是对新生活的歌唱，本时期则变为对人生理想、生命境界和独立人格的坚守，对真善美的竭诚追求是其诗歌鲜明的价值指向。“爱”，这一世间最美好、最长久、最具生命力的“天赋人权”，在汪玉良近年的诗歌中成为一个普遍的主题。

许是“吹尽狂沙始到金”吧，经历了历史的曲折和生活的风浪之后，诗人近年的诗表现出少见的宁静与恬淡，这份宁静恬淡与故乡的山水田园一起构成一个温馨的家园。“还是回归故里/早点还原为泥土”（《黄昏时分》）；“思念一旦点燃/流逝的岁月变得新鲜/炊烟里成熟的秋天/摇篮里荡漾的爱恋/咀嚼艰辛的母亲/仿佛都在眼前/这时候你得感谢思念”（《思念》）。[1]诸如此类的诗句，引领我们同诗人一起体味人类的天性，前面我们隐约感到的精神皈依感在这里逐渐变得清晰。我们也仿佛随诗人一道走进了纯真美好的童年，回到了“欢乐从没有距离的故园”，成为和孩子们一起戏耍的大“小宝”、老“小宝”。我们没有理由不遵从诗人的提议：“亲爱的，在爱的怀抱里/我们都做她听话的孩子”（《只要在一起》）。[2]从孩子们那里，诗人找到了家园，找到了真实的“我”。在这种纯粹的生命体验中，“回家的路变得很近”[3]，“这条路上情爱常伴，我的妻还是早年的风韵”（《天性》）。[4]普希金在他的《纪念碑》一诗中说道：“我所以永远能为人民所爱，是因为我曾经用诗歌唤起人们善良的感情。”[5]是的，爱是诗人的天赋，我们真该为汪玉良庆幸，为他永远不老的情感和一颗纯真的诗心而庆幸。

进入20世纪90年代，汪玉良不但写诗，而且还拾起了画笔，成为有一定影响的花鸟画画家。那月光下的水鸟、自由绽放的牡丹，无不蕴含着诗人宽广的胸襟和淡泊的心境。但是，作为诗人，面对世间沧桑、人事变幻，特别是市场经济浪潮冲击下人性高地的某些陷落，他的内心很难做到“波澜不惊”。思考是诗人的精神器官。他在热情地礼赞世上至爱、宇宙大美的同时，对价值失衡、人性扭曲表现出深深的忧虑和愤懑，一些诗的矛头直捣当代的精神毒瘤，闪射出锐利的批判锋芒：“我蓦然感到/虚假的可耻/谎言的卑污/置身于大自然的监控下/只需要一点勇气/将一切伪装剥去/只剩下真相。”（《思绪》）[6]由前期的放声歌唱到20世纪80年代末以来的对人生经验的呈现，汪玉良的诗歌在演进中，由单向的价值选择到注入价值观念的冲突，使得后来的诗歌有了更强的诗性张力。读这类诗，很自然地激发起我们对一个价值重建时代的深沉思考。

诗人抨击身边的丑陋，解剖自己的灵魂，检视自我情感的纯度，在自我审视中他感到了深刻的孤独：“时光远远地去了/岁月溅满文明的泥巴/尘烟已久

[1][2][3][4]汪玉良：《水磨坊》，甘肃人民出版社1999年版，第108页。

[5]辜正坤：《世界名诗鉴赏词典》，北京大学出版社1990年版。

[6][7]汪玉良：《水磨坊》，甘肃人民出版社1999年版，第108页。

的田园/已在游子的心中荒凉/而在人世茫茫的森林里/找不到一枝树丫/遮蔽冬天的雪霜。”(《酒液在杯中展震荡》)[7]在无边的孤独中,连“浮躁的楼台也开始把原先的主人遗忘”,生活剥离得只剩下了真实,如释重负的诗人终于找回了自己。在这一刻,“家园”成了灵魂遥望的唯一高地,但灵魂却又禁不住发问:“对没有距离感的故土/怎样成了距离?”[1]这里,自我审视已转换成了深刻的自我审判。

汪玉良20世纪90年代以来诗歌的现代性特征是显而易见的。和现代性思考同步的,是汪玉良诗歌在表述方式上悄然发生的变化。这变化不是新生代诗人的那种“口语”写作或“文化”写作,而是在话语方式上由歌唱的节奏变为近于心理独白式的叙说。

> 我不好说起过去/不要讨好别人的欢喜/我愿默默或高声独白/面对时间的真实/讲昨天讲自然的故事。——《故事》

由“唱”到“说”,是一个时代的文学观念在嬗变中带来的诗歌语气上的变化。也许,诗人不一定有这种明确的意识,但作为一个敏感的诗人,他的诗总是或隐或显地保持着与时代艺术的同步性。

三

现代性要素的增长,标志着汪玉良是一个前进的诗人,一部《水磨坊》留下了一个思想探索者在艺术道路上与时俱进的探索的轨迹。但现代新质的出现,并未改变汪玉良抒情型诗人的根性。从20世纪50年代的深情歌唱到90年代对生命个体精神世界的自我观照,有一个恒定的因子没有改变,那便是诗歌中大量比喻意象的运用。我国西部少数民族同胞有“以象征义”“以象喻理”的表达习惯,他们往往选择与生活关系密切的形象来表达心中的爱恨忧欢,使得日常的叙说熠熠生辉,使抽象的道理生动直观。汪玉良的诗歌保留了东乡族人民特有的思维方式和表述习惯,特别是在意象营造上显示了鲜明的民族个性。汪玉良的诗歌中使用比喻意象较多。其诗歌植根于民族语言又丰富了民族语言。“风、雅、颂、赋、比、兴”被称为诗之六义,用比喻说话其实也是我国古代诗歌的传统。汪玉良性情豪放,但在诗艺上则十分严谨,他

[1]汪玉良:《水磨坊》,甘肃人民出版社1999年版,第108页。

的诗歌艺术创造就是建立在传统文化和民族艺术的根基上的。

我在读《水磨坊》时，特别注意到《水手之恋》和《水手之死》这两首诗。此前，汪玉良还写过一首诗——《水手回来了》。《水手回来了》先后入选谢冕主编的《中国短诗萃》和菊山、朱永选编的《中国现当代抒情诗选》。看到一再出现的"水手"这个意象，我思考的是汪玉良与水手究竟有什么样的特殊关系。东乡县位于甘肃南部的临夏回族自治州境内，由于地处大陆腹地，临近青藏高原而远离海洋，夏季东南风吹不到此地，从孟加拉海湾吹来的暖湿季风沿途又受阻于高山，属高原干燥气候。虽说东临洮河，西傍大夏河，南接广通河，北有黄河，可谓四面环水，然而中间高凸，地下水位低于五百米以下，因此十年九旱。自然降水是东乡土壤水分的主要来源，一般年降水量仅200～500毫米。对水的渴望是一个民族的渴望。因此，"水手"这个意象，在东乡族文学中是有集体象征意义的。水手，在东乡人生活中，既是一种实际存在的职业，也是一个比喻。水手这个意象寓示一个民族走出困厄、走出封闭的夙愿，开放性与民族性使这个意象具有常新的意味。"水手"系列，写出了走出东乡到外面的世界创造价值的东乡人的生命历程。但在汪玉良的艺术道路上，"水手"似乎也具有生命个体的审读意义，诗人正是这样一位生自东乡又走出东乡的"水手"。他勇敢地搏击在家乡之外的"碧波滔滔"中，但外面的"摇篮"虽然充满诱惑，水手早晚还是要回到他的故乡的。《水手回来了》通过水手和故园女人们的异地双向呼唤，表现了水手与故乡生死相依的情感。这里，诗人以个人的生命体验写出了一个民族的历史经验。如果把《水手回来了》看作达板的节日，那么，《水手之恋》便是水手踏浪进程中的生命写照了："怕什么过了大峡还有小峡/自有儿子娃操着祖传的大桨/顺翻一峡浪掀翻死亡/浪上又全是复活的心脏/壮美的人生、奋斗的性格，在一路搏击中定格为一个民族精神的雕塑!"这群"桨下不曾结交怯懦的浪/桨下可曾有战栗的胆量"的水手，在一路闯荡中踏着浪驮着浪却"魂系山乡"，一旦游进沉醉的梦乡，和家乡的亲人在一起，连那沙滩、河浪都成了"柔软的胸膛"。这里展现了水手生命的另一层面——丰富的情感世界，再次凸现了对生命之根的故园的依恋。

仿佛是一部乐章的结束，水手走了，像来时一样赤条条地走了，"活着的时候没有/死了也没有奇迹/一生的秘密/是想着回来的路"[1]。生命的琴音戛

[1][2]汪玉良：《水磨坊》，甘肃人民出版社1999年版，第108页。

然而止，留给我们的回味却绵绵不绝，《水手之死》把水手的生命推向了极致。这是一个平平常常却又灿烂非常的结局：水手的灵魂在阿妈沿河的呼唤里，终于永远地回到了故园——梦中的天堂。放眼大河上下，“筏子队列仍很浩荡/尾随他像往常那样”[2]。“浩荡的筏子队列”暗示水手生命的再生，是水手，这母亲骄傲的儿女们，终于把一个民族的渴望走成了大河奔腾！我不由想起了那个终日推巨石上山的西绪弗斯，想到了那种与命运抗争的精神。但西绪弗斯的抗争是徒劳的，而东乡人的走向大河之举却是在开拓民族辉煌的前程。

作为优秀的民族诗人，生命个体与生俱来的民族的血质血性，必然会成为他艺术生命的重要内涵。汪玉良诗歌保持了民族的文化根性，便有了鲜明的民族特色。

但汪玉良不仅仅是属于他的民族的诗人，一个优秀的民族诗人也应该是人类共同的诗人（尽管影响的范围有大有小），因为优秀的艺术创造总是属于整个人类的。汪玉良的诗歌在显示民族色彩的同时，也显示了这一方面的品性。汪玉良诗歌拥有众多的读者。近年他的诗歌愈见大气，除独到的感受外，一些诗在语言上也极见功夫，如“回头看，可以认识生活/向前看，可以享受生活”[1]“有的现实很古老/的历史却很年轻”[2]等。这类警策性话语，同深刻的发掘一起，成为汪玉良诗歌重要的魅力来源。汪玉良的诗，给予我们的是精神启迪和美的陶冶这双重的享受。

---

[1][2]汪玉良：《水磨坊》，甘肃人民出版社1999年版，第108页。

为真诚而歌唱的民族诗人

——兼评汪玉良诗集《水磨坊》

于 进

在举国欢庆新中国成立五十五周年的日子里，东乡族著名诗人汪玉良将自己的短诗结集为《水磨坊》，献给他深深挚爱的祖国和人民。

汪玉良，又名史·赫里路，是甘肃独有的民族——东乡族的第一代大学生，也是东乡族的第一位作家、诗人。自小受家乡口头文学的影响，很早他就迷上了民族民间文学。20世纪50年代中期，刚刚走出大学校门的汪玉良就连续创作了叙事诗《马五哥与尕豆妹》《米拉尕黑》和《阿娜》等充满东乡民族气息的作品。相继出版了《幸福的大道共产党开》《大地情思》《汪玉良诗选》等诗。他的作品先后荣获全国第一、二、三届少数民族文学创作一等奖，以独有的民族特色和强烈的时代感，引起国内外诗坛的瞩目。

《水磨坊》是诗人自20世纪年代以来的短诗结集，也是诗人对自己半个世纪诗歌创作的回眸和总结。这些在漫长岁月中断断续续写下的作品，是一个民族诗人在沧桑巨变中心灵活动的真实写照。捧读这些朝花夕拾的诗章，我们不禁为诗人对新生活的澎湃诗情所感染，更被他为真诚而歌唱的勇气所折服。

收集在第一辑中的篇章，有诗人为祖国和自己的民族获得新生而由衷喷发的颂歌："我心底的黎明和夜晚/我魂魄的柔情和剽悍/我的呼吸我的诗我的语言/都属于你的今天你的明天/我爱你忧患时活力张扬/爱你负重时步履铿锵/我爱你困苦不屈的脊梁/和跋涉在艰辛中的希望。"(《致中华》)有作为共和国的长子，在乱云飞渡中掷地有声的回答："这个世纪有多少苦难/他就肩负过多少苦难/这个世纪有多么辉煌/他就有多么辉煌/他像历史那样壮观/也像历史一样留下缺憾//历史不再重复/他和历史同样威严/他的名字和他的事业/像真理那样灿烂/这个世纪因他而丰满/也因他而变得精神焕发/他不朽，这个世纪/因孕育了他而不朽。"(《历史的尊严》)——这是一位正直的诗人发自内心的声音。他不仅有饱满的热情，而且善于冷静思考，以深沉的目光拨开迷雾，用充满底气的歌声捍卫真理，捍卫历史的尊严。诗人何以拥有异乎常人的真知灼见，原来他"是一个不会撒谎的歌者"，"岁月的梳妆台上/我的声音已落上尘埃/且不管生活会怎样评说/我愿是一个不会撒慌的歌者/我的诗远不如我的皱纹深刻/纵然痛苦,也痛苦得真实/为了明天,付出总也值得/我不在乎别人的华贵和傲气/我在自己的土壤上洒了汗水/我不气馁,我有自己的光辉/我在劳动,这比什么都珍贵。”(《我的声音》)这首写于1996年的诗作,是诗人在十一届三中全会后青春焕发的见证。几十载岁月的风霜,不仅没能磨损他的诗情才华,反倒开阔了他的胸襟和眼界,赋予他超功利的忧患意识,使他的诗作在早期的淳朴、真挚气息中平添厚实、沉稳的底蕴。

第二辑是诗人怀乡诗的荟萃。《我的黑夜我的黎明——献给我的阿姑》《山里的阿姑等着我》,于温情脉脉的反复吟咏中毕现诗人手足亲情;《水手之恋》《致太子门》异曲同工:前者倾诉故乡水手——姚河筏子客的慷慨悲壮,后者充满对故乡山水的柔情蜜意;而《洋芋》寥寥几笔,就活灵活现地勾勒出了父老乡亲的精气神:“这不起眼的粮食和菜肴/对我来说,是亲亲的家/是父亲躬腰的姿态/是酷日下挥汗的雕像/是母亲围着锅灶的兴致/是端向炕桌热腾腾的欣慰//我们世世代代的口粮/什么时候也不会忘记的安宁/也许它就是我的血肉之躯/沉淀在我灵魂中的意识/在品着生猛海鲜的宴席上/我深情地提起洋芋的醇香/有人说我土、土得像洋芋/那么好吧,为着洋芋的荣誉/为着那一脉历史的象征/就让我像洋芋那样/土下去。”读到这里,我们不约而同地为父老乡亲的洋芋而自豪 ,更为诗人的深情表白和执着而喝彩! 诗人对故乡山水的依恋,在《归》和《思念》中表达得更为酣畅淋漓:“旅途的骤雨/再也追不上我/大山袒护他的儿子/我疲倦的诗歌/在她隆起的额下一片宽广//……泥土安详/夜色安详/我把装饰全丢在路上/只想在故乡颤动的胸口/呼吸祖先遗留的气息/吮砸母亲丰满的乳房。”(《归》)“如果需要/思念将以历史的名义呐喊/因洮水的浇灌/我的灵魂百折不挠/我的爱因思念凝重如山/什么样的风也吹不远/无论冬天还是夏天/这与天气无关。”(《思念》)诗人在《岁月印记》一诗中写道:“深山老林里/最不起眼的/要算是青木冈了/厌倦了诱惑/丢掉了绚丽/只是不迷失自己。”行文至此,诗人抒情主人公的形象已是恍如眼前,呼之欲出,无须笔者饶舌了。

如果说第一、二辑中的篇章,更多地透出浓郁的民族风情和一咏三叹的故乡情结,那么第三辑的题材当更为宽泛,诗思更为宽广:“我浮在海边倾诉/我的忠诚我的背叛/一切都很自然/不然,对不起/向我频频涌来的波浪/既然大自然对我裸露/我也不该向她隐藏//我蓦然感到/虚假的可耻/谎言的卑污/置身大自然的监控下/只需要一点勇气/将一切外装剥去/只剩下真相。”(《思绪》)“在权力和钞票的喧哗中/诗一生都难得/使家乡的土地温馨//只有一份爱/和因爱而浸湿的目光/为着所剩不多的岁月/我还是悄悄来了/我的梦因家乡的呼唤/变得生动/我拥有的和不拥有的/都使我终生难忘。”(《忏悔》)“前面的/就这样悄悄地站立/后面的/还在踮着脚尖张望/白桦林你在等待什么/阳光已累倒在远方//……对生存的辉煌/不抱什么希望/守卫自己的寂凉/陷入困境中的美丽/仍然是美丽/只是不明白/阳光为什么会累倒在远方。”(《清醒》)细微的提醒,仿佛春风入怀,让人眼热心跳;灵动的诗句,宛如小溪淙淙,令人过目难忘。直抒胸臆本是写诗之大忌,但由于诗人的真知灼见和一往情深,令善良的人们油然而生感激之情。看来,只有向世界敞开胸怀的人,才能吸纳大自然的精灵之气;只有胸无纤尘的人,才能领略爱的真谛。在这里,作者不仅摈弃了世俗社会的功利境界,而且具备了超越本民族审美观的全人类意识。经历数十载岁月风雨的洗礼,我们欣喜地看到,诗人的后期作品目光更为深邃,诗思更为缜密,情操更为高尚,胸怀更为通达。一册在手,不能不令人吟咏再三,叹为观止!

综上所述,仅就《水磨坊》中收录的抒情诗而言,汪玉良的后期诗作在保持早期作品淳朴、明朗风格的基础上,显得更为纯情自然,疏朗大气,得益于日复一日的人格历练和情操熏陶,其诗艺显然已达到炉火纯青的地步,只要感情偶遇灵感撞击,落笔便会喷珠溅玉。留下感人至深的篇章。近来由于年事渐高。诗人已罕见诗作,而更多地将一腔痴情诉诸翰墨丹青,在花鸟画中寻求物我相忘的境界。陇上艺苑平添妙手,但对诗坛而言,就不能不是一种遗憾了!

吴辰旭的回信

金城同志：

您好！

因忙于省委宣传部建国六十周年大庆有关宣传策划，迟复为歉。现寄上打印稿一份，不知如君意否？另寄《兰州晚报》专访一份，谈及诗歌创作，可参阅。还有一份发表我写长诗的《甘肃经济日报》，请批评！

即祝

教安！

吴辰旭

2009年3月18

吴辰旭简介

著名诗人，诗歌评论家。原为《甘肃日报》高级记者。曾主持《甘肃日报》文学副刊《百花》，后任《少年文史报》（现名《少年文摘报》）总编辑。2001年退休后，返聘为《甘肃经济日报》高级顾问和常务副主编。现任甘肃省杂文学会会长、甘肃省作协理事。主要著作有诗集《鸿爪集》、杂文集《温柔的力量》等，共出各种文集十一部。电视专题片解说词五部，在诗歌评论方面，他的《新诗的建行艺术研究》和"诗素说"（诗情、画境、哲理）引起广泛关注。

答兰州大学文学院函问

一、关于诗歌创作

我是从中学时代开始诗歌创作的。20世纪60年代初读西北师大中文系时,在学生会宣传部主办诗歌刊物《百花》诗选。“文革”中期,《甘肃日报》恢复《百花》文艺副刊,我任编辑。1979年十一届三中全会之后,思想解放,风气大开,1980年甘肃青年诗歌学会成立。这是全国成立最早的诗歌组织,我任会长,老乡、高戈为副会长,林染、傅金城、嘉昌等为理事,全甘肃省除甘南、临夏、武都等少数地州市外,都成立了分会。兰州大学、西北师范大学、西北民族学院(现西北民族大学)、甘肃农业大学、兰州师专(现兰州城市学院)等大专院校也成立了分会,组建了诗社,竞相举办诗歌研讨会、朗诵会。全省会员发展到四千余人,北岛、舒婷、顾城、长江、杨牧等都与我们联系。1981年9月,北岛、长江、杨炼、王家新这几位朦胧诗的代表人物来到兰州,谢冕打电话,我们出面接待,并就新诗发展的现状、存在的问题和世界趋势的异同等,做了一整天的交谈。同时,举办了五次大型诗歌朗诵晚会,收到了极好的效果。那个激情洋溢的岁月,是属于诗歌的。详情已在《兰州晚报》对我的专访中有大略记载,兹不赘述。

在十一届三中全会前夕,为真理鼓与呼,我写了《写在平反昭雪书上》(1978.12.8)、《现实和梦——唱给过去、现在和未来》(1978.12.9)、《奇特的贺礼》(1978.10.5)等(以上均收入诗集《鸿爪集》),诗中写道:“哦,当现实也成了噩梦,历史,只有在痉挛的痛苦中彷徨。虽然,这种彷徨,终会增加。黄河长江奔腾前进的力量。哦,当噩梦也成了现实,人民。只有在焚心的沉默中徜徉。虽然,这种沉默,最终会把/异常如寻恶魔那个的风暴酝酿。”作者最后充满激情地畅想:“飞旋起来,那真理的高速螺旋桨,运载着现实和梦,遨游四海五洋,让梦给现实以伟大的力量! ——到那时,现实和梦/将是时代张开的一对翅膀。”(以上均摘自《现实和梦》)“用实事求是开采出散文高能矿层,一旦把你投入现代化的加速器,定能释放出异常强大的精神核能!”(摘自《写在平反昭雪书上》)。在十一届三中全会之后,诗人立即为思想重新获得解放而大呼猛进,亦写了不少激情洋溢的诗篇,在《革命,又这么年轻》中唱道:“如今,把美好的梦/托付给满天繁星/真理在夜的深邃中/酿造出最清醒的黎明”“村头高唱的鸡鸣/报告一个激动人心的时辰/鲜红的太阳有那么新颖/革命,又这么年轻”在1980年2月发表的《春雨,飘落在中国的大地》中写道:“淅淅沥沥,淅淅沥沥/春雨,飘落在中国的大地/微笑是一扇春天的窗口/我看见,窗外正桃红柳碧”,诗人满怀激情地讴歌了十一届三中全会是“一个激动人心的时辰”,并高度凝练地用春的意象,热情地预见了十一届三中全会之后必将涌动中国大地的滚滚春潮。

同时,我还写了大量的诗歌作品,一些用短句集长的赋体诗,颇受影响,被评论界誉为“吴体”,如《春风赋》(载于1977年《甘肃文艺》第2期)、《我歌唱祖国的黄昏——献给老一辈革命家的歌》(载于1978《甘肃文艺》)、《周总理永垂不朽》(载1977年《甘肃文艺》第1期,收入1978年人民文学出版社出版的诗集《周总理永远和我们在一起》)。长诗《我是煤,我要燃烧——一个知识分子的呼唤》(载于1981年《甘肃青年》杂志第10期),获甘肃省敦煌文艺二等奖。后有诗集《鸿爪集》散文诗集《西出阳关》出版。新时期亦写了大量歌颂改革开放的诗歌,2006年发表于《兰州文苑》的长诗《中国城市》和2008年12月19日发表于《甘肃经济日报》的长篇组诗《陇原:命运交响诗》,产生了一定的影响。

诗歌理论方面,撰写了系列长篇论文《中国新诗建行艺术初探》(先期在平凉青年诗歌学会讲授,同时发表于平凉《崆峒》杂志,后寄山东大学中文系教授冯中一先生,冯认为很有创见,作为他研究生的必读资料)。《试论政治抒情诗的构思》,发表于中国社科院办的《诗探索》1982年第2期,受到诗评家丁力(中国音乐学院教授)、谢冕等的好评。

二、关于杂文创作

改革开放后,杂文创作借思想解放之风兴起,1981年我参与组织成立了甘肃省杂文学会,先任副会长,2007年任会长。《成名成家,何罪之有?》(发表于1978年12月5日《甘肃日报》),坚决批判了“四人帮”戕害人才的罪行,在知识界产生了广泛的影响。《赠你一枝春》(发表于1980年2月16日《甘肃日报》,十一届三中全会后一个多月),歌颂了三中全会后的大好形势,指出尽管天寒地冻,人们也“细心体察和感受到春天即将来劲的各种征候”;“党的十一届三中全会所指定的路线、方针、政策,极大地焕发了人们的社会主义积极性”,

“那摇曳多姿的‘东风第一枝’，预示着‘万紫千红结队来的瑰丽春色’”。“莫负大好春光。播种正当时机。”发表于1987年1月24日《兰州晚报》的《春天的联想》，针对当时掀起的一股借社会上出现的不正之风和经济犯罪现象否定改革开放“左”的和“右”的思潮，指出“春天的到来是不可逆转的”，“雪，已经失去了它固有的威力，下一场，反而暖一场，即使出现所谓倒春寒吧，春的脚步也是不可中辍的。”“春天来了并非那么‘万事如意’，‘春泥如滑’的路，就常使一些粗心人冷不防打得趔趄；‘乍暖还寒’的气候，也让一些大意者伤风感冒。”“其实，春和冬的较量不会是一次完成的，唯其如此，春才是真实的，才显得可贵。等到姹紫嫣红时再回头来看，这一切又算得了什么。”此后于1992年出版的杂文集《温柔的力量》（甘肃人民出版社出版），编辑在扉页的内容简介中说：“早春，乍暖还寒，这正象征着中国的国情，作为这个时代的真实写照，这部文集中既有对春光明媚的热情讴歌，又有对残雪余威的认真攻驳；既有对传统道德文化的由衷礼赞，又有对邪雨靡风的适时挞伐；既有放眼域外的清醒，又有澄清疫毒的警觉，作者以诗人兼杂文家的气度，立意行文，从而使这本杂文集鲜花与利刺相映，铜号与银针共辉。”《杂文界》发表富饶的评论《早春的旋律》（1992年第3期）中说：“文友吴辰旭继他的《鸿爪集》《镍都，凤翥龙翔的故事》《在大千世界里》《世界爱情诗名篇欣赏》等著作之后，又出版了杂文集《温柔的力量》，显出作者思想的深邃，作品的成熟”，“20世纪80年代初，改革的早春，乍暖还寒，进入90年代，开放仍有残雪寒。但不管在什么气候下，涉猎什么题材，议论什么事物，作者都是充满激情地为春天呼号，为春天礼赞”，“篇篇洋溢着春天的气息和力量。特别是几篇专题论及春天的文章，如《赠你一枝春》《春天引起的联想》《春天没有嫌弃》《早春，正是中国的风景》《春的絮语》等，更是浓墨重彩为春天讴歌。”“显然，这不仅仅只是自然界的春天，而是中国国情的写照。”“实话语言比比皆是，是作为诗人的辰旭写杂文的一大特色和优势。”另有《甘肃五十年杂文选·吴辰旭卷》出版。

另外，在杂文理论方面，作者亦有建树，如《大雅堂外话杂文》《杂文的短与杂》《种花得刺录》（载河南人民出版社1988年出版的《杂文创作百家谈》一书），特别是发表于1989年5月1日《新闻理论与实践》和1989年《杂文界》第4期的长篇大论《试论政治性杂文的度》，引起全国杂文界的广泛关注与好评，《人民日报》原高级编辑、著名杂文家刘甲非常赞赏。在全国杂文联谊会第二十届会议上提交的论文《略论鲁迅杂文语言的取势艺术》（后发表于2005年

《甘肃经济日报》)也受到全国与会杂文家的好评。

三、改革开放二十年,甘肃文学发展简况

改革开放三十年,甘肃文学发展取得可观的成就。

戏剧上,《丝路花雨》发改革开放先声,与之相并的还有话剧《西安事变》现代京剧《南天柱》,接着是甘肃诗歌创作进入繁荣期,以青年诗歌学会为舞台,一大批青年诗人崭露头角(见专访),当然,这与二十世纪五六十年代以李季、闻捷为代表的甘肃诗歌先辈影响有关,到了90年代以后,以高凯、娜夜、阳飏、人邻、叶舟等为代表的青年诗人以更广阔的视野、更强劲的气势、更丰富的题材崛起于中国诗坛,形成甘肃诗歌大省的形貌。六十年来,如果说甘肃诗歌是以五六十年代为基础、七八十年代为支撑、九十年代后为起飞,形成三段式发展,是符合甘肃诗歌创作实际的。

小说创作虽有牛正寰的《风雪茫茫》以伤痕文学显露,以张弛的《甲光》《汗血马》光耀文坛,但具有震撼力的大作至今未见。总的来说,包括诗歌创作在内,甘肃缺乏在全国有影响的领军人物和长久震撼力的作品,这是陇军至今不能享誉全国文坛的重要原因。甘肃经济滞后自然是客观原因之一,但同样是在甘肃能产生《读者》《丝路花雨》《大敦煌》,就不能出现陈忠实、贾平凹、张贤亮吗?说明甘肃的文学生态还有待改进的地方,比如打破文人相轻的陋习,着重扶持有发展潜力的作家等。张弛的哲学著作《命运论》出版后,外面反响不错,省内几无声音,这不正常。

甘肃是文化底蕴非常深厚的地方,甘肃文学创作虽然取得了不小的成就,但与之相比仍显不足。我以为最重要的是要在建构良好的文学生态上下功夫;其次要政府投入必要的资金,大力扶持有潜力的作家和作品;再就是充分发挥文联、作协、文学院的作用,拆除藩篱,摒弃山头,尊重老作家,奖掖新作家,形成浓厚的创作氛围;四是消除衙门气,让重要媒体和文学社团在为文学创作鼓吹与呐喊上形成合力。

以上仅是个人管见,仅供参考。

吴辰旭
2009年3月10日

向春的回信

第一次回复

一、改革开放三十年的甘肃文学是一个摆脱边缘化，群体性的扎实稳健提升高度向外扩张的过程。有人说我们的小说没有领军冒尖的作家和作品，具体说就是我们还没有获得国家级大奖的作品。这不外乎几个因素，一是作者整合自我优势的能力差，五个指头出力而不是一只拳头出击，缺乏打造精品代表作的意识。二是没有有意识地靠近权威文学评价的核心，没有策略，散兵游勇。三是作品与评论脱节，没有形成一股冲击力，也缺乏宣传意识，没有形成合力，失去了文坛上很重要的话语权。文学的评价是一个软性评估，不能像萝卜大葱用一个工具称出半斤八两，所以我们甘肃文学很吃亏，扎实有余，灵活不足。只拉车不问路。我们的整体水平很高，像一个群体舞蹈，就是没有领舞的。但是，也许随便拿出一个来都可以是领舞的。

二、甘肃的小说和评论似乎是两张皮，至少没有相辅相成相得益彰的效果。小说作家发展势头渐强，而评论正好相反。作家和评论家缺乏有组织的联络，没有形成一个方阵，更没有战术。

三、稳健扎实是一个不变的基调，打破本地作家就要写本地的观念，开阔视野，增加修养，加强横向联系，注重纵深发展。

甘肃的作家大都在孤军奋战，虽然创作是私人化的，但是有组织地进行合作交流和相互促进鼓励是非常重要的。甘肃不缺乏领舞的人，而是缺乏编舞的人。甘肃文学官方应该有所作为，尤其对于非专业作家要提供多方位的采风、学习、外出交流的机会。作代会、青创会名额有限，官员应该让位给作家，给作家提供一个学习交流的机会。加大对非专业作家的创作资助，加大奖项奖金额度。建立创作基地，培养后续人才。

第二次回复补充

十年创作一日醒

向　春

弋舟说："向春将自己写作的起点确定在2000年，这是她的写作元年。彼时，严酷些说，她已经算不得是一位很年轻的作家了。在那样的年龄开始写作，让向春的处境略显尴尬——同龄者在文学的名利场中，或者已经遥遥领先，而身后，又有无数更年轻的同行们蜂拥而至。如此的处境，也许是会令人焦灼的，但以我对向春的了解，她似乎并没有被焦灼过多地戕害，她的天性中有着非常闪光的一面——大大咧咧，只在最低程度上保持了对于功利的敏感，而这种敏感，也只是建立在宝贵的自尊之上。于是，向春在十来年的写作生涯中，姿态一直比较端正，没有投机，没有取巧，经历着一切应该经历的过程，暴露着缺陷，也展露着才华，她不伪饰，老老实实地走着自己的路，所以，她没有爆得大名，但也足可安享名实基本相副的平静。"

从2000年写下第一篇小说《一打旧玫瑰》到2014年年底的《被切除》，转眼间，我写小说已经十五个年头了。正如弋舟所说，接近四十岁才进一个行当，起步是有点晚了，但是又没有快马加鞭，实在是因为文学这种东西让初学者不得不蹒跚，甚至踉跄。

记得当初提起笔，四顾茫然，无从下手。那就从自己的经验写起吧，因为那是沉淀在心中的情感，也许容易把握，风险小一些。最初的那些作品，从一己之感入手，在密密麻麻的生计中，捕捉心灵里不时经验到的震颤。因为有经验打底，这部分作品写得相对轻松，轻车熟路，很本色，透过文字的表面，你可以看到那个站在作品背后的叙述者——一个都市女性，在情感上不免有些跌宕和起伏。我所感悟到的，大约与许多这样的女性有着类似的共鸣。于是，因其"类似"，看起来就有些简单的亲切。我们如今的文坛，正是这些简单、亲切的作品，最容易获得读者的青睐。遗憾的是，写出了同样作品，作者却没有因之红火起来。这便是简单地凭借经验写作带来的风险，因为有广泛的共鸣，它不会受到过多的排斥，但是，也因为失之于个性，它又往往容易被淹没在共性的洪流之中。总之,最初几年的作品,有些心不在焉,有些犹犹豫豫的心虚,被某些庞然大物一般存在着的“范本”所规约,同时也被自己一己的细碎感受所绑架。

经验对于一个作家重要吗?当然,非常重要。但是一个作家,如若只限于对自己经验的复述,无所超拔,又能走多远呢?

2003年在鲁迅文学院学习时,课余歌酒寻兴,我唱了内蒙古版的《走西口》。大家知道我是甘肃籍的学员,对我唱内蒙古民歌的地道感到惊异。细下里一聊,我才道出,我是内蒙古河套平原的闺女。我们那个地方,女人出嫁前都叫闺女。我是河套的闺女,表明我的娘家在河套。有一个同学说,你为什么不写河套呢。

河套是藏在我心中的粮食,我舍不得把它拿出来,是等待情感和时间的发酵。

2005年,我开始试探性地触摸“河套平原”。

下面重点说说河套平原这个地方。

黄河几字形的上端,阴山之南,黄河北岸,就是河套平原。“敕勒川,阴山下,天似穹庐,笼盖四野,天苍苍野茫茫,风吹草低见牛羊。”说的就是古河套。这里历来是游牧民族的栖居地,清道光直到民国,这片土地接纳了数以万计的春出秋归的走西口的“雁行人”,形成了中国历史上重大的人口迁徙——清末民初的走西口大移民。

20世纪前半叶,这里虽然地处偏远,但是一度非常热闹。冯玉祥五原誓师,阎锡山河套屯垦,傅作义五原战役,绥远和平起义。傅作义驻守河套期间,随着国共合作的起起落落,曾把河套大批的红色青年送往延安。解放战争爆发后,也在河套抓了七期国民兵(壮丁)。在我军解放包头的战役中,战场上,亲兄弟亲叔侄赫然刀枪相见。

河套是黄河冲积平原,河床高于地面,开渠就能灌溉,因此在没有现代测量工具的情况下就出现了优秀的民间水利人才。民间水利专家在没有任何测量仪器的条件下,开挖了十大干渠,新中国成立以后的黄河水利灌溉也基本沿用这个渠路。

我出生在河套平原,在那里生活了十八年,我非常熟悉河套的民间风俗和方言俚语,了解那片土地上人们的性格、情感和精神气质,这是我创作这部作品的得天独厚的条件。我用了五年的时间了解当地的牧业、农业和水利,研究来来往往的政客与老百姓的关系。我奔走在包兰线上,用我的人生经验与生我养我的这片热土汇合。我想书写半个世纪以来,河套平原的人们在自然与历史的夹缝里,创造了中国近代的土地开发史和民间生活史。

河套人崇尚农业,做别的都不是正道的营生,只有种地开渠在人们心目中至高无上。从黄河上引水开渠,有水的地方就有地,地有了水,就等于人有了血,种上庄稼,嗖嗖地长,种一颗收一百颗,种一麻袋收一百麻袋,还有比这更光荣更厚实的营生吗?粮食越来越多,人口越来越稠,地也下子儿,人也下子儿,河套人活着就是为了这个。河套的春天,黄牛遍地走。东村的锁头扛着犁铧喊道:“二毛旦,你家下甚种子了?”二毛旦说:“老哈数(方言,老样子),种白欧柔麦子,割了麦子种菜,球事不碍。”春小麦收了之后,翻了地浇了水就点菜籽,可以种大白菜也可以种蔓菁。到了秋天,一棵棵大白菜万众一心地卷紧了菜心,剥都剥不下来。蔓菁胀出了地面,上面的青下面的白。上冻了,屋檐下戳着两面瓮,女人们腌菜,一瓮酸白菜一瓮酸蔓菁。夜幕降临时,每一家的屋檐下黑黢黢地就像蹲着两个武大郎。

这里蒙汉杂居,民风淳厚。每一间土房侧都有土质的房梯,人们上房如履平地。房顶的作用一方面是晾晒谷物,更重要的是瞭望有没有走向村庄的亲戚或逃荒的。只要看见客人来了,河套人家的烟囱会不约而同地冒出青烟,鸡窝里的公鸡鸣叫起来。在河套,要饭的人好像是远方的亲戚,吃饱了喝足了得动弹一下吧,最终变成了河套的农民,这些人形成了一个又一个的村庄。人活着不是为了肚皮,是为了脸面,河套人重情谊爱面子,借一盆米还两盆面,趁人不注意倒进人家的面瓮里,还用胳膊肘子捋平了。

大后套的冬闲时,日子是最舒坦的。粮食在粮仓里丢盹哩。腊月的猪早晚挨一刀,挨了刀的猪挺在凉房里等着人吃哩。如果这个时候哪家的老人死了,大家就说,哎呀这是个好人,可死好了。寿终正寝的老人走了要停放七天,这七天是主家的体面。七天里全村的人都来家吃炸油糕。男人们泡了黍米,握着碓杵在碓臼里扑通扑通地捣糕面。女人们抹起袖子做油糕。把糕面用水揉了,在屉上蒸,熟了就放在案板上沾着胡油在案板上搋。拽成小剂子,里边包上甜绵的红豆沙,捏成小耳朵状,哧啦哧啦往油锅里扔。趁着热吃,外焦里嫩,咬在嘴里忽颤颤的,香得舌头都抽筋哩。有时候全村的人能把一家人吃塌了,不过没关系,自己家断粮了你可以到别人家去吃,一个正经后套人到谁家吃饭是看得起谁。一家死了人,全村的女人都是要哭丧的。如果死的是男人,女人就哭:"哎哟哟,哎哟哟,碓杵杵没了碓臼臼谁来捣啊捣——哭丧的声音高一声低一声,直哭到命若游丝,一口气猴皮筋似的半天才从很远的地方拽回来。一个女人从外村住娘家回来,一进村看见了引魂幡,她扔了背上的孩子跪下就哭。天呀地呀王母娘娘咋就打了瞌睡呀,哭罢了起来问旁边的人,死的是谁呀?"

当地说的方言,是在晋陕方言基础上形成的,再加上一些蒙古语的译音。河套话形象,扎实,幽默,直率,一竿子到底,不打一点弯。可骂人的时候可会拐弯抹角,比山说水,唱歌一样的好听。

> 唐(傻)老婆儿,做甚嘞?
>
> 做营生了哇,你看不见我屁股撅在天上了。
>
> 歇缓一阵哇,营生营生往出生了你能做完嘞?
>
> 养下个唐小子穷球打炕板子嘞,为抛闹这点彩礼,我快瘦成一把锄头嘞,每天喝的瞪眼儿(照见人影的)稀粥,吃上点荤腥放屁还得堵筛子嘞。
>
> 他娶媳妇他受了哇,你寡妇生涯的老腿旧胳膊的拆卸下来也当不了个顶门棍。
>
> 跟我闹饥荒的嘞,跟命拧眉(别扭)嘞,说娶不上花眼子就跟我拼命嘞。吃的是稀饭还想屙干屎嘞。
>
> 你尿也不要尿他这个烂夜壶,让没过门的媳妇拿住了,还整点(收拾)他的寡妇娘嘞,长上个橛子就是个男人嘞?还不如拔上一根鸟毛上吊咯——

这里的人们唱的爬山调(也叫酸曲)俗中带雅,情歌更是风流绝代,听了河套的情歌三个月不知肉味。

> 白葡萄呀红果果
> 小妹妹好比花朵朵
> 山羊绵羊喝水哩
> 我和妹妹亲嘴哩
> 红莲豆嘴嘴白生生的牙

海棠花脸蛋蛋亲死哥哥呀
井里头打水一根绳，
哥就爱妹妹一个人
穿上红鞋圪扭扭走
早晚你脱不了哥哥的手

河套人睁开眼看到的是山野草地，歌声是无处不在的倾诉。人们生活很艰苦，可心胸开阔，天性乐观。这是游牧文化和农耕文化相结合的共同特点。因为有土地，人们就有依靠，也许今年遭年馑，兴许明年粮仓撑破哩，有地有水还有老天爷愁啥哩。土地是盼头也是悬念，一路这么过下去，天就黑了一茬人就老了。这里的人好像不太忌讳死，一过中年就割寿材，漆彩描金，龙飞凤舞，四平八稳地停在墙根下，好像对待家里的一件家什，随时准备着用哩。寿终正寝的人是有福气的，是活着的时候修下的，因为你好好地活了，所以就好好地死了，死了也极尽哀荣。这厢孝子贤孙哭天抢地，那厢红男绿女鼓乐笙歌，歌功颂德，死了的人是全村最好的人，是世界上最好的人。甚至也来荤段子，扭腰送胯，打情骂俏，热闹得几乎要把房顶子掀了。仿佛故事的主角到那边后就会活得这么红火。死了会这么好，谁还那么刻意地在乎死呢？河套女人总把死挂在嘴边上，提醒男人该下地了，就说，阳婆都晒在屁股上了，死了躺在棺材里凉凉地好好睡咯，现在睡够了到棺材里做甚呀。

这里面多菜少，人们也爱吃焖面，就是菜上面蒸面条。有油有水有菜有面一锅烩了，又省事又实惠。一个人看见另一个人喝多了，就说，哎呀，咋喝成这样，几个菜呀？或者一个人上馆子吃饭，抹嘴的时候会说，这么好的馆子可惜没有焖面。

《河套平原》写的就是这些事情。

五年之后，河套平原发表了。

弋舟说："《河套平原》的确是一次故事的解放。向春的天赋在其中得到了最大限度的释放，她的那些直接经验与间接经验，都和谐地融进了澎湃的叙述之中，而这种澎湃的叙述，在我看来，有着一个熠熠生辉的名字——虚构。终于，向春在这部作品中结结实实地践行了一个小说家的工作原则。她不仅仅在形式上讲了一个民国时期的故事，更是在小说的书写精神上摆脱了'现实'的束缚。从此，她就不再只是一个简单的、令人感到'亲切'的经验型作家，她的写作由此丰富与复杂起来，从一种单线条的格局中脱颖而出，成为一个极具说服力的作家。”

我对《河套平原》并不满意，觉得发表过于草率。实际上我从来没有对自己的作品满意过，一发表就后悔。现在没事还拿出《河套平原》看，在空白处改，改到密密麻麻，最终不知所云。

这五年里，我的写作分为了两条路径：一条，依然延宕着《河套平原》的余韵，写《西口外》《河套轶事》《泥棺材》；另一条，似乎又重回了写作之初的那些题材。但是，这种“重回”绝对不是倒退，是在走向文学的成熟。可是一旦成熟，在文学上也许就是下坡的起点。

徐兆寿回复提供的资料

徐兆寿简介

徐兆寿,1968年生,甘肃凉州人,文学博士,教授。现任西北师范大学传媒学院院长,1992年毕业于西北师大中文系,留校任教,从事现当代文学、中国传统文化、影视文化的研究与文学创作,现为西北师大传媒学院院长、教授。中国作家协会会员,甘肃省首批荣誉作家。1988年开始发表作品,先后出版《非常日记》《生于1980》《非常情爱》《幻爱》《生死相许》《伟大的生活》《荒原问道》等七部长篇小说,《麦穗之歌》《那古老大海的浪花啊》等2部诗集,《我的文学观》《中国文化精神之我见》等六部学术著作。获"全国畅销书奖""敦煌文艺奖"、甘肃省哲学社会科学优秀成果奖等十多项奖。

徐兆寿前期作品敏锐地抓住在社会上普遍存在的现象,并且用社会学、心理学的视角观察社会问题,被称为"问题小说家"。《非常日记》《非常情爱》《非常对话》形成了"非常"系列小说,引发了对当代大学生或"80"后的生存和精神状态的热议。同时也致力于性文化的研究,大胆地触及中国文化的"禁区",反映在传统文化与现代文明、中西文化的冲突下信仰失落时的心灵焦躁、现代人的异化等人性的主题——既有对人性心理焦躁、彷徨的揭露,也有对理想世界构建温情的一面。徐兆寿真实地裸露了一代人的思想经历和心路历程,对青年尤其是生活在大学校园里的大学生的关爱,使其找到一条艺术表现的较佳途径。其新作《荒原问道》是一部具有精神启蒙意义的重要作品,它描述了中国自20世纪50年代以来两代知识分子的精神历程,知识分子经历了从广场到民间,再从民间到广场,从民间到广场,从东方到西方,再从西方至东方的问道过程,被认为是其转型之作,作品超越了以往知识分子的政治叙事,从而进入文化的、人性的、私人化的丰富的叙事空间,切入西部知识分子的心理、命运、精神、信仰进行书写，是一部具有精神启蒙意义的重要作品。

文学创作主要成果

1988年至1994年期间，徐兆寿主要进行诗歌创作。1994年以后，诗歌、散文、小说创作同时进行。1998年以后放弃创作。2002年重新创作，此后主要进行长篇小说的创作。因出版“中国首部大学生性心理小说”《非常日记》(敦煌文艺出版社)走红文坛。该小说被《科学时报》评为“2002年度十大校园热门话题”，被《中国教育报》评为“新少年维特的烦恼”。引发“非常热潮”。

2004年，春风文艺出版社推出其新作《生于1980》，被誉为“当代贾宝玉之传”“深刻揭示‘80后’一代精神历险的小说”等。

2004年底，中国青年出版社再次推出徐兆寿近年来最为重要的作品《非常情爱》。该书以诗人海子的部分心理为原型，杂合了当代诗人的一系列精神症状而创作的一部长达五十七万字的长篇小说，但在出版时被删减为二十六万字。在出版发行半月后即连续印刷两次。

2006年，甘肃美术出版社出版其长篇小说《幻爱》，该小说是国内首部描写虚拟婚姻和虚拟性爱的作品。著名文艺评论家雷达为其作序，给予高度评价。

2014年，作家出版社出版其长篇小说《荒原问道》，该小说关注知识分子精神际遇，以个人丰满的生命体验为依据，体现出充沛的生命质感，达到了现实和历史的对话，在国内文坛引起较大反响，雷达、孟繁华、贺绍俊、施战军、程光炜、李建军、邱华栋等诸多文学评论家一致认为，在知识分子命运书写方面，《荒原问道》是一部具有精神启蒙意义的重要作品。

除这些作品外，徐兆寿还出版长诗《那古老大海的浪花》(中国华侨出版社1998年)、诗集《麦穗之歌》(青海人民出版社2000年)，发表长篇小说《伟大的生活》《生死相许》等。

研究成果介绍

2004年6月，徐兆寿从行政岗位转到教学岗位，开始其文学和文化研究，其研究范围颇为广泛，涉及中国传统文化、中国现当代文学、性文化、西部文学、影视文学等多个领域。

在中国传统文化和文学研究方面，他先后在《新华文摘》《小说评论》《文艺争鸣》《兰州大学学报》《甘肃社会科学》《社科纵横》《甘肃联合大学学报》《飞天》等刊物上发表文学评论、文化研究方面的学术文章数十篇，出版专著《我的文学观》和《中国传统文化精神之我见》两部。其中，先发表于《小说评论》(2007年第3期)后被新华文摘全文转载的《论伟大文学的标准》一文在文学界影响很大，转引很多，并获甘肃省社会科学优秀成果三等奖。

在两性文化研究方面，由于他在网络和教学方面的影响，被网上誉为“中国第四代性学研究领军人物”。2003年，徐兆寿和中国著名性社会学家刘达临教授就性文化方面的问题进行解读，出版《非常对话》(中国青年出版社)，成为一部学术畅销书。2008年，由著名民间出版家贺雄飞策划，中国言实出版社发行的性文化学术随笔《爱是需要学习的——情爱文化五十讲》出版。

在西部文学研究方面，长期关注原生态视域下的西部文学，对西部文学的发展中原生态视域下的西部农耕民俗、原生态视域下的西部游牧民俗、原生态视域下的西部民歌、原生态视域下的西部方言及精神信仰做了长期深入的考察和研究，完成《原生态视域下的西部文学》一书，同时，2012年年底，承担《华夏文明在甘肃·发展创新卷》一书的主编工作，此工作于2013年6月完成，在甘肃及全国产生了很大的反响。

在影视文化研究方面，关注新媒体时代背景下影视和文学的关系，并对当下影视中所存在的一系列问题进行了深入讨论，发表论文《生态电影的崛起》(《文艺争鸣》，2010年第3期)、《当下中国电影的艺术缺失》(《人民日报》，2013年12月27日)、《新媒体时代的文学》(《中国艺术报》2014年12月20日)、《一步之遥——姜文的内心世界》(《文汇报》，2014年12月24日)、《电影的常道》(《中国艺术报》，2015年1月7号)、《回到形象的塑造》(《文艺报》，2015年1月28号)、《张艺谋与那一代导演的宿命》(《文学报》，2015年2月12号)等数篇。

徐兆寿近年来发表的主要学术文章

1.《论伟大文学的标准》，载《新华文摘》2007年第22期；

2.《生态电影的崛起》,载《文艺争鸣》2010年第6期;

3.《文学批评应有的气质》,载《人民日报》2011年2月18日;

4.《第八届茅盾文学奖引发的思考》,载《光明日报》2011年8月29日;

5.《批评的错位》,载《文学报》2011年10月27日;

6.《雷达的评论世界及其意义》,载《文艺争鸣》2011年第1期;

7.《人学的困境》,载《小说评论》2012年第5期;

8.《一种新的写作现象:原生态文化书写》,载《文艺争鸣》2012年第9期;

9.《"接地气"和"接天气"——兼谈对"人学"的超越》,载《小说评论》2012年第4期;

10.《学习什么?坚持什么?——由张炜作品与世界文学的关系说开去》,载《小说评论》2012年第1期;

11.《文坛何以老　青春何以还》,载《小说评论》2012年第2期;

12.《论风景之死》,载《小说评论》2012年第6期;

13.《深挖丝绸之路和黄河的精神宝藏——甘肃作家群创作印象与思考》,载《光明日报》2012年7月17日;

14.《开发利用文化资源需要顶层设计》,载《甘肃日报》2012年4月18日;

15.《文学故乡的意义探寻》,载《光明日报》2013年7月30日;

16.《文化自信从哪里来》,载《甘肃社会科学》2013年第5期;

17.《批评的维度》,载《中国社会科学报》2013年11月29日;

18.《当下中国电影的艺术缺失》,载《人民日报》2013年12月27日;

19.《感性　风骨　理性　激情——谈雷达的文学批评》,载《中国现代文学研究丛刊》2014年第4期;

20.《当下中国电影的艺术缺失》,载《人民日报》2013年12月27日;

21.《张艺谋与那一代导演的宿命》,载《文学报》2015年2月12日。

徐兆寿作品评论摘编

一、甘肃省文学院授予徐兆寿首批荣誉作家称号时的评语

真实地裸露了一代人的思想经历和心路历程。对青年尤其是生活在大

学校园里的大学生的关爱,使其找到一条艺术表现的较佳途径。

二、有关《非常日记》的各种评论

雷达(著名评论家):现在看来,《非常日记》率先描写了大学生的某种精神苦闷,包括性苦闷问题。此前,大学生都被看成天之骄子,透亮得不可能有一丝烦恼,而当时有数的几篇写大学校园的作品,总不外乎一时的愁绪和难题如何迅即被阳光驱散。《非常日记》不是这样,它越过了大学校园"看得见"的外在表象,深入某些"看不见"的精神活动中,并将之赫然摆在我们面前。主人公林风的苦闷及其后来性心理的变态让人触目惊心。正如五四时期的问题小说一样,徐兆寿面对日益纷纭的价值冲突和多元的文化语境,勇敢地提出了当代大学生的心理问题,通过"性"这个通道其实在写大学生的精神信仰问题,因为没有了信仰,精神便无所皈依。这部小说让我想起郁达夫的《沉沦》。虽然时过境迁,不可同日而语,但人类和青年的某些深层潜意识,总会重现。

——摘自《现代之梦:灵魂回归原野》(《文艺报》)

李银河(著名社会学家):我觉得这本书最主要的价值并不是写大学生的性心理。我倒是觉得其中所表现的来自社会底层的大学生和城市大学生之间的差异,以及这种差异对前者的影响才是书的主题,也是写得比较好的地方。

——摘自《李银河:支配自己的身体是每个人的权利》(《新闻周刊》)

彭金山(西北师大文学院院长、教授、诗人):读《非常日记》,开始感到新鲜,看完让人沉重。这部小说以敏锐的目光、新颖的视角,从性心理和社会病理学的角度捕捉了大学校园正在发生的变化。走进时下的大学校园,扑进眼帘的镜头告诉我们,如今的大学生的生活已经和20世纪80年代有了很大的不同,青春男女在众目睽睽之下做大胆的亲昵动作,在二十年前是不敢想象的,而今已司空见惯,偶尔也会听到关于异性大学生在宿舍同居的事,但只是风闻而已,徐兆寿的长篇小说《非常日记》揭开了这层雾幔,向我们披露了当代大学生的性心理以及以此为中心发生的是是非非。这是一部紧紧跟踪时代生活变化的纪实类小说,首要的价值便是它的真实性。从多方面的事实来看,青少年的心理健康,包括性知识方面的教育都应该列入当下教育的日程。

更重要的是,小说提出了价值重建问题。在价值多元的复调世界里,物欲的大潮很快便击落了要人们仰视的曾有的神圣,学子们由形而上的失落陷入形而下的沉迷,似乎有着某种必然性。他们对涌入个人世界的诱惑不加选择,但很快便由新鲜到倦怠、困惑,陷入“生命无意义”的烦恼。最终,还是要回到对生命意义的寻找上来。正如小说中林风给导师余伟的信中所追问的:“余老师,我郑重地问一声:你生命中的灵光是什么?”他们要寻找生命的灵光。有时,他们遭遇的似乎是鄙俗的东西,其实正是寻找“灵光”的变异形式而已。但这“灵光”是什么?在哪里?余伟始终未治好林风的病,林风死了;余伟对自己的自信和能力也产生了严重的怀疑,其实,这个病靠个别心理医生是无法祛除的,是要整个社会的调理来治疗的。《非常日记》提出的问题可不寻常。

——彭金山《非常日记不寻常》

马步升(甘肃省社会科学院文学所所长、著名作家):读《非常日记》会使人油然想起国外的两部作品,一是美国作家塞林格的《麦田里的守望者》和日本作家村上春树的《挪威的森林》。两部作品都是一种社会制度变革和转型时在青年人身上的投影,如果说霍尔顿是青春前期叛逆和骚乱的影子,那么,渡边和直子便是我们青春期的真实写照,然而在他们身上,我们只看到了青春期的种种症候,甚至也看到了追寻理想的冲动,却看不到他们为理想奋斗的坚韧和理想无法实现的痛苦,看不到推动他们走向未来的理性。在《非常日记》中的主人公林风身上,似乎霍尔顿和渡边式的青春症候也并不少见,同样都是在社会转型期产生的,而且集中体现在爱情和理想领域。但林风和他们所处的时代、国情,以及所接受的文化传承、心理积淀等各方面有着相当大的差别,因而,在他身上除了有体现他们那里的青春症候外,难能可贵的是,他还拥有追寻爱情和理想的激情,以及换回理性的自觉。《非常日记》是日记体结构小说,由此我想到了歌德的《少年维特的烦恼》。与这部划时代的作品相比,林风和维特似乎更接近。他们既陷入爱情的深渊不能自拔,又陷入信仰的绝境。他们都是通过日记,记录了他们对人生、爱情、理想和信仰的思考。林风和维特都自杀了,自杀在不同的世界、相同的“烦恼”中。有意味的是,无论维特、霍尔顿、渡边、直子,还是林风,他们都是不同国度在不同时代社会转型期的悲剧青年,由此便引出这样一个问题:是否每次社会的转型所引起的心理震荡都要率先体现在青年人身上,而且都要以损毁支撑他们青春大厦的基石为代价?

——马步升《青春的悲剧》

叶知秋（西北师大副教授、文艺评论家）：徐兆寿的《非常日记》是作者以独立的人格和精神在与世界打交道的过程中产生的所感、所悟、所思的真实记录。这就是这部小说在中国当代文学作品中所具有的独特和非常的价值。谈到当代中国文学，平心而论，如果不是专业所需，那么除了张承志的作品，我是不大喜欢读的。原因是，当代文学作品大多都非常假和浅。

要做一个好作家，就首先必须做一个真正的人。而要做一个真正的人，首先就必须搞清楚人与动物的本质区别是什么，人生的价值和意义是什么。否则只能像王朔那样，永远地希望自己是一个诚实的生物而希望别人是一个善良的生物。在这样一种对人的认识层次上写出来的作品，跟黄色书刊一样绝对地对人有消遣、解闷的作用，却永远不可能有艺术的价值、真正人性的意义。

我不敢说徐兆寿的《非常日记》在措辞和技巧方面有什么擅场和过人之处，但它的确写了一个并没有什么文化背景的、非常淳朴的农村青年大学生，独立地面对这个世界时，并没有像绝大多数的人那样选择生物的立场而是选择了真正人性的立场，在这种真正人性的立场上，在与世界打交道的过程中所产生的——富于人性色彩的感受、体验和思考，以及这个青年最终因为找不到真理而为捍卫人性的尊严而非常勇毅地自杀的故事。

这是一个悲剧，是跟古往今来的一切传世悲剧那样能够给人的心灵以永恒创痛的悲剧。而悲剧的结局，永远胜过那令人深感龌龊和耻辱的悲哀的现实处境和漫漫人生的。所以在万不得已的情况下，悲剧永远是真正的人性的证明和真正有价值、有意义的选择。

——叶知秋《〈非常日记〉的非常价值》

唐欣（甘肃省委党校副教授、著名诗人）：《非常日记》的引人注目之处，是它对性问题的正规揭示，（小报记者称之为第一部中国当代大学生性心理小说）。正如有人表扬的那样，作家运笔克制干净，没有涉及细节描写，我倒觉得这是个缺憾，其实完全可以写得更加浑浊一些，更多一些沾血带肉、撕心裂肺的痛楚，这可能会更有震惊的效果，但不管怎么说，即便这样，已经具备拓荒者的实绩了。在中国新文学史上，性并非是一个陌生的客人，但它通常总是作为隐喻出现的。比方说，在《沉沦》里，它与国力强弱有着某种关联；在《白毛女》中，它强调的是阶级压迫；在张资平那里，它是个性解放；在沈从文那里，它是自然本真；在张贤亮笔下，它指代政治压抑；在卫慧一代新作家心目中，它又差不多是一种前卫或时尚标志。而在《非常日记》中，徐兆寿把性带回了它的本体，它就是源于生命需要的自然冲动，是每个人都不得不面对，不得不经受的煎熬和折磨。它是这样汹涌、野性、蛮不讲理和难以控制,以至于它能如此扭曲和损害我们的心灵和行为。

——唐欣《寻找健康的人生》(《中华读书报》)

杨光祖(甘肃省委党校讲师、评论家):当我读完徐兆寿的长篇小说《非常日记》,我非常震惊。徐兆寿的小说真实地刻画了20世纪90年代后期大学生的生活、思想与迷惑、绝望,震撼人心,发人深省,让人透过大学生这个视角,对社会的不公平、教育的滞后、人性的扭曲、灵魂的丧失,等等,进行一次深入的思考。我认为它是一部非常成功的小说,也是一部非常成功的大学生题材长篇小说。我曾经说过中国到现在为止,已经有了一些大学教师题材的优秀长篇小说,如《围城》,但是没有一部成功的关于大学生的长篇小说。我们现当代成功的小说大多是农村题材和知识分子题材,因为中国文化在这两个群体里积淀得最多,也容易写好,都市题材这几年随着市场经济的飞速发展,也涌现了一些比较好的小说,遗憾的是在中国社会中占很大比例的大学生,一直没有成功的小说去表现他们,当然,这也因为大学生是个生活单调的、性格变化较快的群体,要把握他们,写好他们是很困难的。可是,连续两夜手不释卷地阅读完《非常日记》,我兴奋,我激动,我长啸,我高兴地认为中国终于有了关于大学生的优秀长篇小说。这部小说不但写出了大学的生活、大学生的生活、大学生的心理,尤其令人欣慰的是它还写出了大学的空气,对,是空气,或者说那种荡漾在大学里的气氛、气味,让人觉得那么真实、可信。

——杨光祖《一个大学生灵魂的拷问、挣扎和绝望》(《信息时报》)

廖明(《兰州晨报》资深记者):说实话,刚拿到被翻得乱七八糟的《非常日记》复印件时,我马上就想到了《绝对隐私》,甚至眼前还出现了"文革"后期在城市青年中悄悄传阅的手抄本《少女之心》《曼娜回忆录》之类的"货色",胃里直往上翻!在青春期教育日益完善的今天,还会有《少女之心》那样的货色流传吗?如果有,那问题就十分严重了。直到读完小说,见到了它的"非常"作者——徐兆寿,心中才为他的认真、责任和勇敢的自我剖白精神所感动和敬佩——那是一种卢梭式的自我解析。如果这样的作品早一点问世,在社会的评价和引导中,就会少许多悲观者、自卑者、自杀者、手淫者,包括我在内,开放的教育对健康人格的形成,对美好精神世界的造就发挥着如此巨大的作用。从这个意义上说,《非常日记》也许能使自卑者豁然开朗。

——廖明《拯救心灵就是拯救我们自己》(《北京青年报》)

海杰(兰州职业技术学院教师、诗人):我是第一个读完徐兆寿老师精心写作的长篇小说《非常日记》的读者,我事先给这部小说的内容设想无非是赤裸裸的性描写和大学生单薄的欲望的结合,但是,在我一口气读完之后,我却看到了一片新的景象,我承认,我在读完小说后,负累的想法得到了预想不到的解脱。

——海杰《我所想的、我想说但不能说的在〈非常日记〉里看到了》

三、关于《生于1980》

尔雅(甘肃省青年作家):我看到,兆寿在这部小说中的语言的力度和速度、叙述的视角等等跟《非常日记》不一样,当时我很有些感觉,坦率地讲,我都有点嫉妒他了。他的速度比我快多了。一般来说,速度太快,质量就让人担心,可他的质量还这样好,所以我第二天就给他打电话。第二天晚上读了中间的一部分,坦率地讲,我可能读得马虎一些,感觉线条比较多,有些地方接得不是很融洽。第三个晚上读到夜里一点多读完的。这一部分感觉又好了,觉得又回到了第一部分的感觉。这个作品写得整体不错。

唐翰存(兰州交大教师、诗人):对徐兆寿而言,他在作品中所要表达的主题及价值取向,都是他长期关注和思考的问题。在很早的时候,他就痛切感受到当代文学之于精神追求和终极信仰的先天不足,感受到文学关照人、描述人在这一向度上的话语缺失。怀着人文和理想主义的启蒙愿望,他想以自己的写作来改变这一可悲的格局,发出真青年的声音。而且,他所表现出来的精神气象和形而上的热情,是令人钦佩的。从总体上考察徐兆寿的写作,你就能发现,他作品中蕴含着一种稳定的体验和渴望,关于人内心的冲突,精神的挣扎、灵魂的拯救、真理的永恒价值,等等。他的出发点和着眼点,都在形而上的层面。心理、精神、社会,是他写作的三重向度、三维支撑。《生于1980》和徐兆寿的其他作品一样,关注的仍然是人的精神出路问题,只不过把这一问题放到20世纪80年代出生的一代人身上,更具有严重性和抢眼点。

四、有关《非常情爱》的评论

张大伟、咸立强(复旦大学在读博士):灵魂漂泊的流浪儿,局外人的体验,与后现代张扬的异化和荒诞无关,孤独与失落来自人格的超拔、精神的卓越,在丑陋的世界里寻找人性的灵光,徐兆寿的小说是真正的理性浪漫的产儿。

——张大伟、戚立强《撤离与抵达——评徐兆寿〈非常情爱〉》(《文学报》)

王黎君(复旦大学在读博士):一部浮士德式的作品,或者说采用了浮士德式的隐形结构。主人公张维像浮士德一样探索人生和世界的奥秘,体验了种种又一一否定:知识、爱情、文学、宗教等。浮士德是在对自然的改造中获得真理,张维则是在顺应自然的和谐中回到生命的本真和澄明。

———王黎君《心灵的探险》

张羽(西北师大在读硕士):如今是个哲学冷落的时代,文学作品不屑于在里面探讨哲学,文学批评更是把哲学的剖析视为圈外的批评。也许正因为如此,《非常情爱》才显得有点另类吧!我认为,作品中主人公一直不懈地进行着哲学的反思:他经历了哲学理性在现实中难以着陆之痛,他经历了哲学、科学剥离终极关怀后的信仰危机,最后,他在西方宗教哲学的宽容与感恩意识中得到超越、在东方哲学的泛神的生命力流动中完成了和谐圆满的哲学探索。

——张羽《另类小说〈非常情爱〉》

李永辉(西北师大学生):与《非常日记》一样,我把自己关在屋子里静静地将徐兆寿的新作《张维的精神时代》一口气读了下来。然而,与其成名作《非常日记》不同的是,多了一种酣畅淋漓的感觉,因为它容纳的新质解放了习惯性的阐释思路,使读者渐渐感觉到了一种豁然,然后一种快感袭上心头。

——李永辉《寂寞的灵魂》

张兴君(中学教师、诗人):这部小说,我的阅读感受可以用"震惊"来形容,读完之后,神思恍惚,仿佛经历了一场暴风雪之后浸在浴缸享受着虚脱一般。这部小说堪称"时代的良心"。

——张兴君《非常情爱》

新浪网友:一个字:好!思想内涵非常深刻,发人深省。

新浪网友:连续两天,基本算一口气看完,很喜欢这篇小说,有一些地方,例如对人生的一些思考等,甚至引起我的共鸣和感慨。好的书确实是对人心的一种济世良方啊!

五、对《幻爱》的评价

雷达(著名评论家):这部小说的特别之处在于构建了三个世界。小说一开始,我们随着主人公杨树进入了沙漠深处一个几乎与世隔绝的桃源世界,在这个叫“西北偏西”的村落里,一切都让人惊讶……正当我们沉浸在这一个世界中时,主人公杨树又把我们带到了另一个现实的、世俗生活的世界……小说从第十五节开始,又一个新的世界展现在我们面前:这是一个虚拟的世界。

表面看来,《幻爱》呈现的三个世界,仿佛暗喻着远古的自然人性,现代的异化人性,后现代的虚拟人性,只有第二个世界才是真实的,其他两个都比较虚幻。但是,仔细体味,发觉人在这三个世界中,都有自己真实的一面,而且不同的人在不同的世界中都有一个共同的目标:拯救。换句话说,每个人都生活在这三个幻象中。我认为最具启发性的是网络和电子文化时代的世界,它为我们展现了一个充满不祥却无比广阔的虚拟世界,有时候会觉得它更像是宇宙,黑暗无边,却又清晰可见。

在这里,徐兆寿表达了一种理念,即对文明世界的救赎不靠文明本身,也不靠宗教,而是要回到那个原初的世界,至少要在精神上回归原初,那个世界并非原始的洪荒,而是一个充满诗意的、神奇的乌托邦,是一个大自然与人的灵魂可以息息相通的共融世界,和谐社会。然而,我们在小说中看到,“西北偏西”代表着的这个世界已经开始向现代文明开放,它已经不是完全封闭的了,寡妇琴心的儿女都在接受现代文明的教育,这也许暗示着桃源世界无处寻觅的虚幻性质和拯救文明世界的无望呢?明知虚无,却要战胜这虚无,明知绝望,却要反抗这绝望,正是文学精神的火光所在。

徐兆寿的创作属于智性的,带有文化哲学色彩的写作,它与社会学、生理学和精神分析理论有密切的血缘联系,有时候你甚至会觉得他是从弗洛伊德、荣格,或者福柯、杰姆逊等人的理论的某一点的启发下突发灵感的,他的语言擅长精神剖析,层层剥笋一般。另一方面,也得承认,由于注意人物心灵的纵向开掘,往往顾不上横向的繁复多样的生活层面的展开,线索显得单向。从《非常情爱》以来,我感到,他小说的趣味性大增,心理刻画细致多了,增强了大量描绘性的笔墨,要而言之,文学性强化了。这本《幻爱》除了思想观念上的大胆、出新,艺术感染力也足可称道。总之,徐兆寿是文坛上的一个

“另类”,一个怪才。无论在甘肃作家群里,还是在全国作家群中,都是极其独特的。我们需要这样的作家,我们须要意识到他的不可替代性。

——摘自《现代之梦:灵魂回归原野》

刘达临(著名社会学家):读了徐兆寿的《幻爱》,我一下子就想起了《查泰莱夫人的情人》。《幻爱》也是一部很有社会意义的小说,作者从情爱、婚姻和性的角度,描绘了中国这个从保守、禁锢走向开放的社会,描写了这个社会中压抑人性与光复人性的矛盾、情欲与道德的矛盾、婚姻与爱情的矛盾,而这些矛盾在我们当前的社会生活中是较普遍地存在的,可是现在还有些人用一层纱幕把这些矛盾遮盖起来了,使它们若隐若现,似盖似彰。作者在这本书里正是无情地揭破了这层纱幕,使一切矛盾呈现于光天化日之下,使人们不能不正视它,面对它。为了提示这些矛盾,作者不能不刻画主人翁之间的性行为,通过性行为来描写性心理,通过性心理使人感悟到一些人生的哲理,我想可能这就是《幻爱》这部作品的价值所在。

——《开拓性爱的新领域——评徐兆寿的长篇小说〈幻爱〉》

六、对徐兆寿诗歌的评论

谢冕(著名诗人):就像徐兆寿富有诗意的诗的题目一样,他在这首长诗里寻找和歌唱的正是永恒:善良、真诚、爱、灵魂的不朽和造化的伟大,等等。在这个精神普遍受到淡漠的时代,这声音犹如滚过天边的沉雷,唤醒那些被漠视的东西。《那古老大海的浪花啊》(中国华侨出版社出版)中的一行行诗句幻化为浓墨般的海浪,连天结地,那浪涛声在无穷的时空里隐去,它使变得麻木的心复苏,而充盈着激情。

诗人所吟诵的不过是人类亘古不变的情感:亲情、爱情、友情。但在这些大河里涌动的何止是这些?诗人痛斥欲望,过分夸大自身的力量而带来的人类信仰的寂灭,痛斥人类在创造物质文明时对大自然和精神的摧毁;他歌颂那些在这个时代已经淡漠了的情感,歌颂正义、真理,歌颂永恒的伟大和灵魂的不朽。他那高亢的歌唱,使一切流行和迎合时尚的诗歌都显得渺小和鄙陋。他直逼价值主题,不回避,使一切踟蹰在“边缘”的人都显得卑琐。

徐兆寿所运用的语言朴实无华,顺乎心,发乎情,不故作深奥,几乎所有的人都能看懂,虽然可能一时不解其深意。他没有现时某些诗人那样追求语言的华丽和刻意地造作,读起来是那样流畅,发挥了汉语语言优美动人的特点。在当前很多诗人跃跃欲试要振兴中国诗歌的时候，这些“古老大海的浪花”就这样出现在我们面前，给予了有力的回答。

——《我读徐兆寿的诗》(《中国教育报》)

李小雨(著名诗人，《诗刊》副主编)：摆在我面前的是一本青年诗人的短诗集，也是一个诗歌朝圣者的心路历程。说朝圣者，是因为他十多年来，在喧嚣尘世和物欲横流的世界上独自一人跋涉于诗歌的小路上，为诗歌的振兴和自己的主张奔走疾呼。他历尽嘲讽、打击、背离而不悔。他有信仰，那就是“忠诚、崇高、永恒之道和不朽的爱”；他有理论，那就是对新诗的历史和现状做了严密分析后写下的关于“诗歌改革”的诸多文章；他有实践：一首浩荡长诗《那古老大海的浪花啊》和自1988年起的多首精巧短诗。他也曾怀疑，也曾修正，也曾因无法解脱的苦恼而几度罢笔。但始终如一的，却是他在诗歌日益凋零的年代里，奉诗为神圣的事业而付出的情感和身心的代价。他用笔和心见证了我们这个年代的诗歌。

——《诗歌朝圣者徐兆寿——读〈麦穗之歌〉随想》

七、关于《荒原问道》

雷达(著名评论家，中国小说学会会长，兰州大学文学院博导)：《荒原问道》是一部启蒙小说，它试图重返自20世纪80年代的那场思想启蒙之路，探索知识分子的苦难、中国文化的命运、中国人的信仰等一系列大的命题，因此，这是一部值得人们重视的作品。徐兆寿是文坛上的一个“另类”，一个怪才。如此形容他，是因为他的创作在当代文坛始终别具一格，他让我们思考得很多很多。我们需要这样的作家，我们须要意识到他的不可替代性。

孟繁华(评论家，沈阳师范大学特聘教授，中国文化与文学研究所所长)：徐兆寿的《荒原问道》提出的问题，即道统与政统、出与处、进与退等，从传统的士阶层一直到现代知识分子，都没有得到彻底解决。当20世纪80年代中国知识分子试图从整体上解决传统与现代、中国与西方等大叙事问题逐渐落潮之后，困扰这个阶层内心的真问题便又不断浮出水面。《荒原问道》要处理的还是这个如鲠在喉挥之难去的问题。因此，这是一部“天问”式的作品。

邱华栋(作家，《人民文学》副主编)：这是当下少见的一部长篇小说，涉及中国知识分子的自我追寻、放逐、发现、成长、磨砺和内省，是不多见的“精神性长篇小说”。小说内有金戈铁马，有历史批判和情景再现，有人的精神的远游和成长,品质高远辽阔,是某种只有西北的天高地阔的环境里才可以产生的作品。而徐兆寿恰巧就是能够写出这样的精神性长篇小说的作家,他多年来身居大学中,但却常常眺望远山、大漠、黄河滚滚,心性、心境和胸怀,是内陆和江南的文人无法相比的,这就决定了这部小说的气质和气度。

杨庆祥(青年评论家,中国人民大学文学院副教授,中国现代文学馆特邀研究员):徐兆寿在《荒原问道》里试图追问古老而现代的精神命题:在世界进入夜半之际,知识分子何为?这一命题上续悠远的文人传统,在现代又彰显其特殊的历史境遇。小说由是在宏观的历史叙事和微观的个体叙事之间辩证互动,知识分子的精神困境不仅是当下的、务实的,同时也是永恒的、务虚的。“荒原”和“问道”作为本源性的隐喻构成了复杂的对话关系,小说阔大苍劲,虚实相生,在历史意识和艺术趣味上均显示出了非同一般的格局和气象。

陈晓明(评论家,北京大学中文系教授,博导,长江学者):徐兆寿的《荒原问道》深刻表现了当代中国大学精神的变迁及危机,对当今时代的精神之道提出了追问,既是一部大而厚实的作品,又是一部极其好读的作品。整部小说叙述是一个双重结构,一个是理想性,一个是批判性,两个结构各自展开自身的叙述。理想性更多展现在夏木的身上,他是一个理想性知识分子的人格代表。批判性在夏木身上也有,由于其独特的历史经验和追求,使其与当下的大学教育以及整个的时代精神格格不入,使其具有强烈的批判性。陈十三使夏木的批判性展示出了另一面,更有现实存在感。

李敬泽(评论家,中国作协副主席、书记处书记):就《荒原问道》来讲,我最喜欢的还是那种自我怀疑的精神,那种穿行在历史中,同时也穿行在生活中的荒凉感,那样一种不能安顿的感觉,我觉得是真实的,相比来讲,一些写作中那种太有把握、太斩钉截铁的感觉是可怕的。我想对于知识分子来讲,精神、知识都是很重要的,但重要的不是我们抓住这个统,道统也好,文统也好,然后就可以安身立命了。我个人觉得这个统也许在那儿,也许不在那儿,但是它救不了我们,它一点都不能够使我们免于面对苍茫的历史,面对复杂的当下。这个时候,我们必须付出精神上的压力,面对复杂的经验,必须要有一种艰苦的、痛苦的认识态度。在这个意义上说,《荒原问道》是很有意思的。

邵燕君(评论家,北京大学中文系副教授):从我研究网络小说思维的定式来看,这部小说就是网络上所说的种马文,尤其在夏木身上集中表现了种马文的,陈十三我还没找到一个固定的合适的词。陈十三按照原来叫恋母式的，但是现在叫什么文合适，我不知道。他其实也是种马文的一种，一个是更传统的种马文，一个是受点西化教育，恋母到姐弟恋的这么一个倾向。其实从这个角度来讲，我觉得这个小说写得挺好看的，欲望写得挺饱满的，当然也是写给男性向的人的一部小说。

龚自强（北京大学中文系博士生）：在当代现实日益五花八门甚至鱼龙混杂，不无后现代乱局之感的情势下，在文学一次又一次匍匐于金钱、商业、权力等外在规约的脚下之时，我们看到《荒原问道》以一种精神高蹈的方式对很多历史的和现实的种种问题进行呈现与表达，那种来自于生活又超越于生活的启蒙之光就突然闪亮了。徐兆寿先生早年有写诗的经历，过去十多年又一度在大学教授性文化相关课程，这就使得他的很多文学思考偏向诗性和心理层面，思想和美的层面，当然还有最有争议性的，性的和色的层面。可以说，一种哲思氛围浓郁的诗化风格是这部小说的最大特色。

陈思和（评论家，复旦大学中文系教授，博导，图书馆馆长）：西部对于中国来说，不仅仅意味着历史上漫漫丝路，也不仅仅意味着艰难生存的严酷现状，它还有悲壮的辽阔大地，以及高原之上存在着数千年以来的古老信仰。而后者的书写正在成为西部文学新的美学空间。《荒原问道》切入知识分子的心理、命运、精神、信仰层面进行书写，对西部文学进行了新的开拓。老一辈知识分子夏好问经历了从广场到民间，再从民间到广场，而最后又回到民间问道；而新一代知识分子陈十三则经历了从民间到广场，从东方到西方，再从西方至东方的问道过程，他们两人的经历从一定意义上可以理解为我们半个世纪以来知识分子追求真理的坐标。从这一个角度来看，这部小说就不仅仅是西部知识分子的精神历程，也意味了整个中国知识分子的精神史。

张新颖（评论家，复旦大学中文系教授，博导）：在中国历史上，再也没有一个时期像百年来中国知识分子所经历的如此复杂、混乱，传统与现代、西方与东方、理性与非理性、科学与信仰，以及东部与西部、城市与乡村等等，它们一起猝不及防地涌进了知识分子的精神空间，这样一场命运的书写便成为当代作家们的宝藏。徐兆寿因为其大学教师的身份、西部生活的经历、文化研究的庞杂而自愿认领了这个命题，因此，《荒原问道》仿佛在西部，其实剑指中国，乃至世界。从这个角度来讲，这部小说所涉及的宏大主题也许会重启当代知识分子对自身价值、信仰以及命运的探讨。

刘涛(青年评论家,中国艺术研究院助理研究员,中国现代文学馆客座研究员):《荒原问道》是一部有志向的作品,荒原可能典出艾略特,或是作者对当下现实处境的判断,作者不满足于描写日常生活,而要问道,这在当前显得弥足珍贵。小说中问道者主要有两人,但道之为物,恍兮惚兮,靡有止境,故二人所证之道或可再商。

彭金山(甘肃省当代文学研究会会长,西北师大原文史学院院长,教授):《荒原问道》是徐兆寿的转型之作,但仍然是直击时代生活的小说。徐兆寿的最大特点就是一直背负着知识分子的使命,一直在思考着时代生活尤其是精神生活中的最大问题来书写。

叶舟(甘肃省作协副主席作家):《荒原问道》是一篇漫长的诗篇,是一幕诗剧,是一场漫长的精神的倒带。整个从20世纪80年代的黄金时代,从那个年代走过的人,历经了80年代末那个夏天,又经历了90年代。我们知道邓小平南方谈话,一下子就将空气全部抽干净了,经济大面积降临,整个从黄金时代过来的这一批人,从精神上变得赤野千里,变得无所适从,兆寿的“荒原问道”这四个字经常让我想到的是“荷戟独彷徨”。

马步升(甘肃作协副主席,甘肃省社科院文化所所长):首先,这是一部反映知识分子受难、沉沦、挣扎和寻求自我救赎的长篇小说。我觉着这部小说比较明显的价值有三个,其一,作者延续了现代以来知识分子反观知识分子自身的文学传统;其二,作者全身心的投入,全方位的观照,试图在厘清知识分子本身面貌的前提下寻找破解救赎之道;其三,作者写的是小说,很明显的是,他把描述的客体也放进去了,也把自己的主体放进去了,客方主方都成为被观察、被解剖的对象,这一点尤其难能可贵。

程金城(兰州大学文学院院长,博导,甘肃省作协副主席,评论家):徐兆寿从《非常日记》到《非常爱情》,再到《荒原问道》,依然追求非常的艺术境界,这从书名到叙事方式、人物形象、故事情节。《荒原问道》呈现出出色的艺术概括力和游刃有余的驾驭能力。个人遭遇与时代风云的自然融合,奇谲的故事情节与紧张的情理思辨的相得益彰,奇谲得令人震撼,震撼中有历史真实,真实中有道的追问。关于作品中“道”的诠释,体现了对超脱世俗的境界的追求。作品的这种精神特质与文学创作的想象性、情感性、虚拟性的结合,以及具体情境的营造、细节的真实描写,显示出艺术上的大气度与大气象。

张存学(甘肃省文联理论研究室主任,甘肃省文艺评论家协会副主席):《荒原问道》的终极问题是问道,道是什么,怎么问。这么多年来,兆寿写诗,文学评论,维持较高的精神维度,这在甘肃这一方水土是难能可贵的。我们的写作者保持着自觉性和敏锐感,这也是不同于东南作家群之所在。同时这也是兆寿小说的独到之处,他放眼于全国的视野,做学问,搞创作。对于作品的优点以及不足,今天大家的发言畅所欲言,这也是每一个写小说的人所面临的问题,我就说这些吧。

杨光祖(甘肃省委党校教授,甘肃省文艺评论家协会副主席):这是徐兆寿在创作"非常系列"长篇小说之后的一大转型。之前徐兆寿所关注的是大学校园里的大学生问题,多属于"问题小说"。此次转型在题材上有点类似于托马斯·曼的《魔山》,但它切中的是中国当下的文化问题,思考的是中国的问题。中国社会文化目前就处于一个"荒原"的境况,中国人怎么办?中华文化怎么办?这都是非常巨大而迫切的问题。而我们目前的物质消费主义、大众文化成为文化主流,从某种意义上降低了中华民族的精神高度,人们过多地沉溺于肉体的狂欢,而忘记了灵魂的救赎。这个时候,《荒原问道》的出版,直击痼弊,颇有振聋发聩之作用。《荒原问道》,无论艺术水平,还是思想冲击力,都是他前此作品的大超越,呈现了作家多年潜伏所获得的高度和深度,是一种优秀的钙质书写。相信它的面世,一定会获得比《非常日记》更大的社会反响,对迷茫中行进的人,是一种精神鼓舞,也是一次难得的反思机会。

李朝东(西北师大研究生学院院长,哲学教授,博导):兆寿君的《荒原问道》试图重新进入知识分子的社会良知,坚守一种怀疑与启蒙的精神立场,以文学的方式重新关怀社会和人类的终极价值,重新强调人的尊严和尊重。小说虽然透露出某种程度的悲观情愫,但同时也涌动着一股理想主义的激情,渴望"寻找"一种更高的精神支持,跨过俗性社会的深渊,重返真理的故乡。小说既有日常俗性生活的细致描写,也有意义追寻的不懈努力,在好问先生与陈十三的生存经历中展开现实与意义追求的命运变奏。也许,皈依宗教信仰并不是该作品真正要给出的命运归宿,但一个民族、国家和个人应该追求终极价值和精神依靠,才是《荒原问道》给出的重要提示!

周仲谋(复旦大学文学博士、兰州大学副教授):《荒原问道》以诗性的语言、形而上的哲学思考、宗教般的热情,表达着对生命本体的追问,是一部饱含理想主义和人文忧思的杰作。小说呼吁人们从物质欲望的沉溺中重新回归内心,关注灵魂的归宿和栖居地,书中的忧患意识和执着追寻,并非无关痛痒的杞人忧天,也不是堂吉诃德式的大战风车,而是现代都市文明病和人们日益膨胀的物质欲望的一针清醒剂、一贴苦口的良药。我们完全有理由对这部厚重的作品保持足够的敬意,并和作者一起虔诚地期待,那远去的理想总有一天会如骑手般从天际打马归来。

许维的回信及提供的资料

程教授：

您好！

来信读到了，十分感谢您的关心和厚爱。

我的职业是新闻记者和副刊编辑，业余写点文学，主要是敦煌题材的小说和童话。在甘肃乃至全国，我大概是较早从事敦煌题材小说创作的作者之一。

改革开放以来，我出版了小说、童话、散文等文学作品十部。其中六部都是以敦煌为题材的。主要作品有：小说集《敦煌传奇》《莫高残梦》，长篇小说《古墓魔影》，中篇童话《飞天》《九色鹿的故事》，童话集《黄金大盗》，故事新编《敬老篇》（与人合作），系列散文《小灵通西部行·甘肃》（与人合作）等。这些书都是由出版社计划内出版，新华书店全国发行（其中《敦煌传奇》和《飞天》还发行海外地区），而且绝大部分都是获奖图书。

作品蝉联三届甘肃省优秀图书奖，其中小说集《敦煌传奇》先后获全国少数民族省区文艺读物优秀图书一等奖和第二届甘肃省优秀图书奖；故事新编《敬老篇》获第三届甘肃省优秀图书奖；长篇小说《古墓魔影》先后获第三届国家图书奖提名奖和第四届甘肃省优秀图书奖特别优秀奖；系列散文《小灵通西部行·甘肃》获第六届全国优秀少儿图书奖一等奖；历史小说集《莫高残梦》获敦煌文艺奖。

由于职业关系，还写点报告文学。其中报告文学《归来吧，马门溪龙》，第一次详细报道了作为中国古动物馆镇馆之宝的马门溪龙，故乡就在兰州海石湾的历史细节，并得到中科院专家确认，为甘肃赢得了一件国宝，成为当年甘肃的十大新闻之一。报告文学《拂去历史的尘封》，第一次详细披露了早于陕西法门寺的我省泾川大云寺舍利金棺出土的鲜为人知的故事，时任省长的陆浩做了“要保护好这一遗址，为弘扬中华优秀文化发挥重要作用”的批示，并拨发了专项保护资金，才有了今天泾河川最耀眼的大云寺宝塔。《归来吧，马门溪龙》还获了第九届中国新闻奖报纸副刊年赛优秀作品奖。

出版社的同志说，我的书发行情况较好，《敦煌传奇》《古墓魔影》和《九色鹿的故事》出版后很快售罄，再版后也还是很快售罄。2002年，温家宝的秘书给省委宣传部打电话，要一本《敦煌传奇》。宣传部的同志通知出版社，谁料出版社连总编室存书都卖光了。汪晓军又打电话向我索要。我找了两本不同版本的《敦煌传奇》，交给汪晓军。他们才又送到省委宣传部，由省委宣传部寄给了总理办公室。

读者群比较宽，这大概是因为我选择了一个很好的敦煌题材。但我也从心底里明白，自己还很浅薄，对敦煌这个好题材挖掘得不深，这些东西也还很粗疏。如果那些比我强得多的作家们选择了这个题材，一定能写出更加厚重的作品来。

好久不见，很是想念，坐在键盘前，便拉拉杂杂地说了这些。

根据您的要求，谨附三份材料于后：一，简历；二，小说评论；三，童话评论。请批评指正。

祝您

著作丰收。

许维

2009年2月25日

许维简介

许维（1945—），甘肃庆阳人。高级编辑。中国作家协会会员。甘肃省作家协会理事。甘肃省文联委员。甘肃省当代文学研究会常务理事。甘肃丝绸之路协会常务理事。甘肃画院院外研究员。1969年毕业于西北师范大学中文系。资深新闻记者和报纸副刊编辑。先后编辑并主编《甘肃日报》的《春风》《春雨》《百花》三个文艺副刊。著有中篇小说集《敦煌传奇》《莫高残梦》，长篇小说《古墓魔影》，中篇童话《飞天》《九色鹿的故事》《黄金大盗》等十部。《敦煌传奇》先后获全国少数民族省区文艺读物优秀图书一等奖和第二届甘肃省优秀图书奖；《古墓魔影》先后获第三届国家图书奖提名奖和第四届甘肃省优秀图书奖特别优秀奖;《莫高残梦》获甘肃省敦煌文艺奖二等奖。《敦煌传奇》和《飞天》发行海外地区。(摘自许维2009年2月提供的资料)

作品介绍

一、《莫高残梦》

这是一部敦煌历史题材系列小说集,收录了《三危灵光》《沙月遗恨》《阳关灾劫》《天马行空》《蚕桑奇缘》《宝窟画魂》和《莫高残梦》七篇敦煌历史题材的中短篇小说。作品以传奇的笔法构思谋篇,铺陈故事,以现代人的观念为视角,将故事的传奇性和历史的思辨性有机地融汇到一起,从深层表现了古代艺术家和劳苦群众在创造敦煌艺术和敦煌历史中的痛苦、磨难和欢乐,编织出一幅幅色彩斑斓的历史画卷,塑造了一组组生动可感的人物形象,艺术地再现了敦煌悠久辉煌的历史风貌,被评论家称为"流动的敦煌壁画"。

二、《飞天》

这是一部取材于敦煌壁画的中篇童话。作品结构精巧奇特。作者在讲述飞天故事时,避免平铺直叙,而是以"星妞儿的奇遇"导入,从"九色鹿讲的故事""蓝孔雀讲的故事""白玉兔讲的故事""丹顶鹤讲的故事"四个视角展开,以"谁也说不清楚的故事"作结,在时间序列的线索上,尽力加大空间张力,多角度、多层次地展开故事情节,十宝仙境、星星河畔、京城皇苑、月宫琼楼、佛国净土,都是情节发展的场景,九色鹿、蓝孔雀、嫦娥、吴刚、玉兔,乃至佛祖释迦牟尼,众多的艺术形象,皆在故事中熠熠生辉。作品场面阔大,丰富瑰奇,故事情节一波三折,引人入胜。

流动的敦煌壁画

——许维敦煌历史小说漫评

陈自仁(作家、评论家)

二十年前,当舞剧《丝路花雨》开始红遍海内外时,甘肃的文学评论家曾发过很多感慨。其中谈论最多的话题,就是"作家怎么不写敦煌?为什么没有取材于敦煌的历史小说?"也许是众人的呼唤,也许是时代的必然,不久,作家许维走了出来。他发表了敦煌传奇系列小说,成为第一个写敦煌历史小说的人。接着,他出版了敦煌历史小说集《敦煌传奇》、长篇小说《古墓魔影》等,前不久,又出版了中篇小说选《莫高残梦》。这些作品的出版,在读者中产生了广泛的影响,也奠定了许维作为敦煌历史小说的拓荒者和奠基人的历史地位。

许维的敦煌历史小说,有一种史诗般的悲壮色彩。早期的中篇小说《宝窟画魂》和近期的中篇小说《莫高残梦》,堪称这方面的代表作品。《宝窟画魂》通过莫高窟画师卢延年和李子侯两家人的悲欢离合,反映了唐代张议潮起义收复河西走廊的悲壮历史。卢、李两家两代画师,为了国土的完整和民族的兴旺,为了继承和弘扬民族文化,付出了血的代价。作品在描写两家人的苦难经历时,字字呕血,句句挥泪,把悲壮融进字里行间。作品的最后,作者以历史发展的逻辑为经线,以人物性格发展的逻辑为纬线,编织了大团圆的理想主义结局。但是,在大团圆的后面,我们看到的仍是悲壮色彩。《莫高残梦》通过道士王圆箓大半生的经历,反映了藏经洞被发现及洞中文物被盗卖那不堪回首的历史噩梦。藏经洞的发现,本来是整个中华民族的喜事,可是,在那特定的历史条件下,却演变成了中华民族的一大悲剧。作品通过王圆箓这个近乎小丑式的历史人物,揭示了构成那幕悲剧的时代因素和社会因素。应该说,在许维的敦煌历史小说中,这部作品在主题的开掘上,达到了相当的深度。作品在展示藏经洞的发现及其文物流失的悲剧性时,大大超越了民族主义情结,更多地运用了史学家的眼光,让悲剧在整个时代的大幕上演进。对于许维这样具有强烈的民族自尊心的作家来说,要做到这一点,是很不容易的。

许维敦煌历史小说的另一个特点,是迷人的传奇色彩。这方面的代表作品,有中篇小说《三危灵光》《沙月遗恨》《阳关灾劫》《天马行空》《蚕桑奇缘》等。这些作品,又可分为两种类型:一是比较传统的传奇小说,如《三危灵光》和《沙月遗恨》等……二是传奇色彩较浓的历史小说,如《阳关灾劫》《天马行空》《蚕桑奇缘》等……

当然,许维的敦煌传奇小说,不管哪一类作品,都有一个共同的特点,那就是从现代人的视角出发,表现了中华民族传统的伦理观、道德观、价值观和审美观。可以这样说,迷人的传奇色彩,只是许维敦煌历史小说的一种外在形式。在这种外在形式的后面,是他对敦煌历史文化的深层思考,是他对民族文化心理的艺术再现。这也许正是许维敦煌历史小说的价值所在……

可以说，许维作为敦煌历史小说的拓荒者和奠基人，已经为我们留下了一组组栩栩如生的艺术群像。敦煌壁画名扬天下。许维的敦煌历史小说，则犹如一幅幅流动的壁画，同样让人赏心悦目，不忍释手。敦煌是一座取之不竭的艺术宝库。我们希望许维在这座宝库中继续发掘，创作更多的佳作，回报那些喜爱他作品的读者。

（摘自陈自仁《流动的敦煌壁画》）

汪晓军（编审、作家）

1987年，许维先生的传奇小说集《敦煌传奇》面市（甘肃人民出版社1987年8月第1版第1次印刷）。

1988年，许维先生出版了中篇童话《飞天》（甘肃少年儿童出版社1988年12月第1版第1次印刷）。

两本书，出版时间挨得如此近，而且都是以敦煌为题材的——或以敦煌名胜风景为想象空间，或以敦煌风物传说为故事情节，或是以敦煌莫高窟壁画故事为线索塑造艺术形象，或直接描写塑造敦煌的历史人物。可以看出，许维先生是有意识、有准备地做着新的敦煌文学创作的尝试。斯时，舞剧《丝路花雨》正享誉海内外，日本作家井上靖的小说《敦煌》也是闻名遐迩，“敦煌热”正在兴起，丝绸之路引人神往，各种版本的丝绸之路民间传说故事、敦煌壁画故事风行一时，而真正以敦煌作为题材进行文学创作的，许维先生是第一人。

《敦煌传奇》出版以后，受到读者的广泛欢迎，很快销售一空。出版者也很受鼓舞，马上安排重印，而且，为了使这本书更有光彩，还重新设计了封面，并约请著名画家段兼善、刘江绘制彩色插图，著名学者、书法家徐祖蕃题写书名。不久，面貌一新的重印本又上市了……

他借用民间文学的叙述方式，娓娓动听地讲述着一个又一个的故事，稍不留意，会让读者把它与民间传说混淆起来。比如《沙月恨》，许维先生构思的巧妙之处，就在于将鸣沙山和月牙泉想象为一对情真意笃的情侣，而这一处天下闻名的景致，又是这对情侣殉情幻化而成的。这是纯粹的艺术创造，如此瑰奇的艺术想象，又以传奇故事的形式表现出来，给人的艺术震撼力是强烈的，可以与牛郎织女之类的传统故事媲美。也正是因为具有如此美妙的艺术魅力,《沙月恨》十多年来影响甚广,以至于有人据此用其他艺术形式演绎这凄美的爱情故事,却以为用的是民间传说的素材呢!

…………

在敦煌童话创作中,许维先生用传奇手法结构故事,刻画艺术形象上更为洒脱自然。中篇童话《飞天》以善良的飞天姐姐的故事,串起了九色鹿的故事、蓝孔雀的故事、月宫的故事、佛祖的故事等,通过对这一系列童话形象的描写,从九色鹿、蓝孔雀、月中玉兔、佛祖的视角讲述飞天姐姐的事迹。同时,作为飞天善良形象的比照,许维还刻画了象征邪恶的形象的达天。在童话结尾处,达天化作沙漠为害四方,飞天姐姐"挥泪播雨,舍身施花",与达天顽强斗法。情节跌宕起伏,形象刻画细腻入微,想象丰富瑰丽,是童话苑中的奇葩。

……十多年来,许维先生主要侧重于敦煌文学的创作,他的作品有两类,一类是传奇小说,一类是敦煌童话,两者各呈精彩,构成迷人的文学景观。许维先生沉浸其中,精神之充实,写作之愉悦,也是可以想见的——

(摘自汪晓军《许维:敦煌文学开新篇》,有删节)

马步升(作家、评论家)

许维是职业报人,而另一社会角色是小说家。报人是以真实正义为职业准则的,而小说家看重的却是虚构能力。作为报人,许维是优秀的,在小说领域他也获得了成功。真实与虚构在他身上得到了统一。他的小说与当下文坛流行的小说概不搭界,他以传奇起家,以此成名,现在仍徜徉于其中。我们知道,传奇是一种古老的小说样式,这种古老的精神产品和古老的物质产品是两回事,在现代社会,如果谁还抱着古鼎进食,非但算不得皇亲国戚,反倒显得古怪了,而如果仍选择以古老的传奇形式,或自娱,或娱人,或传达某种人生理念,承载人文精神,对这些具有普泛意义的小说功能,传奇仍可一身而任焉。古老不等于过时。事实上,小说形式从来没有"过时"与"当令"之分,只有写好写坏之别。写得好了,旧形式中照样有《红楼梦》的诞生,写得坏了,以新形式写出的垃圾小说比比皆是。许维是一位以旧形式写新小说的小说家。

……许维的小说正是"正史"之外的"逸史",是传奇化和个人化后的历史。作者以"敦煌"这个强劲的文化符码为小说基本场景,以历史上有过的或没有过的人或事为小说材料，以现代人的眼光和价值观，将其经纬交织，时空勾连，组合成一幅幅既有档案含量，又有主观演绎成分的历史画卷；同时，文本形式毕竟是小说，而小说离不开人物和事件，创作主体是以人物和事件为载体，进行价值判断和道德判断的。因之，无论是“正史”还是“逸史”，无不体现着个体主张。在《莫高残梦》中，王道士发现藏经洞和斯坦因盗宝，是尽人皆知的历史事实，可对当事人的性格特征、文化心理结构等导致事件的走向因素，史书大体都是不屑于记载的，小说家则将其一一捡起来，于是，我们看到了这样一组人物图谱：王道士的愚昧狡黠，以及对弘扬佛法的执着，和因执着而产生的愚昧后果，斯坦因的智慧、贪婪、奸诈，因智慧而使其贪婪奸诈得以实现。本来，愚昧狡黠与执着、智慧与贪婪奸诈，是两种善恶分明的道德评价标准，可是，在一个特殊的场景和事件中，却可以善恶同体，并且相反相成。漠视人物的日常生活和事件发生的细节，向来是历史学家的必然性失误，而历史的空白部分正是小说家的用武之地。许维深知个中奥妙，他以小说的方式，以对人物命运的沉浮过程的展示，使这个在教科书中显得枯燥的历史事件变得生动可感；在《三危灵光》中，三苗王的暴虐无道，虞舜帝的质朴亲民，二青、三青的侠肝义胆，西王母的洞察秋毫，而善恶到头终有报，人间正道是沧桑。三危山上的顽石，正是三苗王的另一种存在价值，因其生前之恶化为死后之善，以风景的姿态来弥补人性曾经的缺失。作者以无稽可考的神话作为载体，传扬的却是历久弥新的生活经验。在《沙月遗恨》中，鸣沙山与月牙泉不仅是自然奇观，而且通过这一对生生死死的恋人，在向世人昭告爱情所拥有的穿越时空的恒久魅力；在《天马行空》中，以天马横空出世独往独来之自由精神，反衬出在贪欲炙烤下人类清洁精神和自由情怀的沦丧；在《蚕桑奇缘》中，作者以西域美玉的东来和东土蚕桑的西播，表达了主导中西方文化交流中的人性因素，在此历史过程中，双方不仅是物品之间的互通有无，更是人文精神的融合和互补。可以看出，历史只是小说中的道具，作者并非为了复原历史而写小说，传奇也只是作者采用的一种叙事方式，并非为了以奇人奇事惊人眼目。还应指出的是，他是以历史人物和事件为“本事”（故事原型），以传奇手段展开叙事，以现代人的观念为视角，以小说这种文学样式醒人醒事，这正是作者深层的创作动机。詹姆斯说：“小说乃是历史，这是唯一相当准确地反映着小说本质的定义”，而任何历史都是当代史，由此出发，我们便会发现，在许维小说中，历史是引子，是“本事”，为当代人的生活提供文化参照,才是作品的落脚处。

许维对传奇情有独钟,大有将传奇进行到底的态势。长篇小说《古墓魔影》是一部描写现代人生活的儿童文学作品,他仍然采用了传奇小说的叙事方式。少年阳阳被一伙盗墓贼劫持,他不甘做犯罪分子的帮手,多次逃跑未果,身心备受摧残,最后被关在一座古墓中,生死一线之机,他所救助的一条大黑狗追寻而来,帮他打开古墓,并一同抓获了罪犯。情节与情节,场面与场面,人物与人物之间,各个小说基本功能之间的时间关系、空间关系、逻辑关系,均以传奇方式结构而成,节奏紧张明快,推进事件的偶然性因素中隐藏着必然性因素,而必然性结果又常常为偶然性因素阻断,最后由大黑狗的传奇行动完成了传奇。此作荣获国家图书奖提名奖,为我们传达了这样的信息:传奇仍然是现代小说家族中乐意接纳的成员,非但不过时,而且还当令。

当然,传奇作为一种古老的叙事方式,它已经形成了相当完备的美学范式和叙事模式,要推陈出新是十分困难的,而推陈出新却是每个作者的宿命,尤其要想以古老的叙事方式承载现代人的阅读趣味和精神观念,犹如戴镣铐跳舞,对小说技术层面的要求尤为苛刻。以许维小说为例,构成小说基本骨架的偶然性因素多了些,必然性因素又少了些。如《蚕桑奇缘》中红玉与碧玉的离散聚合还显牵强;《宝窟画魂》中的人物结局有人为圆满之嫌;以及《古墓魔影》中,阳阳曾两次出逃成功,却一次在瓜棚巧遇盗墓贼,一次在戈壁滩驾摩托车撞上另一盗墓贼的汽车而告失败,都显得生硬。虽然,从总体来说是瑕不掩瑜,但毕竟有微瑕焉。因此,许维在将传奇进行到底的漫漫征途中,既要尊重已有的程式,又得轰毁这些程式,重建新的程式,当代人写传奇小说的技术难关正在这里。

(摘自马步升《许维:钟情传奇写敦煌》,有删节)

季成家(教授、评论家)

…………

许维有部小说集,名曰《敦煌传奇》。敦煌传奇,概括了他整个创作在题材笔法上的主要特点。传奇,贵在奇。人物经历行为奇,事件发生发展奇,出人意料,超乎常规。由此造成作品曲折跌宕的故事情节,产生引人入胜的阅读效果。当然,传奇笔法只是一种手段,曲折的故事情节也只是作品的框架,它的中心是人,是人物的性格、活动决定着故事的发展变化,是人物的情感、命运感染和吸引着读者。《莫高残梦》各篇作品中，人物多者十来人，少者三五人，其中每篇都有一两个人物是作者用心刻画的。这些人物形象，虽然还不能说已经很丰满，但却可以用很明晰来形容。如王圆箓、舜帝、金妈妈、瞿桑旦那、张议潮等，都给人留下了较深的印象。作者一般是在对比中、对立中刻画人物。他既鞭挞邪恶势力，更倾心于对美好事物的描绘，所以他在那些被压抑的善良而正义的人物身上，寄托了自己的理想和热情。因而比较起来，这类人物写得更好一些。特别是几个青年女子，如《三危灵光》中的仙女二青、三青，《沙月遗恨》中的月牙儿，《蚕桑奇缘》中的碧玉、红玉，《宝窟画魂》中的卢怀芳等，都写得纯洁，纯情，清澈如水；她们是美好的象征。就人物的命运而言，作者似乎有意无意间受到佛家善恶有报的思想影响。在小说集《莫高残梦》中，为恶者必受到惩处，善良者也大都有个好的结局；倘若人力有所不及，就借助诸如王母娘娘、观音菩萨等"仙界"神灵的力量。这是作者创作思想中理想化的一种表现。当然也有例外，王道士生前盗卖民族艺术宝藏，"善恶无报"，但死后还是真相大白，为人唾骂；演绎了美丽故事的沙山子和月牙儿，不能实现自己的爱情追求，以身殉情，化作了鸣沙山和月牙泉，朝夕相依相伴。所以归根结底，还是善恶有报。

许维致力于从敦煌历史文化中寻找小说创作题材，获得了丰厚回报。敦煌文化，自从20世纪伴随着藏经洞的发现及其宝藏的流失，就成为世人瞩目的人类精神财富。人们从各个不同的角度审视它、探究它，以至形成了世界性的显学敦煌学。近一个世纪以来的研究著述，马拉车载，数不胜数。但是在文学艺术领域，用文艺这种形式去感受它、抒发它，还是显得很不够。当今报刊上，随笔杂谈一类的短章，偶感抒怀一类的吟唱，虽然屡见不鲜，但真正与敦煌文化能匹配的恢宏之作，并不多见。徐迟的报告文学《祁连山下》和甘肃的舞剧《丝路花雨》给人们留下了长久的记忆，人们当然有理由期望有更多这样的作品问世。而这，是需要在文学艺术家们更多更深的关注和参与之中，才可能得以实现。许维满腔热情地参与进来了，而且成为当代作家中敦煌文化题材小说创作的先行尝试者，相信他的持久努力，会有更大的收获。

（摘自季成家《敦煌文化，文艺创作的富矿》，有删节）

杨植霖（革命老作家、诗人）

丝绸之路是中国古代与西方各国通商贸易、文化交流的通道。敦煌是通往西域的重镇,敦煌千佛洞,又称东方文化宝库。至今不论是中国人还是外国人,一提起敦煌,总有向往之情。敦煌为什么能享有如此盛誉?读了许维同志所著《敦煌传奇》,就会得到许多启示和回答。

千佛洞的艺术珍品,是中国隋唐以来时代精华的荟萃。这些精华都是经过千辛万苦,甚至用血的代价换来的。其中生离死别、悲欢离合,都是足以惊鬼神、泣天地的。许维同志在传奇小说中不少地方都有叙述。那是小说吗?不,是真实历史以小说体裁来反映的。小说歌颂了真、善、美,鞭打了假、丑、恶。比如开篇里就把舜帝爱民如子,三苗王贪财色无厌突出地表达出来。整个小说的寓意是深刻的,我感到最突出的地方有三点:

第一,对劳动创业与爱情的歌颂……

第二,对热爱祖国和国家间友好相处的赞美……

第三,艰苦奋斗是创业成功之母……

总之,敦煌的繁荣、艺术珍品的流传,都与国家的繁荣强盛、各民族的团结合作、各国之间的友好交往、劳动人民的艰苦创业精神息息相关。许维同志在《敦煌传奇》中都有表述。文字也很流畅,我虽患有白内障眼疾,还是坚持读完了,感到很有趣味,很有启发性。

(摘自杨植霖《〈敦煌传奇〉的召唤》,有删节)

方伟(作家)

读完《敦煌传奇》,我为书中所写的那些柔婉优美、凄楚悲怆的故事所感动,更为终于看到反映敦煌历史的优秀文学作品,在我们自己的国土上问世而高兴。

……这里面有根据历史记载,反映舜帝西征的《青鸟怨》、穆王西巡的《葡萄情》、天马东来的《天马泪》、蚕桑西传的《蚕桑缘》和描写敦煌历史上著名的张议潮起义的《宝窟魂》;还有依赖稗史传说创作的《沙月恨》和《阳关劫》。作者并没有仅仅停留在对这些历史的铺陈上,而是将故事的传奇性和历史的思辨性有机地融合到一起,从深层表现了古代艺术家和古代劳动人民在创造敦煌艺术和敦煌历史中的痛苦、磨难和欢乐,从而使作品更加意蕴深刻,内涵凝重,激起读者对敦煌艺术的向往和对敦煌历史的沉思。

《敦煌传奇》较好地继承了我国古典小说的传统,多用白描状物写人,但又不墨守定式,时而也借用一些现代心理方法,描写古代人物的心态情致,着意刻画了一批情态各异、生动可感的人物形象。作品不仅为我们写出了曾经叱咤风云的舜帝、西凉王、张议潮的帝后气概;也写了默默地用血泪谱写着敦煌历史的淳于葡萄、沙山子、卢怀远的奉献精神;还写下了永远留给后人唾骂的金贵、暴利长、阴无忌的生动形象。在作者笔下,美与丑、正义与邪恶,相辅相成。他们都有着各自不同的喜与悲、爱与恨,也都经历着各自不同的际遇和命运。舜帝与三苗王围绕三青鸟展开的较量,暴德长与暴利长为了天马而进行的争夺,淳于葡萄和阴无忌由于仇杀而摆开的恶战,在强烈的性格反差对照中,一幕幕有声有色的戏剧冲突徐徐展开,使美丑褒贬自然地寓于其中,一个个情态各异的艺术形象便呼之欲出,活了起来,使人读了之后如历其境,如晤其面,如闻其声,久久不能忘怀。

《敦煌传奇》是一本写敦煌历史的小说集。敦煌艺术的鼎盛之期,又正是我国传奇小说的繁荣之时,作者有意采用了传奇的笔法,构思谋篇,铺陈故事,使作品同莫高窟的壁画艺术形成了比较和谐的统一,既具有一种古典的美学风韵,又和今人的思想感情息息相通。另外,作者善于从民间语言中提取精华,用生动的群众语言陈情叙事,状物写人,使作品直白亲切,雅俗共赏。

(摘自方伟《敦煌历史的奇丽画卷》,有删节)

魏珂(评论家)

道士王圆箓在莫高窟的所作所为,已成为敦煌学上一桩著名公案,他也因此而闻名世界。百年以来,歧义纷呈,莫衷一是。各路学者、专家自有文献在手,引经据典,畅所欲言。作家们却别有所思,关注的不是谁对谁错,王道士该做什么,不该做什么,而是力图完整地塑造这个人物,使其有血有肉,有思想有欲念。他们塑造出来的王道士究竟与现实生活中的王道士有多大的差距,像不像,形似还是神似,自有读者去评判。或许一千个作家笔下竟有一千个王道士。

许维先生新出的敦煌历史小说选《莫高残梦》中也有一个他心中的王道士。这个王道士的基本材料取自于历史文献和民间传说,充分发挥艺术想象,用简洁生动的笔墨勾勒出一个既有传奇色彩又有平民本相的王道士形象。说传奇,他身世坎坷,命运多舛。他的名字是道士取的,他出生不久便遭天灾人祸,他被同乡认为是妖魔转世。说平民,他务实。知道一般善男信女的想法,给菩萨肩上披上红纱,手中添上了棉花做的孩儿,取名叫送子娘娘。

在他的师父慧远看来是罪过,是对文殊菩萨的糟蹋,但在他看来却可以香火鼎盛。果然,经他的一番折腾,上香求卦的人多了起来,气跑了师父,当上了道长。他愚昧,因识字不多,这也不能全怪他。就拿现在来说,识字不多而又懂文物的,不珍惜文物,倒卖文物的不也大有人在吗?他有贪图,这贪图既有生存的需要,也有发展的需要。生存的需要使他不敢抑佛扬道,懂得平衡,懂得务实,懂得佛、道一家的道理。实际上他心中佛、道一家的道理恐怕不是哲学意义层面上的,抑或信仰上的道理。他的一家道理只能是上香求卦这一点上的。发展的需要是他有了较大的欲望,他要把千佛洞做大,他要像唐僧那样声名显赫。大概正是由于他的愚、他的贪,从而使莫高窟的珍宝遭遇了外国人的洗劫。他的确有了名声,甚至有了万世留名,只是他没有想到留下的名声是如此的不堪,如此的臭名昭著。有意思的是他企望得到唐僧的名声,唐僧是因为西去取经而有了好名声,他却恰恰相反,因为出卖经文而得到了骂名。虽然那时的社会对莫高文物的流失负有不可推卸的历史责任,但是王道士的愚和贪也是致命的原因之一。王道士的形象通过作家的笔栩栩如生,发人深省。进入新世纪的中国,王道士一类仍然时有所闻,真是残梦不残。

……可以说这是文学画廊比较成功的一个王道士形象。

敦煌历史小说《莫高残梦》中还收有作家另外六篇小说。这些作品或写三危山、月牙泉,或写阳关、瞿萨旦那国,或写天马和暴利长兄弟的善恶,或写千佛宝窟与画师的奇缘,都是瑰丽神奇,情思缠绵,将千年历史风光融入百姓家常,把天界仙宫当作人间俗事的草房厅堂,人神不分彼此,现实与梦幻难舍难离,这正是敦煌的永久魅力所在。人生如梦,梦即人生,庄周梦蝶,南柯梦蚁,各有所思,各有所梦。敦煌所梦,是作家的情结所系,张大辉煌,扬善抑恶,是敦煌精神,也是作家和天下无数善良者的梦想。

(摘自魏珂《传奇色彩平民本相》,有删节)

张懿红(博士、评论家)

…………

许维,正是凭借他在敦煌题材小说创作中的先行探索,成为这一领域的拓荒者,为敦煌题材文艺创作做出了杰出的贡献。许维的创作数量不多,大都是中短篇小说,但始终围绕敦煌题材……多年来,许维的创作得到文学界和社会大众的承认,作品多次获奖,再版,进入各种选本,有些作品还被改编为舞剧，不仅标志着许维文学创作的成就高度，也证明许维文化选择的正确性。

《莫高残梦》短篇小说选是许维敦煌题材小说创作的代表作，封面标明是“敦煌历史小说选”。但是，不同于史诗性创作的宏伟结构，大容量的生活内容、高瞻远瞩的叙述方式，也不同于一般历史小说还原历史、讲究细节真实的常规写法，许维的小说虽然取材于敦煌的历史事件、历史人物、神话传说、自然景观，包含着历史事实的影子，甚至在有些篇目，如《莫高残梦》《宝窟画魂》中，有关史实还比较充分、细致；但是，他的小说整体上呈现出鲜明的民间传奇色彩，更近于民间文学中的神奇故事，从而形成许维小说不同于历史小说的艺术特色。这使得读者在阅读许维小说的时候，常常会误以为这些故事就是许维记载的敦煌民间故事。它们具备民间故事的基本成分和情节结构，叙述语言又是简洁朴素、明白晓畅、亲切动人的民间语言，无怪乎会产生这种审美错觉。

……而许维小说鲜明的正邪对立、善恶有报、惩恶扬善的道德评判立场，也同样贯穿着民间文学的价值观。加上人物单纯的性格，以及契合民间故事讲述语言的叙述语言，进一步形成许维小说民间故事化的艺术特色。

不过，借助民间故事的叙述方式，许维运用丰富的想象，勾连起有关敦煌的历史事实，依然达到了演绎历史、借鉴历史的目标，与一般历史小说殊途同归……

因此，许维小说所具有的平易通俗的民间文学风格，实际上是作家苦心经营的艺术创造。这种写法，故事短小，情节曲折生动，人情味强，善恶分明，有机融合传奇故事与史料记载。犹如一位热心的向导，娓娓而谈，带领读者探索敦煌灿烂文化的渊源，了解敦煌悠久厚重的历史。浅显而有味，深得民间文学之妙趣。

（摘自张懿红《许维：敦煌题材小说创作的拓荒者》，有删节）

刘洁（教授、评论家）

…………

许维的内心激情涌动，而他却只用自然亲和的调子讲故事，这也符合广大读者的需求。一来敦煌路途遥远，喜爱敦煌艺术的人未必都能亲自来敦煌游览参观。二来敦煌艺术博大幽深，一般人也很难从枯燥的历史文牍中去了解藏经洞发现的复杂历史,或在短时间内鉴赏敦煌的艺术作品和山川景物。许维,正是人们精神上的敦煌艺术导游者,他自我的浪漫神游在前,笔触的喷涌流淌在后,使人们在轻松自得的阅读中进入敦煌的艺术神殿。我们在《敦煌传奇》和《莫高残梦》两书中略举几例,以窥许维历史小说全貌。

《敦煌残梦》通过道士王圆箓的大半生经历,使人们重温了莫高窟藏经洞被发现及贵重的历史文物被盗窃的历史。……

《宝窟画魂》是写敦煌画师的,这一选题在舞剧《丝路花雨》中也有表现,女主角英娘的父亲张画师就是艺术家塑造的一个成功的形象。而《宝窟画魂》的构思与此相近,小说通过卢延年和李子侯两个画师和他们家庭的悲欢离合,写出了贫苦画师在旧时代被征用、被盘剥的血泪历史,以及他们用才华和生命打造敦煌艺术瑰宝的丰功伟绩。

《沙月遗恨》将敦煌奇景鸣沙山与月牙泉幻化成一个美丽的爱情故事,故事的主角也与画师有关。寺院画师的徒弟沙山子在为洞窟供养人曹令史画画的过程中与其女月牙儿相识、相爱,却因为门第相殊,不能结合,含恨而死,死后化作能发出哭声的鸣沙山。月牙儿流泪相祭,眼泪流成月牙泉。一对恋人永世相守,给所有来敦煌的游人带来无尽的遐想。

《阳关灾劫》《桑蚕奇缘》《三危灵光》和《天马行空》虽然不是直接写敦煌洞窟艺术的,但也是表现与敦煌洞窟和古丝绸之路有关的故事。《阳关灾劫》透过人性的善恶对比,写了古阳关城覆灭的史实;《桑蚕奇缘》通过青年男女的爱情故事写了中国东土桑蚕技术与西域美玉相互交流的史传佳话;《三危灵光》选取了三危山——包含敦煌洞窟的石山上的石头作为想象的对象,谴责了古代暴君三苗王的暴虐无道,歌颂了仁君虞舜帝的公正爱民;《天马行空》以甘肃武威出土的铜奔马作为浪漫情怀的载体,歌颂了天马所代表的自由无羁的生活理想。

这些故事看似通俗浅显,实际上是深入浅出,围绕敦煌的人文景观进行敦煌艺术的传播,敦煌历史的追溯,在穿越历史的烽烟中进行古今人性的比较和思考。于不知不觉之中,使读者受益。

（摘自刘洁《莫高窟文化的鉴赏者和弘扬者》,有删节）

肖美鹿(评论家)

……许维的作品朴素流畅而不事雕琢,他似乎更愿意关注和叙述久远的年代里那些人物与故事本身。他塑造他们,表现他们,讲述他们的生命历程,展现他们的情感世界和他们的心灵轨迹,而并不把功夫用在“戏外”,即外层方式的华丽与多变。我似乎可以想见他在创作过程中的沉着,他将目光深深地投入历史长河的底层,从那里发现、筛选、淘洗出真正有分量的东西,然后开启艺术想象的大门,在创作的天地里纵横驰骋,勾勒出一幅幅古老的河西走廊中、丝绸之路上动人心魄的悲喜剧画卷。

许维是在用自己的心灵和艺术感知来诠释他的作品和其间的人物、情节。在他的笔下,藏经洞的离奇经历是那样充满着惊险曲折、起伏跌宕,最终成为留在人们脑海的残缺梦境;三危山、月牙泉、古阳关……都被他手中的笔牵动着,向人们讲述一个个新奇而感人的故事;拨动过无数帝王和百姓心弦的天马,也因着他的诉说而生龙活虎地出现在我们眼前。天马的形象、天马的气魄、寻找天马的人们以及他们各自的心路,一一凸现,或光明坦荡,激越昂扬,或委婉低回,令人黯然神伤。那么,有谁能说淳朴的手笔不能传达出美丽而深沉的意蕴呢?

…………

(摘自肖美鹿《纯朴的美丽》,有删节)

高平(高级编辑、作家)

星期天去岳父家,适逢家中祖孙三代人津津乐道地谈论一本书。一经询问,原来是作家许维的《敦煌传奇》。

岳父是老美术出版工作者,20世纪50年代从北京调甘肃时,原拟分到敦煌文物研究所,后因工作需要留在兰州。出于对敦煌的感情,他得到《敦煌传奇》后,竟一读而不能释手。他说,举世瞩目的敦煌,是甘肃的骄傲。《传奇》将千百年来流传在敦煌的民间传说,行诸文字,给读者以极大的享受和乐趣,使未到过敦煌的人借助《敦煌传奇》了解敦煌悠久的历史和灿烂的文化;使已去过敦煌的人加深理解,回味无穷。岳母退休在家,以书报为友,《传奇》也成为她厚爱的读物。她说,《敦煌传奇》故事短小,情节曲折生动,人情味强,把神话传说和有关史料巧妙地融合在一起,读起来有味。妻妹是甘肃省歌舞团《丝路花雨》剧组的演员,可谓与敦煌有着不解之缘。她认为,几年来通过排演《丝路花雨》剧,对敦煌有了一定了解,但很肤浅。《敦煌传奇》有如向导带领读者追溯历史,探索敦煌灿烂文化的渊源,尽管带有传奇色彩,但人们不能不为古代劳动人民的智慧和遗存下来的文化古迹而赞叹。

他们的谈论引起我的兴趣,我也随即阅读了《敦煌传奇》。书中七篇故事从各个方面,反映了华夏儿女为民族兴旺、疆域完整而付出的艰辛劳动和流血牺牲的代价。同时,也赞颂了各民族之间兄弟般的友好情谊。《天马泪》反映了文物瑰宝“铜奔马”诞生前后的奇妙情景;《宝窟魂》中通过画师卢延年三代人悲欢离合的故事,表现了唐代张议潮起义、收复失地的悲壮历史。随着故事情节的发展,我的思绪仿佛飞到三危山下、千佛洞中、鸣沙山下、月牙泉畔,去分担书中人物的忧虑,又分享他们的欢乐。

《传奇》除了情节生动,人物形象丰满外,还有一个特点就是语言朴素。作者善于从民间语言中提取精华,娓娓而谈,通俗明白。这也可能是它雅俗共赏,老幼皆宜的原因之一。

(摘自高平《一本介绍敦煌的好书》,有删节)

牛庆国(诗人)

…………

翻开许维的小说集《莫高残梦》,扑面而来的是戈壁深处刺眼的阳光和一下子可以刮走人的血肉只留下一排排白骨的风沙,有时却是飞天裙裾拂动的清风和敦煌经书所发出的文化气息,不断映入眼帘的还有出入藏经洞的或模糊或清晰或高大或卑琐的背影。单看他的小说题目:《莫高残梦》《三危灵光》《沙月遗恨》《阳关灾劫》《天马行空》,就知道他写的是敦煌的历史小说。

……《莫高残梦》反映了藏经洞的发现过程及洞中文物被盗卖的历史噩梦。在扑朔迷离的传奇背后,是作者对敦煌文化的深层思考,对民族文化心理的艺术再现。小说里的两个主要人物王圆箓和斯坦因,是略知敦煌的人都熟悉的人物。要把他们写得鲜活生动,是需要作者付出扎实的功力的。作者没有随意戏说,戏说是对敦煌的不敬;也没有拘泥于史料,生硬地堆砌和拼凑,堆砌和拼凑是对敦煌的麻木不仁;更没有用历史片断诠释自己的观念,诠释是哲学家们的事情。作者把历史真实与艺术虚构比较成功地结合起来,深刻地揭示了一百多年前发生在敦煌的那幕悲剧的社会原因和时代因素……

《沙月遗恨》是《莫高残梦》中的一篇,作者将鸣沙山和月牙泉想象成一对情深意切的情侣,而这两处天下闻名的敦煌景观,又是这对情侣殉情幻化而成的。作者娓娓道来，感人至深。由于作品产生的广泛影响，以至有人误将作者的创作以为是民间传说，甚至以民间传说的名义而改编成其他艺术形式。许维说，他“试图尽量使笔下的人物既能同敦煌壁画彩塑形成比较和谐的统一，又能和今人的思想息息相通。”读过他小说的人，一定能感到他是达到了这个目的的。如果把历史上抄写了大量敦煌经书的人称为“写经生”，许维无疑是又一个写经生，或者是站在脚手架上用心血描绘着飞天的又一个画师。

敦煌作为一个文化符号，源起就带有很大的民间色彩，因此，许维的敦煌历史小说从本质上来说是来自民间的力量和精神，并把它贯穿到作品的一切方面，渗透于场景、人物动作、结构、语言中。他使用的语言，是朴素明朗的童话语言。读他的小说，有一种让人从故事里走不出来的感觉。如今满头华发的许维先生，站在神秘的敦煌莫高窟前，向我们开始讲述另一个故事了。

（摘自牛庆国《小说中的敦煌传奇》，有删节）

金吉泰（作家）

敦煌小说的最早涉足者和开拓人许维，最近又捧出了他的新作《莫高残梦》。

《莫高残梦》是敦煌历史小说的一个筛选本，也是作者精心挑选的精选本。收有一些读者熟悉并喜爱的作品，但压卷的《莫高残梦》却是一篇新作，是为纪念藏经洞发现一百周年而写的，因而别有意义。

即便是曾经读过《宝窟画魂》，如今读起来仍然亲切。那远在长安荐福寺画画的夫妇，是当时大画师吴道玄的亲属。他们几代人千里跋涉，颠沛流离，悲欢离合，最终在张议潮率领下，收复敦煌及河西。之后，他们在石窟绚丽浩瀚的壁画里，又新添了一幅《张议潮收复河西图》……给人一种常读常新的感觉。

此外，渥洼池的天马、月牙泉的泪水、深山害母的金贵和阳关浩劫，都取自敦煌的珍贵素材。其中有一篇《蚕桑奇缘》，说的是把中国的种桑养蚕技术传往西域瞿萨旦那国的故事，属国际科学技术的交流，今天看来更显重要。

而压卷之作，新写的《莫高残梦》，则是为了纪念藏经洞的发现而作的。……从形式上看，《莫高残梦》是继承了传统的传奇文学的表现方法，效果是成功的，已为读者所公认，情节曲折，跌宕起伏，词语上口，可供读者阅览,也可作为说书人的话本念给听众,雅俗共赏,引起人共鸣和反思。

(摘自金吉泰《识得莫高窟》,有删节)

至善至美的艺术境界

——许维儿童文学创作漫评

支克坚(教授,评论家)

每一个民族都有自己传统的童话。鲁迅当年,曾为我们这个古老民族传统的童话里,与孩子真正有益的如此缺乏,大量的其实是极为有害并且不能算作童话的东西,而深感悲哀。然而今天,我们看到了用历史故事或神话传说题材进行新的童话创作的一些尝试,颇受启发,因为它们也许有助于弥补上述历史的缺憾。

许维同志的《飞天》,是这些尝试之一。它用的是神话题材。作者以著名的敦煌壁画里的飞天为主人公,想象她的命运;同时把她的命运同其他几个神话形象的命运编织在一起,构成一个完整的故事,作者又采取孩子们容易接受的讲故事的方法,一个讲一段,另一个接着讲一段,把这个完整的故事传达给了读者。

这无疑是有益的。一个民族,她的祖先创造的童话形象,有些应该让世世代代都熟悉。因为这可以使后代了解祖先在他们所处的历史条件下,对于自然,对于神话,有过怎样的幻想和理想。尤其是,在这种幻想和理想里,在这些形象里,往往也正表现着这个民族的某种传统的精神,应该得到继承和发扬的精神……诚然,童话所表现的精神,往往是朴素的,有时也只能是朴素的,但一种朴素的精神,又自有其可贵之处。《飞天》赞颂的是什么?是分明的善恶观念,是助善除恶的精神,是善良的人们的团结,是在斗争中不畏强暴。《飞天》中的形象,没有一个合乎通常所谓英雄的概念,但飞天姑娘牺牲自己,化作鲜花,把花瓣撒向世间,给世间带来幸福,正是这种精神的集中表现。我们这个民族一贯向往这种精神,实际上,她过去的生存和发展,就有赖于这种精神。今天我们同样需要这种精神,需要用它来培养下一代。

所以,我们有理由为《飞天》的出版感到高兴。愿飞天姐姐飞进孩子们的心里!

(摘自支克坚《愿飞天姐姐飞进孩子心里》)

刘俐俐(教授,评论家)

许维是个口若悬河的“故事佬儿”,他的《飞天》是一部好看极了的童话。他借九色鹿、蓝孔雀、白玉兔、丹顶鹤诸多动物的口气,讲述了飞天姐姐在人间天上所做的许许多多好事:她乐于助人,善良宽厚,她还勇敢无畏,勤劳热情。我们从九色鹿的眼里看到了她知恩图报,和九色鹿及它的妈妈生活的品质,还看到了飞天为了九色鹿而被达天带来的锦衣武士拖在马后的情景。从蓝孔雀的眼里看到了飞天来到王宫后惨遭毒打,来到了百鸟苑帮助众姐妹,和各位蓝孔雀的心贴在了一起。后来飞到了月宫。白玉兔亲眼看到了飞天姐姐为了帮助嫦娥,为了融化广寒宫的寒冷,拔掉了自己的头发。最为感人的是她让嫦娥姐姐和玉兔弟弟踩上五彩云离开临风阁,自己却未来得及离开而留在了广寒宫。我们借丹顶鹤的眼睛,看到了飞天舍身济世,让自己的泪水绿了山川大地,最后连自己也变成了一簇五彩缤纷的花朵,像一阵绚丽的花雨,漫天飘了下来。

许维还让悠久美丽的西部土地和历史沉淀于自己的审美情感中,升华为神奇而美丽的艺术世界,于是,历史传奇小说《敦煌传奇》就诞生了。这部书真是又神奇,又耐读。说它神奇,是因为那里面的故事上天入地,变化多端,说它耐读,是因为这些故事能让小朋友懂得许多道理,懂得善与恶的斗争,懂得高尚人格的可贵,还因为这些故事像海绵,饱浸了丰富的历史内容和对历史意义的生发。像《青鸟怨》在三青和二青与三苗王的斗争中能够钩出舜帝西征的久远历史。《沙月恨》描述了沙山子和月牙儿生死不渝的爱情,鸣沙山和月牙泉的大自然景观被赋予了人类美好的品德。《葡萄情》的背景是穆王西巡,《天马泪》则表现的是天马东来的历史传说。至于蚕桑西传和敦煌历史上著名的张议潮起义,则在《蚕桑缘》和《宝窟魂》中得到了艺术的再现。

读许维的作品,感到他对美丑善恶的爱憎和对生活的理解都非常艺术地融会在他的富有传奇色彩的故事里,融会在他对人物的艺术创造中。许维儿童文学创作的突出特点是重视故事的曲折生动,感染人的情感力量。他尤其看重笔下的人物:力求写出人物性格和品德的内在发展轨迹,写出人物的变化和性格逻辑。他从不用简单的脸谱化来打发小读者。像他创造的达天这个形象,他的那种残忍、贪婪,他的那种懒惰、无赖的品性在最初和飞天姐姐落难于九色鹿家的时候就初露端倪,但那时他毕竟还是一个涉世不深的孩子，良心还未完全泯灭。只是他放任自己的恶性才发展到最后的可耻下场的。《敦煌传奇》里的三青、二青、沙山子、月牙儿、暴德长、暴利长都各有自己的性格特点和发展轨迹。作家既采用传统的白描手法，又有现代特征的心理描写，人物之间的性格反差更增添了形象的生动逼真，也加重了传奇色彩。

（摘自刘俐俐《走进儿童文学这片净土》，节选）

杨波（编辑，作家）

当拿到甘肃少年儿童出版社新近出版的许维先生的童话集《黄金大盗》，忍不住快快打开，细细品读。

这本童话集收编了许维先生的三部作品：《黄金大盗》《虎父鼠子》和《飞天》。读罢前两部以老鼠为主的故事后，已沉浸在作者为我们所描绘的至清至纯的奇幻意境之中。气“黄金大盗”山老鼠罗伯特的欺名盗世，叹贵为虎子的黄鼠威威离群后的失落，此刻情绪在童话世界中彻底释放，许久未有过的放松，许久未有过的快意。

翻到《飞天》时，眼前不觉出现了身飘彩带翩翩起舞、怀抱琵琶轻拢慢捻的飞天神女形象。……

这是一个童话世界中的飞天，她在经过重重困苦和磨难之后进入了天国，但天国却也不是她的归宿。她在天国留下一支舞后又走了，她变成了纷洒的花朵回到了家，她在人间永远地舞蹈着。

整个故事由九色鹿、蓝孔雀、白玉兔、丹顶鹤的叙述串联而成，呈现出了与前两部作品完全不同的风格，更加的厚重。清新优美的语言、充满童趣的描写和文中人物的童言表达，使得文章十分符合少儿读者的阅读要求与阅读习惯。

（摘自杨波《飞天舞出的童话》，有删节）

雪漠:答程金城老师

一、关于我的简历及基本情况

雪漠,原名陈开红,甘肃凉州人,中国作家协会会员,甘肃省专业作家,深造于鲁迅文学院和上海首届作家研究生班,香巴噶举文化学者和瑜伽修行者,大手印研修专家,被甘肃省委省政府等部门授予“甘肃省优秀专家”“甘肃省德艺双馨文艺家”“甘肃省拔尖创新人才”等称号。“雪漠小说研究”被列入兰州大学、上海师范大学、中央民族大学等高校的博士生、硕士生研究专题。

雪漠的文学代表作为长篇小说《大漠祭》《猎原》《白虎关》(上海文艺出版社)等,其学术代表作为《我的灵魂依怙》《大手印实修心髓》(甘肃民族出版社)等,在国内外引起强烈反响。其作品获“第三届冯牧文学奖”“上海长中篇小说优秀作品大奖”“中国作家大红鹰文学奖”等十多个大奖,入围“第六届茅盾文学奖”和“第五届国家图书奖”,荣登中国小学学会中国小说排行榜。《人民日报》社、新华社、《光明日报》社、《文汇报》社、中央电视台等数百家媒体进行了评价,被誉为“真正意义上的西部小说和不可多得的艺术珍品”,已被译成多种文字,在《中国西部现代文学史》有重点论述,被认为是当代西部文学的标志性作品。

关于《大漠祭》等作品的评论,见后面专文部分评论,这里略作介绍:

(一)《大漠祭》基本情况介绍

《大漠祭》是作家雪漠的代表作之一,它跟《猎原》《白虎关》一起,构成了“大漠三部曲”。《大漠祭》被专家誉为“真正意义上的西部小说和不可多得的艺术珍品”,先后荣获“上海文艺出版总社优秀图书奖”“上海图书一等奖”“第十四届华东六省一市文艺图书一等奖”“甘肃省五个一工程奖”“敦煌文艺奖一等奖”“第六届上海长中篇小说优秀作品大奖”,入围“第五届国家图书奖”和“第六届茅盾文学奖”,荣登“中国小说学会2000年中国小说排行榜”,荣获

“第三届冯牧文学奖”。《人民日报》社、新华社、《光明日报》社、《文汇报》社、中央电视台等数百家媒体进行了评价，被誉为“真正意义上的西部小说和不可多得的艺术珍品”，已改编拍摄为二十集电视连续剧；《猎原》（北京十月文艺出版社）多次登上人民文学出版社“专家推荐排行榜”，获“中国作家大红鹰文学奖”；此外，还出版小说集《狼祸》（中国文联出版社）与学术专著《江湖内幕黑话考》《我的灵魂依怙》等。其作品在《新华文摘》《收获》《小说月报》等杂志发表或转载，已被译成多种文字，在《中国西部现代文学史》有重点论述，被认为是当代西部文学的代表作。

关于《大漠祭》的意义，有多种说法。《文汇报》称：“作者以极其真切的情感、惊人的叙事状物的笔力，写出了奇特的西部民风和沉重的生存现实。”著名评论家雷达在《光明日报》上撰文称：“（《大漠祭》）那逼真的、灵动的、奇异的生活化描写达到了笔酣墨饱的地步”，“它得力于对于中国农民精神品性的深刻挖掘”。冯牧文学奖评委会则从语言、题材的开掘等诸方面高度评价了雪漠的创作：“在文学将相当多的篇幅交给缠绵、温清、伤感、庸常与颓废等情趣时，雪漠那充满生命气息的文字，对于我们的阅读构成了一种强大的冲击力。西部风景的粗粝与苍茫、西部文化的源远流长、西部生活的原始与淳朴以及这一切所造成的特有的西部性格、西部情感和它们的表达方式，都意味着中国文学还有着广阔而丰富的资源有待开发。雪漠关注的不仅是西部人的生存方式，他还想通过对特殊的西部生活与境况的描绘，体会与揭示人类生存的基本状态。在当下文学叙述腔调日益趋于一致之时，雪漠语言风格和特色显得更为鲜明。短促有力、富有动感的句式，质朴而含意深厚的西部方言以及西部人简练而直率的言说方式，使我们获得一种新的审美感受。”

（二）《猎原》基本情况简介

《猎原》是作家雪漠的第二部长篇，全书三十五万多字。这部作品2003年由北京十月文艺出版社隆重推出，首印三万册，是北京市重点项目；《中国作家》杂志于2004年第2期选发；2004年，《猎原》在人民文学出版社的“专家推荐排行榜”中位居第一；2005年，获得“中国作家大红鹰文学奖”。

《猎原》以忏悔的老猎人孟八爷为线索，由一个盗猎事件写起，讲述了两派牧人对牧场血肉横飞的争夺等一系列故事。小说用朴素自然的笔法，传神地描绘了西部农村广阔的生活画面，剖析了西部人深层的文化心理，塑造了一批鲜活的西部农民形象，对传统的农牧文化进行了反思，表现出对中国西部环境问题强烈的忧患意识。雄奇的大漠风光、激烈的各类冲突、奇特的民俗风情、探险般的瀚海游猎、丰富多彩的人文景观、沉重艰辛的生存现实、脱胎换骨似的灵魂历练、原始森林般的生活容量，加上作者刻骨铭心的生活体验、对生命的独特感悟，使作品具有震撼人心的艺术魅力。

《猎原》出版后，在全国引起很大反响，除获得“中国作家大红鹰文学奖”外，还多次登上人民文学出版社“专家推荐排行榜”，并曾与《狼图腾》并列第一(见《当代·长篇小说选刊》2004年第6期)。《人民日报》《新华文摘》《文学报》《文艺报》《文汇读书周报》等媒体进行了评介，有关专家称：“《猎原》题材厚重，内涵深刻，触目惊心，令人警醒，折射出大西北自然与人、历史与现实的生存形态。人物形象生动鲜活，语言极富艺术表现力，是写大西北地域文化不可多得的作品。”著名评论家雷达先生称其为“《大漠祭》之后的又一力作，深厚、大气、严酷、细腻，以生活的深刻性见长。”著名评论家孟繁华认为：“《猎原》是一曲苍茫辽远的凉州词。”著名评论家阎晶明称：“《猎原》里的众多人物穿行在众多动物当中，在与自然的角逐中，人与人的争斗更具深度和内涵。”“人的生活也是作者表现的重点。在人与自然之间思考历史和文化，努力展现普遍丧失的野性和力量，客观上弥补了在柔性上的不足。”(《文艺报》2004年6月8日)原《人民文学》常务副主编崔道怡为《文学报》著文道：“只要人类尚未进入大同世界，(《猎原》)其形象所昭示的意义便会长存。我甚至发奇想：为免西夏文书命运，应该借助先进科技，把这部书发射到另外一个星球去。亿万光年之后，那个星球上的生命研究宇宙，《猎原》就会成为一份参照：‘噢，地球是这样毁灭的。’”评论家白烨为《文汇读书周报》撰文称：“(《猎原》)是在作品那浑朴淳厚的事物表象中，似乎裹藏了含而不露的意向，那就是在为西部造影中反思西部，在为人生摹相中审视人生。”《文汇报》《小说评论》等报刊也选发了李星、朱辉军等人的评论，对《猎原》给予很高的评价。

为创作《猎原》，雪漠历时十多年，跑遍了整个凉州，多次前往草原和大漠，采访了数以百计的农民、猎人和牧人，收集了大量的不为外人所知的创作素材。他所描写的生活和人物，均是中国文坛其他作家很少涉猎的。

(三)《白虎关》基本情况简介

《白虎关》是作家雪漠出版的第三部长篇小说，全书47万字，由上海文艺出版社出版。该书是中国作家协会重点扶持的项目。小说用朴素自然的笔法，描绘了西部农村广阔的生活画面，剖析西部人深层的文化心理，塑造一批鲜活的西部农民形象,对传统的农牧文化进行了反思和探索。

《白虎关》描写了当代农村在社会大变革的过程中面临的许多困境和产生的阵痛。在白虎关发现了金矿,人们蜂拥而来,村落随之而成为小城镇,农村因此面临着巨大的社会变革,旧的价值体系在巨大的社会变革面前坍塌,而新的价值体系正在建立,灵魂的焦渴与现实的挤压都在叩问这片古老的土地。

《文艺报》2008年10月7日发表《文艺报》副主编木弓先生的文章,木弓在文中说:"甘肃又有好作品——雪漠长篇小说《白虎关》。"文章称:"这部作品以厚实的生活内容、鲜明的文化特色、深刻的思想主题以及独有的艺术表现,让我们看到了甘肃作家的不懈努力正在使一个地域的富有特色的小说不断引起文坛关注,产生全国影响。据我所知,雪漠就是一个能够不断写出好作品的甘肃代表性作家。"

《中国作家》杂志2008年第9期以《豺狗子》为题选发了《白虎关》的部分章节;《小说选刊》2008年第10期和《小说月报》2008年增刊进行了转载;著名评论家雷达在《中国作家》第9期著文说:"雪漠,是甘肃小说家中地域性文化精神最为突出的作家,他的来自西部生存的苍劲的小说语言,深情刻骨的大漠情怀,已随着他的《大漠祭》赢得了全国性的声誉,建立了一种浩荡凛冽的西凉风格。雪漠的叙事能力强,笔下富于生命质感。《白虎关》很像一个生命大寓言。几个女子,为了活着的理由和生命的盼头,被命运抛入陌生的绝境。猛兽、酷暑、干渴……及诸多未知的灾难都将那几个弱女子的灵魂放上命运的砧板,开始无情地捶打。灵魂的韧性由此产生,生命的尊严也由此体现。正是在一次次的炼狱中,几个弱女子升华为两个大写的'人'。主人公跟豺狗子的较量是文本中精彩至极的华章,人与兽、善与恶、生与死,情与爱……诸多悖论般的命题一次次展现,人的灵魂由此洗礼得以重塑,两个鲜活的生命跃然纸上,承载着厚重如大地、壮美如雪山的西部精神。时下的小说中,已经很少能看到如此本色、新奇、呼之欲出的'人物'了。"

雷达在接受《中华读书报》采访时称:"雪漠的《白虎关》是一部生命体验饱满、细节描写精彩的、表现农民西部生存的作品,非常耐读,坚实有力,还没有引起足够的注意。"他在《2008年我看好的几本书》中说:"在去年所有的排行榜和评奖中,都没有这部小说(《白虎关》)的踪影,但我认为它是2008年最好的小说之一。比作者自己的《大漠祭》高出了不少。仍写西部农民,仍写生存的磨难和生命力的坚韧,但细节饱满,体验真切,结构细致紧密,并能触及生死、永恒、人与自然等根本问题,闪耀着人类良知和尊严的辉光。一部能让浮躁的心沉静下来的书。"

《甘肃日报》《文学报》《解放日报》《兰州晚报》《西部商报》《兰州日报》《兰州晨报》等报刊都报道了《白虎关》的有关信息。

(四)《大手印实修心髓》简介

《大手印实修心髓》是武威籍作家雪漠的哲学著作,全书四十万字,由甘肃民族出版社出版,已被翻译为英文,在美国、加拿大引起反响。该书共分为五编:第一编,大手印的理论基础:瑜伽心性学;第二编,香巴噶举大手印文化的历史渊源;第三编,香巴噶举大手印文化的载体;第四编,我的大手印实践;第五编,大手印实修问答。该书以讲授瑜伽心性学说为主,计有"明心性品""悟心性品""观心性品"等。

有关专家认为,《大手印实修心髓》填补了国内外对香巴噶举文化的研究空白,为香巴噶举矗起了一座文化丰碑。兰州大学、复旦大学、上海师范大学等高校的博士和硕士已开始研究《大手印实修心髓》。

正如该书《前言》所说:"对于没有接触过佛教的人,本书会告诉他何为佛教之修炼;对于想了解藏传佛教者,他会看到香巴噶举独有的景致;对于佛门中人,本书会带他进入伟大而持久的一种信仰之核心,或可使他得到一些启发;对于学者,本书会为他提供一种全新的人文景观;对于一般读者,本书会告诉他世上有另外一种用信仰指导和推动生活的人类;而对于文学爱好者,本书会告诉他:作家雪漠,曾有过这样一段不为世人所知的生命历程。"

批评家对雪漠的具体评论见所附文档和文件夹。

二、改革开放以来,甘肃文学有了很大的突破,尤其在长篇小说方面跟其他任何一个省份相比都毫不逊色

《白虎关》出版之后,我对评论家雷达说:"我的《白虎关》出版之后,你们就再也不要说甘肃没大作品了。我的《大漠祭》《猎原》《白虎关》这三部曲,跟中国当代任何作家的代表作相比都毫不逊色,相反还有着巨大的优势。"《大漠祭》《猎原》和《白虎关》连续多年在全国权威性排行榜如"中国小说学会中国小说排行榜""人民文学出版社、《当代》杂志专家排行榜""中国文学年鉴",《大漠祭》还入选文学史性质的"中国新文学大系",还获得了许多全国性的重

大奖项。可奇怪的是,甘肃作家为什么在甘肃本土却总是得不到应有的承认呢?著名评论家陈骏涛先生在答《滇池》杂志采访时将我定位为新时期西部文学的标志性作家,将《大漠祭》《猎原》等作品也定位为新时期西部文学的标志性作品。许多著名批评家都曾有过这样的定位。可每次甘肃本土谈到文学成就,仍是说甘肃没有大作品。而事实上,我们甘肃在长篇小说上,已远远超过了宁夏、新疆等其他省份,进入了全国优秀作品的行列。

甘肃文学的优势是作家拥有最独特的生活和厚实的文化,不足之处是甘肃作家普遍受到文化和地域的局限,心灵格局大的不多。

甘肃作家最缺的,是“舍”和“修炼”。许多甘肃作家啥都想得到,却总是忘了一个人没有“舍”便不可能有“得”。

关于“舍”,我曾在一次对话中说:一个作家,在生活中首先要学会“舍”,舍去一些东西。这“舍”,是非常必要的。当你达到一定境界后,就会发现,常人所谓的那种“享受”,其实是麻烦。但若达不到那种境界时,你就会沉溺于这些“麻烦”之中,心灵受到“麻烦”的左右,而难以自拔。

如果不学会“舍”,在一些不必要的事情上花去太多的时间,剩下的时间,无法让你在今生达到一个很高的境界。达到最高境界,需要进行必要的灵魂历练和写作修炼,需要相对长的一段时间。若是时间不够用,今生是很难如愿的。许多作家没有感悟到这一点。也许感悟到了,但他们舍不了那种诱惑。等他们明白时,已经晚了。

创作须要扎扎实实下苦功,许多过程都不能省略。省略了一点,他的成就就会低一点。若要不省略,必须有足够的生命。

一个作家,不经历死亡,不会真正成熟。不深思死亡,才会被世俗的东西所迷惑。当他能时时刻刻想到死亡时,就会看破那种虚幻的外现。所有的应酬也罢,名也罢,利也罢,终究是过眼云烟。这些东西都体现不了你的价值。人生最珍贵的是生命,一旦失去,永不再来。我不会用非常珍贵的生命去换一些毫无意义的东西。成名也罢,不成名也罢,在我的眼中都一样。

一个作家,首先要做到“入世”,深入到生活最底层,同时又要能够“出世”。仅仅“入世”,而没有“出世”心,不会有大出息。必须舍弃许多东西,才可能得到你所追求的东西。当然,若是一味“出世”,而不能“入世”,也不会成功。要感悟社会,融入百姓,熟悉生活,在此基础上,达到“出世”。文学到了一定的境界,是灵魂的流淌,是生命力的自然喷涌。

"出世"并不意味着不近人情,稍加相近的理解是:以出世之心,做入世之事。一次,雷达老师问我:"事在人为和顺其自然,哪个对?"我说:"都对。事在人为之后,顺其自然。"出世意味着有所为,也有所不为。以心的独立换取灵魂的自由。

在我眼中,除了生存的必须,别的需求,便是贪婪。人的欲望是无止境的,生命不息,欲望不止。但所有贪欲,都是罪恶的源泉。所以,我的长篇小说《猎原》的题记是:"在心灵的猎原上,你我都是猎物。"

有个当官的朋友,很有权,老想给我办件事,可我一直想不出有啥事能叫他办。当我吃饱肚子且无病痛时,实在没有可求之事。我只想尽快做完自己该做的事,能坦然地在死神来临前微笑。

我一日所求,不过两餐:早上喝点绿豆面糊糊,中午吃一顿饭,不吃晚饭。除在鲁迅文学院上学时,我挡不住许多老师的关怀和交际的需要破了"戒"外,平时是过午不食的。除了买书,我日求两餐饭,年求两套衣。生存事务既已解决,金钱对我来说,已没有太大的用处。我有了住房,能吃饱肚子,有衣服穿,不喝酒,烟也戒了,有书看,足矣。钱太多也没有用。

如果外界的东西干扰了作家的灵魂,他绝不会有大成就。只有外在现象对灵魂的诱惑完全消失之后,智慧的灵光才可能显现。中国古代的哲人,用四个字就概括了这一真理:"定能生慧。"心灵有了定力,才可能产生智慧。这智慧出自心内,不是外来的东西。

关于"修炼",我主要指智慧的感悟。相较于生存状态,我更愿关注人的灵魂和信仰,以及产生这种灵魂的文化土壤。因为灵魂是文化的产物,有什么样的文化,就有什么样的灵魂。

我喜欢透过一些表面现象,看一些深层的东西。当这个世界都惊奇于某种现象的时候,我询问的却是"为什么会这样"? 它的产生有没有更深层的原因? 有哪些文化土壤? 我关注这过程,反倒忽略了结果。

但这种关注,对作家的要求比较高。它必须要求作家站得很高,必须证得一种智慧。"智慧"这个词,和"知识",和"聪明"不一样。它更是一种心灵的东西,是超越理性的直观智慧。它要求作家不仅仅去"体验",更须要去"证悟"。

中国文化史上,有一个很奇怪的现象:有些禅宗大德不识字,但他一旦顿悟之后,就能写出非常优秀的诗来,而且境界特别高。比如慧能,不识字,但他经过修炼顿悟之后,他写的那些偈语就有了很高的艺术价值。

作家也许需要这样的修炼。至少,应该像禅宗那样,破除执着,感悟出一些独特的东西。这"感悟",包括智慧的感悟和文化的感悟。

宗教,不仅仅是一种信仰,更是一种文化,更是一种精神。宗教情绪,是必要的精神素养。精神上的顿悟,会导致文化上的顿悟。

一个苦行僧,他修啊修啊,形如枯木,色如死灰。突然,一个偶然的机缘,他豁然开悟。从此,每朵菊花都朝他微笑,所谓"朵朵黄花尽是菩提,巍巍青山无非般若"。这时,苦乐已消失,只有安详的微笑。文学上,也需要这样的"修"。

甘肃作家正是在这两点上没有突破,所以,许多人一直跳不出自己,跳不出自己的生存环境,所以很难出现大的格局。

所有作家,在完成基本的文学训练之后,拼的就是人格了。

三、甘肃作家要想真正地走向中国、走向世界,首先必须走出自己的局限。一个瓶子里的苍蝇,是很难飞出大格局的。所以要想飞得高,首先得让自己变成鹰

我曾在《白虎关·后记》中说:"去年,我曾跟陈思和、王新军两位先生在上海图书馆搞过一个讲座。在那次讲座中,上海音乐学院的一位博士问我:如何处理形式和内容的关系?我答:我很少考虑这类问题。我所做的,仅仅是如何让自己更'大'一些。我常说,要是创作主体是老鼠,那它们无论怎样思考'形式和内容',也照样生不出狮子。哪怕它胀破肚皮,生出的仍是老鼠。要想生出狮子,只有一个办法:先让自己变成母狮,再跟另一个雄狮——也即作家感受到的强有力的生活——进行生命的交融。我的深入生活、我的读书、我的思考、我的所有意愿和行为,其目的,仅仅是努力让自己变成'狮子'。我说过,要是你成为大海的话,哪怕绽出一小朵浪花,也照样有大海的气息。"

所以,甘肃作家现在最缺的,还是心灵境界的高远和博大。

批评家和媒体谈雪漠及其作品

（此处约略4400字）

雪漠不管是有意或无意，他还是比较靠近现代，这就是对存在虚无的一种认识。雪漠的小说中，没有简单地去诠释鲁迅先生的国民性思想，没有很生硬地迎合某种声音，也没有用官僚化的思想来诠释农村生活。它身上，再也找不到20世纪农村革命史诗像《创业史》这类作品的影子。它只写了河西走廊农民一年四季的艰辛生活，这种生存被写得非常鲜活：他们存在着，他们沉默着，他们已经习惯了几千年的这种生活。小说表现的强劲程度，是我们很多作家所不能比的。作者对他所描写的生活非常熟悉，他不需要专门去搞一种寓言化的写作或者形而上的概括，或者整体象征，它本身就有一种象征意义。

——雷达《雪漠小说的意义》（《人民日报》）

十年磨一剑只是一个传说，但却是雪漠文学事业的真实写照。以十几年时间，反复锤炼一部小说，没有内心深处的宁静，没有一番锲而不舍的追求，没有一种深远的文学理想和赤诚，是难以想象的。我们今天的文坛，太需要这种专心致志的创作态度。我劝大家读一读《大漠祭》，你会被西部农民生存境遇的真实性深深打动，你会体会到它跟充斥图书市场的文学快餐不同的品格，也会重温文学给予我们的那种真正意义上的审美体验。

——徐怀中《在“第三届冯牧文学奖”颁奖会上的发言》

《大漠祭》描写了大西北腾格里沙漠边缘某个小村庄一年中平平淡淡的生活。在普通得不能再普通的日常生活情节中，作者以极其真切的情感，惊人的叙事状物的笔力，写出了奇特的西部民风和沉重的生存现实。

——《西部农村生活跃然书卷》（《文汇报》）

我以为《大漠祭》真正感动我们的，是得之于对中国农民精神品性的深刻挖掘。它承继了我国的现实主义优良传统，包容着一种强烈的忧患意识的正视现实人生的勇气。它不回避什么，包括不回避农民负担问题和大西北的贫困现状。它的审美根据是写出了生存的真实甚至是严峻的真实，因为只有这样才能起到真正激人奋进的作用。

——雷达《我看〈大漠祭〉》(《文艺报》)

《大漠祭》的题旨主要是写生存。写大西北农村的当代生存这自有其广涵性,包含着物质的生存、精神的生存、自然的生存、文化的生存。所幸作者没把题旨搞得过纯、过狭。它没有中心大事件,也没有揪人的悬念,却能像胶一样黏住读者,究竟为什么?表面看来,是它那逼真的、灵动的、奇异的生活化描写达到了笔酣墨饱的境界,硬是靠人物和语言抓住了读者,但从深层次看,是它在原生态外貌下对于典型化的追求所致。换句话说,它得力于对中国农民精神品性的深刻发掘。

——雷达:《生存的诗意与新乡土小说》(《光明日报》)

雪漠的创作风格长于鸿篇巨制,读其《大漠祭》和《猎原》,有一种亲历浩瀚干涩的沙漠之感。……反之,雪漠的短篇却显得妩媚灵动儿女情长。我读《美丽》便有这样的感觉。……就在这仿佛是一片黑暗,读者可能暗暗期待着文本里的人性丑恶与残忍如何在绝望中爆发出来,人是如何按照当下流行的道德期待蜕变为兽时,雪漠却给了我们一个意想不到的奇迹。

——陈思和:《什么是美丽的最好定格》(《上海文学》)

陈思和提出雪漠的小说展示给我们一些没有被商品经济污染的善良的心,有一种让人心碎的美。而唯有这种当下小说中所缺乏的善良与单纯,才能具备唯美的力量。

——《远离炒作　感受灵魂》(《东方早报》)

《猎原》是一曲苍茫辽远的凉州词。

——评论家孟繁华(《当代·长篇小说选刊》)

我们在《猎原》里读到的,不是一个人的命运,也不是一个家庭或家族的变迁(这些都是当下长篇小说最容易展现的内容),《猎原》展示的是一个群体人的生活场景,注重的是场景之下的冲突与交融。或者说,这不是一个可以改编成连环画的故事,更像是一面墙壁上展开的油画,有场景、有人物、有表情，也有故事的痕迹，但效果却不在故事的起伏线索中，而在整体的、强烈的视觉冲击中实现。说到底，雪漠不是想去塑造一个生命个体，而是要通过群体的雕塑实现对一个世界的诉说。

——阎晶明《猎原笔记》(《文艺报》)

我老眼昏花，已很少读长篇小说。前些日子翻开雪漠的《大漠祭》，居然被它牢牢吸住，一头扎了进去，随着书中人物的遭遇时忧时喜，甚至感叹落泪。掩卷之后心情仍然久久不能平静。我感动，也高兴，为大西北出了这样一位作家而高兴，为西部文学增添这样一部力作而高兴，情不自禁地要为它喝彩。

——欧阳文彬：《为〈大漠祭〉喝彩》(《新民晚报》)

《大漠祭》是一部很好的小说，有浓郁的生活气息，人物鲜活，提供了世纪之交西部农村的原生态。它深深地吸引了我，打动了我。

——中国作家协会副主席叶辛(《文汇报》)

雪漠的语言极具地域特色，心理描写也十分细腻，人物刻画颇见功底，特别是对西部女性的描摹相当传神，这都是应当充分肯定的。然而，光有这些并不能成就雪漠，有些西部作家比他在这些方面可能做得还更好，但雪漠之所以让我们记住，就在于他的作品中，还具有上面所讲到的那种独特的精神力量和魅力。

——朱辉军：《评狼祸——雪漠小说精选》(《文汇报》)

《大漠祭》的确是一部令人耳目一新的优秀之作。它的艺术特色是多方面的，而其中对大众语汇的开掘采撷和广泛运用，是获得巨大成功的重要因素。……有人开玩笑说，《大漠祭》写绝了沙漠，前无古人，后无来者！大有“曾经沧海难为水，除却巫山不是云”之慨。

——赵雁翼：《〈大漠祭〉的语言》(《飞天》)

谢(晋)导的膝盖上摊着一本书，书名叫《大漠祭》，他今天要与我谈的就是这部书，他问我有没有看过这部书，我说书名我知道，但内容没看过。我看到他的脸上顿时掠过一丝淡淡的遗憾，他说，这部书写得好，他被震动了，看了这部书，他才感到中国西部是怎么一回事，感到中国贫困地区农民生活的艰辛和悲苦。与他相交的这么多年中。我还没有见过他对一部小说有这样的推崇。即使是在中国文坛上曾经轰动一时的那些书，他也没有这么推崇过。这个谜团直到后来我才明白了，那天他谈了对《大漠祭》的感想后，就用那双充满睿智的目光注视着我，突然说，你也应该写这样一部书。

——顾志坤：《谢晋说，你该与故乡结缘了》（《上虞日报》）

只要人类尚未进入大同世界，其形象所昭示的意义便会长存。我甚至发奇想：为免西夏文书的命运，应该借助先进科技，把这部书发射到另外一个星球去。亿万光年之后，那个星球上的生命研究宇宙，《猎原》就会成为一份参照："噢，地球是这样毁灭的。"

——崔道怡：《地球是这样毁灭的》（《文学报》）

（《猎原》）是在作品那浑朴淳厚的事物表象中，似乎裹藏了含而不露的意向，那就是在为西部造影中反思西部，在为人生摹相中审视人生。

——白烨：《读雪漠的长篇新作〈猎原〉》（《文汇读书周报》）

雪漠面对西部的大自然，面对西部的生活于困境中的人们，他是充满感情的。对于西部的天空、大地、沙漠、草木、鸟兽，他都那么熟悉，都跟他们建立了一种形照神交的亲和关系，让我们看到了普里什文对俄罗斯大地熟悉的那种程度，哪怕是一只麻雀，哪怕是一条蛇，他都会带着一种非常亲切的、非常熟悉的眼光和态度去观照它，去描述它。雪漠对沙漠的那种景象万千的、富于变化的景观的描写，就我现在读到的小说和见诸文字的东西，我发现没有比他写得更丰富的。雪漠试图写出西部的非常贫瘠的条件下，人们所承受的肉体折磨和内心痛苦。体现的是一种很宝贵的人道立场和人民立场，和对苦难的密切关注的叙述态度。

——李建军：《人民立场和苦难意识》（中国作家网）

在文学将相当多的篇幅交给缠绵、温情、感伤、庸常与颓废等情趣时，雪漠那充满生命气息的文字，对于我们的阅读构成了一种强大的冲击力。西部风景的粗犷与苍茫,西部文化的源远流长,西部生活的原始与淳朴以及这一切所造成的特有的西部性格、西部情感和它们的表达方式,都意味着中国当代文学还有着广阔而丰富的资源有待开发。雪漠关注的不仅是西部人的生存方式,他还想通过对特殊的西部生活与境况的描绘,体会与揭示人类生存的基本状态。在当下文学叙述腔调日益趋于一致之时,雪漠语言风格的特色显得更为鲜明。短促有力、富有动感的句式,质朴而含意深厚的西部方言以及西部人简练而直率的言说方式,使我们获得一种新的审美感受。在将知识转化为写作素材时,如何达到融会贯通、不着痕迹的境界,这应是雪漠的考虑。

——第三届冯牧文学奖"雪漠获奖评语"

雪漠对西部大自然,对西部生活于困境中的人们,充满了感情。对西部的天空、大地、沙漠、草木、鸟兽,他都非常熟悉,都跟他们建立了一种心照神交的亲和关系。而对沙漠那种景象万千的、富于变化的景观描写,是建立在他丰富的生活体验之上。雪漠还试图写出在西部非常贫瘠的条件下,人们所承受的肉体折磨和内心痛苦。这体现了一种宝贵的人道立场和人民立场及对苦难的密切关注,呈现出一种可贵的悲悯情感。

——《小说选刊》

雪漠的长篇小说《大漠祭》,是一部文学含量深厚的值得多角度多层面品评的作品。它题旨深刻,言直事赅,情节、人物颇具典型性,是一部具有教育和认识价值的作品。如果对作品的情辞所在,浮观其表而不深探其内,则可能产生歧见,而这正是因为《大漠祭》意蕴深邃的缘故。浅池观鱼,评论家美学家们还有文章可做吗?

——杨文林:《读雪漠长篇小说〈大漠祭〉随想》(《飞天》)

《大漠祭》让我很感动,我几乎完全被书中的描写和人物的命运吸引了。在我近年读过的小说中,《大漠祭》是最杰出的。那份本色,那份真实,那份掩漾于贫困与苦难中的生命激情与青春浪漫,在小说渐渐被当作一种纯粹的技艺或说教的工具的风气中是极罕见的,它目前所获得的荣誉,恐怕仍不符它的实际。我曾说,一个作家不管平素写什么,怎样写,但最终还是得为自己写本书,写本对得住自己的生活经历和文学想象的书。读完《大漠祭》,我发觉你已经做到了。从《后记》中的话看,也明确意识到了。在我看来,《大漠祭》是从心底流出来的,而不是'写'出来的,它是一本完全对得起良心的书。虽然它确实写的是西部生活,但近年来的一些评论将它定位于'西部小说'的层面上,多少还有点贬低了它的意义。

——中国社会科学院博士:邵宁宁

《大漠祭》忠实地记录了一个时代、一个特定的历史时期"一家西部农民一年的生活";以憨头的死为心爱的弟弟建立了一座心灵的纪念碑,书写便是一种铭记;以灵官在孤独之中艰难顽强的跋涉,诞生了西部荒漠上的"我"。这些鲜活的人物形象既是西部农民现时代的典型,也是中国当代文学画廊里独一无二的"这一个"。

——河西学院教授唐援朝

雪漠以他丰富而痛苦的"原型"资源,真实地揭示了西北地区农民生之艰难、死之无奈、爱之盲目、病之痛苦的沉重的生存状况及生命形式。作家的视野不只是停留在由物质的贫困和由此体现出的政治、经济这一"外现"的"硬"性文化层次上,而是将忧患的笔深触到以原始的惰性、凝重的习惯势力、繁缛的礼俗、固化的秩序为对象的人的观念、思维方式、价值尺度这些"深隐"的"软"性文化层次上,它牢牢地维系着社会的稳定,构成了一种"集体无意识"的文化秩序和心理状态。愚昧、保守、狭隘的小农意识、乡土观念决定着农民的心理状态,而这种心理状态又决定着农村的社会秩序。《大漠祭》的作者有意去逼真地模拟现实生活,践约了他文学精神最可贵的品质——真实。它是对走向全球化时代的当代中国文坛某种浮华夸饰、浅薄虚妄现象的一种抵抗和嘲讽,在警醒人们睁眼正视这个民族的生存图式和农民的精神现状时,努力打破一种虚拟的文化自足的怪圈。

——赵学勇:《全球化时代的西部乡土小说》(《新华文摘》)

翻开《大漠祭》,那呼之欲出的生活、力透纸背的描摹、朴实厚重的西部农村画卷、壮美苍茫的沙漠戈壁自然景象……尤其是西部农民在贫瘠环境的重压之下,所经受着缄默的呐喊、灵魂的煎熬、血泪的抗争,读之令人潸然泪下,心为之憾！

又读《猎原》，显然作者已由《大漠祭》，向上向前推进了一大步，从关注西部农民的出路，开始探究文化的基因、文明的走向、人类的命运……我对雪漠，以及养育了他的——在很多人的记忆中已被删除的——厚土地，肃然起敬！这块厚土，显现于世人眼前的，可能是贫瘠，是缄默，是荒凉，而地底下奔流不竭的文化血脉，正时时滋养着千百年来的中国人和中国文化。

——何羽：《雪漠速写》(《羊城晚报》)

《大漠祭》满含着乡土的大悲恸、大忧患与生命的热切期盼，隐含着这个古老民族生命意识苏醒中的文明自赎，它在人之生存的哲理深度上把现代文化意识开掘到一个新的历史层次。

——兰州大学中文系博士：蔺春华(《小说评论》)

《大漠祭》展示了当代中国农民精神自由的缺失、生活渴望的压抑、灵魂深处的焦虑以及面对生存困境时的无奈。雪漠用锐利的解剖刀，通过老顺的形象，切开了生存残酷的一面，平静的叙述中回荡着悲剧的韵律和浓烈的忧患意识，他在呼唤我们关注老顺们，让他们像一个真正的人那样活着。

——兰州大学中文系博士：李文琴(《小说评论》)

《大漠祭》采取了一种综合的人文历史视角，对十七年社会化、政治化乡村叙事的有意疏离，也是对命运、人性、伦理、风俗、文化的多维言说，使得文本极有展力。

——兰州大学中文系博士：梁颖(《小说评论》)

在《大漠祭》的生存美学里，精神在现象之上的超越将取代精神在物欲之中的沉沦。艺术的生命力激活了大漠涌动的生气，人类拥有的精神以积极的方式消解了生态的失衡。生存的诗意是作家生态美学的价值指向，这也是文本内含金量最高之所在。

——兰州大学中文系博士：韩伟(《小说评论》)

雪漠无疑是一位实力派作家，他的实力不仅表现在对西部乡土语言的熟练把握与运用上,对西部生活的透彻感悟和独到的见解上,更重要的是,他能够拒绝来自外界的一切诱惑,自觉地一次次洗刷、锤炼自己的灵魂,从狭隘的心灵中走出来,贴近那些须要抚慰和扶助的农民,贴近那些须要同情和关爱的底层人,甚至把他们的苦难当作自己的罪孽。正因为他具备了一个作家应有的良知,《猎原》才能如此打动人心,给人带来强烈的内心震撼和对生存的长久的思索。

——唐达天:《一部用智慧与耐心解读的书》(《文艺报》)

综观雪漠的所有小说,我们发现,他是一个真正探索人类灵魂的作家。为了写出直指人心的作品,他投入了全部生命和真诚。他的小说,往往透过'小人物'的灵魂而窥探整个人类世界。

——古之草:《用爱拯救灵魂》(《红豆》)

同长篇小说《大漠祭》一样,雪漠不多的中短篇小说,都有着深沉的恋乡情结。对农民和乡村深厚、真挚的情感,是一种深入骨髓的亲情。雪漠怀着热恋乡土的赤子之心,对乡村的历史和现状、农民的命运和前途,进行多方面的思考,显现出强烈的历史责任感和进取精神。

——彭岚嘉:《关于雪漠的小说创作》(《飞天》)

《大漠祭》是一部清醒地观照我们农民父老历史的和现实的生存境况和生命状态的书,是一部深刻地揭示了他们几乎为人所忽略了的坚韧的生活欲求和复杂的精神走向的生活史、心灵史。《大漠祭》揭示西部生活所达到的深度,表明作家具有相当开阔的文化视野,具有比较中把握自身的自觉。

——张明廉:《西部农民凡俗人生的真实与诗意》(《飞天》)

《大漠祭》构建了一个相对完整的民俗世界,并从中挖掘出了西部农民精神生活中的某些特征,即1.狩猎民俗:用强悍的阳刚意识直面生活的苦难;2.民间信仰:用灵动的生命智慧化解生活的死结。从这个角度看民俗文化,其存在的价值,可能已在某种程度上逼近了西部文化神秘的密码,并在做着破解的努力。同时,当我们把雪漠和《大漠祭》当作一个整体去看待时,发现这可能是一个有象征意义的个案,它现实地传递着新一代西部知识分子和乡土文化母体之间的复杂联系。

——兰州师专民俗学硕士：白晓霞

《猎原》和《大漠祭》都有一个鲜明的特色，即追求语言的原生形态。作者非常熟悉西部民间尤其是甘肃凉州一带的民间话语，通过对方言俗语、土话乡音的巧妙化用，大大激活了汉语的表意功能，提高了作品的艺术魅力。我们读雪漠的小说，往往会产生一种原创的感觉，这在很大程度上就是由于语言的功劳。那种贴切地道、那种鲜活生动、那种韵味，是令人拍手叫好的。在中国当代作家中，像雪漠这样对民间方言充满信任，并乐此不疲地吸收和探究的作家，已经不多见了。

——唐瀚存：《苍凉的大漠深处的声音》（中国作家网）

雪漠把自己的目光对准了现时西北农村的农民，写出了他们在生存环境日益恶化的背景下的挣扎和无奈、痛苦和忧伤、坚韧和顽强。雪漠的小说给人最强烈的感受就是浸透在字里行间的那种质朴而又沉重的情感负载，是那种对现代化进程中农民实际生活能力被无形弱化的现实不能无视的责任感。尽管这几年也有不少反映‘三农’问题的小说发表，但多停留在表层的书写，很少有像雪漠那样将自己精神的血脉牢植在农村与农民之中的作品。

——何清：《论雪漠小说的价值取向》（《小说评论》）

雪漠满含悲悯和怜爱的眼睛在他们的嬉笑怒骂、憨笑和眼泪里注视着宿命的苦难。他以良知和人道主义精神笔耕数十载，揭开粉饰的太平，还原历史以真实。从长篇到短篇他继续着他的思考，这类人的命运扯疼了他的心，他永远走不出他童年的那个村庄。短篇小说《沙娃》既是对他长篇小说中人物命运的继续思考，也是某种意义上作家本人心路历程的象征。对传统的坚守和对现代的拥抱让他痛苦着、敏感着，最后终于汇成一条淙淙的小溪。我们相信它执着的奔跑和对两岸风景的采撷，终会对文坛注入活力，也给人们带来别样的风景。

——韩春萍：《现代语境下的陇军小说》（《创作评谭》）

雪漠透过对西部农民生存状况的冷静审视，为其喜，为其悲，为其怒，为其忧,充分体现了一个知识分子应有的良知,并在对现实主义的固守和总结中,完成了对现实主义的一些称得上开拓性的改造,从而在一定程度上推动了现实主义创作的重振,具有显而易见的文学史意义。

——武建新、徐军新:《从现实到寓言》(中国作家网)

《猎原》是一个“城堡”似的模糊大寓言,里面有许多人生和命运的悖论,这才是《猎原》的真正价值和内涵所在。人与人、人与自然互为猎物,其寓言性营造了强烈的反思意识。这种超人格超文本的“多层对话”,充实了寓言,还原了悲剧,并充满生存诗意,是典型的融入了佛道精神哲学的寓言悲剧文本。

——孙悟祖:《生存诗意的寓言悲剧文本》(中国作家网)

雪漠在《大漠祭》中的人物身上倾注着感性,这种感性却又透过冷峻、质朴的语言形式得以表现。这使得《大漠祭》与他两年后才推出的《猎原》有所不同。在同样的冷峻、质朴背后,《猎原》较多地传达出了对生存的反思和追问。

——新华社:《大漠祭为谁而祭》

在我的印象中,雪漠是个矛盾的统一体:他的身上,既有苦行僧的淡泊超然,又有思想者的尖锐敏捷;安详时如静水,激扬时如泄洪;文学上沉迷执着,生活上知足常乐;自我塑造严苛方正,却又稚拙天真独自高歌……辄听他发出惊人之语,每每被人指责为偏激。但他的尖锐和偏激,充满思想的火花,而绝无心胸狭窄者的卑琐。

——《上海文学》编辑徐大隆:《雪漠印象》(《作品》)

阳飏回答

问题一

有文章称我是甘肃新时期文学的见证人，所谓“新时期”年代也就和现在的“改革开放三十年”时间相当，我的文学创作基本也就是从20世纪的1979年开始的，1981年获《飞天》文学奖，这似乎也是“文革”后甘肃最早的文学评奖，至此，开始了我至今三十年的写作。我的代表作品长诗《旧情节》《青海湖长短三句话》《西夏王陵》《风起额济纳》《乌鞘岭断句》《落日之色》等，及短诗《纪念》《楼院里的一棵老旱柳》《小小村庄》《沙枣花已经开过》《狼》《想念黑马河》《西风吹散》《额济纳》《与宽恕无关》等短诗都收集在2006年出版的诗集《风起兮》中，此书出版后获甘肃敦煌文艺一等奖，部分评论摘录如下：

> 在当代中国诗坛，能够以一种博大、辽阔、高峻的精神姿态抵达诗歌本体的诗人并不多，阳飏就是这少数以自己独有的精神视觉开拓了当代诗歌大视野的诗人之一。从这个意义上来说，正是这种不间断的行走，才拓展、提升、高扬了阳飏的精神世界。虽然在诗歌表达过程中，西部高原的壮阔与高峻仅仅是阳飏言说的语词，但挺立云天的雪峰、苍茫无际的荒原、高出人世的大地给他灵魂与情感的塑造，才是阳飏能够创作出大气磅礴、纵横古今的诗歌的根本。我曾在另外一篇文章里这样写过：如果有人问我，在诗人众多、实力强劲的甘肃诗坛，最善于化腐朽为神奇、最具有大气磅礴的大家风范的诗人是谁，我会毫不犹豫地推荐阳飏和他的诗歌。这种判断来源于我多年来对阳飏诗歌文本和创作方式的确认和理解。（王若冰《阳飏：西部高原的行吟者》）

阳飏是那种极少有外在资源(传记、姿态、派别、政治文化含义)可以利用的诗人,他贡献的,是纯粹的诗歌。照现在的趋势看,他也是一个远未完成的诗人,但他的成就,业已构成当代诗歌不可或缺的重要部分,我们不能不对他创造的世界以及诗艺和天才由衷赞叹和感动,虽然他本人无须这样的称赞(好诗人都是自足的),但在我们,这实际上也是向他所代表的某种诗歌精神、诗歌标准致敬,也是向诗歌本身致敬。(唐欣《阳飏诗歌简论》)

阳飏的诗名已经鼎盛有年了,可是,我要说,他的实际的诗歌造诣和对汉语新诗的贡献,和诗歌已经给他的回报是极不相称的。这是没法子的事情。在这个浮躁的时代,任何人在从事某种事业前,先要学会浮躁,入了行后,要变本加厉地浮躁,浮躁出来的喧嚣声,他自己,和别人,也都假装这就是欢呼声。阳飏不浮躁,相反,冷静得近乎麻木。他知道他该做什么。(马步升《阳飏诗薮》)

他以对个人史的梳理来研究生命的自然之光,这光的明暗变化,这光的柔韧和曲折。于是我们看到了《自传小诗》中因饥饿膨胀的巨大麦粒,看到了青春的迷茫,看到了如小说一般旧情节中的那份黑色幽默,看到了城市变迁中某种生命液体的流失,看到了时间之锁突然而至的对人性的捆缚……这样的抒写构成了一条时而平静、时而壮阔的河流,在两岸的泥土和风景构成的时代中回响,并通过这回响勾连起了那激荡着他的穿过天空和时间的风。是的,阳飏正是以这种方式和时代构成共生关系。其中,由于风速,由于时代的声音,个人的情感之光不断变幻,形成或密或疏的诗歌语言肌理,折射出时间之坝的厚重或轻灵,丰富了生命诗学的表达方式,呈现出奔放又克制、激荡又冲和的美学特质。(于贵锋《光的研究者阳飏》)

我一直觉得,好诗人是具备了高贵素质和精神向度的。从20世纪80年代开始,阳飏的诗歌就具备了独立性。其诗歌释放着一股英雄之气,刚柔相济,气吞万里而又柔情百丈,所表现的历史纵深感和现实忧郁性都极其动人，且有着非常的精神和艺术境界。阳飏的诗歌平易之间见智慧，具备了大气象、大悲悯和大境界。读阳飏的诗歌，常常觉得有一股横穿胸腔的大风，浩荡无羁，万里无疆，驰骋纵横，无所拘囿。他的存在及其诗歌作品，已经构成了现代诗歌写作的一个与众不同的标准。（杨献平《风吹无疆》）

阳飏诗歌的美学追求，可以一语括之：温和的素食主义者。说他温和，是因为你从阳飏的诗歌中，很难找到表面直接的激烈、扭曲、紧张等内心的冲突。这在这个时代而言，既是这个时代的需求，也是这个时代的匮乏……他为我们提供了一种不同的言说与生活方式，他把人世的寒冷和黑暗，通过自身的温和与悲悯，转换为了对美、爱与善的赞扬；他将历史与文化，通过自身独特的咀嚼与发现，给我们呈现了一个可以承受的、一个凡人的可亲可敬而又可以进入的历史与文化。（杏黄天《温和的素食主义者阳飏：由一种诗歌写作说开来》）

阳飏以地理覆盖面积更为广阔的写作，显示着为西部大地书写地理人文博物志的用心。印度僧人鸠摩罗什、驮经卷的骡子和骆驼、额济纳土尔扈特蒙古东归、甘肃永昌“高鼻深眼卷发”的古罗马军团后裔……当阳飏以古代丝绸之路上民间书记员的形象，重现着这些湮失的缤纷信息时，他又在每首由几十节诗段建构的诸如有关青海湖、西藏等题材的长诗中，以宗教和史歌交融的诗思，转换为天堂福音的聆听者。这是一种对大地深怀虔敬之心的写作……（燎原《一个诗评家的诗歌档案》）

问题二

仅以甘肃文学来看，三十年来的成绩是显而易见的，但是如果放在全国的大背景下来分析，我认为甘肃文学创作给人一种类似兰州地理位置的南北两山夹峙，缺少大气场大作为的环境，如果细究，却又发现其实我们并不缺少在全国亦可以算是出类拔萃的诗人——我这里仅以诗人为例，话又说回来，环境造就人，想大成就还要靠自己，写作是第一位，写出好作品，是衡量一个作家的基本和首要条件，至于写作之外的，是一种综合能力，只能是因环境因人而异了。

写作个性——我始终认为这是至关重要的，那就从每一个写作者开始吧。

推荐

整体评论甘肃诗歌并有一定影响的文章有于贵锋的《浮雕的凸凹》，王若冰的《上升的诗歌高原》，可供参考。

叶舟的回信及提供的资料(节选)

程老师,您好!

就您提出的问卷,我简略回答如下,不周之处,请批评!

叶舟

一、关于叶舟

叶舟诗人、小说家、编剧,1966年生于兰州一只船街道,毕业于西北师大中文系,曾就读于鲁迅文学院"第七届青年作家高级研讨班",连续三届入选"甘肃小说八骏",发表过大量的小说、诗歌及散文作品,作品多次入选各种年鉴、年度选本和中国小说排行榜,并被译为英、法、日、韩等国文字,有部分小说被改编为影视剧。著有诗文集《大敦煌》《边疆诗》《练习曲》《叶舟诗选》《敦煌诗经》《引舟如叶》《世纪背影——20世纪的隐秘结构》《花儿——青铜枝下的歌谣》,散文集《漫山遍野的今天》《漫唱》,小说集《叶舟小说》(上下卷)、《叶舟的小说》《第八个是铜像》《我的帐篷里有平安》,长篇小说《案底刺绣》《昔日重来》以及长篇电视连续剧《我们光荣的日子》等。作品曾获得第六届鲁迅文学奖、《人民文学》小说奖、公安部金盾文学奖、第四届《芳草》汉语文学女评委大奖、《十月》诗歌奖、2011年度华文最佳散文奖、《西部》文学奖、《作品》年度小说奖、《诗选刊》2013年年度诗歌奖、两届甘肃省"敦煌文艺一等奖"和"黄河文学一等奖"等。现供职于甘肃日报社,甘肃省作家协会副主席。(摘录自季广平访谈叶舟材料)

二、问题二的回答

改革开放三十年来,甘肃文学取得了长足的进步,涌现出了一批实力派的年轻作家,这是不容置疑的。但局限尤其明显,虽说文学创作并不能由某一级组织掌控,或产生什么应命文学,但年轻的作家们大多是散兵游勇,一片自然自发的状态,自生自灭。不像宁夏、青海(人家现在有吉狄马加)和陕西,对年轻人有扶持政策、优惠待遇……年轻作家苦写、苦读的状况应该得到改善。

三、甘肃文学的优势并不比别的省差,差的是有组织的集团亮相和冲锋,此乃先天不足

(一)我个人的作品大概目录

主要作品一览

《快乐》中篇小说,刊《人民文学》1999年第9期;

《1919年以来的沉默》短篇小说,刊《天涯》2000年第3期;

《我和乃白》短篇小说,刊《作品》2000年第4期;

《国家的敌人》短篇小说,刊《十月》2001年第1期;

《1898年喀什噶尔大事记》中篇小说,刊《十月》2001年第1期;

《马不停蹄的忧伤》中篇小说,刊《人民文学》2001年第1期;

《26粒字母》中篇小说,刊《莽原》2001年第1期;

《伪造者》中篇小说,刊《长城》2002年第4期;

《月光照耀喀什噶尔》中篇小说,刊《红岩》2001年第3期;

《和米欧结婚的几种方法》中篇小说,刊《创作》2001年第1期;

《为四架管风琴而作》中篇小说,刊《清明》2004年第4期;

《风吹来的沙》中篇小说,刊《收获》2003年第5期;

《就这样被你篡改》中篇小说,刊《人民文学》2003年第4期;

《下午的疲倦》短篇小说,刊《山花》2001年第3期;

《告密者及其作者之死》中篇小说,刊《钟山》2004年第4期;

《浑身都是DNA》中篇小说,刊《人民文学》2003年第3期;

《大地上的罪人》中篇小说,刊《中国作家》2004年第5期;

《李东的身份》中篇小说,刊《红岩》2003年第4期;

《来了一个小人》短篇小说,刊《山花》2003年第9期;

《鲜花夜》短篇小说,刊《人民文学》2004年第11期;

《犹在镜中》长篇小说,刊《十月》2005年春季卷长篇专号;

《1974年第的婚礼》短篇,刊《上海文学》2005年第9期;

《丹顶鹤》短篇小说,刊《钟山》2005年第5期;

《每个人的火焰》《蜜蜂经过了兰州》短篇小说,刊《红岩》2005年第2期;

《玻璃碎了》中篇小说，刊《红岩》2005年第6期；

《形容》长篇小说，刊《啄木鸟》2005年第6期；

《形容》(下)长篇小说，刊《十月》2005年第2期长篇专号；

《少年行》中篇小说，刊《青年文学》2006年第3期；

《反回忆录》中篇小说，刊《山花》2006年第2期；

《目击》中篇小说，刊《人民文学》2006年第2期；

《大地的课堂》组诗，刊《花城》2004年第1期；

《边疆》组诗50首，刊《大家》2004年第1期；

《世纪背影——20世纪的隐秘结构》长篇随笔，刊《大家》2001年7月增刊号；

《羊群入城》中篇，刊《人民文学》2008年第8期；

《小说选刊》2008年第9期；

获《人民文学》年度小说奖，入选《2008年度中篇小说经典》；

《两个人的车站》中篇，刊《十月》2008年第6期；

小说集《第八个是铜像》，敦煌文艺出版社1997年出版；

诗集《大敦煌》，敦煌文艺出版社2000年出版；

散文集《花儿——青铜枝下的歌谣》，新疆美术出版社出版；

长篇小说《案底刺绣》，甘肃美术出版社出版；

诗集《边疆诗》，甘肃美术出版社。

(二)2015年7月补充提供材料

2011年度华文最佳散文奖授奖辞

叶舟的《流年记》以一个入世的题目，完成了一篇出世的文章，作品充满灵性，通过对世道的苍凉与飞逝的流年中芸芸众生该如何解脱苦厄问题的追问，替俗世中的自己和众生寻找到了神性的美感和爱意。

小说《大象的墓地》获得“2011年《作品》奖”授奖辞

小说从日常生活的表面，穿刺到精神归宿的内核。一边是在世俗沉浮中的琐屑，一边是对心灵安顿何处的探究，叙事语言在平实与斑斓中变换，游走于世俗与精神的两个维度，展开了一个阔大高远的空间。

“第二届西部文学奖”授奖辞

叶舟的写作向多个维度延展、挺进：诗歌、小说、散文随笔、影视和舞台艺术剧本。从心灵出发的写作，立足于西部伟大的地理背景，从粗粝中提取细微，在野性中捕捉优雅。在温情与尖利、颂赞与浅唱之间，在诗歌通透的抒情性和小说艺术的娴熟掌控以及瞬间的戏剧化之间，叶舟总是声东击西，并且游刃有余。诗剧《燃情岁月》以梦幻般的诗性语言讲述了发现敦煌藏经洞百年后亲历者们回到旧地寻梦的传奇故事，以多样的艺术表现手段（如梦境、穿越、民歌等），勾勒出世人对发现敦煌藏经洞及敦煌学兴起这一现象的复杂心态，传递出博大的人文情怀和发人深省的心灵拷问。全剧是复调的、多声部的，节奏铿锵，语言精美，气韵酣畅，包含着历史的、想象的新视角，文本的光芒无愧于东方宝窟——敦煌。

天铎诗歌奖评语

叶舟像卡夫卡小说中的土地测量员，用语词来测量丝绸之路的地形——人文概貌。K无法实现他的职业任命，因为他连自己所要完成测量目标的“城堡”也进不去。叶舟是幸运的，他一直就在那个“城堡”中心。叶舟深谙诗歌的秘密：即以语词的力量贯通古今历史，跃然人性。他发现了敦煌这个具有永恒意义的象征，他发现语词的结构，与地理结构和生命的基本结构密不可分。环绕敦煌，他连接起广阔的西域地界乃至整个世界，包括生活场域、历史、人类文化、宗教精神，建构起自己的诗歌系统，词的建筑形貌、词的敦煌、词的诗歌地形学统御一切，容纳无尽的生死循环的演绎。叶舟诗歌是杂糅的，他将古风、民谣、口头说唱和民间俚语都纳入现代诗的表现中，语境和音韵发挥了特别的作用。当然，他更是神情专注的，时常达到忘我的状态，并体验到类似修行者所经验到的喜悦，或某种超越的感觉。

《诗选刊》2013年年度诗歌奖——颁奖词

叶舟的创作是一种灵魂和语言的探秘，这既是对当下诗歌灵魂的呼唤，也体现了一种本真的诗歌理想。其语言放任、孤立、高蹈，想象天马行空，神秘而透明。他心中充满灵性和智性的边疆，他画地为牢，用属于他的文字重新建筑纸上的风景和城邦。让我们没有理由否认，对文字有洁癖的他精心构建的自己的敦煌，那是一个涵括秘密命运的疆域，是他一直苦心经营的属于他自己的文字王国。

第六届鲁讯文学奖短篇小说奖授奖词

《我的帐篷里有平安》从尊者六世达赖的少年侍僧仁青的视角，通过对一个佛赐的机缘的巧妙叙述，书写了众生对于平安喜乐的向往和祈求。叶舟举重若轻，在惊愕中写安详，在喧嚣中写静谧，在帐篷中写无边人间，在尘世中写令人肃然的恩典，对高原风物的细致描摹和对人物心灵的精妙刻画相得益彰。小说的叙述 灵动机敏，智趣盎然，诗意丰沛，同时又庄严热烈，盛大广阔，洋溢着赤子般的情怀和奔马雄鹰般的气概。

第四届《芳草》汉语文学“女评委”大奖授奖词

叶舟的长诗《陪护笔记——给母亲》(2013年第3期)关注个体生命的尊严与痛楚，人文视野宏阔瑰丽，既凝视在历史深处舍身搏斗的命运，又聚焦于人间气象和生活诗性。用精准的叙事和绝对的抒情，书写了两代人的心灵史，并建立起一个结构独特奇异、内涵磅礴的现代汉语诗歌世界。

获奖感言　致青铜大地

叶　舟

我已经爽约三次了。再继续下去，我发誓，我会面目狰狞的。

去安多藏区，去甘南草原，去海拔两千甚至四五千米，去叩问天地，膜拜自然，顺便再探望你一下。这个愿望由来已久，但每每食言。第一次，杨先生在深夜发来短信，说给你准备了军大衣和靴子，明早出发，盼。那一年杨先生六十六岁。第二次，杨先生从天津赶来，他的脚伤刚刚痊愈，说带你去黄河的上上游，天下第一弯吧。那一年杨先生六十七岁。前不久，杨先生又当面对我说，去扎尕那吧，位子留给你了。今年，杨先生顺理成章的六十八岁。每次答应了他，我都会第一时间告诉你，却又没了下文。

对了，杨先生大名杨显惠，一个靠文字吃饭的作家。他带着六个心脏支架，继续在写他的《甘南纪事》。我能想象得到，一进入巨石般的青藏高地，他就变了一个人似的，像一匹雪豹看见了自己的海拔与战场，而在这个时代，雪豹几乎快成了一种传说。这个年轻的老头用一双脚告诉了我，什么是热爱，什么叫青春，那片黑色的大地为什么要用身体去丈量。

可我对他还保守着一个小秘密,那就是去探望你。

你是我在草原深处的一个小亲戚。你是我的藏族弟弟。你以前是佛爷座下的一个小侍僧,后来走出了寺门,进入了红尘。那一年,贡唐佛爷在桑科草原上举行时轮金刚大法会,你用一个晴朗的微笑认出了我,仿佛我们前世有缘,今生再见。草原上毡帐如云,法号嘹亮,你带我走进了一顶洁白的帐篷,给我酥油茶,给我藏包,让天籁般的法音灌溉了我。十几年来,你我身处两端,但彼此挂念。偶尔,你莅临兰州,我们在黄河边醉酒,在晚霞中漫唱,在深夜的长街上找不见马,看不见星星和帐篷,迷失了方向。而今,贡唐佛爷乘愿归来,他的转世灵童也已长大,法相庄严,眉清目秀。是的,你教我歌谣,你寄给我大量的书籍,你纠正我,你嘲讽我,你也肯定我。我身上所有关于青藏大地的知识,几乎都是你告诉我的。——有一天,我梦见过你,于是劈空结撰,将你写成了一篇小说:《我的帐篷里有平安》。

8月11日下午,我正在家里浇花,忽然来了通知,说这篇小说获了奖。

我有点儿慌乱,忙趴在窗子上,目光翻山越岭,眺望着兰州以南的那一片草原。天凉了,秋草开始慢慢发黄,草原上的穷亲戚们过完了雪顿节,就要进入白色的冬季了。我给你和杨先生都发去了短信,告知了这个消息。转瞬,杨先生回复说:我在(扎尕那)业日村,祝贺,佛爷摸了你的顶!这时,你的电话也迅速追来了,嬉皮笑脸地说:

“呵呵,你一定被佛爷摸了顶!鲁迅也摸了你的顶!”

我诧异:“你也知道鲁迅先生?”

“不光鲁迅,我还知道茨维塔耶娃呢。我给你背她的诗!”你说。

想起来了。那一年夏天,我和你在兰州东方红广场的一家文艺酒吧里烂醉如泥,你居然在书架上翻到了一本茨维塔耶娃的诗集,要求给大家免费朗诵。我明白,你过目成诵,你有这个能耐,那都是很久以前,你在寺里习经时练就的本事。对了,那家酒吧叫“我的天堂”。没等我拒绝,你就脱口而出了:

不久之后,秋天就要来了
我们将走在
往日,不曾走过的路上。

广漠的包浆

叶　舟

那年给新疆写一部音乐剧，甲方的领导体恤我，也为了提升我的斗志，在饭桌上捧出一块羊脂玉，众目睽睽之下戴在了我的颈项上。玉观音，法相庄严，慈眉善目，玲珑剔透，绝对是上品。我粗手陋脚惯了，刚开始很不习惯，尤其是早上戴时，皮肤会激灵一下，那一点“冰凉”击穿全身，令我警醒，遂一扫夜里的倦怠。后来渐渐惯了，似乎玉观音会发光发热，让我整天罩在它的辉光里，成了我身体的一部分，装饰了我。

不巧的是，这个秘密被发现了。一个朋友专做佛珠手链的生意，还在淘宝上开了一家店，买卖红火，顺丰的快递员几乎成了他的伙计，天天发一大堆货，卡上的数字直线上升，像一辆失控的赛车。他捧着玉观音，逼视我说，这是个老物件呀，啧啧，你瞧这包浆，像胎里带来的。——这是我第一次听说“包浆”。这个词在我的词典里遍寻不见，不免起了好奇心。朋友醍醐灌顶地开示说，就这一层皮壳，你的油和汗，你的摩擦和把玩，让它有了旧气息，这才是值钱的地方。

我不以为然，当场翻箱倒柜，找出一串佛珠来炫耀。朋友见状，差不多快下跪了，就差山呼万岁。朋友说，这佛珠上的包浆太有年成了，盘得精细，把得认真，没几十年的工夫到不了这番品相。我坦言说，这是许多年前去拉卜楞寺采访时，一位大德高僧相赠的，他脱缁许久了，尚未转世，这是个纪念吧。朋友爱不释手，说冲着这一层包浆，我豁出去了，你开个价吧。见他如此欢喜，果如一位有缘人，我也没废话，像当初自己受赠时那样，径自戴在了他的脖子上，免费。

很快，这一串黑乎乎、油光光的佛珠就成了朋友的镇店之宝，他的微信和微博主页上，皆是佛珠的倩影，买卖也空前了起来，成了圈内人历久弥新的一个话题，传奇，神秘，不足与外人道哉。其实，我作为当事人明白，他爱的是那一层包浆，却并不是佛珠本身的蕴意。

这些年，佛珠和手链打开山门，洗净铅华，素面朝天地走入了寻常百姓当中。它不再是宗教与信仰的一部分，也不再是念想和膜拜的一部分，甚至也不再是冥思或功课的一部分。它成了一种装饰品，一种谈资，一种商品与利润,一种人际交往的媒介。在公交车上,我发现那些森林般举起的胳膊上,人手一串,色彩斑斓;在会议当中,我看见很多人埋下头去,用各种搓澡巾使劲地搓揉,一边哈气,一边把玩,嗡嗡嘤嘤的;在各种饭局上,佛珠和手链是最正大光明的话题,它能确立你的品位、身份和道德……但诸位的中心思想只有一个:包浆!

是的,包浆。由此,包浆成了这个时代的隐喻之一。

经济触角的无孔不入,经济铲车的摧枯拉朽,已经渐渐剥夺了人们思考和阅读的能力,也慢慢锈蚀了众人冥想与眺望的姿势,更肢解了我们感受或歌哭的本能。我们衣来伸手,饭来张口,吃着垃圾食品,饮着心灵鸡汤,在碎片化、泡沫化的长河里随波逐流,一意孤行。——渐渐地,我和你,我们的身心上孵出了一层透明的薄膜,它可能无毒无害,它也可能带有一丝甜头,将我们包裹,让我们蜷曲起来,粘连起来,乐而忘忧,仿佛蝌蚪孵化前的那一种温床。无疑,这是人的包浆、思想的包浆,一切都在唾面自干。

人被盘,人被把玩,于是乎生出了一层锈迹的苍苔,令你我动弹不得,原地打滑。

但文学不能如此。文学的使命之一,就是退出这种机械式的盘玩,退出戏谑和犬儒,退出那一根绳结的束缚,历数每一颗珠子的前尘往事,道出真相,把全世界的耳朵都喊醒。

文学也不该如此。文学的道义之一,在于荷担责任和勇气,菩萨心、霹雳手,让自己变成一枚尖锐之针,刺破那一层虚妄的薄膜和外衣,怒放,兀立,长啸,孤身犯险地漫唱一回。

文学必定如此。文学的归途之一,就是用自己的逻辑和供养,舍身饲虎,将“包浆”这个词一再擦亮,还原本义,让它缓慢地呈现出时间的重量,内心的摩挲,以及生活本身古老的光泽。是的,这里面含有一种难以言说的感恩与叩首。

非名山不留僧住,是真佛只说家常。

另外,我还记得那一句谚语:不要玩熟了我们手中的鸟!

（原载《人民日报》2015年1月6日）

《漫山遍野的今天》访谈

【采访】《兰州晨报》

【受访】叶舟

晨报:《漫山遍野的今天》这个书名很特别,冥冥中你在向一些逝去的事物致敬?谈谈你这样命名的缘由。

叶舟:在我看来,“今天”是一个动词,每一天、每一时辰、每一刹那都是当下,都是活色生香的,构成了我们宿命的将来和命运的经纬。漫山遍野就是经纬。你说得不错,这是我用文字致敬的方式之一,对成长、心灵、人、岁月与生活。这本集子里的文章跨度很大,从1990年代初开始,迄今还在写,大多发表在《人民文学》《十月》《天涯》等杂志上,还获得了“年度华文最佳散文奖”。刚开始遴选时,书名叫《流年记》,被我推翻了,我觉得太老气横秋,也太指手画脚了。我只想致敬,对着滚滚而逝的时间。

《晨报》:在这本散文集中,你对一些词语运用频繁:酒、鹰、青铜、刀子、羊群、麇集……有诗意的指向又不失其及物性。感觉还是有诗歌这碗酒垫底,你这样认为吗?

叶舟:其实,每个写作者都有自己的一部词汇表。这些词汇是他的密码和DNA,是他的口音与长相。谁拎着这些词来指认我,说就是你小子,你赶紧招了吧。我觉得他就像我的一个亲人,能从茫茫人海里认出我,领我回家……我感谢诗歌,它让我的文字有了青铜的骨骼,有了别样的角度和伦理,有了自己的美与逻辑。好像木心先生也说过类似的话。他说,我一生忍受下来,就是诗人的底色。我想,底色就是你说的这碗酒吧。

《晨报》:这个集子归类在“西部散文系列”。有没有觉得这种划分将你的写作窄化了?

叶舟:丛书的名字或许是发行策略吧,我不能评价,但我并不觉得是对我们几位作者的窄化。……因为,当所有的人朝一个方向走的时候,那条路可能是错的。窄的门,恰恰有诱惑,老天爷也不会将天机和秘密搁在广场上兜售,况且我也绝不是一个随大流的人。再说了,西部不是一扇门,它是上帝的豪华客厅,是爱与哀愁的故乡,是生死场,就看你有没有一张他老人家亲自签发的请柬。

《晨报》:《写照片》结尾收束得意外,戛然而止。分享一下你的散文经验。

叶舟:《写照片》是我用心写给父母的,带着一个普通家庭的隐秘和欢乐,带着儿子的爱,却又公开发表在《人民文学》的“非虚构”栏目里,还被多次转载。这似乎挺矛盾的,但我只想让老人高兴,所以在结尾处戛然停下了。……比起小说、诗和剧本来,我的散文的量很少,所以我只有写作的心得,而无散文的经验。

《晨报》:你的诗文中普遍葆有一种激情甚至豪情,你是如何保持其新鲜的?

叶舟:……我想,这应该是阅读吧。第一,用眼睛阅读经典,其二,用双脚去阅读大地,就像凯鲁亚克那帮美国老帅哥们说的:永远年轻,永远热泪盈眶……

(刊载于2014年1月25日《晨报·阅读周刊》)

爱与信仰:诗意地坚守

——和叶舟的对话

吴梦寒

“究竟,走过多少北方,才能在内心,攒下一座虔敬的教堂。”

——叶舟《走过多少北方》

叶舟一天的写作,是从一杯茶开始的。他说,茶喝“透”了,就能动笔了。这个时候,心是安静的。叶舟的工作室,就在《兰州晨报》601的斗室,他所有的作品都在这间办公室里完成。他的写作,始终是一片浩瀚而独特的风景。

“我写爱和信仰,坚持和守护。这是人类和艺术的母题,也好比是人生的一根钉子,让灵魂挂起来,有所皈依,精神有所安顿,让你不再是漂浮的。我觉得现在的社会需要这个。艺术家的使命,就在于传播这个。”叶舟说。

叶舟刚刚获得鲁迅文学奖的《我的帐篷里有平安》,就是这样一篇小说,它讲述了一个关于爱和信仰、祈祷与救赎的故事。

这次获奖,叶舟认为这是对自己的肯定,说明路没走错,没跑偏。

记者:你的很多文字都和西部有关。

叶舟:对,《羊群入城》《姊黄的河流》《大敦煌》《边疆诗》《青海湖》《有多少鸽子飞过新疆》《走过多少北方》等等。西部的文化,为我提供了丰沛的营养。

印象最深的,是1991年第一次到西藏。那时,我们坐着破吉普车,一寸一寸地爬上了雪域高原。藏地的自然、历史、文化,所有的一切都是浩瀚的、新鲜的、灿烂的,雪崩一样向我砸过来,是我从来都没有见过的。我只管饥饿地汲取,以至有点'消化不良'。后来,用了很多年才把这些东西消化掉。那时候的青藏高原和现在不一样,它古老而神秘,破旧而神圣,一切都鲜为人知。

我们在西藏待了整整一个月。去的时候,正是西藏的雨季,唐古拉山口和那曲一带的草青青的,回来的时候秋草黄了。

叶舟说"秋草黄了"的时候,缓缓地,仿佛是朗诵着一首诗,悠缓深沉的调子下潜伏着内敛的激情,一如他的文字。

记者:《我的帐篷里有平安》是一种怎样的叙事?

叶舟:这是我第一次跟人讲它。这个短篇,是从我当时(三年前)创作的长篇小说《仓央嘉措》中抽出来的一个相对完整的片段。因为,这些年仓央嘉措是一个时髦的符号,各种出版物对仓央嘉措的误读很多。我查阅过很多的资料,渐渐地,心中有了一个清晰的轮廓,一个故事。前年我开始动了笔,想写出我自己心中的仓央嘉措。当时写到了二十七万多字,距离我构思的四十万字还有一小半,却因为别的写作任务搁浅了。

短篇小说《我的帐篷里有平安》,就截取了仓央嘉措和侍僧仁青在拉萨的一个奇妙夜晚的生活片段。在三百年前拉萨热闹的夜色中,易装混迹其中的仓央嘉措带着十七岁的小侍僧,来到八廓的坊间。在纷乱的江湖,这位达赖喇嘛和来自四面八方的奇才异士聚首论道,意欲寻找世间的大智慧。他舍得用上一世传下来的纯金法器金刚杵,换取一个偶遇机缘里的知识。而侍僧仁青在被"绑架"之后,戏剧性地一夜成佛。

这个故事讲述的,是"朝闻道夕死可矣"的求索;对知识、对信仰、对道义、对价值的执着追求。在这个故事里,叶舟一如既往执着地传递着温暖——宗教的、道义的、爱的、生活的、人性的。

叶舟:写这部小说的时候,我和他们(主人公仓央嘉措、仁青等)生活在一起,每天对话、交流。他们的求索、喜悦、痛苦、纠结,甚至小喇嘛的调皮捣蛋,都在我的眼皮子底下。他们就是我的亲人。每天早上,他们叫醒我,督促我去完成这个故事。

在叶舟的笔下,仓央嘉措,是万民敬仰的高贵法王,而不是被讹传、被误读的混迹江湖的浪子情种。他的歌谣,是度人济世的道歌,而不是艳丽缠绵的情歌。

叶舟:你可以不信哪一门宗教,但你的内心一定要有宗教感。你注意,我说的不是宗教,是宗教感。这是有巨大区别的。

记者:在心里安放一座庙宇,或者说精神的殿堂?

叶舟:对,我写过'天空是我的粮仓',这里我讲的是心灵的海拔与高度。无论怎样,你一定要相信,这个世界上总有一种力量战无不胜,有一种东西值得去坚持和守护。比如爱、信仰、希望、梦想、平安。

记者:怎样的坚守呢?

叶舟:一边搏斗,一边和解。我有两个世界,一个是现实世界,一个是文学里的隐秘世界,如同镜像的重合与分离。这两个世界,我都爱,我和它们水乳交融。黑夜属于诗歌和冥想,而白天属于小说和生活。我用文字,试图寻找一扇通往内心的隐秘的门。

"在地为马,在天为鹰。"人们这样说他。在李敬泽的笔下,他是那个"十步杀一人,千里不留行"的少年。在张承志的笔下,他是"叛逆的鲜血,而它恰恰是大西北骨子里的精神。"在沈苇的笔下,他是"激情澎湃、技艺百出的凌厉才子,是精神上的堂吉诃德。"在徐坤笔下,他刚硬,而又翩翩。

在我看来,叶舟左手写诗,右手写小说,他冷静凌厉又浪漫多情,温和柔软又狂傲狷介,汪洋恣肆又含蓄隐忍,他用盎然的诗意来写小说,也用小说来感悟人生。……白天与黑夜,生活的两极,诸多的矛盾使得他身上有一股张力。叶舟一直试图与生活和解,但他的文字最终执着地没能达成和解。

《西部》杂志访谈

一、叶舟老师和龚静染老师都是“双栖作家”——诗歌、小说双管齐下。每天从睡眠中醒来，你们首先意识到自己是诗人还是小说家？如何在小说和诗歌这两种文体间进行思维转换？小说和诗歌有什么内在的隐秘联系？

叶舟：坦白讲，“×栖作家”或许是评论家为了言说的方便使用的概念吧，我个人在具体的写作中并没有这样的分心，比如暗示自己“下面是诗歌时间”，或者说“下面是小说时间”，小子，你要井水不犯河水！同样的道理，没有哪个人从天光中醒来，先确定自己的性别身份，是男？还是女？更不可能去揣摩自己小说家或诗人的角色，他（她）只是作为一个人醒来了，感谢上天，又来到了新的一日。这是生命的赐予，恩重如山。

我尝试过很多的文体，诗歌、小说、散文、随笔、影视剧剧本、音乐剧、诗剧，还包括报纸的社论和发刊词什么的。我喜欢那种拆除了一切樊篱的写作，在其中“交叉跑动”，把小说写得太像小说，把诗歌写得太像诗歌，恐怕也是一种局限，一种作茧自缚。

要说小说和诗歌之间有什么内在的隐秘联系，我觉得应该是“一种最高的诗意”，即对待生命的敬意，对万物生长的膜拜，对一切恩养的报答之心。

现在把话筒交给龚静染，听他的高见！

龚静染：我想，作为写作者，诗人和小说家最根本的区别可能是语言状态的不同，而不是身份，或者文体的差别。当我面对心中涌动的东西的时候，写作是自然流出的，是自觉的；至于会产生什么样的文字，一切听从内心的指引和神的旨意。

实际上，我从来没有想过什么时候写诗什么时候写小说，好像也没有两种文体转换间的纠结。人的大脑是个巨大的储存器，记忆和经验被激活的一瞬间，语言迅速合成，就会做出“诗的”或者“小说的”判断，这也许就是写作最神秘的地方。要说诗和小说在文体上的差别，我觉得诗人有点像银匠，小说家更像是铁匠，他们面对的材料和工艺是可能有点区别，但我相信，他们对写作的等待是一样的。

关于人的真实存在，这是在诗或小说之外的。每天清晨起来，我想到的是自己还活着，其实连这点我都很少想过，所以我更不会想到自己是诗人或者小说家了。身份的确认往往是在写作完成之后，身份是文本意义的；而写作的开始是被唤醒的，唤醒你的可能是一列火车、一头牛或者一只小鸟。我更多想的是，它们将如何来到我的文字中。

二、“诗人小说”与“小说家小说”有本质的区别吗？诗人对语言十分讲究，总是精益求精，甚至有“语言洁癖”，“诗人小说”的特点和魅力何在？

叶舟：一部《旧约》，你既可以将它看成是伟大的散文，也可以看成是一首史诗，同样能读出小说的脉络与筋骨。博尔赫斯的诗歌与小说，在我看来也是界限模糊，互为表里，没有什么本质的区别。

诗歌是一种绽放的花朵，刹那间的产物，貌似没有道理，呈现，劈头盖脸的和盘托出。而小说必须述说它在绽放之际的层次、逻辑、内部的韵律，甚至包括它的痉挛、哽咽和溃烂，找出它的源头、经脉与前世今生。——在这个过程中，对结构的讲究和挑剔，对语言的洁癖，应该是一种肃然和敬畏使然。

龚静染：我不认为“诗人小说”与“小说家小说”有本质的区别。诗人也好，小说家也好，在小说写作时都需要有对语言的思考。但诗人视语言如钻石，唯美、精湛、凌空蹈虚，小说也因此获得了一些独特的韵味和视角。世界上就有不少作家都曾经尝试过诗与小说的融合，如以色列作家奥兹的《一样的海》。

但小说的核心还是人物和故事，小说的风格可以呈现一种语言态度，比如沈从文的《边城》、萧红的《呼兰河传》等就可视作诗性小说，他们虽然不是诗人，但他们小说中的语言有诗的趣味，有抒情气质，在叙事中永远蒸腾着清远、飘逸、优美的气息。我想这也是人们对“诗人小说”的一种期待吧。

三、中篇小说《民国少年》讲述了在抗日战争背景下的一段“民国往事”，写出了一群裹挟于、碾压于历史车轮之下的和盐有关的小人物们的命运，或许他们才是历史中最坚硬的部分。《苏东坡和他的朋友们》则凭空设色，回到更遥远的北宋，讲述了苏东坡被贬黄州的一段“种诗”的传说故事。两篇小说都是历史题材，两位老师如何看待历史重述和历史想象？

叶舟：这个短篇小说完全是一种想象，一次劈空结撰。2013年6月在湖北黄冈采风时，我第一次知道“东坡居士”这一伟大的称谓，是苏轼流放当地时被命名的，由此入列青史，为后人仰望。而恰恰是在那一时期，东坡先生创作出了赤壁二赋等著名篇什，抵达了他文学生涯的另一个尖峰时刻。那一刻，我就有了企图心，想用一篇文字来探究东坡居士的这一心理。须要说明的是，《苏东坡和他的朋友们》这个名字借自诗人李亚伟早期的一首诗作标题，我想呈现诗人们身上那种共有的好奇心和恶作剧。

文中，那个木讷的小叶就是我本人，修文则有小说家李修文的影子。我和他结伴去了北宋年间，到了黄州城东门外那一片荒凉的坡地，向东坡居士取经。——历史重述或历史想象，就在于你提灯夜行，穿州走府，忽然踅进了一条歧路，找见了那一座尘封的庙——

于是吃茶。

于是晒经。

龚静染：时空的距离感对我有很深的诱惑。在写作《民国少年》的时候，我常常有一种要走进那些消失的人物中间的冲动，我常常觉得他们不是故人，不是冰冷的名字，他们就在我的身边，音容笑貌仍然温热如新。

过去看黄仁宇的《万历十五年》，深深震撼于一个历史学家用了文学性的叙事来完成对历史细节的还原。黄仁宇是迷恋文学的，不然他就不会去写长篇历史小说《汴京残梦》和《长沙白茉莉》了。我在想，长期专注于历史研究的人大多有学院派的刻板，但是他花了长时间去写小说，说明文学在捕捉逝去时空的人物与命运时有其独特的呈现，是严谨的历史考据不能替代的。后来我又看过史景迁的《王氏之死》等系列作品，同样看到了历史学家在文学中寻找到了叙事技巧，可以说文学是他们修复、解读历史图像的绝好工具。反过来，历史是文学的无尽的宝库，史学家的视野也是文学的方向，作家要有对历史的真正洞察，才会获得文学的自由飞翔。

四、龚静染老师2014年刚刚出版了长篇小说《浮华如盐》，讲述了抗战初期四川盐商的故事。2013年的诺贝尔文学奖得主帕特里克·莫迪亚诺也写了大量以第二次世界大战为背景的小说，运用回忆和想象把现实和虚构结合起来，讲述普通人的生活。几年前，叶舟老师写汶川地震的诗作《祖国在上》流传甚广。如何理解战争、地震等天灾人祸中的人类存在？

叶舟：我宁愿没有这一首诗，也不愿看见灾难发生，哪怕是最微小的伤害。

但灾难的确来了，排山倒海，地动山摇。我在兰州，甘肃也是灾区，除了救助、个人捐款、做新闻报道之外，我还和其他的诗人们一起用赈灾晚会的形式,给灾区募集了十几万的善款。《祖国在上》这首诗就是给晚会写的,后来央视拿走了,所有的频道都在播出由康辉和欧阳夏丹朗诵的视频,放大了它。

我想说,它只是一份祈祷词,一首度亡经。

龚静染:2008年5月12日那天,我正在成都的一幢高楼上,地震来的时候,大楼像狂风中的树一样左右摇晃,我听见钢筋快要折断的声音。那一刻,我感到了彻底的绝望。很多人说,如果再摇半分钟,成都可能就完蛋了,但我们侥幸活了下来,虽然对于那些亡者,这侥幸显得非常不公平和残忍!也就是在那个时候,我想写一个有力量的东西,在大灾难面前可以站立得起来的东西,但可惜这永远是徒劳的。因为生命极其脆弱,恐惧和不安永远会伴随着人类,我们的文字无法摆脱苦难的纠缠。

现在我仍然住在一幢高楼上,那些来自断裂带上的大小地震经常都会骚扰着我们的神经。有时候是在白天,有时是在深夜,有时感觉得到,有时完全不知晓,地震和一个城市,地震和个人好像已经浑然一体。但这并不代表我在灾难面前不再惊慌失措,相反我会想起生命中的一个个侥幸,正是那些侥幸拯救了我们,是它让我们绕过了灾难的降临。所以,我要更多地写那些不幸的人们,在恐惧与挣扎面前,幸存也是卑微的,但也许只有卑微的文字才能与灾难坦诚相见。

五、在西部写作,如何理解文学与地域的关系?对地域性的过度沉迷是否意味就是"地域寄生"?文学又如何超越地域性?

叶舟:我喜欢"沉迷"这个词,如果它代表着独执己念、一意孤行的话。

问题在于,这多少年来,我只是丝绸之路上的一个过客,青藏高地上的一个叩问者,天山南北的一个抒情者,黄土高坡上的一个守望者,黄河上游的一个漂泊者……我的沉迷不仅不过度,其实才刚刚发生。我盼望有一枚上帝的钉子,能将我的祈祷和文字挂起来,让我笼盖四野,长风浩荡。

希腊谚语说,不要在岸上相信一名水手。——但愿在西北这一片辽阔的旱海里,放下我的名字,让我引舟如叶,一帆远去!

龚静染:每个作家都有自己熟悉的生活,是生活给了写作的理由。我从小生活在一个产盐巴的地方,天天看到的都是井架、枧管,闻到的是浓郁的盐卤的气息,这种影响是潜移默化的,也是巨大的。但这些东西变成文字的时候,它会带来更深的思考,我会去追寻那些已经远去的背影,也会去思索盐作为一种物质同生命的关联。

川南家乡和童年的生活是我最早认识的世界，也是唯一真实的世界，当然更是我的故事需要的土壤，所以我很难走出这样的“地域性”。正如种子是不能超越土地的一样，我也不能超越自己熟悉的那点生活，写作毕竟是件须要老老实实去干的事情。

“我对一只船街道是有诺言的”

姜广平

导　语

叶舟“左手诗歌，右手小说”，谓写作的初心就是“穿州走府，提灯还家”，叶舟喜欢那种拆除了一切樊篱，没有了个人禁锢和畏惧的写作。很多时候，叶舟只想写好兰州城里的一条叫“一只船”的小街。叶舟显然在构建自己的文学西部，“自嫌诗少幽燕气，故作冰天跃马行”。幸运的是，像集中营、纳粹、施洗、忏悔与拯救这类世界文学的“热词”已经在叶舟这样的作家笔下出现。其诗歌，叶舟谓，是为了让小说飞起来。叶舟拥有冷酷的观察力，笔力雄健，足以面对人性的黑暗与生存的真相——背叛、出卖、欺骗、陷害、利用，也足以面对底层的蒙昧与残忍。本质上，他是孤独的怀疑论者。

在他的眼中，所有人其实都一样，不自知地上演着同样的人生戏剧。因此，他诸多的中短篇小说中的人物名字是重复的，这种等量齐观一视同仁的人性观使他的叙事升华为冷酷的哲理。——叶舟能够驾驭各种题材和人物，语言凝练劲健，叙事波谲云诡，是后劲十足、不可多得的小说奇才。叶舟无疑已经成为中国当代文坛的一个重要作家。

一

姜广平（以下简称姜）：让我们再一次从诗歌说起吧！我已经与很多由诗歌而小说的作家们聊过了。2013年，你还为母亲写了一首八百多行的长诗《陪护笔记》。看来，你写小说时没有忘了写诗，写诗的时候，同时又在写小说。这样的写作方式与体验，应该是你非常享受的吧？

叶舟（以下简称叶）：“左手诗歌，右手小说”，这是一些评论家经常对我的概括。这里面有善意的情分，但也有偷懒的嫌疑，好像在说你小子越界了，你多吃多占，你不能被一个固定的说法来框定，你没有从一而终，等着瞧吧，你两头不讨好。看见这样的话，我常有一种暗喜，觉得球还在我的脚下。

我是写诗出身的，诗歌更像我的户籍和身份证。后来时间富裕，环境宽松，我又开始了小说创作，但在长期的小说写作的过程中，我没忘记诗歌对我的恩养，对我的语言的训练。我每年都会发表几组诗，更多的却埋在电脑里。打个比喻吧，小说写作就像我去塔尔寺的围墙外转经，苦行，漫长，一圈又一圈的，但这并不妨碍我中途停下来，看看经幢，望望天上的经幡，辨识一些墙上的吉祥八宝。停下来的过程，则是诗歌。

长诗《陪护笔记》属于一个例外。你可以拿它当小说看，也可以当诗歌读。我以前写诗都很快，抒情性强，也短，很少修改。家母在2010年中风后，我和弟弟妹妹昼夜陪护在病床前。长夜漫漫，我一边照料着她，一边用诗歌来对付心里的煎熬，断断续续构思出了这么一个文本，一个痛苦的、不堪回首的作品。好在她现在站了起来，半身休眠，半身清醒，我宁愿相信是这个作品祷告的结果吧。

姜：看来，写作不能仅仅用享受这个词来界定。写作就是写作，这是一个作家的宿命。

叶：用我的诗集《大敦煌》里面的句子说，写作的初心就是"穿州走府，提灯还家"，这个过程应该是一种享受，忐忑的，近乡情怯的，企及核心的，往事斑斑的……但论及写作本身的话，则是一种职业态度和长期的训练，须要沉浸其中，须臾不敢懈怠。

我觉得，作家的宿命就在于，你一旦开始了，就永远没有技成出徒、花落莲出的那一天。你得围着那一座心中的"寺"持续地转经下去，道成肉身。

姜：你近年又开始写戏剧了。而且，我发现，你将剧本定位于一只通俗的风筝，当然，绳子是在你手中的。你说你手中有四根绳。你于文学诸种体裁全都抓住了。看来，你的文学野心不小。

叶：这与野心不搭界，主要因为我好奇心十足。

2012年冬天，我和制片人跑到北京香山脚下，和邹静之老师一起喝酒吃肉。翻过年，《一代宗师》就要公映了，但听说王家卫还在改改改，半夜里，作为编剧的他经常被电话吵醒，几位高手就某一个细节频频过招。当时，静之老师讲起这些时，脸上有一种迷醉的光辉，好似一位喇嘛在诵经，这让我羡慕不已，心驰神往。

结果2013年秋季，我的一部戏开拍了，我就想证悟一下那种感觉。我和演员们离群索居在北京门头沟的大山深处，我得讲这个本子，讲主要人物的设计，讲剧中的那个斑驳年代……我想说的是一个作家呈现在纸面上的叙事，如何起了神秘的化学反应，被一个上百人的团队演绎在了镜头中。这种化学反应，严重满足了我的好奇心，让我乐此不疲。

可我也没昏厥，我清楚地知道，在国内，编剧只是这一条产业链中的一环，而且是低端的一环，你得学会妥协，得和解，得隐忍。剧本写作只是我在小说、诗歌和散文之余，偷偷溜出去放飞的一只风筝。在兰州，放风筝一般在春天，一元复始，放只是一个形式，主要的目的是望气，还有采气……

姜：从我本身讲，我非常赞同费振钟的说法，一个做文学评论的人，千万别做成文体评论家。这样一来，我觉得，一个作家，也千万别只做一种文体。真正的作家，应该不只是单纯的散文家，或单纯的小说家。因而，你的这种创作状态，我觉得非常好。西方那些大作家，大多数也都是这样的状态。

叶：我喜欢那种拆除一切樊篱，没有了个人禁锢和畏惧的写作，这是开放式的。敦煌莫高窟里的那些无名画工，不仅是画家，还是矿物学家（用矿物调色）、书家、雕塑家、佛学家、民俗家、流水账记录者、风水大师、算命人、农家、气候学家、巫师……身兼数职，斑斓多彩。他们在历史上无名无姓，但那种创作状态，那种天高皇帝远的自信，那种毫无禁锢，让人心向往之。

姜：不过，诗人是不一样的。只要有诗人这样一个徽号，便可以无上尊荣了。诗要通灵，诗人近乎神。不知你如何看？

叶：呵呵，通灵的那叫诗神，在语言里安身立命的才是诗人。

另外，我不觉得诗人是一个“徽号”，也没有什么“不一样的”。——如果诗是一座语言的庙宇，那么诗人的使命就是砍柴、挑水、念经，再念经、再挑水、再砍柴。这是一种证悟的道路，也是一种保持“蛙皮湿润”的方式吧（罗伯特·勃莱语）。

姜：你肯定也注意到我的意思了，诗歌走向神圣，小说走向世俗。在这两极之间，你如何平衡与把握呢？“彻底拆除了写作藩篱”固然有一种写作的快感，但是，这种过程对一个作家而言，可能也是非常艰难的。像“午夜入城的羊群/迎着刀子/走向肉铺”，这种诗性的句子，可能很难在小说里到处开花。我自己写过一些小说，读了太多的小说，我知道，有时候，很多作家敷衍出一篇小说，完全是因为一句话。这样的例子太多了。我们可以说这是一句关键的话，是一句深刻的话，是一句作家必须要向世界说出的话。我的意思是，这样的句子,需要很多句子为它做出铺垫、支撑与烘托,这一句才真正能够出人头地,来到读者的面前。

叶:我同意你的见地,你的话也像剥洋葱。

史必坐实,诗可凿空,小说却是一种劈空结撰,它当然需要一根快感无限的脊椎骨统摄其中,让文本若一根标枪一样挺立。我无法想象那种诗性皆无的小说,无论这种诗性来自语言、结构、标题,还是别的什么。诗性是一种内部的韵律和气息,也是一种笃信,或放射,或沉潜,犹如生命当中的"盐"。

我承认,刚开始时会很难,但经过长期的训练,你会摸准脉搏的。

姜:所以,我一直认为,诗歌,可以让每一句都这样放射着诗性的光荣,但在小说里,却又必须有足够的内敛的力量。这一放射一内敛,其实还是挺为难作家的。因为写作完全是反着来的,寻找到一句诗句,可能远远困难于寻找到一句小说中的叙事方式。不知道我这样理解是否妥当。

叶:还是打个比方吧。在格鲁派的寺院里,不管喇嘛们闭关、诵经、冥思,还是在院子里脸红脖子粗的公开辩经,其实都在找寻那一个"带电的"句子,一击而中,求得证悟。辩经像小说,但它是放射式的;闭关和冥思更接近诗歌,却是敛尽锋芒,暗自吐纳的。我觉得这并不矛盾,中间没有什么疙瘩。

另外,我还想起了袁枚的那句话:非名山不留僧住,是真佛只说家常。

姜:从诗歌走向小说,或者,一边写着诗歌,一边还做着小说的作家,在中国还是有很多的。跳出来讲,你怎么看这样的写作行为呢?

叶:借用韩东早年的说法,这是"交叉跑动"。

20世纪90年代,曾经出过一套丛书,收录了韩东、朱文、邹静之、阿坚、海男和我的小说与诗歌作品。李敬泽在总序中将这种诗歌小说、双手互搏的人称之为"诗人小说家"。在那套丛书中,韩东的那一本恰恰叫《交叉跑动》。

交叉跑动,说明球就在脚下,甚至已经过了半场。

二

姜:中篇小说《目击》,你说只想拷问一下膝盖的力量。当然,这里其实就是一种质疑与拷问的力量了。你当初写作之时,是不是存着一种对现实的叩问?有一点,大家都明白,作家往往是一种对现实持怀疑态度的人。这应该是一个作家的出发点。

叶:吊诡的是,《目击》这篇小说居然一语成谶。

我虚构了这篇小说，当然还是有影子的，就像我在创作谈中供述的那样，想拷问一下膝盖的力量。小说发表后不久，我所供职的这家报纸上突然出现了一个系列报道，下跪，吁请，寻找目击证人，一切都和小说中的情景一模一样。那些天我追着报道看，自己也惊得目瞪口呆的，我不知道是现实拷贝了小说，还是小说变成了一个咒。

和大家预测的一样，现实中的寻找不了了之了，一个烂尾式的报道，但小说提供了其中的一种可能。如果像你说的，作家往往是一种对现实持怀疑态度的人的话，我首先是自疑：为什么？怎么能够这样？你凭什么呀？

作为媒体人与作家，我有时也分不清那一条混沌的分界线。我其实在拷问自己。

姜：这篇作品，是写兰州的。如果锁定这一点谈的话，你是不是也想为兰州在纸上建立一个新的文化版图？像贾平凹的商州地区、莫言的山东高密乡、叶兆言的南京、毕飞宇的王家庄一样。

叶：哈哈，我没那么生猛，也力所不逮，我只想写好兰州城里的一条小街。

记得马尔克斯有一次去访问古巴的卡斯特罗，问他，将来你退休之后最想做什么？老卡回答说，我就想站在一条街上，站在街角上。——我喜欢这个说法。我觉得小说家就应该是站在街角的那个人，面目模糊，被暮色遮蔽，看尽了世上的风景。

兰州是一个诗意的城市，黄河穿城而过，南北高山峙立。这个移民城市里有惊人的美人，有可口的拉面，有尖锐的方言，有古典英雄和地下歌手……属于丝绸之路上的一座重要关隘。我没大的企图，只想写好兰州的一条叫一只船的小街。

抱歉，允许我再夸夸它吧，因为我出生并成长在这条街上。当年，左宗棠抬棺西行，率领八千湘江子弟，跨越黄河，准备入疆平叛时，路经兰州城外，见此地风水甚佳，忍不住赞美了几句。后来，前线战事吃紧，一批批阵亡的将士被送下来，日曝风吹，无法安置。左大人批了条子，令在兰州旧城东门外修建一座义园，以暂厝亡灵，打算日后扶榇归乡。

说是义园，其实就是烈士陵园。它的主体建筑是一艘航船的模样，高高的船艏朝向南方；庙顶的形状，仿佛夜里悬挂的桅灯。它被列为禁地，擅入者斩。当时兰州的土著居民们不明所以，在围墙外的草地上赶大集、做买卖、小吃大喝，统一了口径，称呼它：一只船。

有一年，兰州的某些部门手头吃紧，欲拍卖一些街道的名字，一只船也被插上了草标。我发急了，赶紧去查资料，访文化老人，将这条街道的前世今生写成了文字，见诸报端，逐一表来，这才让他们认祖归宗，刀下留人了。我也用小说和诗歌在捍卫它，在一只船街道的命运上，我属于那种钉子户，舍得一身剐。

如今，我的某些小说和诗歌让一只船街道声名鹊起，最近就有俄罗斯和法国的纪录片导演在拍它。可惜的是，它早已面目全非，贴满了玻璃和瓷砖……

姜：当然，我还是非常信服有关论者的说法：在《目击》中，作者一不留神，跟读者和时代开了一个大大的玩笑。在借拷问膝盖力量的同时，他借机拷问了读者和这个五颜六色时代的灵魂。

叶：像上面说的，首先拷问的是我自己。

姜：我一直对所谓的轻小说持反对态度。当然，文学可以给人娱乐。但文学还是应该有冲击灵魂的力度与作用。《目击》直击当下人的灵魂。这应该是这篇小说最为成功的地方。

叶：……拥护你的反对，也赞同你对文学的见解。

如果这篇《目击》还有可取之处的话，我想它可能是一种"撕裂感"吧。但问题在于，因为报纸上的那一个系列报道，它也带给了我不少的困惑和纠缠，新闻结束的地方，真是文学的开始吗？或者，文学本身就是一次尖利的报警，无论对生活还是灵魂？

姜：当然，这里的情节异军突起的地方是：丈夫竟然是为情人而死的。情人是唯一的目击证人。这样的小说，坦率地说，我们已经很长时间没有读到了。我一直喜欢有震撼力的细节。而你这个，却是真正具有震撼力的情节。不多见。何况还有那个高深莫测、类似世外高人的老头在作品里。

叶：……那个老头可能是真正值得留意、值得玩味的角色，他甚至就是主人公吧。这让我想起希区柯克的那个老把戏，他总爱在自己的片子里露个脸。我热衷于类似的设计。他像路人，也像上帝。他熟知一切，却又缄默不语。但你能感觉到，这家伙大有来头。

姜：有论者谓《目击》也是一篇关注"底层问题"的小说，看来是有点偏了。

叶：我不太爱用"关注"这个词，更谈不上"底层问题"，因为我就在底层，平头百姓一个，我和生活这一道暧昧的浑水难舍难分，纠缠得死去活来。

姜:刚刚我们说及兰州作为文化符号与符码的事。其实,我看你的《羊群入城》《姓黄的河流》《大敦煌》《边疆诗》《青海湖》《有多少鸽子飞过新疆》《走过多少北方》等,似乎都在着意勾画你笔下的"西部"。关于西部,现在,确实是一个非常有意义的话题。在你看来,西部的内涵与精神应该是什么样的呢?

叶:我喜欢清代诗人黄仲则的一句诗:"自嫌诗少幽燕气,故作冰天跃马行。"

那么,冰天跃马之行就是我眼中的西部。此刻,在回答这个问题时,我去了一趟楼顶,雾霾已散,日光如洗。向西,渡过黄河,则是以河西走廊为孔道的丝绸之路北翼,隔着祁连山,则是丝绸之路的南翼,两条路的尽头是敦煌、新疆和中亚,放射状地扑向了西天;我举目往南,则是中国穆斯林的麦加"临夏",越过土门关,就是甘南草原和青藏大地,那里是藏传佛教的安多地区;兰州以北,又是巴丹吉林沙漠、腾格里沙漠和茫茫戈壁与绿洲;兰州东侧,无论陇东和天水,又和高天厚土的秦文化接壤……啰唆这么多,其实我只想说,西部在近现代的文明进程中已经被遗忘很久了,所以我们的文化才少了《史记》和唐诗宋词里的"幽燕之气",少了一些血勇和慷慨悲歌,一些杀伐与义。

多年前,在读美国历史时,我能清晰地感觉到,所谓的美国精神恰在于对西部的大规模拓荒和开发时奠基的,荒原横亘,大漠阻绝,野牛成群,一个人落在那样的境地,的确需要一种侠客行的精神。简单归纳一下,那就是热情、勇敢、单纯、信任、光荣和梦想。在你上路的时候,你得不到祝福和吻别,你得信自己。

我们在历史上也在西部开疆拓土,除了留下一些辉煌的诗词外,没彻底渗透到今日的文化血液中去。相反,有时候西部竟成了猎奇之地,顽劣之所,比如近几年的一些影片。相反,我喜欢的是布拉德·皮特的《燃情岁月》,那是一段国家预言,一种国家精神。

姜:你又想如何构建西部?构建一个什么样的西部?

叶:书生一介,加之时移世易,我只能在纸上去试图唤醒这种意识,用文字向过去致意,我无力构建,只好做一个人的冰天跃马长旅。在国内,构建一个什么样的西部,张承志老师和刘亚洲将军曾有过清晰的描述,不妨找来看看,醍醐灌顶。在我以前的诗文集《大敦煌》中,对类似的问题有过一个小提纲,顺手贴在这里吧。

我说,敦煌一词归入的词根就是“北”——

北:道路;
北:七星之下的神明;
北:灰烬的老虎;
北:肉体之于荆轲;
北:奉献;
北:火焰在上;
北:生命之册和最后的祭礼;
北:马和,马;
北:牺牲及其捐献;
北:神示的诗篇;
北:十万历史端坐一起;
北:泪水和孤绝,怅望远方;
北:精神。

姜:《姓黄的河流》我想问一个问题,德国男孩托马斯·曼那个漫长的故事最后跟黄河有关了,黄河成为施洗的河,这样的小说结构,是想以宾犯主?

叶:以宾犯主之外,不是还有一句话叫主随客便吗?如果这是一种结构的话。

姜:这篇小说的主题嵌入了反法西斯的内容、拯救的主题,是不是想呈现你的一种走向世界的努力,或者说,你努力使你的小说主题具有世界性的意义?

叶:《姓黄的河流》发表后,徐坤不吝赞美,说它是中国版的《朗读者》。我读到这句话,又看到了其他肯定的评论,吓了一大跳,赶忙重新读了好几遍,为自己当初老虎吃天的那种小雄心汗颜了许久。集中营、纳粹、生死朗读、施洗、忏悔与拯救……如果这些关键词是世界文学的热词的话,我想说,它们在我的成长中也并不陌生。

你懂的!关键在于,我想让这一个漫长的故事,喋喋不休地讲述,成为一条蜿蜒的巨河。它姓黄,就在我的身边流过……它有太多类似的故事,再不打捞就迟了。这篇小说,可能是我战战兢兢的第一步吧。

姜:可能,在染指二战这个题材和这种指涉人类性的主题上,你成了新生代作家中第一个吃螃蟹的。有人说,这篇小说的出现是一个奇迹。我还是非常认同这一点的。

叶:你的认同让我心生喜悦,我也听到了别的鼓励、另外的掌声。可不管是第一个吃螃蟹的人,还是一个什么奇迹,我想说,我们20世纪60年代出生的这一批作家应该还有更重要、更深沉的命题,还有更多的门须要破开,这是担当,亦是宿命。不是吗?

姜:当然,这里谈到了诗歌的魔力。你还是未能忘情于诗歌。你还是一个真正的诗人。

叶:在《姓黄的河流》结束时,我引用了那些死于集中营的孩子们写下的诗。它并不比任何一个优秀诗人的差,它是天使赐降的羽毛,让这篇小说飞了起来……

姜:小说《羊群入城》,我们刚刚说到了你以前的诗句:“午夜入城的羊群/迎着刀子/走向肉铺。”但这篇,我知道,内涵里,却不是什么诗意了,也不是什么诗意的栖居。

叶:它是底色,一个基调,一种如水的天命吧。

姜:你是着意描写底层的?

叶:“羊群入城”这个核心意象,我曾写过一首诗、一篇小说、一则哲学式的随笔以及大量的散文,我相信还会写下去的,热衷而已。……西方有句话说,只有杂种和奶油才浮出水面,我没浮上去过,我一直就在下面。

姜:《羊群入城》应该也是你西部文化版图中的一个重要篇目吧?你应该非常看重这样的作品的,朴素、苍茫的特色,应该是西部的底色吧?当然,这篇作品的悲悯与凌厉的风骨,对西部应该是最好的诠释。

叶:我个人偏爱这篇小说,它最大限度地表达了我对西部文化与宗教的认知,也呈现了我对“北”的热情。它是朴素的,苍茫的,代表了主流生活之外的另一套逻辑,另一种伦理。说到底,它讲述的是一个“信与不信”的故事,佛本生也不外如此。

姜:我记得张学东也曾认真地写过羊。现在,看过这篇小说之后,我悲哀地发现,人们啊,以后别写羊了,因为张学东写过羊了,更因为,叶舟写了有名有姓有血有肉就像人一样的羊了,倔强霸道的领头羊牛先灯、温柔善解人意的秀秀、被错划成分委屈满满的地主婆、四姑娘、双眼皮、金崖家的、石头他妈、小甘南、大屁股、马金花……我们得承认,这里呈现着一个作家的想象力,与那种近乎泛滥的才情。当然,更重要的,这些羊已经不是羊,是平娃眼里的“人”:“秀秀人呢?其余的伴当们在哪?”

叶:羊是从《圣经》和《古兰经》里走出来的,后世的作家不过是在仿写。

在《羊群入城》中,我让每一只羊都有了户籍、姓名和性别,有了个人的档案和来历,有了脾气与心思。我让它们进了城,遭遇了警察、红绿灯、秩序、广场和风雪。谢天谢地,我还算控制得当,没让它们变成圣人,否则,它就是失败的。

姜:当然,在一个叫叶舟的作家眼里,这些羊,也是人。最让人震撼的还在于,平娃领着这群“人”赴死。以生赴死,这生死之间的刻骨与悲怆,你似乎又在用穿越广场这一情节刻意地遮蔽着。于是,有些人说这是写的底层。我觉得,这生与死的主题,用底层来评判是极不准确的。

叶:1994年,我第一次去西藏。在那曲时,正巧碰上了恰青(赛马)大会,在开幕式的现场,居然有一个羊群组成的方队从主席台下迈步走过,我吃了一惊。它们齐刷刷的,咩咩的叫声像在喊口号。那天傍晚,我正在草地上晃悠,忽然看见不远处有一群人在忙乱,我好奇,便撒丫子跑了过去,想看个究竟。结果没跑上几米远,我就跌倒了,天旋地转的,我忘了这是海拔四五千米的那曲。那群人在杀羊,但羊脱逃了,从我的旁边擦身而过,轻盈得像一只白鹤,远逝了。从那一刻起,我就心存敬意。

《羊群入城》发表之后,我周围有好几拨人找我来兴师问罪,说以后再也不吃手抓羊肉了,他们看见羊肉就想哭……我下了罪己诏,觉得自己辜负了舌尖上的中国。

你说得对,生与死,羊和人,永远是一个形而上的难题。

姜:早些年,我看毕飞宇的《楚水》,当我看到,他其实以还原的手法将那些词牌名贴到一个个妓女头上,成为妓女们的花名时,我也觉得非常震撼。这些,都是极具震撼力的细节。是不多见的。

叶:他敢把一个女孩子叫玉米(西北叫苞谷),我觉得更震撼。

姜:近些时,我一直觉得,写作有一种浮泛化的现象,在细节与震撼力方面,很多作家不再多用力了。

叶:是的,细节是一个小说家唯一可以自辩的讲台,稍纵即逝,贵如春雨。假如没有了耐心和冷静的细节,就不会有情节的层层推进,更不可能产生最后毁灭性的力量。

姜:《两个人的车站》,徐坤说,这仍然是诗歌的阵仗。但《两个人的车站》看不到属于诗的形而上气质。这是一篇贴着地面行走的小说,甚至可以说伏在地面上的写作。两个女人,为赚上几块钱,间或吵吵嘴,或半推半就地与小站站长庄铭灯发生点暧昧。你为什么要演绎一篇这样的世俗故事呢?

叶:兰州方言里有一个词叫"磨性子"。你不是躁吗,你不是不耐烦吗,你不是踏实不下来吗?好吧,给你一块磨石,你磨自己的性子吧。——那段时间,我一直在写诗,凌空蹈虚的,不及物的,那我就想找一块磨石来对付自己。于是,我找见了这两个事儿妈,让她们成天唠叨,说一些鸡毛蒜皮的事儿,特俗气,特亲切,渐渐把我的嚣张气焰打压了下去。

兰州土话里另有一句恶毒的话说,"闲球的话,拿上一块煤砖去黄河里洗吧!"——有时候,我觉得小说家的工作就是拿一块煤砖去黄河里洗,虽然洗不白,但或许能收获一个世俗意义上的温暖,倒也不错。

姜:《低温》从抢劫案突发写起,写的却是普通人婚姻关系的凌厉与乱象。你这里,写的真实和幻觉暧昧不明,写的是心灵的死亡和肉体的生存。这里似乎也隐藏着一种救赎的主题?

叶:是的,这也是我的本意之一。低温了,魂魄如何才能醒过来,就是救赎吧。

姜:当然,这里有人性的崩溃、欲望的疯狂。崩溃与疯狂,其实差不多可以描画我们所处的这个时代了。因而,这里,我们不得不再提拯救。

叶:那我想,拯救就是为了去寻求一种有尊严的生活吧。这种生活它不会让崩溃和疯狂说了算,它一定在试图修复我们对美和真实的误解,丰富我们对爱和责任的追索,唤醒我们对人性和品质的吁求……写作是拯救的路数之一,但可能是最经济和最浪漫的一种。

姜:《〈告密史〉及其作者之死》应该是你写作生涯中重要的写作经历吧?这里,主人公秦枝山的历史观,其实就是一种人生观了。这里,主题似乎又是指向了救赎。

叶:允许我狐假虎威一次,借用哲学家蒂利希的话说,"艺术所要呈现的是——无论如何与我有关的事物。"秦枝山搞了一辈子的《告密史》,觉得自己亏大了,从没尝过告密的味道,于是身体力行了一次。这是一个美妙而邪恶的开头,但也是堕入悬崖的第一步。我想,救赎就是在这一刻开始的吧。

但这不是妥协，乃是生活的创伤与反叛。

三

姜：看来，关于宗教，关于救赎，关于拯救，关于灵，这些宗教性色彩非常强的主题，一直在你的文学世界里。这大概是你终于能写出《我的帐篷里有平安》的原因了。《我的帐篷里有平安》讲述爱和信仰、祈祷与救赎。看得出来，你一直在准备着，也一直等待着这一篇好小说出现在你的笔下。

叶：是的，我也一直觉得这是可遇而不可求的。

姜：这篇小说是写很多人熟悉的仓央嘉措的。但很多人的熟悉，却可能是一种严重的陌生。

叶：呵呵，很多人真的熟悉吗？我见过许多有关仓央嘉措道歌的译本，也听过各种方言传唱的《在那东山顶上》，也接待过一些从青藏高地上铩羽而归的同行。我心知，他们熟悉的是涉及这位尊者的传奇、轶事、情爱与浪漫，跟他们不同，“仓央嘉措”这个词根是我的青藏小说的母题之一。

姜：但你这篇小说是不是也算是追着时潮走呢？毕竟，仓央嘉措现在已经让很多人耳熟能详了。很多人捧着他的诗在读哩。

叶：所有人都朝一个方向上走时，那个方向也可能是错的。但我觉得仓央嘉措成为出版市场的一个畅销符号，成为一个时髦话题也未必不好。从早些年内地对整个西藏过度的浪漫想象，如今落实在了这一位圣人的身上，毕竟是一种贴近和温暖。

我记得里尔克说过这么一句话：上帝是最古老的艺术品，这件艺术品因保养不善而成为未竟之物，我们须要助他一臂之力，人的悲伤在他的脸上投下了太多的阴影……时潮也是阴影，但可以拂去。

姜：是什么激发了你写作这篇小说的灵感？

叶：我想，这可能是多年来我沉浸在藏族文化当中的福报吧。我认识一个大活佛的小侍僧，他现在步入了红尘，身上堆砌了许多的故事。我还认得一个绰号老羊皮的奇人，他精通藏语，过目成诵，天天在我的耳朵旁大唱藏歌，像一台永不生锈的唱机。灵感不是一刹那的，日积月累，来路庞杂，也是众人洒下的甘露，播下的福音吧……

姜：这篇小说其实还是在讲一个古老的话题——信仰和价值。看来，你一直在思考着这样的问题。我也觉得，只有这样，小说的主题才能向深刻掘进。功力这东西,过去,我们经常在语言上兜圈子,其实,小说主题的深刻,也同样是对作家功力的考量。

叶:深表赞同。

姜:你这篇小说的背景很有意思:街头。过去,我与苏童聊天,苏童先生说他非常想写一篇关于广场的小说。我现在发现,广场与街头,其实都差不多了。当然,还有一个,码头。我们的小说创作中,甚至直接存在着码头文学一说。这些都是人群麇集之所啊,一定会有精彩的人性博弈的。

叶:对! 这样的单子还有一些,比如车站、公共澡堂、候诊室、厕所、会场、黑暗中的影剧院……这些地带也是天使和恶魔的渊薮之地。

姜:这篇小说的授奖词,写得非常到位了:你"在惊愕中写安详,在喧嚣中写静谧,在帐篷中写无边人间,在尘世中写令人肃然的恩典……"。这些可以理解为你的主题吧? 你在写作前做过这样的设定吗?

叶:这个授奖词点了我的穴,让我心生敬佩,诚惶诚恐。

姜:你曾说这个短篇是你的长篇小说《仓央嘉措》中抽出来的一个相对完整的片段。这么说,这些主题,应该是这个长篇的。对了,这个搁浅了的长篇,你还想继续下去吗?

叶:那年,北京的一家上市公司来请我,让我写一部音乐剧,我就写了一份故事大纲。后来音乐剧无果而终,我觉得挺可惜的,就想把这个大纲写成一部长篇小说《仓央嘉措》。整个故事其实是一本关于藏地的秘闻,钥匙在我手里。

写到了二十七万多字时,我又接到了别的写作任务,就搁下了。这一搁搁到了现在,但我知道迟早还会拾起来的,需要一个契机吧。

《我的帐篷里有平安》只是其中的八千多字,很短。

姜:侍僧仁青在被"绑架"之后,戏剧性地一夜成佛。这是一个非常柔软的小说。这与你平常所显示出来的西部精神与风骨,多少有点不一样啊!

叶:……可能是因为他的出身,他在宫中的教育、他的戒律与持守、他的扪心供养,让他也在寻找一个可遇而不可求的契机吧。众生即佛,这个顽劣而聪慧的小喇嘛亦不例外。

例外的是我在对西部的叙述中,找见了一种新的可能性,一种内部的方式。

姜:当然,柔软中有着力量,就是诗歌的力量。又回到你的诗歌之上了。

仁青成佛,全赖诗歌。是诗歌让“我的帐篷里有平安”。这样一来,我又想问了,这篇小说的主人公,应该是仁青。仓央嘉措是隐形的主人公。

叶:这篇小说的主人公,最应该是“信”。而不管侍僧仁青、黑脸头人、弹唱艺人,还是贵如尊者的仓央嘉措,都是这一幅绚烂唐卡上的酥油花。活佛的本意就是传道者,他和别人没什么不同。

姜:《我的帐篷里有平安》获奖了。而我,一般是不谈获奖的事的。但作品写众生对于平安喜乐的向往和祈求,这确实是能让人感动的。特别是现世。因而,在涉及文学观的问题时,我想问,你是否有一种文学用以矫世的功利观呢?

叶:特别是现世,如果文学有一种矫世的力量、修复的心劲儿,岂不是善莫大焉。我们不能忘了自己的初心,以及一路走来的祈愿。

姜:现在,我们可以聊一聊一些规定性的话题了。第一,你在走向文学创作之路时,从世界意义上说,是哪些作家与哪些作品对你有决定性的影响?

叶:有了一些年纪后,我就不大爱读小说了,反而爱看历史、地理、民俗和传记方面的。不过这三四年,我开始重新读一些老经典,我发现托尔斯泰、陀思妥耶夫斯基、卡夫卡、惠特曼、埃利蒂斯、叶赛宁、聂鲁达、圣-琼·佩斯……其实他们并未远离,他们在自己的审美和判断上早就确定了一个标高,让我知道伟大文学的海拔与力量所在。

有一本鲜为人知的小书,让我百读不厌,它叫《尼罗河传》。

姜:我一直在追问作家们的就是关于先锋文学。先锋文学可以说影响了中国文学的走向。在你的写作过程中,先锋文学有没有对你产生过影响?

叶:先锋文学笑傲江湖时,我正在大学阶段,我当然不能幸免。我犹记得读余华的《活着》与《世事如烟》时的冷战,读苏童的《桑园留念》和《飞越我的枫杨树故乡》时的迷醉,还有马原、格非等人时的惊愕。先锋文学告诉我的,就是自由,就是烂漫无羁。

姜:与之相关的,在中国,是哪些作家与作品给了你影响?

叶:鲁迅先生的《故事新编》,张承志老师的《心灵史》,杨显惠老师的《定西孤儿院纪事》……

姜:今后的写作,还将是诗与小说并进吗?

叶:不敢懈怠!仍须双手合十,继续供养。

姜:兰州呢?这个文化版图,你是否还要经营下去呢?对这纸上的兰州,你有过什么设想?

叶:兰州仍将是我的底色和根据地,是我久坐衲衣寒的所在。我希望我的文字能对得起她对我的恩养。每次去城关区东面办事,我都会刻意绕行,去一趟一只船街道,呼吸几下,我对一只船街道是有诺言的……

理想主义者叶舟

李敬泽

1996年,我说过:“也许,对后世的读者和文学史家来说,90年代真正值得注意的恰恰是那些我们‘看不见’的小说,它们沉默地留在90年代小说储藏杂物的阁楼上。”(见1996年第3期《漓江》)

这种预言只是一种修辞方式,即使在当时,我也不指望它能够实现。现在三年过去了,“看不见”的依然没有被看见,比如叶舟的小说。对此你没有什么办法,也无可抱怨,因为有的小说家的写作就是为了不被看见,或者,它怀着隐秘、恶毒的快意注视着人们对他的小说尴尬地保持沉默、视而不见。

对这种小说家我一直深怀敬畏,他是真正的理想主义者,他的写作是出于单纯的激情和信念,孤身犯险,说出他的真理。——许多人都曾经是这样的“他”,但渐渐地归入人群,成为“他们”,而叶舟却至今幸存,他仍然是“他”。

“叶舟在兰州,兰州的叶舟发表过很多诗,发表的小说相对较少,但他所写的小说比发表的小说多,而且我知道,他未能发表的小说比他发表的小说更好。”

——这是我在1997年写的一段话,我想也适用于1999年的叶舟,写小说的叶舟依然是危险的,就像他的小说《世面》中的两个民工用他们的话作石头,砸向城市光滑脆硬的玻璃窗,所以“他所写的小说比发表的小说多”,而他发表的小说与他未能发表的小说相比,已经是循规蹈矩的好孩子了。

于是我坚信,我们的境遇并未根本改变,我们仍然必须意识到,在我们的视野之外,在边缘的边缘,有些事物正在发生,真正的才华、激情和理想正在被一只手孤寂地书写,然后又被时光,被我们的怯懦、迟钝和偏见悄无声息地涂擦。

(原文载1999年第10期《东海》)

伪经制造者

顾建平

基督教世界有关东方国王普雷斯特·约翰的传说，是一个由来已久的难解之谜。叶舟的小说《1898年喀什噶尔大事记》由此而生发，虚拟了一个名叫伊斯兰姆·阿洪的人，一个中亚浪子，古本《圣经》的伪造者。现实世界中伪造经典、篡改历史被认为是不道德的行为——最近日本国就爆出了考古学者伪造原始石器的丑闻。小说家的伪造，比如对历史事件的虚构，却是无人指责的：虚构是他的特权，也是他应尽的职责。但是我们相信，叶舟虚构历史的快乐与伊斯兰姆·阿洪伪造经卷的快乐是相似的：都是不涉功利、别出心裁的游戏，都发挥了完美主义的专业精神。

叶舟，兰州人，报社记者，早年以诗歌而得名。大家如果读了本期《小说新干线》专栏里他的两篇小说觉得意犹未尽，不妨去读读他的新书《大敦煌》。这部气势宏大、文体多样的著作，显示了他的写作实力和文学雄心。《1898年喀什噶尔大事记》是他的有关新疆天山南北的系列小说的第一篇，联系到他此前以敦煌、西藏、青海为题材的诸多诗文，我们可以把他的写作视为对西部诗意的不断发现。

中国的西部不仅具有地缘政治意义和经济意义，假如把西部开发理解为首先是关注、了解和发现的话，那么认识其历史价值与文化意义乃当务之急和必由之路。西域的繁盛音消尘绝已悠悠千载，当初帝国主义的觊觎和势力渗透，本来可以转化为中国政府与人民重新审视这一广大地域的契机。但在1898年，老大中国依然是西方人眼中沉睡的狮子，北京城里正在酝酿走出困境的维新变法。此时斯坦因、斯文·赫定的中亚探险旅行正渐入佳境，而大清帝国之一隅发现古本《圣经》之类的“大事”，朝廷内外是无人挂齿的。无论其初衷如何，斯文·赫定们的确具有远见卓识。本期杂志杨镰先生的《被遗忘的丝绸之路》一文，也许有助于我们客观公正地看待西方探险家在中亚的考察活动。

相隔百年遥望西北，这种迟到的关注陡然增添了历史凝重感。西部的良性开发，理当是唤醒其沉睡的历史记忆，停止对生态环境和文化遗产的毁损，保存其绵绵不尽的诗意,而不是念念不忘去发掘历经千年风雨且寥寥可数的王陵后墓。

（原文载《十月》杂志2001年第1期）

序《叶舟小说》

张承志

A

在与人的交往之中,有时会出现一个奇怪的规律。比如一个时期结识的朋友都姓李;这些北鞑南蛮的大李小李彼此不认识,但神秘地有着一刀切齐的共性:穷、倒霉、命不好。害得我——可是我又能有多大本事帮别人呢?害得我费了不少想帮人的心思。

过了些年,有一天不经意中掐指一数,咦,朋友变了!

和那些稍嫌窝囊的李族人不同,这一拨的他们都姓王。我夹在当间,自然难免暗中比较:王族的人,不管他是哪一省的,都是胸中大志、身上一技,虽不能说个个顶天立地,却人人有惯做大哥的习气。弄得我也时常下船登车,得了不少的借力。

你问了:最近交往的朋友姓啥?

这回,不是在第一个字上同姓,而是在最后一个字上同名:净是“晖”(当然也有例外,如这一回的叶舟)。我很奇怪他们爹妈(正是我的同龄人)为什么就偏偏认定了日字边的晖,而不爱火字边的另一个。

他们的共性?几个晖,每一个都是老编辑、小作家、1968年至1970年后,差不多个个都是北漂。

他们作为编辑,淘汰了一批在体制的“鸡窝”里慢慢架子变横了的、我的“编鸡”旧交。他们作为北漂,和我鸡犬之声相闻,自然想见就能见。他们作为“60后”,是承上启下的一代,能对我深入理解又能给我纠正的提示。他们作为小作家——或许就摸出一本书要我写序。

B

给人写序,这事和听人读书不同。我总是大大为难、左闪右躲、托词借故。如果依然不行,何止一口拒绝,我会不惜撕破面皮甚至恶语伤人——虽然那样做，无聊又不值得。

有没有主动想写的序呢？有一篇。给我一瞬海军的战友，海鹰弟的。他如黄继光一样冲向哒哒哒的枪口，我渴望能在给他的序中倾诉我理解的军人精神，尤其是“海军精神”。但他的那本集子并未诞生，许久以来，我发现他并不在意出不出书。也就是说，我没得到写的机会。

总之可以说，我是给人写序最少的。

很简单：我缺乏信任。我怕那种强说愁、轻盟誓的为他人立言，在后日被彻底地嘲笑。

那种与自己的序恰成悖论的、他的选择对我的语言的否定，使得我好像成了更主要的失败者。懊丧的感觉尤其无聊。谁都明白，倒这种霉无非由于耳朵软和心软，那么我要学会心硬，我开始了拒绝便没有拖泥带水，那以后再也没写过序。除了唯有一次的例外，但那是对李家老友的。

C

也就是说还是有例外。我非圣人，岂无例外？

我冷冷地注视着，这不大的小视野里，有些东西所以扰人心烦，就因为它们粘着情义、理想、初衷、原则等等道理。在这时代，对中国人，上述的道理，是不好讲了。

但即便如此，给人例外感觉的催动，还是潮汐一般，时而涌来。

与此同时，世间的序产业比草原的畜产业变化更快，听说，已经有人写序收费，而且行情已经涨到了两万一序了！

我想，要求后世里的始终不渝，或许从根本上未必正确。在一个英雄主义被禁的时代，人很难扑向敌人的枪眼。

不如追求——至少把自己的子弹打出去。战火在电视的鼓吹下肆虐，新十字军的铁蹄动地而来，今天，那种通常藏在序言里的、二人盟誓般的潜语和关系，应该改变。一切都要服从“抗战”，一切都应该为着有效抗击新帝国主义的全球进犯。

给小字辈一点援助就是斗争；阴冷世间的无情，使得他们比盼望誓言更盼望温暖。拉他们的手一把，再踢他们屁股一脚，让他们动起来拉栓开枪，别在意明天他们怎么样。

是的，盟誓不如合作，话语不如行动，要紧的是——如同抵抗的合作，如同战斗的关系，如同战友的感觉。

哈！我摸着了“2000后”的方式！

D

因为他们渐渐地一个个逸出晖字，我便随之应变，把他们统称为“T”们。

这一个年轻朋友的名字，是与晖不沾边的叶舟。叶舟不是北漂，在兰州，大概因为他与兰州一个叫作“一只船”的下町土巷有着感情纠葛吧，一叶扁舟的图景被他用作了名字。

兰州是茫茫大西北的码头。我自己的大半生，也经常从这儿下海，向着西固海、河湟，甚至青藏新疆，撑开一条漏船，漂向万顷黄土。

我想，一是由于异族的色彩，二是因为叛逆体制的习气——这些母体的供养，使得西北的魅力绝非东北所能比拟。于是，闯关东的不多，出西北的不少，为着代言或表达，为着成为这片热土的代表，世间一直层出着寻章问句的诗人，冒险跋涉的行者。只不过，如“午夜进城的羊群”，他们大都很快就消匿得无影无踪，由于不能融入那片色彩，或者不敢那么叛逆。

一个青年自报家门，划着“一只船”，也进入了这片旱海。

他有锐敏鲜活的感觉，有快速流畅的文笔。他捕捉住了这座恋恋不愿脱尽昔日古风的城市的一些碎片，把它们写成可视可触的印象。然后他企图表现自己，如同辈人一样，把满腔莫名的思绪恣情倾泻。也许他和他们一样，一直没有与这片黄土深处的岩心，发生轰击般的相遇，也就难能在作品中纠缠一些更大的命题。

包括我，每个在这片海里的人，都探寻和碰擦着拦路的质问，有意或无意识地到达过一些关口。有些是严峻的、真正的关口之前的质问。叶舟怎样面对这些提问呢？——这是大有意味的问题。

至少他没有清晰地回答。他的作品厚厚地积累着，为他打开的门愈来愈大。兼之时光如白驹过隙，在我们都在旱海里逐日衰老的过程中，渐渐我看不清那只船了。

——那只船究竟正在驶向哪里？好像没有谁这样问。

E

所以，当他们要我写序，我就提出疑问。

我想说，他们下手和表态都太快了。写的也许也太多。虽然一些诗人在

“七十年代”费了那么大劲才学了点皮毛的现代派手法，虽然一些老者在半个世纪挣了半条老命才凑够了篇幅的长篇大部头——对他们乃是无师自通玩耍自如；但是我不愿假装没看见他们的——某种空洞和一丝轻浮。

他们缺乏大时代的灵感启迪。缺乏文学之外的政治颠簸。他们的一首两篇经常是相当优秀的；但当他们获得了话语权、大量地印刷和出版以后，他们的书，常呈现为一种——愈是苍白愈无限堆砌的、哲理与感情的杂乱搅拌。

但是他们靠这一手锤炼了自己。应该说，“T”一代的语言异常流畅，他们处身的生活也许是苍白的；但他们传达自己的枯燥、苍白、空洞的情绪，则是浓浓的、绘声绘色的、真挚的。

没人愿猜这一代人会走向何方。

没关系。也从未有哪一代像他们这么随时准备破罐破摔。他们从自己父兄身上，看惯了人在历史中的被淘汰，信服了人在历史中的渺小。抱着这一点经验，他们自认深刻，冷眼看着自己疯狂地攫取题目。

他们因为知道再也没人会对他们的时代喝彩，于是挑了文学躲避和自娱。他们都读着北岛听着崔健直到进入社会，他们没有流露——他们惟妙惟肖的复制，导致了他们对偶像的怀疑。他们对革命的态度，与横行全球的反革命主义并不一样——因为只差一个台阶，革命与他们交臂而过，使他们三生抱憾。乏味如腐的生活，映衬出革命的魅力，那么强烈地吸引着他们。哪怕飞蛾扑火，哪怕一回就死，愤怒至极而无计挣脱的他们，是人道主义的革命（不能没有这个定语）和丰满的文学（对见多识广的他们，文学的身段不丰满可不行）的后备军。和老、中、小三代孪生的右派相比，他们的遗传不一样。也许他们身上不安鼓噪的，正是这古老民族赖以回生的、最后的基因。

——或许，这就是你我的维系，我的弟弟们。

最初北漂的潜台词，往往是早年的清贫。我直觉我的这一伙“T”都不是纨绔子弟。他们都有石灰窑或者一只船的记忆，都有老百姓的背景。他们编造不出也不愿编造童年细节，但朦胧的人生襁褓，控制着他们的现在。

这样的一种襁褓，使得他们在爬行了漫长的模仿之后，不仅对文学的赝伪渐渐扬弃，而且也对政治的谎言逐步识别。最终话语是简单的，就像炉火纯青的文学都朴实无华。但社会公正的真理，也绝不是帝国主义的宣传，待他们认清这些的时候，他们自会选择行为。从黄继光，到迈克尔·杰克逊。

2009年9月9日第2版

鸡鸣前，大海边

——序《叶舟小说》

李敬泽

早应了叶舟，为他的小说集写序。但一直没有写。拖着。下笔艰难。

是因为看到了张承志为他写的序。张承志谈到了"'T'们"的命运，他们的"某种空洞和一丝轻浮"。

"'T'们"包括叶舟，我自认也包括我。作为多年挚友，我和叶舟不仅是喝酒吃肉的关系，也有半醉了，默然相对，相会于心的时刻，我们是同类。

我和他，大概都很少郑重地想这个问题——在这个时代，最少被思考、省察的关系或许就是"朋友"，我们的朋友遍天下，我们又是孤魂野鬼，我们不惮于袒露和他人之间世俗的和欲望、实利的关联，但我们羞于正视和他人的精神上的深度联系：可以告诉别人我们谈论了一晚上女人、钱财和八卦，但不能告诉别人，我们谈论了一晚上精神、生命和意义。

那是隐私。是秘密。

"朋友"变成狭邪之事，也只有狭邪着，才能示人。

——我不是在说别人，是说自己，是说我们任由某种力量支配着，张承志说的没错，这就是"轻浮"。

但当要写叶舟的序时，被张承志的序所逼，我不得不思考，作为江湖上、荒野上的两个同类，这究竟意味着什么？

在为叶舟的序所苦的时间里，我去了耶路撒冷，我到了耶稣受难前被囚禁的"鸡鸣堂"——最后的晚餐散了，耶稣和门徒们向橄榄山走去，耶稣说："今夜你们都要为我的缘故跌倒。"

保罗说："即便众人都为你的缘故跌倒，我决不会跌倒。"

耶稣："我是在告诉你：今夜鸡叫以前，你要三次不认我。"

保罗："即便我该同你一起死，我也决不会不认你。"

然后，耶稣被捕了。就在这里，当时的牢狱、现在的"鸡鸣堂"外，保罗在庭院里、在人群中坐着，耶稣正在里面遭受羞辱和拷打，一个使女走过来，指着保罗："你也是同那加利利人耶稣一起的。"

保罗躲开众人的眼睛,说:“我不知道你说的是什么。”

他退到门廊,又有一个使女指着他对众人说:“这人是同那加利利人耶稣一起的。”

保罗发誓道:“我不认识这个人。”

过了一会儿,人群中有人,也许就是一群人,走过来,指着他:“的确,你也是他们中的一个,因为你的口音把你露出来了。”

保罗赌咒发誓:“我不认识这个人。”

就在此时,鸡叫了。

保罗一个人,走到外面,远离人群,痛哭。

——这个故事深深地感动了我。在寂静无人的鸡鸣堂里,我一个人站着,感到这世上所有的人,我,都是保罗。

人的怯懦,人的软弱,耶稣是知道的,耶稣对此并不意外,他把这作为立教的起点。

人在卑下中承担着精神的重量:他知道自己看到了什么、知道什么,但他不说出。

好了,现在,说叶舟。我和叶舟相识于今十几年,十几年前,我就认为,他具有独特、珍稀的性情、力量和才华。

我们那时都年轻,现在,中年了,渐渐老去。

仅就小说而言,我怀念十几年前的叶舟,那个大胆狂徒,那个醉鬼和侠客,那个“十步杀一人,千里不留行”的少年。

渐渐地,小说家叶舟成熟了、老练了,他有时似乎知道该写什么该怎么写了。但我还是怀念昔日的他。

但现在的叶舟其实是不“流畅”的——张承志认为他“流畅”,可能是因为他不了解叶舟的底细。一把刀,覆盖油和肉,但我知道,瘦骨和锋刃仍在,我看去,就常觉得不自然、不流畅,感到他勉强了自己。

有的时候,一下子锋芒毕露,写出《羊群入城》那样的小说:他似乎洗去了他操练得溜熟的普通话,他的口音冒出来,质朴、桀骜的口音。

那个少年还在的。我知道。但在这茫茫人海、万丈红尘中,那个少年有足够的聪明,就有足够的老成、犹豫和恐惧、思虑,他知道他的刀、他的口音迎来的只是人群中的寂寞或一两声哂笑——连哄笑都不会有,甚至不会有人有兴趣指出他、认出他。他怕吗?或许他是怕的,他怕他所面对的广大柔软如水的世界,他"见多识广",知道,刀切不开水。

更重要的是,他和他——"'T'们",在他们的血液中天然地包含着怀疑和狐疑的元素,他们怀疑一切专断,他们首先怀疑自己的专断、自己的刀。

他们或许真的是一代寂寞的人,在这种不敢信中,老去。

但是……还有"但是"吗?

这是问题。

——在加利利海边,我看着耶稣和保罗的塑像:耶稣复活后,显现于此,他注视着保罗,说:"你比他们更爱我吗?"

保罗说:"你知道我爱你。"

耶稣:"你爱我吗?"

保罗:"你知道我爱你。"

耶稣:"你爱我吗?"

保罗:"主啊,一切你都知道,你晓得我爱你。"

那时候,我心中酸楚。

——对于我、对于叶舟,这不是一个宗教故事,而是一个关于真理的故事。

2010年3月27日子时急就

【编者注:《叶舟小说》(上、下卷)由读者出版集团·敦煌文艺出版社2010年1月出版发行,定价:78元】

叶舟:在地为马,在天如鹰

徐　坤

一、相见

1.在叶舟诗集《大敦煌》的第137页,夹着一张十年前我顺手搁放的暂充书签的便条,就是宾馆床头柜上搁置的那种常见便笺。那上边的抬头是"敦煌市悬泉宾馆"。便笺底下,压着的是叶舟的诗《青海湖》——"心灵的继承者!这野花沸腾的水面多么宁静";便笺上边,有我涂抹的零星句子:"刀子中的刀子/你是/男人中的男人/王中之王"。

用铅笔,也是宾馆床头柜上跟便笺配套的短铅笔。

2. 十年后，为了写这篇叶舟印象记，我重新翻阅《大敦煌》，于是乎便与这张古老的便笺不期而遇。纸笺已经发黄，而铅笔字迹仍然清晰。

3. 一折小小的便笺，见证了岁月，也见证了当年，一个文学女青年为一个诗人迷狂的过程。

4. 还是要从这首《青海湖》说起。

5.“心灵的继承者！这野花沸腾的水面多么宁静。”——《青海湖》开篇的诗句，轰然作响！它构成了我跟诗人叶舟的第一次相遇。

6.1998年秋季，我跟随西南军区的队伍进了一次西藏。有过进藏经历的人都知道，人在高原时，顶礼膜拜，奋力向上，同时又头疼缺氧，生不如死；一旦回到平地，事后的回忆咀嚼里，全是圣洁的唱诵与光荣，很容易犯上“西藏控”。那种高原情结会持续一两年高烧不退。更有甚者，像当年同去西藏的刘醒龙兄，“高原控”一直延续了十几年，一提西藏就大脑缺氧，眼泪汪汪！醒龙兄终于在今年秋天又上去了，上去之后果然激动，含泪发短信，写诗，诉说被高原提升的海拔高度。

7. 在地球的高地，无人处，理想主义者和浪漫主义情怀的人群纷纷萍聚撞击。站得越高，脑袋越大。世界在太阳穴里嗡嗡作响。

8. 我的西藏情结大概也持续了一年之久。回来后疯狂阅读有关西藏的书籍。某一天，在一家小书店的不起眼角落里，发现两本《西藏旅游》杂志，彩色铜版纸印刷，精美漂亮。立刻如获至宝，站在架前翻阅。蓦地，《青海湖》，那些带着海拔、带着高原寒气与凛冽的诗句，咚咚咚撞击我心扉：“心灵的继承者！这野花沸腾的水面多么宁静……野蜂凄艳/蝴蝶呼喊/一阵阵高入天堂的狂雪引人入胜。”

9. 站在原地，逐字逐句读着，水汽潋滟诗句，写的仿佛不是青海湖，是西藏纳木错，我到过的那个有着海拔四千七百米高度的高原神湖。

10.“像十万散失的马群——披挂了精神的经幡。哦，我内心的气象和海拔/将毁于一旦。”（《青海湖》）

11. 被这样的句子迎面击毁，痴痴的，呆呆的，一是竟不知今夕何夕，今年何年。高原峥嵘岁月扑面而来。将这两本杂志买下，回到家中，之后做了件更加痴迷的事情：将《青海湖》一字一句抄写，用那种湖蓝色的西湖水印信笺，然后寄给同去西藏的女作家川妮。当时她还在成都军区服役。沉浸在“西藏控”里的我俩，回来后还时不时互相写个信，回忆一下高原什么的。

12.川妮很快回信,由衷赞叹:诗人真他妈的伟大!

13.那个年代、那个岁数的文学女青年的为诗癫狂为人笑,由此可见一斑。

14.从那时起,就记住了一个叫“叶舟”的诗人。同期杂志还刊了他的另外一首诗《打铁打铁》。这么刚硬又翩翩的诗,一定是个西部那种外部粗糙、内心细腻的大汉吧?或如我们在高原上见到的红脸膛藏族男子?

15.有机会一定要见一见这个名叫叶舟的诗人。

16.隔年,机会来了。又有一次跟随北京作协去敦煌的旅行。先到兰州,要有一个程式化的两地作家对谈。看到预先发的与会者名单上有“叶舟”两个字,不禁眼前一亮:就要见到写诗者本人了!等到两边人马安定下来坐好,我偷偷打问哪位是叶舟?有人指向对方人群。顺着手指的方向一看,跟想象中的形象相反,却是一个安静的白脸青年。不像西部汉子,却像古代南方遗留下来的白面书生。

17.看他瘦削的身材和面庞,暗想:他哪里来的那么大力气,锻造出那么有力量的诗句、胸腔里似乎藏得下雷霆万钧?

18.轮到要说话时,我说:“来到甘肃,与作家都不太认识,就是想见见叶舟,很喜欢他的诗,还曾经抄录下来与朋友共赏。现在终于见上了!我非常高兴……”

19.叶舟接话说:“我们在北京见过。”

20.底下人群轰的一声笑起来。北京这边小怪话就起来了:“瞧瞧,瞧瞧,献媚没献好吧?见过人还装作不认识。”

21.我的脑袋也嗡的一声大了,无地自容,赶紧自我解嘲说:“是吗?可能是当时人太多,不记得了。人记不住,却能清醒记得住你的诗。”

22.同时,心里却在愤愤:不插话,给人留点面子,会死吗你?!

23.下会以后,才去握手寒暄,问他:“我们什么时候见过?”叶舟说:“去年,在民族大学旁边,张颐武兄组织的饭局上。”

24.他这样提示,我仍记不得曾经的相见。颐武兄的气场,那叫多么大啊!雄震万里,笼盖八方。有他在场的场合,哪还有别人什么事儿哟!都统统成了蹭饭的蹭会的蹭镜头的,摆设。别人互相记不住,也是应该的。

25.好在,现实生活当中,叶舟是个随和柔软的人,对朋友很尽心。不一会儿,酒席宴上一喝起来,就把前嫌忘了。

26.一场指认的笑话,还是让北京方面军取笑揶揄了我一路。

27.我们的队伍还要继续往西部腹地深处走。临别,叶舟赠我诗集一册,《大敦煌》。

28.今日我再翻这部诗集时,发现,除了有我自己的数处眉批,整个扉页都是空白。竟然连个“请惠存”“请指正”字样都没有。

29.足见,当年,那个写诗的小子,那个白脸青年,内心何等狂傲、狷介、不羁、怠慢!

30.那正是他的黄金时代,是他的“十步杀一人,千里不留行”的大胆狂徒、醉鬼和侠客时代——十几年后,李敬泽在《叶舟小说·序·鸡鸣前,大海边》里这样说。

二、《大敦煌》

1.《大敦煌》就这样碰巧伴随了我的敦煌一路行。既是行游指南,更是精神指北。漫长的路途,翻到哪页读哪页。有时临睡前的小憩时刻,我和同屋的女作家赵凝轮换着朗诵他的诗,《敦煌的月光》《敦煌十四行》,献给常书鸿的《敦煌小夜曲》,献给张承志的《致敬》……

2.“大雪封山,只剩下我和敦煌/于最后一片草原,占山为王。诗歌的王,女儿敦煌。”(《大敦煌·卷一·歌墟·西北偏北》)

3.“哦,当日光渐近/屋梁或玫瑰的传唱:日光渐近——/这悄然的引领,只为青年知道/这神示之上的预支,只为美德听取。”(《致敬》)

4.这些淬火的诗句,撞得人眼睛生疼。简直是要吐血的写法,一口,两口,喷涌,飞溅,喷薄而出,一直抵达命定的高度。

5.写完这部诗集的人,我想,应该气绝身亡。

6.有评论为证,颜俊:《叶舟诗歌中的速度》,见《大敦煌·附录》。

7.有关“叶舟”的词条:“七印封严的书卷。这白脸青年抱紧的药箱:在地为马/在天如鹰”(《大敦煌·卷一·歌墟》)

8.果然,在诗人的举念、青春的盛会、祝颂和祷词都已供奉和捐献之后,在新世纪的黎明和曙光里,小说家叶舟开始呈现,具形。

三、羊群入城

1.对于诗人叶舟来说,假如,诗是一种攀登、永无止境的上行;那么,小的下坡路,就是直接通往死亡的。珠峰登顶的人,往往死在下山的途中。

2.叶舟用写诗的句子,来策划小说,语言仍然凛冽,倨傲,充满内在的紧张和发力。他用起承转合的情节，用故事的戏剧性逃脱了注定下山乏力的命运。

3.《羊群入城》《目击》《两个人的车站》……仍是一片诗歌的阵仗，处处燃烧有《大敦煌》余烬的火光。像一个蓦然闯入的孩子，以自己顽强的逻辑，不肯与生活和解。

4.到了2006年，他摸到了下山营地，节奏舒缓，平心静气，宣布登顶后的撤离已然成功。评论家雷达这样评介叶舟二十余万字的长篇情感悬疑小说《案底刺绣》："叶舟是著名诗人，他一旦着迷起小说，这个诗人的主体和小说便出现了一种奇妙的化学反应，并产生了一种奇特的文本。因为，诗人小说家的想象力比一般人的想象力飞翔得更远。诗人的敏感洞烛了小说，对人性的挖掘会产生幽深，诗人灼热的目光面对女性，使女性更加美丽。《案底刺绣》一书，就是小说跨上了诗人想象力的产物。"

5.作为小说家的叶舟，里里外外，完全是一副入世的样子了。在小说的会议上，也常见到他。在《十月》杂志那次笔会上，一见面就看他愁眉苦脸，心事重重，问是怎么回事，说是儿子在学校打架，被老师找上门来。我们一群写小说的不可救药的世俗主义者齐声搓火，说："这有什么！男孩子，就该打架！大不了，你去代表家长承认错误，给人家赔偿、赔情道歉不就完了嘛！"叶舟想了想，好像觉得也对，这才是生活的逻辑。于是眉头舒展，高高兴兴地跟我们喝酒去了。

6.2010年，叶舟的中篇小说《姓黄的河流》，写出了类同《大敦煌》的雄厚气象。在杂志上读过之后，我立即给他发去短信，赞这是一部中国版的《朗读者》。当然，也许他自己并不愿意这样被比附。

7.《姓黄的河流》是他十年下山，十年磨砺，励精图治、肝胆相照之作。他已经技巧圆熟，指挥调动有力，想象力丰沛，对母语遣词造句有讲究，自如地将跨文化情境、悬疑色彩、诡异情节……这些好小说里该有的元素都运用起来，构建了属于他自己的一个"文化论"的王国。

8.这小说，写到这会子，才是谁也拦他不住了。

9.在地为马、在天如鹰的人！这一地鸡毛、醉生梦死的小说时刻，可还记得，那野花沸腾的水面，曾经多么的宁静？

2010-10-23于北京以北

【编者注：叶舟诗文集《大敦煌》由敦煌文艺出版社2000年5月出版发

行。叶舟中篇小说《羊群入城》原载《人民文学》2008年第8期,《小说选刊》2008年第9期予以转载,并入选“2008中国年度中篇小说”“2008中国小说排行榜”及“2008读者喜爱的中篇小说”等,小说获得该年度“《人民文学》中篇小说奖”。】

叶舟评论重要文章存目

孟繁华:《守护住高贵的人类价值——评叶舟中篇小说〈姓黄的河流〉》。

沈苇:《读叶舟的诗》。

唐欣:《叶舟印象》。

李敬泽:《历史?生活!随笔?小说!——读叶舟〈世纪背影——20世纪的隐秘结构〉》。

谢有顺:《进入20世纪的方式——读叶舟〈世纪背影——20世纪的隐秘结构〉》。

程光炜:《杂语共生一百年——读叶舟〈世纪背影——20世纪的隐秘结构〉》。

石舒清:《叶舟作品随感》。

邵振国:《撒网于湍急的水面——评叶舟非虚构作品〈写照片〉》。

白烨:《细微之处见精神——读叶舟中篇小说〈欢乐送〉》。

凸凹:《读叶舟小说〈FROM:马里兰TO:兰州〉》。

弋舟的回信

2009年3月2日的回信

程先生好：

节后繁忙，刚刚见到您的信函，迟复勿怪。

现对您的问题粗略回复，有什么不足，可随时沟通。

我本人严格意义上的文学创作，大约开始于2000年，但之前的文学准备，自认已比较充分，这方面可参看《文学报》中的《当代中青年作家访谈》里的访谈内容（地址是：http://wxb.wenxuebao.com/ddzq/200810/t20081017_2061267.htm）。迄今已有长中短篇小说一百余万字见于《作家》《花城》《天涯》《中国作家》《青年文学》《山花》等知名文学刊物，部分作品被转载、辑入选本。

其间自己比较满意的作品有长篇小说《蝌蚪》，刊发杂志《作家》对其评价："新生代新锐小说家弋舟，同时是一个画家。他纯粹因为对艺术的博爱与皈依，而又对小说艺术开始了热烈的追寻。这种远离功利的纯情炽心，使得他的小说投奔向小说本身的神秘归途。《蝌蚪》捕捉着生活背面幽暗的影，它所透露的那种超越存在的荒诞诗意让人心里绵延着无法言喻的感动。人人都各怀心事。世界缤纷得让人怀疑。用菜刀统领十里店、跟这个世界对话的父亲郭有持，出走的母亲，赴死的徐未（那是父亲的情人），美丽而自私的马斯丽，忧郁高贵、让人猜不透的'我'爱的庞安，温良善解的让'我'陷入奇怪温情的男人管生……我们那忧伤的郭卡，我们那满怀柔情的郭卡，他似乎理解了每一个人。这是一个让人惊喜的发现——《蝌蚪》因为努力游离出去，反而导致了汹涌的前来。"

我自己更喜欢写过的一些中短篇，譬如《锦瑟》（获黄河文学奖一等奖）《黄金》《时代医生》《桥》等，相对来说，我个人对于小说这门艺术的迷恋之处，也多集中在中短篇这个方向。我的创作审美在某种意义上偏于“狭窄”，因此有评论称我为“被忽略的十位20世纪70年代小说家之一”，相关的评论也比较散乱，没有被集中评论过，手头有些只言片语，一并发给您，以供参考。

由于我不是土生土长的本土作家，来兰只十余年，因此，对于三十年来甘肃文学的整体面貌，不能讲完全地能够辨识。但结合这些年的一些认识，觉得整体局限依然大于其所获得的成就，毋庸置疑，甘肃诗歌在各文学类别中堪称翘楚，一大批非常优秀的诗人，为甘肃赢得了文学的荣誉，尽管这种荣誉相对来说依然称不上所谓的“主流评价”，但是作为一名作家，我愿意把自己的敬意奉献给这些诗人。同时，这种现象也引发自己的一些思考，为什么这些优秀的诗人，在小说这门艺术上难有斩获？要知道，由诗歌转向小说创作，不乏成就斐然的例子。这样就涉及小说这门艺术的某些规律性的问题，从创作方式，乃至思维方式，也许，我们甘肃的作家尚未形成有效的“小说方式”，即使正在从事小说创作的这部分作家，也普遍缺乏自觉的小说意识。先锋文学的勃兴，是三十年来中国文学的一次重要事件，但在这个事件中，甘肃的文学创作基本上是缺席的，尽管先锋如今已余韵难在，但那种文本意义上的训练却不可或缺，而甘肃的文学，恰恰是落下了这节课，在创作中，意识、手法，不免都囿于陈旧，并且难以自省。如今市场大潮汹涌，热衷于跟风式的写作，更是使得作家们难以执着于文学本质意义上的探求，这些，都导致了甘肃文学的滞后。

说到甘肃文学的未来，我坦言自己并不看好，或者，几所大学的振奋，能够给我们带来一些喜悦，大学的文学院，如能在文学批评上展开活泼生动的探索，当是甘肃文学之幸。

瞎说了一通，程先生一哂。

春暖！

弋舟

3月3日回信

程先生好：

您可能有些误会，我并非本土作家，关于如何超越本土的问题，我在“小说八骏北京之旅”研讨会上，有一个发言，强调了：文学这棵树虽然植根在现实的家园之上，可她必须是树冠最高处的那几片叶子，贴地太近了，显然不应当是她的姿态。这篇发言也发给你参考。作为一个严肃作家，他的创作方式也许不免“本土化”，但内质一定是需要“普世性”的。我想，我们甘肃的文学之所以形成今天这样不景气的面貌，部分根源就是在于片面理解“本土化”，小到文学语言上，放弃纯正的汉语；大到文学追求上，忽略了文学的广袤与深邃，忽视了作家感知大地时应有的深度与体味炎凉时的复杂情怀。如何超越？那么多伟大的文学作品摆在我们面前，学习就是了，这样也许就找到了问题的根源——我们缺乏学习的能力，缺乏自觉的对于审美的训练。

有关作品，我尚未出过中短篇的集子，恰好目前正和出版社落实此事，整理了一些，一并发给您吧，期望得到您的指证。

我对学院素来深怀敬意，尽管如今的学院也问题丛生，但那里毕竟是教养之地，而“教养”，对于一个作家，是何其重要的品质。

期待着与您的交流。

教安！

弋舟

弋舟简介

弋舟，本名邹弋舟，1972年生，祖籍江苏无锡；2000年开始小说创作，迄今已有长中短篇小说一百余万字刊于《作家》《天涯》《花城》《山花》《中国作家》等文学刊物，部分作品辑入若干选本，并被转载；中国作协会员；甘肃省文学院为其成立“弋舟工作室”；获第二届“黄河文学奖”中短篇小说一等奖；甘肃“小说八骏”之一。（摘自弋舟2009年提供的资料）

弋舟作品评论摘要

《盛夏的果实》

表面上这个故事还是关于爱情的，爱情是这个故事的核心，也是全部的。可我认为其中至少有一半是关于理想的。因为男主人公苏波多并没有爱上谁。虽然他为了那个在街头偶遇的妓女豆号放弃了自己的学业、热爱的专业和洁净高雅的外表。但他真的不爱她。他爱的是他自己的理想，一个期望用牺牲感化的力量来拯救某个堕落者的人类崇高理想，借此他可以实现自己的人生或艺术之境。这有点就像《复活》里的聂赫留朵夫，可聂贵族拯救的是他自己，他所做的一切是为了求得自己灵魂的平静与超脱。苏波多的拯救行为中却含有自私炫耀的成分，这并不是说他缺乏真诚，而是缺乏忘我的情感投入，所以他不放心豆号，时时监视她，在她不按他的愿望行事时冷漠她，轻视她。也许苏波多认为自己是爱豆号的，可惜他的爱和同情都是浅薄自私的，如果在托翁笔下，他是不会在意豆号是不是妓女，有没有在卖淫的。豆号的堕落本与他无关，相反，由于他，豆号不得不向憎恨她、轻视她的母亲低头，最后为他而死。

——柳珊，女，博士

《凡心已炽热》

此作最迷人的是让那些麻木、冷漠和丑陋的人性，散发出了诗意的光彩。小说中反复出现的葵花无疑被赋予了某种象征意味，只是这种象征意味不像人们习惯的那样，指向某种抽象的观念，而是那些麻木、冷漠和丑陋的人性中一束执着的“求生”的阳光。

此外，对反常的性格和心理的把握，以及大量精彩的细节描写，同样可以证明此作绝非俗手可以为之。

——李震，文学评论家，陕西师大文学院教授，研究生导师

《什么是孤独，什么是爱》

一个男人的成长史，如此曲折而多虑，性取向是双面的(异性与同性)，性格是软柔威猛的(杀甘肃男人，在小史面前充当同性恋中的强者，在尹毛面前永远的受虐倾向)，正常得有些异样的生活轨迹，读书、流浪、工作、做爱，但这里面竟然蕴含着常人难以企及的内心世界。

苏东坡说，“万人如海一身藏”，是指一个人融入大千世界的必然感觉，在人群中来躲藏自己，这是一种主动的孤独。《什么是孤独，什么是爱》的主人公没有这样的情怀，作为一名优秀的小说家，弋舟他不必藏什么，却无时无刻没有疏离之感，就是一个人在熟悉的人群中却如身处他乡。

——冉云飞，文学评论家

《看着我的眼睛》

这是一篇流浪者的生活展现和精神警示。如果小说主题仅只是确立在“家

庭女教师”罗袖与已婚男人刘利上演的情欲上面，这个老套的故事结构和并不新鲜的题材就会失去评说的价值。弋舟最成功的，也是小说真正要表现的，是罗袖和她的男友唐堂在“北京”拼搏、漂泊和挣扎必然要遭遇的精神苦旅，是他们为此要付出的身心代价。罗袖在“北京”迷失了方向，所以她不但无法断然拒绝刘利的诱惑，而且连自己属于被强奸还是与人通奸都分不清楚了。但她仍然知道要珍视唐堂的爱，仍然要守一份真诚。当悲剧不可避免地要把美好的东西撕碎了给人看时，罗袖成了一个彻底的失败者。最后给罗袖力量的还是金钱，这是这个时代不可避免的主题。罗袖得到了五十万。这五十万虽不能让她“若无其事地生活”，却成了她继续留在“北京”的动力。在唐堂的一无所有的爱和“北京”男人的诱惑之间，罗袖迷失了心灵的方向。小说的结尾处体现出一种“纯文学”的意味深长，一种直面惨淡人生的坦诚，一种人性归属于社会的宿命。因此，它显得很有冲击力。在一个老套的故事里能演绎出如此主题，应当是一种成功，而且作者也充分考虑到了在可读性中展开故事，叙写主题。“看着我的眼睛”，这是对忠诚的考验，也是对生活勇气的追问。

——阎晶明，评论家

《潘侯的来路与归途》

看起来有些荒诞和变形的故事往往具有隐喻或象征的意味。患有智障的主人公因为控制不住身体的方向感而在日常生活中四处碰壁，他虽然纯真如赤子，却不能免于身体和思维的迷失与混乱。与此相对应的，则是正常人和正常社会中的庸俗与丑行，还有邪恶与暴力。这注定了我们的主人公只能是个失败者。如果我们无力与俗世相抗争，那就用宽容和美德去包容它，用人性的善良与高尚去救赎这个世界，同时也就是拯救我们自己。这有些无可奈何，但我们会因此感到真实的温暖和希望。就像小说中重复出现的海子的诗，我们向往那种纯粹的幸福感。

主人公的“荒诞”行为有些极端，让我们意识到作品的虚构性，但弋舟对于细节的写实，则有力地将虚构的一切充实起来，支撑起来了，整篇作品显示出了相应的饱满而不致流入某种观念的图解或演绎。这其中含有文学写作的真谛。类似的写作，由近而言大概可以归入卡夫卡以来的传统，或中国的《狂人日记》。只是这篇作品要显得清浅而明亮，忧伤中凸现的是暖意。

——吴俊，华东师大中文系教授、博士生导师

《噤声》

这篇小说讲一个女人和两个男人的故事，是一篇把爱情推向极端使其变成乌托邦的爱情小说。文学史上将爱情写得极端化的爱情小说不乏杰作，像《简·爱》《飘》以及电影《魂断蓝桥》等等，但这一篇写的却是“爱与折磨”，还有一些颓废和挫败感渗入叙述中。或许这就是这篇小说和传统爱情小说的区别，也可以说是传统小说家和现代小说家对待爱情的态度的区别；前者往往把爱情写成“梦”，而后者则往往把爱情写成“病”。

《噤声》最有价值的地方在于，朱莉是因为“拯救”去爱王坚的，可是“拯救”无法变成持久和日常化的关怀，最后她为了爱把王坚变成了一个躯壳。这个主体情节的设计虽然有些“做”的痕迹，但它却把作者对于“爱与折磨”的表达提升到了一个高度。我在阅读中全程目睹了作者把爱与现实击碎的过程，这个过程就是叙事性文学作品的力量。

值得关注的还有弋舟对细节的巨大热情：朱莉打碎杯子，马丁变声，京叭狗狂吠得唇边滴血。这三个细节都与声音有关，而且细节出现的时候，弋舟并不是点到为止，而是极度渲染，让细节膨胀，使阅读者很久之后还能记住它们。由此我断定，弋舟精通细节在小说中的威力：细节就像弹簧，它对于小说的支撑作用极富弹性，你想让它的力量有多大，它几乎就能有多大。

——刘照如，小说家，《当代小说》副主编

《仁慈》

这篇小说，有点舍不得一口气读完。弋舟的语言好，从容、均匀，虽然简洁，却很能渲染氛围，把人带入情景，那种湿热的、雾蒙蒙的恍惚。自王元不带钱夹出门，我就晓得钱上一定有戏要出来，于是就期待、猜测，同时又担心，生怕一篇好小说，栽在了俗套里。然而栽了的是王元，这个正平步青云的处长，一步踩空，步步踩空，一天没过去，已落在了虚无里。当然，栽了的也还有读者，因为就在我们和王元一样，以为事情理所当然，会如此如此时，作者已如撑长篙的艄公，不动声色地让船拐了一个弯。我得说，弋舟的确很会讲故事，同时也很有分寸感，强烈的戏剧性，被掌控在了含蓄、细腻的叙述中。今年六月在黔东南开笔会，《山花》主编何锐老师酒后谈小说，给了四条标准：“语言、叙事、感觉、意味。”说得极妙。这篇小说语言、叙事、感觉俱佳。那么它的意味呢？意味似乎挺玄的，不能一言以蔽之，但它的确通过一件沉默的道具,即那本和钱夹一样厚实的《圣经》,向我们既荒谬又真实地发出疑问来,那个与我们同在而又总被遗忘的仁慈究竟意味着什么?

——何大草,小说家

《黄金》

这是一篇深入骨髓、读后令人心生寒意的小说。有什么东西,在我们不知道的时候,轻易地改变了我们。而这暗中的改变,需要作家的发现,在人们最不经意的地方,在人们只看到表象的地方,发现生活的真相,这是作家的发现能力。而把它呈现出来,则是另一个能力。结构严谨,叙事冷静,描写细腻,弋舟具有这样的能力。在现实的生活中,毛萍不过就是一个为人不齿的丧失了名誉的女人,而且是个看起来近乎无耻且贪得无厌的"破鞋",但一个作家如果只是这样看,就没有小说的存在了。我在前面说到,作家以小说破解人生的秘密。人生的秘密经由作家呈现了出来,我们得以惊奇地发现:哦,生活原来并不是我们看到的样子!但对于一个作家来说,这还不够。"他是一个探索者,在揭示存在的某些未知方面的努力中摸索他的道路。"我想,昆德拉说的是作家及其个人文本的价值。《黄金》已经庶几近之。

——秦巴子,诗人,小说家

家园故土与我们的文学

弋　舟

大家好:

很荣幸能够代表其他的七位作家发言,同时也感到不安,我当然不以为自己的态度能够完全代表这七位同行。好在今天我们八个人有着一个共同的立场,那就是,今天,我们都是在"甘肃小说八骏"这面旗帜下来到了大家的面前。

家园与故土对于每一个作家的意义,我想,无论怎样强调都是不为过的,生于斯,长于斯,谁都无法摆脱家园与故土镌刻在自己血液中的烙印,作为一个书写者,无论笔下的作品呈现出怎样的面貌,家园与故土总是会执拗地在他的文字中安营扎寨,由此出发,便有了文学意义上的梦乡。"一个人必须根据经验写作",每一位作家的内心,都或多或少需要一个支撑点,在那里经历一些最根本的常识，蒙受喜悦，甚至忍受挫伤与悲痛，接下去，因常识而逐渐变得有力，因挫伤而逐渐生出补偿之心，然后为了弥补才去写作。这一个内心的支撑点，最直接的基础，当然就是自己时刻沐浴着的阳光、空气，是自己时刻倾听着的方言，目睹到的山川风貌与钢筋水泥，是我们现实之中的家园与故土。

的确，我们当中，已经有人在作品中清晰地标明了自己的方位，比如雪漠的大漠，张存学的甘南，马步升、和军校的陇东，叶舟的大敦煌以及向春的草原。迄今为止，只要我的小说中需要一座城市的出现，我都无一例外地会冠以“兰城”这个名字，如果在小说中需要，那么必定有一条大河穿城而过，在这座城市里，人们吃手抓羊肉、牛肉面，闲暇的时候，会在河边喝三泡台，一目了然，这座虚构之城，来自真实的地理意义上的兰州。我们与自己的土地心心相印，于是甘肃这片土地便为我们提供了最直接的创作素材，成就了我们的文学表达。

今天以“甘肃小说八骏”来命名我们，我们首先要感谢这块土地给予自己的不可更改的哺育，同时，我有一个愿望，请大家言及这块土地上的文学时，不要简单地划类。不错，边地、荒凉、大漠孤烟直，是这方土地的外部特征，由此而来，似乎隐忍、粗犷就天然成为我们的内部特质。显然，如此划分是忽略了文学的广袤与深邃，忽视了甘肃作家感知大地的深度与炎凉时的复杂情怀。如果甘肃的文学永远只能够被这样来共同地标识，那么，不是评论的敷衍，就是我们的文学并没有配得上那片土地超拔的一言难尽的神奇。是的，一言难尽，而这种一言难尽，恰是我们文学取之不竭的源泉，并且，这“一言”之所以“难尽”，也恰恰昭示着我们与伟大的文学目标依然遥迢万里。

作为一名甘肃的作家，几年来，我们切身感受到了甘肃省委宣传部、省文联、省作协对于我们的关怀；作为本省中青年作家进军全国文坛的大本营，省文学院“摘除篱墙、开放办院”“一院三制”等理念在制度创新上带给我省文学创作全新的气象，在这种气象下，激励了我们的创作热情。

今天我们八个甘肃人来到这里，嘴与耳朵的分工是不对称的，我们在表达的同时，更加愿意让耳朵来积极地倾听。感谢这次研讨会，让我们能以甘肃的名义表达自己，从而回报自己的家园与故土，感谢文学，让我们对于家园与故土的依恋，有了栖息的营地。

谢谢大家。

张存学的回信

尊敬的程金城先生：

您好！大札收到。能列入您课题研究的对象深感荣幸。现在就您提的几个问题回复如下：

以下都是不太成熟的一些思考，也可能有失于偏颇，见笑于方家了。

张存学于2009年3月2日

问题一

就我个人创作而言，我自己不是太满意。我现在的创作成果远远没有达到我现在所预想的程度。这里说的预想的程度是不断变化的，一个时期有一个时期对自己创作的期望，甚至每一篇都有着不同的期望。但总的来说，我的创作从一开始就力图摆脱主流话语的羁绊，力图摆脱价值性的、对象化的、观念化言说的窠臼。这种努力是持续不断的，也是充满着艰辛的。在这个过程中，我有时陷入我要背离的泥潭中，然后又反过身来继续行走。现在，我对自己先天的缺陷已经能够看清，同时也清楚通过创作之路要切近生命真相的艰难和凶险。我是从1985年开始发表小说的，回头看，我的大多数小说都是能够留下痕迹的，这些小说总体上都是扎实的，没有虚妄感的。

我比较满意的作品有：

中篇小说

《罗庄》发表于《收获》1989年第5期；

《那个早晨》发表于《十月》1994年第6期；

《姿态》发表于《十月》1996年第2期；

《迷醉》发表于《十月》2001年第5期；

《灰鸽》发表于《飞天》1994年第6期；

《蓝丽》发表于《绿洲》1995年第3期；

《五月春光》发表于《飞天》2003年第1期。

短篇小说

《迷茫的丛林》发表于《飞天》1986年第1期，被《小说选刊》1986年7期选载；

《隐秘的岁月》发表于《飞天》1996年第1期；

《拿枪的桑林》发表于《上海文学》2005年第9期，被《2005年中国最佳短篇小说》年选本选载。

长篇小说

《轻柔之手》2006年敦煌文艺出版社出版；

《坚硬时光》《西部华语文学》2007年第9期。

创作评述摘要

在“寂寞的西部”，新近的西部作家张存学、叶舟、卢一萍、金瓯、红柯、陈继明、石舒清等始终没有放弃过“西部经验”的前卫性小说叙事探索，这使他们的小说叙事表现出一种“先锋性”。这里的“先锋”，不仅指他们的“本土化”与“边缘化”的书写姿态，而且指他们超越当下生存状态和认知方式的强烈愿望，其强烈的程度也表现在叙事形式方面。

（李兴阳：《从文化想象到重新发现——今年西部小说作家群及其创作综论》《文学评论》2006年第5期）

在新近的西部作家中，张存学是颇为执着的先锋小说叙事的探索者，从《迷茫的丛林》开始到长篇《轻柔之手》，其存在主义精神取向是一贯的，焦虑、孤独、恐惧、暴力和死亡等存在性命题都关注在他所营造的充满仇恨、阴谋、残忍的西部“拉池”小城中，构成他的“拉池县系列”。于对存在命题的探究相应，张存学对叙事形式的实验也陷入一种“迷醉”中，形成了沉思而阴郁的叙事风格。

（李兴阳：《从文化想象到重新发现——今年西部小说作家群及其创作综论》《文学评论》2006年第5期）

董立勃、风马现行的小说先锋艺术探求，是由张存学、叶舟、卢一萍等作家继续往前推进的。他们也写过一些比较写实的作品，但主要成就还是“先锋小说”。他们的先锋小说，从内在精神特质到外在叙事形式，与董立勃、风马的小说已有了质的区别，而更类似于东部的“后新潮”小说。在这些作家中，张存学坚持先锋性探求的时间最长，叙事风格最稳定，也最成熟，可视为西部20世纪90年代先锋小说的代表作家之一。

甘肃作家张存学最初的几篇小说，如《迷茫的丛林》等有寻根小说的色彩，从《不安的荒滩》开始，被指认为先锋小说的一些艺术素质便出现在后续的一系列实验探索性的作品中，并逐渐形成较为稳定的叙事风格。张存学不仅醉心于叙事形式的实验，而且也注重生命存在意义的探索。他的小说从来没有放弃对生存的拷问，其存在主义精神取向是一贯的，焦虑、孤独、恐惧、暴力、死亡、荒诞等具有生存本质意味的主题，贯注在他所营造的充满仇恨、阴谋、冷酷、残忍和血腥味的阴暗世界中。

在这个阴冷灰暗的世界里，张存学让所有的人物一出场就有点“不对头”，就存在某种“精神障碍”，并因此而被宿命所困，难逃劫数。任务的“精神障碍”首先与其早期经验中的暴力受虐有关。施暴者有父亲，有权威者，也有同伴兄弟。在所有这些施暴者中，张存学涉笔最多的是父亲或者养父的暴力，这种暴力不仅对子辈人物的人格造成不可逆转的影响，形成“精神障碍”，变成难解的心理死结，而且也让整个家族从此陷入无穷无尽的灾难中。譬如《迷醉》中的落成就是在父亲罗世杰的暴力中长大的，暴力和仇恨早已在他的心中扎下了根，这使他养成了暴烈而又颓唐的怪异性格，他从此不能进入正常的生活轨道，只能按宿命的轨道滑向毁灭。暴力几乎存在于张存学所有的小说中，成为他透析人的存在的镜子。张存学借这面镜子，不仅找出人的暴力本能这个内在之魔，找出家族内部血淋淋的生存酷景，而且还照出历史的血腥气。譬如，《灰鸽》中写班主任刘文成主持的批判大会对学生罗俞等实行的暴力批斗，其用意不仅仅在于揭示“文革”暴力对人的精神戕害、肉体摧残，而更在于借历史暴力的展示，从历史的深处看去暴力的存在，从而再从甚广的历史背景中来探求人的生存，这使张存学的先锋小说获得了存在哲思的品性。

与暴力密切相关的是死亡。弥漫在张存学小说中的死亡，表现为一种宿命性和平常性(即虚无性)。如《迷醉》中的岳玲是个吸毒者，吸毒与受虐是她生命存在的两种基本形式。岳玲为之迷醉的其实就是生命中的自我否定因素，是生命中颓败的一面，它时刻昭示生命的灰暗、无聊与空茫，并将生命导向死亡,而这恰恰是每一个生命无法逃遁的宿命。正因为如此,死亡不论以什么方式到来,都不过是存在虚无的呈现,也就十分平常。有意味的是,张存学小说的叙述者在面对被叙述者不同形式的死亡时,他们自己最后总是选择了生,这正与海德格尔的存在观念暗合。“海德格尔认为,人只有真正领会懂得了死,才能领会懂得生。”“正是在死中此在才能体会一切皆属空无,唯有自己是真实的,死使此在摆脱一切世俗关系,唯独剩下它自己,而唯有此在自身才是有独立人格的自由的人。”

暴力与死亡使生命的存在显露出它本有的荒诞,无论是选择生存还是选择死亡,张存学小说中的人物都被笼罩在一种无法解脱的荒诞感中。面对荒诞的生存处境,张存学小说中的人物,不论是施暴者还是受虐者,都无一例外地陷落在巨大的孤独、焦虑与恐惧中。在这样的存在情感体验中,他们可以接受荒诞却不能够在荒诞中生活,于是就用逃离或自杀来试图超越荒诞的存在。但荒诞就是存在自身,荒诞是不可超越的。

与对暴力、死亡、荒诞和孤独、恐惧等存在命题的探究相应,张存学对叙事形式的实验也陷入一种“迷醉”中。张存学对叙述者的设置颇为考究,无论是用限知视角还是全知视角,他都让作为视点人物的叙述者具有一种感觉敏锐、沉郁多思和懵懂回忆的特征,并让每一个特征都担当起叙事功能。首先,叙述者敏锐而复杂的感觉使整个叙述过程都笼罩在一种灰暗、冷漠的情绪氛围中,孤独、焦虑和恐惧的存在情感体验也由此传达出来,如《灰鸽》。其次,叙述者的沉思默想,不仅将事件碎片缝合连缀成一个“历史过程”,而且赋予一种深致的存在精神气度,如《那个早晨》。再次,叙述者的感觉、沉思和懵懂的记忆还将经验世界携入叙述时间中,促使小说在现实与幻觉之间相互转换,使经验世界彻底敞开,让世界失去确定性,从而显露其值得怀疑的、无目的的、无动机的本质,只有在心灵的深处才能映射出一个“不存在”的“存在”,如《憧憧之影》。预述,也是张存学用得最为老到的叙事技巧之一。预述,它或者由叙述者的敏锐感觉传达对超验世界某种隐秘暗示的捕捉,或者由李拐子、泣雀(《期待灾难》)这样另一个人或物暗示未来的灾难信息,或者让未来时间作为当下事件之果先期讲述。不论是哪一种形式,都是“宿命”在叙事形式层面的呈现,它表明一切都已被先期决定,所有的行为都不过是西西弗斯式的徒劳,都是一种悖谬或荒诞。

(李兴阳:《从文化想象到重新发现——今年西部小说作家群及

其创作综论》《文学评论》2006年第5期)

读加缪的《鼠疫》,当里厄在遍地喜庆中感受到的却是遍地潜伏的鼠疫时,作者似乎要警醒人们,极权政治对人的心灵的伤害是多么的深幽无边,而《轻柔之手》要警醒人们的是什么呢?是如何斩断极权政治与人的内心的恶之间的天然桥梁,更重要的是要伸出一双双轻柔之手抚慰人们的灵魂,受虐者的灵魂固然须要抚慰,施恶者的灵魂更需要抚慰,国民的灵魂生态得不到有效改良,那么,灾难将会与每个人如影随形。作者积多年之功,静心营造了这样一部长篇小说,其主题开掘的深度、其艺术视野的广度、其语言的浓度,都是近年来,在国内文坛茫茫长篇小说之林中,难得一见的一棵秀木。

(马步升:《谁的灵魂需要抚慰——读张存学长篇小说〈轻柔之手〉》,《文学报》2006年3月9日)

张存学执着较真的写作态度,使他的作品始终存在着活跃的变异成分,从精神到风格,都不断有新的因素的加入或尝试,这只是说,从故事构造和思想情感取向来看,他的大部分作品都存在着某种统一的东西,所有的变数不过是从某一向度上合乎逻辑的推进而已。从这一意义上说,他的那些具体内容各异的小说,是可以当作一部精神史来读的。我不知道在张存学的作品和他的生活之间存在着一种什么样的关系,但我可以推断,这种写作对他的精神成长来说,是意味着一次次的精神蝉蜕的。

(邵宁宁:《无望的逃离之旅》《飞天》2003年第1期)

问题二

从1978年开始,伴随着思想精神领域的解放和改革开放战略决策的确定,甘肃文学创作走向了一个新的历史阶段。这个阶段到现在已经三十年时间。在这个阶段中,甘肃的文学创作不论在确立本土的小说格局方面,还是在与外部交融并为中国文学整体创作做出贡献方面都取得了前所未有的成就。甘肃是一个在文化上有着深厚底蕴的省份,同时又是一个各民族文化相互交融的省份,还有一个重要特点就是甘肃是一个生存条件复杂并异常严酷的省份,这些特点在一定程度上决定了甘肃的文学创作者的言说方式、精神走向和内在砥进的能力。也正是这些特点,使甘肃的文学创作有别于其他地域的文学创作,并使甘肃的文学创作呈现着独特性和不可或缺性。可以这样说,甘肃文学在这三十年间已经完成了从功利型文学创作到观照文学本身的转变,完成了从不自信的摸索、跟风、对外倾慕到自信、自立的转变,并在这基础上让文学创作呈现出被本土命运召唤的深刻性。毫不夸张地说,拿文学创作回应文学对本真要求的这个尺度来衡量,这三十年间甘肃的优秀文学作品已达到了相当的水平。

就以上总体评价而言,确立甘肃文学的本土格局是所有成就中突出的,甘肃文学由此而成为甘肃文学,甘肃各个地域的作家们以不同的叙述、不同的文学色彩来完成了甘肃文学总体的格局,并由此在文学的世界里扎下了深深的根。

尽管如此,甘肃的文学创作还是存在着一些明显的不足。

乡土性文学作品,乡土性的道说在甘肃文学创作中占有一定的分量,甘肃的一些文学作品能够引起人们的注目还只在于此。同时,这类作品恰恰也与主流的评价系统的期待相契合。就乡土性而言,它在道说人的最自然、最贴近人源头的状态方面是最应该肯定的。乡土性不是寻根,它是对无蔽状态的趋近。甘肃的文学创作者们在一定程度上有这种天然的能力,他们能从大地中走出,在他们的道说中存在着乡土的情怀。当这种情怀过渡到语言时,它的鲜活与生动就跃然而出。但是,许多甘肃的创作者仅仅停留在这个状态上,他们无法更深地拔擢他们所拥有的生活,而且也没有能力在更高的层次上把握乡土性。因此,当他们遭遇到外部复杂的冲撞时,他们往往就会茫然起来,而且会失掉他们原本的趋近本源的能力。说到底,甘肃的文学创作者们在目前最大的不足是精神上的单一和浅显。修炼不足,精神上的砥进能力不足,使得甘肃的文学创作者们缺乏定力;也使甘肃的文学创作者们难以在更深层面上、在当下人的最迫切的精神状态下难以说话。

其次,甘肃的文学创作更多地受制于主流评价系统的左右。一方面,甘肃的文学创作者们大都没有从价值层面上挣脱出来,而且也缺乏这样的能力,另一方面,主流的价值评价性的评价系统一直对甘肃的文学创作形成影响。这种状态也是全国性的。在道德上期待的,要求宏观叙述的,非此即彼性评说的,这些可怕的现象一直存在。而甘肃的文学创作要走出这种局面还需要很长的时间。

问题三

说到对甘肃文学未来发展的思考和建议,我认为关键还是得壮大民间的话语能力。这种话语能力更多是思想层面上的,独立思考层面上的。这种话语是相对于主流评价系统的。

张弛的回信

写给程金城

对目前甘肃文坛现状和发展构想，张弛无多具体意见，只强调两条基本原则。一，在管理层面，要多用一些为人民服务的好干部，少用一些政客之流。二，在创作方面，要尽量领会“文以载道”的本体精神，抒纯净之气，言正义之态，述大我之事。

张弛创作简况

张弛，原名张子明，甘肃永昌人，1955年出生。大学学历，正高职称，现为甘肃省文联专业作家，兼甘肃省作家协会副主席。

1981年开始业余文学创作，1983年于《人民文学》发表短篇小说《杏林风水》，崭露头角。1985年以短篇小说《驽马》获得由联合国制定的国际青年征文奖，正式走上文坛。1986年出席全国青年创作会议。1988年，在《十月》发表中篇小说《汉长城》，是我省中篇作品首次登上该刊。1989年，在《当代》《花城》《青春》《飞天》等连续发表中篇小说五部，其中《甲光》获“当代”文学奖，《村谚》获“飞天”文学奖，奠定了陇军新秀地位。1990年，当选为甘肃省作家协会副主席。1991年，以其总体创作成绩获得中国作协颁发的“庄重文文学奖”。1992年，在《当代》发表长篇小说《汗血马》（选载），是我省长篇作品首次登上该刊。该作还被《中华文学选刊》《延河》《兰州日报》、甘肃人民广播电台、青海人民出版社等转载、选载、连载、连播、单行本发行，引起一股马文化热潮。2000年，张弛在人民文学出版社出版其长篇小说《红鸟国秘史》。2001

年，他出席了第六届全国作家代表大会。之后，暂停文学创作，转而研究哲学，于2005年完成三十万字的长篇哲学论著《命运论》，由作家出版社以"作家参考丛书"重点推出，广受好评，被视为作家学者化的一个成功标本。目前，作者又在撰写一个以西路军为题材的长篇战争小说。

张弛作品以西部风格见长，气势雄浑，意境崇高，先后有评论家、作家李清泉、雷达、王愚、周昌义、程东安、许文郁、刘俐俐、匡文立、浩岭、蔡磊、田冶、金森、莫雄、魏晓东、彭岚嘉、程金城等在《文艺报》《文学报》《文学评论》《小说评论》《当代文坛》《丝绸之路》等诸多报刊发表专文评论。

新时期甘肃文学创作综论

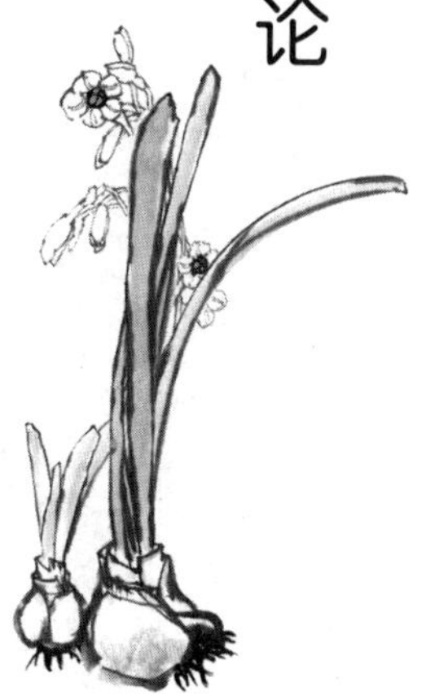

新时期甘肃文学的自觉与发展

新时期以来,甘肃文学有了长足的发展和进步。诗歌、小说、散文随笔、戏剧、报告文学、文艺理论和文学批评均取得重要成就,是甘肃文学历史上最繁荣和最有成就的时期之一。主要表现在:

一、一批重要作家作品走出甘肃,实现了与全国文学界的对话

在改革开放的历史背景下,甘肃文学与其他地区相比,发展虽然曲折并有较大差距,但是,纵向比较,进步是巨大的。其中最重要的一点,是出现了一批在全国引起反响的作家、作品,在一定程度上有了与全国文学界对话的水平和能力。短篇小说、中长篇小说、散文、诗歌、报告文学、文艺理论和文学评论等,都有可圈可点之处。这些作品不仅走出甘肃,而且问鼎全国各大文学奖项,获得了令人惊喜的成就。有理论家感叹:"三十年前甘肃文艺界就倡导走出甘肃。走出甘肃的标准是什么呢?是甘肃作家、诗人的作品能在《人民文学》《诗刊》《文艺报》《收获》等国刊、名刊、大刊发表——甚至能在《延河》发展作品都算走出了甘肃……而今,甘肃的中青年作家、诗人,在这些国刊、名刊、大刊发表作品已是家常便饭,随时可见;至于在全国大出版社出书,更是屡见不鲜了。"(陈德宏语)[1]我们赞同这一说法,甘肃文学的长足发展,是有目共睹的事实。

诗歌方面,甘肃诗坛逐步进入了历史最佳时期,诗星璀璨。老诗人高平、李云鹏、吴辰旭、老乡、汪玉良等依然保持着较高的创造力,继起的诗人林染、彭金山、阳飏、匡文留、牛庆国、娜夜、叶舟、高凯、古马、完玛央金、第广龙、唐欣、王若冰、小米、王开元、马萧萧、扎西才让、李满强、李继宗、于贵峰、郭晓琪、离离、刚杰·索木东、杏黄天等人更成为甘肃当代诗坛中的实力派、创新派力量。甘肃诗人倾情诗神,好诗迭出。众多诗人的佳作发表在《人民文学》

[1]见本文22页,陈德宏《我的文学ABC》。

《诗刊》《星星》等最具权威性的诗歌刊物上，在全国诗界取得了不容忽视的重要地位，也使得甘肃获得诗歌大省的赞誉。高凯的组诗荣获2008年冰心儿童文学新作奖，老乡的《野诗全集》、娜夜的《娜夜诗选》同时获第三届鲁迅文学奖，更是对甘肃诗歌成就的一个有力的奖掖，也是一个肯定和证明。更多的诗人频频获得其他全国性的诗歌奖项。甘肃诗歌获得了自己的话语权。

小说创作方面，长篇小说有了重要的突破，中短篇小说创作水准较高。近三十年来，甘肃涌现出了一批逐渐在全国产生影响的小说家和作品。王家达、邵振国、雪漠、马步升、王新军、张弛、叶舟、张存学、弋舟、尕藏才旦、向春、唐达天、范文、尔雅、徐兆寿、李学辉、严英秀等人的作品，大都发表在国家级文学刊物上，或者在国家级权威出版社结集出版。这些刊物和出版社本身所追求的品位保证了作品的高质量。一批作品被转载和收入多种文学选本，得到重要理论家的推荐评介，并且问鼎各种文学奖项。比如，邵振国的《麦客》获中国作协第七届全国优秀短篇小说奖；王家达的《清凌凌的黄河水》引起文坛高度关注；雪漠的《大漠记》《猎原》《白虎关》等参评茅盾文学奖并获得较好的评价，有的作品荣登"中国小说学会2000年中国小说排行榜"，荣获"第三届冯牧文学奖"；王新军的中篇小说《民教小香》(被改编为同名电影)获第六届(2000—2002)上海长中篇小说优秀作品大奖中篇小说奖，甘肃第四届敦煌文艺奖；马步升的短篇小说《老碗会》先后获甘肃省第四届敦煌文学奖、国家五部委授予的第六届中国人口文化奖小说一等奖等四项奖励，短篇小说《哈一刀》获2001年全国短篇小说排行榜提名，入围第三届鲁迅文学奖；叶舟的一系列中篇小说，总体质量高，其中中篇《羊群入城》获《人民文学》2008年度小说奖，《我的帐篷里有平安》获得第六届鲁迅文学奖，成为甘肃小说创作的新标高；弋舟的中篇小说《等深》《所有路的尽头》分别荣登2012、2014年年度小说排行榜榜首，《等深》获第三届郁达夫小说奖提名奖，短篇小说《龋齿》获西部文学奖。弋舟的《所有路的尽头》，向春的《被切除》同获第十六届《小说月报》百花文学奖，等等。这些作品在甘肃省、全国乃至世界产生了一定影响。据估计，进入21世纪以后，甘肃每年出版的长篇小说大致在百部左右，发展的步伐是相当大的。甘肃小说在全国范围内虽然还没有很重要的地位，但是创作势头强劲，数量不断增加，质量逐步提高。

报告文学创作方面，王家达的《敦煌之恋》获第一届鲁迅文学奖全国优秀报告文学奖，董汉河的《西路军女战士蒙难记》获得徐迟报告文学奖，在社会上产生了广泛影响。散文随笔创作方面,雒青之、铁穆尔、马步升、田企川、杨献平、杨永康、宗满德、钟翔、习习、王琰、杨光祖等人的创作获得好评。总起来看,新时期甘肃文学不管数量还是质量,都堪称历史上最好的发展时期。

二、借重地域性又超越地域性

文学的地域性主要有两方面的含义,一是指特定地域的社会现实、生存状态、文化传统、风情民俗、自然风物、独特题材、语言特点等属于创作资源的内容;二是指作家的世界观、人生观、思维方式、审美情趣、创作意识、表达方式等带有特定地域性的文化品格和特点。前者关系创作客体,后者关系创作主体。这两方面的有机契合,可以成为文学创作的优势,借助于这些优势可以取得某些特殊的成果,创造出具有地方特色和风格、反映特定地域文化精神的作品(参见后文相关论述)。甘肃文学创作出现了可喜的局面,不少作品在全国产生了重要影响,这些作品的成功经验之一,正是借重地域性又超越了地域性。比如范文的《雪葬》以朴实而富有激情的笔触,描写了发生在西部仍不发达村庄的一系列现实事件,塑造了被改革潮流推上社会舞台却最终失败的农民企业家赵天佑的形象,反映了改革开放给农村带来的深刻变化及其存在的深层矛盾,其揭示的问题具有普遍意义。小说对缺乏约束的权力所导致的悲剧的思考,突现了政治文明建设的极端必要性和紧迫性;对经济运行机制中弊端的揭露具有警示意义;对人物命运的把握和性格的刻画,充分注意历史传统、生活环境、道德习俗和价值观念等文化因素。浓郁的生活气息与多彩的民俗风情的描绘也是作品的优长。这是一部直面现实、富有责任感又有文化意蕴的优秀作品。雪漠的《猎原》"以最真实地记录历史"的创作理念,艺术地展现了大西北一群主要靠狩猎为生的人们的生存状态和人生命运,通过"猎原"上"最寻常的百姓生活"的描写,揭示了人与自然环境的关系和面临的困境,体现出比较深刻的人类自省意识和批判态度。小说塑造的孟八爷、猛子、豁子女人等形象具有较鲜明的个性特点;一些生活场景和细节的描写生动而富有诗意;对自然生态问题与人类命运问题乃至人性的思考和艺术表现有一定的深度与特色。这是一部充满生态意识和人文情怀、具有新的艺术追求的优秀作品。《绝路》以圆熟的写实手法描写了一个新闻界的人物由逐步腐败最终走向人生绝路的故事。作品主人公以自己为活动中心结成的大网,牵挽到家庭、社会、政府、企业、自由职业者等各个方面,由此展开的故事，让读者真切地感受到腐败对我们社会肌体的强烈腐蚀和渗透；同时又由主人公的悲剧结局表明，腐败不得人心，谁搞腐败必然走向绝路。小说以新闻界作为反腐观测点，这一构思异于通常的作品，具有创新之处。鲜明的人物形象，生动的故事情节，自然、有力的语言表达，均显示出作者深厚的现实主义小说创作的艺术功力。王新军的“大地村庄”系列小说，以对河西走廊故土家园、人生情境、民俗风情等等的深描而引起学界的高度关注和积极评价，在上海等地学院派的批评中也赢得了声誉。而有许多作家，已经具备了超越地域性局限而面向世界的胸怀和主体意识。借重地域性又超越地域局限，是甘肃作家创作意识的重要进步，也是甘肃文学获得普遍价值的重要进展，从一定意义上说，甘肃文学的未来发展，在这一向度上新的突破、蜕变和创新，将决定甘肃文学的地位。

叙事风格的变化和技巧的变化，实际上是综合水平提高的体现。进入新世纪，一部分中青年作家的创作，超越了地域、题材等方面的局限，不再依赖于题材的特殊和地域特点来取胜，而是具备了对地域资源“深加工”高附加值的艺术创造。而且，其后发优势极为突出。在他们的作品中，依然还可以发现西部的元素，但那只是他们艺术创造的“材料”砖瓦，而盖起的整体建筑绝不再是以往的“窑洞”和土房，而是具有现代气息又有地域风格、不同于任何其他建筑的大厦。当别的地区的作家借助于他们的各种优势——这种优势或是近代以来的社会发展优势、文化优势、媒体传播优势等——掌握着中心话语权的时候，处于边缘的甘肃作家已经意识到自己的弱势和危机，在寻求不同于他人的路径，换句话说，他们更早地由于边缘而在客观上追求创新，因为他们意识到，若不如此，他们永无出头之日。而其中有更大视野和更多对文学特质理解的作家意识到，单靠地域的资源和题材的特点做不出大作，也走不了太远，他们的目标是要超越，不仅超越自身、本省作家，而且要超越当代中国文学主流作家的“样板”，必须走出自己的路。这种意识，在叶舟、弋舟、雪漠、邵振国等人的创作和自述中都有表露。例如：叶舟的游刃有余、挥洒自如、灵动中的自信与诗性，雪漠的广博以及其言辞精确细腻含蓄蕴藉；弋舟的深邃缜密细腻温情——弋舟没有更多的直接论述，但在他的作品中，包括作品后记中都有这样的阐释，如《战事》中的“瞻前顾后，目光迷离”的“眼神”和“宁静的仪态”，还有忍耐和等待（《和光同尘，这样的人，必定终获全胜》，见《战事》百花洲文艺出版社2012年版）……这些几乎可以是甘肃有前瞻性和危机感的作家的最高认识和最深刻的自审、自省。目光迷离是一种大音希声、大象无形的境界。当然，对于甘肃这类创作，也不能估价过高，我们还有更大的期待。比如，在轻灵中还应有更多的蕴藉，有更多的厚重广袤，有更多的深刻和普遍性。

三、创新、探索精神与多样化显现

创作题材的多样化拓展，艺术风格的多样化表现，创作手法的多样化探索，是甘肃文学创作逐步显现出的良好态势。张存学、叶舟、弋舟、向春、尔雅……在这些方面表现出充分的锐气。比如，在小说创作方面，《蝶乱》《身体补丁》《非常日记》等，打破了甘肃长篇小说长期以来过度依赖于题材，艺术创造性和想象力不强，与创作对象不能拉开应有距离的局面，是特别值得注意的。向春的《身体补丁》以新颖含蓄的艺术手法表现了现代社会中不同的性观念引起的冲突，揭示了潜隐在日常生活中的性文化与女性境遇及命运之间的关系。小说通过对处女崇拜的反讽、调侃，对主人公谷子和婆婆牛哆两代女性的不同命运的诗意描写，表达了对“身体补丁”与灵魂拯救关系的思考，并对世俗的性观念提出质疑，体现出追求女性自立和新的性别观的现代意识。细腻的生活感悟和丰富的情感体验、流畅的叙述和略带象征性的情节，以及创造独特意象和善于营造氛围的艺术手法是其重要特点。这是一部具有创新意识和探索精神的优秀作品。徐兆寿的《非常日记》以题材的大胆和主题的尖锐为特点，在中国当代小说界第一次正面描写了大学生的性心理、性压抑及其导致的心理疾患，通过透视这一群体的心理隐秘和深层精神现象，不但把大学生的心理健康问题突现出来，而且在客观上触及当代中国社会普遍的性文化、性意识、性观念、性道德问题。小说通过几个人物形象的刻画和心理状态的揭示，力图探讨人性问题和情与理的冲突。真实的袒露与紧张的思考、富有吸引力的叙事与细致的精神分析，以及独特的日记体与略微的思辨意味，构成小说主要的艺术特点。之后的叶舟、弋舟等作家在这个向度又有大的创获。文学作品不仅仅在于写什么，还在怎样写，怎样写得有韵味有内涵有美感。经过一个时期的探索，甘肃出现了一批新锐作家，他们艺术观念上的现代意识和先锋性、作品对精神性与超越性的追求、意象色彩的强化、叙事策略的讲究、丰富的想象力、充分的虚构性、似真似幻的故事情节、奇谲飘逸的美感风格，以及将细腻的人生感悟和复杂的情感体验通过艺术概括赋予寓言式隐喻的能力等等,已经显露出浓郁的现代性,为甘肃文学创作别开生面。这些充满创新意识和艺术探索精神的作家作品,也常常显出作家的才情和个性。在甘肃当代文学发展史上,这种新突破很有意义,它以新的艺术思维方式开拓了新的创作空间,在一定程度上开始改变甘肃文学的艺术格局和传统风格,也改变着甘肃文学家自己的"形象",是值得充分肯定的。

四、作家整体素质提高,文化素养有了较大的提升

文学创作既需要体验生活、感悟人生,也需要海纳百川,博采群科,细大不捐地涉猎方方面面的知识。传统的甘肃作家大多重灵感和生活,创作处于自发状态。这种重创作实践,轻理论学养的现象直接制约了优秀作品的产生。当然这也是当代文学的作家存在的普遍的文化缺失,但在甘肃作家身上体现得尤为明显。不过,这种情况,正在改善。中老年作家中如高平、王家达、董汉河、邵振国、陈德宏等本身理论学养深厚,奠定了出佳作的基础。以高平为例,高平可谓是"一位'学习型'的诗人,在几十年的创作里程中,他坚持不懈地从各门类艺术中汲取着营养,来丰富诗歌的表现手法和艺术感染力。他吸收了藏族民歌、史诗、传说中不事雕琢、单纯明朗的语言,流畅动人的旋律,奇妙的比喻,反复咏唱等艺术手法,质朴平白的叙述方式,自然明快的节奏等等;他还吸收了传统古典诗词中含蓄凝练的语言,独特的意象组合方式,意境的营造,语言的揣摩,修辞的运用,情景相交融等等。并把这种借鉴吸收、融合内化成自己的东西,形成有个人特色的艺术风格。"[1]邵振国则对美学和艺术理论有深厚的素养,对文学问题有深刻思考,这在其文学理论学术论文和小说创作的艺术追求中均有突出体现。青年一代作家对文化素养有更自觉的意识。比如马步升,知识结构全面,历史文化学养深厚,在小说、散文等领域都表现较高的创作水准,同时在理论研究、文学评论方面也显示出扎实的功力。再如雪漠、叶舟、弋舟、向春、尔雅、娜夜、古马、阳飏、徐兆寿等等,自觉地进行文学艺术理论上的探索,提升自己的知识修养、美学趣味和创作技能。甘肃作家整体的文化素养在提升,艺术视野在扩大,创作意识在革新,孕育着巨大的创作潜力。

五、甘肃文学创作的不足与局限

与以往相比,甘肃新时期文学数量多,势头好,但在全国引起很大反响的

[1]《蝶乱》获2004年甘肃省"黄河文学奖"一等奖评语。

作品还不多，没有形成群体优势，“丘陵”多而“高峰”少是不争的事实。其主要原因有：

首先是作家的心态和对文学的态度问题，也就是在浮躁和急功近利的情势下，能否潜心创作，十年磨一剑，是甘肃文学能否打破平庸，追求卓越的基点。整体来说，甘肃文学创作目前的问题不是数量不多，而是质量不高。具体来说，是已经具备了一般创作知识和技巧的作家，如何出精品的问题。多年来的问题之一，是不少作家稍有成绩，就浮躁易动，急功近利，成名后不甘寂寞，急于发表新作以证明自己的存在。精力投入不足和浮躁可能是影响精品产生的普遍问题，这也是导致数量和质量不相称的直接原因。

第二，与上述问题相联系，是情感投入不足的问题。这既表现在有些作家对表现对象、创作内容缺乏尊重和深刻思考、体悟，对现实民生、社会问题关注不够，还表现在有些作家缺乏对文学本身的敬畏和虔诚，并未倾心精雕细琢，注入充沛的精神情感；或者追求轰动效应，或者满足于张扬自我。情感投入不足，是无法量化的，但读者在阅读过程中是应该能掂量出来的。情感投入不足的直接结果就是作品不感人，缺乏震撼力。作家选择什么创作对象有充分的自由，他要依据自己的各种可能决定写什么。然而，关注什么和怎样关注确实包含着情感倾向的问题。处在我们这样一个省份和地域，面临这样一个急剧变化的时代，太多的反差使我们有更多的感受和刺激，有更多的激情与沉思，在客观上提供了得天独厚的创作源泉，然而，我们似乎缺乏相应的艺术成果。其中原因之一就是创作情感的问题。

第三，是作家独立意识和意志力的问题。作家的独立意识一是对自己和自己作品创作的可能性要有清醒的认识，对自己坚守什么、追求什么、放弃什么要有基本的把握，不随波逐流以免将自己淹没在潮流中。二是对自己的描写对象要有独立的感受、见解和独特的表现。在这方面，我省作家也在思考和调整着。一些早有成就的作家，特别是在20世纪80年代曾经产生全国性影响的作家，他们曾经是我省的实力派，有生活阅历，有艺术积累，有可能创作出力作。希望他们是在蜕变的过程中，经过重新整合，重放异彩，避免像中国现当代文学史上有些作家那样由于社会转型而半途而废、中断创作的现象。在这里，能否坚守艺术信念，是对作家意志力的考验。即使在后现代主义文化盛行的当今，我们仍以为，要想出好作品，就要有对文学应该关心的问题的深刻的思索，应该对那些生命过程中的重要问题、不可理喻的问题“敞开”而不要“遮蔽”，文学创作应该“自行置入真理”，要有丰厚的思想和精神含量，要做到这一点，作家应该是一个有独立思想的人。

以上这些差距，只要认识到它确实是制约我们的“问题”，就有克服的可能。坚守自己的创作领地，执着于自己的艺术追求，不随波逐流，把自己的艺术感悟融进创作之中，逐渐显示出自己的风度和气度，最终以其不可替代的独特性取胜，使得处于边缘地带的创作进入了中心。

概而言之，新时期以来，甘肃文学不论从作家阵容和创作态势讲，还是从作品的数量质量讲，都处于本省文学发展史上最好、最突出的时期。因此，对改革开放三十年来甘肃文学所取得的成就及其价值，我们应予以充分的肯定，对其进行及时的学理性的回顾和探讨，也是十分重要和有意义的。

新时期甘肃小说创作

新时期甘肃文学创作跨入一个新的历史阶段。从纵向比较，这个阶段甘肃小说获得到了前所未有的发展，进步显而易见：其一，长、中、短篇小说都得到了充分的发展和完善，作品数量剧增，质量不断提高，并产生了享誉全国文坛的标志性作品。比如邵振国的《麦客》荣获1984年全国优秀短篇小说奖；柏原的《喊会》荣获1987—1988年全国优秀短篇小说奖；这两篇作品成为甘肃文学进军全国文坛的标志。叶舟的中篇《羊群入城》获2008年度人民文学优秀中篇小说奖，《我的帐篷里有平安》获第六届鲁迅文学奖，成为甘肃小说创作的一个新标高。雪漠的长篇《大漠祭》入围茅盾文学奖提名和荣获“第三届冯牧文学奖”等多项奖项，它们都赢得了全国性的赞誉。此外，还有一大部分优秀小说在思想性和艺术性上都达到了一定的高度，具有一定的影响力。其二，小说的题材和主题得到多方面的拓展。由最初的乡土小说一支独大到现今的乡土小说、都市小说、知识分子小说、大学生小说、女性小说、反腐小说、历史小说、科幻小说，以至武侠小说等多题材、多层面的展示，拓展出广阔的文学领域。而且，在作家们的妙笔之下，历史的风云、时代的变迁、人性的温暖和诡异、现代意识烛照下的文化反思等等，都得到了尽情的表现和深入的主题挖掘。其三，艺术手法的多样性表现。现实主义文学的写实手法仍然受作家们的青睐，但在传统写实中融入了象征、意识流、魔幻等因素，显示出现实主义的开放性。现代主义文学对人的精神世界的探索也成为一些作家的追求，与之相应的各种艺术表现手法也得到了有效的运用。比如打破传统的情节结构模式，转向对心理结构方式的运用、时空交错的情绪化叙述，从重视典型人物转向偏重营造意象，进而以两者的融通表达小说意蕴，小说文体和形式的探索……总之，在艺术手法上的多样化追求表现出作家们可贵的创新意识和艺术探索精神，也常常显示出作家的才情和个性。

不过，从横向比较，甘肃文学与全国和西部兄弟省市相比，仍然存在较大的差距。在中国当代小说的整体格局中,甘肃小说不占主要地位,仍然在全国主流文学之外,影响力并不大。从全国来看,新时期小说掀起一波又一波的潮流,而且每个流派都产生了享誉全国文坛的代表性的作家与作品,但这其中少有甘肃大作家和有影响力的精品。与西部兄弟省市相比,甘肃小说的整体实力也不足,虽有个别作家的优秀之作显示了甘肃小说的创作实绩,但作为团体的“文学陇军”尚未形成冲击文坛的风采和实力。可以说,甘肃小说的兴盛与缺失相伴,成就和局限并存。因此,正视新时期以来甘肃小说的成就与缺失,总结新时期以来甘肃小说创作的经验教训,特别是认真深入地探讨问题的真正症结,提出具体可行的对策,使甘肃文学摆脱被动境地,获得新的突破,是现实而迫切的重要课题。本文以新时期甘肃小说作为探讨对象,主要以甘肃小说创作中大家比较关注的问题为中心,来探讨甘肃小说的成就与缺失。影响甘肃小说创作的因素很多,对其深有体会的当属小说创作的主体——作家以及致力于甘肃文学评论的评论家。因此,就甘肃小说创作的成就与局限这一问题,我们对甘肃多位作家和评论家进行了调研。文章在对这些调研观点进行总结的基础上,分析新时期甘肃小说创作的成就和局限,以期为甘肃小说创作提供一定的理论启发和参考,为甘肃小说的发展提出切实可行的建议,促进甘肃文学创作和批评的健康发展。此外,还应该看到,甘肃文学虽然不在全国占据重要地位,但其存在的问题却具有普遍性。因此,对甘肃文学的经验和教训的总结研究,比研究一个有突出成绩的文学大省(比如陕西省)更具有普遍价值和学术意义。这对总结中国新时期以来文学的经验教训,建立科学的批评范式和标准,研究出抽象和凝练的文学理论成果,乃至促进当代文学学科的发展,也应该具有重要的学术价值和理论及实践意义。

一、创作意识

一个作家要写出怎样的作品,首先与创作意识有关。创作意识关乎作者怎样看待文学,怎样看待创作,能写出怎样的作品。创作意识与作家的文学观、价值观和写作目的紧密相关。以心作笔,真情实感,写出自己对世界对生活最敏锐最深切的感受,这是一个作家最基本的写作意识。在这方面,甘肃作家亦不乏优秀者。王家达以作家的良知,对人民的热爱,饱含忧愤之情剖析时代变迁中知识分子的生活和精神世界。《所谓作家》以作家为核心,“旁及社会方方面面,触角深入人和事的灵魂和核心,有力地分析了带来知识分子命运巨变的病灶,剖析了阴暗和力量,暗示了社会要发展必须抛弃的东西。"[1]雪漠提到《大漠祭》的写作意识,他说"我只是想平平静静地告诉人们(包括现在活着的和将来出生的),在某个历史时期,有一群在西部的农民曾这样活着,曾这样很艰辛、很无奈、很坦然地活着。"[2]著名作家徐怀中将军对雪漠的创作精神给予高度评价,他说:"十年磨一剑只是一个传说,但却是雪漠文学事业的真实写照。以十几年时间,反复锤炼一部小说,没有内心深处的宁静,没有一番锲而不舍的追求,没有一种深远的文学理想和赤诚,是难以想象的。我们今天的文坛,太需要这种专心致志的创作态度。我劝大家读一读《大漠祭》,你会被西部农民生存境遇的真实性深深打动,你会体会到它跟充斥图书市场的文学快餐不同的品格,也会重温文学给予我们的那种真正意义上的审美体验。"范文的《红门楼》也值得一提,范文苦心孤诣的写作意识和文学追求,超越了对自身的顾影自怜,用心体察生活,深刻思考时代、国家、民族的历史与现状。《红门楼》潜入现实和历史激流深处,试图触摸和剖析时代的、民族的精神内核,探讨儒家道德这个大命题,敏锐地指出儒家道德在中国近代以来的失落的社会原因,以及儒家道德自身的局限性,显示出中国现代化进程的艰难和中国人道德建设的困惑,并在当下东西方文化的碰撞和"国学热"的倡导之中,提供了一个反观中国传统文化自身之不足的视角,提出了儒家道德在当下有多大的现实可行性的命题,也提出了当下社会主义思想道德体系建设的难题。邵振国的长篇新作《若有人兮》,是浸透人生体验、多年潜心创作的重要收获,作品以甘肃某地一个村子在20世纪后半期发生在几个家庭的故事为描写对象,却以小见大,在中国社会特殊历史时期的背景下拷问人性,又以人性的坚守与颓败、升华与裂变来思考社会的深层问题,突破了阶级、政治层面和地域局限。张存学执着于先锋小说的艺术探索,不仅醉心于叙事形式的实验,而且也注重生命存在意义的追问,写下了《轻柔之手》等具有稳定的叙事风格和较高的艺术水平的作品。当然,甘肃还有许多小说作家,比如老作家柏原,新一代作家王新军、叶舟、弋舟、任向春、唐达天、马步升等人的优秀小说都表现出作家们所具有的良好的写作意识,这里就不一一

[1]杨光祖:"良知的写作",载《兰州晨报》2003年2月12日。

[2]雪漠:《我心仪的作家(代序)》,载《大漠祭》,上海文艺出版社,2000年版,第1页。

列举。

良好的写作意识体现在作品中,作品会表现出对现实生活准确敏锐的把握,贯注深厚的文化内涵,体现出文学对人类灵魂的净化和拯救,对人类生存和命运的关怀。

反之,对社会的关注不够,感受不敏锐,思考不深入,换句话说就是不能深入生活。再加上精神世界浮泛,不能以诚立心,写作功利性过强。就会导致相应的闭门苦写与盲目跟风的写作方式。闭门苦写似乎是心态沉潜了,不浮躁了,问题是没有大的眼光和视野,作品的境界和格局就上不去,而且往往会与时代脱节。虽然经常说作家要强调创作个性,但“一个时代有一个时代的文学”也是文学发展的规律。紧跟时代又不被时代淹没的关键就在于对时代、社会和人生感受的敏锐性与深刻性。作家们本来比一般人更敏感,对社会的关注面应该更宽广,对世界的洞察力应该比别人更深刻,但如果作家们的眼光闭塞,拘泥于一个封闭的文化圈,不能敏锐地把握生活,出好作品就难。盲目跟风的本质是媚俗,什么类型的作品在市场叫好,就跟着写什么。这本来比别人慢了一拍,又因为学养不够,心态浮躁,更难写出好作品。这两种不良的写作方式在甘肃作家中一定程度地存在着。弋舟指出:“先锋文学的勃兴,是三十年来中国文学的一次重要事件,但在这个事件中,甘肃的文学创作基本上是缺席的,尽管先锋如今已余韵难在,但那种文本意义上的训练却不可或缺,而甘肃的文学,恰恰是落下了这节课,在创作中,意识、手法,不免都囿于陈旧,并且难以自省。如今市场大潮汹涌,热衷于跟风式的写作,更是使得作家们难以执着于文学本质意义上的探求,这些,都导致了甘肃文学的滞后。”尔雅说:“作家必须有清醒的意识和开放的眼光,否则写作会失去意义。”不过,甘肃之外,当代作家中闭门苦写者并不多,倒是花样翻新的媚俗化、跟风式写作成为文坛风气,即使一些成名了的大作家也难免俗,我们更应该警惕和反省的是跟风式的写作意识。

二、学识修养

作家的学养是关乎小说内涵和境界的重要因素。甘肃大部分作家在谈到这个问题时都有清醒的认识。从文学创作对主体的要求来说,作家的学养应该包括三个方面:

第一,作家的学识修养。也就是写作活动中所需要的知识、学问、见识等方面的要求。写作的过程也是学识的组合和应用过程。作家的基本功是对文字知识和语言知识的掌握,因为思想的光辉得之于强有力的语言。语言失去张力和灵性,思想就会失去元气,作品也就没有了生气。此外,作家对其他方面的知识也有所涉猎,特别是哲学、美学、文史、民俗知识要尤其深厚。深厚的哲学、美学和文学素养,再加上创造性的语言文字组合和表达能力,能够给作家的生活体验赋予丰富深邃的内涵,从而进入更高的创作层次和艺术境界,形成作品脱俗不凡、博大隽永的艺术世界。反之,知识的贫乏会使作品的内容贫乏。学识不够,自然难以形成深刻的思想。邵振国指出:"甘肃作家们知识结构和素养欠完善,自发性多于自觉的艺术创造;缺乏对题材的深度思考,缺乏形而上性。"尔雅说甘肃小说的"一个问题是写作者的学养不足。很多作家不读书,忙于写作之外的事情。甘肃本来就是一个缺乏文化积淀的地方,如果不通过大量的阅读来弥补,还能写出什么样的好作品?而且我也不认为我是一个好的小说家,但至少我还有清醒的认识。"这应该是尔雅写作的切身体会。因此,尔雅在写作中多了自觉的艺术创造。他的"《蝶乱》以大学校园生活为舞台和社会缩影,将人生体验、现实感受和哲理思考意象化,获得了多义性主题和多层次内涵。在话语形象层面,通过老旦、老梅、寒子介等具体的人物形象与姬瑶这一不确定形象的塑造和相互关系的描写,透视一个时代一群人的生存状态和精神指向,表现了社会转型期人的欲望、堕落、放纵自我和精神裂变,揭示了特定情势下寻求自由与文化规范之冲突;在意蕴层面,通过精神之'乱'及其悲剧性的展示完成了精神的升华,表现了诱惑与成长之关系以及对战胜'堕落'的思考,获得了人在被诱惑和堕落中成长的形而上的哲理意蕴。艺术上的整体意象色彩、具有先锋意识的叙事策略、似真似幻的故事情节和寓言式隐喻、丰富的想象力和充分的虚构性、诗性特质和简约有力的语言表达,构成小说奇谲飘逸的美感风格和耐人寻味的精神内涵,也蕴含着进行多种意义阐释和引发争议的可能。这是一部思想高度和美学高度兼具、追求象外之意、富有艺术锐气的优秀长篇小说。"[1]

第二,作家的境界品位。说起来,"文如其人"还是有一定的道理。当然"文如其人"也包括两个方面的意思,一是作家的气质与作品的风格之间有对应关系;二是指作家的人格境界往往影响作品的格调。风格本没有优劣之

[1]《蝶乱》获2004年甘肃省"黄河文学奖"一等奖评语。

分,但格调源于作者的思想观念,就有高低之别。境界和情怀高妙的作家,作品的格调也就高。叶燮说:“诗之基,是人之胸襟是也。有胸境,然后能载性情、智慧、聪明、才辨以出,随境发生,随生即盛。”(《原诗·内篇》下)孔子讲“文德”,孟子讲“养气”,韩愈讲“气盛言宜”,陆游讲“文不容伪”等等,都是要求作家正其心、诚其意,胸襟开阔,抱负远大,情思旷达。当然,这个问题也很复杂,作家的境界品位与作品的格调之间不一致的情况也常见。不过,格调高的作品中,作家必然对人类生存状态有深切体验,其间也必然贯注着对人类命运发自内心的悲悯和人文关怀,这样的真诚必然会提升作品的境界和格调。这也是文学创作中的普遍规律。

作家在境界上不能超脱名利,表现在作品中就是叙事精神的萎靡,人文关怀的缺失、审美和艺术水平的粗鄙。这个问题是当代文学的痾疾,多年来没有良方。甘肃作家不可避免地也存在,但甘肃作家有清醒的认识。雪漠说:“甘肃作家最缺的,是‘舍’和‘修炼’。”“甘肃作家正是在这两点上没有突破,所以,许多人一直跳不出自己,跳不出自己的生存环境,所以很难出现大的格局。”“所有作家,在完成基本的‘文学训练之后,拼的就是人格了’。”“甘肃作家现在最缺的,还是心灵境界的高远和博大。”王新军说:“我的小说创作中,我始终在证明着自己是一个重视心灵提升的人。”张存学说:“说到底,甘肃的文学创作者们在目前最大的不足是精神上的单一和浅显。修炼不足,精神上的砥进能力不足,使得甘肃的文学创作者们缺乏定力,也使得甘肃的文学创作者们难以在更深层面上,对当下人的最迫切的精神状态说话。”董汉河也指出甘肃文学难出精品的一个重要原因是文化底蕴和修养的欠缺。实际上,相对于经济发展较好的地区,大部分甘肃作家还是能够抵御名利的诱惑,实实在在地写作,大部分作品体现出作家的良知道义和人文关怀。我认为这也是甘肃小说难能可贵的一个方面。要说甘肃作家在精神境界上真正的不足,是眼界不够开阔,大气概不足这一点。

第三,作家的艺术把握能力。说到底,作家的学养最终要在作品中表现出来。小说是一种艺术,其成功很大程度上更要依赖于作家的艺术把握和表现能力。所以,有些学养相当高的学者不一定能成为作家,原因就是缺乏艺术把握能力。对一个作家来说,具有较高的艺术把握能力是他的学养之中的一个更重要的方面,它体现着作家的艺术创造性的高低。艺术把握能力牵涉到作家的心理素质,个性气质、艺术悟性等这些先天的禀赋,但也与后天对艺术规律的把握有关。这是一个复杂的问题。不过，艺术创作的核心动力是想象力。著名美学家宗白华先生认为："艺术的源泉是一种强烈深浓的，不可遏止的情绪，挟着超越寻常的想象能力。这种由人性最深处发生的情感，刺激着他直觉到普通理性所不能概括的境界，在这一刹那间产生的许多复杂的感想情绪的联络组织，便成了一个艺术创造的基础。"[1]作家应该驰骋自己的想象，看重精神的超越和自由，这是创造新颖丰富的文学世界的一个正确途径。以当代作家为例，余华说他要寻找新的表达方式，以挣脱日常生活经验围困的想象力，构造背离了现状世界提供给我的秩序和逻辑的"虚伪的形式"。苏童说："我没见过妻妾成群的封建家庭，我不认识颂莲、梅珊或者陈佐千，我有的只是'白纸上好画画'的信心和描绘旧时代的古怪的激情"；"我的创造也许只在于一种完全虚构的创作方式。"[2]有时候，拥有生活的多少并不是主要的方面，而作家对于生活的感悟以及由此而生发出的艺术创造力，则上升为最重要的东西。用思想创造无限的艺术生活，源于作家神奇的想象力。甘肃大部分作家属于"生活型"作家，生活积累比较深厚，写自己熟悉的生活得心应手，创作也取得了较大成功。但在面对不熟悉的生活，或者生活素材较少时，就会力不从心。陈德宏说："想象力的缺失是我国作家的'通病'，甘肃作家尤甚。究其原因，主要是长期对现实主义创作方法的误解、曲解、独尊，以及对现代主义的拒绝。到生活中找素材、找原型，只能在某一点上激发作家的灵感，而由'点'扩展到'面'——人物的塑造、情节的设置、矛盾的发展、细节的描绘……总之，创作的提高与完善，主要靠想象，想象力是作家必备的基础条件。作家要注重写什么，更要注重怎样写。"实事求是地说，甘肃作家的想象力不足的问题比较严重，与全国相比也有较大的差距，这一点必须正视。

艺术把握能力还体现在语言的表达能力上。文学是语言的艺术。这已成为文学创作和文学批评的通识。不过，许多作家在怎样创造语言艺术方面并没有自觉的清醒的意识。陈德宏指出："'文学是语言的艺术。'我们的许多作家并没有真正读懂并理解这句话的深刻内涵。生动、形象、准确、鲜明，只是文学语言的基本要求，而其内核则是创新与创造。……伟大的作家都是语

[1]宗白华：《美学与意境》，人民出版社1987年版，第20页。

[2]苏童：《婚姻即景·自序》，江苏文艺出版社1993年版，第1页。

言大师,他们对历史的贡献,当然不局限于对已有语言的使用,更在于他们对语言的创造、创新、丰富与发展。”尔雅也说甘肃“有些作家的天分不错,但缺乏更好、更敏锐的发现能力。小说其实就是发现。还有个问题就是想象力和语言能力的匮乏。当然这样的问题中国的大部分作家都有。”甘肃小说作家中,语言表达能力值得赞赏者也不乏其人,邵振国、王家达、雪漠、尔雅、王新军、叶舟、任向春、弋舟等人的小说,高度的语言表现力和语言美感赋予了小说强烈的艺术感染力,也给读者以阅读的快感和享受。

三、地域因素

关于文学创作的地域性,是研究甘肃小说创作得失时不能回避的重要问题。地域性“主要有两方面的含义:一是指特定地域的社会现实、生存状态、文化传统、风情民俗、自然风物、独特题材、语言特点等属于创作资源的内容;二是指作家的世界观、人生观、思维方式、审美情趣、创作意识、表达方式等带有特定地域性的文化品格和特点。前者关系创作客体,后者关系创作主体。这两方面的有机契合,可以成为文学创作的优势,借助于这些优势可以取得某些特殊的成果,创造出具有地方特色和风格、反映特定地域文化精神的作品。但是,这不应该是文学创作追求的最终目标,真正的高水平高质量的地域文学,应该既有地方内容、地域文化精神又有普遍意义和人类精神。”[1]小说的地域化特色在小说语言的运用上有明显体现。成功的地域化语言往往既有地域的原生态特征,又是经过作者巧妙改造,具有普遍的汉语表意功能,是人人能够读懂并体会到其传情达意之妙的语言。小说的地域化特色更重要的体现是地域性与人类性精神的相通。邵振国的《麦客》《买驴》,柏原的《喊会》《天桥腰岘》等作品具有浓郁的陇东和陇中风情,以风俗画的形式展示出黄土塬上的普通人的生存状态,更可贵的是揭示他们的文化意识与生命意识,其间饱含着作者的人文情感关怀,作品无疑是感人的,成功的。甘肃小说作家雪漠、范文、王新军、补丁等人的作品也实现了地域性的借重与超越。他们的作品已经成为当代中国西部小说中必不可少的、亮丽的风景线。

甘肃也有部分小说不能超越地域性局限。有些作品方言土语过多,熟悉这个地域的读者读起来会觉得亲切有趣,走出这个地域就造成了阅读困难,

[1]程金城:“地域性的借重、突破与超越——论长篇小说《雪葬》”,载《飞天》2003年第8期。

甚至给人留下生涩、粗俗、土硬的印象。如何让小说语言既有地域的生动活泼,又能流畅高雅,为大部分人欣赏,是地域性写作中应该注意的问题。甘肃小说更难以超越地域性的是,作家写不出世界性。雒青之说:“地域性要写出世界性,才是作家的水平。小说作家如果就地域写地域,没有折射力,写甘肃的农民生活,东北的农民可能看不懂,就不要说世界性了。”在地域性中写出世界性,实现地域性与人类性的统一,最主要的途径是作家从思想和艺术修养方面进行潜心修炼和提升。

结语

对新时期甘肃小说进行总体观照,可以发现其成就是有目共睹的,缺失也是明显的。以上三个方面是对作为创作主体的作家及其创作的作品文学的剖析与思考,这些方面存在的问题,也是甘肃小说在未来的发展中自身必须进行调整和提高完善的方面。此外,我们也应该看到,全国文坛对甘肃小说成就的认识也存在一些偏差,在一定程度上低估了甘肃小说的实力和成就,特别是近年来甘肃小说呈现出的强劲的发展势头尚未得到充分的关注。这些都是制约甘肃小说形成更大的影响力的因素。其中的重要原因是甘肃小说评论话语权的缺失。创作与评论是文学缺一不可的两翼,二者之间应该形成良好的互动。但甘肃本土文学界的学者致力于甘肃文学评论的不多,国内的文学评论家对甘肃这块土地的了解有些“隔”和“生”,“甘肃的文学创作更多地受制于主流评价系统的左右。”(张存学语),主流评价系统对甘肃文学的关注不够和甘肃文学评论自身建设的不充分,造成甘肃文学在全国文学中一定程度的“失语”。又比如,甘肃媒介业不发达,有好作品也难以迅速地被推介,难以较快地赢得读者。中国当代文学史上有许多作品被读者熟知,恰恰是媒体造就的“文学事件”或者借助于影视剧的播演。这里面有浮躁和媚俗的成分,这是坚守纯文学高贵的精神应该警惕的。但在另一方面,在这个电子媒介的时代,媒介对文学的影响力确实不能忽视。在坚守文学精神的同时,如何处理好文学作品与媒介传播的互动,也是甘肃小说发展中应该思考的问题。还有,地方政府加大对文学创作的鼓励和投入,扶持和组织一支文学队伍,进行有组织的亮相和冲锋,也是促进甘肃小说进一步发展的有效途径。

新时期甘肃诗歌创作

新时期甘肃文学在小说、散文、报告文学、戏剧文学等方面都有长足发展,特别值得称道的是诗歌创作成就卓著,甘肃已成为诗歌大省和强省,而且长时间具有全国领先水平。诗歌创作真正体现和代表了新时期甘肃文学的最高成就,也形成了中国当代诗歌版图中一个奇崛的高地,回响着多声部的嘹亮交响。

这里对甘肃新时期诗歌创作中最具特色的现象进行描述,通过对诗人个体创作的分析,从整体上勾勒和呈现甘肃诗歌创作的风貌,从而说明甘肃何以成为诗歌强省及其成因。

一、崛起的诗歌高峰

在甘肃新诗发展史上,新时期诗歌应该是甘肃新诗的第二个高峰。第一个高峰形成在二十世纪五六十年代,其时著名诗人李季、闻捷西迁甘肃,在他们的引领下,掀起了甘肃当代诗歌创作第一个高潮。这个时期李季和闻捷担当了甘肃诗歌创作的主角,甘肃诗歌界以他们的诗作为标高,本土诗人尚未独立立足于诗坛。

如果说,第一个高峰是由于全国著名诗人来甘工作,使得甘肃诗歌异军突起的话,那么,甘肃新诗的第二次高峰则是长期生活在甘肃本土的诗人凭借自己的才情和实力创造的甘肃诗坛的辉煌,是一次实实在在的生发于本土壮大于本土的诗歌盛景。高峰的标志有:

一是新时期甘肃诗人群体人数众多,阵容强大。至今在全国各种正规出版刊物发表过诗歌的诗人已达三百多位,并出现了一批享誉全国的知名诗人。唐祈、高平、何来、李云鹏、汪玉良、伊丹才让、李老乡、匡文留、林染、彭金山、阳飏等中老年诗人是新时期甘肃诗歌的开拓者和中坚力量。他们以诗歌为事业,张扬人生的诗意,以优秀的诗作为新时期甘肃诗歌赢得了最初的声誉,他们的创作时间大部分集中在20世纪后二十年。尔后继起的诗人群体更为引人注目,宗玛央金、阿信、人邻、桑子、唐欣、叶舟、娜夜、牛庆国、高凯、古马、马萧萧、第广龙、梁积林、胡杨、沙戈、雪潇、林野、王若冰、小米、妥清德、王开元、邵小平、扎西才让、李继宗、李满强、郭晓琦、于贵锋、包苞、刚杰·索木东、杏黄天、离离、武强华等一大批诗人以多方探索的姿态、个性化的表达方式和骄人的创作实绩,打造了甘肃诗坛龙腾虎跃、生机勃勃的局面,为甘肃赢得了诗歌大省的美誉。甘肃诗人由此成为中国当代诗坛不可忽视的一支重要力量,也为中国当代诗歌创作注入一股活力。

二是引人瞩目的创作实绩。如诗人高平所说:"甘肃诗歌发展到今天,成绩是不能不令人刮目相看的。全国的诗刊、诗报及许多文学报刊几乎每期都可以见到甘肃诗人的新作;各民族发表过诗作的诗人已达二百多位;全国各类诗歌奖项中都有甘肃诗人的名字;各种诗歌选集都不缺甘肃诗人的作品。甘肃已赢得了'诗歌大省'的美誉。"[1]确实,新时期以来,甘肃诗歌在全国诗坛占据了非常重要的地位,在鲁迅文学奖诗歌评奖中,有四名甘肃诗人获此殊荣。其他各种重要奖项难计其数,就是有力的证明。[2]"诗歌大省"的说法早已是文坛共识。

三是明显的地域特色及其超越。林染、阳飏、叶舟、古马、张子选、阿信、桑子、梁积林、胡杨等人的诗歌带有明显的西部地域风情色彩,同时又超越了西部地域性,表达人类性的思索与命题。表现甘肃农村生活的乡土诗也大放异彩,呈现独具的魅力。姚学礼、高凯、林野、南山牛、牛庆国、倪长录、李满强等诗人立足于甘肃农村,以乡土诗表达对现实的深切关注,展示西部乡野大地的苍凉与贫穷、淳朴与艰辛,既写出了农民坚韧又丰富的精神世界,也写出了乡土文化的内核、乡土的沦陷和乡愁。

四是甘肃诗歌多民族色彩的形成。少数民族诗人是甘肃新诗创作的重要力量。进入新时期,甘肃诗歌的多民族特色真正形成,格外绚烂。伊丹才让、汪玉良、赵之洵这些在二十世纪五六十年代已有诗名的诗人进入重要收

[1]田世荣、高平:"诗歌的生命在于人性之美——作家访谈",载《甘肃经济日报》2008年3月7日。

[2]军旅诗人王久新、辛茹分别以《狂雪》和《寻觅光荣》同获1995—1996年第一届鲁迅文学奖全国优秀诗歌奖;老乡的《野诗全集》、娜夜(满)的《娜夜诗选》同获2001—2003年鲁迅文学奖优秀诗歌奖。

获期。一批新成长起来的少数民族诗人加入诗坛,每个民族都有了自己的代表作家和作品,甘肃少数民族诗歌创作出现了新中国成立以来前所未有的兴旺局面。大部分少数民族诗人自觉地以主人翁的身份和本民族的代言人来倾吐内心激情,在全国少数民族文学评奖中连连夺得大奖。[1]甘肃少数民族诗歌已成为全国少数民族文学创作的重镇。

五是诗歌创作领域的多元化与表达的个性化。近三十多年,甘肃诗歌呈现出多元化的风貌。更为难得的是甘肃诗人的创作风格得以形成。文学风格是作家独特的艺术创造力的稳定的标志,又是其语言和文体成熟的体现,通常被誉为作家的徽记和指纹。一个风格明显的作家,是用自己鲜明的个性、独特的人生体悟和审美理想讲述心灵的声音。大多数甘肃诗人在诗艺的表达上,能够不跟风,不逐流,从而形成属于自己的独具个性的风格。甘肃诗人大都以真诚写作、本心歌唱,从心田里流淌出自己纯真的诗情。这也是甘肃诗歌真正成熟的一个重要表现。

因此,甘肃诗人是中国当代诗坛不可忽视的一支重要力量,在流派众多、多元化的中国诗坛,甘肃诗歌以自己独异的特色经住了各种潮流的冲刷,形成了自己的特色,成为诗坛一块奇崛的高地,回想着多声部的嘹亮交响。甘肃诗歌为中国当代诗歌创作注入一股活力,为新时期诗坛乃至新时期文学提供了新鲜的诗学经验。诗歌大省的辉煌是几代诗人在几十年间共同铸就的,对他们创作的观照即是对甘肃诗歌的一次巡礼。

二、诗歌高地多声部的交响

(一)“香音神”的歌声

新时期首先在甘肃诗坛歌唱的老诗人有唐祈、高平、何来、李云鹏、老乡、伊旦才让、汪玉良等人。他们在“文革”前都已登上诗坛,但大部分在新时期“归来”并步入诗歌的主要收获期。这些诗人在新时期创作时间长,作品质量高,风格多元化,为甘肃诗歌创作实绩和发展做出了重大贡献。1997年12月,

---

[1]娜夜(满)荣获第三届鲁迅文学奖优秀诗歌奖。在历届全国少数民族文学奖(“骏马奖”)中,获诗歌一等奖的就有诗人汪玉良(东乡)获得3次,伊丹才让(藏)获得2次,丹真贡布(藏)获得1次,马自祥(东乡)获得1次。马自祥、马少青、贺继新、阿凤、铁穆尔等还先后获得了全国少数民族文学骏马奖的其他各类奖项。甘肃少数民族作家总计获奖30余人次,为甘肃少数民族文学赢得了荣誉。

作家出版社为甘肃五位实力诗人出版了“香音神诗丛”，[1] 伊丹才让的《雪域的太阳》、高平的《高平诗选》、何来的《何来诗选》、老乡的《野诗全集》、李云鹏的《零点，与壁钟对话》，这是甘肃诗歌发展史上一个重要的事件，是甘肃诗人向外部世界的一次带有集体性质的亮相。他们前承李季、闻捷等诗人为甘肃诗坛留下的强大的诗歌传统，后启20世纪90年代至今撑起了甘肃诗坛大半天空的中青年诗人创作，为甘肃诗歌走向诗歌大省开拓了一条阳光大道。

伊丹才让是“最有代表性的，最有民族特色的藏族优秀诗人。”[2]他的诗与藏族生活的环境、民族生活习惯和独特的文化传统紧密联系，具有浓郁的民族气质和突出的民族特色。《母亲心授的歌》是伊丹才让的代表作，其民族特色表现在：一是诗中自然贴切地使用着大量的藏族语汇；二是诗巧妙地翻新民歌，使它具有新意，获得新的生命；三是化入藏族典故、传说，突出了藏族的气质。[3]诗作对本民族的心理习惯和对民族文化传统的认同是深邃的，这种深邃也使得他的诗作境界阔大。确实，伊丹才让的诗绝少低吟浅唱，更多大爱大声。在诗歌风格上，作为“香音神诗丛”之一的《雪域的太阳》是诗人的佳作选集的名称，也是他诗歌气度风格的准确形容。伊丹才让的诗歌意象阔大，色彩鲜明，而且充满了动的力量：狂跃的烈马，吟啸的雪狮，湍急的拉萨河，回升的海潮，初升的太阳，金灿灿、光焰焰的雪山，跋涉的牦牛，吐芳的八瓣莲花，天地间齐鸣的鼓乐……这些雄奇的意象，加上诗人滔滔江河般澎湃的抒情、铿锵的音调，形成了伊丹才让诗歌气势宏大的风格，仿佛雪狮的吟啸，也仿佛太阳的金辉遍洒雪域。伊丹才让的诗热情奔放，又不乏哲理思辨，达到了诗情与哲理的有机融合。为了有意识地“把藏族民歌俚语中哲理思辨

[1]“香音神”，即佛教中的“飞天”，在佛经里称为天歌神、天乐神、散花神。传说中飞天能歌善舞，每当佛在讲法时，他们便凌空飞舞，奏乐散花，全身还会散发出芬芳馥郁的香气，故又称之为“香音神”。敦煌“飞天”，即“香音神”为艺术瑰宝，名扬中外，并成为甘肃艺术之象征。由于这五位诗人均是甘肃诗人，所以将他们的诗集取名“香音神诗丛”。

[2]在众多用汉文写作的藏族诗人中，伊丹才让自觉执守着藏诗文化和传统，有多部诗集出版，影响深远。诗歌《捧送阳光的人》、《母亲心授的歌》分别获第一、二届全国少数民族文学诗歌一等奖，诗集《雪狮集》第四届获全国少数民族文学奖。组诗《山海奏鸣曲》，诗集《雪狮集》、《雪域集》，长篇抒情诗《生命沉浮的韵律》等在全国和省区多次获奖。

[3] 高平：《伊丹才让和他的诗歌——〈雪狮集〉序》，见伊丹才让：《雪狮集》，青海人民出版社，第1页。

方式”注入诗歌创作，伊丹才让独创了“四一二”新格律诗体。如《雪域》一首：

太阳神手中那把神奇的白银梳子，
是我人世间冰壶酿月的净土雪域；
每当你感悟大海像蓝天平静的心潮时，
可想过那是她倾心给天下山河的旋律。

寒凝的冰和雪都是生命有情的储蓄！

因此潮和汐总拽住日月的彩带不舍，
再不使飞尘泯灭我激浊扬清的一隅！

这种形式，前四句或描绘，或叙述，为比兴借代，形象生动，是为一节，第五句单独成一节，内容为前四句的概括升华，大多是格言式的人生哲理，六七句合为末节，为形象性的思辨议论，韵味悠长。

伊丹才让在藏族汉语诗歌写作上做出了卓越的成就。

高平是20世纪50年代就蜚声诗坛的诗人。新时期以来，诗人在诗歌、散文、小说、影片、文艺理论等领域皆有建树，显示出旺盛的创作力。在诗歌创作方面，诗人在收获多部长诗的同时，更多地致力于抒情短章。作为“香音神诗丛”之一的《高平诗选》中的诗作大部分是闪烁着智慧之光的抒情短诗。与50年代的《大雪纷飞》等诗作饱满的抒情性相比，这些短诗情感力度减弱，总体上更加注重“理趣”，经常以描绘日常生活和自然景物来抒发人生情怀。因为有较强的哲理性，这类诗的内涵显得深厚。例如：“我走了这么远的路/来看你这一池深水/仰慕你不曾失去的高洁/打破了水往低处流的常规/打破常规就是美。”（《致天池》）“有的人碰了一辈子头/只高了零点一公分/有的人写了一辈子诗/只少了那像诗的一句/有的人堆了一辈子干草/只缺了一根火柴/有的人赶了一辈子路/只差一步没到站。”（《悲剧》）

前者是高平的山水诗，诗人徜徉于山水之中，心随物动，托物言志，自然物象“天池”作为对高洁、特立独行人格的象征，而有了现实生活的启示意义且升华到了哲理的高度。后者则是高平对人类复杂的情感世界细致入微的探析，对人生境遇的哲理洞察，引人深思。

高平的诗作的格调始终是明朗的。诗人"文革"中"壮岁历劫",归来即"秋",却并无怨愤,"一面打扫,一面开拓",以宽阔的胸襟,让自己的诗中"浮现的虹/说谎的花/压顶的云/混浊的水/都不得不消失/空间只留下高洁/只留下清新/和深翻过的泥土的气息。"(《秋颂》)高平有多首与秋相关的诗,秋的清朗和丰厚也是诗人的风格,在诗作中表现为意象明丽、情境交融、诗句凝练有力、诗风纯净圆熟之特色。

何来是位深刻的诗人。他的诗集《何来诗选》收入了作者二十世纪八九十年代近二十年的诗作精选。何来20世纪80年代的诗既有酣畅淋漓的感情流泻,也呈现出明显的理性思辨色彩。其让人称道的是大型组诗《爱的磔刑》,对生死爱恨和祖国等根本命题进行了悲剧性追问,有哲理,情感充沛,不管何时读到都感人肺腑,引人深思。20世纪90年代以来,何来的许多诗"更多地转向对人间世俗的关注;转向对现代人精神重压和理性缺憾的关注;转向了对不易发现的那种深刻悲哀的关注"。[1]《侏儒酒吧》拷问现代人的良知,结尾两句诗"笔挺笔挺的服装/皱皱巴巴的人"是对现代人猥琐、冷漠的精神世界入木三分的揭示和愤慨。《未彻之悟》组诗大部分涉及关于诗歌、艺术、美的命题,以诗论诗的形式进行艺术观念和诗歌命题的思考。何来的诗总体上因充盈其间的思辨性和现实关怀性而具有深刻冷峻的特点。

李老乡是位个性非常独特的诗人。他1997年出版的诗集《野诗》是"香音神诗丛"之一,2003年出版的诗集《野诗全集》收集了他近三十年的诗作。该诗集获第三届鲁迅文学奖全国优秀诗歌奖。

李老乡是一位与现实亲密无间的诗人。这决定了他的诗有重要的价值,主要是在现实人生中提炼生存的真善美,而且在这种提炼的过程中,能以机智的眼光观照现实,为人生的酸甜苦辣注入一点反讽、一点心酸、一点同情和一点幽默,人生的心酸甘甜自在诗中,给读者也形成了悲喜交加的阅读体验。如《天伦》一首:

我买到了江山 买到了
十五平方米的高层房间
我要发光 发六十瓦的光芒

[1]李文衡:《甘肃当代文艺五十年》,甘肃文化出版社1999年版,第108页。

照耀我的小天小地　我的
二十年河东　三十年河西

夹着铺盖卷的妻子儿女
涌进门了
我饱含热泪
举起伟人般的手掌
拍了拍我的人民

诗作以“江山”“伟人”“人民”这样的“宏大”意象与“十五平方米的房间”“我”“妻子儿女”这样的现实形象互相照应，形成对比，制造出自我解嘲、忍俊不禁的喜剧效果；同时以“欢腾”写“艰辛”，以乐写哀，更显其哀，老百姓生存的艰辛催人泪下。

李老乡的诗具有善性的精神境界。“是谁撒了一泡尿？给蚂蚁/带来凶猛的山洪？/又是谁？在蚂蚁奔跑的路上/投下个个石子/逼他们翻越重重关山？”(《在蚂蚁村度假的日子》)而蚂蚁的灾难不过是“他在逗蚂蚁玩呢”。读这些诗句，不由得联想到小人物的命运，有时候小人物的巨大的灾难不过是那些有权有势身居高位的人的一句玩笑或者恶作剧。此外，《邻居家的鸡》《蜂房外的天与地》等都是包含对弱者的悲悯和关怀的诗篇。这些诗经常从日常生活中撷取一个个生活片段，表达老乡对百姓生活的窘困的深切同情，从中可以看出老乡内心的悲凉痛楚。但李老乡从来不是一个愤怒的诗人，其内心的愤激时常隐藏在平和的格调之下。

李老乡爱诗，也在长期做《飞天》文学刊物的编审工作中，发现和培养了一批诗歌新人。20世纪80年代中期之后，经由朦胧诗掀起的全国范围内的诗歌热开始退潮。这也使得老乡非常关注诗歌在当代的命运。“万里大山河一户小人家/北归的大雁问关山/他还在草屋写诗吗//写　写到一贫如洗/倒也干净/……今夜热炕嫌凉/只想写几句爱情诗/——暖暖脚/美女你不介意吧？”(《只当是借用“美女”一词》)诗歌在当代的境遇不过是贫困的诗人“暖暖脚”而已。可是坚守的诗人仿佛岸边垂钓的渔翁，还在天地间独钓寒江，只是鱼儿“谢绝上岸”，还嘲讽着“你怎么傻得像个诗人”(《谢绝上岸》)。诗歌在当今庸俗化的大环境中位置如此尴尬，诗人的孤独如何抒发？“长城上有人独坐/借背后半壁夕阳/磕开一瓶白酒一饮了事/空瓶空立/想必仍在扼守诗的残局//关山立马也曾/仰天长啸一颈鬃血/叹夕阳未能照我/异峰突起”(《西照》)执着于艺术的诗人仍在“扼守诗的残局”。李老乡对诗歌命运的关注和扼守,也是他对雅文化的精神品性的坚守。

在诗艺的表达上,李老乡的诗经常构思奇巧、出人意料,形成回味无穷的美感。《羊皮筏子》是李老乡的一首名作,可以此为代表来观照:

一群羊 被杀之后
长得又肥又胖
胖胖的在河里漂着

撑篙的汉子 不知何时
当了无头的首领
被那无头的羊们 三番五次
举过了黄河

没毛的羊 光光的羊
被人吹胀肚皮的羊
自己运走了自己的
毛和肉

这首诗把撑篙人称作被制作了羊皮筏子的死羊的首领,出人意料又贴切有味。诗歌写人和羊的关系,羊皮做了羊皮筏子,羊毛成为人的衣饰,羊肉被人吃了转化为人体的需要,羊皮筏子运载人就是羊在运载自己的毛和肉。这样的联想如快刀剖肉直入骨,它揭示一种关于循环的真相,让人惊叹诗人思维的敏锐,也引起人一种复杂的难以言说的感受,用悲哀、悲剧、同情、怪诞这样的词语都难以表达。

李老乡的诗还善于制造戏剧化的虚拟情境,在戏谑幽默中有乐观有心酸。例如:“人　睡熟的时候/都很老实/但那不老实的肺、不老实的肝/以及带头闹事的心/仍在叮叮当当……我的心儿呀　你/用不着敲打了/我正躺在手术台上/一次心脏的移植手术/就要开始。”(《劝说心儿》)李老乡的诗语言充满张力,平淡自然又机智丰富,加上其内容风格上所具有的通达的智慧和笑看人生悲剧的悲悯,使他的诗具有举重若轻、回味无穷的艺术效果。

李云鹏是个风格多样、多方探索的诗人。20世纪80年代有大量表现西部风光与人民生活的“西部诗歌”,收入诗集《忧郁的波斯菊》,诗风豪放旷达、张扬恣肆。进入20世纪90年代后,曾在诗的形式上进行探索,三行诗诗集《三行——潜入你的心园》,在新时期甘肃新诗形式建设上有一定的意义。作为“香音神诗丛”之一的《零点,与壁钟对话》是他最重要的一本诗集,他的诗“情随物转,意由境生,在广阔的抒情空间里展开了与大千世界的心灵对话,流淌在诗行间的是坚定的人格操守和对真善美的企盼、寻觅和赞美。”[1]如《望天树》一诗:“不会以侏儒的身份走进望天树/我的尊严是望天树//我的仰望是一种目测/我的目光竖起/有望天树不及的高度……但望天树比我的目光高伟/如果它成为我心中的旗杆。”读这样的诗,一个孤傲真诚的抒情主人公如在眼前,其抒发的人生感悟令人顿首回味。

(二)西部大地的歌吟

在1983—1986年间,中国当代诗坛一批诗人以其旗帜鲜明的“西部诗论”和充满“西部氛围”“西部意识”与开拓精神的创作实绩,树立起独放异彩的“中国西部诗群”的形象,成为继朦胧诗之后中国诗坛又一个壮丽的景观。这一流派的诗歌在理论上最初的倡导是“新边塞诗”,此后逐渐倾向“西部诗歌”的说法。不过,今天从中国当代诗坛的整体状貌和发展来看,当代诗坛对“西部诗歌”概念的界定有含混性和宽泛性,也有表面性和片面性。因为,诗歌的精神不仅仅在于地域性,更重要的是人类性。而且,许多西部诗人的诗歌成就,也不是所谓的“西部诗歌”能够概括的。

今天,我们以“西部诗歌”这个概念来观照甘肃诗歌同样言不尽意。许多甘肃诗人也并不认可给自己的诗歌贴上暧昧不清的“西部诗歌”的标签。这并不是说要取消诗坛曾经存在的“西部诗歌”这一概念和创作现象,只是在运用“西部诗歌”这个概念时应该注意到它的局限性和含混性。不过,“西部诗歌”这个概念在对西部诗人的诗歌进行理论描述时有一定的有效性。新时期以来,确实有一批优秀的诗人,以中国版图的西部地缘(包括内蒙古、新疆、甘肃、宁夏、青海、西藏、云南、贵州、川南这一线)作为生命体验的场域,他们的

[1]李文衡:《甘肃当代文艺五十年》,甘肃文化出版社1999年版,第109页。

诗歌具有明显的西部地域性特征,有的诗歌充溢着西部边疆风情,有的诗歌西部乡土气息浓厚。为了描述方便,本文暂且着眼于这种西部地域化特征,从"西部风情"和"乡土情怀"来观照和描述甘肃诗歌现象,但对诗歌的精神内涵的认识绝不止于西部的地域体验,而是深入挖掘其生命体验与普遍人性相融合的深刻内涵。只有这样才能真正体现甘肃诗歌的价值。

1.西部风情

唐祈系著名的"九叶诗人",是西部风情诗的奠基者。"唐祈的成名作是写西北风情与人民苦难的组诗《遥远的故事》……写古代浦昌海边羌女的忧愁和游牧人低空里流不尽的热情乳汁。20世纪80年代初唐祈一直在甘肃兰州的学校任职。他继续这类题材的写作,并支持表现西北现实和历史的'新边塞诗'。《敦煌组诗》《西北十四行组诗》等都写到对广漠土地的倾慕。不过,当年游牧人故事的忧伤,已为雄起的追求所代替。诉说'撒拉族姑娘像荒原上一棵绿树/想把绿色的眼泪滴落在我们心里'(《驼队向西》),但更多的是感受到'广阔的地下海'的'汹涌奔突'(《沙漠》),并夜夜在帐幕的地毯上'听见古老的的地下河'的歌唱。"[1]唐祈这样的诗人,在新中国成立之前就属于一个十分有影响力的诗歌派别,他的文化背景和对诗歌传统的理解,使他的作品在新时代仍然表现出对诗歌纯正艺术传统的坚持。

林染的诗歌更具西部风情特色。1982年,林染在《阳关》杂志打出的"新边塞诗"的旗帜,并创作了大量的诗歌来实践自己"西部氛围说"的艺术主张。诗人同游牧者拓荒者、哈萨克阿肯结伴,在雪山、大漠、胡杨、牧女等组成的具有鲜明的西部特色的山川地貌中,"起伏在太阳的鬃毛上飞驰,激荡和碰撞",张扬西部生命精神的律动,在"伎乐天""烽隧""胡马""烽烟""楼兰"等历史的遗迹中触摸民族的忧患,挖掘民族精神。诗作的总体风格偏于壮观又不乏青春气息。20世纪90年代以后,诗人创作的精神向度发生转变。组诗《西藏的雪》是诗人林染回归意识、寻找家园的代表之作。备受赞誉的《两个野草气息的牧童》传达出西藏大地与其养育的生命自然契合的神性本真:"两个孩子在公路边招手/蜷曲的头发、眼睛比寂寞更亮/两个孩子和远处的三座雪山/像天空底处的鱼儿/浩瀚的季节,没有波浪的季节/……偶尔的白羊从黑夜浮出/又没入黑夜/雨水和银灯草的拥有者,高处的星/它把生命出租给巨大的时

[1]洪子诚、刘登翰:《中国当代新诗史》,北京大学出版社2005年版,第165页。

间/两个孩子在荒凉中招手/我们感受到静/看到了没有座位的银鼠/同爪痕相融合的毛色/同我们的旅行服形成反差……”在这样的诗句中,生命回归到人与自然相互皈依的灵性的家园。不过,我们,这些穿着同自然生命形成反差的旅行服的人,回归家园才真正感受到自己对自然生活的游离。寻找家园之旅有了现代性反思的味道,也有了悲歌的味道。

阳飏的创作时间与改革开放三十年时间相当。一部厚厚的诗集《风起兮》(2006)收入了阳飏的大部分优秀诗歌。阳飏的长诗纵横古今,浩荡磅礴,历史的沉思和地域的风物有机交融成一首首文化大诗。代表作有《旧情节》《青海湖长短三句话》《西夏王陵》《风起额济纳》《乌鞘岭断句》《落日之色》等。形式上,这些长诗经常以长句为主,甚至形成散文诗式的小段落,将繁复的意蕴淋漓尽致又婉曲节制地传达出来。阳飏的短诗精练节制,但意蕴复杂。比如《小小村庄》:“小小村庄/坐落在世界最高处/像是大地上随便的一块石头/凿出门和窗户,佛和人住进去/人把一粒青稞种成一万粒青稞/把一只羊养成一百只羊/然后扳着指头计算/青稞够了,羊也够了……佛不说话/一碗清水也够了/小小村庄,仿佛一堆云彩就能卷走。”这首诗有太多的意蕴:生存的卑微与艰辛、生命的热情和执着、物质与精神的关系、简单质朴生活的本真与纯净……诸多人类性的基本命题放在这样一首小诗中,因其难能为之又成功为之,显示出阳飏诗歌的功力和高度。其他短诗《沙枣花已经开过》《楼院里的一棵老旱柳》《狼》《想念黑马河》《西风吹散》《额济纳》《与宽恕无关》等皆为佳作。可以说,阳飏诗歌的写作理念和风格正如西部大地飞翔的鹰,带着生存的悲悯把诗歌的精神向上升腾,大气而高远。“鹰在天空加快了血液的循环/因为它们是在为灵魂飞翔”(《西藏,迎风颂唱》),这是阳飏诗歌的精神和风格的写照。

叶舟是位才气横溢的诗人,有大量的诗歌佳作。诗集《大敦煌》备受赞誉。《大敦煌》中的诗歌,西部意象纷繁叠加,将西部辽阔大地的古老的风物、历史的片段全部复活,加上十万神灵的降临,西部的天空和大地都是那样神秘、丰富而古老。这就是“大敦煌”的气韵。这样的大敦煌,它的气息如绵延古今的河流,汩汩流淌在诗人的血液里,就如“当长途之中的灯光/布满潮汐的翅膀/当我们人生旅程的中途/在路上,让一个人长成——”敦煌给予我们的“目击、感恩、引领和呼喊”,“爱戴、书写、树立、退下以至失败”,“都让生命挽起流放世界的光”。敦煌就这样成为诗人的精神领地,如诗人所说:“在敦煌寻求一种伟大的庇护。”敦煌以超拔的精神和丰富的滋养，召唤人们迷途知返，牧养人的成长，让人们感悟：“大道昭彰，生命何须比喻。”（《大敦煌》）

叶舟是以虔诚的宗教般感情来把大敦煌作为精神寄托或者精神资源的。在诗人对敦煌的崇敬中，敦煌哺育和滋养着西部人。于是，古老的敕勒川阴山牧羊，阴山牧马，阴山亦牧我。历史上曾有数不清的可汗刀光飞舞、征战杀戮，而敦煌佛光闪现、神祇飞动，用慈悲消泯暴力，用悲悯化解杀戮。放下刀剑珍惜生命的“运灵人”纯净如儿童。其实，这些命题之于历史、之于生命的意义难以一言而尽。不论如何，敦煌把它的丰富化为一种精神的血脉牧养着祖先的人生，也牧养着今天我们的儿女。《敦煌夜曲》是献给近代以来被誉为“敦煌的守护神”常书鸿先生的一首诗。在诗中，敦煌梵音高奏好似月光，照亮和感化了杀戮者成吉思汗，将他的刀剑归仓，一个草原帝国的精神世界也由此得以洗礼。敦煌的月光亦照临了一个青年常书鸿，他以唐代名将哥舒翰般的勇气和威名保卫着敦煌。在这首诗中，叶舟也以宗教式的举意和献祭来描绘常书鸿之于敦煌的情感，赞颂他的功绩在一切归于寂静之后，“只有敦煌洞开/一千零一洞只向你颂扬”，“大地依然美丽。”《大敦煌》中大量诗作整体上呈现出外在的西部地域性特色。外在的地域性并不代表叶舟的诗就是地域诗歌，或者以西部诗歌来命名。他的诗以一种宗教感的超越性精神力量，激情澎湃地抒发着生命的延续、历史的回响、人贴近大地又将精神飞扬于云端的大我生命体验。而“祭献”这个带有浓厚的宗教色彩的词语在叶舟的诗中一再出现，可作为解读叶舟诗歌精神的入口和宗教性精神追求的向度，体现出两层含意：一是叶舟的诗歌有一种超越感和宗教式的神秘忧郁的风格；二是叶舟的大部分诗的宗教化意蕴并非指叶舟在诗歌中宣扬某种宗教信仰，而是指诗歌摒弃世俗，注重具有神性的情感体验的特质。《大敦煌》中的诗有才气纵横的恣肆，有驳杂丰富的内涵，有酣畅淋漓的激情，有急迫的语词速度，读诗亦是一种极限般的体验和挑战。

叶舟的《边疆诗》亦具有非常明显的西部地域性特色。甘、青、宁、西藏广阔土地上独异风光和历史的遗迹回荡在他的诗中，赋予他的诗苍凉而浪漫的西部风情特色。而且，诗作经常化入西部丰富的民俗文化，西部风俗、生活方式原汁原味地在诗作中展现，歌谣、花儿等民间文学又是他常常汲取的文化资源，这些让他的诗呈现出生机勃勃的气息。

古马创作主要在20世纪90年代至今，有大量优秀的诗歌。丰富的北方边地赋予了古马泉涌般的诗情。古马发现并进入了古代北方游牧部族的精神和内心,所以他的诗在久远时间感中进行着历史的想象的时候,能够触及北方边地文化的内核。例如:“黄河入羊,贺兰如圈/我是用草木灰垫圈的西夏之王/让我把盛在骷髅中的血酒/浇遍日出到日落的地方/——让我的祷词/是一缕垂挂在羊毛上的星光。”(《祷告》)这样的诗歌让人仿佛回到了久远的西夏王朝,感受那神秘的西夏文化。而像“走马换砖茶 / 刀子换手 // 血换亲 / 兄弟换命 // 石头换经 / 风换吼”(《 倒淌河小镇》)这样的诗句,更是粗犷血性的北古代地文化精神的凝练。除了这些有浓重的文化之思的诗,古马还有许多在大西北的背景上日常生命状态的诗。“一双花布鞋加快了/那条乡间小路的/心跳//蠢蠢欲动的虫子/竖起耳朵/谛听春雷。”(《甲戌年正月廿五》)这样的诗有一种温热的气息,是属于生活的,属于柔情的。总之,西部文化、山川风物都已内化在古马的精神世界里,诗由此有了生命灵魂对生存之境的澄明与敞开,有了纯粹的美。如诗人沈奇所说:“作为古马的‘西部’,似乎更符合其本原的品性与质素。昌耀的高蹈、沈苇的宏阔、叶舟的迷醉,都不免过于强化了主体精神,而在古马这里,则是柔肠寸断式的眷恋和寻寻觅觅的歌吟,一种亲近而又疏离的客态抒情。在我看来,这正暗合了西部美的本质——西部之美,绝非昏热的想象或虚伪的矫饰可言,她只表现那些简洁到不能再简洁、原始到不能再原始的事物本身,而成为苍凉的美、粗粝的美、最朴素又最纯粹的美。”[1]古马在诗艺上是高要求的,现代诗超现实主义的意象组合方法的影响,《诗经》、民歌以及古典诗词的熏染积淀,都能有机地融化在诗歌的语词结构和肌理中,表现为诗歌的节奏、语言的纯净饱满和凝练。与之相应,也形成了古马的诗简约内敛的美。我觉得古马为当代诗歌的艺术美提供了一种典范。

此外,20世纪90年代以来,张子选、胡杨、阿信、桑子、梁积林、妥清德、唐光玉、万小雪等人的诗歌都给西部诗歌增添了丰富的内涵和鲜明的色彩,建构起了立体化的西部家园,是值得关注的。

2. 乡土情怀

在农耕文化还占相当比重的甘肃,诗人们为那些在黄土地上的农人立言写照,表达真挚的关怀,乡土诗的繁荣也成为甘肃诗歌的一大特色。

---

[1]沈奇:“执意的找回——古马诗集《西风古马》散论”,载《名作欣赏》2006年第1期。

高凯是著名的乡土诗人。他对陇东这块土地非常熟悉，充满了挚爱。陇东大地上一幅幅生活画面，经过诗人聪慧机趣的诗情浸润，陇东人原生态的生活状态与乡风民情，以及质朴的精神世界就灵动鲜活地呈现出来。比如《村小，生字课》[1]："蛋　蛋　鸡蛋的蛋/调皮蛋的蛋/乖蛋蛋的蛋/红脸蛋蛋的蛋/张狗蛋的蛋/马铁蛋的蛋//　花　花　花骨朵的花/桃花的花　杏花的花/花蝴蝶的花　花衫衫的花/王梅花的花/曹爱花的花//黑　黑　黑白的黑/黑板的黑　黑毛笔的黑/黑手手的黑/黑窑洞的黑/黑眼睛的黑//外　外　外面的外/窗外的外　山外的外　外国的外/谁还在门外喊报到的外/外　外——/外就是那个外//飞　飞 飞上天的飞/飞机的飞　宇宙飞船的飞/想飞的飞抬翅膀飞的飞/笨鸟先飞的飞/ 飞呀飞的飞……"诗人选取乡村老师领学生读生字这样的平凡小事，用五个生字抒发诗情，生活气息浓郁，活泼泼地传达出陇东的乡风民情和陇东人质朴又驿动着的精神世界，甚至于有民俗学的价值。通俗的乡土诗容易有浅白陋俗之感，高凯早期的部分诗作也带有这样的弊病。但从整体来看，高凯的乡土诗似浅实深，是经得起咀嚼的。《人一老就糊涂了》一诗采用乡村老人"糊涂"了，追问自己的身世来源的独特视角，将黄土地的儿子与乡土世界的人、物象、动植物融为一体，乡土深情在诗作中抒发得淋漓尽致。结尾"不知家在何处/魂归何方"的感叹又赋予诗作淡淡的乡愁。在语言表达上，诗人运用联想和比拟思维，形象有趣，而且包含着民俗学、人类学的丰富意蕴。著名诗人韩作荣评价高凯的诗"和乡土融为一体，有底气，有深度，而且表达了受乡村哺育的诗人在心灵上的一种境界。"这种说法是有道理的，至少高凯的诗不像有些不熟悉农村生活的诗人的乡土诗，总是与乡土有些"隔"。高凯的近作组诗《陇东，遍地乡愁》于2009年获得首届"闻一多诗歌奖"，授奖词写道："组诗《陇东:遍地乡愁》是一次令人感动的土地与生命之旅，是一次饱含深情与挚爱的诗意返乡。它以切近而质朴的体验、丰富而鲜活的意向、以多变而饶有意味的视角、似浅而实深的笔墨，传达了陇东大地多彩与多难的生命记忆。"

在诗歌艺术表达上，高凯经常撷取乡村生活的片段和情景传达诗情，诗作有情节化、戏剧化的特点，当然这种戏剧化并非强烈的矛盾冲突，是生活感

[1]高凯的《村小，生字课》首次在2000年10月号《诗刊》发表，2002年荣获第五届全国优秀儿童文学奖单篇佳作奖，此后曾被中央电视台拍成同名诗剧，多种文学选刊选本转载，还被选入一些小学和大专院校教材，有较大的影响。

的气息。高凯的诗语言凝练,质朴纯净,口语化,活泼有趣。

乡土诗的主要代表还有牛庆国。如果说高凯的乡土诗多有诗人与乡土的融合。那么,牛庆国的诗是对乡土的回望和忧伤,多有生存悲悯和苦难意识。《杏花》对西部乡村少女的苦涩命运充满了同情。诗歌以西部乡村的春天最为常见的杏花来比喻西部乡村少女,她们以鲜艳的青春赋予村庄大地以勃勃生机、温情和美丽。然而,当她们出嫁了以后,担负起艰辛的生活,她们的命运就仿佛杏儿,奉献给生活酸酸甜甜的果实,内心却宛若那"嗑出一口的苦来"的杏核。这首诗清丽哀婉,情感起伏,有一种悲凉之美。《他们老了》一诗呈现的是乡村老人的衰弱、孤独。诗人撷取了两个画面:一个画面是老人脚步蹒跚地走在悬崖边上,令人想起他们辛劳一生,体力和精神全部透支后的衰弱无助;另一个画面是老人们天天站在门口瞭望儿女,却老眼昏花直到儿女走到跟前喊一声爸妈才认出来。这两个画面既是诗人的村庄和父母的写照,也是所有的乡村里老人相似的生活。所以,诗歌具有较强的概括性,每读一次都会想起乡村里自己那年迈体衰的父母,每读一次都让人流泪。《秋天的颜色》中最有意味的诗句是"一个人去年的秋天和今年的秋天是不一样的"。这似乎是关于时间的哀叹,可往后,诗人直笔写道:"比如去年砍倒梯田里的玉米秆子/一大捆一大捆背回家的那人/今年就已经不在了/今年背玉米秆的是他颤着白发的老伴。"至此,时间的哀叹里多了生命的凋零,多了乡村那至死劳作不休的悲苦。而"一大捆玉米秆子,把一个又干又瘦的老人抱回家去"的形象,仿佛一幅浮雕感的油画。如果把它画出来,是不止于罗中立的《父亲》那令人潸然泪下的效果的。它可能更多了悲苦而令人心痛,因为这里除了大地、劳作、汗水、收获、养育等意味之外,还有贫瘠、孤苦和脆弱。所以,诗人说一个画家在一幅乡村画上撒一把盐,再撒一把土就不一样了。土是大地,承载了乡村的所有的丰富,盐是乡村的汗水和泪水。而这就是乡土的本质。牛庆国的诗是最贴近乡土的真诚吟唱,他用诗歌画下了乡村图景和乡村人物群像,难得的是诗人的泪水也洒在乡土大地上,让乡土的生命内核得以本质性的呈现。

在艺术表现上,牛庆国的诗是一幅幅"乡村即景",形成了一系列乡村生活的图册。这在上述几首诗中有表现,再举一首小诗也可见出:"东山上娶亲/西山上埋人/山谷里赶集的乡亲//这是在秋天/谷物的乳汁　漫过山岗/忽然一杆唢呐　仰天吹响/吹响头顶的几只小鸟/像玻璃刀子　划出今天的暗伤。"

(《秋日即景》)牛庆国的诗"生长在深厚的大地上,散发着泥土和汗水的气息,艰难挣扎中的生命,又有它的庄严和高贵。他的诗都来源于他的生命,他的气息、他的血脉都与故乡紧紧联系在一起,故乡对他来说不是梦,而是他的生存现场,源于生命本真的悲悯情怀、朴素真诚的表达方式,这使牛庆国的诗具有强大的穿透力。"他的诗具有"乡村气息、地域特色,却不乏现代的感受方式,并总有出色之作"[1],这也是牛庆国的乡土诗的特色。

林野早期的乡土诗格调高雅,乡土味醇正,乡村生活比较明丽和富有诗意。2001年,林野出版了诗集《黑的白》,这部诗集与早期的乡土诗的清新完全不同,诗人在进行自由诗歌从艺术到形式上的探索与尝试。诗歌虽然充满了天空、大地、镰刀、狗尾巴草、洋葱、小草、松树、鸟巢、蝴蝶、食物、绿苔、雨水、土豆等关于乡村的意象,但同时却突兀地多了尸体、鬼、骷髅、盲肠、刀子、荒原、台风等丑陋的意象和城市、街道、美女、政治、意大利歌剧、三明治、伦敦的钟声、美国的明尼苏达等代表现代化和城市文明的意象,三类意象之间形成巨大的张力,表达了诗人在乡土文明被城市文明侵蚀中的矛盾与挣扎,困窘与迷离的声音。如《声音》:"蝴蝶的翼翅在花琴上弹奏着/小寡妇鸟随意哼出哪个朝代的小曲//黑狒狒正试演意大利歌剧/风吹过骷髅是为了安魂//忧郁的眼神碰响拉丁字母/轻轻撞击这个世界都会发出声息//云朵在天空相遇。马蹄和路相遇。水与石头/相遇。果实敲醒季节的钟。生命遭逢刀子//所有物种都是风格不同的乐器。"

鉴于篇幅所限,对乡土诗人的论述只举上述几例做简略论述。实际上甘肃乡土诗人人数众多,作家和作品都相当可观。姚学礼、陈默、夏羊、郝明德、苏震亚、杞伯、何岗、张志怀、南山牛、高凯、贾治龙、邵小平、李满强、林野、牛庆国、包苞、波眠、毛树林、小米、雪潇、倪长录、苟天晓、徐学、离离等,不能一一列举穷尽。诗人们的诗作也都各有特色,可圈可点。总之,乡土诗已成为西部诗歌的一朵美丽的花朵。

(三)多样化的少数民族诗歌

中国西部是中国少数民族的主要聚居地,甘肃主要有汉族、回族、藏族、东乡族、裕固族、保安族、蒙古族、哈萨克族、土族、撒拉族、满族等民族。多民

[1] 2006年,牛庆国获得"第四届华文青年诗人奖",引语出自评委会给他的授奖词(韩作荣语)。

族色彩是甘肃诗歌的一个重要特色。早在20世纪50年代至20世纪60年代中期,就有东乡族的汪玉良、藏族的丹真贡布、伊丹才让,回族的赵之洵等诗人,各自以独具民族特色的文学作品,活跃在甘肃文坛上。新时期以来,这些老中年诗人进入更重要的收获期,而一批新成长起来的少数民族诗人的加入,使甘肃少数民族诗歌创作出现了前所未有的兴旺局面,多民族色彩成为甘肃诗歌的重要特征,凝结了甘肃当代文学独特的社会价值和艺术价值。

汪玉良(又名史·赫里路)是东乡族的第一位诗人,创作了大量的反映东乡族人民生活和精神风貌的优秀诗歌,在当代少数民族诗坛赢得了巨大的声誉。[1]汪玉良最重要的诗是三千行东乡族英雄史诗《米拉尕黑》。米拉尕黑是东乡族人民口头文学中的传奇英雄,其传奇事迹以民间叙事诗的形式长期在东乡族人民之间传唱着。汪玉良综合了民间关于米拉尕黑的故事的不同形式,重新构思创作了《米拉尕黑》,诗作基本保持了民间叙事诗的精神原则和基调,但主题更加鲜明,人物形象更加丰满,艺术上更臻于完美,对东乡族生活习俗、文化心理及独特器物景致的描写,洋溢着浓郁的东乡族民族色彩。更重要的是诗人把东乡族的英雄传说、民间故事放在大的历史背景下,在歌颂米拉尕黑和沙菲叶纯洁、美好的爱情,歌颂英雄米拉尕黑对祖国、对人民的无比忠贞和献身精神的同时,思考和展现自己民族的苦难历史和坚韧精神,使得《米拉尕黑》具有了研究一个民族的珍贵的史料价值。汪玉良的抒情诗情真意切,继承“花儿”的韵脚和用词,运用清新、道地的东乡族人民的口语,音韵和谐,意象明净,富于东乡人民的生活气息。汪玉良不但用他的创作结束了东乡族没有作家的历史,填补了东乡族文学和中国多民族文学的空白,丰富了中国文学民族文化的宝库。

匡文留是在新时期甘肃诗坛出现较早、为读者所熟知的一位满族女诗人。《匡文留抒情诗选》是她十数年心血的结晶。匡文留诗歌的两大主要内容是西部和女性。她描写西部的土地、风物和现实人生的诗,具有明显的西部风情特色,在表达上西部意象缤纷,主体情感投入饱满,具有较大的可读性。而从女性自我认知的角度来讲,匡文留是甘肃当代诗坛最早张扬女性意识的诗人。匡文留的大部分诗作集中在20世纪80年代至20世纪90年代前期。

[1]汪玉良的长篇叙事诗《米拉尕黑》获得第一届全国少数民族优秀文学一等奖。长篇抒情诗《献给十月的歌》获得了第二届全国少数民族优秀文学一等奖。2002年,汪玉良又将自己的短诗结集为《水磨坊》,诗集获得了全国第七届民族文学骏马奖。

在这个时期，“女性诗歌”的一个突出特征，是“‘黑夜’以及与‘黑色’相关的语象在她们手里被做了集束性的、刻骨铭心的、有时近于夸张程度的使用”。[1]而对女性内心情绪、渴望的宣泄也是当时“女性诗歌”的显要特征。匡文留的诗在对女性身份的强烈认同中黑夜意识也时显其中，情感的表达更是一种狂放热烈的宣泄。“积蓄了千年的泪水/只在这时决堤/我是昔日被你的精卫鸟/声声填平的那片大海/这么一束柔韧又刚烈的火苗/是我死去几世纪后的海平线/双唇噙起的太阳吗？”（《这时夜多像》）从这些方面来看，匡文留的诗与20世纪80年代后期出现的以伊蕾、翟永明等的“女性诗歌”之间具有呼应性。不过，匡文留有她的独特之处，“在扭曲的肢体上/在怒放的手指上/颈与颈纠缠/臂和臂撕扯/酒醉的探戈荡气回肠/哪个为爱流血的女人/这般极致。”（《风中红柳》）西部红柳是西部女性的象征，执着的姿态流露着西部女性爱的热烈和深情。这样的诗自然区别于大部分满腔愤懑、黯然神伤的女性诗歌。

满族女诗人娜夜是诗坛引人瞩目的女诗人。2004年，娜夜的《娜夜诗选》获得鲁迅文学奖优秀诗歌奖。娜夜的诗虽然带有女性诗歌的特征，但用“女性诗歌”却远远不能涵盖娜夜诗歌的内涵，而且与女性诗歌的“黑夜”意识和尖锐的艺术表现相比，娜夜的诗是含蓄隽永的。娜夜经常从内心情绪和情感体验出发，对人生、命运、感情、家庭、幸福进行细细的玩味和体问。由于其情感世界非常丰富，诗歌所涉及的情感体验也就极其多样。她有时是挑剔的，诗中有一种隐约的怨怒之气，比如表决浮躁年代对自我的坚守与忠实：“有人用脚步拯救心灵/有人用口红拯救爱情/我把眼睛重新闭上/把我留给自己”（《把我留给自己》）；对爱情的伤痛和失望：“所有爱情最终消失/而太阳照样升起”（《悲剧涌来的方向》）；对生存之压抑的反抗与无奈：“我的反抗 是一张哑孩子的嘴//他动了一下/又动了一下//——但世界啊 独裁的麦克风 你们 什么也没听见”（《反抗》）；还有对无聊而道德失落的现代生活的进行反讽的《聊天室》；对内心世界进行刨根问底的追究的《你干了什么》……这时候的娜夜，似乎是挑剔的，她对感情世界尖利的透视既让人叹服又让人不自在。不过，娜夜绝不进行狂放热烈的情感宣泄，从而让怨怒之气成为女性，也是人类生存的烦闷之叹。娜夜经常又是包容和感恩的，有着暖暖的温存。娜夜写母爱的博大，“母亲站下来/目送我/像大路目送着她的小路”（《母亲》）；写爱情的美好

[1]李振声：《季节轮换》，学林出版社1996年版，第218页。

和对爱人的赞美,“当你将爱斟入我的生命/用思念把我抱紧/你 是最好的”(《继续》),入神地回味的爱情更让人感动,“我将这样坐下去/为了爱的缘故 直到/把一些遗漏的细节/重新想起”(《为了爱的缘故》)……于是,在娜夜温暖的情感世界里,“赞美中隐含着祈祷”,“大雪落着 土地幸福/相爱的人走着/ 道路幸福//一个老人 用谷粒和网/得到了一只小鸟/小鸟也幸福……一个孩子 我看不见他/还在母亲的身体里/母亲笑着/多幸福//——风吹过的雪花啊/你要把天下的孩子都吹得漂亮些”(《幸福》)。在这样的诗作中,那伟大的母亲、最好的情人、温馨美丽的爱都会潮湿了幸福的心。有时候人们将娜夜称为“爱情诗人”,当然爱情诗是娜夜的擅长。但是,综观娜夜的诗,可以读出比爱情更多的东西。她是呈现女性精神世界的诗坛高手,她以一个平凡女性在社会生活中的生活常态,写出了女性的“生命”与“生存”。“我们不妨把娜夜的诗看作人与世界关系的隐喻式书写,这里面当然有爱情,但它实际上还涵盖了更多更广的方面。它不只是认识论的,也是关乎生存的本体论的……”[1]娜夜的诗语言洗尽铅华,含蓄节制,情感细腻,对读者有着极强的吸引力和感召力。有些诗又善于营造意境,有自然融合、出世脱俗之美,《起风了》一诗:“起风了,我爱你,芦苇/野茫茫一片/顺着风// 在这遥远的地方,不需要/思想/只需要芦苇/顺着风//野茫茫一片/像我们的爱,没有内容。”这样的诗可谓天人合一、天籁之音的作品。

甘肃的少数民族创作队伍庞大,创作成就高,除了上述诗人,还有许多少数民族诗人,如藏族诗人丹真贡布、贡卜扎西、完玛央金、扎西才让、旺秀才丹、嘎代才让、才旺瑙乳、刚杰·索木东、王小忠、仁谦才华、瘦水、牧风、唐亚琼等,蒙古族女诗人葛根图娅(韩霞),回族诗人赵之洵、沙戈、敏彦文,东乡族诗人马自祥,满族诗人草人儿,裕固族诗人贺继新等人都创作了大量优秀的诗作,有些还获得各种奖项和被各种诗歌选本选载,甘肃大部分少数民族诗歌渗透着本民族的心理情感和对民族文化传统的认同,融合本民族说唱艺术的表现形式和抒情手段,并组合与民族独特的宗教信仰、生活习俗相关的意象,形成了独特的民族特色。丰富了甘肃诗作以至中国新诗的艺术长廊,也为推动新诗的发展做出了独特的贡献。当然,也有许多优秀的少数民族诗人的诗

[1]唐欣:“赞美中隐含着祈祷——娜夜诗歌简论”,载《诗刊》(下半月刊),2009年第1期。

歌民族特色并不明显,但诗歌还是独具特色,达到了高的艺术水平。

(四)其他诗人的创作

新时期甘肃诗歌,在20世纪80年代中期以前基本上与全国诗坛保持了追随和呼应的姿态。20世纪80年代中期以来,随着当代诗坛"新诗潮"的兴起,甘肃诗歌对全国诗坛的追随逐渐减弱,大部分诗人拒绝诗歌的世俗化,以沉潜的写作状态,专心于对诗歌高贵精神的坚守,与诗歌的日常化、世俗化拉开了距离。当代"新诗潮"流派众多,众声喧哗,有些很快就烟消云散。影响比较大的是由韩东、于坚等标举的"回到个人,回到日常生活",重视口语写作的"第三代诗歌",他们在诗歌精神上实际坚守的是民间立场。这种立场基本上确立了20世纪80年代后期以来当代诗歌倾向于日常化和叙事性的艺术路向。甘肃诗坛带有日常化、叙事性写作特色的诗人是唐欣。唐欣的大部分诗收在1999年出版的诗集《在雨中奔跑》里。唐欣的诗一方面表现出对个体的生命形式和日常生活的强调以及表达的日常口语化特色,具有明显的民间立场,表现出明显的"个性化写作"的特色。另一方面,唐欣的诗在民间姿态中融合向上提升的人文关怀。这两方面的结合使得唐欣的诗诗情浓郁,庸常但不庸俗。《中国爱情最高方式》这首诗整体上采用叙述的方式,描述一对老人长达六十年的没有结果的苦恋。情感和语言优美感人,缓慢中复沓的节奏,让人很容易进入爱情的"意境"。《奥运会纪念》一诗,诗人以对奥运会无知的口吻描写"国人疯狂 通宵熬夜看电视",激动地大喊大叫的情景,秉持民间写作的姿态。接着出现了"我倒格外缅怀,古希腊时代/天高云淡,男女自然/优美的裸体,自由奔跑/可这一切,召集——安在哉"这样的诗句,引导读者想起现代体育疯狂竞争背后的政治性、残酷性和人文精神的失落。语言又文白掺杂,表现出知识分子写作的特征。唐欣的诗总体上水平整齐,《兰州》《北京》等诗写普通人日常生活,画面逼真,情感丝丝入扣,颇有生活气息;《西藏》《合作》《在青海湖》一改大多数诗人凭古伤今的流俗,坦率地表达普通人平庸却最真实的感受;《怀古》《打油同行》等诗自由出没于古今之间,语言干净,文白相间,节奏优美。可以说,唐欣的诗既有对"第三代诗歌"的呼应,也有"反动"与提升。

马萧萧的诗也很难归于以上几类。他的诗具有鲜明的南方的温润和隽秀感,这可能和他本人年少成长于南方有关,马萧萧又长期生活和工作在甘肃,所以他的诗又不乏北地的通达和凝重。字字珠玑,用词炼句不着痕迹,有

"不着一字,尽得风流"之造诣。诗中有景,景中有情,清丽隽永是其主要特色。《春消息》用孩子的眼睛描绘了一个童话。山峦"发肥",重峦叠嶂是相互嬉闹着挤来挤去,欢快的小溪是汗水,草丛里的菌子是大地的耳朵,小鸟则用乡音报道着家乡春天的消息——家门前竹篱边的春笋冒着热汗拔尖了。春天,大地上的苏醒和生长就这样都拟人化了。这样的诗让人想起李贽的"童心说","诗心即童心"。本来写春天万物生长的诗很多,但这首诗以它新鲜独特的想象和明净的画面令人耳目一新。而更难能可贵的当然是诗歌语言,它在将事物拟人化的时候体现了高度的形象性,达到一种不着痕迹的自然之境。

《中国地名手记》是一部词典体的诗歌,诗人将自己对中国大地的歌吟,按照地名首字母排序的方式组合在一起。看起来是一部长诗,但每首诗实际上又是独立自足的单首诗歌。诗歌依然具有洗练隽永的特色,但更多了一层哲思。《呼伦贝尔》前几句写草原的辽阔苍茫与柔和之美,诗人对此竟有"没遇上半只狼"的遗憾,由此抒发人生的况味:一场不遇情敌的爱,白爱一场。可能所有的爱因不完整、因痛楚而更加深刻。《兰州早餐》写兰州牛肉拉面,呈现一个城市的风貌和精神气质,是对地域文化的沉思。《青海湖听涛》,写青海湖倒映着天光云影青草,容纳着鸟语花香风声,涛声阵阵,仿佛盛大的报告和讨论。在青海湖这容纳万千和谐一体的气魄中,就算自命怀揣经纶的我,心中万千言语也只能是沉默的姿态。《若尔盖》一诗写在若尔盖草原上,将自己的思想放牧,把心中的俗累回归为星云、大地、海子……只有在此刻,自然的风物穿透日常的存在,不是在"审美的"沉浸中,而是在将自身整个儿融入自然的时候,生命才如此单纯和本真。《中国地名手记》中的诗歌以清新隽永的风格,在以大文化历史之思为主的地理历史类诗歌写作中脱颖而出,词典体的形式则对诗歌体裁有探索性的意义。

此外,甘肃还有大量的优秀诗人诗作以及值得关注的诗歌现象,比如校园诗人及其创作,本身也是推动甘肃诗歌发展的重要力量,甚至能倡导风气之先。而且,甘肃许多诗人都是从大学时代找到了自己的诗神,走上诗坛。另外,相当一部分诗人耕耘在校园里,在教书之余从事诗歌创作和诗歌评论,为学子们播散诗的种子。西北师大教授、诗人彭金山的诗,徐兆寿的《那古老浪花的大海》,天水师范学院的王若冰、雪潇等人的诗歌都是甘肃诗坛一道道亮丽的风景。甘肃诗坛对大学生诗人的培养也是不遗余力,如《飞天》长期举办的“大学生诗苑”推出了一批优秀的诗人，为甘肃诗歌做出了重要的贡献。但不能在这里深入地一一讨论，主要是受文章篇幅及本人阅读范围所限。

三、新时期甘肃诗歌取得成就的原因

新时期甘肃诗歌的发展和取得的成就引人注目，其原因是多方面的。客观方面，新时期改革开放、社会稳定、甘肃文化积淀的触发与开掘等良好的社会环境给诗歌创作提供了繁荣的社会大环境；甘肃作协举办的多项大型文学活动及各种研讨会，促进了甘肃诗人创作的积极性和主动性；甘肃文学界对诗歌气场的着力营造，比如浓厚的校园诗歌氛围，《飞天》长期举办的“大学生诗苑”对甘肃优秀诗人的发现和大力培养等；甘肃省委、省政府举办的敦煌文艺奖，甘肃省文联、甘肃省作家协会主办的甘肃文学创作最高文学奖黄河文学奖的评奖活动，也使甘肃的许多作品，为读者所了解。

主观方面的原因及经验更值得总结：

第一，甘肃诗人始终走的是一条相对独立、内敛、沉思的个人化写作道路。甘肃诗人对诗歌高贵品性的坚守，使得甘肃诗歌具有明显的审美理想主义，这为当代诗歌，特别是面对20世纪80年代中期以来的诗歌精神的萎缩，甘肃诗歌为诗坛带来了新的气息，注入了新的活力。

第二，在艺术上勇于探索和创新。诗人们深受西方现代主义诗歌、后现代主义的诗歌的影响，意象主义、超现实主义、象征主义、解构主义等诗歌手法在诗歌中的灵活自如的运用，有利于探寻现代人多元文化下的复杂状态。同时，诗人们又非常重视东方文明和本土文化传统：在艺术表达手法上对古典诗词的继承；对民歌、花儿等甘肃民间文学的借鉴等。将诗歌的语言既从对既有文本的转成模式中解救出来，也从粗鄙的日常生活语言中解救出来，实现了语言与写作主体存在、生存的地域情境；生命的审美观察和体验的结合，这极大地扩展了诗的审美韵味和空间。诗歌技巧的进一步纯熟，以及对诗的内在旋律和内部张力的营造，开辟着诗歌写作的新艺术路向。这也从一个侧面表现出诗人文化素养的较大提升。

甘肃诗歌的创作实绩是群体性贡献，水平比较整齐，缺憾是缺乏享誉全国、享誉一个时代的大诗人。这其中的原因是多样的，比如文学，特别是诗歌在当代社会中的边缘化，即使优秀的诗人也引不起公众太多的关注；又比如甘肃经济上相对落后，地域上比较偏远，远离政治经济文化中心，推动诗人走向文化前台的公众效应不够，等等。从甘肃诗人群体自身来说，诗人的视野还不够开阔，在创作表达时代精神和时代感情的作品方面有所欠缺；诗人对人的思维和情感世界在现代社会中的延展的感知也不够敏锐和丰富，对现实生活的关注度也须要提升。而面对现代文明，诗人大多采取简单的拒斥和逃避的姿态，也就压缩了诗歌揭示现代情感的多元性和复杂性的审美空间，而对现代文明的体验和抒情在当下诗坛中有不可忽视的重要地位。

在艺术创造性方面，甘肃诗人也须要进一步的努力开拓，甘肃诗歌艺术想象力相对欠缺，比如意象的运用和组合过于清晰平淡。诗人个体过于坚持自己擅长的艺术表现手法，一方面形成了稳定的风格，另一方面也会限制艺术创新能力的进一步拓展，我们希望看到不停地探索和创新，不断超越自己的大诗人。此外，缺乏必要的有建树的理论倡导也是一个须要重视的问题。从文学史上诗歌的发展来看，理论的倡导和创作实绩的配合，往往是形成诗歌现象、诗歌流派，以及出现大诗人的必要场域。甘肃诗歌的创作实绩远远大于理论建树。而且，甘肃文学界致力于诗歌研究的评论家不多，缺乏有效的面向全国发声的诗歌话语权。崛起的诗歌高地期待标举理论旗帜的旗手和有真知灼见的诗歌评论家。

总之，我们还是以甘肃诗歌为荣。

新时期甘肃的报告文学

一、新时期甘肃报告文学概述

报告文学作为文学阵线中的“轻骑兵”，具有别的文体所不及的时效性，这使得它在迅速且有一定深度地反映变革的社会生活方面发挥着重大的作用。中国自20世纪70年代末期进入改革开放，在社会政治、经济、文化等层面均发生着深刻且激烈的变革，社会发展取得重大进步。这一系列的变化为报告文学的创作提供了大量的素材，报告文学的创作者们也自觉地担当起新时期社会变革记录者的角色，用自己手中的笔忠实地记录着华夏大地上的日新月异。甘肃省作为中国西北大省在这场轰轰烈烈的大变革中，自然也不可能置身事外。改革开放三十年也是甘肃省逐渐摆脱贫穷落后的三十年，创作者们也同样紧随时代的步伐为我们留下了很多优秀的报告文学作品，通过它们，我们可以准确且生动地把握这个伟大时代的跳动脉搏。

20世纪70年代末到80年代末是中国改革开放的第一个十年。经历过“文化大革命”，百废待兴，党和国家在此时将“改革开放”作为一项基本国策提出并确立，可以说是符合国情的，也是顺应国际发展趋势的，因而深孚众望。中国人民拿出万分的创造热情，建设伟大祖国，营造美好生活。这些情况反映在甘肃的报告文学创作中，就是有大量反映改革伊始甘肃省社会经济、文化、思想变化的作品出现。其中的优秀作品如公刘的《水火并举》，通过对王德雍和杨郁华两位同志艰苦的工作奋斗史的记录，展现了我国三大共生矿基地之一金川的发端，歌颂了为祖国建设事业而不懈奋斗的人们。再如鲁正葳的《为黄土高原献出常绿生命——记城市规划专家任震英》《阿尔泰紫菀——记乡村女教师刘燕元》等人物通讯类作品，满怀真情地讴歌了在各条战线上贡献自己的光和热的劳动者们。王宗仁和常思合作的《爱情不是演戏》记述了演员王静和小提琴手朱培在爱情上的一段曲折经历，最终有情人终成眷属，作品文辞流畅，情感细腻，也从另一个角度反映出了时代的变迁带给人们思想观念上的改观。甘肃省报告文学在这一时间段的创作主要以短篇为主，且题材比较集中，创作者们多着眼于社会经济的发展或思想观念上的微妙变化，创作态度乐观向上，作品主题明朗积极。

20世纪80年代末到90年代末是中国改革开放的第二个十年。经过前一个十年的改革、发展和创新，中国发生了翻天覆地的变化，综合国力不断增强，人民生活水平大幅提高，社会思想、政治观念进一步解放。伴随着党和国家“西部大开发”政策的出台，甘肃这片热土也更加沸腾起来。在这样的社会背景下，甘肃省报告文学创作逐渐繁荣起来，作品的反映面更加宽泛，取材更加多样化，并在90年代达到了一个高潮，出现了很多在全国范围内颇具影响的作品。陈德宏的《史兴全，企业家的T型结构》《天使尽天职》《铜城交响乐——甘肃白银现象大纪实》，潘竟万的《攀登记》《神奇的大山》《鲜红的太阳》，式路的《青春搏水年华红》《荒山大写意》，王会绍的《丝路寻梦》等作品，或通过一位杰出的企业家，或通过一个锐意进取的集体，或通过一座经济起飞的城市，由小见大，以点带面，反映出甘肃省在社会生活的方方面面取得的巨大建设成就。相关文化单位也推出很多优秀的报告文学合集，为广大读者介绍了甘肃社会发展的伟大成就和可歌可敬的奉献者，例如：《西部风云——今日甘肃》《丝路潮》《开拓者的新纪元》《南湖壮歌兰州“2·16”英雄群体抢险纪实》《陇原巾帼颂》《改革者的新篇章甘肃企业明星谱》，等等。在这类“主旋律”报告文学作品之外，董汉河的《西路军女战士蒙难记》《西路军战俘纪实》，石宝明的《碧血雄风：红军西路军六十周年祭》，康和厚的《血战河西》等以发生在陇原大地上的历史事件为素材的报告文学作品也引发了广泛的关注，这些作品在维持历史本真的同时，更增加了悲天悯人的人文主义情怀，表达了对遭遇不幸的历史人物的同情和支持。陈德宏的《张光年与黄河大合唱》《段文杰的敦煌梦》等作品则以人为经，以史为纬，生动地展现了为人们所鲜知的人物史。王家达在1996年出版了《敦煌之恋》一书，作者采取了以人带史、以事写人的创作手法，通过几个主要人物的命运变迁，把敦煌的历史沉积和艺术神韵呈现在世人面前，此书获第一届“鲁迅文学奖”的报告文学奖。此外，潘竟万的《新丝绸之路》，王守义的《原始村遐想——大地湾纪实》等作品则为我们展开了一幅幅辽阔壮美的西部风情画卷。甘肃省报告文学在这一时间段的创作非常活跃，作家队伍得到了很大的发展，题材丰富多样，无论长篇还是短篇均有佳作不断涌现，轰动文坛。

20世纪90年代末之后，中国的社会经济总体上仍然沿着向上发展的路子在不断取得成就，但随着改革的深入，社会进入转型期，各种问题和矛盾开始显现出来。同时，世界经济一体化、全球气候变暖和生态环境恶化、国际恐怖活动等国际性问题也更加深刻地影响着中国的发展。人们在为三十年所取得的巨大成就欣喜雀跃的同时，也开始反思在这个过程中滋生的很多问题。这也同样反映在了报告文学作品之中。甘肃省报告文学在这一时期产生了一批具有批判纪实性质的作品，其中又有很大一部分属于生态报告文学。其中的代表作，如：吴晓军、董汉河合著的《西北生态启示录》《中国环保和谐与共存》《中国环境保护》，马步升的《西北"男嫁女"现象调查》《走西口》，宗满德的《村情——西部农民生活实录》，马克利、阎世德合著的《荒漠清流：石羊河的咏叹》，姬广武的《世纪决战：中国西部农村反贫困纪实》，刘绍荣的《戈壁围捕——甘肃永昌"7·11"劫持婴儿人质案侦破纪实》《镍都惊梦——"2·15"持枪劫持出租车杀人案侦破记》，孔书贤的《台海战事纪实》《核风云追踪》《泣血莫高窟》，以及窦贤所创作的一系列生态报告文学。陈德宏、王新军合著的《跨越梦想——中国石油长庆西峰油田勘探开发大纪实》，马成福的《风雨铸丰碑》《创业者的风采》《凤舞铜城景色殊》，祁波的《大山之子——铁道兵战友胡治平的人生轨迹》《盆地的馈赠》《感人最是奉献歌》，张学文的《悠悠兰竹香》，晨钟的《慧眼识英才》，阎国强的《土豆的微笑：定西洋芋的故事》《剑胆琴心真诚为民》《横刀立马剑胆琴心——陈浦与华浦大写意》，王太昌的《岁月的印记》，祁源的《走进阳光地带》，等等，这类作品继续发挥着报告文学的报告性和时效性的优势，为读者带来甘肃省发展建设新成就的好消息。在有关历史题材的方面，关于西路军的报告文学佳作继续产生，鲁正葳的《揭开民间黑幕——报界奇才黄征远见证》在面世后也颇受好评。王家达的《寻找藏族妈妈》《太阳的女儿》，潘竞万的《天马之都银武威》《巍巍祁连树丰碑》《中国河西走廊》，窦贤的《纵横高原》《走向珠峰的路》，鲁正葳的《西北大发现》《兰州历史文化：工业摇篮》等作品则为我们继续展开陇原大地神奇瑰丽的风土人情画卷，内容丰富多彩，在历史的延展性上有了很大的提高。此外，甘肃陇南等地区在2008年的"5·12"地震中受损严重，有很多作家亲赴灾区，出现了一系列以抗震救灾为主题的报告文学作品，如《陇南灾区行》《震撼——甘肃省抗震救灾先进事迹报告集》等，这些作品对于号召全社会帮助灾区同胞重建家园,携手共渡难关,发扬社会主义新风尚等,发挥了很好的感召作用。在这一时间段的甘肃省报告文学作品在取材方面更加多样化,其中的一个显著标志就是批判纪实类的作品大量增加,作家们对社会问题的关注更加深切,眼光也更加宽泛。

目前,甘肃省报告文学在总体上呈现出比较稳定的创作状态,创作主体稳中有增,时有佳作出现,但同时问题也是存在的。有一部分报告文学作品在创作时只顾及了时效性,而忽视了它作为文学作品的艺术性,其中堆砌着大量苍白的乏味的材料,读来让人生厌。有一些创作者甚至放弃了作为报告文学生命线的真实性,为了达到吸引读者眼球的目的,出现一些与事实不符的虚构,这种做法不但误导了读者,对报告文学整体的创作环境而言也有很大伤害。有的创作者缺乏吃苦耐劳的精神,远离基层和实地考察,闭门造车,写出来的报告文学既没有思考的深度,也没有眼界的广度,自然是让人不忍卒读。有些创作者只会对成绩夸夸其谈,而缺乏发现问题的能力和勇气,久而久之,甚至成为"贴金文学""广告文学"的专业写手。有些政府部门将报告文学简单视为国家政策的传声筒,进而剥夺了作家创作的主体性。出现这些问题的原因也是多方面的:整体社会风气处于一种浮躁、功利、短视的状态之下;现代新闻媒体业的飞速发展对报告文学产生了极大的冲击力;随着生活压力的不断增大,"文化速食时代"的特征越来越明显,读者对缺乏娱乐效果的报告文学明显减少了热情;部分创作者的专业素养下降,缺乏必要的文学造诣和修养;有些创作者被眼前利益诱惑,丧失了为民发声的创作态度,缺乏民间叙述的立场,出现了思想品质方面的滑坡;报告文学这种文体本身既要求真实性又要求文学性,而真实和文学本就是二元对立的矛盾,进一步增加了报告文学创作的难度。正所谓"冰冻三尺,非一日之寒",这些问题的克服需要方方面面联起手来,一起去克服,唯其如此,才有希望迎来甘肃报告文学的下一个高潮。

二、新时期甘肃报告文学重要作家及其作品

根据新时期以来甘肃报告文学作品的题材,将其大致分为以下几类进行分析。

第一类题材,主要着眼于改革开放三十年以来甘肃省各条战线在发展建设方面所取得的巨大成就的反映。这是对时代的礼赞、生活的颂歌,其内容

或者是对某位优秀人物的介绍,或者是报告某个浩大工程的上马,或者是对某一飞速发展的地区的展示,包罗了万千社会新气象。这类作品在甘肃省新时期以来报告文学作品中所占的比重是最大的,约占到了三分之二,它们的关键词是“颂扬”,充分发挥报告文学的文体优势,对于号召全社会又好又快的建设社会主义新中国起到了鼓舞人心的作用,代表作家有陈德宏、祁波、阎国强、王会绍、鲁正葳、式路等。

陈德宏是其中一位很具代表性的作家,他的作品主要有:《铜城交响乐——甘肃白银现象大纪实》《长庆大写意》《跨世纪的辉煌——长庆天然气田勘探开发大纪实》《史兴全,企业家的T型结构》《天使尽天职》《跨世纪厂长的跨世纪构想》等等,他还在2005年与王新军合著了《跨越梦想——中国石油长庆西峰油田勘探开发大纪实》。陈德宏的报告文学关注现实,积极反映重大的社会问题,颂扬时代主旋律,以敏锐的洞察力、积极的人生态度、强烈的社会责任感、饱满的生活热情,主动地报告社会主义现代化建设中的新动态和新成就。他的作品气魄宏大,覆盖面广阔,内容厚重,是时代精神的真实写照。《铜城交响乐》通过白银市的经济发展状况,透视出了甘肃省乃至全国的经济发展状况,把经济发展和整个社会联系起来,富有鲜明的时代特色。《跨世纪的辉煌——长庆天然气田勘探开发大纪实》记录了长庆西峰油田的开发过程,揭示了长庆西峰油田作为数字油田、绿色油田、人本油田这样的现代化石油企业的典型意义,展示了长庆人建设现代化石油企业的一整套成功经验,将长庆人的艰苦奋斗史和锐意进取的精神真实地加以表现,歌颂他们为祖国的建设披荆斩棘的英雄精神。长庆西峰油田是中国近十年石油勘探所取得的巨大成果,时值世界石油危机日趋严重的国际大背景之下,它的意义更是非比寻常。作品由宏观的视角出发,对长庆西峰油田勘探开发进行立体式的观照,将历史的纵深和全景的描绘有机地结合起来,是全书主要的艺术特色。陈德宏的报告文学在写人方面也有自己的独特风格,他善于细致入微地开掘人物的美好心灵和崇高精神品质,深入发现主人公的高尚情操。他在塑造改革者形象的报告文学作品中摆脱了将中心人物作为框架的模式,而采用以思想为统帅,把众多人物与不连贯的事件进行组合,跌宕起伏而又层次分明。他的作品重在写人的观念的变革,以此来写改革者的形象和开拓精神。《史兴全,企业家的T型结构》中虽是以史兴全为中心人物,但并不拘泥于情节的连续性和完整性,而是从高科技意识和科学严格的管理才能两方面讲起，描述了史兴全作为“T型结构”的企业家所具备的各种知识和才能。人物形象生动丰满，形神兼备，更有真实感。陈德宏的作品在艺术风格上有一种刚健豪放的气质，往往选取重大题材，气势恢宏。在叙述中不时穿插精辟的议论，使得作品更有思辨色彩和哲理意蕴。

到目前为止，祁波发表报告文学作品六十多篇，约五十余万字。作家以其在苦难岁月和军旅生活的积累，以及高度的使命感和认真的创作态度投入报告文学的写作之中。他的报告文学在深入开掘事件和人物所蕴含的意义时，又横向进行反复对比，进而完成最佳角度的选取。从对人性的关注到对奋斗者的歌颂，再到对丑陋事物的揭露，祁波的报告文学以其敏锐的观察视角和深刻的思考而引起广泛的反响。《古墓悲歌》《燃烧的大动脉》《生命在呼唤》等作品在写贫困地区的苦难生活时，还写到了人们的愚昧封闭的精神状态，写出了沉重的封建思想对贫困地区人们的束缚。

第二类题材着眼于揭示改革开放三十年来社会发展中出现的问题和矛盾。以纪实的创作态度反映相关问题的产生、发展和解决，以批判的精神来引发人们的关注和反思，进而使得社会更加健康、和谐地向前发展。这类作品多产生于20世纪90年代，也因其隐含的批判性而引起了社会的关注，其中尤以生态报告文学最为引人注目。代表作家有董汉河、吴晓军、马步升、姬广武、窦贤、宗满德、孔书贤等。

董汉河、吴晓军合著的《西北生态启示录》是一部全面展示西北生态危机的力作，论述的对象有黄河、内陆河、西北森林、西北草原、荒漠化和沙尘暴、旱灾、生物物种危机、水土流失、环境污染等。全书揭示了西北生态环境恶化的历史原因和惨痛教训，阐明了西部地区改善生态环境、实施可持续发展战略的必由之路。作者以科学严谨的态度进行写作，这从全书多达二百余条的参考文献和多达四百余条的引用资料就可见一斑，从古代典籍到现代的科学资料，作者立足现实的生态危机，在回顾历史的同时用科学眼光去看待未来的发展，内容翔实可靠，充分体现了学科交叉的特点，十分具有说服力和可信度。虽然是报告文学，作者在重视真实性的同时并没有忽略其文学性，语言生动流畅，不时穿插精彩的描写、评论，标题凝练醒目，作品中还展示了大量的图片，图文并茂，更让作品出彩不少，也极大地增强了作品的可读性。本书在揭示人为因素极大破坏生态环境的同时，不忘赞美那些为建设绿色家园而贡献力量的人们，如：“新栽杨柳三千里，引得春风渡玉门”的陕甘总督左宗棠、植树治沙模范石述柱、环保英雄索南达杰等。全书充满着一种积极向上的感召力，带给读者极强的心灵震撼。作者从战略的高度出发，结合党和国家的方针政策，为西北地区如何可持续的健康发展提出了具有参考价值的建议，表现了作为有责任感和使命感的人文知识分子应有的社会良知和远见卓识。

姬广武的《世纪决战——中国西部农村反贫困纪实》是反映新时期我国三农问题的一部优秀报告文学作品，特别是在探索西部地区农村反贫困问题方面具有积极的现实意义。作品以全景式的镜头真实地记录了中国西部农村与饥饿做斗争的残酷历史，描写了西部农村在转型期所遭遇的种种困难和曲折的求解之路，揭示了西部农村经济、文化、思想落后的深层原因，以及在党的宏观政策指导下西部人民艰苦奋斗所取得的伟大成就。作家在写作时深入田间地头，亲自采访了很多历史亲历者，从他们的口中去探求并力图还原最真实的历史，即使那段历史可能是残酷的，甚至是血腥的。面对由于天灾，更多的是人祸而造成的历史悲剧，作者并没有去淡化或者掩盖，他的这种追求作品真实性的创作态度带给读者极大的心灵震撼。作家的视线时刻紧随时代的发展，关注不同历史时期下西部农村和农民们的不同遭遇，饥饿、移民、农民工、学童失学、医疗卫生、旱灾等这些让农民付出血泪代价的问题都出现在了作家的笔下，不忘历史、立足现实、展望未来的创作态度和字里行间充斥的真情实感使得作品更具有厚重感和人文关怀。作品语言通俗流畅，生动灵活，引用了大量的民谣和民谚，生活性和趣味性很强，是一部适合雅俗共赏的佳作。

第三类作品是表现甘肃深厚的历史文化、近现代的重大事件，以及陇原大地上的风土人情。这部分内容包括历史、地理、民俗活动、资源物产、社会发展新气象等，向广大读者详细地介绍了甘肃各方面的情况，让人们对处在新时期的甘肃有了更为深刻和生动的认识。作家们在对西部风土人情进行展现的时候，都熔铸了自己对于这片厚土的深沉感情，因此虽然表现的对象是客观的，但在主观上却给人带来了极大的情感感染力。其代表作家有鲁正葳、潘竞万、王家达等。

鲁正葳的《西北大发现》就是一部极富感染力的以甘肃风土人情为表现对象的报告文学作品。每一章节的标题都很好地概括了相关内容，如“最早对外开放的前沿”“共和国工业的摇篮”“祖先留下的灿烂遗产”“地理坐标带来的机遇”“轻轻拍打腾飞的翅膀”“乘神舟飞船借汉唐雄风”，对甘肃省悠久灿烂的历史文明、新中国成立后的发展新机遇、改革开放的新气象进行了描绘，涉及地理、历史、政治、经济、文化等各个方面。鲁正葳以一个女性作家的独特视角和细腻情感歌颂养育她的这块热土，无论是描写神奇瑰丽的敦煌壁画，还是介绍成绩斐然的工业产业，无论是面对时代发展产生深远影响的“找钥匙的人”，还是笑谈千万默默无闻的“拾麦穗的人”，作者均对他们的历史地位和历史价值做出了充分的肯定。作家写作时参考了大量的历史地理资料，内容翔实饱满，同时辅以精美图片，更好地表现了内容，也增加了作品的可读性和可感性。语言精确细腻，流畅优美，文风淡雅朴素，具有一定的辨识度，主题明确。

兰州太平鼓舞已有六百余年的历史，素有“天下第一鼓”之称。太平鼓是兰州地区城乡人民喜爱的民间表演形式之一，含有庆贺新年太平之意。每逢大的庆典活动，太平鼓表演都是整个活动的高潮部分，那铿锵有力的鼓点，显示了黄河之滨人民的英雄气魄，其风格独特，具有浓厚的西北特色和艺术魄力。王家达的中篇报告文学《天下第一鼓》写的正是黄河边皋兰县西岔乡一支农民太平鼓队，这批农民鼓手身在穷乡，胸怀天下，他们自费去亚运会表演，将兰州太平鼓打向了全国，打向了世界。身处全国贫困县的这批农民鼓手并没有因为生活的贫苦而丧失了他们西北汉子的志气和风骨，为了心爱的太平鼓，他们流血流汗刻苦训练，他们的一招一式、一跳一跃都表现出了对民间艺术的执着的献身精神，都是民族自豪感的彰显。作者在歌颂他们的献身精神的同时，也没有忘记在身后默默支持的鼓手的家人们，用具有典型性的语言和行动，勾勒出了一个个憨厚可爱的西部妇女形象。作品成功地刻画了如王仲菊、许教练、张德才等一批人物，精确贴切的人物个性语言和行为习惯，使得人物形象立体饱满、跃然纸上。在叙事的进程中作家还介绍到了太平鼓的制作工艺、表演技巧、鼓队阵法，寓说明于故事之中，使得原本有些枯燥的东西也更加有趣，也让读者对太平鼓有了深入的了解。这部作品是一幅生动的西部人民生活风情画，虽然他们的物质条件还很艰苦，但他们积极进取、乐观知足、勤奋善良的生活态度却深深地感染了每一个读者。事实上，太平鼓作为一个载体，在它身上凝结了很多中华民族的民族精神。通过这部作品，也让更多的人开始关注太平鼓这种古老的民间艺术形式，更好地保护它，传承它，从而让我们的民族血脉代代相传、薪火不断。作品结构完整，逻辑严密,叙事生动,情感饱满,语言富有西部特色。王家达的《敦煌之恋》,曾经在20世纪90年代蜚声文坛,吸引了亿万目光,至今仍为人津津乐道。此书通过记叙诸多主人公为敦煌艺术而献身大漠的坎坷曲折故事,写出了敦煌艺术的形成、发展、保护历史,把敦煌的厚重历史和瑰丽艺术呈现在世人面前,"以人带史、以事带史"。作品表现了张大千的赤子之心、于右任的慷慨仗义、常书鸿的九死不悔、段文杰的矢志不移、樊锦诗的坚忍不拔,以及众多连名字都来不及留下的敦煌人的忘我奋斗,他们的殉道情怀和人格操守本身体现了敦煌艺术的真谛。无论是功成名就的大家,还是生如草芥的小民,在面对敦煌艺术时心中的那份虔诚和尊重是一致的,为弘扬和保护敦煌艺术的那种鞠躬尽瘁死而后已的献身精神也是一样的可贵,历史将会永远记住他们。著名学者雷达在为《敦煌之恋》所写的《序言》中说道:"这是我们民族精神中最感人的部分,也是中国知识分子献给祖国和整个人类的最圣洁的礼品。"作家所要弘扬和赞美的不仅仅有瑰丽多彩的敦煌艺术,更有这种万死不悔的"敦煌精神"。在新时期,这种舍己忘我的自我牺牲精神对于濯洗不良风气,毫无疑问具有巨大的社会意义。在创作方法上,《敦煌之恋》摆脱了一般报告文学的呆板和枯燥,作家用一种写散文、写诗的手法进行报告文学的写作,运用了多种修辞手法,并展开了合理的想象和联想,在不违背历史真实性的大前提下为作品注入了更多的活力。书中展示了很多敦煌石窟艺术的图片、敦煌研究史料、研究者的照片,为读者立体地感受敦煌艺术和敦煌精神提供了一个可靠的平台。王家达对敦煌艺术进行了充分的调查研究,对敦煌艺术的研究者们进行了深入透彻的了解,又在报告文学的真实性和文学性之间寻找到了一个最佳平衡点,以科学严谨的治学态度、悲天悯人的人文情怀、浪漫多感的文学才情进行创作,这才形成了《敦煌之恋》这部优秀的报告文学作品。

还有一类报告文学是在作者对历史认真研究的基础上的文学创作,在充分占有史实资料之后,将之艺术地报告给读者,这类作品具有历史性和文学性的双重特点,与史学家所写的历史书有很大的不同。甘肃省是一个历史悠久的大省,很多作家就将自己的注意力放在挖掘和表现甘肃省的历史上,其中又以"西路军"题材的创作为一个重点和热点,红军西路军是由红四方面军三个军组成的,下辖红五军。在"宁夏战役计划"失败后,红军西路军在河西建立根据地,单独执行打通"国际交通线"的任务,开始了悲壮的浴血西征。有的作家着力于揭示西路军血战的历史过程,如康和厚先后发表的《血战河西》《黄河惊涛记》,石宝明的《碧血雄风》,等等。有的作家将目光投向了普通的西路军战士,描写他们在战争中和战争后所受的累累创伤,呼唤人们给予更多的关注和帮助,如董汉河所写的《西路军女战士蒙难记》《西路军战俘纪实》等等,产生了广泛而深刻的影响。还有一些作家将目光从甘肃转移,而投向其他的历史时空,如杨闻宇和朱光亚所作的《丙子"双十二"》将长篇报告和历史紧密地结合起来,真实而又生动地展示了中外闻名的"西安事变"的巨幅历史画卷。作家真实展现历史事件的同时,细腻地刻画了主要人物复杂多变的心理活动,引导读者去体察隐藏在客观历史事件背后的情感轨迹和心灵奥秘。该书获得1994年当代军人喜爱图书一等奖。

在众多历史类报告文学作品中,董汉河所著的《西路军女战士蒙难记》在1989年发表后,引起巨大反响,《人民日报》《文汇报》《文艺报》等多家报刊发表评论,认为该作真实感人,震撼人心,是优秀的报告文学力作。也有不少人称赞作者董汉河为创作《西路军女战士蒙难记》所付出的艰辛劳动、投注其间的真情实感,以及他的过人胆识。作者董汉河是甘肃省社会科学研究院的副研究员,他在从事西路军和陕甘宁根据地的研究时,遍访全国,寻找当年的女战士搜集资料。在这个过程中,他得以深入了解更多历史的细节,感情的厚积薄发让他不得不以报告文学这一形式将他的所见所闻所感倾诉出来。于是就有了我们在作品中所看到的英雄政委吴福莲、女中豪杰王泉媛、军中才女张琴秋、机智对敌王定国、不畏艰险华双全、矢志不移吴仲廉、红心向党何福祥等西路军女战士,她们抱着"生是共产党的人,死也要做共产党的鬼"的决心,投入和敌人的斗争中,或是英勇就义,或在死神的魔爪下坚强不屈地活下来,她们的悲惨人生经历让所有读过该书的人扼腕痛心。成为战俘的女战士在抗战胜利后并没有得到更多人的同情和理解。在以后几十年的风雨岁月中,命运的捉弄让她们成为一次次政治运动的冲击者,长期蒙受不白之冤的她们默默无闻地延续着自己的不幸命运。她们悲壮的生命历程和她们在半个多世纪中噩梦般的生活道路扣人心弦的同时又使人思绪万端。毫无疑问,该书具有极高的认识价值和历史意义,它让我们不得不去正视那段惨痛血腥的历史,以一种客观的态度去面对那些经历不幸的人们。历史总是沿着客观而又必然的规律向前发展着,但在这大的客观和必然之中又充满了无数主观和偶然的个人命运,可以说正是这些在历史长河中看似渺小的个人命运构成了历史和历史的微表情。一直以来我们都太过于重视历史的宏伟正面,而忽视了在这背后构成历史正面的无数表情，实际上正是他们演绎着历史、丰富着历史，没有了他们又谈何历史呢?《西路军女战士蒙难记》正是以一种人本的态度为基石进行讲述，因此才有了如此震撼人心的力量，在字里行间都可以体味到一种对人物命运的关切之情。作者用第一人称的视角进行写作，读来更让人觉得真实可感，整体风格冷峻朴素，极具沧桑感。

三、新时期甘肃报告文学的特色

甘肃省报告文学作品具有鲜明的地域特色，张扬着一种豪迈的西部精神。中国西部历来就是一个神奇而神秘的所在，极具浪漫气息，不计其数的文人墨客在西部留下了自己的足迹和文字。同时，西部也是一个环境条件相当严酷的地区，在空气的味道中可以嗅到丝丝戈壁荒原的气息，死神随时可能与你擦肩。西部有着自己独特的自然景观，这是与江南山水的秀气明媚所截然不同的，在西部所能看到的是戈壁碎石、大漠落日、胡杨驼队、羌笛戎马，西部的景色总是透露着许多的豪迈和沧桑，让人在有气吞万里之势的同时，却又在心底免不了升起一丝荒凉。西部也有自己独特的人文景观，古丝绸之路为西部带来了多民族交融的地域血脉，生活在大漠戈壁之中的西部人也有更多的不拘和洒脱，喝着黄河水长大的西部人一言一词一举一动都彰显出一股豪情。当然，西部也有它保守、落后、封闭的一面。所有这些综合起来构成了独特的西部地域特色，让所有踏上这块土地的人都难以忘怀。而这些鲜明的地域特色，又势必会体现在甘肃报告文学的创作之中。西部的作家生活在这方热土之上，不知不觉间就将自己的精神内核烙上了西部精神的印章，并将其带到自己的作品之中。无论是悲惨壮烈的西路军、神奇瑰丽的敦煌壁画，还是意气风发的长庆油田，在作家的文字之中都有一种落落豪气鼓荡于文字之间，带领着读者去领略、品味“大漠孤烟直，长河落日圆”之下的侠客精神。甘肃报告文学总是带有一种西部的景观和特色，流动着西部人的血脉和性格，张扬着西部的精神特质，给读者带来别样的阅读体验。

甘肃报告文学在创作时总是紧随时代发展的步伐，深切社会发展的脉络，合奏出一曲曲社会进步的凯歌。在现代文学史上的第一篇报告文学作品夏衍的《包身工》诞生于时代和历史的要求之下，在当时的社会背景下犹如一个文学界的轻骑兵将尖利的匕首插入了敌人的心脏，对于鼓舞大众推翻封建阶级和资产阶级的统治发挥了重要的作用。这种创作思想血缘一直得到了很好的延续，在夏衍之后的作家们也紧扣时代发展的主题进行报告文学的创作，甘肃省的作家们自然也不例外。作家们将目光投射到改革开放的历史巨潮之中，将自己的创作和祖国的发展紧密联系起来，和人民的生活联系起来，及时地报告社会发展取得的新进步，歌颂为建设祖国发光发热的劳动者们，无论是从大处着眼还是从细节落笔，都始终而且自觉地表达鲜明的时代主题、弘扬高亢的时代主旋律。社会纪实类的报告文学以一个审视者的角色出现在报告文学的阵地上，在为社会发展取得巨大成就而欢欣鼓舞的时候，他们更多的是以冷静、深切的态度去发掘与成绩同时出现的问题和矛盾，理智看待、深入剖析、科学预测为社会健康和谐发展出谋划策，发挥着报告文学的另一项重要社会职责。此外，历史类、敦煌类的作品在关注历史的同时，也能用现代的眼光去分析历史，科学地为现在的社会生活提出预测，其中仍然不乏鲜明的时代性。甘肃省新时期报告文学总是立于时代的潮头，或是描写发展新篇章，或是揭示社会痼疾，或是带来历史之光，题材广泛，笔触敏锐，面对现实，为读者带来了繁复多样的社会信息。

甘肃省新时期报告文学把真实性放在首位，真实地表述现实或是历史，并且从人本的立场出发去看待出现在作品中的人物，表现出浓厚的人文主义的主题特色，增强了作品的感情真实性。众所周知，真实性是报告文学的第一生命线，但在市场经济的刺激下有些创作者目光短浅，为了博眼球而弄虚作假，这种做法无异于玩火自焚。所幸甘肃省的作家们仍然坚守真实性的第一原则不动摇，以严肃的态度进行创作，紧盯社会洪流，深入发现新成绩、新趋势、新问题。即使是面对一些具有敏感度的问题，他们也能以一个知识分子该有的良知，大胆揭露，细心分析，直抒胸臆，敢于向所谓的“雷池”和“禁区”发出诘问。《西路军女战士蒙难记》所涉及的题材就是一个十分敏感的问题，但作者并没有就此放弃自己的选择，而是以极大的勇气和责任感，突破重重限制，重新审视历史，以深入的思考和敏锐的思想洞穿力还历史一个真实。在进行创作时，作家们以人本主义的态度去处理笔下出现的一个个真实人物，跳出了某些空泛的历史大规律，怀着一颗悲悯之心对人物的具体历史地位和历史命运进行观照，而不是去塑造所谓的“高大全”式的人物形象，或者只见集体不见个人。这在人物通讯类的报告文学中表现得非常突出，《天使尽天职》《泪烛》《大山之子》《飞向雅鲁藏布》等作品中所塑造的主人公形象之所以能打动读者，就是因为作家在创作时是以人本的态度出发进行描写，这些人物从某种程度上来说是普通的，从另一个角度来说是真实的，他们身上也有了普通人的喜怒哀乐和优点不足，作家在赞扬他们所取得的成绩的同时，并没有将其描画成高高在上的冷冰冰的泥胎偶像。甘肃省新时期报告文学在以事实真实为第一性的框架之内，以以人为本的态度进行创作，也使作品获得了情感上的真实性，从而在总体上大大提高了作品真实感人的力量。

在追求真实性的同时，甘肃省新时期的报告文学也有着自觉的美学追求，在文学性上力图做到尽善尽美，创作时作家们用自己的真情去浇灌作品中的事件和人物，作品中流露出的感情质朴动人。人们常说“生活中不是缺少美，而是缺少发现”，而在报告文学创作中应该说“不是缺少发现，而是缺少艺术性的创造”。在社会主义发展新阶段，我们的生活中有很多美好的事物和人物，作家们在创作时不仅仅要去发现这些美好，而且要用自己独具文学性的笔调将这些美好艺术性地表现出来。作家们既是生活美的追求者，也是生活美的见证者，更是生活美的表现者和创作者。甘肃省报告文学的创作者们在把握好题材本身的真实性之后，大胆地迈出了艺术性创作的步伐，按照艺术创作的规律和自身的文学造诣，创造出了很多极具文学性的报告文学。他们中的很多人，如董汉河、朱光亚、王家达、张广平等，不仅仅是报告文学的创作者，也在小说、诗歌、散文等领域笔耕不辍、收获颇丰。这种多领域的创作活动，自然会极大地帮助他们提高报告文学的艺术性。这些经验丰富的作家们在创作时，常常都是怀着一颗赤子之心的，在被人物或者事件打动之后经常难以遏制心中的激情，而将其在作品中淋漓尽致地表现出来。在《敦煌之恋》中，我们可以发现，在散文诗般的艺术语言中倾注着作者的真实情感和审美理想，这种澎湃的激情也在潜移默化地影响着每一位读者，从而产生一种审美的共鸣和情感的共鸣。可以说，任何成功的报告文学都离不开真情实感作为其基础，作家们正是通过这种真情去达到自己的审美理想和价值判断的目标，进而去影响和启迪读者，达到自己的创作目标。

作家们注意对人物微妙心理活动的发掘和表现，并在作品中穿插了对人生、人性和命运的哲理性的思索，从而大大增强了作品的思想厚度。在《西路军战俘纪实》《跨越梦想——中国石油长庆西峰油田勘探开发大纪实》《绿色的丰碑》《村情——西部农民生活实录》等各类型作品中，我们都可以发现，作家笔下的人物都不是单一呆板的，而是处于敏感、立体、不断变化运动的状态之下。作家以敏锐的观察力和细腻的笔触去深入表现人物心理的微妙活动，描写出了他们思想上的起伏和挣扎，进而提高了作品从心理的角度去表现生活、阐释生活和参与生活的能力。人的心理活动是世界上最微妙和有趣的事物之一，而作家们正是通过对人物心灵近距离的观察和剖析，极大地消除了读者和作品之间的距离感，也在一定程度上加强了作品的思想深度。作者们加强作品思想深度的另一个方式就是在叙述中插入哲理性的思考，当然这种插入不是僵硬的，而是随着思想感情的发展自然而然地吐露，因此在显出哲理性的同时，也显出了几分朴素人生的随意性，或者做人和做文也有一些相似之处。"我们人人都有机会当这强者、胜者、富有者，剩下的就要看你自己了"，"金钱既是慈悲的菩萨，也是冷酷的妖魔。对金钱的欲望过高可以使人丧失人性"，等等，都是充满了辩证法思想的人生格言。这种在思想上更有厚度的作品受到了读者们的欢迎，因为这样的报告文学既不乏真实性，也不乏文学性和思想性，在获得相关社会信息的同时也给人以启蒙。

四、甘肃报告文学未来发展的思考

任何文学作品都是通过创作主体才得以产生和展现的，因此创作主体本身的思想素养和文学素养就直接影响到了作品的质量，而我们要想有更多更好的作品就必须首先加强创作主体队伍的素质。甘肃省的报告文学在过去曾一度非常辉煌，产生了一大批优秀的作品，这与作家们的素养密不可分。作为一个优秀的作家，其思想修养和文学修养二者是不可偏废的。首先，创作者们必须在思想上明确作家这种职业和身份的特殊社会责任和使命，树立正确的价值观和人生观，以一个端正的、负责任的态度进行报告文学的创作，这样产生的作品才能保证它的思想是健康的。其次，作家本身应该有丰富的人生阅历和积累，并将其内化为生命内涵的一部分，在抽象思维方面必须具有超出一般人的能力和理论水平，这样才可以保证他所创作出的作品对于普罗大众是有意义的，有启发性的，否则就只是谋害读者时间的文字垃圾。最后，作为一个优秀的作家，良好的文学素养也是必不可少的，尤其是报告文学的写作，更要求作者在其真实性和文学性之间有一个很好的拿捏和把握，二者并重而不能偏废其一。这实际上不是对作家文学素养要求的降低，而实实在在是要求的进一步提高，只有具备极高的事实处理能力和文字把握能力，才能在真实性和文学性之间找到最佳的平衡点，从而创作出让人民满意的佳作。而在甘肃省目前从事报告文学创作的人并不少，但最近几年却鲜有优秀作品面世,这和创作队伍整体创作水平的下降也是有一定关系的。因此,要想在创作方面斩获新成绩,首先要解决的问题是提高作家整体素质,而努力提高自身素质,也是全体报告文学创作者应该有的自觉性。

回首在过去三十年涌现在陇原大地上的优秀报告文学,无论是《敦煌之恋》《西路军女战士蒙难记》,还是《跨越梦想》,尽管在取材和写作方式上存在着巨大的差异,但他们之间的一个共同点就是将自己的目光紧紧锁定在中国西部这块神奇的土地上,或是展示西部神奇的艺术风采,或是发掘掩埋在黄沙和白骨中的血泪史,或是歌颂西部发展新成绩,总之都是立足西部、热爱西部、展示西部的创作,可以说是真正地在做西部文章。从这些成功的历史经验中我们可以看出,甘肃省的报告文学在以后的创作中还是要紧紧地围绕和发掘西部特色,所不同的可能是,须要对观察问题的角度进行方法论上的调整和改进。西部自古以来就是一块神奇的土地,敢爱敢恨的西部人在这块大地上发生了很多人间的悲欢离合和喜怒哀乐,尤其是在现在这样一个处于社会转型期的改革发展大潮中,更是有很多光怪陆离的事物涌现,抓紧西部的生活时代脉搏,我们就不愁没有文章可做。西部的悠久灿烂的文化遗产和历史遗产也是值得我们继续去深入发掘的,紧扣西部文化的独特血脉,我们也就不愁甘肃的报告文学作品会显得平庸乏味。甘肃报告文学的创作者们应该充分认识到自己身处西部的地域优势,善于发掘身边的文化特色,真正将西部文章做好做强。

报告文学的理论建设一直是其发展中的瓶颈,目前从事报告文学理论研究的人员在整个文学研究中所占的比例都不是很大,相关的理论成果相形之下自然就有点捉襟见肘了。这一情况在甘肃省也是同样存在的,一方面是报告文学创作的大发展,另一方面理论建设却远远跟不上创作发展的要求。虽然,并不见得所有的文学创作都必须有相应的理论进行指导,但实际上,理论体系的建立和发展,对于创作的指导意义的确是长远存在的,对于规范创作、营造健康的创作环境也有重要的作用。这一点也需要引起从事文学理论研究的学者们的重视,任何一方的偏重,到最后势必都造成另一方的偏废,这是我们所不愿意看到的现象。因此,非常有必要组建一支专门从事报告文学理论研究的队伍,从创作现状出发进行相关的理论研究,从现实的特殊性中剥离出其本质的普遍性,进而对报告文学的创作给予宏观的指导,也让更多从事报告文学创作的人在一定程度上有章可循。此外,与小说、散文等其他文学体式相比，目前报告文学所处的整体生存环境并不是非常乐观，因此对于时下产生的优秀报告文学作品，批评家们也应该有意识地给予更多的关注。虽说“酒香不怕巷子深”，但在目前这个信息流量极大的社会中间，哪怕是真正的金子也还是需要有人发掘并展示出来的，否则就可能被瞬间吞没在信息的汪洋之中，这对于优秀作品的创作者、对于读者、对于作品本身都是极大的损失。而文学批评家出自专业立场的分析和解读，可以让更多非专业的读者在繁杂的海量信息中抓住对于具体作品自己感兴趣的闪光点，可以帮助更多的读者接触作品，体会作品的精神内涵，进而让作家健康的审美价值和人生价值得到宣扬，更好地完成报告文学的社会效用。

此外，报告文学的健康发展也需要人们不断端正对于它的认识。在以前的一段时间里，因为一些质量欠佳的报告文学作品，使得有些读者将现在很多报告文学和“贴金文学”“广告文学”画上了等号。这一方面需要创作者进行自我检讨，另一方面读者也应该提高辨识力，切不可一叶蔽目，应该认识到还是有很多作家是在严肃地进行报告文学的创作，还是有很多优秀的作品产生出来。相关部门也应该修正自己对于报告文学的错误定位，不可把报告文学简单地视为宣扬新成绩的传声筒，也不应该以“任务”的方式给作家摊派写作任务。其次，宣传文化部门应该积极地创造条件，扶持和推动报告文学繁荣健康地发展。例如，甘肃省委在2006年出台的《重点文艺创作项目资助管理办法》，对包括报告文学在内的四类体裁的文艺创作提供资助，这就是很好的先例，应该继续坚持做下去。此外，包括各级文化部门和文联在内的单位也应该积极动员力量，组织形式多样的作品研讨会或者采风活动，为推动我省报告文学的创作发挥好的作用。对应的文学期刊也应该为报告文学的发表提供更多的便利，鼓励创作者进行报告文学的创作，为创造百花齐放的文学创作局面贡献自己的力量。

20世纪90年代以来甘肃散文的兴起与发展

20世纪90年代中国文坛的散文创作空前繁荣，在这个大环境的影响下，甘肃的散文创作也开始兴起并取得了一定的成绩，为甘肃文学带来新的气息。进入新世纪后，散文的创作加快了发展的步伐，散文创作的整体水平明显提高，出现了一些有影响力的作品。像《菊花里的刀光》《敦煌的孤独》《陇东高原的麦子》《谈花说木》《绝地之音》《故乡天下灾荒》《婉约情怀》《乡土》《乡村》《星光下的乌拉金》《北方女王》《苍狼大地》等，还有一些好作品，在下面的分析中会提到。

要对甘肃近些年的散文做一个明确的概括不是一件容易的事情，散文自身的灵活多样性决定了散文写作的多样性，散文作品的多元化。甘肃的散文创作也不例外，在兴起的短短时间内，基本是众题兼备，各有千秋。为了叙述的方便，按照风格将散文作品分为四类：

一、文化散文

属于这一类型的有雒青之的《敦煌的孤独》《也说王道士》《菊花里的刀光》《皇帝遐思录》《思想者》《阅读河流》以及柏原的散文集《谈花说木》。

鲜明的知识性和浓郁的人文精神是这类散文的主要特点。这些散文以具有文化意蕴的社会现象为表现对象，以丰富的思想性和独到分析表达为艺术目标，隐含着作者的独立个性和见解；在语言上，兼具理性的凝重与诗意的激情。

《敦煌的孤独》以独特的表达写活了敦煌。在作者笔下，敦煌不再是一个古老的、静态的文化遗产，而是一个有感情、须要理解和爱护的人。“它敏感，它对东西文明的每一根神经都有千丝万缕的联系；它孤独，它本不是个浪漫得可以接纳四方宾客的驿馆，它郁闷，它本质上是与花花绿绿的世界绝缘的，它是东方文明的中上游，它忧心自己能否守住高洁和远离喧嚣；它神秘，它对游客来说只是一个玩处，而对文化艺术的使者来说却是心目中的艺术圣地。”作者写出了敦煌的神秘和神圣，也写出了他的担心，提醒人们以正确的态度看待这个东方艺术瑰宝。《阅读河流》一文写黄河，一反人们心中把黄河称作“母亲”这一几乎固定的比喻，不落窠臼地将黄河称为“姐姐”，在他眼中，这条母亲河是永远年轻有活力的。孤独的敦煌与静寂的黄河在他的文字里散发着忧伤和光芒。《也说王道士》一文仍然是一篇与敦煌有关的文章，或者说是一篇以自己的体验为王道士“正名”的文章，遥远的历史长河中，一个“既狡黠又愚蠢既固执又幼稚既单纯又混沌的小老头”因为敦煌而为世人知晓，斯人已去化尘埃，留给后人的是无限的疑问。悲凉漠风中，作者以同情和尊重的态度对待这个与敦煌密切相关的人，一个生前寂寞死后却无法安静的道士。作者以独特的文字和思想表达对敦煌的热爱，拒绝物欲，拒绝媚俗，用心去感受和体会敦煌，阐释着西部大地的文化内蕴。

《菊花里的刀光》是一篇产生广泛影响的散文，多种选本转载，多篇论文谈及。这篇文章写得大气，有历史的厚重感。美国人本尼迪克从“菊花”和“刀”这两个意象中领悟到日本文化的品质，作者从这两个意象中看到“刀光掠走的花影是不能长久的”，勇敢地呼唤和平与正义，对当下的年轻一代也有警醒的作用，他们对抗日战争的了解是通过教科书和电影，很难想到菊花里隐藏的刀光。如今，在日本动漫文化影响下长大的一代更是远离了过去的阴影，也许文化是没有国界的，但历史须要铭记，“菊花里的刀光”也不该忘记。作者写的是历史文化，思考的是当下现实，对文化的解析具有穿透力。《皇帝遐思录》是对中国传统文化的思考，以今日之眼光看千年的历史人物及其命运的沉浮，《思想者》是一篇由罗丹的雕塑引发的感悟，理性的语言里潜藏着苦闷，在思想的河流里追问人生。

在这些散文中，雒青之以充满哲理的语言揭示生活中的真善美。他的散文有张扬的一面，也有沉实的一面，对人生命运的思考，对社会现象的观察，都有自己独到的见解。行文中有浓厚的抒情气息和丰富的意象，以清醒、清新、孤独的姿态在散文园地里另辟自己的蹊径，或从大处落笔，以洞悉幽微；或从小处入手，以观古今大义；写出了一批优秀的散文。

柏原的“谈花说木”系列散文是文化散文中的奇葩，在当今这个“温室文学”盛行的年代，他的这些散文给人耳目一新之感。也有一些作家写自然，写花草，但像他这样在花木中下大手笔的还不多，洋洋洒洒几十万字，为一花一草寻根问祖。"谈花说木"系列融中国古典的园林散文写作与当今的文化关怀于一体，文字运用开合自如，在写实中加入了丰富的想象与联想，谈古论今，广征博引，但无"掉书袋"之嫌。写作视野开阔，在这些散文中，花非花，木非木，一花一木皆有灵，花木的背后还有历史、医学、园艺学、绘画、文学的逸闻趣事等。在写到金城迎春和苦水玫瑰时，不难感受到作者对家乡的眷恋之情，他在花木丛中写出一份文化和情怀，读者在阅读中也读到一份文化和情怀。作者虽然借鉴了古典山水园林散文写作的路子，但不是以花木抒发自己的感情，更不是为花木树碑立传或玩味花木，而是在人文与自然、过去与当下之间寻找某种联系，从中思考一些问题。作品的容量大但是读起来不觉得枯燥，反而会在环环相扣的文字链中激发起阅读的兴趣。精准的语言、丰富的知识性、浓厚的趣味性，是这一系列散文的特点，这些散文也是花木文化类散文的精品。

文化散文的创作要求作者有一定的生活积累、独到的视角，能够挖掘出别人所未见之物。如何将知识性的东西写得生动有趣，是这类散文写作的关键。太强调知识性往往滑向说教的枯燥，太强调趣味性又有走向"戏说"的危险。只有把握好两者之间的"度"，才能写出好的文化散文来。

二、乡土散文

有评论说，就全国来看，相对于其他类型的散文，近几年乡土散文的写作不多。甘肃的乡土散文创作还是很不错的，这也可能与地理环境有关，受外来的经济影响小，乡土特征也较明显。这一类型的作品有《我的遥远的西洞堡》《陇东高原的麦子》《故乡天下灾荒》《七月的屯字》《风情的村庄》。故乡和童年是一个人成长的起点，留下了太多的记忆和情感，不管以后走多远，它永远是生命线的另一端。因此，这一类型的散文感情也更充沛、真挚、复杂。总体来看具有以下特点：

首先，是以乡村的民俗风情以及悲欢离合的故事或童年的记忆为主题。其次，是以朴实的语言表达对故乡真挚的感情，乡土生活气息浓郁，有较明显的地域色彩。第三，写作时客观的情感态度，这一点是乡土散文写作中很难把握的。

故乡是真实的故乡，故乡的沧桑变迁都印在作者的记忆里。雒青之的《我的遥远的西洞堡》一文以作者的成长和故乡的变化相对照，通过回忆与当下现实相联系，展现故乡今昔之貌。在不长的篇幅里，用简洁的文字描绘了一幅家乡的风情画："水绕户户过，人家尽枕河"。西洞堡有美丽的自然风景，也有作者对"饥饿"的痛苦回忆和对故乡现状的思考。经济的发展提高了乡亲们的生活，但乡亲们的生活里似乎又少了点什么。柏原的《陇东高原的麦子》写出了陇东土地的精魂，仿佛把麦香味都写出来了，丰收带来喜悦，但喜悦掩不住内心的惆怅："流失了女人的黄土地怎么能生长出小麦?"在对丰收景象的描绘中，笔锋陡然一转，引出另一种情感。马步升的《故乡天下灾荒》是一篇具有现实批判意义的文章，在丰衣足食、常见粮食被随意浪费的今天，作者提醒人们不要忘记"饥饿"的滋味，文章以回忆的方式叙述了故乡的苦难过去。故乡的悲欢离合是遥远的记忆，留存心间的却无法抹去，这样的文章写起来想必是不轻松的，读者读起来很沉重，但能够感觉到作者悲天悯人的情怀，是一篇较有分量的乡土散文。从另一个方面来说，也是当今人们居安思危的好教材。人邻的《七月的屯字》是一篇优美的乡村散文，描述了"风景如画，民风淳朴"的屯字，作者将目光对准丰收季节的农村，洋洋洒洒的万字文章中，写了七月屯字里农人的衣食住行、田间的自然风光，充满泥土、庄稼的气味。《风情的村庄》也是描写乡村农家的日常生活，简短有情趣。在这两篇散文里，他的文字像摄像机的镜头一样带给读者变幻多端的感受，是散文，更像是田园风光的特写。阅读中，文字仿佛凝成一幅幅静态的画，清晰可感。在对民风、民情、民俗的感受中发现宁静、柔和的自然美。同是乡土散文，与前几篇相比，人邻的这两篇略有不同，少了些凝重，多了些欢快，读来颇有废名、汪曾祺散文的韵味。

面对社会转型期的大环境，商品经济的浪潮影响着每一个人，在钢筋水泥的城市里待久了，那份浮躁的心又开始渴望乡村的宁静与淳朴的乡情，故乡也就成为当今都市人心目中的桃花源，或是把故乡当作心灵的栖息地和灵魂的净化器，难免会把客观存在的故乡写成心目中的故乡。难能可贵的是，甘肃的这些乡土散文能够贴近生活现实，对故乡既不是一味地美化，也不是无情地批判，呈现出真实的乡土面貌，以真挚的感情、朴素的文风、客观的态度叙述故乡的过去，思考故乡的现在和未来。一片片寂寞的土地因为这些文字的存在而有了生命力。

三、生活随笔

生活随笔一般具有以下特点：主题的随意性，或睹物思人，或观景抒情，或讲述文化知识；结构自由但不失严谨，行文缜密但不乏情趣；语言朴实，语气亲切，在日常生活中发现真谛或诗意。写得比较好的属于这一类型的散文有《绝地之音》《婉约情怀》《激情燃烧的碎片》《人模狗样》《诺言的含金量》《走在未来的阴影里》《逃之夭夭》《穿梭》《我们边走边说吧》《木头，抑或是铁》等作品。

马步升的《绝地之音》和《婉约情怀》是思想性与艺术性俱佳的作品，多本刊物转载。《绝地之音》还被选入中学课本，在这篇文章中，作者描写了黄土高原的凄美、艰苦的自然生活条件、深秋的黄昏，在一片荒凉的历史废墟中，“绝地歌者”的声音犹如天籁；作者从这个声音里体会到一种力量，进而升华为一种民族精神，“绝地之音，并不仅仅传达悲壮哀婉，它是生命本身，每一个音符里都透射着生命的全部内涵。”文笔大气感染力强，语言质朴韵味悠长。《婉约情怀》一文是透过历史看历史文人，苏东坡、范仲淹、陆游、辛弃疾，这些以豪放的词风而为后人知晓的先贤，为读者展现了他们性格中的另一面，铮铮铁骨的柔情。作者将他们的婉约词和李清照的词相对比，肯定、赞美柔情的力量，但同时也指出“婉极则哀，约极则殇”。这篇散文的意境营造得很充沛，以“夜已深了，窗外的雨脚愈加细碎、绵密，好似一张湿淋淋的网盖在心头”开篇，最后一段仍以“窗外的雨仍不停息，点点滴滴，湿风飒飒，掀动窗帘”开始，“雨”贯穿文本始终。整体风格一如这篇文章的名字，与《绝地之音》大不相同。从中可见作者的文字功力。

《激情燃烧的碎片》是一组关于童年的记忆，儿时喜欢玩的游戏在今天看来另有新意。在“打猴儿”片段中。作者写到“过了多少年，蓦然回首，却发觉打猴儿的游戏从未中断过，与先前有别的是，我仿佛一只猴儿，鞭子却不知抓在谁手中。”就在这样平淡的语言里、平静的叙述中道出生活的哲理。“滚铁环”的结尾则直接点明“人生其实不过是一只滚动的铁环”。这篇散文生活气息浓，对童年的趣事娓娓道来，在轻松愉悦的氛围里，写出作者对生活的体验。

《人模狗样》是一组“借物喻人”的散文，先以回忆的方式，叙述了童年时与狗的交往和较量，故事性强，语言形象幽默，有感染力。在“小人狗”中，有这样的描写:“它伸嘴咬住石子,神色惘惘地,惑然不解地,无辜地,羞涩地,娇憨地望一眼三哥,吐掉石子,安然俯卧”,语言生动浅显,描写细致入微。他的散文不刻意地追求什么,文字的运用顺手拈来,很自然地就写出了历史,写出了生活,写出了文化。《诺言的含金量》是一篇社会批判性散文,依然从小处入手,逐渐上升到一定的高度。《走在未来的阴影里》一文写了三个场景:新树与老树、泾河与渭河、芨芨滩人家,感叹时间的流逝、人生的无奈,还有对人与大自然之间关系的忧患意识。他的散文始终有着对人与社会、人与自然的关系以及人生命运的思考,能够站在一定的高度看问题,切入点准,这可能是他的散文具有思想性的主要因素吧。语言幽默有张力,结构随意自然,或抒己之情,或叙历史文化,或论社会现象,形式与内容的结合都是水到渠成。早期的散文充满激情,后期的作品则转向冷静,理性因素明显增加。

习习的《逃之夭夭》是一篇思考人生与命运的散文,在桃花盛开的季节回忆死亡,对死亡的叙述与文本的整个语境让读者无法不伤感,“那一夜我梦见一个荒草萋萋的院落,野草刀刃般尖利,我无法抵达一个要去的地方”,简单的语言里是无法言说的悲凉。《穿梭》一文以童年的生活为中心,写了成长过程中的几条街道、邻居、街道上的场景、街道的变化,还有“我”成长中的疑问。绵密细致的语言里隐含着沧桑感,还有苦涩的记忆和迷茫。想象也很丰富:“地方在风中穿梭,仿佛在时光交错的梦中”。在《我们边走边说吧》这篇散文中,叙说了“我”和朋友之间的故事,依然是从记忆中得来的,写得比较大气,生命中的隐痛在时间的河流中暗涌。作为一个女作家,习习的散文相对于时下流行的“小女人散文”或“小资写作”来说是一个特例,她的散文有着女性的细腻与敏感,但不是沉浸在女性体验的表层,绝不柔弱。她对生活观察得仔细,记忆得清晰,从而写出了深意,写出了智慧。她的文字是轻松的也是沉重的,是张扬的也是节制的,平静其外,激情其中。文字背后总有一些东西让人捉摸,她不直接在文章中说出,让读者自己去体验。内敛、真挚的感情,能够一针见血地抓住事物的本质,对日常生活具有独特的感悟,这些因素都是她散文的魅力所在。

人邻的《木头,抑或是铁》也是一篇有特色的随笔,作者从“木头”和“铁”这两个日常生活中的物品看到物质的相对性,“木头”和“铁”由生活中的具象变成文学中的意象,蕴含着某种哲理,值得玩味。他的散文有着诗的意境,有些散文是可以当作散文诗来读的。

四、原生态散文

原生态散文是近几年散文界提出的新概念,它有以下三个方面的特征:第一,每一个写作者都有自己具体的生活场,强调生活经验本身的呈现,具有现场感;第二,接续和融入一种更为广阔的散文传统,以穿透性的认知方式和书写方式,使文本透射出一种源于生命生活本质和个人思想精神的自由品格;第三,原生态散文是拙朴的,大气的,有品质和有气度的,是具体的"我"隐身于物象之中和之后的自觉发现与清晰表达。这一概念的提出,是对散文创作的新探索,赞同也罢、批判也好,一批作品随之出现,并产生了一定影响,这是无法否认的客观事实。

在甘肃,这一类型的优秀作品有杨献平的《周围》,铁穆尔的《北方女王》《苍狼大地》《星空下的乌拉金》等。

杨献平的《周围》一文以"我"所在的沙漠为中心,以"我"的所观所想为发展线索进行叙述,天空、戈壁、胡杨树,苍鹰、废墟、种瓜人,构成文本的主要内容。"我"是自然环境中的个人,"我"的思绪是受自然环境的引导而流动。作者将日常生活与个人的感觉与对生命的感悟相结合,在客观的描述、冷静的感情中表达了对自然的敬畏和崇拜之情。

铁穆尔是裕固族作家,在《北方女王》中穿插了民歌"北方女王",以此塑造了一个圣洁的母亲形象,作品中的主人公是一个在草原上长大的草原之子,"他庆幸自己没有成为草原小镇上游手好闲的小流氓或城市里的无赖",这篇文章中,有作者对传统农林文化与当今都市文化的思考,赞美草原的古朴与纯净。《狼啸苍天》《苍狼大地》表达了对民族英雄的敬仰。他的文本中有:马头琴的天籁之音、北方女王的动人传说、苍狼大地忧伤的歌曲,草原上牧民生活的日常生活与牧民们乐观、宽容、善良的天性,这些因素往往带给读者一种距离感,在他营造的大气质朴的语境里产生心灵的震撼。他笔下的草原是一片充满活力、积极进取的绿色家园,作者深深地热爱着故乡的草原,以宗教般的情感、诗歌般的语言叙述着草原上的生灵,他的一系列散文是对自己民族文化和民族精神的发现与超越,是对草原文化精神的弘扬,并试图以此为人类寻找理想的家园,有着深切的忧患意识。阅读他的散文时,我的脑海里不由自主地出现艾青的两句诗:为什么我的眼里常含泪水?因为我对这土地爱得深沉。

目前,甘肃省内的散文创作除了以上这些之外,还有网络散文,网络散文的出现和发展是不可忽视的新生力量,目前来看还是处于"短笛无腔心口吹"之态,随心所欲但别有新意。他们敢于以新的观念颠覆传统的散文思维,自由随意的选材、自由随意的语言、自由随意的表达方式,是他们的一般特点,较有代表性的有:韩松落、萧萧眉儿、香山紫烟、九米斋主,等等。也许以后会有一些优秀散文从这里诞生。

杨永康的散文是一个较为独特的存在,他的作品先是被网络读者认可,再被纸媒转载。他在对散文的领悟与实践中,形成了有自己特色的作品。如《满世界找你》《在秋天看见卡车》《第七夜回家》《第三街呼喊第四街奔跑》《今夜谁与我一样忧伤》《再往前走》等,仅从这些散文的名字就能看出与传统散文不同的痕迹,传统的散文观念在这里被颠覆。他的散文有着小说的情节、诡异的语言和比喻,想象和虚构大量存在,洋溢着神秘的气息,整个文本充满着荒诞感。

从以上分析中可以看出,甘肃的散文创作有着良好的发展局面,既有一些老作家以传统写作手法作妙文,又有一些年轻的作家不断地探索新的散文创作思路,写出有新意的散文。传统手法不一定都是落伍的,新的探索也是必要的。这是散文自身的发展规律,也是受经济社会发展的影响所致的,没有一成不变的文体规则,也没有万能的散文写作模式,与表达内容相和谐的就是好的。有些作家已经形成了自己的特色,比如雒青之的文化散文,也有一些人能够"全面发展",比如马步升,还有一些人在寻找适合自己散文创作的路子,初步形成自己的风格。整体来看,甘肃的散文作品不少,但在全国有影响力的不多,至于造成这一局面的原因,我们认为有以下几点:一是对散文的创作不够重视,与诗歌、小说相比,我省专业写散文的作家不多,很多人是把散文创作当作"副业";二是对散文的认识还不全面,有些观念较为陈旧,题材上的太过集中与写作方式的单一往往会形成"英雄所见略同"的局面。一篇好的散文要有美感和真情,这就需要作者能够于平凡处见不平凡,有创新的能力。

为了进一步提高当下散文创作的整体水平,创作出更多更好的作品,我们认为以下几点是不能忽视的:

首先,树立正确的散文观,散文作为一种文体,有自身的准则和发展规律。写散文易,写好散文难,或者说散文是一所"宽进严出"的学校。一些好的散文看似随意，文字的使用信手拈来，实际上是与作者扎实的写作功力和正确的写作态度密不可分的，散文并不是不讲布局的文体。散文是一种不断变化发展的文体，随着社会经济的发展，固有散文的观念也在更新成长。认识到这一点对于散文创作是很重要的。

其次，正确地认识地域文学。随着西部大开发的推进，关注西部、写西部是近几年文学创作的一个焦点，也是散文创作的热点，“西部散文”的命名应该是西部人民和西部作家的骄傲。作为一个土生土长的西部作家，有着先天的地理、文化优势。独特的地域风情可以成就散文作家，但如果把握不好，也会限制一个散文作家。因此，这方面的散文创作在立足地域的同时，要打破地域之限。

最后，在创作过程中须扬长避短。甘肃有着深厚的历史文化底蕴，丝绸之路、烽火硝烟、敦煌飞天等遗迹众多，多民族文化融合，地理环境独特，人文资源丰厚，这些都是文化散文创作的好题材。综合来看，甘肃的散文创作还是值得期待的，只要正确认识自身的成就和不足，从中找差补缺，扩大视野，吸收有益的创作营养，相信会有一批散文从甘肃走向全国。

兴盛中的缺失:甘肃长篇小说创作的思考

近几年来(指新世纪初),甘肃长篇小说的创作势头强劲。阅读并留下较深影响的有《所谓作家》《非常日记》《非常情爱》《蝶乱》《身体补丁》《猎原》《绝路》《雪葬》《所谓教授》《黑骚》《人生八卦》《悠悠渭水》《一号会议室》《一号调查组》《出击》《黄蜡烛》《黑色命运》《塌陷》《风雪夹边沟》《凤凰山祭》等等,大约三十部左右。总的感觉,数量在明显增加,质量也在提高。但是,兴盛与缺失、繁荣与平庸、多产与浮躁并存。

这些印象较深的作品,我把它们大致分为这样几类:一类是《所谓作家》《所谓教授》《大漠记》《猎原》《雪葬》《绝路》,包括《一号会议室》《一号调查组》《人生八卦》等。这类作品,用较为传统的方法,描写现实社会人生,其中的出色之作体现出作者对当代生活、现实世界新的感悟和理解,塑造性格鲜明的人物形象,比较适应传统的阅读习惯。再一类是《蝶乱》《身体补丁》《黑骚》等,有意在方法上突破,在构思方式、叙事方法、小说修辞等方面,有明确的追求,一改过去的面孔,很有创意。还有一类如《非常日记》《风雪夹边沟》等,在创作题材方面有所突破,体现出青年作家的锐气。

在第一类作品中,《所谓作家》给我们的印象是"传统"。但传统未必不好,它也可以说是艺术上的成熟。其实看似手法传统的作者王家达的意识很新。比如,他身处"作家"营垒而敢于用"所谓"这种讥讽的口气和目光"反戈一击"就很不传统,这需要自省意识和直面人生的勇气。我不知道《所谓教授》是否受此影响,但在甘肃,出现了两部冠以"所谓"字眼来审视令人尊敬和羡慕的作家、教授的作品,就有反传统的意味,意识开放而超前。或许用"所谓"什么来命名长篇小说并不很好,有些直露,但在当今这个所谓众声喧哗的语境中,在洋名、怪名层出不穷之际,这反倒显得别出心裁,这是在主动地运用自己的话语权利进行新的命名。作品问世后热烈的反响证明了作家的机智。小说展示作家队伍的内幕而没有成为黑幕小说,其中的重要原因是具备了一种对描写对象远距离凝视的意识，在讥讽的激情背后有深切的沉思。也许，他写的人物及其命运有文艺界具体的“哥们儿姐们儿”的影子，但仿佛又不知是什么地方的“哥们儿姐们儿”的真实人生写照，因而获得普遍意义。自称“糊涂人”的作者，清醒地用一支不会撒谎的笔“兴之所至，随心所欲，只问真实，唯求新鲜”，融进了包括自己作为作家的人生体验，超越了题材和地域的局限。对人生的深刻思考和体验，对描写对象的距离意识，对自己熟悉的手法的圆熟的运用和艺术信念的坚守，这或许是《所谓作家》成功的原因。

《猎原》虽然在思想容量与艺术架构之间有距离，故事性的弱化和对细腻琐碎的日常生活的描写，也有不尽人意之处，也就是说在作者艺术追求与实际的艺术结果之间存在着差距。但是，《猎原》是一部特殊的人类“生态小说”，它创造性地正面描写和思索着人置身其间的自然生物链的问题。《猎原》有在日常生活中发现文学诗意的追求，有由百姓的日常生活构成的历史，有将自然生态意识与人类命运意识相融合的思想，有天、地、人及其关系的展示。作品要展示特定世界的原态和生命的本能状态。其“画幅”并不大，然而作者的视觉却是广阔的，视点是高远的，它展示的是宇宙间同类与不同类的生灵之间的生存状态。小说思考的问题既是西部的，也是中国的、人类的。这触及自然伦理问题、生命伦理问题等，因而它仍是继《大漠记》之后作者新的重要成果，是甘肃近年长篇小说的厚重之作。

《所谓教授》《雪葬》《绝路》等在这类小说中也各有所长，是出色之作。然而，这一类创作中的佳作只是少数，更多的作品还在思想容量和艺术成就方面有较大局限，与全国相比更有较大差距。比如，用不一样的故事，演绎一样的理念；通过不一样的叙事，证明一样的思想；以新的事件、场景和人物，证明不新鲜的道理；缺乏丰富的艺术想象，艺术思维张力的缺乏、思想的贫乏、思考的缺失、意蕴的浅薄等等在全国普遍存在的现象，在这类小说创作中同样突出。

《蝶乱》《身体补丁》《黑骚》等给我们印象很深的原因是，它们打破了甘肃长篇小说长期以来过分依赖于题材，艺术创造性和想象力不强，与创作对象不能拉开应有距离的局面。然而，这类创作能否进一步取得更大成就，异军突起于中国文坛，也有值得思考和正视的问题。比如，有些作品过于朦胧和淡薄的意蕴，太难把握和理解的艺术逻辑，大胆创新背后的文体失范，以及略感暧昧的情感立场,等等。如果在满足读者新奇痛快的感受之后,不耐咀嚼,余味不多,时过境迁,恐难以在更大的时空中确立自己的地位。另一方面,就世界范围来说,艺术方法的创新已经经历了一个多世纪,如今文学艺术又在寻求新的方向,文学的文化和历史内涵重受重视;从全国来说,现在已经不是先锋实验的时候了,尽管艺术贵在创新,文学艺术作为精神创造其特征正在于它的不可重复性,创新是文学永远的话题。但是,主要靠艺术上的新颖性已经不可能引起太大的轰动,没有深厚意蕴的小说,也难成为经典。不是说这些作家缺乏思想,相反,他们极有思想和智慧,也有敏锐的感悟能力和将思想情感艺术化的才能,面临更多的发展可能,我们只是还不了解,这些极有希望、艺术起点颇高的小说家,下一步将在新的艺术追求中融化进什么新的意蕴?我们殷切地期待着。

《非常日记》评价已经很多,它以题材的大胆和主题的尖锐、真实的袒露与紧张的思考、富有吸引力的叙事与细致的精神分析,构成小说主要的艺术特点。其强烈的社会效果打破了甘肃小说的沉寂。而写“反右”时期“夹边沟”的小说在突破敏感的题材方面也有其贡献。然而,这类小说有没有因思想资源储备不足和艺术驾驭能力有限而浪费创作资源的现象呢?我认为是有的。艺术创作无禁区,这里的“创作资源”不是单指题材,而是经过积累、体验、发现等进入艺术创作环节的表现对象,是作家自己的资源。有些作家自己发现而且大胆开掘出丰厚的创作资源,却没有获得相应的巨大的艺术成果,有些是经过多年努力突破了某些禁区,却没有挖掘出其中更深的内涵,有其遗憾处。

以上的印象是个人阅读的感受,近两年我们甘肃长篇小说数量多,势头好,但在全国引起很大反响的还不多,没有形成群体优势,“丘陵”多而“高峰”少是不争的事实。

那么问题在哪里?除了上面对不同类型小说所做的粗浅分析外,我们觉得还有一些共性的东西,或者说是最基本的、“老生常谈”的问题:

首先是精力投入不足问题。甘肃长篇小说目前的问题不是数量不多,而是质量不高。具体来说,是已经具备了一般小说创作知识和技巧的作家,如何出精品的问题。但是,我们处在一个很不利于出精品的社会氛围中,这就是浮躁易动,急功近利。这是时代病,这个病的深层原因是机制问题,包括价值评价机制、成果评审机制,以及价值导向等等。文学又是一个很难客观评价的领域，也是一个在短时期很难科学评估其意义的研究对象。加上作品在市场上的过剩，个人极容易被埋没在过程中。于是，成名后不甘寂寞，急于发表新作以证明自己的存在就不难理解，这是导致数量和质量不相称的直接原因。在这种情况下，做一个钟情于艺术的作家是很难的。当今社会里，最难的早已不是政治立场和道路的选择，而是个人在各种可能面前的价值选择，我们一方面更自主更自由了，另一方面更难选择了。对于作家来说，可能面临的是多项选择，比如眼前与长远利益，是十年磨一剑，还是一年出“十剑”；比如是忠实于艺术，还是热衷于眼前的轰动。如何选择确实很难。然而，好的创作，尤其是长篇小说创作必须进行这种选择与取舍。第六届茅盾文学奖或许能给我们一些启示。在获奖作者中，张洁是迄今为止全国唯一获得短篇、中篇、长篇小说三项国家奖的作家，并创造过全国优秀短篇小说奖“三连冠”的纪录。她也是迄今为止全国唯一获得两次茅盾文学奖的作者。在长篇小说《沉重的翅膀》获第二届茅盾文学奖后，又历时十二载，潜心创作了凝重恢宏的长篇力作《无字》。熊召政从1993年到1997年，花了五年时间研究历史；1998年动笔写作，又用了五年时间，创作了《张居正》。宗璞《东藏记》1995年在《收获》发表第一、二章，2001年才出版全书。这很能说明问题，艺术创作是生命的一种存在方式，是用心血浇灌花朵，必要的精力和时间是起码的要求，投入与产出应该是成正比的，在这里，没有可能事半功倍，也没有可能以数量取胜。应该反思一下，我们期望获得的，与我们甘愿付出的是怎样的比例？精力投入不足和浮躁可能是影响精品产生的普遍问题。

第二，是情感融入不足问题。情感融入不足，是无法量化的，但读者在阅读过程中是应该能掂量出来的。情感融入不足的直接结果是小说不感人，缺乏震撼力。邻省陕西那位一贯理智而冷峻的小说家陈忠实，写到田小蛾被杀的时候，竟然情不自禁，痛不欲生，在这种情感下塑造的这一特殊的形象无疑为《白鹿原》增色不少，她也将成为中国当代文学史上无法替代的艺术典型。不知我们的作家有无同样或类似的感受和情感投入？一般的同情和人人皆知的情感表达方式怕是不易打动如今人们的情感神经，更何况情感稀薄的作品。情感投入不足还表现在对现实民生、社会问题关注不够上。作家选择什么创作对象有充分的自由，他要依据自己的各种可能决定写什么。然而，关注什么和怎样关注确实包含着情感倾向的问题。处在我们这样一个省份和地域,面临这样一个急剧变化的时代,太多的反差使我们有更多的感受和刺激,有更多的激情与沉思,在客观上提供了得天独厚的创作源泉,然而,我们似乎缺乏相应的艺术成果。在探寻创作对象时目光注视着远方却忽略了眼前,比如农村和农民问题。而在这一点上,产生全国影响的《大漠记》仍有启示意义。

第三,是作家的独立意识和意志力问题。我们理解的作家独立意识一是对自己和自己小说创作的可能性要有清醒的认识,对自己坚守什么、追求什么、放弃什么要有基本的把握,不随波逐流以免将自己淹没在潮流中。二是对自己的描写对象要有独立的感受、见解和独特的表现。在这一点上,茅盾文学奖的作者同样有值得我们借鉴的地方。张洁说:“独立是我的本质。”熊召政说:“无论文学的生存环境如何改变,作家都不应该丧失忧患与尊严。如果读者能通过作家的作品来热爱自己的祖国,来敬畏民族的先贤,来感受到真切的生活,并获得深邃的思考,那么这个作家便是幸福的。你尊重文学,读者最终会尊重你。”[1]而宗璞以她细密从容的叙述方式,建立起优美温婉的语言风格,不骄不躁,不卑不亢,显现出她独特的个人风格。在这方面,我省作家也在思考和调整着。一些早有成就的作家,特别是在20世纪80年代曾经产生全国性影响的作家,他们曾经是我省的实力派,有生活阅历,有艺术积累,有可能创作出力作。我希望他们在蜕变的过程中,经过重新整合,重放异彩,避免中国现当代文学中由于社会转型而中止创作的现象。在这里,能否坚守艺术信念,是对作家意志力的考验。即使在后现代主义文化盛行的当今,我们仍以为,要想出好作品,就要有对文学应该关心的问题的深刻的思索,应该对那些生命过程中的重要问题、不可理喻的问题“敞开”而不要“遮蔽”,文学创作应该“自行置入真理”,要有丰厚的思想和精神含量,要做到这一点,作家应该是一个有独立思想的人。

另外,不能与表现对象拉开距离也是我省长篇小说创作中仍然存在的问题。保持距离不是脱离现实,而是站得更高,观察得更细更深。要有叙事视角意识,要把你的视角、位置变为一种具体的小说修辞手法,落实在创作中。你捕捉素材时可能浮现出的是我们甘肃、西北的人和事,但你进入创作领域时,你要意识到你写的是地球人中你熟悉的某种人和事,作为人类中的一员,

[1]黄征:“熊召政谈〈张居正〉的创作经过”,载《长江日报》2005年4月15日。

你在激情和沉思中观察、反思我们的同类,并用你最拿手的方法把他表现出来。我想,只有如此,你的小说才会获得普遍价值。

只要敢于正视问题,找出差距,弥补缺失,甘肃的小说创作是无可限量的!

地域文学的蜕变与新生

——甘肃小说创作略论

当我们将一个省份的文学，特别是一个“偏远”的、有鲜明地域特点省份的文学创作作为研究对象的时候，实际上就不能回避它与地域性的关联。“地域性”常常是双刃剑。作家借重地域题材和地域文化，可以获得一定成功，但是，如果仅仅依赖地域资源却可能成为创作的桎梏，借重地域性而突破地域视阈，最终超越地域性才能获得更大创获。甘肃小说无疑有鲜明的地域性，却不是用地域性所能囊括的。如今的甘肃小说创作，作家队伍结构和创作意识已经和正在继续发生变化，每年发表和出版的中长篇小说达到近百部，短篇小说数量更多，其中有很大一部分发表在《中国作家》《人民文学》《十月》《当代》《收获》《钟山》《清明》《芳草》等大型刊物上，多部被《中篇小说选刊》《长篇小说选刊》《小说月报》等转载，或在重要出版社出版，其中获得各种全国性的专业奖项也逐年增多。这说明，甘肃小说出现了很好的新的发展势头。而这样多的小说，其艺术特色和精神意蕴显然不止于地域性，而一些有较大成就和抱负的作家也不愿意用诸如“西部文学”“地域文学”来命名和定位。这一切说明，当前甘肃小说正处在蜕变中。蜕变是自我否定中的再生和新的发展。甘肃文学的蜕变与新生，在一定程度上是地域文学的蜕变与新生，具有普遍的启示意义。其蜕变大致有这样几种不同的类型。

第一种类型，在对小说艺术方法的现代性探索中蕴含表现内容的现代性精神，具有一定的先锋性。这是最能反映甘肃小说创作上的新锐气息的创作实践。关于“现代性”与“先锋性”，甘肃小说有自己的语境，作家也有自己的理解。所谓现代性既不是西方式的现代主义，也不是后现代主义的“反思”现代性，而是针对长期以来本省创作过于依赖地域性而形成的创作意识和艺术观念上的滞后性所提倡的一种创作理念，强化主体意识，张扬人文精神，尊崇文学的独立性和超越性。所谓先锋性，主要是倡导表现手法和叙事技巧上的革新和对自己既有模式的突破,有一定的超前性和较强的探索性。它不同于“先锋小说”有意进行的艺术实验,而是表现内容和作品意蕴追求的内在要求。邵振国、张存学、弋舟、叶舟等是这方面的代表。你能在这些作品中读到作家们对小说艺术的虔诚和耐心,故事对他们来说不是十分重要,他们看重的是如何讲故事,如何把故事讲得艺术、耐读、耐人寻味,穿越题材而获得更多的意蕴。如张存学的《温柔之手》,描写一个家庭在动乱年代的不幸遭际和人性的被扭曲,却氤氲出一种超越现实又更深刻地反思现实的哲理意味和玄妙气息。被迫害致死者的阴魂不散,现世与来世、活人感受与死人鬼魂之间进行“交流”,诉说着历史过程中人性异化的细节,使作品充满魔幻色彩和神秘与忧伤的成分,对历史的反思和对现实的思考中有着愤怒的控诉和对人性恶的鞭挞,这种叙事方式,突破了着重依赖于题材本身取胜的局限,艺术技巧的创新与表现内容的新颖相得益彰,这在以往甘肃的长篇小说创作中还不多见。邵振国当年以《麦客》驰名文坛,之后又有《祁连人》《月牙泉》和《若有人兮》等长篇及一系列中短篇问世。虽然他没有再获得更大的声誉,却并不能说明他没有超越《麦客》的创作,也没有影响他的执着追求。邵振国一直在关注现实和社会的变迁,特别注重表现社会变迁中人性的深度和情感的复杂性;同时,他一直在探索超越自我的途径,而其中的《若有人兮》在我看来是具有转折性的一部长篇。从题材来说,小说依然在反映现实和反思历史,但重心已经不是通过写人来反映时代特点,也不是解释时代与个人命运之间的因果关系,而是以人为最中心,试图回答人的存在方式这样的哲学命题,艺术地解释人是目的而不能作为手段。作品描写的是渭河川当代普通人的生活,主人公孙志福和史淑芬一生充满着悲剧遭遇却不知根源何在,只意识到自己处在无以变更或摆脱的人际关系中。对人性进行深度发掘和人的情感复杂性的深入探索,这使得小说具有一些特立独行的意味和值得玩味的深奥。作者似乎得出的结论是:“关系”即“存在”。这种结论,在中国的特定时空中无疑有着很强的现实性而非只是一个纯粹的哲学命题。当然,邵振国的这种探索能否将对人的哲学思考成功地转化为艺术形象,或者以人为艺术创作的出发点,通过艺术形象的成功创造来使具有哲学意蕴的作品思想具象化,需要时间的检验。他的探索能否为读者所理解,也需要时间的检验。而他新近出版的中篇小说《鸟与恐龙》(《中篇小说选刊》原创版2012年第8期)则给人全新的感觉,特别是叙事手法和艺术风格的变化展现出作者另一种小说风采。作品将一个并不新颖的师生恋题材处理得风生水起、波澜起伏，发挥到极致的艺术张力，给伦理秩序和人性博弈创造出巨大的空间，构成精神世界的尖锐冲突和情感波澜，哲学人类学意义上的人的生命冲动与精神情感、伦理秩序之间的关系得到了艺术的解释，其可读性和感染力也大有改观，显示着他艺术蜕变中的新收获。较年轻的小说家弋舟，会用感性、精微而具有充分表现力的艺术语言，把简单的故事描写得委婉曲折、淋漓尽致，情节的设置是以心理波澜的起伏为线索的，具有强烈的感染力。而他新近出版的《战事》《春秋误》等作品，依然葆有其先锋性和特殊性，却见出他由灵动、知性向沉思、厚重的变化。这类作家中还有先前的向春、尔雅，特别是这几年显示出强劲实力的叶舟等。他们对表现对象的独特理解和对人性的细微体察决定了在艺术表达中对手法的讲究和琢磨，其作品多带有现代意识和哲理韵味，注重语言的锤炼，讲究叙事技巧，也颇多试验色彩。作者更重视的是通过艺术创造获得的精神价值而不是题材本身的价值。这类作品有着不可模仿性，因为它们是独特的，最充分地体现了艺术独创性的精神。比如，在叶舟的一系列中篇小说中，《羊群入城》是较有代表性的，获得过"茅台杯"人民文学奖。小说写一个小羊倌平娃赶着一群羊进入兰州城，将羊群送到买家指定的地方而遇阻的故事。作品的人物只有平娃和广场保安周世平。平娃的羊群要经过广场，而保安不让，两相对峙。在对峙中，通过双方的争执以及平娃与老板的对话，将两个底层人物的人生和心灵表现得活灵活现，也揭示了现实的严酷和社会的不公，融进了作者对世情的感叹和世道的体察，以及生命的深刻思考，同时又反讽吊诡，妙趣横生。作品的颁奖词说《羊群入城》"具有独特的口音，繁华的世界因为这来自草野的声音变得朴素、苍茫"。将一个极其简单的故事演绎得内涵充沛，使人浮想联翩。这不是因为题材，而是得力于艺术的张力，其中独特的体验、观察、联想、思考，是一般先锋作家所不具备的。这一类作品在当前全国的小说创作中也具有较高的艺术水平。其依据之一就是他们的作品每每在全国最重要的小说刊物上占有显著位置，并有较高的转载率。我甚至认为，如果把他们的创作放在中国新时期小说的发展史上来看，他们不是"重复"先前"先锋小说"的路径，毋宁说，起步于中心并宣告"转型"的新时期小说的先锋实验，在边缘的西北、在新世纪有了新的理解、延伸和新的探索。后者并不出于技巧上的标新立异，而是源于因新的表现内容的发现而对艺术方法创新的"需求"，不是重复而是超越。当然，他们能否走得更远，能否有新的创作收获与突破，取决于多种因素，而其中非常重要的，是他们对小说艺术的执着、虔诚和主体独立意识，以及对西北地域社会、文化和人的特有的体察、理解和感悟。就目前来说，他们已经具备并在继续积蓄着这些因素。

第二种类型，文学重新发现和书写历史与地方，获得了人类学的普遍意义。这是甘肃小说创作中富有鲜明地域特点的一种类型。而如何借重地域性又突破地域局限、超越地域性是这类创作面临的主要问题。

从人类学的角度来说，不同的文化，就有不同的历史性。人类学家要去发现没有历史的人们的历史，他们关心的基本问题包括：人类的自我形象如何演变？人类如何利用社会实践和符号形式来调节社会生活？人类本性是否也有其历史。这些内容，文学可以艺术地具体地描写而获得不同于人类学的价值。在文学创作中，重新发现和书写历史，首先体现在对历史的独特理解上，其次体现在对历史的独特的书写方式上。在文学家眼里，他们更注重被所谓正史忽略或遗忘的历史，和由常人的日常生活构成的历史，或者说，历史是日常的。他们的创作是一种民间历史叙事。

雪漠说："根据经验，我们不能信任一些所谓历史，它常常被强权涂抹得十分可疑。所以，最真实地记录历史的，应该是最寻常的百姓生活。"雪漠的《大漠记》《猎原》《白虎关》里有历史，这是由百姓的日常生活构成的历史，有凉州人的衣、食、住、行、生产、生活、狩猎；有家庭、婚变、性爱、恐惧、苦难、挣扎、死亡；有礼仪、信仰、迷信、神话、传说、民俗、想象、民间艺术；等等，它的源泉在生活中，资料来源则依据传统史学所忽略的档案考古发现，特别是口述史料和民间文化。这不是一般的所谓地域性特色，这是历史，是最寻常的百姓生活，是人类学中族群的历史，是民间体验的历史。文学中的历史，主要是民族的心灵史、精神文化史。雪漠以世界艺术大师为榜样、代人类立言的文学信念和实践，以及对文学与人类关系的个人理解，使得他的沙漠三部曲突破地域局限而获得普遍的意义。他说："我眼中的每个人物每个家庭都是一个世界，作家穷其一生也未必能写出万一。这世上，最大的谜团其实还是人自身。任何一个自认为写尽了某个领域和行业的作家只能说明他的弱智。按我自己的选择，我倒愿意穷其一生写好'一家'农民，写出他们的灵魂、命运和追求。因为，他们的身上，也承载了'人类'的全息。"（雪漠：《写作的理由及其他——〈白虎关〉后记》）而他后来的"西夏"系列，则试图有更大的突破，而其成败得失相当程度上与他对人类及其精神世界的理解相关。

马步升的创作，就长篇小说来说，比如《青白盐》《一九五〇年的婚事》还有新出的《陇东断代史》，都具有以新的意识和视角写历史和地方的特征。长篇小说《青白盐》，是近年来西部文学创作的重要收获，也是新世纪以来我国当代长篇小说创作的力作。作品以深厚的生活积累、深邃的生命体验和丰富的艺术想象，通过家族秘史的书写和个人成长的记忆，生动地描绘了百年来陇东的社会变迁和世风民情，融入了作者对世界人生的哲理思考和对生命意义的感悟。其全新的创作意识和精神意蕴为西部小说增添了新的内涵。作品在艺术上富于创新。结构复杂、巧妙，将近代、现代、当代的历史、事件、人物熔于一炉，打破时空界限，相互对话，具有显明的“复调小说”之特点。在叙事视角、叙事方式、叙事风格上，也敢于创新，不落俗套，不断变换方式，色彩缤纷而又条理清晰。作品既具有家族小说之文化底蕴，又有传奇小说之波澜起伏，可读性、感染力俱佳。小说体现出作者深厚的文化素养、知识积累，也体现出对长篇的艺术驾驭能力。这些都表明，这是一部在甘肃小说创作中具有突破意义，在全国小说创作中具有重要特色的重要作品。新出的《陇东断代史》将现代社会的变迁、政府禁毒的历史和一个家族的兴衰、一个人的脱胎换骨的过程结合起来，组成一个叙事框架，在这个框架中，马步升把他关于陇东的近现代历史知识、马家的家族史、陇东地方文化，还有他的民间情怀和视角，统统嵌入其中，使得作品枝蔓丛生，故事简单而内容复杂曲折。他的成功与不成功都与他的历史文化专业和地方历史文化叙事的情结有关。就我的感受，作品的知识性丰富，但节奏过于缓慢。那么？马步升为什么要这样做？目的是什么？我认为，他就是要表达上述那些复杂的内容，在叙事中就尽可能更多地融进他对于历史知识和地域文化的独特的思考和见识。“地方”“历史”“文化”“人”（或人性，或人类）才是马步升在长篇小说中要表现的内容。这与他创作短篇小说和散文的目的是不同的。这些内容，具有了人类学“田野”的特点，有丰富的地方性知识，同时在“小地方”中有“大道理”，而且体现了民间立场和文化相对主义、平等观念，这些创作意识，有些可以说是通向所谓的后现代主义精神的。从这个角度说马步升，也许他才能比较接受。可以看出他的坚持与变化，他的执着坚持就是消解所谓正统的历史观、以自己的理解书写现代历史，而他的变化则是在艺术表达上由放浪形骸、汪洋恣肆变得较为收敛节制和沉稳，当然他不会就范于某种框子，这不符合他的个性，他也不会放弃中长篇小说创作，回到被人们称道的短篇创作中。因为他在酝酿自己的突围。

文学重新发现“地方”，并不是简单的地方题材的挪用，他们的创作，源于对地方文化的体悟和独特性的发现。“地方性”丝毫不意味着在空间上的封闭。地方性情境是可以改变、扩展的，可以进入到、转换到一个新的地方性情境中去。这也是人类学家所谓“难以抑制的地点感”，力求“通过小地点，追求大问题”。对小范围密集的集中注意力，可以对所要分析的对象有深刻的了解，可以由这一特定地点向外扩展到一个更广大的空间，从而获得普遍价值。从这个意义上说，地方性知识与普适性知识、历史特殊主义与普遍主义也许并没有那样对立。在这方面，王新军的“大地村庄”系列，柏原以陇东为表现对象的系列短篇小说，雪漠“沙漠三部曲”，李学辉《末代紧皮手》，向春的“河套平原”系列等等，具有一定的典型性。

写地方就是写文化，文化具有特殊性，也有相通性。李学辉的《末代紧皮手》，写凉州巴子营的民俗事项，是“承载千年土地崇拜和延续千年文化梦想的故事”。写了一种民俗——给土地“紧皮”（用一种特制的皮鞭抽打土地，祈求丰收）——的神秘仪式的结束与土地相依的文化的消失，一种神——土地紧皮手——的最后消亡，一个人——余大喜——成为紧皮手后的一生遭遇。传统风俗与时代矛盾密切交织，神秘的族群宗法制度与人性之间冲突，余大喜成为“余土地”之后对土地“紧皮”的过程，有人类学“非虚构性”的叙事方法。

向春的“河套平原”系列，写的就是河套平原的历史，地球上一个特殊地方的人及其生活状态。通过写人的生活史、个体的生命史写出这个地方的历史和文化精神。向春一改过去对文体和表达的实验，找到了更适合自己的新的表现领域，并且深入民间，做田野调查，不再旁骛其他，潜心创作，奉献出了一部部厚实的有分量的发现地方和民间历史的力作。她说：“我是河套平原的闺女，我了解一百多年河套平原的历史，谙熟河套平原蒙汉民族风俗民情，我知道那个地方的人的性格，他们怎么说话怎么动作。近年来，我的关于河套地理的和人文的长、中、短篇小说喷涌而出。《河套平原》《立秋老汉的风流事》《西口外》《牛二虎家的土改》《十三脑包》《河套轶事》《泥棺材》《满才老汉的心事》等，都是反映这个地域的作品。更加全面而深厚地理解这个题材，发挥这个题材，是我未来的创作方向。”通过写地方特殊的人，写了地方文化，写了地方特殊的历史，放在人类文学的宝库中，它的独特性中所蕴含的普遍性，就是人类性。

第三种类型，是一批作家在关注现实和人生方面的执着和突破。这类作家比较注重写什么，也就是比较着力于对表现内容方面的思考。比如，王家达的《所谓作家》《乔女》，史生荣的《所谓教授》《县领导》《大学潜规则》，范文的《雪葬》《红门楼》，唐达天的《沙尘暴》等等。还有不少业余作家也基本属于这种创作。其中一些出色的作品，也有较大反响。另有一些作家，也是很有希望的一些作家，他们着重于对人性，或者作为人类的地方族群人性的思考，或者以新的视角对“边缘”人与人的“边缘”的发现，如徐兆寿的《非常日记》，就是对大学生性心理的描写，曾经引起很大反响。少数民族作家的创作在甘肃也颇有特点，尕藏才旦的《首席金座活佛》打破了人佛界限，在活佛与普通人的巨大空间中自由驰骋，塑造了血肉丰满、个性鲜明的独特艺术形象。这些正可以理解为吉尔兹将文化视为一张由人自己编织的“意义之网”。

对于甘肃作家，写什么与怎么写同样重要。把一个奇特的艺术世界展现给世人、展现给世界，使读者了解了一个地域文学的多彩景观，也感悟了文化多样性在文学领域的重要意义。甘肃还有许多这样的地域文学，如甘南文学、河西文学，只是文坛并不具体了解。甘肃作家以特有的气质重新发现书写历史、地方和人类，评论家也有责任重新发现甘肃文学的这些特色的责任。

甘肃小说作家，逐步找到了自己的表现领域，也许可以这样说，甘肃作家正在走向成熟，至少在蜕变中。他们从一边写作一边四处张望，到找到了属于自己的创作领地而潜心耕作，从焦虑而臻于沉着。但是，他们因此就达到了新水平吗？他们满意于自己的创作吗？我觉得未必。在这方面，他们还在紧张地探索，这种探索要比找不到自我而随波逐流或盲目自信好得多。我感觉到了他们的执着与新变、坚持与放弃。他们能走多远，做多大，既取决于生活积累和知识储备，也取决于作家的艺术驾驭能力和创作个性，特别是创作意识。如何与现代意识结合而获得高远的立意，更新创作理念和方法，以更开阔的视野和更深邃的思索来充分利用文化资源，重新书写具有地域特色的历史、地方文化，特别是作为人类组成部分的“族群”，是甘肃作家普遍面临的问题。

甘肃的小说创作在蜕变中，相应地对甘肃文学批评提出了新的要求，需要批评视角和范式的反思与调整。新时期的甘肃文学，有了重大的进步，与现代相比，乃至与十七年相比，文学创作的数量与质量都有了重大的变化。

甘肃文学获得全国性大奖的数量也十分可观,除了茅盾文学奖这样的国家大奖,其他重要文学奖项几乎都有问鼎。然而,甘肃文学的整体形象依然是偏弱的。这当然也反映了一些事实,比如,我们没有特别杰出的作家支撑的文学群体,没有在全国具有标志性的伟大作品。然而,甘肃文学整体上真的就如同甘肃经济和社会发展水平一样,是倒数的几位吗?甘肃文学创作的整体水平到底怎么样?这是需要甘肃的理论研究者和批评者反省和思考的。

转变批评视角和范式,以适合甘肃文学创作实践的批评话语解读甘肃文学作品,甘肃文学的特色会有新的发现。这或许不会根本改变甘肃文学在全国的地位和印象,但是,甘肃文学的特色和独异之处至少不会被强大的所谓主流批评话语所掩埋,我们不指望一定进入中心,但我们希望即使处于边缘,也是有特色的一块,我们也希望,无论评论家处在何处,对甘肃文学的观照能持一种平等视角和公正的心态。而要做到这一点,关键不仅仅是评论工作的力度,而且还有批评的角度和尺度。当然,新的方法没有现成的,也没有万能的,却是可以探索和尝试的。

文学重新发现“地方”“历史”和“人类”

——文学人类学视域中的“河西走廊文学”现象

“走廊”是一种地理现象，更是重要的文化现象，因为有人走才称其为“走廊”。走廊是人走出来的，而人是创造文化的动物。在中国，20世纪80年代初，费孝通先生就提出了中国三大民族走廊的概念，即河西走廊、藏彝走廊和南岭走廊[1]。此外，还有“辽西走廊”的说法。不同的走廊，有不同的地理风貌、社会功能和文化传统。

在中国的西北角，在古丝绸之路，有一条绵延千里通往西域的走廊——河西走廊。“河西”因“走廊”而闻名。河西走廊是连接不同空间的特殊通道，在地缘政治、经济发展、文化形态和民族融合之间发挥着特殊的不可替代的桥梁沟通作用。它既是地理、自然空间的走廊，也是文化变迁的走廊，中华民族融合的走廊，东西方文化交汇的走廊，还是穿越古代文明与现代文明的“时空走廊”，是激活原始意象和民族记忆的艺术走廊。河西走廊的每一个“驿站”如“凉州”（武威）、“甘州”（张掖）、“肃州”（酒泉）、“嘉峪关”“玉门关”“阳关”“敦煌”等，都曾上演过可歌可泣的历史壮剧，也留下了诸如敦煌莫高窟、安西榆林窟、嘉峪关墓葬画和悬壁长城、武威金刚亥母洞、雷台铜奔马、西夏碑文和汉简等等独特的人文景观和历史遗留物。在当代，共和国的许多重大标志性成就如两弹研发、航天载人等等都与河西有关。河西因此既是地理空间形象，也是文化符号和心理意象，是中国西部意象和文化符号的“节点”。“河西”是一个由特殊地理环境、多元历史文化和丰厚人文精神构成的时空。在国际视野里、在中国文化体系中，河西走廊具有特殊的意义。

---

[1]费孝通将中国西南方的三条主要河流——怒江、澜沧江及金沙江并流的区域称之为藏彝走廊，后来有学者提出“南岭走廊”应包括武夷山区南端、赣南山区、粤北山区、湘南山区、桂东北山区、桂北—黔南喀斯特区、滇东高原山区，东连闽粤沿海，西接横断山脉（“藏彝走廊”区域）及东南亚山区。

河西走廊文学是河西文化精神的审美外化和情感表达。中国古代历史上的边塞诗和“西凉文学”曾经产生过重要的影响,在文学史上有特殊的地位。进入古代社会末期,随着社会政治、军事、经济、文化重心的东移,河西走廊的文学整体式微。进入现代以来,直到20世纪50年代,李季、闻捷等诗人在河西工作和创作,曾经给河西带来了新的文学气息,但是影响并不很大。

新时期以来,河西文学出现了令人瞩目的新气象:涌现了一群从不同视角凝视和书写河西的作家(依据《河西当代文学整理与研究》)。在这些作家中,有早已经成名的、我们熟悉的李季、闻捷、赵燕翼、高尔泰等,有进入新时期后来居上的雪漠、古马、杨显惠、铁穆尔、林染、梁积林、王新军、史生荣、胡杨、张弛、唐达天、李学辉、李田夫、田瞳、靳万龙、杨献平等等,也有虽不很熟悉,但创获已不小的诗人贺积新、谢荣胜、苏黎、陈洧、赵兴高、孙江、肖成年、倪长录、邱兴玉、妥清德、仁谦才让、徐学、陈思侠、文立冰、旎珊、王登学、马克、华竹,散文作家于进、何茂活、苏胜才、岳西平、刘虎、方建荣、胡美英,小说家唐光玉、杨华团、陈天佑、赵淑敏、刘刚、韩润东、叶竹筠、刘爱国、刘梅花,剧作家李德文,等等。他们氤氲着一种源自河西又超越地方与族群而获得人类意识的创作精神,产生了一批以河西“地方性知识”为表现对象、构建河西文学世界的独特作品,我们将之称为“河西走廊文学现象”。

河西走廊文学,虽然有一些在全国产生了影响,但是按照以往的所谓主流的批评范式,许多重要作品进入不了批评家的视野,自然也得不到客观的评介。但是,在文学人类学的视域,它们却独具特点和价值。自然,河西走廊文学现象是中国多元文化和文学现象中的一种现象,然而,它是有自己特点的地域文学个案,体现出地方和族群的独有精神品格。

一、文学重新发现“地方”

这里的地方既是指地方性知识,也指特定地方的人及其文化,还指特定的民间,它们构成特定的地域情境。

河西走廊文学现象的首要表征,是有一群从不同视角凝视和书写河西走廊的作家,他们重新发现“河西”,不约而同地展开对河西走廊地方性情境的叙事和抒情,重构着河西的地方性知识体系,解释着河西人怎样置身于自己编织的意义之网。这些作家大致有两种情况,一种是从河西走出,接受现代文明之后再反观河西的作家。他们有小说家雪漠、王新军、张弛、唐达天、李学辉、史生荣、徐兆寿、李田夫、田瞳等等，有诗人古马、林染、梁积林、胡杨、贺积新、谢荣胜、苏黎等等；有散文作家铁穆尔等等；还有其他产生一定影响的作家四五十名。这群作家，大都是走出河西，接受现代城市文化熏陶和工业文明知识，又反观河西的知识分子，他们分散在各自的生活区间和创作领域，依赖现代意识与故乡情怀之间的张力，特别是对河西的感知经验，共同开拓和支撑了河西的文学天地。另有一批作家（其中有些非专业作家），身处河西之外，却将目光不约而同地投向河西。这些作家有王家达、邵振国、杨显惠、高尔泰、阳飏、阎强国、董汉河、姚运焕、王登渤、雷玉明等等。他们深入河西，体悟河西，以更大的视角和他者眼光凝视河西，书写河西。他们的作品，不管是那些耳熟能详的名作，抑或是还不太为人们熟悉的新作，一起将读者引入河西自然地理的腹地、历史文化的深处和河西当下的情境，他们的共性和个性也浸染其中。他们共同创作出一批以河西“地方性知识”为表现对象的独特作品。如雪漠的“沙漠三部曲”《大漠记》《猎原》《白虎关》和《西夏咒》《西夏的苍狼》等，王新军的“大地上的村庄”中短篇系列小说，王家达的《敦煌之恋》《莫高窟的精灵》，邵振国的《月牙泉》，李学辉的《末代紧皮手》，唐达天的《沙尘暴》，雷运焕、王登渤的《日落莫高窟》，杨显惠的《夹边沟记事》、汪泉的《西徙鸟》等等。还有一批诗人和较高水平的诗歌创作，如古马的诗《古马西风》《西凉短歌》，林染的《敦煌的月光》《凉州词》等。其他诗人的诗歌如《长城下的哈萨克》《敦煌草原上》、《嘉峪关下》《出塞》（胡杨）、《胡杨林地》（梁积林）、《我读大漠》（陈洧）、《藏在草根里的花》《戈壁·初春》《戈壁·冬至》（赵兴高）、《天凉》《河西走廊》（孙江）、《诗意凉州》（谢荣胜）、《边地短歌》（苏黎）、《烽火台》《黑瓦罐》（邱兴玉）、《一只猎隼》《马蹄寺》（王登学）、《高台:烈士公墓》（华竹）、《阳关古道》《玉门关前:读春》（杨喜鹏）等等，仅这些诗名篇名连在一起就能引起读者对河西走廊地理风物的遐想。作品呈现出无垠苍穹下河西走廊那广袤大地上的奇特景象，疏勒河、玉门关、汉长城、乌鞘岭、烽火台、黑瓦罐、大漠戈壁、阳关古道、草原边地、胡杨红柳、骏马猎隼等等，被赋予了浓郁的历史文化精神和人文气息，而她（指代河西走廊）的精魂则是各族人民坚韧刚毅与宽容博大的气质和情怀，使这条走廊生生不息、生气灌注。

这些有关河西走廊的创作，并不是对河西题材的简单挪用，他们的创作，源于对河西地方文化的体悟和独特性的发现。作家王新军这样说道：

我觉得我自己更像一头在家乡这片土地上耕田的牛，不把那些硬土翻绵软了，自己心里就老觉得没有尽到责任。

我时常置身于这样一种环境之中：脚下大野无边，头顶碧空深远。大西北——河西走廊以西，这里虽然贫瘠，但却拥有许多使你的心灵变得足够博大的东西。荒野上，偶尔的一眼泉水、一条河流、一片村庄，都会令我深刻地激动不已。就是在这样的一片土地上，我像一粒不经意间从鸟嘴里跌落下来的种子，幸运地生根发芽了。并沐浴着戈壁上的长风细雨，长成了一个能面朝大风而不被吹倒的汉子。

我是一个习惯于幻想的人。这个习惯大约源自少年时代的数年沿疏勒河独自放牧的生涯。那时候，天空和大地在我眼前以最巧妙的方式结合在一起。然后，一条大河轰然将它们重新切开，在天地间形成一道巨大的伤口。是的，对于无垠的大地来说，一条河就是一个伤口。在大西北，多这样一个伤口，这里的人们就会多一个幸福的理由。因此，当羊群在草滩上散开，当黄牛埋首于绿草，当叫不出名字的鸟隐蔽于河边柳丛，当大地在阳光下沉睡……这种时候，我也会因为那些无怨的沉思，躺在草滩上偷偷地幸福。[1]

正是有了这样几乎与生俱来的对于河西大地的体悟和情感，有了将人与自然，将个人与身处的世界交融的心灵体验，王新军以短篇小说见长的河西走廊西部的书写为我们提供了独一无二的大地村庄的情境，其作品堪称人类学家的田野。这里有《牧羊老人》（《上海文学》2003年第8期）、《与村庄有关的一头牛》（《小说界》2000年第4期），有《烧饼》《大豆》《萝卜》《大草滩》，《两窝鸡》和《两条狗》（均刊于《上海文学》2005年第9期），《一头花奶牛》（《朔方》，2002年第1期）和《民教小香》（《小说界》）。人与动物、植物共荣共存，之间有着交流，有着理解与误解，有着共同的生命意识和情感沟通。在王新军的笔下，牧羊人与羊在情感上不分彼此，放羊老人“他不知道是他在放羊，还是羊在放着他”（《牧羊老人》）。当儿子以孝敬之名准备卖掉这批羊时，老人的情感受到极大伤害，老人最后一次领着他的羊“转一回”，他的羊却接二连三地

[1]《王新军对话写真（与〈上海文学〉徐大隆）》。

迎着飞驰而来的火车冲上路基,“跃入那一片至远的明净里”。这种人与动物之间的情感交织和心灵痛楚是震撼人心的。《与村庄有关的一头牛》,是“牛眼看世界”:儿子要杀牛,被父亲解救下来;老人去世后,牛停食停水数天,最后“它的身体正以一种液态的方式与大地紧紧相拥”。作品写了牛的内心独白,写了人与牛相互的悲悯情怀。《两窝鸡》和《两条狗》写了动物之间的纷争,写了人与动物之间的平等关系,写了因为对动物间的纷争的误解而引起的人与人之间的相互误解与纷争。《民教小香》写“小人物”,一群山村教师,他们的平凡、质朴和奉献,写凡人小事中的道德精神和人格力量。王新军的作品还有《两个男人和两头毛驴》《俗世》《远去的麦香》《坏爸爸》《八个家》《最后一个穷人》等等。正是依赖于对河西走廊大地上的村庄一隅小“地方”的叙事,王新军走向了全国,引起上海文学界和学术界的关注和高度评价;而他的这些作品,如果翻译成地球上其他人类的语言文字,我想作为同类,他们也不会不理解,反倒由此知道了地球上的一个地方,一个地方上族群的生活状态和人的品格。我们不必给他贴上文学人类学的标签,但是用文学人类学的方法却可以发现地方性的意义。

李学辉的《末代紧皮手》,写凉州巴子营的民俗事项,是“承载千年土地崇拜和延续千年文化梦想的故事”。写了一种民俗——给土地“紧皮”(用一种特制的皮鞭抽打土地)——祈求丰收的神秘仪式的结束与土地相依的文化的消失,一种神——土地紧皮手——的最后消亡,一个人——余大喜——成为紧皮手后的一生遭遇。写一个人与一个时代的纠结,有人类学“写地方”的特点。传统风俗与时代矛盾密切交织,神秘的族群宗法制度与人性之间的冲突,余大喜成为“余土地”之后对土地“紧皮”的过程,有人类学“非虚构性”的叙事方法。

文学重新发现“地方”,还有一层含义,就是对“地方文化”的重新发现。雪漠曾说到自己的创作与民间艺术凉州贤孝的关系:

> 贤孝作为一种文化,它包留了非常远古的历史文化东西。因为中国的正史很可疑,它只是几个史官写的,里面有好多被篡改了的、扭曲了的、隐瞒了的东西。而贤孝是老百姓一代代用心灵传播的史诗。这种史诗,可能最真实地反映历史的本来面目。
>
> …………

可以说,没有凉州贤孝,就没有我的创作。

凉州贤孝跟西部民歌一样,是西部文化的重要载体之一,它的人民立场、苦难意识、精神品格、宗教智慧、利众精神等诸多内涵对当代文学有着非常重要的启迪。文学衰微的真正原因何在?我们的文学将走向何处?文学应该拥有一种什么样的精神品格?对此诸多问题,凉州贤孝都给了我们新的启迪。

…………

在这个文化圈中,既能孕育天才的唐钟汉简铜奔马,亦不乏巫婆神汉师公子,高雅的西凉乐舞、通俗的贤孝宝卷、阳刚的攻鼓子、阴柔的民间小调,皆能各得其位,各具其妙。观音度吕祖,无人说荒唐;巫婆神汉,各显其能;俗神与罗汉齐舞,天神与地鬼并祭,谁也没觉出有什么不对。与其说是儒释道思想影响了凉州文化,不如说是凉州人爱用凉州文化思维注释儒释道理论。这些,都成为我取之不尽的创作营养。

…………

所以,当作家真正拥有了他的家乡,并成为一种文化代言人的时候,他就能相应地拥有一个丰富的心灵世界。而这个心灵世界,是可以和外部世界平等对话的。内外两个世界,具有同等的价值。

我的小说《大漠祭》《猎原》和《白虎关》跟凉州贤孝一样,也是一如既往地关注人的生存,更关注影响凉州人生存的文化土壤。特殊的文化土壤,孕育了特殊的灵魂。写出一个时代独有的灵魂,是作家的责任。因为,目前凉州人的这种生存状况,不会延续太久。很快,它就会成为历史。把它们保存下来,作为一种历史的记载,是一个作家不可推卸的责任。(雪漠:《甘肃文化对我创作的影响——再版后记》)

雪漠对民间艺术和地方文化的这种理解,在他的“沙漠三部曲”和“西夏系列”的长篇小说中有充分的表现,他说:“许多时候,一种文化的发掘和一种精神的弘扬确实是人类的福音。”以《大漠记》为例。《大漠记》出版以来好评如潮,在众多的甘肃本土小说中显得比较突出。其中原因很多,主要是:借重于西北地域题材而超越地域局限,获得普遍价值意义;执着于日常现实生活的描写而突破对琐事记录的局限,具有深刻的主题;人物命运与性格逻辑构成故事情节的内在轨迹,体现传统长篇小说的艺术规律和特质。深一步研究,其背后还有更深层的原因:作者对民间底层命运和生命的关注与人类性意蕴的理解。而使得雪漠具有这种较为恒久的创作意识和心理情结的正是凉州的地方文化。

"地方性"丝毫不意味着在空间上的封闭。地方性情境是可以改变、扩展的,当然不是扩展为"普遍",而是转换到另一个新的地方性情境中去。这也是人类学家所谓"难以抑制的地点感",力求"通过小地点,追求大问题"。从这个意义上说,地方性知识与普适性知识、历史特殊主义与普遍主义也许并没有那样对立。

二、文学重新发现"历史"

在河西走廊文学现象中,比较多的涉及"历史",而这里的作家对于历史有自己的理解,这些理解比较接近人类学家。人类学家要借助自己的文化经历,去发现没有历史的人们的历史,以实现"不同的文化,就有不同的历史性"。历史人类学的基本问题归纳为三类:一、人类的自我形象如何演变?二、人类如何利用社会实践和符号形式来调节社会生活?三、人类本性是否也有其历史。

文学中的历史,主要是民族的心灵史。

河西走廊文学对历史的发现,主要在两方面,一是被所谓正史忽略或遗忘的历史;一是日常生活的历史,换句话说,历史是日常的。这里有民间文化、民众心态和民间思维。

就前一方面说,比如:20世纪80年代,董汉河的《西路军女战士蒙难记》(获徐迟报告文学奖),揭开了中国现代革命史上发生在河西走廊鲜为人知的历史,那是与宏大叙事不同的个人遭际的书写,展示了革命过程中惨烈的一面。作者长期从事现代史研究,经过大量的深入民间调查,追访了被遗忘的当年的西路军女战士的悲惨经历,还原历史真相,可以说是一段散落在民间的现代秘史。

王家达的《敦煌之恋》(获鲁迅报告文学奖)、《敦煌密码》《莫高窟的精灵》全面展现敦煌及敦煌人文精神,描写了张大千、常书鸿、段文杰、席贯臻、樊锦诗等一大批敦煌的守护神,以人写史,知人论世,讴歌了这些民族脊梁们用生命保护和传承敦煌文化的历史，同时叙述了围绕敦煌的丰富的宗教、历史、文化、艺术等诸多方面的知识。他的作品集中揭示了“人类的敦煌”被再发现的曲折历史。

高尔泰的《寻找家园》，是回忆录散文，叙述了作者坎坷的人生历程，讲述了那沉重如山的苦难岁月里的人物、事件，其中渗透作者的生命体验和对人生阅历中的经验和感慨。这些都是适应文学表达的历史，是正史上见不到的历史。这将成为传统，但是它是在以往的“大传统”中没有地位的历史。

还有雷运焕、王登渤的《日落莫高窟》。

就后一方面说，也就是日常生活的历史，所谓地域特色的很多作品，其实都是以民间的日常生活的叙事为中心的，是一种民间历史叙事。

作家雪漠说：

> 根据经验，我们不能信任一些所谓历史，它常常被强权涂抹得十分可疑。所以，最真实地记录历史的，应该是最寻常的百姓生活。
>
> …………
>
> 我问过好多人：你知道你的四代以上的祖宗如何生活吗？回答是：不知道。许多子孙，甚至不知祖宗姓名。仅仅过了几代，祖宗就已被生活遗忘了。岁月无情地掩埋了他们肉体的同时，也掩埋了一段真正的历史。百十年后，我们也将被岁月掩埋，消融于一个巨大的虚无之中，像苍蝇飞过虚空，留不下一点痕迹——……
>
> 我认为，文学的真正价值，就是忠实地记录一代“人”的生活，告诉当代，告诉世界，甚至告诉历史，在某个历史时期，有一代人曾这样活着。[1]

雪漠的理解，正与人类学家的见解不谋而合：“在历史、社会科学、文学、艺术和建筑等广泛领域中，组织学者的实践这一目标让位于碎片化和某种实验精神，后者的目标是探索各种激发和再现社会生活多样性的方式——传达经验的丰富性，探索日常生活细节的意义，以及重新回忆起早已被遗忘的各

[1]雪漠：《用汗水慰藉灵魂——长篇小说〈大漠记〉再版代跋》，见《文学朝圣》（上卷），中央编译出版社2013年9月第1版，第117、118页。

种象征和联想。在这一实验的工具库中,人类学和民族志是先于这一潮流而成熟的利器"。

重视日常生活细节,重新回忆起早已被遗忘的各种象征和联想,既是重新发现历史,也是重新定位历史,这本是历史人类学研究的一个最根本的任务。正统的历史也许会记载西部大开发,会记载石羊河的保护,会记录改革开放后河西的社会变迁和功绩,但是,不会记录一个牧羊人的感受,不会描述人类怎样在"猎原"驰骋,不会叙述沙尘暴经过后人与自然关系的细节,但是王新军的"大地上的村庄"、雪漠的"沙漠三部曲"、唐达天的《沙尘暴》等描写了。作者对生命的体验和感悟,将人的生存状态的客观展示与日常生活构成的历史真实地交织在一起;琐碎的平常的生存状态的描绘,营造出一种邈远、沧桑和原始的气氛,冷峻,严酷,灰色,创化为一个诗意的世界,激发读者的情感与思索。有时作者故意隐去了时间空间的具体性,以强化这种亘古感和宇宙意识。这诗意世界是属于河西走廊的,是地方性的,也是世界性的。

仍以《大漠记》《猎原》《白虎关》为例。这是由百姓的日常生活构成的历史。这里有凉州人的衣、食、住、行、生产、生活、狩猎;有家庭、婚变、性爱、恐惧、苦难、挣扎、死亡;有礼仪、信仰、迷信、神话、传说、民俗、想象、民间艺术,等等,它的源泉在生活中,资料来源则依据传统史学所忽略的档案考古发现,特别是口述史料和民间文化。而这也是历史人类学着重于普通民众日常生活的社会亚文化(或俗文化)研究的范围。这不是一般的所谓地域性特色,也不是一般文学理论中的所谓"艺术真实"。这是历史,是最寻常的百姓生活,是人类学中族群的历史,是民间体验的历史。

对宏大历史的解构和重视民间日常生活,既是一种历史观,也体现一种美学观。古马的《古马西风》《西凉短歌》等诗歌创作,将日常生活的意象以蒙太奇的方式组成河西走廊的大写意,跳跃的、简短的诗句中融入历史的沧桑和人生的感悟,那是只有立足于河西大地才会有的情愫。梁积林的诗则不仅带进了自由体式,还展示了胡麻地、白杨树、山岭积雪和孤马甜蜜的眼睛、紫花苜蓿点缀的地貌、流水的舞蹈等等新意象。

当然,作家重新发现了历史,但是这不是历史人类学而是文学人类学,就在于他们主要不是历史事件或者历史事实的记录,而是历史情境和历史精神的叙事,再现的不是历史事实而是历史氛围和情感,是民族的心灵史。

三、文学重新发现“人类”

河西走廊文学现象中，有一种源自河西又超越地方与族群的人类意识。这就是执着地把一个奇特的河西世界展现给世人，展现给世界，使读者了解了一个地域文学的多彩景观，也感悟了文化多样性在文学领域的重要意义。这就是“向世界开放”。其中比较重要的，一类是以传统写作方式和新的主体意识（人类主体意识）对现实人性的思考，还有一类是新的视角对“边缘”人、普通人和人的“边缘”的发现。“在人类学中，近代所揭示的、人独有的超出和超越自己的此在的一切现存规则而提出问题和向前推进的自由，叫作‘对世界开放’”这里，人类不是被看作一个被剥掉具体现实性的抽象概念，而是表示许多具体的个人；表示由人组成的一个共同体，而不是一群没有鲜明个性的人。人类学中历来存在历史普遍主义与历史特殊主义的对立。这实际是共性与个性、民族性与人类性的关系问题。所以，这里说人类，不是普遍主义，而是说河西走廊文学表现的也是人类的构成部分。

散文家铁穆尔《族群、历史与草原》书写了尧熬尔—裕固族人的民族历史，将族群命运、文化变迁的追溯和反思，与个人情怀的抒发与感悟融为一体，将民族志的内容与散文的体式自然结合，获得文学人类学的意义。而《用语言体现小民族的挣扎》仅题目就能打开人们的思维空间，其中体现的民族意识和超越民族视野的博大情怀，以及保持“边缘”却不追逐“中心”的心态，显示了一个尧熬尔作家在全球化背景下“和而不同”的强劲姿态和所持的文化多样化的平等立场。

雪漠认为，真正的文学，应该成为人类文明、进步和幸福的助缘，应该为人类提供积极的灵魂滋养，因为更高意义的幸福取决于心灵的明白与否。当一个农夫头枕土块香甜地大睡时，一个千万富翁可能正要自杀。当人类日渐陷入狭小、热闹、贪婪、嗔恨时，真正的文学精神和人生智慧，应该能为我们带来清凉。雪漠进一步解释说，按我自己的选择，我倒愿意穷其一生写好“一家”农民，写出他们的灵魂、命运和追求。因为，他们的身上，也承载了“人类”的全息。“我眼中的每个人物每个家庭都是一个世界，作家穷其一生也未必能写出万一。这世上，最大的谜团其实还是人自身。任何一个自认为写尽了某个领域和行业的作家只能说明他的弱智。按我自己的选择，我倒愿意穷其一生写好‘一家’农民，写出他们的灵魂、命运和追求。因为，他们的身上，也承载了'人类'的全息。"[1]这就是说，他不是将人类与那些怪异的事物联系在一起，而将它看作一种理解现实的独特方式，这也正可以理解为吉尔兹将文化视为一张由人自己编织的"意义之网"的见解。这种理解，加上对艺术的虔诚态度，雪漠是在用生命之源浇灌艺术之花。从《大漠记》到《猎原》《白虎关》，从字里行间透出的对文学神圣性的理解和维护，特别是其人类主体意识。他写的是甘肃凉州的普通小民，但他追求文学价值的永恒与尊贵。不管能否达到，他的这种艺术勇气和目标是值得肯定的。这种标尺是一种艺术追求，在现在可以理解为一种源于对个人与人类关系理解基础之上的艺术自觉，这种追求和自觉不至于使他的写作水准过于低级，浅尝辄止，也不去故意进行技巧的翻新和才情的炫耀；也不把读者的视线引向自己创造的艺术世界之外的方面。还有就是他作品里有信仰，比如对普通民众人生情境和生命过程的关注，对下层女性命运的深刻悲悯，对人与自然关系的审视（《白虎关》写了三位女性的命运，写了生存困境与在困境中的抗争。主人公兰兰，与自己不爱的丈夫离婚，在贫穷中坚守精神；莹儿，跳出农门，在外地打工身染性病守住爱），等等，都体现出一种博大的情怀和人类的视野，一种对地方文化和地方人性的特殊情感体验。读者都会注意到，《大漠记》里的细节描写非常丰富的，生活情境具体细微的，而这种细节和细微中，有历史，主要是人的生命过程构成的历史。

写中国西北角的一条走廊而不显褊狭，写边地一隅而不被边缘化，一群作家在这里开辟着由地方性而通达人类性的蹊径。

甘肃还有许多这样的地域文学，中国还有更多这样的地域文学，只是我们并不具体了解。

当代文学创作中有一大批对文学与人类关系重新思考的作家，也有一批值得文学人类学研究的作品。文学重新发现地方、历史、民间和人类，重新界定着文学的概念。文学人类学的研究对象是开放的，也是有其基本规定性的；研究方法是多样的，也是需要整合而有自己特质的。

---

[1]雪漠：《写作的理由及其他——长篇小说〈白虎关〉后记》，见《文学朝圣》（上卷），中央编译出版社2013年版，第126页。

人类学视角与地域文学批评范式的转换

（在甘肃当代文学研讨会上的发言节选）

一

调整文学批评视角或转换批评话语，能不能在实质上提高一个地域的文学在全国的地位尚未可知，但是，至少可以比较好地接近地域文学创作的实际，揭示地方文学的特点。因为虽然没有放之四海而皆准的文学理论，但是有相对适合比较接近作品的批评方法。以甘肃文学为例。

新时期的甘肃文学，有了重大的进步，与现代相比，乃至与十七年相比，文学创作的数量与质量都有重大的变化。甘肃文学获得全国性大奖的数量也十分可观，除了茅盾文学奖这样的国家奖，其他重要文学奖项几乎都有问鼎。然而，甘肃文学的整体形象依然是偏弱的。

甘肃文学，虽然还没有崇山峻岭，但是也不都是低洼地带。特别是一些比较出色的作品，也受累于甘肃文学整体弱势的印象，得不到应有的评价；一些有特色的创新之作，即使获了全国大奖，作者也不能得到充分的认可，一些作家的独特追求不被理解。大家感到甘肃文学整体水平实际上被低估了。于是，一种潜意识在甘肃作家心中弥漫着，因为是甘肃作家，所以吃了大亏。这也是我们甘肃文学界一种普遍的感受，与此相关，一些作家认为我们的评论不力、推介不够。有没有这方面的问题呢？我认为是有的。但是，还有一个更重要的问题，就是关于文学评论话语、语境和批评角度的问题。不管是本地的评论还是当代文坛的权威评论，自觉不自觉地秉持着看起来适应任何文学作品的批评标准和方法，运用着似乎对任何作品都适用的话语体系；甘肃的文学作品，在这种批评标准面前和话语体系中，不但都显得比较弱势，而且常常被抹去了它们的特色。也就是说，甘肃作家作品整体上得不到客观地评价，所以，地域文学的评价标准和话语体系须要反思，须要转变批评视角，用适合地方文学创作实践的批评话语解读甘肃文学作品，甘肃文学的特色会有新的发现。这或许不会根本改变甘肃文学在全国的地位和印象，但是，甘肃文学的特色和独异之处至少不会被强大的所谓主流批评话语所掩埋，我们不指望一定进入中心，但我们希望即使处于边缘，也是有特色的一块，我们也希望，无论评论家处在何处，对甘肃文学的观照能持一种平等视角和公正的心态，而不是俯视和怜悯。而要做到这一点，关键不仅仅是评论工作的力度，而且还有批评的角度和尺度。当然，新的方法没有现成的，也没有万能的，但是它是可以探索和尝试的。而我认为，在眼下可以尝试的批评方式之一，是文学人类学，从这一视域研究甘肃文学，也许会有新的收获。对此我没有把握，提出来请大家讨论，所以叫刍议。

我不想在这里说什么是文学人类学的理论，因为这一下说不清，也没有哪个作家按照文学人类学的理论进行创作，我只是觉得从人类学，或者文学人类学的视角会重新发现甘肃文学的一些特点（当然，所有对作品的评论实际都是"马后炮"）。所谓重新发现历史、地方和人类（或人类性），是文学人类学所比较重视的方面，而重视边缘、解释、民间、差异性、相对主义等，是文学人类学注重的视角。切入这一视角，也并不是凭空臆测，而是有一定的依据，这个依据就是甘肃作家对此逐渐有了明确的创作意识与长期的生活、艺术积累，作品含有这种精神品格和意蕴。

二

从人类学的角度来说，"不同的文化，就有不同的历史性"。人类学家要去发现没有历史的人们的历史，他们关心的基本问题包括：人类的自我形象如何演变？人类如何利用社会实践和符号形式来调节社会生活？人类本性是否也有其历史。这些内容，文学可以艺术地、具体地描写而获得不同于人类学的价值。在文学创作中，重新发现和书写历史，首先体现在对历史的独特理解上，其次体现在对历史的独特的书写方式上。在文学家眼里，他们更注重被所谓正史忽略或遗忘的历史，和由常人的日常生活构成的历史，或者说，历史是日常的。

甘肃新时期文学中，比较多的涉及上述这两类"历史"。

就前一方面说，20世纪80年代，董汉河的《西路军女战士蒙难记》（获徐迟报告文学奖），揭开了中国现代革命史上发生在河西走廊鲜为人知的历史，那是与宏大叙事不同的个人遭际的书写，展示了革命过程中惨烈的一面。王家达的《敦煌之恋》(获鲁迅报告文学奖)以及《敦煌密码》《莫高窟的精灵》全面展现敦煌及敦煌人文精神,集中揭示了"人类的敦煌"被再发现的曲折历史。我注意到的是王家达对敦煌历史的反复地书写和不断超越。

就后一方面说,也就是日常生活的历史,所谓地域特色的很多作品,其实都是以民间的日常生活的叙事为中心的,是一种民间历史叙事。比较有代表性的如雪漠的"沙漠三部曲",唐达天的《沙尘暴》,马步升的《青白盐》《一九五〇年的婚事》《陇东断代史》等。这是由百姓的日常生活构成的历史,是人类学中族群的历史,是民间体验的历史。文学中的历史,主要是民族的心灵史、精神文化史。作家重新发现了历史,主要不是历史事件或者历史事实的记录,而是历史情境和历史精神的叙事,再现的不是历史事实而是历史氛围、历史精神和语境。

三

地方性是文学人类学关注的另一个重要方面,就是文学重新发现"地方"。这并不是简单的地方题材的挪用,他们的创作,源于对地方文化的体悟和独特性的发现。"地方性"丝毫不意味着在空间上的封闭。地方性情境是可以改变、扩展的,可以进入到、转换到一个新的地方性情境中去。这也是人类学家所谓"难以抑制的地点感",力求"通过小地点,追求大问题",如王新军的"大地上的村庄"系列短篇小说,柏原等的短篇小说,李学辉的《末代紧皮手》,向春的"河套平原"系列等等,就是可以关注的带有群体特点的现象。当然,另有一些作家,也是很有希望的一些作家,并不把写历史和写地方作为自己的创作领域,而着眼于另外的艺术目标,这就是重写发现和书写"人类"或人性。

四

通过地域性表现人类相通性,是甘肃文学进入新境界的一种体现。人类是由个体的人构成的,人类性是由人性的差异性、特殊性与相通性、共同性的矛盾统一性构成的。文学重新发现人类,是通过个别人的生命过程和个体的人性体现出的人类的复杂性和多样性。文学作品多成功地塑造一种人性的样态,便是对人类多样性的丰富。这不是所谓的抽象人性,也不是所谓普遍主义或者本质主义。从这个意义上说,美国的"南方文学"、拉美的"爆炸文学"和中国的"西部文学"具有各自的特质和同样的性质。

甘肃文学对人性的思考和表现，有自己的表现层面和特殊领域。

一类是，传统方式对现实人性的思考，邵振国的《麦客》《若有人兮》，王家达的《所谓教授》以及高平、李老乡等的诗歌都有这种要素。王家达对人性的洞悉与富有张力的艺术表达，还有激情的艺术转化，保证了他的小说和报告文学始终有着人性光芒的烛照（《所谓作家》《乔女》和"敦煌"系列）；邵振国对人性和人的情感的复杂性的理论探索和创作中的深度发掘，使得他的小说即使不被特别叫好（《麦客》除外），却具有一些特立独行的意味和值得玩味的深奥（《若有人兮》），他的不被完全理解和给人略显吃力的艺术追求的印象，正是他不甘平庸而专注人性发掘但尚未达自由境界的反映。雪漠以世界艺术大师为榜样、代人类立言的文学信念和实践，以及对文学与人类关系的个人理解，使得他的沙漠三部曲突破地域局限而获得普遍的意义。他说："我眼中的每个人物每个家庭都是一个世界，作家穷其一生也未必能写出万一。这世上，最大的谜团其实还是人自身。任何一个自认为写尽了某个领域和行业的作家只能说明他的弱智。按我自己的选择，我倒愿意穷其一生写好'一家'农民，写出他们的灵魂、命运和追求。因为，他们的身上，也承载了'人类'的全息。"（雪漠：《写作的理由及其他——〈白虎关〉后记》）而他后来的"西夏"系列，则试图有更大的突破，而其成败得失相当程度上与他对人类及其精神世界的理解有关。此类作品还有范文、史生荣等作家的小说创作。

还有一类，以新的视角对"边缘"人与人的"边缘"的发现，前几年尔雅的《蝶乱》、徐兆寿的《非常日记》、向春的《身体补丁》，近年弋舟的《锦瑟》，叶舟的一系列中篇小说如《羊群入城》，对人性的细致入微的体察决定了在艺术表达中对手法的讲究和琢磨。尕藏才旦的《首席金座活佛》（一个重要艺术贡献，是打破了人佛界限，在活佛与普通人的巨大空间中自由驰骋，塑造了血肉丰满、个性鲜明的独特艺术形象），高平的格言诗、抒情诗和小说等等。还有马步升、张存学、张弛等等，他们对人性，或者作为人类的地方族群人性的思考，体现在具体的创作过程中。这些正可以理解为吉尔兹将文化视为一张由人自己编织的"意义之网"。

对于甘肃作家，写什么与怎么写同样重要。把一个奇特的艺术世界展现给世人、展现给世界，使读者了解了一个地域文学的多彩景观，也感悟了文化多样性在文学领域的重要意义。甘肃还有许多这样的地域文学，如甘南文学、河西文学，只是文坛并不具体了解。甘肃作家以特有的气质重新发现书写历史、地方和人类，评论家也有责任重新发现甘肃文学的这些特色的责任。

五

甘肃一部分作家，逐步找到了自己的表现领域，重新发现和书写历史、地方与“人类”，这是他们成熟的表现之一。王家达的“敦煌”系列，雪漠的“大漠”系列，王新军的“大地村庄”系列，马步升的“陇东”系列，向春的“河套平原”系列，尕藏才旦的“藏族”系列，等等，虽不敢说蔚为大观，却完全可以说渐成气候，体现甘肃作家在多年的创作基础上新的追求和艺术自觉。这如同陈忠实之于白鹿原，路遥之于陕北，贾平凹之于商州，莫言之于高密，张炜之于老龙口，王安忆之于上海，迟子建之于漠河，阿来之于藏地等等，也许可以这样说，甘肃作家正在走向成熟，至少在蜕变中。他们从一边写作一边四处张望，到找到了属于自己的创作领地而潜心耕作，从焦虑而臻于沉着。重新书写历史、地方和人类的意识，如何与现代意识结合而获得高远的立意，更新创作理念和方法，是甘肃这部分作家普遍面临的问题。

从批评的角度说，能发现作品的更多艺术特点和精神内涵的方法就是最好的方法，能最大限度地接近作品真实情境的批评语境就是合适的语境，能充分发掘本土文学特点的批评，就是给力的批评，让我们一起探索。

新时期甘肃文学作品散论

地域性的借重、突破与超越

——论长篇小说《雪葬》

一、“地域性”是文学创作的双刃剑

这里所说的文学创作中的地域性，与一般所说的文学的地方特色不同，主要有两方面的含义，一是指特定地域的社会现实、生存状态、文化传统、风情民俗、自然风物、独特题材、语言特点等属于创作资源的内容；二是指作家的世界观、人生观、思维方式、审美情趣、创作意识、表达方式等带有特定地域性的文化品格和特点。前者关系创作客体，后者关系创作主体。这两方面的有机契合，可以成为文学创作的优势，借助于这些优势可以取得某些特殊的成果，创造出具有地方特色和风格、反映特定地域文化精神的作品。但是，这不应该是文学创作追求的最终目标，真正的高水平、高质量的地域文学，应该既有地方内容、地域文化精神又有普遍意义和人类精神，中外文学史上的成功例子都证明了这一点。在现代中国，借助于地域性创作的作家很多，但是只有鲁迅、沈从文等部分作家的作品在文学史上占有重要地位，而很多作品却无声无息。文学历史的辩证法告诉我们，地域性因素只是文学创作达到一定水平的可能前提，在这个意义上说，有地域性比没有地域性更有优势；但是，这种可能优势能否变成现实优势，还要依赖于其他许多因素。进入创作过程，如果作家的视野、眼光仍旧局限于地域性，把所谓真实地反映地域特色作为艺术目标，而不具备以更高的精神境界和博大的情怀反观和审视对象的创作意识，不具备驾驭和处理地域性资源的艺术能力，那么，地域性就有可能成为局限性，它可以掩盖创作的不足，却不能提高艺术水平。为此，我更愿意把地域性看作文学创作的特殊源泉和作家带有地域特点的精神资源；在理论上，须要把作为创作前提和资源优势的“地域性”与作为创作结果的作品所具有的“地方特色”区别开来。这种区分不是概念游戏，它的必要性和依据是，

许多地域文学(当然包括西部文学)的创作中,曾经出现了不少有鲜明地方特色和地域风格却达不到较高艺术水平的作品,其优势仅在于作品所反映的社会生活和地方风情的特殊性。而文学创作高水平的要求和目的,并不应仅仅停留在有地方特色上。就作家来说,大凡都想使自己的创作在现在超越空间局限而具有人类性,在将来还想经得住时间的考验而具有永恒性,这些理想是单凭“地域性”不能达到的。在这里,以似乎偏激的表述也许会把问题说得更清楚一些:地域性是特色的标识而不是水平的标志,高水平的文学作品可以因地域性而增色,低水平的文学也可能借重地域性而流行,在文学创作中,地域性是双刃剑。如果过分依赖于地域性,或者说把地域性作为文学追求的主要目标,而不是把它作为创作资源优势和思维方式的优势,这种地域优势可能变为地域局限。

联系到西部文学,我想这个问题更值得思考。应该承认,地域性确实成就了许多文学爱好者,使他们成为作家;借助于地域性,地方文学在当代文坛也可以有一席之地。现在和将来,文学创作中还会,也有必要借助于地域性。所以,不能简单化地对待地域性。但是,同时应该认识到,处于地理、社会和文化边缘的地方文学,要想提高水平,进入中心,不能仅仅靠地域性,《平凡的世界》《白鹿原》的价值不是依赖地域性而是超越了地域性才被公认。“西部文学”的概念就带有西部地域性的含义,它曾经为西部文学的发展提供了理论上的支持,而且西部文学在实践中也取得了重要成就。本文不讨论西部文学理论本身,而只想指出,处于西部地区的作家,其人生历程、生活积累和体验、文化观念意识,乃至表达方式,一般都会自然地带有西部地域性,他们最容易陷入地域性,而最难超越地域性。为什么有的业余作家,第一部作品一举成名,而后来的创作就难以超越,其中原因之一恐怕是地域性资源开始贫乏或者陷入地域局限而不能超越。他们遇到的问题其实具有普遍性。从广义上说,每个作家生活在特定的地域,他的创作都有地域性印迹,都会自觉不自觉地利用地域性。然而一个人的人生经历和体验、对现实的观察、对生活经验的积累等毕竟是有限的,文学创作更多地要靠作家对生活的重新认识、理解、品味、创造性想象等。也就是说,文学创作作为精神生产,有限的资源可以创造出无限的产品,在这个层面,创作主体的能动性和艺术能力是决定因素。满足于地域性资源和地域性意识,久而久之,会抑制作家的创造性意识和艺术技巧的提高。理论在这个时候,主要应该引导作家怎样突破地域性局限而不是鼓励作家执着于地域性。突破地域性局限,是提高西部地域文学水平的一个现实问题。在文学创作客体方面,要借助于地域性资源,在文学风格上要体现地域性特色,在创作主体方面,则要突破地域性局限。这不但不与地方特色和地域优势相对立,而且还是地域文学走向全国的必要前提。所以,我总的看法是,西部文学只有借助地域性而又突破地域性,才能真正做到有西部"风骨",有自己的个性,真正独立于民族文学之林。

近年来,西部(甘肃)小说创作出现了可喜的局面,不少作品在全国产生了重要影响,这些作品的成功经验之一,正是借重地域性又超越了地域性。长篇小说《雪葬》(范文著,敦煌文艺出版社2003年版)可以作为例证和个案。

二、"雪葬"的寓意性和主题的深刻性对地域性的突破

《雪葬》一书的命名有特殊的寓意,这与作品的立意相关。

与入土为安的土葬相比,与面向苍穹的天葬相比,与投入自然怀抱的海葬相比,与让灵魂在烈火中永生的火葬相比,闻所未闻的"雪葬"使我们纳闷,"雪葬"是一种什么丧葬礼俗?对此,作者在作品中并没有正面解释,只交代了葬礼是在大雪天进行的。不过可以肯定,雪葬不是作品所描写的赵家营和柳沟河的丧葬礼俗,或者说,这本就是一个无从考证也无须较真的葬仪。但我仍相信,作品的这一命名是有特殊寓意的,而寓意产生于联想。"雪葬"使我们想到雪里埋死人的隐喻,想到气氛的肃杀严酷,想到"清白",想到所谓苍天有眼的天道观念或者死者的不白之冤……

小说起笔,"天阴云沉,苍穹欲垂"的环境描写和"赵家营村口的大槐下,准备观看一场别开生面的葬礼"的气氛渲染,成功地挑动着读者的好奇心:一个农村的葬礼,何以会引起如此不同寻常的反响?死者到底是怎样的一个人?这里曾经发生了什么事?接下来小说并没有急于答疑解惑,而是对于死者死因的各种传言的介绍分析,特别是右派爷的一番略带神秘的感叹,使读者进一步意识到这场葬礼的不同寻常。小说继而转向对赵家营历史文化的追溯,特别是通过家族史对赵家营社会历史进行追溯,这种追溯在一定程度上是对中国现当代历史的艺术概括。这更加加重了读者的疑问,作者要让一个什么样的人物出场?他的"雪葬"与这一切又有何种关联?这些悬念,这些设问,不仅是为了故事倒叙的方便,而是一个意欲突出思考和质疑性主题的

艺术构思和结构设置。这决定了小说必然要通过个人命运的关注而揭示现实矛盾和生活底蕴，探索社会问题，也决定了作品叙事过程将始终与总体上的质疑、探索和不动声色地追根溯源相照应。小说借助于地域性却并不以对特定地域风俗的反映为目的，不靠特殊地域的特殊题材取胜。这无疑显示了作者的创作视野突破了地域性的局限。

随着小说情节的一步步展开，在遥远的历史背景和现实舞台上，主人公开始出场并有所作为了，而作者的艺术解释、理性思考同时也开始了，答案也逐步给出：

> 一个在落后农村长大、在畸形时期备受精神创伤和挫折的“二百五”，在改革开放的年代会有怎样的欲求、希望和情感？答案是，他会自暴自弃，但并未泯灭朴素的理想，甚至还潜藏报复的心理，而他的生活环境和时代提供的条件使他有机会把这种心理情绪变为试图改变自己处境的现实追求，心理隐痛成为他日后出人头地的驱动力。
>
> 一个源于解决基本的人生需要而倒插门的男人在新的环境中会有什么作为？答案是，他有遗憾和不甘，也有新的欲望和面临多种可能，一有机会，他会加倍寻求补偿，包括心理和生理的满足。这是他进取的依据之一，也是为悲剧埋下的伏笔之一。
>
> 一个离开了自己家族及其文化传统的后生，在道德约束稍微松弛而新的诱惑不断刺激的境遇中会有怎样的表现？答案是，他仍保留基本的文化心理，会顾及自己的家族舆论，也有光宗耀祖的意识。但他也比较容易获得精神解放，接受新事物，试图开辟人生的新景观。当时代为他提供条件，偶然的机遇把他推向变革的舞台时，他会凭自己的感觉和良心为人处世。这是他身上常常呈现新旧混杂的矛盾状态的文化原因。
>
> 一个由时代大潮推上改革舞台的农民在与官员和商人打交道中会有怎样的遭遇和命运结局？答案是，由于外在因素造就的“当代英雄”，也会被外在的力量所左右；一个改革开放的受惠者也会被所谓的改革所击倒。

小说所形象地解释的上述问题，显示着作者对特定地域题材的处理向度不是在追求地方性，而是利用地域性题材资源思考普遍社会和人性问题。他告诉人们，赵天佑，正是似乎由于“苍天”的保佑，出乎人们预料地成为当地的一个出场“人物”，成为赵家营家族中一个当代的英雄。然而，“右派爷”作为一面历史的镜子和活着的“大槐树”，不时出现并不断告诫着不谙世事、不知深浅的这位赵家的“英雄”：不要得意忘形，显赫中有卑微，成功中有危机，人们以复杂的心情拭目以待。最终，人们看到赵天佑的悲剧，他自杀了。悲剧的发生突然且方式极端，但似乎并不出人们所料。当然，他可以不自杀，可以仅仅为了活着而活着，以一个失败了的当今农民的身份活着，让他从哪里爬上去再跌回哪里去。这也不失为一种悲剧，也有意义。他的结局还会有其他的解决方式，比如，他可以逃跑，还可以赖账，把一切看得无所谓，当一个曾经风光过的“二百五”，这种事在现实中并不鲜见。再比如，这有一种理想化的处理方式，让他依靠法律，追回骗款，克服困难，挺过来之后从头开始，这也未尝不可。这就是说，他的悲剧结局的表现方式不止一种。但是，作者认定，不管结局的方式怎样，实质只有一个，他的悲剧命运已经无可避免。于是作者毫不犹豫地给予他自杀的结局。这种选择避免了艺术的俗套，也避免了对悲剧力量的削弱。这也是赵天佑自己选择的方式，他必然会选择这种方式。这符合作品表现的生活逻辑和人物的性格逻辑。他的自杀的方式是简单的，但他的自杀包含很多的意味，包括一些无法证明、无法言说的意味。比如，心理的承受力、宗族文化的压力、现实的阴暗面、经济上的责任、个人的脸面等等。这种激发人们更多的联想而不拘泥于单一的解释，同样是一种突破地域性限制的体现。

赵天佑的悲剧有其特殊性，更有普遍意义。他的悲剧是个人的特定的悲剧，也是西部农民的悲剧。在别处，也许他不会死，但在西部的云水市，在偏僻的柳沟河，作为赵家营的子孙，他必然会死。他的死又有普遍性，而且异常深刻和发人深省。赵天佑的悲剧不应该是历史的必然要求与这种要求暂时不能够实现之间的冲突引起的悲剧，而是历史的必然要求和这种要求本来能够实现而由于人为因素导致的现实悲剧，是喜剧时代的人生悲剧，这种悲剧包含着命运悲剧、性格悲剧、社会悲剧的各种因素。当追溯这种悲剧的根本原因时，我们看到了大时代的复杂性，喜剧时代的矛盾性。通过经营药材致富又由于各种矛盾最终失败这件事告诉人们，改革的大潮可以成就一个人，也可以淹没一个人,时势可以造就英雄,也可以毁掉好人。赵天佑是“自杀”,也是“被害”。历史呼唤改革,人民希望改革,出路唯有改革,然而,问题的严重性和悲剧的深刻性也在于,假改革之名而毁掉改革是最可怕的,是改革的大敌。改革也会被利用,被歪曲,多少好事假改革之名变成坏事,多少坏人假改革之名为所欲为。这里提出的问题是,随着经济改革的深入,政治改革、政治文明已越来越成为不可回避的现实问题。中国改革的要害已不再是理论上空洞的姓“资”还是姓“社”的争论,而是实实在在的利益问题,代表谁的利益,为了什么去改革才是问题的关键。如果不能代表最广大人民群众的利益,任何改革都有可能变成权利的再争夺和利益的再分配,喜剧时代上演悲剧就不可避免。从这个意义上说,这部小说是对改革问题的思考。赵天佑命运的大起大落,是时代条件、社会环境、经济活动中的矛盾,文化传统、民族心理等因素共同作用于一个中国农民的结果。从作者表现出的敏锐性和深刻性来说,他思考的不是某些特殊地区的特殊问题,而是普遍问题。

进一步分析,可以发现,《雪葬》的命题立意和作品的内涵至少有三个层面的价值。其一,小说通过发生在中国西部一个仍不发达的村庄的一系列现实事件,特别是赵天佑作为一个被改革潮流推上社会舞台却最终失败的农民形象的塑造,反映了中国农村改革中的深层矛盾,揭示了改革中的普遍问题,由对缺乏约束的权利导致悲剧的思考,突现了政治改革的极端必要性、紧迫性。从这个层面说,《雪葬》是一部现实主义的反映改革的力作。其二,小说对人物命运的把握和性格的刻画,又充分注意到他的家族历史、文化传统、生活习俗、道德意识、价值观念等文化因素,赵天佑的生活中包含着深刻的文化冲突和精神矛盾,常常在肤浅的现代意识与浓厚的传统观念、多彩的城市文化与沉闷的乡土文化、强烈的欲望刺激与内在约束之间游弋。从这个层面说,这又是一部具有深厚文化意蕴的小说。其三,小说对于赵天佑性格的描写,并没有落入一般小说描写农民改革家的理念模式,没有简单化、观念化和公式化,而是切入人性的层面,给予展露人性和内心世界的机会和空间,表现主人公的欲望和由欲望所驱使的行动。比如,作品写赵天佑作为一个男人与几个女人的纠葛就颇有章法。从小时候在农村工棚的麦草铺上接受充满刺激的“性教育”开始,到结婚成家后与梅梅的偷情,再到在广东的舞会上小姐给予他的“启发”,最后他胆敢放肆地“要”副市长的“小姨子”,这个过程是他的欲望一步步被刺激而道德意识一次次被漠视,感性体验一次次被强化而理性约束一次次被击溃的过程。他的情欲与他的权利和物质基础的发展成正比。他的悲剧结局与欲望的无节制有直接的关系。作品的这种描写，不是道德说教，而让我们看到了人性的弱点。从这个层面看，这部小说又带有对人性探索的性质，是一部揭示商品经济时代人性与天理、利益与道德冲突的小说。这些构思和艺术表现，都是借助于地域性而突破地域性局限的表现。

当然，小说在以上这几个层面其实都还有深化的空间。比如，我们看到了赵天佑的悲剧的必然性，但是，我们却未能看到他在面临悲剧结果时的挣扎和抗争（当然是赵天佑式的挣扎和抗争），他在这个过程中展示的精神世界。他的死是必然的，但他并不想死，以他所已经有的人生经历和并不轻易认输的性格来看，他应该有挣扎和抗争的举动，特别是与自己的精神中的矛盾的抗争。所以，我感到对他的死的艺术处理似乎有过于仓促和轻易之感。按照作品业已反映的生活逻辑和主题开掘的可能，赵天佑的悲剧的深刻性不但表现为一个本来不该自杀的人自杀了，更表现在一个不该自杀的人不想自杀但经过挣扎后又不得不自杀。从前者读者会感到悲愤、震惊和不平，从后者读者将会领悟到更多的人性内容，因为前者以悲剧事件感动人，而后者以悲剧意识、悲剧精神启迪人、陶冶人，净化人的灵魂。这又说明，作者还需要更开阔的视野和更深邃的精神滋养。

三、《雪葬》在艺术上对地域性的借重与突破

《雪葬》从话语表达、形象塑造和意蕴开掘三个层面，都有出色的表现，都借助地域性又突破地域性。

在话语表达层面，地域气息的营造，语言的灵动、幽默诙谐，表现手法的圆熟，结构与人物命运的有机关联，作者对题材的驾驭能力与艺术控制能力等等，都达到相当高的水平。比如，赵天佑曾经生活过的赵家营和现在生活的柳沟河，既是不同的生活空间，也是与人物性格、命运相关的不同环境。赵家营是赵天佑童年性格形成的社会环境，也是特定地域传统文化的象征。从作品中反复让赵天佑在最得意时聆听以“右派爷”为代表的赵家营文化的警示和对其进行价值评判来看，这两个地方存在着不同的社会文化氛围，在赵家营是轮不到赵天佑出场的，而在柳沟河他则成了有实权有影响力的人物，有了展露他的性格的基础，可见这种空间的设置包含着深意。作者的这一用

意却以赵天佑的倒插门很自然地解决了，在结构上天衣无缝，在内涵上没有变成对地域风情或者生活真实的简单反映。这正显示了作者在话语表达层面的成熟、对地域性的超越。另外，从作品的语言风格可以感受到，作家是真正沉潜在他的表现对象中的，特定地域农民的语言表达方式、思维方式、交际方式都是独一无二的，他们的幽默、智慧、机敏是其环境中所特有的，同时，作者又不仅是为了展示地方方言，而在揭示人们的思维方式和表达方式，语言在这个意义上是文化，是心灵的“舞蹈”，是生命意识和人性的展现。另外，小说在事件叙述中的艺术概括能力和驾驭能力很突出，如“十二寡妇扫涝坝”的祈雨过程，写得十分生动传神，精彩纷呈。右派爷的来历和遭遇悲喜交加，令人深思又忍俊不禁。这一形象及其所蕴含的艺术价值，不仅属于柳沟河、云水市、西部，也属于全中国。

在形象层面，不但性格的鲜明性和人物的个性化相当出色，而且对人物精神世界的展示也很充分，对人物的本能、欲望、情绪、情感等等把握也很准确。人物形象塑造中，赵天佑的形象打破了好人坏人的模式，写了一个有少年痛苦经历、有欲望、有机遇的人的生命过程。作为新一代农民，作为致富带头人，他都是典型的。作为新一代农民，他有新的生活希望，也有苦恼，有作为农民的心理情感。作为农民改革家，他有其优点和缺点；作为农村干部，他有其特点和局限。这一形象似乎告诉人们，中国农民企业家并不是天生的，也不是书本或者学校教出来的，他们走上历史舞台带有极大的偶然性、被动性和随意性，这是一个值得进一步思索的问题。除主人公赵天佑之外，右派爷、李义龙、吕作秀、茹丽华等都具有一定典型意义，其中右派爷这个形象具有特殊的个性，又有普遍的价值。右派爷的来历及其在后来的“奇遇”，极为荒诞又不失现实依据，使人在“含泪的微笑”中回味着世事的辛酸。同时，他更是一种象征和代表，是会说话的大槐树，在他的身上浓缩和凝固着时间和历史。作者对人物心理的刻画细微深刻，有创造性，也显示出对地域性的辩证理解。如李义龙作为被肯定的形象，吕作秀作为被鞭挞的对象，都有他们性格的基本规定性，但一点也不概念化，他们的行为和心理活动都有依据，都与个人的地位、处境、利益、品行、人格、良心、欲望等密切相关。比如李义龙，是一位有责任感、有正义感的领导，即使在最困难的时候，他的作为也不出一个好人的基本准则和道德底线，但也并非不为自己利益考虑，并非没有微妙的情感波动，这种人性的深刻把握和洞察不是狭隘的意识所能做到的。值得注意的是,小说对人物内心世界的揭示并没有静态的分析和心灵独白,但人物的情感倾向、心理活动等跃然纸上。他们大都是凭直觉、凭感性、凭人生经验来处理事情,他们心理情感的表现形式是农民式的,是赵家营和柳河沟式的,这也是借重地域性又超越地域性的体现。

在意蕴层面,对西部农村生活中的“变”与“常”进行的思考,体现出作者自己的历史哲学观。也许,作者的历史观中包含着某些矛盾,对人物的行为的价值判断有着犹豫(比如对于赵天佑的行为的评价),但是,重要的是作者已经具备了历史意识,并具有了一定的历史哲学的含义,这正是这部小说超越一般反映和追踪改革进程的创作模式,避免借题发挥自己肤浅见解而具有深刻意义的重要原因。小说由此也就超越了题材的限制和描写对象的地域性限制,着眼于历史、文化与人性的层面,因而通达某些带有普遍性、人类共同性的境界。比如,作品对文化传统与人物性格关系的揭示中,就具有较深的哲理意蕴:赵天佑的童年痛苦经历,并没有使他日后走向异端,他仍然不失赵家营后生的本分,这正是传统文化的影响力;但另一方面,这种经历的印迹却成为日后他不断想要成为一个“人物”的潜意识,一种心理动力。他并不贪财,有钱时十分大方。这大方中既有农民的厚道,也有某种心理的满足,因为潜意识中,他更想成为普通人眼中的特殊人物,老想着衣锦还乡,为赵家营家族再添辉煌。所以他不十分爱钱,而更爱虚名,这不是一般的虚荣心,不是一般的炫耀,而与谋求他的人格尊严相联系,与潜藏很深的心理欲求相联系。这里有着赵家营文化深深的痕迹,也有童年生活对他性格扭曲的影子。从这里,我们也许可以看到中国农民在市场经济中所作所为的一些深层的文化心理和情感动机。这一切,都依赖于作者对地域性的突破和超越,并把它转化为艺术成果。

《雪葬》等甘肃作品在改变着文坛对西部(甘肃)文学的印象。当新生代自怨自艾的时候,当20世纪70年代作家不知所措的时候,当“私人写作”被视为新潮的时候,当领过风骚的作家晕头转向的时候,当许多作家被喧闹的现代生活和日新月异的变化所吸引,被眼花缭乱的景象所迷惑的时候,西部作家以对生活的深刻观察和体验,发现了现实中深刻的矛盾,发现了生活中人性的裂变;西部(甘肃)作家在自己的大地上辛勤耕耘而获得丰收,他们必然令人刮目相看。

西部文学不仅提供了读者不熟悉的生活场面、不了解的生存状态和人性内容,而且提供了关于文学创作的普遍的启示。西部文学中的历史意识和人文精神,使我们对现代主义和后现代主义文学的某些理论产生新的质疑,对现实主义文学精神重新思考。西部文学对人的命运的关怀,对谁之罪的质问,是古老的命题却有新的内容,这是西部人文精神的表现。

那些被表面的急剧变化所掩盖的生活底蕴,在西部作家的作品中被正视和突现;那些因各种诱惑而失落的文学精神在西部作家中还保留着;那些被证明是文学真理的创作方法在西部小说中被坚守着。借重西部地域性而又突破和超越地域性,西部文学创作所提供的经验将成为构筑整个中国文学精神大厦不可替代的要素,西部文学将为中国当代文学创作提供特殊的艺术和思想资源。

儒家仁义道德的理性思考与艺术解释

——评范文长篇小说《红门楼》

甘肃作家范文的主要作品是长篇小说《雪葬》和《红门楼》。两部小说以开放的现实主义笔法,高扬的历史意识和人文精神,显示出作家比较深厚的艺术功力和文学对现实生活应有的价值与担当。

《雪葬》以“文革”和改革开放为背景,“是一部揭示商品经济时代人性与天理、利益与道德冲突的小说”,其“对西部农村生活中的‘变’与‘常’进行的思考,体现出作者自己的历史哲学观”[1]。《红门楼》则饱含着忧虑和眷恋,为儒家仁义道德近百年来的衰落唱了一曲挽歌。

小说以《红门楼》命名,何谓红门楼?在中国古代社会,门楼是一户人家贫富的象征,所谓“门第等次”即为此意,又是主人的“门面”,直接反映主人的社会地位、职业和经济水平。故名门豪宅的门楼建筑特别考究。小说中的红门楼坐落在西北边地金州城。它是清末山西商人傅世圆在金州经商成功,效仿老家富商大贾,模仿乔家大院、王家大院而兴建,以此来光宗耀祖和表达自己做一名儒商的雄心壮志。因门楼建筑古色古香,精雕细刻,熠熠生辉,有别开洞天之气数,被金州人称为红门楼。红门楼第一道门楼正中央的牌面上镶着四个大字“孝悌忠信”,第二道镶着“礼义廉耻”。傅世圆以此来着意张扬孔孟文化情愫。“红门楼”因此在小说中是一座象征儒家道德精神的丰碑。围绕巍巍红门楼,人世沧桑、社会变迁、人性正邪在这里一幕幕上演,描绘出清末以来儒家仁义道德在百年历史变迁中轰毁和衰落的画面与轨迹,从中可洞观民族道德精神建构的文化基础和秘密。小说从儒家仁义道德以自律来规范的可行性和儒学封建主义对仁义道德的破坏性这两个方面艺术地思考了儒家道德的衰落。

[1]程金城:“地域性的借重、突破与超越 ——论长篇小说《雪葬》”,载《飞天》2003年第8期,第98~104页。

一、以自律来规范仁义道德的可行性之质疑

传统儒家文化是伦理文化、道德文化和政治文化。在道德文化这一层面上,以仁为道德原则,以孝、悌、忠、信、礼、义、廉、耻为具体化的道德规范。两千多年来,传统儒家"仁学"在中国社会具有强大的力量,保持了它的教化作用,也在一定程度上塑造了中国的民族文化心理。但是,儒家"仁学"道德体系是靠人的良知来建立的,靠个人的修养和人格力量的影响来维持的。它强调人的自我约束性,对人的本能欲望则有所忽略甚至刻意压抑。然而,在现实生活中,只要有利益纠纷,许多人就会将仁、义、礼、智、信、孝、悌等道德原则和规范置之脑后,出现欲望支配下道德的滑坡。所以,儒家"仁学"道德大多时候只是知识精英们的道德准则,对普遍的民众,包括统治者来说,这种"道德自律性"是相当脆弱的,是缺乏可操作性和普遍可行性的。由于这种局限,在漫长的封建社会里,即使儒家思想受到极大的尊崇,在儒家的外衣之下,仁义道德从来不是纯而又纯的,它要融合各种更具实用性的思想和行为方式以达到现实目的。儒家思想经常被改造,被误读来满足现实的需要。近代以来,中国传统的社会结构被破坏,中国社会必须向现代民族国家转型,以实现民族的独立和解放。在这个历史过程中,儒家仁义道德日益式微,除了社会变革的复杂因素外,其儒家仁义道德自身的局限性也是一个重要的原因。《红门楼》虽然主观上对儒家仁义道德带着无比的赞美和眷恋,仍然提倡以仁义来建立一个好的道德体系,但客观上却以现代性的视角,思考了儒家道德这种依靠个人修养的自律来进行社会实践,有多大的可行性这个命题。

晋商傅世圆在红门楼落成之日,宴请宾客,时任知府不请自到,搅了宴会,令傅世圆心惊肉跳。知府意在官商勾结,借傅世圆发自己的不义之财。傅世圆的"儒商"梦破灭了,从此息了进取之心,专心治学,任家业衰败,也不做有违"孝悌忠信"之事。实际上,晚清成功的商帮在一定程度上都有官商勾结的背景,清代著名的晋商里边,官商关系也是其成功的秘诀之一。傅世圆与知府的不合作显示出一个纯粹的儒者清白的人格。他在儒家道德学说"君子喻于义,小人喻于利"的义利之辨中,选择忠于"义",其后半生的人生轨迹只能是修身养性,颓然对世。傅世圆一生恪守了君子清白的人格操守,做到了仁义待人。然而,且不说君子难以建功立业,家业兴旺,甚至于难以保全自身。

傅世圆死后被盗墓,盗墓者是李德仁。李德仁在穷得几无活路时,傅世圆收留了他,并给他娶了妻。傅世圆明知李德仁生性贪婪残忍,亦用"恕"道宽容于他。最终,李德仁以恶报德,不仅盗了傅世圆的墓,还勾结土匪抢劫并杀害了傅世圆的两个大儿子。傅世圆的三子傅敬儒在巨大的悲痛中去报仇,看到李德仁的幼子和恐惧的妻子,心生怜悯,反倒拿出银两资助母子谋生。"文革"中,李德仁那个受傅世圆资助长大的儿子李彪,带着红卫兵拆毁了红门楼,砸掉了"孝悌忠信,礼义廉耻"的牌匾,抢走了红门楼中的银圆。红门楼坍塌时砸死了几个不明就里的红卫兵年轻娃子。可以说,傅世圆和傅敬儒父子共同用仁义滋养了的李德仁父子的贪念和狡诈,让自己备尝仁义道德带来的苦果,引人思考仁义之途在现实生活中的可行性。

傅敬儒在小说中是儒家仁义道德的化身。他饱读诗书,恪守父训。新中国成立后,傅敬儒以拳拳爱国心,将自己的铁器铺公私合营,并入红旗机械厂,自己也做了一名普通劳动者。铁器铺的几个学徒潘增福、吴永发则进入红旗机械厂当了工人。傅敬儒写下"孝悌忠信、礼义廉耻"八个字送给学徒们,期望他们以此作为立身之道,好好做人。然而,"文革"前到"文革"中的历次政治运动中,傅敬儒被作为资本家、剥削阶级而受到批斗,潘增福、吴永发等这些当年备受傅敬儒恩惠,现在仍然住在红门楼大院的人,受政治帮派斗争的操纵,也为了可怜的一己私利,成了揭批傅敬儒的急先锋。

小说以红门楼的命运和红门楼大院的生活图景和人性展演,昭示了儒家仁义道德的衰落。傅世圆和傅敬儒一生阐扬孔孟之道、儒家仁学,认为"孝悌忠信,礼义廉耻"是老百姓实用的道理,并把它作为自身行为准则,以身垂范,希图以此教化人们恪守道德良知。然而小说中的知府、李德仁父子,以及潘增福等人,只要有机会都暴露出贪婪、卑劣的本性,追风随雾,伤天害理。如果说,清末民国社会的动乱和"文革"的荒谬是造成人的道德良知堕落和轰毁的重要的社会因素。那么,荒谬的时代过去了,人是否重新以仁义道德约束和规范自己的行为?不是。小说中,那个"文革"中利欲熏心、贪婪狡诈的李彪,在"文革"结束以后,又成了金州城里呼风唤雨的大人物。他掌握着红门楼大院的开发,他贪污腐化,生活堕落。其罪恶即将被清算之时,李彪心虚地觉得红门楼像一座镇妖塔,镇住了自己内心的魔障。看起来李彪要用儒家仁义道德来反省了,然而戏剧性的是,他又一次金蝉脱壳,将罪恶让情妇顶替了,自己逍遥法外。这说明儒家道德约束力在当今社会实践相当乏力。

小说大半篇幅以“文革”为叙事背景。“文革”中，傅敬儒将毕生珍爱的儒学经典托付给热心实在的农民田福元。“文革”结束后，傅敬儒索回这批儒学经典时，这些经典已经散佚了。经历“文革”之后，在农民田福元眼里，如今世风日下，忠义不存，“孝悌忠义，礼义廉耻”早已无用，甚至成了害人的东西，他就自作主张毁损了。傅敬儒也深刻地意识到儒家道德的现实困境，只好认可这个结果，这意味着儒学文化传承的断裂。傅敬儒内心的悲哀无以言告，站在父亲的坟前，感到自己没有资格与父亲埋在一起。小说写到“此刻夕阳西下，血红色的光芒像一只千年怪兽，张开血盆大口，好像要吞没大地……大地一片血色的苍凉。”儒家道德精神的代表傅敬儒的悲哀，亦宣告了儒家仁义道德的衰落。那血色的残阳，岂不影射着儒家道德衰落的命运和悲凉的结局。

《红门楼》对儒家道德思考是相当深刻的。它是一部小说，不是要建立一套思想体系和进行学术讨论，但小说对以自律作为道德约束的儒家仁义道德的可行性之反思是独到的。相对于中国现当代思想史上，将儒家思想宗教化，来弘道的“新儒学”来说，《红门楼》对儒家道德的认识更具有现实性，特别在当今社会，“一方面儒学已越来越成为知识分子的一种论说(discourse)；另一方面，儒家的价值却和现代的‘人伦日用’越来越疏远了。”[1]

二、封建主义对仁义道德的破坏性之审思

伴随着儒学光辉的一面——仁义道德的衰落，儒学思想中的一些糟粕却在“文革”直至当下大行其道。

儒学的弊端主要是封建主义。儒学以仁学作为原型，然而，在历史的发展中，后代的人们由其现实需要出发，各取所需，来解释、建构和评价它，以服务于当时阶级的、时代的需要。当然，这些偏离和变异，尽管仍然没有脱离那个仁学母体结构，但在长期的封建社会中与封建主义的各种内容浑然一体，紧密不分了。五四新文化运动要打倒孔子，就是要肃清儒学中君主专制主义、禁欲主义、等级主义等封建意识形态的余毒，来改造中国民族的文化心理。然而，如李泽厚所说：“从20世纪50年代中后期到‘文化大革命’，封建主义越来越凶猛地假借着社会主义的名义来大反资本主义，高扬虚伪的道德旗帜，大讲牺牲精神，宣称‘个人主义乃万恶之源’，要求人人‘斗私批修’做尧

[1]余英时：《中国思想传统及其现代变迁》，载沈志佳：《余英时文集》，广西师范大学出版社2004年版，第214页。

舜，这便终于把中国意识推到封建传统全面复活的绝境。”[1]虽然作家和学者使用了不同的话语系统，但两者异曲同工。《红门楼》在广阔的背景上展示了“文革”至今，封建主义盛行在中国城乡社会的逼真面貌，也揭示了儒家仁义道德衰落的另一个重要原因：儒学封建主义对仁义的轰毁。

小说以田根旺这个人物形象串联起城乡各类人物，展开“文革”中社会生活图景。田根旺是个孤儿，流落到金州在傅敬儒的铁器厂当学徒，深受傅敬儒的熏陶和教诲，新中国成立后做了工人。由于田根旺以“孝悌忠信、礼义廉耻”为做人之本，并时时保持了内心道德生活的警醒，在“文革”一系列的政治运动中，一再受到各派别的拉拢和利诱，他也没有与荒诞的时代一起疯狂，保持了做人的良心、体面和尊严。从小说的叙事技巧和结构安排来看，田根旺是小说中贯穿全文的重要人物，但并非主要人物。他的重要性在于看傅敬儒为代表的少数人身上仁义道德的光辉性，也看一个个只有封建社会才有的人物飞扬跋扈，一幅幅封建社会的画面重新上演，看封建主义怎样轰毁了仁义道德。

田根旺是劳动模范，与部长胡基民合过影。造反派批斗傅敬儒，田根旺闹了批斗大会，但因为“他是胡基民部长树立的劳动模范，他出问题就是打胡基民部长的脸”，造反派们竟然把这个“把天戳了个窟窿的事”当成人民内部矛盾来处理。在搞个人迷信、个人崇拜的时代，领导人所做的一切都是对的。唯上是从，维护领导的颜面这样的封建意识救了田根旺一命。田根旺的幸运不是由于他的仁义道德，相反，是革命者的封建意识。儒家思想中仁义道德和封建主义何者更有力量，不言自明。

战斗英雄焦抗美因为夸耀自己在抗美援朝期间与彭德怀握过手，被判定政治上有污点，被打为右派，抬不起头做人。这何尝不是封建社会株连制的上演。

胡基民主任看上了厂花郑玉娥。路争夕以组织决定和改造世界观的名义破坏了郑玉娥的自由恋爱，并使尽威逼利诱的手段，想把她献给胡基民，为自己捞取政治资本，加官晋爵，最终逼死了郑玉娥。这难道不是一出封建社会“选美进贡”的惨剧？

田根旺的养父田福元在旧社会勤俭发家，老实做人，收养孤儿田根旺，具

[1]李泽厚：《中国现代思想史论》，生活·读书·新知三联书店2008年版，第33页。

有仁厚之心。后来遭兵匪打劫，却因祸得福，在土改中划定为贫农。新中国成立后因此成了苦大仇深的革命力量，当上了村长。这个曾经热心老实、慷慨的农民越来越自私自利，世故圆滑。还成了官迷，原因除了"官"具有可以"犁把不摸，不摸锄把"，和上级干部白吃白喝的特权外，还有村民的仰视和顺从。田福元还以自己的经历总结出了当官的秘诀——虚报浮夸和走好上级路线。可见封建主义的"官文化"已深入中国政治骨髓。

路争夕以革命的名义发泄私怨，一心向上爬；潘增福、吴永发等人打着社会主义反资本主义的旗号，讲着牺牲个人情感的无产阶级精神来造傅敬儒的反。当革命的外衣之下隐藏着个人的阴暗欲望时，孝悌忠信、礼义廉耻根本不存。

小说还活灵活现地描绘了表忠心、背语录、贴大字报、献宝、放卫星，不同政治帮派之间的争权、混战……这中间虽然也有正义、温存、良知的绝响，但更多的是狂热、背叛、偷情、阴谋、黑白颠倒。正义者被批斗，被打倒；邪恶者在扬威，在升迁；弱小者被利用，被欺凌；仁德者被侮辱，被迫害。封建主义借着革命的名义轰毁了孝悌忠信、礼义廉耻。

"文革"结束了，社会秩序得到回复，在反思和总结中也拉开了新时期的大幕。封建主义是否也会随着"文革"湮灭?《红门楼·后记》中交代了这样一个情节：二十年后，田福元的儿子三娃成了万川河套"半仙"级的人物，中医治病兼算命、看风水、看前程，被许多达官显贵和开发商争相邀请，名气冲天，财源广进。民间传说田福元祖上传下药书相书，实际上是当年田福元私吞了傅敬儒的一部分儒学典籍。儒家传统文化留给当今社会的竟然是中医治病兼算命、看风水、看前程？此外，李彪之类在新时期的又一次发迹又表明什么？

《红门楼》是一种满含着疼痛感的写作，其对儒家仁义道德在近代以来中国社会的衰落之反思是深刻的，其诚恳和鲜活的"文革"叙述也显示出真正的现实主义文学对一种文化规约的挑战。"回顾20世纪最后二十年的文学创作，在反思和描写'文革'这样一个巨大历史现象方面的成就几乎微乎其微。这里当然有客观上的限制，但作为创作主体缺乏明确的思想理论武器也是一个不可推辞的原因。对'文革'反思的第一个理论突破是关于忏悔，以巴金为代表的老作家曾经为后人的'文革'叙述提供了一个高贵人格的榜样；而阎连科关于恶魔性的'文革'叙述在忏悔的立场上更加推进了一大步，这是毫无疑义的。"[1]阎连科"文革"叙述的"恶魔性"主要指的是人性原欲"恶"被诱发的精神疯狂。巴金的"忏悔"和阎连科的人性恶之"恶魔性"这两个概念都来源于西方文化,而范文的"文革"叙述的以儒家道德这个取自中国本土文化的概念作为切入点。而且《红门楼》的主旨不在于反思"文革",而是在"文革"的背景下,反思封建主义这个沉淀在民族文化心理中的痼疾的巨大的危害。在小说中,"文革"作为中国当代儒学仁义道德的轰毁和儒学封建主义糟粕泛起的社会历史阶段,显示出中国现代化进程的艰难和中国人的道德建设的困惑。也正因为此,小说在当下东西方文化的碰撞和"国学热"的倡导之中,提供了一个反观中国传统文化自身之不足的视角,也提出了当下社会主义思想道德体系建设的难题。

三、艺术特色与缺失

《红门楼》在主旨上表达了对儒家道德衰落的思考,作为一部文学作品,这种内蕴必须以艺术的手法来传达。司马长风在评价钱钟书的《围城》时指出衡量文学作品的三大尺度:"一是看作品所含情感的深度与厚度,二是作品意境的纯粹性和独创性,三是表达的技巧。"[2]这里暂且借用这些尺度来衡量《红门楼》:

首先,《红门楼》具有饱满的情感和思想内蕴的深度与厚度。小说主要通过塑造傅敬儒这个人物形象来体现。傅敬儒饱读诗书,胸怀坦荡,一身正气,心忧国事,敢于担当,教化民众,真可谓"有情义有担当",身上闪耀着人性美好的光芒,体现出儒家仁义道德滋养的儒者光辉的人格力量。小说对这个人物的赞美之情溢于言表的同时,又以清醒的现实主义精神书写了傅敬儒悲剧性的人生轨迹。傅敬儒由此成为儒家道德的最后一个代表。赞美与批判相融合,眷恋与失落相交织,导引人对儒家仁义道德投以深切的关注和思考,让人掩卷深思,扼腕叹息。作为一部现实主义文学作品,小说的内蕴往往要通过人物形象来传达,在傅敬儒人生的轨迹中,小说对儒家道德命题的探讨既饱含激情,又显得非常深刻和厚重。

其次,小说在表达技巧,主要在地域化的书写上相当成功。小说中描写的金州是以兰州为原型的,生动地传达出兰州地区城乡的日常生活画面和生

[1]陈思和:《中国现当代文学名篇十五讲》,北京大学出版社2003年版,第33页。

[2]司马长风:《钱钟书的〈围城〉》,载雷达、李建军:《百年经典文学评论》,长江文艺出版社2004年版,第368页。

活习俗,具有民俗学、语言学以及人类学的文化价值。比如田福元花样繁多的麻雀拳、青蛙拳渗透着豪爽风趣的西北酒文化;又比如招待女婿要吃荷包蛋、油糊旋、冬天的酸菜、日常的油泼辣子面、出门带炒面等生活习性,活泼泼地传达出陇原生活的神韵。小说还用简洁的笔触描绘出富有特色的地域状貌和特征:诸如“一夜春雨,南北两山绿色初染。空气突然间湿润了,结束了金州城冬日干燥的气候。沙枣树开满了银色的小花,散发着淡淡的清香。”[1]“一场秋风过后,黄河两岸的柳树叶子一夜间枯黄了。”[2]在人物语言表达上,小说让不同身份的人说不同的话,声口毕肖。小说中还有大量的民间俚语。这些俚语既是地道的地域语言,又经过细心的、不留痕迹的处理,使其脱掉粗陋,恰到好处地表现出兰州方言质朴而传神的特色。

以上两方面是《红门楼》在艺术表现上的成功之处。

《红门楼》的不足则在作品意境的丰富性和创造性方面,其在意境上不够丰富空灵。小说设置了“红门楼”这样一个具有浓郁的传统文化特色的意象,但意象的象征含义过于明晰,缩小了对小说主旨多重解读的可能。此外,小说虽然具有史诗化的格调,比如在时间跨度上长达近一个世纪,空间上遍及城市和乡村生活的广阔画面;但过于拘泥于现实主义文学的写法,尽管在细节描写、生活真实上达到了栩栩如生之效果,然因其过于本真,小说留给人的审美想象空间不足。又比如描写的人物多达三四十位,涉及商人、学者名流、地主、农民、共产党高官、工人、干部、知识分子、土匪、贼娃子、混混儿、各类女性、官员等,但没有塑造出具有多重性格内涵的人物形象,即使小说的主要人物傅敬儒的性格内涵也过于单一。现实主义小说作为人物的艺术,人物性格内涵不丰富,必然限制小说境界的多重延展。另外,结构的平铺直叙,语言过于质朴,文采不足。这些也都是影响小说意境丰富空灵的因素。

无论如何,《红门楼》是一部坚守文学精神、潜心写作的作品。没有对甘肃大地的深入体察,难于写出这样生活气息浓郁的作品;没有对传统文化的深入思考,也难以达到小说所具有的丰富内蕴和深刻思考。应该说,这是甘肃长篇小说的一部力作,也是近年西部小说中值得关注的一部作品。

[1][2]范文:《红门楼》,上海文艺出版社2008年版。

以民间话语逼近历史的真相

——评马步升《一九五〇年的婚事》

一

《一九五〇年的婚事》是一本雅俗共赏的小说，这与其叙事策略有直接的关系。小说的叙事策略既非“新历史主义”的个人化讲述，也非“革命和建设合法性”论证的宏大叙事。我认为，小说叙事是在宏大叙事背景下的民间言说。它将主流话语操控的宏大叙事与民间话语操控的小叙事缝合起来，以民间话语营造小说的生活气息、通俗趣味，但又在民间价值的参照下，力图对中国革命和建设的本质、肌体进行审视，以思考革命者怎样转换为建设者，怎样在新政权下进行执政？在时代的变革中民间价值与官方价值的冲突这样一些宏大的命题。

小说的民间话语叙述主要表现在三个方面：

第一，民间言说方式：英雄传奇。民间话语最擅长讲述英雄传奇。马赶山15岁投奔游击队，在革命中历经大小战役，但毫发无损，狂放地自诩“能杀死他的人还没有出世”。更因为战功卓著，新中国成立后被任命为子午县的县长，是大名鼎鼎的人物，也成为女人们梦寐以求的汉子。

马赶山身上，有浓厚的豪侠之气。“豪侠”本色是重义轻利，为了某种信念、国难和友情而慷慨出手。对革命的信仰，使马赶山不顾自己是家中独苗，毅然走上革命道路。与战友、朋友交往也有一股豪情和“义气”。“豪侠”的重义轻利有时就是江湖义气。为了维护古里，马赶山动用公权将满继鼎灭口，对老兵贺拾柴的错误，也不是以国家工作人员的组织性和纪律性作为处罚依据，而以江湖手段和江湖义气为主。

英雄传奇还有一个特征就是悲剧精神。英雄往往探析了大历史逻辑下“侠义”立场与主流社会形态规训之间的矛盾和冲突，但英雄还是会选择“道义”，选择牺牲自己的悲剧精神。《一九五〇年的婚事》中的马赶山为了保全子午县大部分人的婚姻家庭，以武力将要求离婚的妇女赶回家庭，因此触犯了国家法律，受到免职处分。

形成传奇的必要条件是英雄的行为不受规范的约束。《一九五〇年的婚事》为了完成英雄传奇的叙述，其策略就是用“农民逻辑”更换“意识形态”的新装。老革命的农民意识是脱离意识形态规约的最好途径，当然，这也是中国革命和新中国早期一大批建设者的特征。

第二，叙述的狂欢化：粗鄙和插科打诨。民间言说的话语方式是狂欢化。巴赫金认为狂欢化言语有四个相互联系的特点：(1)亲昵；(2)插科打诨；(3)俯就；(4)粗鄙。整体来说，通过“冒渎不敬，降低格调，转向平实的做法”，或者采用“与人体生殖能力相关联的不洁秽语等等”，在文体中建立起一种“亲昵”的氛围，从而将神圣与世俗、崇高与卑下、伟大同渺小结合起来。

《一九五〇年的婚事》具有非常明显的民间狂欢化叙事的特征。马赶山最怕听县委书记何自叙的革命大道理。他觉得那是一种僵化的教条。马赶山自己满口农民俚语和粗话，却能将革命和建设工作的大道理入情入理地落实到具体的工作中。又比如，马赶山和小锤子在游击战争时化装侦察，将革命胜利后的生活与“拉庄马”等同起来，等等。正是这些“粗鄙”的民间话语，将领导者、英雄“降低格调，转向平实”，显示出英雄的凡人性。马赶山对革命和建设工作，这些想起来很神圣而庄严的事情，总是故意荡开，插科打诨，说俏皮话。但这并非指他对革命的降低，恰恰是出于对党的政策信仰和将党的政策落实给人民群众的本心和民间立场。

小说的狂欢化叙事建构起了典型的民间话语，并体现出小说对民间价值的认同。当然，这种狂欢化，也正是本土化的、原生态的陇东民间地域文化的特色。

第三，通俗趣味：武侠小说程式。《一九五〇年的婚事》带有浓厚的武侠小说因素。比如小锤子在龙凤饭馆里制服陌生人，与其他警卫员见面“过招”，是武侠小说常用的打斗和竞技情节。小锤子与马赶山之间深厚的情谊，无论马赶山荣耀还是失落，小锤子的不离不弃，构成了武侠小说的“明主与义仆”的关系程式。马赶山与几个女人的情感纠葛，弥漫着英雄美人的浪漫，特别是与荨麻的纠结，更具江湖儿女肝胆相照的韵味。马赶山最后被免职，到偏僻的农场任职，民众为其送行，兄弟忠心跟随，更有美丽女医生姚妙妙剑胆琴心，深情追随，又构成了武侠小说常见的英雄归隐、美人相伴、义士相随的大结局。

《一九五〇年的婚事》的民间叙述话语和通俗趣味,应该是这部小说能够被大众喜欢的主要看点。然而,《一九五〇年的婚事》并没有仅仅停留在民间话语的历史言说上和营造一种大众化的审美情趣上。《一九五〇年的婚事》要在民间话语的叙述中,重新整合历史材料,以历史理性开出另一种历史言说的方式,从而逼近历史真相。历史因而鲜活地凸现出相对本真的面目。小说的历史理性思考也体现在两个方面:

第一,在复杂的人性中呈现历史面目。小说中的副县长古里在革命年代就差点置马赶山于死地。在建设年代,又以马赶山破坏《婚姻法》为借口,暗中告马赶山的状,最终使马赶山被免职。从这些方面来看,古里这个人物令人不齿。然而,小说并没有简单地将其塑造成纯粹的政治投机者,而是赋予他丰富的性格内涵。古里屡立战功,群众工作也做得好,口才卓绝,处事干净利落,有革命者的豪情,为革命做过大量的工作。在战争年代,下属刘及第误杀了满家无辜的老小,制造了满家惨案。他一方面包庇了刘及第的恶行,将其嫁祸于国民党;另一方面又有深深的负罪感,以至于影响了他的正常生活。他对马赶山有时颇有情谊,工作配合得相当好,有时却又在背后做小动作,甚至暗中告状等,写出一个具有复杂性格的“老革命”形象。而马赶山维护古里,主要原因是大家都是战友,更有一层意思是古里是柳姿的丈夫,马赶山对美女柳姿是惺惺相惜的。马赶山是可以以满家惨案来敲打一下古里的。但以马赶山农民式的淳朴性格和侠客般的豪侠义气,他毅然否决为历史负责,否决还历史真相。原因是“历史永远都是现实的。现实是:古里是柳姿的丈夫,两口子都是我生生死死的战友,古里犯罪的对象是别人,而古里是我们的人。”马赶山甚至为此而将古家的后人古继鼎灭口。马赶山的态度既有讲“义气”的成分,也有为革命者推卸责任、为新政权粉饰的意味,但正因为这样,马赶山的形象才真实生动,折射出光华与暗淡交织的人性之复杂,而人性的表现往往被现实需要所决定。历史真实的面孔往往就是被现实需要描绘的版本。应该说,《一九五〇年的婚事》对这些方面并未浓墨重彩,但正因为下笔不狠,才有了余味。

第二,在执政者不同的工作方式和心理变化中为革命者到建设者身份的转换提供历史的反光镜。马赶山站在民间价值的立场上,将要求离婚的妇女武力赶回家。他并不是要反对新《婚姻法》,只是他深知这些封建家庭在当时民间的普遍性和合理性。而那些要求离婚的妇女,大部分不过是受了激进干部的动员,并未深层次地理解自己婚姻而做出的一时之举。所以,他维护了许多濒临破裂的家庭,自己却触犯了《婚姻法》。从根子上说,党制定《婚姻法》也是让妇女生活得更好,而对当时子午县的妇女来说,维持家庭要比离婚更好。但马赶山做工作的方式却授人以柄,最终被免职。从小说中马赶山的形象来看,中国社会由战争年代转入建设年代,革命者的身份也随之发生了变化,马赶山由革命者转换为一县之长,成为建设者、执政者。但建设者的工作甚至比革命者更为难做。马赶山站在民间价值立场,并未将自己视作当权者。当权者意识不强就难免缺乏政治头脑。马赶山的失败就是尚停留在农民与豪侠混合的革命者角色身份上,没有实现向政客角色的转换。与此相反,地区公安局长冯立春虽然承认马赶山对待群众离婚事件的做法是对的。但他的一番想法道出了时代变化后,革命者向执政者转换的另一种分化:

> 地区别的县委书记县长,工作能力远不如马赶山,但比马赶山至少能多长出十个政治头脑来。他们都是加大力度宣传新《婚姻法》,谁想离婚,问都不问的,尤其是女方提出离婚,一律无条件办理。很多家庭破裂了,许多乡村连起码的生产生活秩序都无法维持,而他们得到的是上级的表扬。这就是会当官的和不会当官的区别,马赶山什么都不差,就是不懂得怎么当官。……

冯立春是在新祖国由革命者转换为当权者的代表。小说的这一笔是非常精彩的,对中国革命和建设肌体的思考是严肃的,也是沉重的。

当下的革命历史小说,由于文学的多元化以及更强烈的商业需求,使得其必须要借助通俗文学的优势。1950年虽然已进入新中国建设时期,但社会的变革因素和过渡特征,使得这段历史的传奇性不亚于革命战争年代。马步升以民间话语的言说方式将通俗小说常用的民间立场及其背后流行的“粗豪气”“江湖气”吸纳,并将革命者到建设者转换置入历史理性的审视之下,使得《一九五〇年的婚事》雅俗共赏,在一定程度上达到雅与俗的互动。然而,小说的不足之处也恰恰在这里,那就是:小说虽然俗,却没有“俗”出表面纷纭复杂、实则明朗清晰的程式化的文学世界。如果情节能够再传奇一点,马赶山的形象更光辉一点,感情世界的意乱情迷中痴情更多一点,命运的悲剧感更强一点,完全可以成为一部相当叫座的电视剧本。小说虽然雅,又在怀疑精神及批判理性的精神境界开掘方面没有达到应有的高度。不过,这部小说应该为广大读者所喜爱。

消解虚幻　接近本真

——评马步升《一个女人的抗战》和《一九五〇年的婚事》

一

“一个女人的抗战”是一个很有文学性和诱惑性的命题。抗战是整个国家、民族的宏大事件，也是由民众群体参与的历史过程，而民族、民众则由个体构成，因此，“抗战”与“一个人”之间存在自然的联系，也存在巨大的关系张力；抗战有出生入死的正面厮杀，也有琐细具体的后方工作，与人的生命过程息息相关却并非都壮怀激烈。这些都为文学提供了丰富的想象空间和各种可能的表现领域。而以往关于抗战的叙事则往往忽视了这种复杂性，群体或群体“典型”形象、“英雄”形象取代了对一个个具体个人的关注，由此也忽视了作为“一个人”存在的意义，这种文学叙事实际遮蔽了许多历史真相而形成相当程度的虚幻意象。马步升的《一个女人的抗战》将视线聚焦于一个叫郁妃的女人在抗战中的个人奋斗和遭际，使抗战这一由民族群体承载的神圣伟大事件与一个女人的个人命运和日常生活直接对接，由“一个女人”世界的展示来呈现抗战的“细部”和俗常的一面，消解虚幻而逼近本真，获得强烈的艺术效果和耐人寻味的意蕴。

作者用民间叙事策略，生成戏谑、调侃与吊诡的效果，来完成他对虚幻的解构与本真的呈现。出身大家庭的郁妃，在大学是积极抗日的活跃分子，但因名字中有一个“妃”字而被同学误解为做皇妃之心不死，有“复清”思想。她一气之下，在抗战爆发后随从父母转辗西北，并设法筹钱购得枪支弹药和西药、棉布，投奔陕甘宁边区，开始一个女人的抗战。她的抗战事迹即人生经历。而与抗战的神圣形成反差的是她人生中几件大事的“平常”与“偶然”。第一件是她参加革命过程的“平常”。她以满腔的热情和神圣的心态投奔革命，但其过程虽曲折却非常简单，将人与物资交给八路军在西峰的留守处便参加了抗战，不庄严也不隆重，甚至中间还有误解。第二件是婚姻大事的“随便”。郁妃的初婚稀里糊涂，是被送到革命队伍的当天夜里，迷迷糊糊“被”秦上山“结合”，事后才向她解释。秦上山去世后，第二次结婚，又被同事撮合与巨力结合。这两次结婚几近玩笑和荒唐却又很实际。第三件事是她的丈夫、县长秦上山死得“偶然”。秦上山身经百战，没有死在战场，却在解手时意外地被人头蜂蜇死。他的死毫无预兆，毫不壮烈。除了这几件大事之外，作品着力表现了郁妃抗战的过程也是被乡土文化同化的过程——苏州的大家闺秀郁妃，终于成为与当地最土的农村婆娘都没有什么区别的郁红星，并出任县长，走过了一代新知识女性的人生历程。

娴熟的陇东口语方言与狂欢化的叙事风格的相得益彰，地域民情风俗的展示与人物“乡土化”过程的互为表里，使作品具有强劲的艺术张力和丰富的阅读快感。

二

《一九五〇年的婚事》的主要意义和价值还有：

（一）还原了历史情景，再现了20世纪50年代陇东北山的社会变迁。在当前媒体热衷于翻新改编旧作而文学界对这一历史时期的生活缺乏创作热情的时候，这部小说显得特殊而有意义。六十多年前的历史剧变在不同地区有不同的具体内容，在陕甘交界的子午县这块曾经硕果仅存的根据地，终于迎来了阶级解放。这种翻天覆地的变化，对人们的震撼和影响将是巨大的和深远的。作品没有正面描写这场变革的过程，而是选择了婚事这一与人们重要的人生过程和命运息息相关的角度和层面叙事，拓展了一个独特的描写领域。这一描写领域，联系着私人生活和婚恋意识的变化，也联系着国家政策的变化，还联系着传统伦理道德观念的变化，是一个可以深入发掘的领地。就作品的选材角度说，是有特殊性也有创造性的，有写出杰出作品的可能。作者有历史专业的功底，不知是多年的材料积累使他不愿放弃，还是另有意图，总之在当下这是特殊的。作品所写的生活渐行渐远，我感叹作者能将逝去的情景再现得那样具体细致，把读者带到过去的时代，重温历史，感受那个时代的氛围，自有它的阅读价值。

可讨论的问题是：站在今天的历史高点，怎样去体味、理解和评价那段历史？选择什么样的视觉去反观和表现这个历史过程中的事件和人物？与同类题材相比，有什么突破和贡献？ 从这个角度说，细节描写非常成功而人物活动舞台的背景或文化场域略显狭小。这是由婚事的具体表现对象造成的呢还是另有原因?

(二)塑造了新中国成立初期的有个性的县长形象及基层人物的群像。马赶山、古里、柳姿、荨麻,甚至狼茬婆,等等,都是性格鲜明的人物形象。这是有陇东地方气派和风格的人物形象,满口土语脏话但备感亲切,其中的工作态度和作风令人怀念。另外,人物形象的意义还在于提供了反思今天干部形象的参照,这或许是我的一种误读,但也可以说是客观的效果。

作者用的是比较写实的传统创作方法,作品要塑造什么样的人物形象?他们的独特性何在?在同类形象中有什么典型意义?从这个角度说,几个女性的大胆越轨和独特性格留下深刻影响,有创造性,是“这一个”。

(三)描绘了陇东的民情风俗人文景观。就我的阅读范围来说,还没有见到对陇东民间情景描绘到如此深入地步的作品,当然其中也有有失分寸之处(后面再说),但总体上说,它是为陇东已经逝去和即将逝去的生活细节留下了具体的面影,做了真实的记录,如县长马赶山家的日常生活情景就是陇东民间的情景,如民间俗语及表达方式;如风俗习惯及伦理道德,如吃饭喝酒等生活细节等,特别引人注目的是隐含着大量的丰富的性文化成分。在一个具有深厚的周礼文化传统的地方,民间何以有如此系统的丰富的性文化隐语,是值得注意的。这种记录有时甚至游离了情节,但从写地方性知识说是成功的,它或许具有一定的人类学价值。提供的启示是地方性知识怎样获得普遍性意义。

可以讨论的其他问题:

1.关于雅俗问题。某些描写有失分寸,过度铺排不必要的细节。本来,大俗才能大雅,特别是在写民间生活时,世俗情景往往具有特别的文化意蕴,但是这仍然要有分寸,就是艺术尺度问题。不是从道德的角度而是从艺术创作的角度看,叙事语言,特别是人物语言,过分地放肆。尽管作品写出了特定氛围中的特殊用语,然而仍有过分之嫌。比如写马赶山为古里和柳姿成婚设宴喝酒的描写,柳姿的言语就超出了一个来自大城市的女知识分子的限度,尽管她是经过长期熏染改造甚至有意表现的,仍然超出了人物角色的界限和性格的逻辑。当然,作者在此的目的是要让柳姿沉醉失去理智,以便为后面的醉入洞房做铺垫。但我可以相信这情节是合理的,而柳姿的言语的越轨是过度的和不必要的。这种现象在马步升的《青白盐》中已有反映。我在读到这些地方的时候,感到很矛盾:一方面,他写得很到位。如果没有对这里的生活和语言深入骨髓的了解、理解和欣赏、体悟,是绝对写不出来的。比如,县上几位领导之间的语言,正是他们感情深厚、亲密无间的表现,在现在所谓“文明”社会中已经没有这样的语言环境了,官话套话,大话假话,虚意应付、口是心非的现实,使得我们非常向往这种无拘无束、痛快淋漓的表达方式。或许,作者就是想用过去的这种自然状态来反衬今天的虚假文化。你不能不被他的语言的犀利和风趣所感染,你很佩服。用人物语言营造氛围、塑造性格是马步升的强项。另一方面,你会发问,写这些是为什么?从大俗到大雅的创作路径在哪里?

2. 人物性格的个性化与性格逻辑性的问题。作品是传统写实的创作方法,阅读就是这样的期待视野。如狼茬婆的形象,非常鲜明,我听说过,也见过这样有性格的女人。但这女人变成狼茬婆的过程交代过于简单,性格逻辑关系模糊,而我觉得,写出一个本来害羞的少女由于偶然或复杂的原因变成狼茬婆,这是可以大大拓展和深化人物性格的,可以塑造出一个独特形象,甚至典型形象的。可是没有这样,在需要浓墨重彩时却轻描淡写,有些可惜。

3. 意蕴的发掘与深化的问题。对“1950 年的婚事”背后的意义挖掘不够。这是一个天翻地覆、改朝换代的历史转型时期,其对作品中人物来说影响巨大而深远,特别是对人的精神的意义,即使作品中的人物当时还没有意识到,但今天的作者反观这段历史,应该有更多的思考,但我很少看到这方面的含意。也许我要再读几遍才能体味。

另外是格式的问题,类似于章回体,小标题的好处是故事集中,局限是形成讲故事的小格局,在整体上影响了作品的气势。也许是个人的阅读偏见。

《猎原》中的天、地、人与诗、史、思

一、《猎原》中的天、地、人

雪漠《猎原》立意的着眼点在天地人之关系。开篇第一节的描写，似乎使人莫名其妙，但绝不是随意之笔，它是为作品定基调。这里有"孤孤的像月亮的日头"，有"东嗅嗅，西闻闻，全不把世界放在眼里，一副游山玩水的闲情"的狼，有出了院门看狼穿过村子的见怪不怪的人们。这些叙述，像是一个序幕，却没有为事件埋下伏笔；像是一个背景，却无浓墨重彩。而本来可能有的冲突在这里也被有意淡化了。耐心读下去，大丫与猛子一对青年的相遇也意外的平常无"故事"，而对发情的儿驼的描述则有不少的笔墨。原来，作品要展示特定世界的原态和生命的本能状态。这画幅并不大，然而，作者的视觉却是广阔的，视点是高远的，它展示的是天、地、人及其关系，是人与自然的图景，是宇宙间同类与不同类的生灵之间的生存状态。作者在这里的目的似乎只是在暗示读者，我的叙事视角是在天、地、人之关联，我的故事将是平淡和平常的，我的风格将是朴实和冷静的。

《猎原》写"天"。这天是"天道"，也是自然，是自然规律、自然法则。《猎原》写"地"，这地是人赖以生存的大地和具体环境，是猎场，是由人构成的社会。《猎原》写人，这是一群世代靠狩猎为生的西部普通人，一群处于电子时代却仍然从事落后的传统生产和生活方式的人们，一些为生存而挣扎的人们，一些不可能"诗意地栖居"的地球人。这些人中，有一些是被自然法则惩罚而逐渐醒悟的人（孟八爷作为最后的猎人的醒悟与忏悔带有特殊的悲剧色彩），有一些则是始终不能醒悟的人，另一部分人则继续加剧着人与自然的冲突，上演着人间悲剧。人与人之间的争斗于是也构成人与天相斗的组成部分。

天、地、人构成的特定世界和关系，由于相互的力量的作用而发生着悲剧。由此可以说《猎原》是一部特殊的"生态小说"，它创造性地正面描写和思索着人置身其间的自然生物链的问题。与所有小说一样,《猎原》里有看似并不激烈却似乎无法克服的矛盾冲突,有特定的故事和情节,其核心是人与天与地的较量,人与人的较量。其结果,人并未真正征服自然,人破坏了自己的环境,也就是毁坏了自己的家园,同时人也毁灭着自己家园中的成员。老鼠的异常、狼的报复、沙尘暴的惩罚,是违犯"天"意的后果(老鼠事件中人性恶的揭示,体现的是作家的批判视觉和态度)。当"天人"相互"感应"却不能"合一"之时,当动物也被"异化"之时,人也就面临无法抗拒的灾难,在自然面前,人不是最终的征服者。人向自然、向天地低下高昂的头,在小说的结束部分,我们看到了希望,这就是人将在反省自己的基础上有可能重新与"天""地"和睦相处,达到新的"合一"。

二、《猎原》中的诗、史、思

《猎原》有诗意的追求。雪漠说:"对作家来说,生命的体验和感悟是不可替代的。所以,一个作家,最重要的素质,就是在日常生活中发现文学诗意的能力。这诗意,或是人物,或是故事,或是生活画面,或是一个世界。"《猎原》的作者有鲁迅所说的"感得全人间世,而同时又领会天国之极乐和地狱之大苦恼的精神"(鲁迅《诗歌之敌》)。通过生命的体验和感悟,将人的生存状态的客观展示与日常生活构成的历史的真实记录,创化为一个诗意世界,激发读者的情感与思索,所以,这诗意世界是属于西北的,也是世界的。通过琐碎的平常的生存状态的描绘,营造一种邈远、沧桑和原始的气氛,冷峻,严酷,灰色。也许作者故意隐去了时间、空间的具体性,以强化这种亘古感和宇宙意识。

《猎原》中有历史。这是由百姓的日常生活构成的历史。雪漠说:"最真实地记录历史的,应该是最寻常的百姓生活。""文学的真正价值,就是忠实地记录一代'人'的生活。"(《我的文学之悟——〈猎原〉代后记》)生活在上海的王安忆说过同样的话:"历史是日常的。对于文学来说,这种理解至关重要。对宏大历史的解构和重视民间和日常生活,既是一种历史观,也体现一种美学观。"

《猎原》有思想。这是将自然生态意识和人类命运意识相融合的思想,它艺术地表现着也综合地思考着人的自然性和社会性、人的本能与理智等问题,获得直面现实人生又"远观"人类状态的特殊意味,在日常的平面的现象下有思想深度。小说思考的问题既是西部的,也是中国的、人类的。在《猎原》中出现的为生存而展开各种关系中(人与人,人与动物,人与自然),它触及了伦理的问题、人的道义问题,但它又超越了人类的道德疆域,表现了人与动物之间的"道德"问题、自然伦理问题、生命伦理问题等。这里也有法则,有社会法则(如政府禁止打猎的条令),也有自然法则,那是对人、对"狼"都有意义的法则。从某种程度上说,《猎原》获得了一种特殊的整体象征意义。引申开来,可以认为,在宇宙间,地球就是一个"猎原",地球人都是"猎人"。我们都需要反思自己的行为。

三、值得思考的问题

《猎原》的主题、思想深度与艺术表现的关系问题。有深度的思想内容与意识到的历史内容,需要相应的艺术架构来承载;人与自然(天、地、人之间)深沉巨大的矛盾冲突需要相应的故事情节来展示。作为有清晰创作思想和艺术追求的作家,这方面是否需要强化和深化,雪漠有必要对此做出思考。《猎原》"故事"性的弱化和对细腻琐碎的日常生活的描写,是其艺术特色,也是作者保持的艺术风格,但是这是否就是最好的艺术选择,也是有必要思考的。

混沌之境中的终极价值探寻

——评雪漠小说《西夏咒》

雪漠的写作一直在追求伟大。备受赞誉的“大漠三部曲”(《大漠祭》《猎原》《白虎关》)追求的伟大是“真实地记录一个历史时期的老百姓如何活着”。[1]三部小说写活了当代中国西部现代化进程中农村生活的变动与农民精神的震荡。苦难意识和在日常生活中解释历史的现实主义笔法铸成了“大漠三部曲”的真切和厚重。

“大漠三部曲”追求的伟大是明晰的,具有可以触摸和掌控的实在感。到了近作《西夏咒》,雪漠仍然在追求伟大,但这种“伟大”与前者相比,有很大的转变,体现出一种新的创作追求:在超越性或者人类性的意义上进行价值探寻。与之相应,在艺术表达上,《西夏咒》打造了一种多元因素交杂、整体隐喻的混沌化文体。可以说,“大漠三部曲”是现实主义笔法下“凉州”农民生存的镜像,《西夏咒》则是混沌的寓言,它的“凉州”故事超越了具体的现实生存,在混沌之境中试图探问人类生命的终极价值。

一、混沌之境

《西夏咒》在带有浓厚的宗教色彩的文学书写中,形成了一个混沌的寓言。它在时间上穿越西夏至今的千年,空间上以凉州为地域,又超越了凉州,来传达对世界的意义及其缺陷的感受。

《西夏咒》的叙述者身份是模糊的,时空是不确定的。小说设置了三位叙述人,我(雪漠)、阿甲和琼。我交代这部小说的叙述内容是“我”在西夏岩窟金刚亥母洞中发现了一部书稿,书稿共八本,大部分为西夏文,总称为《西夏咒》。我对书稿的阅读和翻译就是书稿的内容。阿甲是这部书稿的主要叙述者,然而阿甲的身份并不确定,一会儿是千年前在西夏兵复仇的箭雨屠杀下的幸存者,一会儿又是一位修炼又不能证悟的和尚,大多时候又是传说中凉

[1]雪漠:《大漠祭·自序》,敦煌文艺出版社2009年版,第9页。

州的守护神，然而这样一位小护法神又能与“我”进行交流和辩驳，甚至常常被“我”调侃。琼的身份也不确定，有时候是一个从远方来到“金刚家”的和尚，一会儿又似乎是金刚家族暴虐的头人谝子的儿子。而作者“我”又说琼就是“我”真实地见过的那个穷和尚——凉州最高贵的人。

叙事者身份如此模糊，叙述的故事更有许多断裂、矛盾和缝隙。故事多涉及“金刚家”和“飞贼”雪羽儿，“金刚家”“似乎是个家族的名字，但内涵又远远超过了一般意义上的家族，其寓言色彩极浓。”“‘金刚家’存在的年代也很是模糊，似乎是西夏，似乎是民国，又似乎是千年里任何一个朝代。”[1]雪羽儿是凉州人心中的金刚亥母的化身，金刚亥母的信仰早在西夏时期就在凉州兴盛，而故事中雪羽儿生活和受难又似乎在“文革”中。

《西夏咒》叙述的混沌还体现在复调叙述上。“我”和小说设定的叙述者阿甲和主人公琼之间经常进行跨时空的交流和辩驳。应该说，阿甲、我、琼都是“我”灵魂的不同侧面，他们的叙述声音，也就是自我灵魂的辩驳和呓语，由此呈现出一个丰富的心灵世界。

《西夏咒》还引入了大量有宗教色彩的故事和传说。历史、现实、梦魇、传说交织在一起，有魔幻的味道。然而，这些神秘、魔幻的书写都可以找到现实的因素，它是与凉州的地域文化声息相通的，是凉州民间文化的一部分。比如：小说饿死鬼的号哭，饿死鬼阿番婆吃人的情节，在小说中寄寓了生存的苦难对人性的考验之意。这样的情节也反映了凉州民间的一种观念：凉州乃至甘肃土地上，人们认为饿死的人，死后灵魂会化为饿死鬼，纠缠于人间久久不散，到处找吃的。又比如，小说多处有关于狼和驱狼的描写，也体现了西部民间文化的特色。在凉州乃至甘肃大地上，山神、土地神是信仰人数众多、最为普通的神。狼是山神和土地神的看家狗，碰见狼的时候自然要尊请山神或者土地神出面干预最为有效；狗也可以威慑狼，因为狗是狼的舅舅，等等。至于小说中与金刚亥母相关的各种宗教故事早就流传在凉州大地上。所以，小说中神秘玄幻的东西也是西部文化的表现。

《西夏咒》亦糅合了诗歌、散文、小说的文体特色，汇成含糊混沌的艺术特征。《西夏咒》每章皆以精美隽永的诗歌开头。内容上在营造小说故事情节的同时，又有意识地淡化情节。语言富于激情和抒情性，经常形成一段一段的

[1]雪漠：《西夏咒》，作家出版社2010年版，第5、141、380页。

散文体。

可以说，叙述者身份的模糊，故事间的矛盾、断裂和缝隙，故事人物身份的不明确，以及西部文化的神秘玄幻色彩，再加上诗歌、散文、小说文体的融合，共同营造了《西夏咒》的混沌之境。

《西夏咒》体现了新世纪以来长篇小说在文体上的一种重要变革：混沌化。用雷达先生的话说："它们既非现实主义，亦非现代主义，把最洋的和最土的结合，那最传统的和最现代的结合，逐渐形成新的本土化叙事风格。"[1]而从小说持有的认识论来看，这种混沌并非因为对世界认识的混乱，恰恰是文学表达哲学的一种方式。如德勒兹所说："哲学需要一种理解它的非哲学，就像艺术需要非艺术，科学需要非科学。""艺术家从混乱中带回一些变样，它们不再是可感物在器官中的复制，而是在一个无机组合而又能够重新给出无限感觉的平面，塑造一个质感的存在，一个动人的存在。"[2]如弗莱所说："这是一个整体的隐喻的世界，其中每一事物都暗指其他的事物，仿佛一切都包含在一个单一的无限本体之中。"[3]雪漠在当当网的访谈中表达了《西夏咒》中的隐喻意义：小说中西夏是所有人类的过去的文化的全息图，琼和雪羽儿代表的是当下。雪羽儿的形象具有出世脱俗之美，是超越与升华后的美，是"形而上的图腾"，表达了人类超越和升华自己的理想之境。《西夏咒》表达这种理想之境就是一个"动人的存在"，一个"单一的无限本体"，即人类终极价值。

二、终极价值探寻

《西夏咒》是一部悲悯之作。小说名为"咒"，宗教色彩非常浓厚，它告诉我们"世上最坚韧的护轮是慈悲。""世上最黑的咒语也叫'慈悲'"。[2]《西夏咒》的故事情节也充满宗教神秘性，但其题旨超越了任何一种宗教教义，用雪漠的话来说就是已经打碎了制度化宗教的枷锁。《西夏咒》中，菩萨、金刚亥母就在身旁，耶稣会出现，哥白尼、布鲁诺、伽利略、鲁迅也时时在场。《西夏咒》为人类寻找生存的终极价值和终极意义，寻求灵魂的归宿。这也是小说在内蕴题旨上的超越性之所在。在这个大题旨之下，还涉及非常丰富的命题：比如人性的贪婪、人性的黑暗与明亮，比如饥饿对人性的考验，比如历史的暴力……

[1]雷达："当代审美趋向辨析"，载《光明日报》2004年6月3日。

[2]G.德勒兹、F.伽塔里〔法〕："从混沌到思想"，关宝艳译，载《世界哲学》2006年第4期。

[3]叶舒宪：《神话—原型批评》，陕西师范大学出版社1987年版，第175页。

这里只谈谈终极价值关怀。阿甲是一个修炼的僧人，他一直追问生命的意义，寻找自己信仰中的怙主。阿甲的追寻有两层意义：一层是对某些制度化宗教的怀疑，也可以说是对人类世俗欲望支配下所有“信仰”的诘问。阿甲追寻信仰的神——怙主，最终发现怙主并不完美，而且是人造出来的，许多人的恶行恰恰打着怙主的幌子。从此意义上来说，小说揭示了人类造神运动的迷信与僭妄。对制度化宗教的质疑，并非意味着怀疑所有的信仰。恰恰相反，小说中阿甲还在追寻真理。“别管民族，别管国家，别管人种，至少，用人类的尺码去衡量。那真理，至少渗透着一个字：善。”[1]善才是人类的终极价值，无论在怎样黑暗、残忍、暴虐的世界，有对善的信仰，就有世界上最好的人，就是人类的光明。雪羽儿和琼用“善”成就了生命的意义。飞贼雪羽儿偷了公家仓库里的粮食拯救了濒临饿死的族人，因此母亲屡次受到残酷的迫害，最后竟被惨绝人寰地煮食。雪羽儿被“金刚家”打断了腿，又被判了刑，后来差点成为制造宗教法器的“皮子”。在恶的环境中长大，但一心向善的琼救了雪羽儿，逃出“金刚家”。他们逃到偏远的“老山”与狼群、狗熊、大蟒相处，他们的慈悲感染了野兽们，野兽亦能证悟得道，可见野兽比人还要“好”。这种对比对人性恶的揭示是触目惊心的，也是令人震惊的。雪羽儿经受了“金刚家”各种惨烈的迫害，但她从未因此而失去慈悲之心。在“老山”修炼之时，还将“金刚家”纳入护法范围，这样的大慈悲成就她为凉州人虔诚信仰的“空行母”。不过，“金刚家”不能自心向善，也就无法得到拯救，毁灭成为必然。所以，个人心中的佛性、心中的慈善才是自我救赎之道。在这层意义上，小说中将人类的终极价值确立为“善”。

阿甲的追寻还有另一层意义，那就是对人生意义的探问。阿甲虽然意识到生命最终归于尘埃，明知人生的虚无。但仍要在虚无中为人生存在找到理由，哪怕人生的意义仅仅是这样一个寻找的过程。阿甲在寻找中勇敢地选择直面惨淡的、血淋淋的人生，为那“不敢正视人生”，苟活在充满了“瞒”和“骗”的世界中的人们发出警醒的呐喊。小说中的阿甲就是这样一位启蒙者、时代的先驱者和真理的追求者的形象。他以“反抗绝望的哲学”发出“铁屋子的呐喊”，结局当然是被民众捏造罪名杀害。阿甲用吐出的黑血完成了对真理的坚守，抵御千年的庸碌对自己的同化，他“偏激”的声音也成为警醒世人的泣

[1]雪漠：《西夏咒》，作家出版社2010年版，第5、141、380页。

血之音。阿甲在内在精神上具有鲁迅的气质。阿甲的命运是鲁迅的,也是人类历史上一切寻求真理的启蒙者、先驱者命运的写照,比如哥白尼,比如布鲁诺。不过,小说中的阿甲同时是凉州的守护神,意味着像鲁迅般深邃探索和守护人类精神之永恒不朽。小说中有这样一段话:"按久爷爷的授记,在其所有传承者中,作家最有大力,有文化承载精神,便能将真理传向法界,证悟者犹如天上的群星。"[1]这也是小说对知识分子的文化使命之思考,知识分子应该解释人类生存的真相,以真理的追寻为民众拂去人生的雾霭。

中国当代文学久已沉浸在后现代大潮虚无主义情调的营造中。在阅读了太多世俗化、欲望化、理想虚无、价值解构的作品之后,我们禁不住要问:"在这样一个万物皆流,一切俱变,事事只问新潮与否,人人标榜与时俱进的世界上,是否还有任何独立于这种流变的'好坏'标准?善恶对错、是否好坏的标准都是随'历史'而反复无常?如果如此,人间是否还有任何弥足珍贵值得世人长存于心,甚至千秋万代为人敬仰的永恒之事、永恒之人、永恒之业?"[2]《西夏咒》以阿甲不屈的追寻,"雪羽儿"历尽苦难,超越怨恨、超越自我的利益众生的情怀和境界,对此做出了明确的回答。在人类历史的长河中,无论久远的过去还是现实的当下,善恶、好坏总是存在的,可以区分的,否则人类就没有了生存的价值。而且人类也一定会有人以大无畏的利众精神,去探寻人类生存终极价值——利益众生之善。这样的利众精神就可能有精神层面上的相对永恒。因此,《西夏咒》表现出布道般的启蒙和悲悯情怀。

三、超越与困惑

《西夏咒》体现出雪漠创作的一个新变。在"大漠三部曲"之后,《西夏咒》在艺术上进行了一次新的探索、裂变与创新,在内蕴上进行了一次精神之旅的探险与登攀。"大漠三部曲"以逼真写实的现实主义笔法呈现西部农民平平常常的生活画面,写活了真正的历史画卷,真切地体现了传统现实主义文学逼真性和再现性的特色。雪漠曾说过"大漠三部曲"的写作笔法是以托尔斯泰的小说和《红楼梦》中的日常生活书写为艺术资源的。"大漠三部曲"要为当下中国西部农民"立此存照",因而成为这个时代中国西部农民的生存镜像。

《西夏咒》是灵魂的驳诘和追问,是对超越性命题的思考。如何超越生活

[1]雪漠:《西夏咒》,作家出版社2010年版,第5、141、380页。

[2]甘阳:《政治哲人施特劳斯:古典保守主义政治哲学的复兴》,见列奥·施特劳斯:《自然权利与历史》,彭刚译,三联书店2006年版,第96页。

的外表去构思人性的复杂和混乱？什么样的笔触才有足够的表现力来喊出人类的原罪和救赎？怎样才能将感受到的、认识到的世界用文学构造出来？这样一些艺术要求是传统的，是以模仿和再现生活为宗旨的现实主义无法承担的。所以，作家以混沌化的寓言书写，将历史、现实、梦魇、传说交织在一起，进行了一次艺术创新。它是一种混沌化的文体，复杂多元，包含现代主义、现实主义、中国传统与古今中外的多种艺术因素，这些艺术因素彼此交融，形成了一个有机的艺术整体。在这样的混沌之境中，《西夏咒》以灵魂的辩驳进行了一次生命本相的正视和生存终极价值的探问。将我们的目光引向头顶的星空，思索亘古宇宙中人类的价值和意义。而且，《西夏咒》化入了世界多样文化，并进行了思考。它表现了中国作家在书写中国时，超越中国，转化和融合人类优秀文化，表达人类性命题的努力。从这些方面我们可以把《西夏咒》看作一种超越性的写作，在当代文坛具有鲜明的独特性。

但是，《西夏咒》的缺失也是明显的，它会使读者产生一些困惑。首先是内容过于庞杂，小说内涵理念化较重，以及表达手法的恣肆，使得读者在审美接受和对小说内蕴的理解上有一定的困难。另外，小说在表达“善”这个终极价值的时候，对于历史的评价也有需要商榷之处。如小说中写道：“几乎所有的民族英雄都是真正意义上的种族灭绝者，都被‘渴饮匈奴血，饥食胡虏肉’之类的文学煽情得失去了理性，都想占领异族的地盘，都想屠杀异族的人民，都想君临天下奴役同类。”[1]又比如小说中对南宋偏安的看法、对陆游的抨击、对秦桧和岳飞评价的倒置，等等。这些历史评价以“善”为标尺。然而，作者对于“善”的认识是否过于简单？人类社会的发展、历史的发展是不是“善”能够完全主导的？人的天性中是否天然地存在“恶”？善是不是一定能感化恶？善怎样拯救堕入恶的人类？有时候惩恶必然要引起的杀戮是否就是“不善”？对于这些问题，小说也充满困惑，无力做出最终的回答。所以，小说对终极价值——善——的解释，不同读者对其认可度应该有差异。小说布道的感召力有多强，个体的感受肯定也不一样。

此外，较之“大漠三部曲”，《西夏咒》在生存的真切感、命运的悲剧感、生活的鲜活感方面有所不及。不过，我们也能体会到，“大漠三部曲”与《西夏咒》之间始终贯通的是氤氲在作品中，令人感怀的生命悲凉感。

[1]雪漠：《西夏咒》，作家出版社2010年版，第5、141、380页。

金座活佛的内外世界与藏传佛教的文化秘史

——评尕藏才旦的《首席金座活佛》

当装帧别具匠心，从中透出浓郁宗教气息的小说《首席金座活佛》摆在你面前时，作为普通读者，你会以怎样的阅读心境和接受动机，期待着怎样的阅读感受？你的兴趣是出于对金座活佛的好奇，还是因为藏传佛教神秘性的吸引？

在中国古代文献和文学作品中，有不少是以寺庙和僧人生活为题材的，但在我的印象里，那是走了“佛”与“妖”的两个极端。在通俗小说中，和尚、尼姑多半是被漫画式的丑化的“妖僧”。而在各种树碑立传的“高僧传”中，僧人又是神圣的、不食人间烟火的近于“佛”的圣人。而由藏学专家尕藏才旦教授创作的这一特殊文学文本，在人佛之间、寺院内外，给你展示一个异样的艺术世界，使你领略别样的文学意蕴。

《首席金座活佛》的一个重要艺术贡献，是打破了人佛界限，在活佛与普通人的巨大空间中自由驰骋，塑造了血肉丰满、个性鲜明的独特艺术形象。

小说的主人公是吉祥右旋寺首席金座活佛吉塘仓。“吉塘仓”之名是由于一世、二世坚贝央曾长期驻锡于西藏吉塘，此地被信徒们尊称并很快演化为佛号，成了约定俗成的某一转世系统的名称，延续流传。金座活佛是指在藏传佛教格鲁派尊师宗喀巴大师创建的甘丹寺总法台位置上任过总法台之职的活佛。“金座”之意，一是指对宗喀巴大师事业的继承和尊奉，一是因为总法台是用金子包裹起来的，金碧辉煌，华贵庄重。吉塘仓就是在总法台的位置上任过职，摘取桂冠的活佛，所以人们才承认并称呼其为首席金座活佛。

作为吉祥右旋寺的寺主一人之下、三千佛僧之上的第二号人物，吉塘仓既是活佛又是普通人。作为活佛，他十岁被送进佛院，通过自己艰苦地学习和修行，终于成为第一坚贝央最早的上首弟子，造诣很深、僧俗敬仰的导师。之后他对吉祥右旋寺事务的操持，体现出他的美德和境界。在狡黠难缠的佛父佛兄的掣肘中,深明大义,顾全大局;在吉祥右旋寺危难之际,力挽狂澜,舍生忘死。这些方面体现出“佛”性特点,塑造了一个佛界的理想人物。作为普通人,首席金座活佛也不能超脱于世外,始终纠缠于各种复杂的关系中。他时时在思考着吉祥右旋寺的命运,却又事事不能如愿,困难重重。他的理想与颓唐、希望与绝望、幸福与痛苦,使我们看到,本来要远离红尘、超然世外的佛寺,竟然也是那样使人凡心不释,忧心忡忡。他有喜怒哀乐,有亲情、友情、爱情。在他的一生中,也有过短暂的欢愉,那是他和情人云超娜姆的情爱。小说写了他们年轻时的相遇情景,虽然着墨不多,但把一个极富个性的少女与一个充满活力的年轻活佛之间的情爱表现得激情迸发,酣畅淋漓;写他们老年情感的坚贞,缠绵悱恻,荡气回肠,感人肺腑。在作为活佛与真人之间,在情与理之间,考验着他们的人性和爱情,僧人的情爱可以那样奔放热烈,如此缠绵。这种描写在以往的作品中是不多见的,这是小说的亮点之一,也显出作者丰富的想象力和艺术表现力。

小说还写了吉塘仓为了保住与他命运相关的一颗九眼玛瑙佛珠,与佛父佛兄的巧妙周旋;写他为了寺院的发展,筹措经费,组织商队,冒着巨大危险经商过程及其商业意识;写了他为保全吉祥右旋寺,平息与地方军阀之间的冲突进行的艰难斡旋;写了他在内忧外患中的委曲求全等等。这些描写,不但多侧面地展示了吉塘仓的性格特点,也应验了哲人对中国佛教“圣人”的论证:“圣人的生活,无异于常人的生活;圣人做的事,也是平常人做的事。他自迷而悟,从凡入圣。入圣以后,又必须从圣再入凡。禅师们把这叫作‘百尺竿头,更进一步’。百尺竿头,象征着悟的成就的顶点。更进一步,意谓既悟以后,圣人还有别的事要作。可是他所要做的,仍然不过是日用平常的事。”(冯友兰《中国哲学简史》,北京大学出版社1996年9月第2版,225页)吉塘仓的人生经历正是不断地实践着“百尺竿头,更进一步”,从凡入圣,又从圣入凡的里程并臻于极致。这种艺术表现,包含了作者对于佛教教义的理解,在人与佛之间,展开了关于宗教信仰与人性关系的思考,在神圣与邪恶的对比中,透出弥漫着悲剧意蕴的崇高感。

《首席金座活佛》不断地冲破读者的期待视野,冲击着惯常的接受心境,它不单叙述了一个活佛的个人命运,而且创造了一个不为常人所知的“活佛”生存的特殊世界。作品在广阔的社会历史背景下展示了吉祥右旋寺的兴衰过程,这也是主人公吉塘仓活动的舞台。

小说从两方面展示了吉塘仓的生命历程，也描绘了吉祥右旋寺的曲折的发展史。一方面是寺内的各种矛盾，主要围绕着灵童认定及其之后的权力之争而展开。由此辐射到吉祥右旋寺内部的大小事件，这里面有寺主及其家族与吉塘仓活佛的关系，有寺内各种利益阶层之间的冲突。如吉塘仓与坚贝央及其家族的恩恩怨怨，寻访、认定转世灵童的风风雨雨，主持灵童坐床的曲曲折折。由此，读者惊异地发现，转世灵童过程中会潜藏那样多的偶然与机缘，佛意与人为、玄机与神秘、高尚与卑劣，乃至斗智斗勇、讨价还价，这一过程充分神秘而又惊心动魄。又如吉塘仓为支撑和复兴寺院而遇到的各种挫折，为整肃内部、堵塞漏洞所做的各种努力……作者真实地描绘了僧侣社团内部生活的盘根错节，揭示出寺院内也钩心斗角，也险象环生，也有阴谋与倾轧，私欲与贪婪。另一方面，小说描写吉祥右旋寺与外界的复杂关系。这里有吉祥右旋寺与金鹏镇的关系，藏族与回族、汉族的关系，吉祥右旋寺与马家军的关系，有从大清皇帝到国民政府时期寺院与中央政府的关系，寺院与西藏、四川政府的关系，地方政要与佛僧的关系，寺院败类与地方军阀的勾结的各种行为，有行贿受贿，有敷衍周旋等等。当然，这些描写并不是刻意暴露“黑幕”，不是亵渎神圣，而是通过追忆历史和描述事件，回顾吉祥右旋寺的发展史，客观地展示隐秘寺院的内部世界，以及寺院与社会的关系，进而在这种复杂关系和背景中去塑造真正的理想的活佛形象，在各种冲突中展示佛性的真、善、美及其达到的境界。这不管从其意蕴或是艺术性来说都有独特价值。

《首席金座活佛》也是一部形象的藏传佛教的文化秘史，小说以学者的严谨与专家的智慧，打开了藏传佛教知识宝库的窗口。大凡藏传佛教的文化知识、仪式仪轨、文学艺术、民情风俗等等，都在表现之列。比如鲜花的象征意义，“十善业”的解释，活佛升座就位典礼的知识、场面，活佛转世制的创立，格鲁派创始人宗喀巴对藏传佛教的改革，佛珠对于活佛的意义，等等，叙说着藏族文化的“秘史”。又如，关于藏族歌舞中的“谐”“卓”“弦子”等不同系统；“热巴”的表演程式；赠哈达礼节的历史渊源、规矩与含意；藏区饮酒的民俗意蕴；安多弹唱民歌的内容体式、唱腔调式、唱词结构；民间爱情长歌《在康四堪道》的内容等等，展示出不为人知的丰富文化艺术世界。

当然，作为小说，在展示藏传佛教丰富多彩的文化的过程中，有一个如何艺术地处理宗教知识与文学形象的关系问题。在这一点上，可以说《首席金座活佛》瑕瑜互见，但瑕不掩瑜。在对藏传佛教文化的丰富性与科学性把握方面，作者的知识远远超出一般作家，体现出学者型作家的优势和特点。然而，如何把这些文化知识自然地、和谐地融入艺术境界和形象的创造中，如何与故事情节更完美地结合起来，如何符合科学知识又符合生活逻辑与艺术真实，作者做出了努力，但尚有距离。这表现在大段地、集中地介绍相关知识，如第四章对于藏族歌舞知识的叙述就过于集中，如第十章对藏人鎏金术的叙述，特别是对具体工艺流程的介绍，就有游离艺术形象和故事场景的弊病。这在提供大量知识的同时，会影响一般读者的欣赏兴趣。

《首席金座活佛》的艺术风格以沉稳而朴实的"真实叙事"为其特点。作为小说来读，其写作技巧不但不新潮，甚至有些呆板，但这也形成它扎实、厚重、从容不迫和严谨的叙事特点。故事结构和情节安排上，活佛个人命运与吉祥右旋寺历史的交织，神圣的活佛境界与有鲜明个性的常人生活的比照，内心世界与现实情境的冲突，对真善美的褒扬与对假恶丑的鞭挞，都有合理的构思。语言上富有特点，特别是对藏族民间谚语、俗语、哲言的运用，自然和谐，恰到好处，体现出作者的艺术匠心。

叩问人性与命运

——评张存学小说《轻柔之手》

张存学先生的小说《轻柔之手》的开篇是一段关于白光的描写，以强烈的召唤性吸引着阅读的欲望。“黑色的公鸡在大门外突然发抖，它被一团白光罩住……白光在它身上滞留不去。它在伏下身子瑟瑟发抖时，白光闪动，白光似乎在抚平它的惊恐。它在这种轻抚中又慢慢抬起身子，它站立着不再发抖。就这样，黑色的公鸡将那团白光驮进了这个家门。”毫无疑问，这是一段具有象征意味的描写。接下来，小说以流畅的语言悲伤的情调说：“一次一次的噩耗总是由灰色的泣雀带到这个家庭的苹果树上。”这两段叙述有点阴森，有点神秘，却让人进入叙述的圈套中，迫切地探究一个看起来相当沉重的故事。

那么，《轻柔之手》到底讲述了一个什么样的故事呢？掩卷深思，深有感佩。

小说以“文革”作为背景，书写史成延家族的悲惨命运。在“十年动乱”中，史成延的儿子——拉池中学最好的教师被批斗、关押，最后上吊而死。史成延的儿媳妇程红缨是拉池城医术最好、善良美丽、热爱生活的女医生，却惨遭凌辱而投河自杀。史成延的三个孙子中大孙子史克十三岁目睹了家庭的惨变之后，离家出走不知所踪；三岁的小孙女史真失踪；只剩下二孙子史雷和爷爷在创伤的折磨中延续着严苛的生活。如果小说止于叙述这样一个丑陋而悲惨的故事，那么，它的话语还在20世纪80年代初期反思文学的范畴内控诉着历史的罪恶。然而，《轻柔之手》并不止于对悲惨故事的渲染，和对政治与社会的批判上，更大的着力点是书写创伤下的人心。小说中的人不仅承受着来自外部世界的魔鬼——历史——的折磨，而且需要与自己灵魂中的魔鬼搏斗。《轻柔之手》因此而呈现出力透纸背的深刻，它观照着历史，亦透析着人心和人性，以此去触及那难以言说的命运。

《轻柔之手》像一把解剖刀,它要在人类生活丑陋的疽疮之下,去找寻罪恶的根柢。小说中的人们之所以将灾难加诸史家,人们有理由、有动力去迫害史家,不过是史家的儿子、儿媳都是大学生,工作干得好。史家庭院整洁,有琴声、歌声和欢笑,不像拉池人那腌臜的生活。这些在人们的心里种下了祸根。而当政治的极权与社会的混乱为嫉妒的人心提供了释放空间的时候,灾祸向史家扑面而来。

那么,那些施恶者真的可以肆无忌惮吗?人性之恶的花朵真的可以自由开放吗?不,不论向善还是向恶,人性都须得到拯救,也就是在某一个点上所有的灵魂须要以某种方式得到安放。所以,作恶者也难以逃避内心的恐慌和罪责感的折磨。

于是,在美好的女医生程红缨蒙冤而死的第二天,拉池城的人们就构造出了程红缨的鬼魂。这个鬼魂在十年中出没于拉池城,杀人放火、招兵买马,已然成为"程营长"。在"程营长"率领的几百鬼魂浩荡的脚步声中,拉池人陷入了恐慌之中。有真正的鬼魂吗?拉池人真的怕鬼魂吗?不,它不过是拉池人对自己恶行的惧怕。于是,十年之后,早年出走的史家大孙子史克回到拉池城为自己的父母复仇,他选择了最有效的复仇方式,那就是对人心的击打。在"文革"即将结束的这个时候,当年那些罪恶制造者的生活也似乎显示出了恶果,人们将其归因于"程营长"的清算,对"程营长"的恐惧也达到了顶峰。这时候,史克住进了当年程红缨受到凌辱的孙家大院——那个拉池人不敢走近的"禁地",而且显得无比从容。于是,拉池人以为史克是位能降住"程营长"的法师。史克也利用这种心理,以法师的假面具诱导昔日那些趾高气扬的拉池人跪倒在他的面前,将丑行和罪恶一一昭示出来。这些被昭示出阴毒和罪恶像大粪坑一样冒着恶臭。这是史克的复仇的目标吗?是史克想要的结果吗?史克也在恶心和犹疑之中。

让史克始料不及的是,当年拉池中学革委会主任高福奎终于承受不了自己的罪恶累累,在史克的心理诱导下自杀。高福奎自杀的方式是将全家葬身于火海,这里面有他收养的小哑巴女儿,而她就是史克当年失踪的小妹妹。就这样,又一起灾难降临到了史家。史克在这始料未及的复仇结果中亦看清了自己的阴暗,他的复仇坚持不下去了,也难以面对自己的亲人,只好再一次出走而不知所踪。爷爷史成延坚持了一辈子的硬气松懈了,疲沓了,他无言地承受着这残酷的、不可捉摸的命运。至此,小说将人性恶的审视深入到对命运的思索。

那么,命运的木质和密码又是什么?这是张存学在《轻柔之手》中诘问的又一个命题。应该说,这部小说对人性恶的审视是明显的,对命运的诘问相对隐晦。但是,小说确实在思索这个问题。因为,小说的描写不仅仅停留在对苦难的回忆和对人性恶的挖掘中,小说经常从人物的心理活动,特别是对史成延的心理描写中来叩问命运。而从小说中各个人物的命运来看,命运的走向是人心和时势的耦合。很难说哪一个是主宰。人心的恶耦合了恶的时势,好人的命运就会走向悲惨的结局。美好的史家遭遇的劫难就是人心的阴暗与特定动乱时代的耦合下造成的。但是,命运之手并不只攫住生活的一个阶段,命运也不会将其意旨永驻于人心中某一种意愿。命运之手揉搓着每个人的生活。所以,在历史的变迁中,在幽暗的人性与潜意识的良知的纠结中,施恶者为自己的行为付出代价,承受了命运的恶果。写到这里,想想《轻柔之手》是一部多么阴郁的小说。

不过,关于命运的思索不会停留在这一点。张存学先生是一位热爱"思"的思想者。小说一开始就写一团白光来到了史家的院子,此后这团白光反复出现在史家二孙子史雷的房间。在史雷的眼里,这团白光就是母亲的灵魂,是一种悲伤和慈爱,绝不是拉池人构造的程营长。这团白光到来的时候,总是让人想起往日的灾难和冤屈,以及难以承受的悲伤,这些使人瑟瑟发抖、难以承受。但这团白光又是一个美好的象征,她是母爱,是温情,是光明,是劝导孩子放下仇恨热爱生活的力量,是轻柔之手抚慰着苦难中孤独成长的孩子。所以,自小经历了家破人亡,又在欺辱和冷眼中成长的史雷承受了严酷的命运,并在阴郁的日子始终能仰望天空那飞起的鸽群。史雷抗争过、脆弱过,但最终洞悉了生活的真谛:热爱生活,永葆心中的光明和希望,而这也是一种命运。海德格尔说:

> 如果思的勇气源自那存在的严苛,
> 命运的言辞将骤然绽放。

原来,人类生存的严苛和罪恶,也揭示了这样的一种认识:内心葆有光明和希望,就是对人性的拯救、对命运的拯救。唯一能在世间永恒的是美,是善。至此,我们也理解了小说开头那关于白光的象征性描写涵寓的意义。由此来看,《轻柔之手》在小说中引入了一种"思",它在叙述故事的基础上,有一种关于思想的召唤,那就是照亮人的存在。从这个视野再看,《轻柔之手》审视的不是现实,而是存在,是人类的可能性。

最后,要说的是《轻柔之手》是一部深受现代主义文学影响的作品,其对人性思考的深度和人存在的命运言说都是深刻的。小说艺术上也有创新,它对历史环境简洁的语言和故事情节包含着对生活高度的概括,内蕴丰富。把它放在现代主义文学思潮或者先锋小说一脉中来看,是一部当之无愧的杰作。

朝着美好飞行

——邵小平诗歌阅读与赏析

诗歌确实是最为个人化的创作。甘肃诗人邵小平诗歌艺术的精致灵秀和对真善美的讴歌,不仅在盛行“西部风”的甘肃诗坛,也在流行粗鄙的口语诗、玩世不恭地调侃价值和美好的“现代风”或者“后现代风”的当代诗坛,都有其独特性。

读邵小平的诗,就像抚摸和玩味一串美玉串珠的项链,感觉到雅致与美好。一首首诗仿佛一颗颗温润的玉珠,并不绚烂夺目,却光泽温润,有着灵秀、古典的韵味,而串起这串珠子的线就是诗人内心那“朝着美好”的生命体验。

“朝着美好”是邵小平一首诗的标题。这首诗写诗人和自己三岁的孩子一起灯下读书,“哦,我端正地拿着书/看到了光明的人间/也许还看到了颠倒的世界/而孩子拿着颠倒的书/他认真的样子,我猜/他心中定有一双翅膀/朝着美好,在逆光飞行”。三岁的孩子拿着颠倒的书读,原本童心烂漫,然诗人又何尝不是有着一颗童心?诗是直达内心的、最为真实的情感抒发,否则难以为诗,诗心本童心。身为检察官的邵小平,也许时常看到“颠倒的世界”,却难得地保留了一颗“童心”,在诗歌中“朝着美好,逆光飞行”。

一

描写西部的乡土诗长期被惯性写作熟化为似曾相识的模板,西部乡村要么带着贫穷、粗粝、苦难的格式化剪影,要么被煽情为乡野味儿的信天游。邵小平生活在西北的乡村,但以他美的诗心,以陶渊明式的牧歌格调的田园诗,呈献出另一个诗意的西北乡村。但这不是矫情,是一个真正在西北乡村生活过,并融入其间的人感觉到的家园之美,发出的家园之叹。

> 陪老乡笑谈星星的话题/打盹醒来,已是半边床空/只听猪崽在

拱着圈门/女主人在木板上剁着猪草//而远处传来犁地人吆牛的猛喝/斧头劈进木头的空旷/几个山头相互问答的亲热/以及山鸡呼唤伙伴的湿漉/都是那么温馨和谐……

——《雾晨听村》

这是一首充满了生机的诗。诗人在温暖自然的乡村夜谈后，早晨醒来发现勤劳的农人已出门劳作。诗人睡眼惺忪中听到乡村的声音：猪崽拱门，女主人剁猪草，农人犁地吆牛、伐木、相互问候，山鸡相互唱和……

中国诗歌以有意境为至上，有意境的诗歌往往具有“韵外之致”“味外之味”的艺术美。《雾晨听村》虚实结合，写声为实，以声绘画是为虚，虚实结合表现在，乡村早晨各种声音的交织中，呈现出一幅生机勃发、天人合一的乡村画面。近处，肥嘟嘟的猪崽活蹦乱跳叫着乞食，村妇拿刀剁着碧绿的青菜，青菜的味道弥漫在清晨清新的空气中。远处农人在大地上扬鞭犁地，吆牛的声音与天籁一体。还有那在苍翠的树林里坎坎伐木的樵夫，山头上一边忙碌一边亲切地打着招呼的农人，他们与自然融为一体的乡村生活，那么和谐，那么生机勃勃，更何况还有那养足了精神的山鸡们在此起彼伏地唱和。可以说，这首诗颇有人与天合的神韵，算得上是一首有意境的当代诗歌。说它有意境，还因为，它在虚实结合中拓展的回味无穷的审美空间，它交织着生命的饲养、自然的哺育、大地的耕作、希望与收获、火热与淳朴、和谐与静谧等等美的韵致。

邵小平对西部乡村并不是完全的赞美，他正视西部乡村的艰辛，不过诗人不想哀叹，也不想控诉，他还是要向美好飞行，用诗歌表达改变艰辛生活的美好愿望。《雨水高原》：“高原上的天/像硬汉的脸/而这土地上的雨水/有时比硬汉的眼泪还稀少……屋檐下院子里的水窖/田头上大道旁的水窖/鸟的粮仓，花的闺房/马的眼睛//如果我的诗能砌一口窖井/那么岗上的大豆你为我摇铃吧/洼地里的玉米你为我怀孕吧/还有白菜的根/你为我守住秘密吧！”干旱是西部长久的伤痛，到处凿水窖储存雨水是西部乡村典型的生存方式。热爱着西部这片土地的诗人，无法改变干旱自然气候，其心愿是将自己和心爱的诗歌物化为西部土地的一口窖井，滋养西部大地的生灵，来分担这片土地的苦难。这首诗在艺术的成功主要是将人的物化和物的拟人交织在一起，有童话般的童真之美。

邵小平写乡土、写大地的诗确实很美,《春的小品》清新、清纯,灵秀之极;《树提着水桶在奔跑》想象独特、生机盎然、青春勃发;《泾河》深情款款;《补地》和《大野》对大地充满了热爱;而《灵台雅歌》又是诗人回望自己的故土灵台时,满怀激情地在历史人文的凭吊中对故土精魂的张扬。而当邵小平将美好投射到乡村的日常生活时,平凡的日子就有了幸福感、喜悦感,《红日临门》就是这样一首生活感非常鲜活的好诗。

二

读邵小平写爱情的诗,先有些微讶异,然后又释然。原以为作为检察官的他的诗,就如他说的"必须硬朗如/法律条文中一个字"或者"如一位佩剑的将军/嚯的一声抽出壮士的英气"。却不料,在诗歌里,处处看到他的温婉多情。然而,仔细回味,他多情却并不柔弱,深情的爱中有一股坚韧的劲儿。这可能与他选择做"一位握笔者,让文字开花,思想结果"有关,更为重要的是这个握笔者,"必要的时候,要把小小的笔举成火把/或者握着它去决斗。"(《握笔者说》)

一片庄稼,收获的时候/人们只把它的果实/收回仓廪,枝干部分被遗弃/等待着冬天的柴火//一头牛闯进庄稼地/翻卷舌头,饕餮一棵庄稼/就像一个人抱起另一个人/爱她的头发、眼睛、心灵……//一头牛闯进庄稼地,那执拗/牵着缰绳的小女孩也挡不住/长在路边的青草也挡不住。

——《执拗》

用"牛闯进庄稼地"来喻指爱情,这个意象在民间原本并不新奇,但诗的新颖之处是以人对庄稼功利性的选择和狂野的牛对庄稼地的饕餮来形成对比,在对比中让我们领略爱情的真味:那执拗的、全身心的、没有选择的、不管不顾的、无法节制的情感,难道不是那不计一切、狂热爱情的澎湃。而且,也未尝不是一种惊世骇俗的决斗。

爱不仅仅热烈,爱还是缠绵,是包容,是奉献,更是坚强依托。因此"我是你的绕指柔/我是你的云梦泽。""把你的疲惫的意态给我/把你呓语的琐屑给我/把你忧愁的断发给我/把你的呻吟和抽颤给我/把你的低泣和嘶吼给我/把你黑暗的罂粟给我/把你阳光下的影子给我。"(《爱你……》)这首诗托物言志,托毛巾来寄言爱情。诗人满怀深情地倾吐着美好的爱情,塑造出一位朴实体贴的、胸襟宽阔的、可以依赖的爱人形象。在情感表达上既缠绵悱恻又有深沉的力量。在这个虚浮的社会,爱情成为奢侈,当大家都“不谈爱情”的时候,邵小平却在为爱情确立美好的位置,其向美之诗心令人感动。

邵小平的爱情诗不多,但他应该是男诗人中能细腻地表达爱情的圣手。《围棋》一诗依然托物言志,指出爱情就像一盘棋局,双方相互依赖又想把对方吃定,纠缠一生,没有输赢。可以说,邵小平的每首爱情诗所抒发的爱情体验都那样细致入微,让人多方面地玩味爱情多样的况味。不过,贯穿所有爱情诗的一个感情基调是:真情。

三

一个纯真的人,一个歌唱真善美的诗人,他的诗是那样纯净美好:

童话中的白雪公主/谁喊了一声/它的心就红了//在黑暗中行走/被绊了一下/原来是一地亮灯笼

——《红心萝卜》

这首诗是一首非常富有内涵的诗。诗人欣赏着雪地上的一个个红心萝卜,一颗童心描绘着美丽的童话:那外表雪白、内心亮红的萝卜仿佛白雪公主,内心美得惊艳、夺魄,外表是清白的岁月。然而,诗的内涵并不停留于此,那“谁喊了一声/它的心就红了”的神来一笔,给我们指出美是有强大的感染力的,张扬美,美就能感染所有人。所以,即使被红心萝卜绊了一下,不必恼恨,因为你看到的是一地的亮灯笼。美就是这样提醒着你,照亮你暗夜的征途。从此意义上讲,这首小诗寓意丰富,言有尽而意无穷。

小鸟叫喳喳,它们心情好/今日肯定有个好天气//清脚出户//果然旭日高悬/多年的老同学,现在冒了出来/他的新闻被蓝天的荧屏播放着/清风浩荡//即使心存暗影,我也逢人便说:今日又是一个好天气哪!

——《今日是个好天气》

王国维在《人间词话》中说:“以我观物,万物皆着我之色彩。”我美,世界才美。面对身边的人的一夜成功,心里难免有过嫉妒和失落。但我,能够压下心中的暗影,看到的依然是“清风浩荡”的好日子,我把美好传递给世界,这就是人性的光辉。

真善美在邵小平的诗集中俯拾皆是:“我”要硬朗地区分好人、坏人,歌唱美好,坚持正义(《我的工作》);“窗台上的红苹果”流溢着世界美好的神性秩序;洒水车是城市的女王,走在美的道路上,有美的威仪(《女王之臣》);“欲飞的窗帘”美得令人想入非非……邵小平还有许多颇具哲思性的抒情小诗,善于发掘生活中的点点滴滴,于习见的意象中挖掘真善美,歌唱真善美,亦具有较高的艺术水平。

总之,邵小平创作二十多年,坚持真善美的讴歌,坚持清新灵动的诗风扬洒,形成了纯净优美的风格。他朝着美好飞行,也许并不绚烂,却有温润的光华。读他的诗,就像看惯了丑石怪岩,深山大川,忽然进入小桥流水人家,一种亲切、悦目和爽心涌上心田;这是美感中理性与感性的和谐,是一种优美的美学形态。在当今审丑多于审美、口水诗大行其道、满不在乎的“嬉皮士”诗风颇为引人眼球的诗坛,邵小平诗歌的“美好”令人眼前一亮,爽心悦神。其实,我还想说,邵小平对颜色的敏感,以童心看世界的诗意盎然,以及诗歌的短小精致不由地让人把他和“童话诗人”顾城联系起来,我觉得邵小平的诗也颇有顾城的“童话”之风。最后,我觉得诗歌除却想象和自成一家的抒情风格之外,诗歌还需要知识。如果邵小平能在诗歌中融入更多的文化反思,可能会开拓诗歌的容量,有更大的气象。

爱与美的探寻

——论严英秀小说的现代女性书写

一般来说,少数民族作家擅长书写本民族的生活和风俗文化,对母族文化的书写已经成为少数民族作家身份认同的标志。少数民族创作的民族性与地域性也往往在创作中会获得意外的效果,因为它本身的新奇和独特就能吸引人。但是,如果过分依赖这些内容往往会将特点变成局限。因为,一方面在世界全球化进程中,少数民族生活必然受到现代性的冲击和改造,少数民族文学也必然在民族性与现代性的张力中具有了新的特性。另一方面,知识全球化也必然影响少数民族作家的心理文化结构,母族文化、现代生活及知识必然赋予少数民族作家双重文化身份。在少数民族文学创作的主客体都发生变化的今天,就像藏族女作家严英秀指出的:"完全无视实际上已经发生着的现代性对民族性的席卷和渗透。这样的文化守卫立场,虽出于执着的民族情感,但实际上对民族的发展有害无益。"确实,少数民族文学如何实现民族性的借重与超越,是每个少数民族作家必须思考的问题。

在自觉思考少数民族文学的民族性与现代性的创作意识之下,藏族女作家严英秀的小说创作已引起了文坛的广泛关注。严英秀擅长写在现代文化教育的熏陶下成长的女性,在对现代女性情感世界的书写中执着于爱与美的精神追求。这是一个常见的主题,但在她的小说中呈现出了一种鲜明的独特性。这种独特性在于:严英秀的小说不依靠地域和民族题材来支撑和取胜,而是将藏族洁净文化的精神血统赋予她的对爱与美的探寻,融入世间生活常态,从普通的现象和日常中发现爱与美,将它抽绎、凝练、提升并加以艺术升华和审美转化,在当代平常生活中感悟不平常,这是一种创作的功力,也是对于地域和民族的超越。严英秀小说所表现出的少数民族文学创作的新面貌,如叶梅所说:"体现了当代少数民族文学的多样性。"这是与少数民族文学创作者应该有当代意识紧密相关的。

本文即通过严英秀的小说创作的整体观照,论述其对现代女性书写中,所体现出的爱与美的探寻,以及其独特价值。

一、失落与坚守同在的爱与美:一代女性在社会变迁中成长的印痕

严英秀前期的小说书写校园、青春、爱情与成长,可以称为一种“女性成长小说”。《纸飞机》《沦为朋友》《1999:无穷思爱》《自己的沙场》《苦水玫瑰》等作品写出了“70后”这一代女性成长的轨迹,她们在成长中追寻爱与美,在爱与美的失落中充满了透彻的伤痛。这种伤痛感既是面对20世纪90年代以来现代性的挺进,女性在社会变迁中生存境遇的伤痛,也是植根于藏族文化精神内核之爱与美,在现代性进程中烟消云散的文化乡愁。

严英秀的小说是真正散发着女人味的,有鲜明的女性主义特色和立场。但她的女性主义是温和的,是对女性气质和独特的女性经验的表达,她对男性的失望是对男人本身的失望,而不是从女权主义的角度表达对男权社会的愤慨,或者对男权文化的挑战和鞭挞。严英秀的小说不以如椽之笔塑造女性的史诗,也不会以愤激之语塑造对男权具有杀伤力的女性。小说的女主人公往往对男性充满了失望,同样充满了向往。所以,严英秀的小说是女性生存和生命的真实境遇,是女性那纯情唯美的浪漫之花盛开和衰落的声音。

《1999:无穷思爱》写发生于20世纪80年代后期大学校园的一对师生恋。女学生栗崇拜老师桑,全身心地爱上了老师桑,爱情让栗在桑面前是学生,是女友,也像小母亲。桑才华横溢却是个自私可耻的伪君子。作为栗的好友的“我”,见证了他们的恋情,体验到面对充满欺骗的男人,女人对爱情的执着和坚守。然而,桑最后还是抛弃了栗。而且,在无尽的岁月中,“我”看到大学的女友个个在爱情中挫败。在新世纪来临之际,“我”将这段十年前青春的纯情与至美充满无穷思爱地呈现出来。在今天的时光中回味,纯情的过去充满了伤痛。“我”于此探问,对于女人,什么是真正的爱情?“我们已然走过伤痛的花季如今踟蹰在成熟的果园里的女人,到底需要什么样的男人和幸福?”答案并不清晰。对于女人来说,关怀可能在能够相互理解的女人之中,归宿仍然在对爱情的追寻之中。

《沦为朋友》以细腻的语言、对人物心理的深透把握、写现代都市中纷繁复杂的情感状态和心灵图景最见功力。梅沁与女友的哥哥结婚,女友对哥哥极端热爱,不断地制造矛盾破坏梅沁夫妻的和谐,最后女友嫉妒自杀。在背

负着这样沉重的情感包袱，梅沁十年的婚姻只能散了。现在，梅沁爱上了评论家、教授于怀扬，以为能够重新来一次真正的爱情了。可是，当梅沁内心已将于怀扬作为终身之托，并告诉于怀扬之后，于怀扬马上淡漠了梅沁。而梅沁也恍然发现，于怀扬与年轻美丽的女子相处，只是逢场作戏。他们于此而“沦为朋友”。

严英秀的小说以爱情写女性的生存与生命。她的小说带有非常明显的代际色彩，写出了一代人——“70后”女性的成长与疼痛，这是严英秀小说突出的特色和独特的价值。读严英秀的小说，可以让人想起流逝的时光，想起20世纪80年代，这段“70后”女性成长的青春年华时期。严英秀的小说将那个富于鲜活生命的时代，那个已经渐行渐远的时代，呈现在今天。那个时代，是“张爱玲热”首次在大陆形成巨大影响的时代，是张洁那爱情神圣的时代。所以，青春的教育沉淀在严英秀的心底，打造了她小说主人公的爱情观——单纯浪漫女性的爱情观。往远，应和着张爱玲“女人要崇拜才快乐，男人要被崇拜才快乐”的爱情构想；往近，呼应着张洁那“爱，是不能忘记的”的精神之恋。

然而，严英秀小说的意义不止于这里。她在书写青春、爱情的时候，也写出了20世纪90年代后半期以来社会的变迁，借用马歇尔·伯曼在论述现代性时引用马克思的话来说，“一切坚固的东西都烟消云散了……”

在20世纪80年代和90年代初期，在“70后”女性的青春中，她们相信理想，相信爱情，甚至，理想和爱情就是生命的一切。于是，《纸飞机》中，大学生阳子恋上了年轻的男老师剑宁。阳子因为看到了剑宁一家幸福的家庭生活，而将自己的爱深埋心底，呵护着别人的美丽，也呵护着心灵深处最深沉的爱情。十二年后，阳子见到剑宁，剑宁却背叛了自己的妻子，阳子在与剑宁的初吻中杀了剑宁。《自己的沙场》中的苏笛，因为大学时代一场刻骨铭心、凄美悲情的初恋伤痛，生命从此充满了黑暗和冰冷。她需要一个人来重新照亮自己。她爱上了一个在文字里认识了五年的男人陶一北，一位作家。陶一北的文字温暖了苏迪，生命因此有了光彩。然而，苏笛最后发现，对她来说生生死死的爱情，对陶一北来说“不会有太大的价值”。

爱情令人悲伤，但无论如何在“70后”的青春中，它是最为坚固的东西，坚固地影响了一代人的情感世界，左右了她们的现实生活。然而，“70后”的女人们，步入人生成熟的花园时，不得不直面令人困惑的现实：爱情，这个曾经以为可以坚守的纯美东西在这个时代烟消云散了。而这个现实最为无情之处是:“70后”在20世纪80年代到90年代形成的人生观,在20世纪末正是被那些曾给予“70后”启蒙的师者、长者这些启蒙者所击碎。而他们正是被“我们”崇拜着的,甚至“我们”的爱情就是源于对他们的崇拜。“一切都烟消云散了”。现代性就这样无情地击碎了古典的爱情,击碎了爱与美,击碎了古典理想观、价值观。就像飞机寄托着理想,但它是纸的,飞不上蓝天。朋友是可贵的,“沦为朋友”却多么悲哀。这是严英秀小说最为深刻和尖锐之处。不过,无论怎样悲凉的现实,严英秀小说中的女主人公绝对不会因此而妥协于世俗,每个女子都在坚持着自己精神世界的纯净,坚守着对爱与美的追寻。

二、幻灭与温暖交织的爱与美:百感交集的人生悲悯情怀

2010年以来,严英秀的小说体现出一定程度的转型,这些作品包括《玉碎》《一直对美丽妥协》《夜太黑》等。转型表现在两个方面:一是开始将笔触从女性的青春、爱情和成长中转向对当下女性及周围世界平实生活的书写,开始超越女性自我的单向叙述,走向一个更开阔的写作境界。二是写作风格由唯美转向厚实,将爱与美的幻灭和爱与美的温暖相交织,更为切近生活的内蕴。如果说,她前期的“女性成长”小说具有唯美之哀婉格调的话,转型后的小说则具有百感交集的人生之悲悯情怀。当然,所谓转型的作品与前期作品之间仍然有内在的连贯性:在写作手法上,严英秀的小说还是以描写女性细腻的情感世界见长,在写作风格上,严英秀的文字也依然是细腻优美的,在作品内在的精神气质上,也依然坚守着对爱与美的追寻。

《玉碎》《一直对美丽妥协》《夜太黑》等相比前期的作品,更有容量,现实性和厚重感有所增加。这是一个非常值得肯定的变化。女性作家一旦突围了女性自我,她们将会写出更为贴近生活的作品。按照女性主义文学批评的一种观点,这是因为女作家更容易进行双性同体写作。所谓双性同体写作,按照法国女性主义理论家埃莱娜·西苏的看法,女性作家解构了固定的男性和女性本质上的二元对立关系,一方面以女性独特的感悟力写女性经验,另一方面在创作中也可以进入男权文化内部进行沟通和对话性的写作。严英秀对此是有自觉意识的。她说:“我深信将女性写作的目光投注到男性关怀这一层面,是中国女性主义文学接受更新的女性观念的表现,是文化多元的

标志。和解不是妥协,关怀不是无原则的让步,不是再去重复古老的历史,而是更高意义、更深层面上的达成共识,平衡互补,共荣共存。"应该说,双性同体是女性(甚至可以说所有作家)创作的最佳状态,是一个消除性别对立的概念。无论如何,在女性主义文学理论家看来,双性同体是女性作家写作的优越性所在。因为,女性作家创作更多差异性。女性作家不但了解自我,而且了解了自我的不同之处以及别的世界与我的差异。反过来看,男性作家大概都不愿意进行女性写作,在他们看来那是一种降低。而实际上正是这种轻慢,往往遮蔽了对生活、对人性秘密的洞悉。当然,双性同体写作也只是女作家们的一种理想,但理想并不妨碍走向理想。双性同体也是一个有许多争议的概念,但这个概念所具有的启发意义,可以观照当代中国女性文学的繁荣。女作家在中国当代文坛的辉煌很大程度上也在于,她们更容易贴近人生,这与女作家有意无意的双性同体写作意识是分不开的。

严英秀的《玉碎》《一直对美丽妥协》《夜太黑》等小说,就是突围了女性自我之后,直面更为广阔的生活,更贴近人生的写作。其作品对爱与美的探寻,也就包括了对爱情、亲情、友情等人性所有的温暖和暗淡进行的开掘。

《玉碎》关注底层生活,关爱小人物的人生。郑洁因为对小姑男朋友"大学生"的憎恶泯灭了自己上大学的梦想。和小姑的爱情一起破碎的玉镯也成为郑洁的心结。人到中年的郑洁,夫妻俩都下岗了,在粗粝的生存环境中,过着艰辛的日子。但这并没有磨灭郑洁对爱与美的追求和幻想。四十岁生日的那天,郑洁走进大商场,只是想看看一只绿色的玉镯。然而,价格是天文数字的玉镯又一次碎了。两次"玉碎"都是郑洁人生的劫难。小说以"玉碎"为象征写女性追寻爱与美的幻灭。前一次"玉碎"是中国古老的土地上,亘古上演着的痴情女子与"走向新生活"的负心汉之间爱情的破碎,是对中国文化痼疾的鞭辟;后一次"玉碎"是理想在金钱面前摔得粉碎,是美好向往的破碎,是对当下社会生活的愤激。"玉碎"表达的爱与美幻灭的精神内涵比起前期的"女性成长"小说厚重多了。《玉碎》对生活的贴近还表现在,郑洁生活中的温暖不再是前述"女性成长小说"里多少有点"姐妹情谊"的温暖,而是来自于相濡以沫的丈夫。严英秀的笔下,第一次出现了一对在人间烟火中执子之手、相濡以沫的夫妻,在实实在在的生活中打拼的男人和女人。而《玉碎》的成功之处更在于将女性的命运放到社会大环境之中,写生存之艰,它同情小百姓的命运,饱含着对女性以及对人生的同情与悲悯。

《一直对美丽妥协》是一篇“打工小说”。写美容院一群打工女子的艰难的生存境遇。其中最感人的情节是,美容院的姐妹们拿出自己微薄的收入,共同筹资为一个被主人打死的保姆打官司的情节。这篇小说的主要价值并不在艺术层面,而在于它对社会现实的愤慨,以及深厚的同情心,甚至一点点朴素的阶级意识。在《一直对美丽妥协》中,因为人性的美好光辉,才使惨烈的现实不至于完全沦为黑色的绝望。小说于此凝视生活,流溢于笔端的正义感和悲悯感,表达着作者的情感态度和价值评价。底层人民的团结协作正是“劳苦人”人性的光辉所在,虽然不无理想主义色彩,但这样的光辉也表明了严英秀对当下生活的介入和思考。

《夜太黑》探讨家庭伦理,非常敏锐地提出了当今老年人生活困境的问题。小说以乔月的视角回忆父母年轻时给予所有子女的无微不至的关怀,怀念那童年、少年时期大家庭温暖的生活。然而,今日,年老的父母却分居了。父亲独居。母亲不管到哪个子女家都是寄人篱下,过着谨小慎微也难免讨人嫌的日子。可是,这该责怪谁呢?如何改变父母的生存状况呢?没法让父母晚年过得欢愉,也无法责怪父母的子女们。小说指出老年人生活的困境的形成,一方面源于现代社会,人人都对别人的精神世界极端冷漠;另一方面也由于老人自己的精神困扰。乔月的父母就在这样的困境中。而这种困境的形成,并不能用中国传统伦理中的“孝顺”去解决。严英秀敏锐地捕捉到现代社会生活与中国老年人传统生活之间的冲突,并以女性的细腻和丝丝入味的剖析给我们以沉重的思考。这篇小说更为难得的是作品的悲凉情调贯穿着对人存在的孤独本质的关怀,蕴含着一种体察人类性的悲悯情怀。

在《玉碎》《一直对美丽妥协》《夜太黑》体现了严英秀超越女性自我,敞开胸怀扑入世界后开始具有的大气。她以对人生的贴近之切,体察之深,写出了光辉与暗淡相映衬、爱与美的温暖与幻灭相交织的人生。体察鲜活的生活,贴近人生的不完满,于此而飞扬精神的旗帜——探寻爱与美,达到超越世俗的精神维度。

结语:严英秀小说的独特性与意义

作为一个少数民族作家,严英秀一方面以写现代女性的感情世界,涉及婚外恋、多角恋中的情感波纹,来思考和揭示现代人的情感世界和人性;另一方面以源于她的藏族文化血统的精神立场,坚守着对爱与美的探寻。这种写法既传统又现代。说传统,是其中有珍惜留恋失去的真情,来源于母族文化的爱与美的探寻,这是现在很珍贵的精神向往。说现代,是其对现代女性情感世界的深透把握,还有对现代性症候的准确把握和诊断,将美好的事物毁灭给人看的悲剧意识。这是严英秀面对少数民族文学的民族性与现代性的课题时,以对本民族文化朴素真挚的热爱之情为出发点,投身于当下的生活洪流,深切地感受民族文化在现代化进程中的变异和生长,创造出既具有独特的民族意味和表达,又能融入现代性主流文学格局的作品的努力。一种渴望突破地域的束缚和民族局限,使创作不受局限的超越性写作之意旨。严英秀以创作实践对少数民族文学如何处理民族性与现代性做出的尝试,体现出的少数民族文学新的面貌,对重新认识少数民族文学的发展和格局具有重要价值。

文学要深入生活,必须要以真诚的态度凝视并用心灵感悟和发现现实人生。现在的文坛,热心热点题材,比如商场、官场、情场以及隐私揭秘,等等。这种热衷当然有道理,因为生活本身提供了这种素材。问题是,素材本身并不是小说中的“写什么”,对素材的重新发现才是“写什么”的内容。一些作家在商场、官场、情场,或者自我暴露中营造种种现实人生时,却怎么也难以遮掩为作品设定“隐含的读者”时的功利之心,这才是文学对生活的最大的冷漠。严英秀说过:“在现如今这样一个尘埃迭起的时代,女性作家对精神、信仰和美的追寻更加执着。”这是严英秀对自己写作立场的定位。她对现实人生的发现,她安静地凝视这些问题并做出的艺术思考,她的唯美主义格调,都使我们感受到她对生活的情感态度和价值评价,也感受到文学弘扬真善美,对生活真正的关怀。

如果说有一种抒情小说的话,我认为严英秀的小说就是典范的抒情小说,是诗化了的抒情乐章。首先,从语言来看,小说语言情感非常饱满,能直透人心,很少用长句,干净利落,充满诗意。抛开小说的内蕴和情节,语言就能给人以美的感受,确确实实体现了文学是语言的艺术。应该说,严英秀的小说语言糅合了中国现当代文学史上相当多女作家的风格,如黄庐隐的伤感哀怨、凌淑华的含蓄蕴藉,甚至张爱玲的冷峭严峻,还有张洁对爱情失望后的怨愤情绪表达的些许影子。但最终,是严英秀自己的语言风范。其次,自然天成、行云流水般的结构。严英秀小说以情感线索结构故事,以心绪的波动安排情节。小说故事在平实、日常中常出现突发事件和偶然转机,但突发中有逻辑,偶然中有必然。这种有意为之又了无雕刻之痕的结构安排,既是严英秀唯美主义小说风格的形式因素,也是与小说内涵对爱与美的探寻融为一体的。再次,严英秀在创作中对于爱和美的坚守,使得其小说基本是浪漫主义的,一种包含了悲悯情怀的感伤浪漫主义。这些共同打造了严英秀小说艺术风格的独特性,对于现代汉语文学写作如何实现艺术美具有启发意义。

审视生命的“隐疾”和悲感的人生

——弋舟小说论

弋舟有着过人的创作才华和独特的气质，以强劲的创作风头成为“70后”作家中受到高度关注的代表性作家。他的小说《所有路的尽头》名列中国小说学会2014年度中国小说排行榜中篇小说榜首，中篇小说《等深》获第三届郁达夫小说奖提名奖，短篇小说《龋齿》获第三届西部文学奖，此外弋舟还获得第三届《青年文学》奖，以及多次获甘肃省敦煌文艺奖、黄河文学奖等奖项。除了小说界对弋舟专业性的赞许，弋舟的小说还拥有大量的读者并享有很好的声誉和口碑，小说集《我们的底牌》在豆瓣等读书排行榜上长期排名前列。

弋舟身处西部，但不是以西部写作获得声名的作家。他的小说多取材于现代都市生活，多涉及对现代人的精神世界的疾患的揭示，常常在看似冷静却不乏悲悯的叙述中写出生活的不堪忍受和现代人精神的创伤。他有篇小说题名为“隐疾”，这“隐疾”正是揭开弋舟小说文本深意的密码之一。在弋舟的多篇小说中，“隐疾”或者统摄着主题内容，或者成为文本的某一构成层面，这在《龋齿》《黄金》《战事》《隐疾》《我们的底牌》《等深》《而黑夜已至》等作品中皆有体现。在这些小说中，弋舟对现代人的生存困境和精神负累的审视，揭开了生命的“隐疾”，以一种透彻的贯穿感抵达了生存的真实，表达着弋舟对当代生活进行认知和思考的努力。弋舟小说的精神探索涉及中国当代普遍的心理问题，这个问题也是当代中国很重要的社会问题。而且，弋舟的小说以一种悲切的痛感，触及人对自我和世界的反省与思考、人性的幽暗与温暖、人存在的本质等问题。弋舟小说对当代人的精神“隐疾”的探索和艺术表达所具有的深刻性和独特性，在当下文学叙事中有不可取代的价值。

一、精神“隐疾”与女性的生存

弋舟以精神“隐疾”来关注女性生存困境的小说比较多。《龋齿》写一个离异女人，在与牙医相处时感觉到全身莫名的痛楚，女人将这种痛感归因于一颗龋齿。在牙医为她拔牙时,女人隐瞒了自己的心脏病,因而心脏病发作昏厥。《龋齿》的故事情节非常简单,小说主要以大量的篇幅描绘拔牙过程中女人的臆想。这些臆想是女人对自己千疮百孔的生活的回味,以意识流的形式展示出来,从中可以窥见女人的内心世界及其生存状态。对这个女人来说,她可以忍受心脏病带来的流产、吃药、保胎、担着巨大的风险生孩子这些痛苦,却无法承受加诸在心脏病之上的生活的损害,诸如离异、剥夺孩子的抚养权、丈夫另有新欢等。与身体疾患的痛苦相比,生活的损害才是女人真正的伤痛。因为这些损害负载着生活残酷的评判,女人由此感受到毫无尊严的生活以及强烈的耻辱感。这些感觉深深地咬噬着女人,让女人陷入怨怼生活和灰暗的情绪里,在过去的损害中难以自拔。"过去"就像这颗有洞的龋齿,是这个女人身体的一部分,且难以剥离。这样一来,小说中的龋齿这个疾病就负载了过去的伤痛且难以拔除的象征意义,有一种精神的"隐疾"的隐喻性质。可以说,《龋齿》是一部构思精妙的小说,它借生理疾病"龋齿"深入人的精神创伤的探索,对女性创伤性记忆的心理描写是独特的,令人难忘的。

中篇小说《黄金》和长篇小说《战事》写女性成长的隐痛,少女倔强的爱和憔悴的青春,沉积为女人内心深处一种精神的疾患和情结。这样的精神"隐疾"支配了女性的生活意识,成为她们坚持自己,并与生活战斗的姿态,也由此是女性生存的悲剧性的根柢。在小说《黄金》中,懵懂少女毛萍在初恋约会时,小男友给她一块铜块,说是送给她的"黄金"。而毛萍的初恋很快就被父亲粗暴而卑鄙地斩断了。毛萍长大结婚后,因为不是处女受到丈夫的羞辱,毛萍从此放荡不羁,并且有一种畸形的"黄金情结"——和每个男人发生关系都要索取黄金。不过,小说却并未将毛萍对黄金的热爱定位为金钱的交易,从而凸显出毛萍的"黄金情结"是一种创伤性的精神疾患的意义。《战事》中的少女丛好经历了母亲的偷情和私奔。在这个事件的过程中,丛好的父亲显得那样地懦弱,并日益猥琐。由此,少女丛好对生活中所有的平庸和猥琐充满了厌恶,绝不被生活驯服成为丛好内心的一种情结,一种生活的姿态,一种创伤性心理式的精神"隐疾"。在这种情结里,丛好对那些"对生活仰起下巴的人"并不进行好人与坏人的区分,只要求他们是生活中的硬汉。于是,电视里海湾战争遥远的战火中,以硬汉形象出现的萨达姆成了丛好的偶像,她坚定地认为萨达姆一定会赢。在生活中,丛好也只喜欢那种独特的、不被生活磨蚀的男人,无论这样的男人是充满劣迹的粗野少年,是执着追梦的文学青年,抑或颐指气使的成功商人。这些人对生活的打破如一副副药剂,疗治着丛好对平庸猥琐的惧怕和厌恶。但是,也因为"绝不被生活驯服"这个具有盲目性的执着,丛好与周围的世界相处,与男人的相处,很多时候显得那样不明就里和无所适从。对于种种不适,丛好只有以冷漠却又像是从容的姿态表现出来。周围的人都未曾明白,丛好的精神世界中进行着一场持续的"战事"。在这场"战事"中,丛好在和世界作战,更在和自己作战。而这样的战事使丛好青春憔悴、饱经创痛,经历着一个女人在成长中"漂移、飞升、错落、破碎、归位的状态。"[1]与《黄金》相比,《战事》的内涵更为丰富,这得益于《战事》具有的女性主义文学意识。《黄金》对毛萍的"黄金情结"的叙述是冷静节制的,故事情节的发展跳跃性比较大,留下大量的空白让读者去揣磨、品味人物精神的痛楚和"隐疾"。至于毛萍的极端行为,有一种难言的痛和抗争的意味在里头,形成了小说略带凌厉的氛围和尖锐的刺痛感,但毛萍的抗争并不具有明显的女性主义色彩。《战事》的叙述则是绵密的、细腻的。弋舟在这里是一位男性的"女性主义者",在一波一波的高密度的故事中,将女性的创伤和痛楚铺陈出来,刻画和展示了女性内心世界的波澜起伏,和倔强又盲目的生活态度。小说带给人绵长的、与生活一起延绵着的、难以言明又让人无可逃避的痛感。其对人物性格的立体复杂性的塑造,对女性生存精神痛苦的细腻挖掘,以及对两性交往的多重思考,都表现出对《黄金》的进一步深化。

《龋齿》《黄金》和《战事》都揭示了女性精神的创伤和隐疾,在深入骨髓的痛楚背后,体味到人物作为个体生命的悲剧性存在;也感受到人作为自然的人,也作为社会的人,求得肉身和精神合一的艰辛,在她们的挣扎和创痛中令人不忍直视生命的真实。这也彰显了特定历史文化对个体生命感觉的漠视与压抑。

二、身体与社会的双重"隐疾"

弋舟写女性生存状态的精神"隐疾",基本采取的是内向化的视角,精神"隐疾"是人物与外在世界搏斗,与自我搏斗中形成的一种情结。而在另一些与疾病有关的小说中,弋舟赋予疾病以双重的内涵:一方面这些疾病是平常生活中并不凸现出来的身体隐疾,另一方面这些隐疾具有复杂的社会性的病

[1]弋舟、张存学:《最好的艺术表现　最多的生命真实》,载《艺术广角》2013年第4期。

因，使得这些隐疾具有了身体与社会双重的"隐疾"的隐喻意义。

《隐疾》中的小转子患有梦游症，在梦游中会把她丈夫老康当成一只恶心的大蜘蛛去攻击。老康曾在聋哑学校做老师，于是有漂亮的聋哑姑娘做情人。老康还是个有钱人，在中俄边境贸易中尔虞我诈赚了钱，又要向政府部门行贿开矿山。对于老康，用小转子的话说："老康已经够黑啦，这个世道已经够黑啦……"[1]老康则认为小转子的梦游症是装出来的，甚至将她送进了精神病院。不过，在叙事者"我"与小转子的交往中，小转子的两次梦游症都没有造成攻击和伤害，有着平和的结局。而小转子和"我"一起看草原的"荒唐"，更像一次长时间的梦游：在宁静辽阔的草原上，两个暂时逃离了生活的人忘记了世俗中的一切，真正体味到淳朴生活的激情，从一只发怒的藏獒身上感受到自在生命的巨大强力。小说中小转子的梦游症的真假，似乎是一个悬疑，只有上帝才知道。不论如何，从梦游的小转子身上，我们看到一个内心纯净的女人对恶浊社会的厌恶。至于仿佛梦游的草原游历，更是一次对生活的对抗。这个被对抗的生活，将它的丑陋集中在以老康为代表的世俗的成功者身上。他们追逐金钱、游戏人生、精神羸弱、冷酷无情、尔虞我诈、行贿受贿……在他们金钱至上的成功背后，是百姓贫病、环境污染、食品安全等社会问题。可以说，《隐疾》对人物的生理疾病梦游症的书写，作为生理学层面上的疾病确实是自然事件，但在文学的层面上，它又负载着一定道德批评和价值判断，映射了当下世俗生活的罪恶和隐藏在光鲜的外表下的社会真正的疾病。

《我们的底牌》是弋舟写得最为悲切的一部作品。这篇小说最值得称道的是一种冷静的叙事，叙述者以审视的目光来看待家族兄妹患有的"隐疾"——癫痫。小说中，疾病对人的身体和精神伤害的描写并不多。小说一开始就告诉读者：在叙事者"我"看来，大多时候"我"的兄妹们的癫痫发作是"适时"的，"他们用尊严做牌，打来打去，以此牟取名利和诓骗生活，被生活暂时豁免，我的生活却因此备感绝望。"[2]"我"对这种底牌充满了憎恶、羞耻和不屑。所以，"我"老早搬离了家，开了一间小店，勤奋努力地工作，要用自己的双手，正面与生活搏斗。然而，无论怎样申辩，怎样抗争，在不合理的补偿

[1]弋舟：《隐疾》，载《上海文学》2010年第1期。

[2]弋舟：《我们的底牌》，作家出版社2011年版，第225、226页。

中小店被强拆了。就在强拆的这一刻,“我”也翻倒在地,口吐白沫地打出了自己的“底牌”。这悲痛的一笔穿透了生活,揭示出生活的残酷、尊严的尽失,由此给我们展示了一副无可名状的悲痛的人生。《我们的底牌》是以癫痫这种难以言明的“疾病”作为支点的文学作品。一方面,小说对人物身体的隐疾——癫痫发作的描述本身符合癫痫的病理学。在病理学上,受到强烈刺激、情绪激动、生气等容易引发癫痫。小说中的兄妹四人都在受到打击、处于困顿的境遇之中时癫痫发作。另一方面,小说在对人物生存境遇的描述中,让我们看到人们被侮辱、被损害的卑微而屈辱的生活。从而将批判的矛头指向社会,使得癫痫有了隐喻的意义。

《而黑夜已至》也是一篇具有身体与社会双重的“隐疾”的隐喻意义的小说。艺术学教授刘晓东是一位抑郁症患者,母亲去世的那个晚上他在儿子的小提琴教师的床上,由此更加深了自己的负罪感和抑郁症。公司老总宋朗多年前醉酒驾车撞死了一对夫妻,由司机顶包了事。但宋朗始终无法摆脱内心的负罪感,也患有抑郁症。酒吧歌手徐果年幼时,她的父母在一场车祸中丧生。徐果在艰辛而芜杂的生活中长大和生存。她说自己就是当年宋朗制造的车祸中死去的那对夫妻的遗孤,委托刘晓东与宋朗谈判,要求宋朗赔偿。最后,徐果又在车祸中死去。而事情的真相是徐果对宋朗进行了一场敲诈,宋朗明知徐果不是那场车祸的遗骨,却慷慨地支付了100万元,只是为了自我赎罪。徐果则把诈骗来的钱要给养育过自己的老师买房子,资助男友出国。刘晓东最初接受徐果的委托去和宋朗谈判,也只是为了自我救赎和治疗自己的抑郁症。不过徐果的死才真正疗救了刘晓东,他由此明白:虽然现代的城市生活造就了诸如车祸、婚外情、贫富差距、肮脏的空气等太多的弊病,也使许多无法舒展的心灵患上了抑郁症,但这个时代中的人们,又都在自罪和自赎。《而黑夜已至》写出了抑郁症这个当下城市生活中的人们普遍的精神“隐疾”,也揭示了这个时代的“隐疾”。

关于《隐疾》和《我们的底牌》中对“癫痫”和“梦游”这两种隐疾的隐喻性质,正如苏珊·桑塔格所说:“正是那些被人为具有多重病因的(这就是说,神秘的)疾病,具有被当作隐喻使用得最广泛的可能性,它们被用来描绘那些从社会意义和道德意义上感到不正确的事物。”[1]这两部作品对人的“隐疾”书写饱含着对普通人生存的悲痛和现实生活的批判。我觉得是当代文坛中短篇小说的精华之作，成就是非常高的。精巧的构思、饱含泪水又不动声色的批判、虚晃一枪的叙述浸满穿透现实的力量，都让小说完成的过程和最终形态非常漂亮。至于《而黑夜已至》中以“抑郁症”进行的隐喻，则较之《隐疾》和《我们的底牌》有了更深透的思考。主要是这篇小说对时代的“隐疾”持有的是非单向度的态度。弋舟在暴露和审视时代的“隐疾”的同时，又给予它一些“劝慰性的温暖”：“时代浩荡之下的人心，永远值得盼望，那种自罪与自赎，自我归咎与自我憧憬，永远会震颤在每一个不安的灵魂里。”[2]这表现了弋舟对当下生活把握的进一步深入，以及创作水平的不断提升。这篇小说读起来更加感人，更加令人百感交集。

三、在晦暗与温暖之间悲悯人生

弋舟的小说的底色是晦暗的。小说中人物经常面临着残缺的人生，失去父亲后流离的少年、母亲私奔后孤独成长的少女、被妻子遗弃而变得猥琐的男人、被丈夫遗弃而绝望的妻子、晚景凄凉而孤独的老年人、边缘人吸毒者、破碎的生活中屈辱的底层民众……残缺的人生勾画出幽暗的生存图景。再加上作家大部分时间里采用一种冷静叙事的格调，形成了小说的压抑感。不过，如果弋舟对残缺人生的审视止于对生活阴冷和压抑的展示，那小说的可阅读感和价值就会大打折扣。因为文学是要以情动人的，文学表现的现实不论怎样残酷，本质上却要达到对人的善意的关怀，而且生活本身总是百感交集的。弋舟的生活积累以及生活的逻辑支配着作品中的生活表现。所以在弋舟冷静的叙事节奏中，由于触摸到生存的痛楚，也会情不自禁地流露出模糊的温情，由此而达到在晦暗与温暖之间悲悯人生的效果。

从对生存的残酷与悲悯的宽宥角度来看，《战事》《而黑夜已至》体现了弋舟在晦暗和温暖之间同情人生的写作情怀。《战事》中的主人公丛好在母亲与人私奔后，青春陷入无尽的孤独和盲目中。前后交往的两个男朋友，一个不良少年张树因斗殴伤害入狱而使丛好飘零；一个文学青年小丁在两人陷入险境时，抛下丛好逃离。这一切都让丛好的青春那么孤独和憔悴。后来，丛好

[1]弋舟：《我们的底牌》，作家出版社2011年版，第225、226页。

[2]弋舟：《我们的底牌》，作家出版社2011年，第225、226页。

嫁给成功商人潘向宇后过上安逸的生活，但长期被丈夫忽视，又被唯一的女友算计，后来又被刑满释放回来的张树传染了性病并离弃。生活给了丛好多次沉重的创痛，但丛好从来没有怪怨生活，从来没想过要伤害别人，不论怎样受伤，都鲜有不可原谅的恨。在"'战事'一般的爱情乃至生命中，面对近距离掩杀而来的伤痛，和光同尘，这样的人，必定终获全胜。"[1]确实，忍耐生活所有的创痛，却并不痛恨生活，这就是一个生活的胜者。《战事》中的丛好就是这样的人。而小说中那些伤害过丛好的人，却也并非大奸大恶的坏人，他们也都被生活给过伤痛和不完满，他们也真诚地给过丛好模糊不清的温暖。弋舟是用一种满怀悲悯的谅解和宽容去写这部小说的，由此而赋予《战事》以哲学意义上对生存之悲的思考。小说中的莽汉张树最终知道自己与丛好不是一路人，在不免颟顸的怜惜和难过中离开了丛好，而向来志满意得的潘向宇，在丛好离开后在对自身境遇的审视中发现了自己生活的残缺和哀伤。可以说，所有的人在生存的大背景上都是悲感的存在，所有的人在与世界、与自己的搏斗中最终洞悉了生命的底色。

从冷静叙述和悲悯温暖相交织的角度来看，《谁是拉飞驰》是一篇体现了弋舟小说风格的典型性的小说。少年很小的时候，他的父亲就失踪了。少年在孤独和流离中成长，在网吧里刺伤了被称为"拉飞驰"的社会混混，然后在逃跑的途中又被一群自称"拉飞驰"的少年杀死。这样一个描写凶杀和暴力的故事，如果用余华的先锋小说的暴力叙事来表现，就会变成莫名所以的血肉横飞。而在弋舟的小说中，虽然这种暴力和杀戮也具有偶然性，但在冷静的叙事中以似乎随意的笔调交代了少年捅人的原因是为了帮网吧老板对付找麻烦的人，因为网吧老板从来没收过他的钱，还给他买过盒饭。从而将这个少年的捅人与冷血的杀戮加以区分，让人体会到缺乏关怀的少年内心的善良和情义，对少年产生一种怜悯。后来，逃跑的少年被抢劫杀害，他反抗抢劫的原因是知道身上的这些钱可能是母亲全部的积蓄。至此，在一个面目不清的少年灰暗的人生中，他可贵的善良和温情，给这个残酷而暗淡的世界涂上了光亮和温暖。这种深深的悲悯让《谁是拉飞驰》成为一篇感人的杰作。此外，在读《天上的眼睛》《赖印》《所有的故事》《有时候，娃虞的会成为多数》《被

[1]弋舟：《而黎明已近——〈而黑夜已至〉创作谈》，载《北京文学·中篇小说月报》2013年第10期。

远方退回的一封信》等作品时,也时常会被其中的某一个情节、某一个细节所打动,一种悲切的感动冲淡了弋舟小说的整体的冷静。

应该说,弋舟小说的格调是悲感的,这种悲感来自对人生存之悲苦和存在之虚无的体察。它不是西方古典美学的悲剧感,因为西方古典美学中的悲剧,将世界以一种完整、详尽的形式展现出来,写出人与世界、与命运的合理与不合理的冲突,写英雄的失败,有一种崇高感在里面。而弋舟小说的悲感源于存在,它来自一种面目不清的生活。这在弋舟的小说中表现为:人物命运的发展经常有一些断裂,一些故意隐掉的情节和缘起让小说描绘的现实世界模棱两可,从而模糊了合理与不合理的界限,也就没有什么大的冲突导致的人物命运的转折。从这个角度看,弋舟的小说是有卡夫卡式的存在之悲的味儿的。不过,较之卡夫卡,弋舟小说的故事性要更强,而象征性和多义性又较弱。弋舟小说的悲感也区别于中国美学的悲情,原因是弋舟的小说书写的对象绝不是缠绵悱恻的情感故事和人间的悲欢离合,而是普通人不完满的人生和精神负累,弋舟将其放在生存悲感的大背景上,在晦暗与温暖交织之间,用悲悯的情怀审视人的存在之痛楚。与悲感相适应,弋舟的小说经常伴随着荒凉的环境描写,小说大多以兰城为地理空间,灰蒙蒙的天空、混乱的广场和街道、简陋的生活场所、衰败的草木、工厂废弃的车间、人迹罕至的仓库、投射在人物命运攸关时刻的如血夕阳……这些让悲感的人生增加了荒凉。

四、弋舟小说的独特性

从作家的代际关系来说,弋舟属于“70后”写作,但是,不管是和“70后”作家相比,还是和其他代际的作家相比,弋舟小说的内在精神和艺术气质都有明显的独特性。

首先,弋舟的小说以独特的艺术视角和聚焦方式对人的精神世界的深度艺术开掘。弋舟着重于对人的精神世界的发现和探索,以此来审视当代生活和人类生活。他给予个人的心理、精神存在以特殊的地位,并“客观”而又细腻地“微观”其细部,聚焦其深隐层面和精神创伤。弋舟的写作围绕着具体事件进行,却又超越了书写某一特殊事件造成的精神动荡。弋舟描写了大量的普通人,在这些普通人的精神世界的波澜起伏中,人性本身复杂的难以道明的作用似乎远远地超过了外在世界的影响。这意味着弋舟对人的心理情感的本体存在世界(也可能是虚构的个体经验)的深度开掘。这在《时代医生》

《桥》《把我们挂在单杠上》《龋齿》《战事》《赖印》《锦瑟》等作品中有明显的表现。而在那些描写身体与社会双重的隐疾的小说中，弋舟对人物精神世界的开掘，是建立在对时代精神的深刻把握之上。本文前面论及的《隐疾》《我们的底牌》，以及《等深》和《而黑夜已至》都是这样的作品。

再进一步，将弋舟小说的“隐疾”书写放在中国现当代文学的文学格局中来看也有一定的独特性。因为中国现当代文学对疾病的书写，很多时候采取了一个二元对立的视角：来自城市的压抑和折磨造成精神的疾患，又在乡村的自然淳朴的抚慰中得以释放与恢复，由此将城市与乡村置入病态与健康的对比隐喻之中，来对现代文明进行批判。这一点上，弋舟摒弃了这个大的传统。他的小说大多取材于城市普通人生活的精神“隐疾”，但很少在二元对立的视角下针对城乡文明进行某种明确的褒贬判断，大多时候，弋舟的小说是立足于对人类的审视来揭示生存之悲的。弋舟说：

> 如何以小说的方式，以今天的方式，来呼应文学伟大的精神传统？毋庸置疑，这个时代可能爆发的问题势必格外凶猛，给人造成的痛苦也会势必格外强烈。但是，如果我们认同城市化在今天已经是一个无可逆转的方向性趋势，也许我们的小说就不该过分沮丧于这个大势。人类必须得往那个方向去，你说它好也罢，坏也罢，那个方向都是无可避免的。而对于一个无可避免的事实，进行过度的描黑，除了徒增人的悲伤，究竟意义几何？作为一个小说家，有没有这种自觉，能不能在意识中比较清醒地让自己的写作与时代相勾连，并且以符合文学规律的创作，给予这个时代某些劝慰性的温暖，都是值得我思考的……人类度过了无数的黑暗时期，迄今依旧绵延不息。[1]

这是弋舟在小说《而黑夜已至》的创作谈中的一段话，它是弋舟对文学在新的时代中如何书写城市的独特体悟，其实也是弋舟的写作立场，那就是真正的文学应该与时代相勾连，写出时代中的“人”。应该说，弋舟把住了时代

---

[1]弋舟：《和光同尘，这样的人，必定终获全胜》，见《战事》，百花洲文艺出版社2012年版，第221页。

的脉搏，体察到在不同时代的裹挟中，人的精神痛楚的具体原因可能不同，但永恒存在的生存之悲。从而把自己独特的“隐疾”描写深入人心，也使他的小说有了一定的超越性。

弋舟小说的独特性还表现在其源于“先锋小说”又另辟蹊径形成的艺术氛围和生活镜像。从艺术渊源来看，弋舟小说的叙事表达和精神气质可归入中国先锋小说一脉，具有鲜明的现实否定性呈现的现代性美学意味。比如小说简洁精练的语言、若即若离的叙事圈套、幽暗人生的格调，以及各种出人预料的犯罪和凶杀都与20世纪80年代的先锋小说有些许渊源。以余华为代表的先锋小说着力于对人的非理性的呈现，在对“人性恶”的极力展示中进行着莫名其妙的杀戮，来强调“虚构的真实”而远离了生活的真实。与此相区别，弋舟的小说以悲悯的眼光审视生活，有一种贯穿始终的主体情绪，从始至终地“干预”故事并生成一种属于自己的艺术格调，将生活的细节和氛围渲染在叙事骨架上或者隐喻的形式中，从而将作家关于生活的主体镜像逼近生活的“本真”。当这些投射在小说中时，自然会让读者感动、悲伤、回味。弋舟对人物精神世界的深入探索，将人的孤独感、人对尊严的捍卫、人对世俗生活的对抗、人的自罪与自赎、人的存在之悲等都描写得丝丝入扣，由此而摈弃了早期先锋小说具有的“不真实的假想”之弊。但同时，相对于余华等人，弋舟又将先锋的姿态保持得更久，最典型的表现是他小说中的人物，都有一种不与世界和解的姿态，这本身就是“先锋”的精髓。在艺术表现上，《谁是拉飞驰》《龋齿》《我们的底牌》《等深》《所有的故事》《被远方退回的一封信》《而黑夜已至》等小说所具有的精妙的构思、简约的语言、叙述的圈套营造出的意外的情节、外冷内热的情感基调等等，也显示出弋舟对“先锋”的精致化的艺术水准的不懈追求。应该说，弋舟的小说在“先锋”与“不先锋”之间有一种张力，并达成作家对生活镜像的独特艺术表现。

此外，弋舟的小说有较为深刻的思想，显示了作家统摄和整合平凡的破碎的生活的艺术功力，具有一种穿透性的力量。弋舟的小说多书写个体人生的“隐疾”，力图在平凡人生的悲痛书写中将小说与生活、与人心拉近。如果用传统的叙事学眼光来看，这种叙述有人物性格平面化、生活平淡化和破碎感的问题。有论者指出这个问题在“70后”作家中具有普遍性。“可能与‘70后’的世界中只有历史终结的平淡，生活中缺乏非常大的悬念和奇迹有关。碎片化的生活导致认知、思想与审美上的支离破碎。但是，更可能与他们已经‘我已不再与世界争辩’的‘纯粹’‘中性’和‘客观’的写作姿态有关。总之，他们还是很可能缺乏一种具备统摄和整合平淡破碎生活的强大力量。”[1]不过，这可能也与深受西方现代主义文学影响的“70后”作家的现代性美学的追求有关。实际上，现代主义文学大师们的作品，如果说有问题的话，这样的问题表现得更明显，但优秀的作品总是显示了作家“一种具备统摄和整合平淡破碎生活的强大力量。”而对于“70后”作家来说，现代性的美学追求到底在作品中起到了什么样的效果，是要区分来看。它对平平摆放着的生活是否有瞬间的感悟和比较深入的言说冲动和小说的文体意识，它的破碎感是会奇妙地开拓作品阐释空间而成为读者填空、对话和兴味的思想及其艺术魅力，还是沦为琐碎平庸的小情小调和零碎无聊的自言自语。这些都取决于作家的创作功力，即能否统摄和整合平淡破碎的生活的能力。应该说，弋舟是有这种能力的，阅读弋舟的小说就是感受弋舟由破碎的生活，有时甚至是将表面完整的生活击碎后进入现代人片片撕裂的精神世界，去统摄和整合它们来审视人的存在的本质，由此而显示出文学对生活的深入体察。

[1]马明高：“平面，过度与破碎——读‘70后’作家几部长篇新作有感”，载《文学报》2014年7月3日23版。

《大敦煌》的得失及启迪

一、《大敦煌》的两点突破

《大敦煌》第一次以大型电视连续剧的形式，形象地、较系统地诠释了敦煌，将敦煌的命运寓于想象的故事之中，突破了以往主要从历史文献的角度叙说敦煌历史的格局，也突破了直接取材于敦煌文献资料再创造的创作思路。在这里，其超越性主要并不仅仅在其规模的庞大，而体现在以电视剧的方式和语汇表现"敦煌"，其中不乏精彩之处。特别是第一部，有较好的观赏价值。这是继舞剧《丝路花雨》《大梦敦煌》，报告文学《敦煌之恋》和历史文献片《百年敦煌》等等以敦煌为题材的创作之后的重要收获。对于敦煌这样既是真实的历史存在又充满神秘色彩，既在世界驰名又不被一般民众所熟悉的题材，用具体的、引人入胜的、连续的故事演义其千年历史，是有相当难度的，其艺术创作的勇气和开辟新的艺术表现方式的探索精神和成就是应该充分肯定的。即使它有不足，也为以后的创作踏开了一条新路。

利用敦煌文化资源对《大敦煌》进行市场化运作的思路是一次超越。能由政府领导出面，组织调动这么多的重要编导、演员、制作人员，形成强大阵容并在中央电视台播出，在甘肃的电视剧历史上应该是一个标志性事件。这里体现出一种可贵的文化自觉意识，一种将文化艺术资源有效开发、再创造的探索精神。为以后更大地发展创造了新的平台。

二、什么是敦煌之"大"?

《大敦煌》有其明显的不足，对这些不足的客观分析，可以为以后这一题材的艺术创作提供有益的启迪。

顾名思义，《大敦煌》一个不可回避的问题是，想让人们了解敦煌之大是什么？但是，这个问题在整部剧里面始终没解决。我认为该剧通过电视连续剧的形式对敦煌文化资源进行开发和艺术再创造的思路是对的，但是，对敦煌资源本身蕴含的可开发的价值的特殊性认识和研究不够,进而对这一资源在不同领域可发掘的独特性和重点把握不足。所以,编导对这个问题就没认清,他们就没很好地解决。具体地说,作为电视连续剧,其优点与敦煌的哪一维度可以达到最好的结合?对此研究不够。敦煌既是历史的敦煌,也是文化的敦煌、宗教的敦煌、艺术的敦煌;既是客观存在的敦煌,也是精神象征的敦煌。“敦煌”之大,不仅仅在于大规模,大手笔,不在于展示敦煌洞窟规模之大,历史跨度之大,还要气度大,立意大,精神大。只有重新理解敦煌在人类文化史上的独特意义,才能在创作中体现出世界眼光,只有重新认识敦煌深层的精神内涵,把握它的历史精神,才能为艺术想象打开广阔的空间,才能有故事,才能雅俗共赏,也才是真正地表现了敦煌及其历史。而在这些方面,以我个人的看法,似乎还不很充分。换句话说,像敦煌这样有世界意义的题材,进行大规模的艺术创造活动,要达到一流水平,走向世界,必须要有学术研究成果的强有力的支撑。电视连续剧所体现出的应该是我们这个时代对敦煌认识所达到的高度,其中应融入各个领域各类专家的共同成果。所以,感性艺术想象的背后应该有理性认识的积累和指导,艺术创造的局限其责任不仅仅在于具体的编导。

三、敦煌题材的电视连续剧开拓空间在哪里?

电视连续剧的高度综合性、具体逼真性、动态可见性、雅俗共赏的大众性,特别是其连续性,都决定了它不但要有不同于其他艺术门类的表达方式,而且首先要有不同于其他方式的表现内容,有适合于电视连续剧的拓展领域和创作层面。而这一切必须都落实在“故事”及其叙述方式上。这里所谓“故事”就是要不断出“戏”,有故事,有情节,有动作,有性格,有冲突(包括显型冲突与潜型冲突)。这就产生了一个问题,“戏”与“故事”从哪里来?是从历史记载中来?还是主要靠艺术想象和创造?我认为,作为综合艺术的电视剧,作为“大敦煌”这样一个使人有多种想象、多样期待、多种开掘可能的电视连续剧,其“故事”主要应该从艺术创造中来。按我个人浅显的理解,我们首先应该考虑到的是,敦煌是一个宗教的现象,是凝聚了人类信仰的精神成果和文化遗留物,不同时代的人们在敦煌的石窟、壁画、雕塑中融入了那些时代的信仰追求、精神世界、喜怒哀乐。在现实客观存在的敦煌历史中,一定发生过许许多多感人肺腑的、荡气回肠的故事,这些故事没有记载,但是可以想象和联想，而这正是文学艺术的优点，“讲故事”是电视连续剧的特质。该剧请了历史学家或者顾问，重点注意了敦煌历史中的物质文化层面的常识，如背景、服饰、语言等可见的方面，但是否缺乏对其历史精神转化为电视艺术语言的探讨。所以，我的基本看法是，尊重敦煌历史并不是要表现和演义敦煌历史本身。这部剧的故事始终注意与敦煌历史联系，是其优点还是缺点，我想是值得从创作思想上总结的。

四、《大敦煌》局限的原因

《大敦煌》的局限主要不在细节上，而在创作意识上，具体来说主要是在关于历史真实与艺术真实的关系问题上没有超越一般的认识水平，没有新的理性认识。这是我着重谈的另一个问题。敦煌题材的创作必然会遇到历史真实与艺术真实的关系问题。那么，是忠实于历史真实呢？还是忠实于艺术真实？是服从历史事实和理论逻辑呢？还是尊重艺术的规律和逻辑？人们最容易得出的结论理所当然的是说要达到历史真实与艺术真实的统一。我想《大敦煌》的编导也是同意并竭力去达到这二者的统一的。结果，在叙述历史与演绎故事方面都取得了成绩，又都不尽如人意；既赢得了赞扬，也招来了批评。为什么是这样的结果？问题之一恰恰就在于在创作意识中过于追求所谓历史真实，在于企图用电视故事叙述敦煌历史这一思维模式中，迁就了历史而牺牲了艺术。“敦煌历史”成为制约这部电视剧艺术创造的最根本和最深层的因素。而这一点，现在看来是需要再思考的。从这部剧的整体情况来看，编导的思路和气魄是很大的，是要大规模地表现敦煌的历史，在广阔的时空中立体展示敦煌的全貌，这可能是一种基本的出发点，是无可厚非的。但是，这是一般常识和惯性思维方式，其要害正在于总不能摆脱中国文艺受“史传”传统影响的模式。而在我看来，电视连续剧应该尊重历史事实而发掘历史精神，在具体的创作中，其重点、归宿和艺术目标不在艺术地叙述敦煌历史，而在发现、发掘敦煌历史精神，大胆地展开艺术想象。也就是说，四十六集这样长的“故事”主要不能从历史记载中来，而应从历史精神中来，从艺术想象和创造中来。这不是离谱的乱想，而是电视连续剧的艺术规律的要求。这样说也不是要脱离敦煌历史，而是说，电视连续剧与其他影视形式对敦煌的表现重点有所不同，要有属于自己艺术方式的“领地”。因为，关于敦煌历史的真实性你超不过历史学家、文献学家、考古学家，其具体性、再现性超不过历史文献片。在以往的电视作品中,比如电视艺术片(或者文献片)有对敦煌历史的详细的、成功的表现;但展示千年敦煌历史不是电视连续剧的优势所在。所以,我认为,应该在重新理解敦煌历史精神和文化意蕴的基础上,进行大胆的艺术创造,忠于历史精神,有历史感但不被“历史”束缚,不背“历史”这个包袱。那么,什么是敦煌历史精神呢?或者什么是敦煌文化的精髓和内在意蕴呢?这是须要深度发掘和研究的,是须要艺术家、编导与历史学家相结合深入探讨的,而在这一点上,是不够的。客观看《大敦煌》,这个剧整体上是进行了严肃的探索和认真的思考,并试图把它转化为电视语言和叙事方式。比如,围绕“敦煌”的《金字大藏经》的历史命运所设置的“藏宝、夺宝、护宝”三个颇具神秘传奇色彩的故事,就是颇具匠心的艺术创造,其中不乏精彩之处。虽然据说收视率不太高,但它仍给观众一个完整的活生生的关于敦煌历史的全貌。在这一点上,策划、编剧、导演、演员等相关人员的艺术想象力和驾驭能力是非常出色的。但问题在于,由于受一定要全面、系统地再现敦煌历史的创作意识的束缚,造成了艺术上的问题。这就是,采用宋代、清末和民国三个历史阶段的创作形式,打破了电视连续剧的规则和观众的欣赏习惯。没有贯穿始终的人物形象及其命运冲突,没有贯穿始终的故事情节及其连续性动作。在这部剧里,编导煞费苦心地把“敦煌”作为主角,以敦煌的悲喜剧为贯穿的线索来设置故事情节,安排人物故事,演绎历史事件,展示敦煌地域和人文历史,编剧是很会编织故事的,在被局限的想象空间中做出了可贵的努力。但是,人们仍然不太满意,我想这里的问题还在于深层意识中对于“历史”的重视和纠缠,而损害了艺术规律,反过来也影响了历史精神的发掘。“三段”的构思,正是在要系统全面表现敦煌历史的意识支配下不得已而为之的创作,“成”也“三段”,“败”也“三段”(也许,用电视系列剧的方式,以一个个相对完整的故事深度表现敦煌精神有其可行性)。

我们不敢无视历史真实与艺术真实的关系问题,但是,电视剧的历史真实不是演绎历史本身,郭沫若在谈论史剧中历史与艺术的关系时曾说过一段有意味的话:

> 历史的研究是力求其真实而不怕伤乎零碎,愈零碎才愈逼近真实,诗剧的创作是注重在构成而务求其完整,愈完整才愈算得是构成。

说得滑稽一点的话，历史研究是“实事求是”，历史剧是“失事求似”。史学家是发掘历史精神，史剧家是发展历史精神。[1]

敦煌历史研究，甚至历史文献片应“力求其真实而不怕伤乎零碎，愈零碎才愈逼近真实”，这就是务求其精确、科学、实事求是，从中发掘历史精神，这是这一领域的性质所决定的，是必须遵循的原则；而作为艺术创作的电视剧，则应“务求其完整”，这种“完整”是指对艺术精神的整体把握，这种完整性不是图解、演绎人所共知的历史事件，而重点在“构成”，也就是艺术创造，通过艺术创新追求艺术的完整性，不应过于拘泥于对历史问题的纠缠而忘记了它作为艺术的基本特征，在这个过程中，“失事求似”也许更有助于接近历史的细节和本来面目（我对郭沫若的“发展历史精神”的说法持保留态度），也就是更可能接近历史精神。而《大敦煌》在具体情节上，也没有深刻地揭示历史精神，比如，关于“夺宝”，就有再现“历史”的意识而没有触及历史深度。其中的故事不能说不多，不能说没有传奇性。但是，“夺宝”主要应该表现什么？我想，除了要对历史上的事实和传说进行艺术表现外，应该更多地挖掘这些现象背后的东西，比如，“盗宝”者贪婪的动机、复杂的心理、矛盾的效果，包括他们作为考古学家、科学家和作为文化掠夺者的复杂性；比如，在围绕“盗宝”事件而反映的国家当时的状态和民族心态等等，其背后的辛酸和悲壮不是个人的，而是民族的、国家的、时代的。然而，依我观看的结果，觉得时常将视线引向别处，历史变成了演义个人悲欢离合的背景，几乎成为“武侠”电视，表面看来始终围绕“敦煌”文物，实际离真正的敦煌相去甚远，更不要说表现“大”敦煌了。结果，丰富的敦煌历史及其精神被简单化了。

最后，还有一个问题，中央电视台在这部剧的播放中对观众的引导有一定的问题。播映前不断地做广告，但是没有引导观众关注这部片子的特色和内容，这背后有过强的商业目的。刀郎优美的歌声极大地调动了观众的期待视野，而且这种期待是很高的有导向性的，一般来说，带有“揭秘”好奇的心理，希望通过电视剧故事解开更多的敦煌之谜。结果没有满足这种要求就会失去兴趣，会产生“期望愈大失望愈大”的效应，最终影响了收视效果。当然收视率不是唯一的标准。

[1]郭沫若：《历史·史剧·现实》，见《郭沫若选集》第四卷，人民出版社，1997年版，第427页。

《日落莫高窟》的历史感与创新性

王登渤、姚运焕的长篇小说《日落莫高窟》，是一部在对敦煌莫高窟的历史深入研究基础上潜心进行艺术创造的成功之作，在同类题材中具有独特价值和创新意义。

其一，在广阔的时空背景和复杂的国际关系中，多角度地俯瞰莫高窟的遭际，清晰而有深度地揭示了"日落"时分莫高窟不可避免的悲剧命运。作品在俄国十月革命爆发和沙皇政府垮台、中国封建制度解体和社会动荡、帝国主义列强觊觎中国并各怀鬼胎染指西北的宏阔背景中，描写了孤悬关外的莫高窟被世界的关注和厚爱、所遭受的凌辱和破坏。以阿连阔夫少将为首的俄罗斯阿尤古斯军团溃败进入新疆之后的野心和作为，中国中央政府和西部地区军政官员的复杂关系和微妙心态，日本文化间谍山田的居心叵测，对莫高窟怀有敬畏之情的艺术家和广大民众对莫高窟的奋力保护，等等，都活跃在这个历史舞台，扮演着各自的角色，交织成一出令人扼腕切齿的悲剧。这部小说与以往敦煌题材小说的不同之处，首先便在于此。它写了莫高窟和敦煌的历史，也部分地写了当时世界的历史，写了历史过程中人的欲望和动机。能感觉到作者对中国近现代史、西北边防史、中日俄关系史、敦煌史都有深入的研究。既不是史料的堆砌、演绎，也不是天马行空、一头雾水的主观臆造，而是在吃透历史精神基础上的艺术创造。敦煌历史曾经发生的和没有发生但可能发生的事件，历史上曾有的真实人物与艺术塑造的人物，共同呈现了日落莫高窟的历史情境和细节。扫除了蒙在莫高窟上的神秘色彩和历史尘埃，也从人类的敦煌曾经遭受的磨难中，映现了人类的真善美与假恶丑。

其二，矛盾冲突的尖锐性和内在的关联性，决定了小说在情节结构和故事线索的安排上，视野开阔，气度不凡，大开大合，纵横交错，立体地呈现了莫高窟特定历史时期的时代氛围和矛盾关系。书中与莫高窟相关的几种力量的对抗和冲突，既是有行为动机的人与人之间的冲突，各自的目的驱动着他们,使他们停不下来;也是各种社会力量之间的抗衡,个人的欲望、动机不是简单的好人或者坏人的品行决定的,而有深层内在的现实的、历史的、文化的各种原因,因而冲突是不可避免的,也是不可克服的。比如,尤古斯军团进驻莫高窟及对其造成的无法估量的破坏,是由几种原因合力造成的:从阿连阔夫的角度看,他企图借中国西北地域东山再起,在迂回中不得已按中国政府的安排,将莫高窟当成了军营,之后,野蛮的哥萨克在穷途末路中对莫高窟进行疯狂的报复和破坏;从中国中央和地方官员的角度看,他们的无知、无能、不负责任,他们的相互掣肘和自私自利,使得莫高窟遭受劫难,如此等等,都在偶然中有必然。在艺术构思上,先是几条线索符合各自逻辑的发展,之后形成尖锐的矛盾冲突并逐渐聚集,顺理成章,达到高潮。小说写了来自几方面势力对莫高窟的威胁,也写了白草、邹季南、安德烈、吕山长、吕彤、李雨东等对莫高窟的呵护,正义与邪恶之间的较量时而剑拔弩张,时而潜流涌动,舒缓自如,错落有致。这种叙事的大气与从容,在以往甘肃长篇小说的创作中并不多见。冲突的尖锐和故事的精彩保证了足够的艺术张力和可读性。作品弥漫着浓重的悲剧气氛:有历史的必然要求与这个要求暂时不能实现的历史性悲剧(如敦煌价值的被发现却因祖国的贫弱和积重难返遭受的蹂躏,如李雨东的牺牲);有将美好的事物毁灭给人看的悲剧(沙俄军队对莫高窟壁画和塑像的破坏,白草父亲的被陷害);有命运的悲剧(白草);等等。

其三,富有个性的人物形象塑造。阿连阔夫不甘失败的狂野、军人气魄和哥萨克民族精神,邹季南的儒将风度和社会良知、艺术家气质和无法解脱的道德冲突,白草的不幸遭遇和视艺术为生命的特立独行,安德烈对艺术的虔诚和人类性境界,李雨东的忠于职守、视死如归,以及吕山长、吕彤、巴罗切夫、谷达云、关启仁、季伯循、史晋康、山田、陆甫澄,乃至那个名气很大、着墨不多的王道士,都给人留下深刻的影响,对沙俄军人形象和中国西北地方军政官员大小形象的描写也颇为出色。

其四,艺术表达的创新。作品虽是传统的现实主义的叙事,没有手法上的标新立异,整部作品朴实而又整饬,但是依然在艺术上有新意。比如,电影蒙太奇的手法从一开始的“引子”就体现得很充分:远景——博尔塔拉草原、夕阳;中景——马队的奔驰;近景——马队、军人,配以马蹄声和马的嘶鸣,加上地理背景和历史背景的交代,等待大幕的拉开。这种强烈的画面感和节奏感,给人视觉的冲击和想象的空间。我以为,这种多处使用的手法,并不影响它作为小说的基本特点，没有破坏小说的基本元素和艺术特性，况且，小说本也没有固定的模式。另外，语言也很有特点，叙事语言和人物语言经过锤炼，准确、严谨、有力度。比如，谷达云与徐抱朴的对话，文白夹杂，符合他们的身份；土匪抓住白草后的语言，方言的适度运用恰到好处，语言后面有地域文化意蕴；邹季南与白草的对话，温和文雅中有小心和隐忧，等等，都增加了阅读的快感。

任何作品都会有缺憾，读者也见仁见智。这部小说在叙事的重点和分量上，阿连阔夫及其阿古尤斯军团着墨很多，分量较重，并以阿连阔夫进入中国新疆开始，又以他在兰州阿甘镇的自杀终结，这与读者关注莫高窟命运的期待视野多少有些出入，也与“日落莫高窟”的寓意有些不合。这是情节安排的需要还是另有寓意？或是艺术构思上的瑕疵？还有，白草父亲许孟潇被陷害，而凶手就是白草的恋人邹季南。他受了边关道尹杨丙荣、知事刘锡鑫的挑拨和激将，采用极不正当、惨无人道的手段将受人尊敬的大书法家许孟潇突然杀害，这成为他永远的隐痛和悔恨。这样的构思增加了作品的悬念和吸引力，书中也不断地铺垫和暗示，似乎也在情理之中。但是，对于邹季南这样一个成熟的、有文化的，也有道义感和责任心的儒将来说，这样的举动依然感觉太出乎预料之外。这是作品艺术构思的成功和巧妙？抑或是过分追求悬疑而伤害人物性格逻辑造成的痕迹？读者也许会有不同的解读和感受。

用心创作是一种坚守

——《嘉禾的夏天》序

《嘉禾的夏天》是一本用心写作、值得用心阅读、须要用心体悟的小说集。用心创作就是在文学创作中要全身心地投入自己的情感心智和心血，真诚地对待艺术与读者。不投机取巧，不哗众取宠，不浮躁功利，不“灌水”拼凑。“用心”本是文学创作的基本要求，是原创性的先决条件，用心的深度考验着作家情感的投入程度和对艺术及读者的态度，也往往体现出作品的艺术精度和所达到的深广度。然而在今天，在复制、模仿、批量生产的时代，在崇尚平面、热衷速读的时代，用心写作反而显得难能可贵，于是，“用心”就成为一种对文学精神的坚守。

本书的作者何延华，是生长在中国西部积石山下、黄河岸边的“80后”作者，她的出生地是个曾经有多种神话传说、略带神秘色彩的地方。在中学时代她就写诗写小说，而真正发表作品是在21世纪初。现在，她已是中国作家协会的会员，其作品在《民族文学》《飞天》《大家》等杂志发表，也被《小说选刊》等有影响的刊物多次转载，入选过《新时期中国少数民族文学作品选集》，也已获得过一些文学奖。同时，她现在还是文学院的博士生。虽然，这一切，在今天似乎都不算什么，也不足以引起人们的特别注意，但是，这是一位从小生活在多民族群体聚集和传统文化氛围中的“80后”作家，她展现的或许是你所不了解的世界，或者不熟悉的生活，表达的是不同于都市文化和互联网背景下成长的“80后”的情感世界。在当今喧嚣浮躁的时代，她的用心写作，会给你一丝清凉和沉静，耐心读完她的小说才能体会它的好处。

何延华小说的“用心”表现在创作的诚心、观察的细心、叙事的精心、思考的静心和对现实关切的热心。

创作的诚心。延华的小说充满对文学的虔诚与对人的尊重，她老老实实对待文学与人生的态度令人感动。单就作品的内容来说，她的创作所涉猎的主要是她熟悉的世界，表达的是她淳朴的情感倾向。其一，情真意切，充满了人性的善良、温暖、友爱，读之令人激动。如短篇《嘉禾的夏天》、中篇《烈焰与往事》、中篇《酸卓玛和甜扎西》、短篇《水琉璃鸳鸯》等作品，都描写了人性中的真、善、美，这种朴素的情感和美德发自内心，淳朴、自然，彰显出心灵的高贵，传递出道德的力量。其次，或许与何延华较长时间从事教育的经历和体验有关，她的作品特别关心孩子，关注他们的成长，书写他们心灵的伤痛，这些作品如《嘉禾的夏天》《斡河边的乌子》《立春》《水琉璃鸳鸯》等。第三，她的作品关爱动物，描写人与动物之间真诚的情感和友谊，令人动容。在描写动物性之外，作者赋予它们以心灵与情感，视动物为人类最忠实的朋友。在她的笔下，羊是聪明绝顶、善解人意的乔真老汉的知己和伙伴（短篇《证据》）；马是德昆老人形影不离的朋友，在主人生命垂危的时刻，用尽全身的力量将他驮回家，自己却因此而累死；两只牧羊狗是小男孩阿力的玩伴，在阿力无力将死去的小羊羔背回家的时候，它们主动向他示意，愿意替他将小羊羔背回家去……第四，何延华的作品还关注社会，关注现实，对当下农村“留守”现状深感忧虑的作品有短篇《乔庄新年纪事》、短篇《凶手》；反映民族团结和谐、互帮互助的作品为《酸卓玛和甜扎西》。何延华的作品语言朴素，叙述流畅，个别作品使用了家乡方言，具有浓郁的地方特色和民族特色。她的作品贴近土地，贴近自然，生活气息浓厚，读之令人耳目一新。

然而，仅仅这样来理解何延华的小说远远不够，何延华的这些创作，倾注了自己特殊的情感与心智，也体现出她对文学特殊意义的理解。比如，《嘉禾的夏天》写小小少年嘉禾为了帮助好朋友大林给爷爷治病，千方百计，尽其所能凑钱，他寄希望于自己的小母羊卖钱，与大林一起护樱桃、买樱桃赚钱，每天都生活在焦虑与期望中。然而，羊病死了，被剥了皮；卖樱桃的钱只够爷爷两天的输液钱；最终，爷爷死了，所有希望全破灭了，夏天的嘉禾与大林陷入极度的悲凉中。正如小说发表时责编稿签所言：“这是一篇因善良而纯粹、因纯粹而高贵、因高贵而美丽的小说”。在少年的世界中充满希望、真诚、美好和善良，与此相对的成人世界却充斥着丑陋和险恶。不忠不孝者如大林的父母，忘恩负义者如爷爷的义子麦积，把钱看得高于人命者如诊所医生李麻子，他们面对重病的老人，该尽天职而不为，丧失人性和天良。在这里，真善美的褒扬与假恶丑的鞭笞从字里行间自然而然地流露出来，读者可以从中感触到作者满腔的义愤和被压抑的激情。潜心进行创作，诚实面对人生而文学，使得她的小说以内涵发掘的“深”而弥补了题材的“小”。

观察的细心。延华以往的阅历并不复杂,但她似乎从小就注意观察和细细体味人生与世界,具备了超越故土文化反观故土世界的眼光。比如,小说《证据》以亦庄亦谐的笔法,写了麦积山下一个小村子老人的生活,不惜笔墨写了抽“黄烟”与他们的人生情境及对生活理解的关系,重点写了放羊老汉乔真的故事。围绕乔真丢羊与找羊、得而复失的过程,展示了他视羊为自己的朋友的情感和一个牧羊老人的心理世界。在追讨丢掉的四十九只羊的过程中,面对警察,羊与老汉默契地配合证明“证据”的细节,令人捧腹,嬉笑怒骂中挥洒着作者的爱憎情感。在这里,吸引读者的正是她对生活细心的观察和细腻的描写,细节的真实和微妙的体悟是作品耐读的原因。

叙事的精心。延华的作品每一篇都是不一样的,因为每一篇作品的内涵和艺术感受是新的,这得益于她叙事的精心。《那个人》是何延华比较“复杂”的作品,有些悬疑小说的味道,从“我”的叙事视角,讲述了一个不知来历而有才华的神秘男人,一个猜想中的“好爸爸”,一个见义勇为、舍己救人却不知所终的好人。与此同时,那个人与“我”的身世之谜或隐或现的关系,构成作品另一条线索和悬疑。而作品最终也未给出答案,形成可以联想的开放结构。作者要表达的也许是一种关于男性的意绪,一个关于理想男人的意象,一种对于人的生存意义的确证和哲思。将一个几乎没有故事的故事讲得扑朔迷离、在情感世界中掀起波澜,源于她能将情感逻辑和心理意绪通过精心叙事得以显现。

思考的静心。细心观察进而独立思考,艺术表达自己的见解,是延华的作品小中见大的又一原因。比如《立春》,以少年的所见所闻、所思所想和亲历,写了大人世界的复杂、钩心斗角,写了人与动物(狼)的关系。小说有一种内在的张力,不管人与人(父亲与村长、父亲与小金匠),还是人与动物(人与狼、人与猪),不管是平时的明争暗斗还是面临危险时的惊惧博弈,心灵世界都写得令人惊悚、惊心动魄。少年目睹了大人世界的复杂、龌龊和阴险,以及对生命的残忍,使得少年纯净的理想天空轰然倒塌,而为了救失去父母的狼崽,却被报复大人的狼群吃掉。其笔端充满血腥与惨烈,这是延华小说中少有的“残酷”和“越轨”的笔触,其震撼力量油然而生。这得益于作者按照事物的逻辑进行的细腻叙事对情节的推动,在仿佛没有技巧的写实之中,有着激烈的心灵搏斗和激情被抑制而穿透力剧增的艺术表现力。不可忽略的是,这种深刻的思考,有着作者的道德准则。中篇小说《梦中梦》,写了一个因为讨要工钱伤人而入狱的青年乔的故事。作品“深描”了他出狱后的遭遇与痛苦,他的梦想与现实的冲突,他的不被理解与世态炎凉。这不免让人想起雨果《悲惨世界》中的冉阿让,也体味到中国式的人道主义的情怀。亦真亦幻,似梦似醒的情境与细腻入微的细节描写,不知不觉地将读者拉向主人公的位置和情感倾向。《烈焰与往事》,是一篇具有传奇色彩的爱情小说,表达了作者的民间立场,善恶标准。乔老师对清夏的暗恋刻骨铭心,底层善良人们的温情令人感动,复仇的结局痛快淋漓,而清夏母女的人生遭际令人扼腕。

关切的热心。《乔庄新年纪事》写阿尼玛卿山脚下、黄河岸边一个偏僻小村子的三件事,写农村底层生活,城市化进程中农村的败落,在对人性的畸变的审视中表现出精神上的痛楚。作品写了城乡的对立差异导致的传统道德的丧失,尤其是女性的不幸。小林与小兰对城市的向往与畏惧,大丽因为进城打工回乡后招致的非议和美好生命的毁灭,桑吉草被丈夫遗弃的悲苦,等等,宣示着农村底层人们生活的艰辛与命运的悲惨。作品在“并非结局……”中,描写了期盼亲人回家的老人小孩,在绝情地呼啸而过的班车之后,卖场上的凄凉景象,“老的扯着小的,小的搀着老的,怏怏不乐,悄无声息地走回家去”。这是无声的叹息,是冷眼的观察与热切的关怀,是不能简单地用所谓历史与道德的二律背反的大道理替代的人文情怀。

何延华的小说的题材看似简单,但内涵和叙事技巧绝对不简单,艺术表现力绵里藏针,不可小觑。她描写的事物和作品的人物似乎是小的,甚至是“陈旧”的、老的,但是表达出来的精神却是现代的、新颖的。或许,她还不善于驾驭大题材,不善于宏大叙事,但是,在她的小说世界中,在她所表现的领域中,她没有敷衍,没有猎奇,而是认真地观察思考,动情地表现。她虽然有着较深厚的理论素养,但是没有陷进艺术理论的陷阱中,在艺术创作天地里,她是自在的、自由的。在别人大肆滥情的地方,她知道节制,知道艺术的尺度。这是生活资源与精神资源融通之妙,也是藏巧于拙的艺术功力。这或许正是她的作品的可贵之处,也是当代小说即将失去的可贵之处,更是只依赖于地域性和醉心于以地方文化取胜的作家应该思量之处。

延华的小说在结构上,看似简单却很是“讲究”,故事中常常有至少两条线索的演进,叙事的多视角和主题的多义性,使其突破题材的狭小和故事的“平凡”,具备当代创作理念和先进的感性显现方式。比如,在《立春》中,实际就有少年自己的世界、大人的世界、动物的世界等几个重叠的“空间”和视角，而且几者之间构成密不可分的结构关系。在表现动物(狼)被猎杀的过程中，狼性与狼世界的情亲关系，以及少年和堂哥在狼面前的怜悯感、矛盾性与罪恶感，都使作品充满复杂的心理冲突和紧张感。

这些，对于何延华来说是自己创作历程中艰辛的跋涉和探索，而对于中国小说界来说，是一种坚持和守正。她的书写告诉人们，在轰轰烈烈的现代化进程中，在高歌猛进、日新月异的社会变革中，在官员们为GDP的高速增长和骄人的政绩而满面放光的时候，还有不少在社会底层的人们过着灰色的生活，更有不少人正发生着精神的裂变，承受着亲情的撕裂和希望的破灭的痛楚。这也告诉人们，还有一些与时代风潮拉开距离的作家，一些不叱咤风云却品味人生的作家在关注着普通人生，这正是文学的职责。这不是守旧，这是文学本位的一种回归。这样的写作，是经得住时间的检验的。不靠题材的重大或者新奇取胜，而是靠对生活的观察体验发现真谛，靠一颗善良的心质朴地写作，坚韧地写作，用心地写作，这正是当前浮躁喧嚣的时代文学家所缺乏的品格。

如果把一本小说文本比作一坛可以品尝的美酒，那么，何延华的作品或许不是香气刺鼻的烈酒，而是小作坊酿造出来的“纯粮食”酒，而且不是勾兑的，是确实经过了“窖藏”的，她醇厚的香味会慢慢地散发出来。她那些尚待发表和即将出版的中篇，预示着她将捧出更有分量的佳酿，我们期待着！

文学天地与观念陷阱

（代后记）

编著即将付梓，感慨油然而生。当初的目的，是试图“建构”，建构起一个主要由作家集体搭建的新时期甘肃文学的小屋，里面存放相关资料，也安放作家的心得、心性、眼光，以及“看与被看”的视角等等，为地域文学史研究留一份有用的参考。这个小屋在大家的努力下，基本建构起来了。然而，当竣工之时，我们却感到了建构的有限甚至无用，于是，我们不得不对我们的建构本身进行反省，开始“解构”。这也与本书的主旨“地域文学的自信与自省”不相矛盾，因为自觉与反省永远在路上。

这里所说的“解构”，不是解构这个“小屋”本身，而是解构我们的观念意识和思维定式。通过编著，我们有了新的感悟和反省。从确立选题，到结集出版，时间已经过去了五年多。互联网时代的五年，不管是客观世界的变化或是自我内心的感受都是成几何倍数叠加的，人的观念意识也常会被新传媒诱惑而在信息高速路上奔跑不已，唯恐落伍，更来不及停下脚步看看前方或回顾过去。文学作为时代的先声，自然在这壮潮中不甘落后，作家被其裹挟也在所难免；文学研究者也置身其中，不能超然世外。今天，当我们回头来看近五年的文学、近十年的文学、近几十年的文学发展的时候，会有一种感悟：时代造就了文学，文学也造就了“时代”，——即艺术创造出的“时代”，当然，也造就了依托于这个时代的作家和评论家，我们因此感恩时代，感恩文学。与此同时，时势也造就了具有这个时代特征的文学观念和价值取向，这些文学观念和价值取向，有些是随时代发展的新的积极的要素，但也有一些是褊狭的观念或是沉渣泛起，成为观念意识的陷阱。就积极方面来说，在甘肃这块文学人地上，不少作家表现出了对文学精神的坚守和独立人格的秉持，他们几十年来的淡定和自尊，自信与自省，令人肃然起敬。然而，也有令人担忧的现象，比如，因为过度地感受被边缘化而生成的委屈感，强烈地希望引起中心关注的焦灼感，等等，形成迫切渴望被认可、被赏识的价值取向。这常常形成集体无意识，大家自觉不自觉地接受这些意识，或随波逐流，不知反省；或知其危害却无可奈何，甚至舍本逐末为此耗费心性和精力，心浮气躁，降低了本应达到的高度或者减缓了本应达到高度的时间。对此，如果缺乏反省，则是郁积成“内伤”。作家缺乏反省，影响作品的品格，评论家缺乏反省，则可能误导作家和评价标准。

文学是自由的花朵，它是否美丽取决于它自身的基因及其生长的环境，而不取决于绽开之后被摆放的位置和其他因素。也就是说，所有文学之花都是“平等”的。也因此，文学原本就没有所谓中心与边缘之分，当然也就不因处于“中心”而贵，处于“边缘”而贱。这是一种文学伦理。甘肃文学有自己的天地，有自己的生长土壤和气候环境，有自己的品类优势和品格风度，当然有一批批辛勤的耕耘者。不管是“面朝黄土背朝天”的原始耕作，还是立足本土放眼人类的“现代化生产”，其成果都是这块土地上的生物和精灵，绿了原野，美了大地，感染了读者，也成就了作者。这是多么惬意的事啊！倘若大家都这样看文学，文学家的心境应该是平静的、满足的，因为大多数弄文学的人原本并不是生来就是要当文学家的，常常在不经意间由业余爱好而走上专业创作之路。这样的知足常乐者的平静和洒脱源于正确地“认识你自己”。如同任何地域文学一样，甘肃的文学天地是属于自己的，也是属于人类的，因为人类的文学天地正是一片片具体的文学天地构成的，每一个地方都是中心。然而，因为有了所谓文坛就又似乎确实存在中心与边缘的问题，而且让这种虚拟构建的“无物之阵”左右和影响着文学的现实存在。虽然，如同赏花，观赏者只因花本身的吸引力和自己的喜好决定他驻留的时间而不看花在什么地方,文学的读者对作品的欣赏也如此。但是,当有人有意组织花展或进行评比的时候,就有了"位置"概念和"高下"之分,也就体现出"选择",如何选择又体现为"评价"。文学的"中心"与"边缘"的意识因种种外在的因缘而形成"形态",一旦生成,反过来会影响创作和评价。

这种意识的产生,并不仅仅是因为甘肃文学家的狭隘,不是底气不足的自卑情结,也不是坐井观天的盲目自大,而毋宁说是一种"存在"决定的意识。本来,在全球化和互联网时代,地球人的"天"差不多一样大,只是"观天"的角度、方位和眼光不同而已。在中国西部,在一个近两千公里狭长地带因而气象万千的地方,在镶嵌在祖国版图中心却被视为"边缘"的地方,在交错毗连陕西、四川、内蒙古、宁夏、青海、新疆等多民族地区因而文化景观无与伦比的地方,在有着人类的"走廊"而贯通东西与古今的地方,这样的地方,正是文学的沃土。发生发展于这块沃土的甘肃文学,它的存在是合理的,但对它的"被观"则常常会因误读而显得"不合理"。"甘肃"仅仅就它的名称中的发音容易让人联想起"干"和"肃"而留下"又干又肃"的萧瑟印象。这种使人哭笑不得的"通感"也使得甘肃文学一如它的故土一样,常常备受冷漠,一些人"观天"的方式不同或者视力有限而使这个地方的文学备受误解。文学批评"中心"的观者虽然居高临下却也免不了雾里看花,使得作家常有"挠不到痒处"感觉,也常因不被关注而焦虑而委屈。也就是说,"委屈感"有其缘由。甘肃文学界的自我感受与中国文学批评界的客观现实,共同促成了这种包含着复杂情愫的意识的产生。它是一种观念"陷阱"。

那么,甘肃文学的问题主要在于批评界的不公和推介的不充分造成的吗?解决了这些问题甘肃文学就能进入"中心",提升水平和品格了吗?答案肯定不会统一。而在笔者自己,原来认同前述的观点和意识,而现在开始怀疑。我们怀疑在新传媒时代,一个优秀的作品因为评价不够、推介不力而不优秀,也怀疑地域文学会被整体"边缘化"。退一步讲,我们认同创作和评论都是一种"发现",个别优秀作家作品未被发现或者被埋没和低估是有可能的，但是，一个省、一个地区的文学整体被边缘化、被埋没、被低估却似乎又是不大可能的。特别是随着甘肃一些作品获得全国性大奖之后，我们不再盲从“被边缘化”之说。来自文学话语“中心”的评价表明，只要是真正优秀的作品，还是会被发现的，就是俗话说的，“是金子总会发光”。当然，这种“被重视”，被推向“中心”的现象，反过来也会成为“被边缘化”的反证：只有引起“中心”的关注才能得到公正的评价。这似乎也有道理，然而，其前提是它必须是优秀作品。你要成为大师，先要有一个大师的心态和境界，潜心创作，奉献出相当分量的作品。诚如铁凝所说：“在经济社会快速发展、各种矛盾纷繁复杂的条件下，作家应该认真思考如何以文学的方式回应我们所处的时代，真正把握时代的潮流，直面人生的诸多难题。信息社会正自信而响亮地踏上经济高速公路，作家在尽情拥抱取之不尽的写作资源，更应该放慢脚步，留神文学的险情。文学反对轻率，它不应是粗糙的社会情报，不应是某些迅速变换的社会话题的集合，不应仅仅表达一般的时髦意见。作家更不应成为流水线上的素材加工者，他应该感知一个变化着的活力迸发的中国，体会和理解今天的中国人生动而深刻的多样情感。”“文学尽可以去表现生活中的各种表演，但是写作的人应该避免表演生活。只有真诚地面对时代，面对生活，面对人生，才能写出生命的明亮的光芒，也写出困苦和焦虑，更写出人们发自内心对未来美好的希望。”“面对有难度的文学，有时我们同样须要节制和吝啬，须要尊重文学的本意”。(铁凝：《作品是立身之本》，《人民日报》2014年11月21日)引述这样一段话，而是她深刻地道出了当前文坛的要害问题，这些问题，在一个被视为“边缘”的地区尤其突出，其中“应该放慢脚步，留神文学的险情”“须要节制和吝啬，须要尊重文学的本意”的警示发人深省，我们感同身受，十分赞同。

这样的思考，并不是无视确实存在的文坛的弊病和推卸评论者的责任，而是想与大家共勉：我们能否跳出这种思维怪圈和观念陷阱，不要长久地被所谓边缘化的感受所折磨，不要为不能进入“中心”而劳心费神，不要看批评

“中心”的颜色而创作;评论家也不要为此推波助澜忘了理解和评论作品等更重要的职责。在我们看来,使得甘肃文学家焦躁不安而不能潜心创作、厚积薄发的内在原因,正是力图被批评中心关注的幽灵在徘徊,被委屈、轻视的情绪所折磨,这是产生浮躁的渊薮之一。

文学的评价自然离不开当代权威评论家的定夺,评论家的关注程度与作家的自我价值评价和社会价值实现密切相关,然而,时间和读者是更严厉的评判者,评论家不是法官,只是有一定专业知识或高于一般欣赏水平的读者。在文学的时空中,作品是主宰,它主宰作品的生命力,主宰作家的地位,也主宰读者的选择,并不像当下的舆论所过度宣扬的一切取决于解释和阐释。优秀的作品可以借助于评论得到更好的传播,但是不可能改变作品的内在品质,所以作家作品不能过于依赖评论。一个地域的文学,不必硬要挤进所谓中心而偏离了真正的目标,不盲目自大,也不自轻自贱。在文学领域,作品是立身之本,作家就是主体,创作即为“中心”,如果舍本逐末,终究得不偿失。

这是文学的自觉、自信与自省的应有之意,也是编著本书的着眼点和立足点。

这是我们的“解构”,也是自我批判和解剖。

是耶非耶? 一己之见,是为结语。